제국과 국민국가

사람·기억·이동

이 저서는 2017년도 정부(교육부)의 재원으로 한국연구재단의 지원을 받아 한림대학교 일본학연구소가 수행하는 인문한국플러스지원사업의 일환으로 이루어진 연구임. (2017S1A6A3A01079517)

04

한림일본학연구총서 II
포스트제국의 문화권력 시리즈

제국과
국민국가

사람 · 기억 · 이동

學古房

한림대학교 일본학연구소 편

차례

서문

  본서는 일본학연구소 인문한국플러스(HK+)사업의 '포스트제국의 문화권력과 동아시아'라는 아젠다의 세계적 연구를 위한 실천적 결과물이다. 1단계까지는 아젠다의 심화를 위해 '앎·지식, 매체·문화, 일상·생활'이라는 세 영역으로 나누어 학술대회를 개최하거나 전문가와 연구자들을 초청하는 방식으로 진행해 왔다. 물론 세 영역으로 나누었다고 해서 그것이 각각 독립적으로 동떨어진 것이 아니라 상호간 문제의식이 횡단하는 동시에 학제적 의미에서 보다 넓은 의미의 '융합'을 위한 초석 만들기였다. 본 연구소는 2단계에 접어들면서 대안적 성찰을 실천하기 위해 세 영역을 통합하여 '제국과 국민국가'라는 공통의 소(小)아젠다를 주제로 삼아 탈영역적이고 전체적인 시공간을 아우르는 인식론적 문턱을 넘어서고자 노력하고 있다. 본 총서는 바로 이러한 프로세스의 결과물이며 『제국과 국민국가: 사람·기억·이동』이라는 제목을 통해 새로운 지평을 여는 상징으로 삼고자 한다.

  부제목으로 사용한 '사람, 기억, 이동'이라는 키워드는 제국주의나 국민국가의 문제를 생각할 때 그리 진귀한 것이 아닌 것처럼 느껴질지도 모른다. 그만큼 사람들의 이동이나 과거 제국주의에 대한 기억의 문제가 역사적 과정 속에서 '가치'의 역할을 다 한 것처럼 진부하게 들릴 수도 있다는 의미이다. 그렇지만 이러한 시각속에는 서구의 근대주의가 만들어놓은 '식민지 구조' 속에서 판단한 가치라는 '환상의 용어들' 혹은 이데올로기일지도 모른다는 것을 역설적으로 보여주고 있다. 한발 더 들어가 보면 이러한 가치판단은 서구 근대화의 역사 속에 나타난 제국주의나 자본주의의 발전과정 중에 출현한 가치개념들이며 이를 그대로 수용하여 사람의 기억과 이동을 바라본다면 그것은 자아 객체화에 실패한 것이다. 다시 말해서 '우리나라, 민족, 평화, 통일, 유신, 단결, 반공, 불순, 편향, 종파, 차별, 교포, 고향, 일제, 애국애족, 충성' 등도 '근대적 서구주의와 제국주의'에 의해 내면화되었는데 그것은 마치 독립된 국가로서 주체를 완전하게 획득했다는 '비주체적 국민국가'의 추종론으로 연결되기 때문이다.

거칠게 말하자면 일본 제국주의의 식민지 정책이었던 '황국신민화'가 천황제 파시즘과 연동하고 있었다는 점을 비판하는 것처럼 근대적 용어들이 갖는 '내실'이나 '범주'도 '파퓰리즘'이었다는 '감각의 파시즘적 인식세계'로서 이 인식의 '외부'로 빠져나와야 할 것이다. 이를 위해서는 이러한 용어들을 무화(無化)시키는 것으로 결별을 선언하고 새로운 지평을 열기위한 시도가 있어야 할 것이다. 그를 위해 여기서 사용한 '결별'이란 단순히 과거의 역사를 지운다는 의미가 아니라 과거에 사용된 의미들을 계승하면서도 그 안에서 새로움을 찾아내야만 한다는 의미로 매우 중요하다. 이를 테면 특수성과 보편성의 '사이'에 균열을 만들고 그 균열의 저편으로 통과하는 순간을 포착해야 한다는 의미에서의 '결별'인 것이다. 이 결별의 세계란 모순, 저어(齟齬), 차이 등 보편적 개념과 균질, 질서, 공통이 특수성을 갖는다는 점을 '전위(転位)'의 병존이라는 콜라주(collage)의 공간을 의미하는 것이다.

본 총서에서는 바로 이러한 논리들이 과연 어디까지 가능한지를 시도하는 '시작'이기도 하다. 특히 암묵의 전제가 되는 브레인워시(Brainwash)의 개념들을 재고함으로써 선험적 속성에 갇힌 국민국가의 의미를 역사적·사회적 시공간 속에서 만들어진 동시에 내재화된 것이라는 점을 검토하고자 한다. 그것을 바로 사람, 기억, 이동이라는 키워드로 다시 묻고 국민국가를 지탱해온 사고들이 가진 그 자체 대한 근원적인 물음으로 파고드는 동시에 그 다양성과 비균질성의 문제를 지역과 장소의 문제로 확산시켜보고자 한다.

사실 '사람의 이동과 기억'은 2019년 6월 21일(한림대학교 국제회의실)에 개최된 국제학술대회의 제목이었다. 이 학술대회에서 일본 제국주의 시기 사람의 이동은 제국의 팽창이라는 의미이기도 하지만 일본 제국주의가 물러간 이후에도 이주의 문제는 여전히 해결되지 않은 채 현재진행형이라는 점에 착목했다. 즉 전후 미국 제국주의 지배가 새롭게 등장하면서 '이주 제국주의'의 문제는 동아시아 문제로 유제되었고 국민국가의 재건이 주체성의 회복이라는 '독립국가'의 논

8

리를 내면화하게 된 것과 연동되어 있다고 생각된다. 미국 제국주의는 일본에서 말하는 전후 민주주의는 메이지기 '서구 중심주의' 논리의 '동형적 반복'이라는 점, 그러나 한국은 남북분단의 희생으로 획득한 '자유주의'가 모두 국민국가의 당연성에 의해 '묻혀졌다'는 의미를 내포하고 있다.

그렇다면 과연 일본 제국주의 시기나 포스트제국으로 이행된 시기에 이주자들, 즉 사람이 겪은 그들의 '이주 경험'은 무엇이었고 국민국가화 과정 속에서 어떠한 문화적 권력들이 작동했는지를 묻지 않을 수 없었다. 다시 말해서 국민국가의 당위성 속에서 조국과 모국을 떠난 이주자들이라는 시각에 대해 한 치의 의심도 하지 않는 채 '당연하고 자연스러운 시선'에 의해 내면화한 과정을 되돌아보고 이러한 시선은 국민국가의 한계성과 '글로벌주의'라는 새로운 담론들의 출현에 의해 국민국가 중심주의의 논리가 반성되면서 그러한 인식들은 과연 어떤 인식의 상실 속에서 획득된 것인가를 재고하지 않으면 안된다고 보았다. 그리하여 이주 자들의 삶의 경험을 '디아스포라'라던가 '이주자의 아이덴티티'는 어떻게 다른가 라는 점에 주목하게 되었다. 그렇지만 이것 역시 국민국가의 자장 안에서 해석되 고 전유되는 '해석'에서 국민국가를 기준으로 국민의 범주나 규범이라는 프레임 속에서 도출된 히에라르키적 주박(呪縛)의 제도 권내에서 이루어진 것들이었다. 바로 이 지점에서 국민국가가 내재적으로 가진 '제국주의/권력주의/절대주의'의 획일성이 갖는 문제를 되돌아보게 되는 계기가 마련되었다. 이러한 시각 자체는 여전히 '정주자'의 인식이 전제가 되는데, 이를 말해주는 것이 '단일민족=우월주 의'의 문제를 극복하자는 슬로건으로서 다양성을 존중하자는 '다문화민족=평등 주의'라는 이상주의로의 전위로 그친다는 점이 갖는 문제이다.

이러한 이분법적 사고방식은 여전히 국민국가를 절대화하거나 이를 극복한다 는 혼종주의 또는 이종혼합주의라는 '이쪽 논리에서 저쪽 논리로' 이동하는 '전이 만 일어날 뿐'이다. 이것 또한 역사적 발전 단계상 겪어야만 하는 과정이라고 말 한다면 어쩔 수 없는 일이다. 그렇지만 국민국가가 내재적으로 생산해내는 인간 의 자유와 해방이라는 보편성은 다시 내부/외부의 경계선을 긋고 '진정한'이라는 미명 하에 이루어지는 배제와 포섭의 연결고리를 풀어내야 하는 지점에 이르렀다고 생각된다.

　이러한 문제의식을 바탕으로 국민국가의 의식/무의식이 어떤 형태로 작동되었으며 정주자의 시각에서 이주자의 입장을 규정하는 '폭력성'에 어떠한 것들이 있는지를 되돌아보고, 일방적으로 타자를 규정하는 개념은 국민국가를 비판할 때 자각해야 한다는 점을 역투영 시켜줄 것이라고 생각한다. 이런 문제의식을 드러내기 위해 윤건차 선생님의 기조강연에서 '재일'의 기억과 삶의 모습을 '정신사'라는 측면에서 '내려 받음과 저항 그리고 재일은 국민인가'라는 물음을 재고하게 되었다. 제1부에서는 만주에서의 조선인과 일본인, 그리고 제2부에서는 태평양 저편으로 건너간 남미 지역의 한인 기억, 마지막으로 제3부에서는 대만을 둘러싼 이주자들의 기억에 대해 논의했다. 이주자들의 지역적 다양성에 의해 분석대상은 다르지만 공통적으로 '이주자/노마드'의 격랑 속 인간의 삶과 꿈이라는 '심층(心層)의 세계'는 세계사적 인간의 기억을 재편하기 위해 호스트적 주체와 국민국가란 무엇인가라는 문제를 '대상화'하게 해주었다. 이는 기존의 이주, 기억 연구가 '근대주의나 제국주의의 자장'에서 벗어나지 못했던 점이 무엇이었는지를 깨닫는 계기가 되었다.

　그리고 본 일본학연구소는 앞서 언급한 것처럼 동아시아를 중심 키워드로 삼아 서구로부터 주어진/내던져진 개념에 대해 새로운 '시각'을 제시하고자 교내 공동연구로서 러시아연구소와 2019년 3월 26일부터 연구회 모임을 출발했다. 그 후 매달 1회씩 연구회 모임을 가졌는데 그것은 공동의 저서를 각 파트별로 각각 분담하여 읽고 요약 정리하는 방식으로 진행되었다. 그러던 중 2019년 6월 25일-27일에 사할린에서 열린 국제학술회의에 일본학연구소도 공동주최로 참가하여 발표와 토론의 기회를 가졌다. 사할린 이주자 연구와 국민국가의 의미를 '한인' 또는 귀국의 문제와 연결하여 재고하는 기회였다. 그 이후 한인 디아스포라의 문제를 주제로 2020년 8월 21일(한림대학교 국제회의실) '유라시아 대륙 한인 디아스포라의 안전과 번영을 위한 연대'라는 주제의 국제학술대회를 한림대 러시아연구소와 사할린국립대학교가 공동주최로 개최하게 되었다.

　이러한 학술대회 개최 발표논고들은 본 총서를 기획하는데 중요한 디딤돌이 되었다. 그렇지만 기존 학술대회 발표 원고들을 수합하여 총서로 간행한 것은 아닌가하는 관행을 탈피하고자 노력했다. 즉 이 두 국제학술대회 이외에도 국내외 연구자 중 '제국과 국민국가, 사람/기억/이동'의 문제에 대해 '정주자와 유전(流轉)'의 이분법을 넘는 시각, 특히 국민국가에 내재하는 외재적 인식론/제도론/정치론의 틀을 재고할 수 있는 창조적 시도가 가능한 논고들을 집필 가능한 분들을 섭외하여 원고를 추가했다.

이런 과정을 거쳐 본 저서는 3부로 구성하게 되었다. 제1부는 부제목의 순서처럼 '사람'에 초점을 맞추어 사람의 횡단과 차이의 재생 그리고 '국민'이라는 제목으로 설정해 보았다. 먼저 **가와무라 구니미쓰(川村邦光) 교수의 「만주 식민지 체험과 기억, 그리고 탈(脫)식민지」**는 만주 히키아게(引揚げ)자에 대한 글이다. 만주 귀국자들에 대한 기본연구는 만주에 이주를 시작으로 소련군의 진공(進攻), 도피행으로 이어지고 결국 귀국으로 끝나게 된다. 이러한 과정 속에서 이민자들을 내버린 관동군이나 귀국 후 이들에게 냉담한 태도를 보이는 국가와 국민에 대한 원망을 토로해낸다. 그렇지만 그들의 식민지에서의 생활 자체나 히키아게 이후의 생활상에 대해서는 논해지지 않는다. 말하자면 비일상만이 특이한 체험으로 그려지고 식민지 일상이 결여되어 있다. 본서에서 다루는 기요오카 다카유키(淸岡卓行)의 소설 「아카시아의 대련(大連)」은 전후에서 현재까지의 만주, 대련 식민지 체험이 그려진다. 그것은 패전 후 대련에서 만나 결혼한 부인의 죽음을 계기로 노스텔지어로 부상한다. 고도경제성장 속에서 지금은 이향(異鄕)의 땅인 만주를 아카시아 향기와 연결시켜 노스텔지어에 집착하면서 진정한 고향으로서 대련에 대한 기억을 이야기한다. 그것은 전후를 새로 묻는 포스트콜로니얼의 제국 후 일본의 기억에 균열을 일으키는 것이다. 즉 이는 노스텔지어 전략이라고 말할 수 있다. 노스텔지어는 단순히 과거에 집착하는 것뿐만 아니라, 그 반작용으로서 현재를 침식하는 과거를 다시 느끼고 현재를 해체하면서 재편하는 가능성을 내포하고 있는 심상을 조성(釀成)해주고 있는 것이다.

김환기 교수의 「남미의 코리안 디아스포라와 고향, 조국의 기억」은 남미 지역의 코리안 디아스포라의 역사와 문화지형이 기존의 구한말과 일제강점기, 해방 이후의 해외이주·이동과 차별성을 가지는데, 바로 이점에 착목하여 논고를 전개하고 있다. 한국전쟁기 반공포로와 1960년대, 70년대 한국의 근대화, 산업화 과정에서 추진된 코리안의 이주·이민이 남미지역이라는 점에서 그러하다. 따라서 남미지역 코리안들의 이민역사와 문화 정체성, 고향(조국) 표상/기억이라고 할 때 한국의 굴절된 근현대사를 비롯해 반공포로의 유폐된 디아스포라적 삶, 조국의 근대화, 산업화와 연동된 이민자·이민사회의 자화상에 천착하는 것은 당연한 일이다. 특히 디아스포라의 구심력과 원심력이라는 관점에서 경계의식과 트랜스네이션, 혼종성과 글로컬리즘적 세계관은 반공포로를 비롯해 남미지역(브라질, 아르헨티나)의 코리안 이민자/이민사회를 표상하는 역사적, 사회문화적 지점이다. 문학평론가로 활동했던 황운헌은 끊임없이 중심의 영역에서 주연의 영역으로 월경(越境)하면서 문화적 혼종을 경험하고 열린 세계관을 통해 이화(異化)된 갖가지 활성적인 요소를 만날 수 있다고 논했다. 이러한 문제를 브라질의 한국계 이민자·이민사회에서 보여주는 주체적인 힘이 무엇인지를 규명해내고 있다.

　　도미야마 이치로(冨山一郞) 교수의 「유착(流着)과 선언: '간사이오키나와 현인회' 잡지 『동포(同胞)』를 중심으로」는 부제목에서도 제시한 것처럼 간사이오키나와현인회의 기관지로 간행된 잡지 『동포』를 통해 오키나와에서 떨어져 나와 오사카에 유착한 사람들이 역사를 획득하려는 '선언'의 내용을 조명해낸다. 즉 이동의 경험은 제국과 국민국가에 통저(通底)하는 폭력을 감지하고 스스로의 일상에서 차원이 다른 정치공간을 만들어내고자 하는 시도를 읽어냈다. 이렇게 유착한 사람들이 선언하는 오키나와인이나 류큐인이 감싸 안은 새로운 정치공간의 가능성을 영토화된 민족이나 국민국가의 문맥에서 정리하고 민족주의나 국민국가와 관련된 일반론으로는 비판적으로 해석하는 태도가 아닌 다른 시각으로 해석해내고 있다. 이는 선언이라는 문구를 통해 투쟁의 아이러니로서 스스로의 운명을 개척하려는 적극성을 읽어내고자 했다.

　　손지연 교수의 「국가폭력의 전후적 기억, 국가폭력을 내파하는 문학적 상상력」이라는 글의 목적은 지금도 여전히 일상이 전장화되고 있는 현실을 폭로하고 일상에 내재한 폭력에 맞선 저항의 불/가능성을 지속적으로 표출해온 두 명의 오키나와 출신 작가 메도루마 슌과 오시로 다쓰히로의 문학에 초점을 맞춰 제국의 식민지 이후 전'후'를 살아가는 마이너리티 민족의 서사적 응전의 가능성과 한계를 짚어내는 것에 있다. 이와 같은 관심은 두 문학자의 공과(功過)를 논하려는 것이 아니라, 오시로의 작품을 보조선으로 삼으면서 메도루마 문학의 특징을 규정짓는 요소가 무엇인지를 살펴보는 것에서 출발했다. 그 결과 두 작가의 커다란 입장 차이와 함께 국가폭력의 전후적 기억 혹은 국가폭력을 내파(內破)하는 문학적 상상력이 어디에서부터 배태되었는지 가늠할 수 있었다. 오시로 문학이 '오키나와인은 누구인가' 또는 '일본인은 누구인가'라는 근원적인 물음 앞에서 끊임없이 분열하는 자신의 모습을 확인하는 형태를 보였다면 메도루마 문학은 국가폭력에 타협하지 않고 정면으로 맞서려는 모습이 두드러진다. 특히 일본군 '위안부'를 테마로 한 『나비떼 나무』 등 일련의 작품들에서 동아시아의 폭력의 상흔, 징후들에 매우 가깝게 그리고 실체적으로 다가서고 있음을 간파할 수 있었다. 국가폭력에 누구보다 강력하게 대응해온 그의 문학이 어디를 향하고 있는지, 그의 비판적 사유가 어디로 향하고 있는지, 그 궁극의 지향점을 사유하는 일은 곧 우리의 문제이기도 한 이유와 연결시켜 설명한다.

윤건차 교수의 「'자이니치(在日)' 정신사로 보는 기억과 삶의 모색」은 '자이니치'의 삶에 대해 논한 글이다. 이미 4년 전에 이와나미쇼텐 출판사를 통해 『'자이니치'의 정신사(원제 「在日」の精神史)』(전3권)를 출간한 후 일본, 한국, 북한 그리고 전 세계가 상당히 불투명한 세계로 접어들고 있다는 불안감을 느꼈음을 시작으로, 그 문제가 국민국가의 충돌 그리고 자이니치를 마이너리티 문제나 디아스포라라는 개념으로 해석하는 것에 대한 위화감을 느끼는 것에 대해 적고 있다. 그것을 정신사의 삶이라고 표현하는데, 그것은 '내려받는 국민 이미지에 대한 투쟁과 반항'에서 시작하여 기존의 국민국가 관념에서 빠져나가려고 몸부림치는 삶을 그대로 투영시켜주었다. 그것은 삶의 불안감으로 표현되는데 그 내용을 보면 기존의 민족국가의 틀을 고수하는 논리에서 벗어나고 싶은 심정이기도 하지만, 그것은 현실에서 국가를 무시하는 관념세계를 동반하기 때문에 이 둘 '사이'의 딜레마에 대한 불안인 것이다. 철저하게 의식/무의식 속에 잠재하는 특정 국가를 기준

으로 삼는 사고방식이나 태도로 편향되지 않으려는 밸런스의 투쟁이기 때문에 불안한 것이라는 점을 선명하게 보여주고 있다.

현무암 교수의 「모리사키 가즈에의 월경(越境)하는 연대의 사상」이라는 논고는 모리사키 가즈에의 조선 체험과 식민자로서 기억의 특유성이 작품 세계에 어떤 영향을 주었는지를 밝혔다. 더 나아가 아시아 여성들이 만들어낸 교류의 역사를 추구한 모리사키의 연대의 사상을 관철한 '월경'의 의미를 재고하고 있다. 모리사키는 대구에서 식민자 2세로 태어나고 자라게 되었는데, 바로 이 식민자 민족의 자녀로서 식민지에서 키운 감성을 '원죄'로 받아들여 고뇌한 점에 초점이 맞추어져 있다. 이 모리사키에게 발견되는 논리는 '단층'과 '경계'란 모두 모리사키가 극복하려고 한 민중세계에 작용하는 집단적인 폐쇄싱이다. 전자는 공동체 내의 차별과 억압 구조에, 후자는 공동체 간의 교류를 가로막는 배재의 원리에 맞서는 심부와 외부로의 사상의 방향성을 가리키는 것이라고 보았다. 특히 '단층'에서 '경계'로 기축을 이동하는 점에 모리사키의 사상이 가진 특징이라고 보고 이 점에서 탈식민주의의 보편성과 현대적 의미를 짚어내고자 시도한 글이다.

그리고 제2부는 '기억'에 초점을 맞추어 기억의 전유와 치환적 환류 그리고 '국가'라는 주제로 7개의 논고로 구성해 보았다. 먼저 가와무라 구니미쓰(川村邦光), 나가오카 다카시(永岡崇) 교수의 「'아이누 표상'과 근대 그리고 일본의 국민국가」는 일본의 선주민으로 일컬어지는 아이누와 국민국가에 대해 논한다. 일본의 아이누는 메이지정부에 의해 아이누 모시리(ainu mosir)가 홋카이도(北海道)로 명명되었다. 소위 일본으로의 편입이었는데 결국 수렵지역과 어업의 장소를 빼앗기게 되었고 정주지에서의 농업을 강요당했다. 또한 1903년 오사카에서 열린 국내권업박람회의 인류관이나 1904년의 세인트루이스(Saint Louis) 박람회에 아이누전을 전시하게 된다. 특히 신체의 전시가 이루어지고 사람들의 호기심으로 가득 찬 대상이 되어버렸다. 이는 미개와 야만으로 표상되고 지배자의 폭력과 착취의 정당화를 만들어내는 문명적 시각의 국민국가적 아이덴티티를 강화하는 역할을 담당하게 되었다. 멸망해가는 민족 혹은 고귀한 미개인으로 기록되고 일본인 연구자들은 아이누의 동화와 보호를 주장하게 되었다. 그것은 아이누문화의 고유성을 보존한다는 명목 하에 폭력과 아이누인 자신들도 자신들의 민속을 유지한다는 의미로 해석하여 지금의 아이누 선주민으로서의 아이덴티티를 계승해왔다고 여기는 이중의 굴레를 갖게 된 것임을 밝혀냈다.

네가와 사치오(根川幸男) 교수의 「1920년 「남미·세계일주 항로」 개설의 의미와 식민지기 조선의 모더니즘」은 1920년대 「남미·세계일주항로」의 이민선 개설에 대한 의미를 분석한다. 즉 이 항로개설의 의미는 '사중구조의 제국' 내 항로의 자국화, 식민지 토지수탈 자금의 순환이라는 회로를 통해 조선의 모더니즘과 어떻게 연동되는지를 보여준다. 일본에서 출발하여 한국을 거쳐 인도양, 대서양을 돌아 파나마 운하를 통과해 태평양을 횡단하는 이 항로는 '제국'의 내부를 연락하는 제국일본의 교통시스템과 식민지 모더니즘의 연동성을 어떻게 상상하게 해주었는지를 밝혀내고 있다.

마크 카프리오(MARK E. caprio) 교수의 「귀환의 위험 그리고 종식되지 않은 태평양전쟁의 유산」은 먼저 제국 식민지로부터 일본인 귀환자의 고난이 일본 학술연구 그리고 박물관의 주된 주제였던 것에 비해 한국인들의 본국 귀환에 대해서는 그다지 주목받지 못한 점에 착안하여 본 글의 중요성을 제시하고 있다. 따라서 이 부분, 즉 일본과 한국 사이의 해상 그리고 한반도에서의 권력공백을 이용하려는 움직임에 따라 일본의 공식적인 항복문서 서명에서 수개월 후까지도 한국인들에 의해 전쟁의 역사가 연장되었다는 점에 초점을 맞춰 논고를 펼치고 있다. 특히 한국인들이 귀환을 할지 않을지를 결정하는 데에 어떠한 불안정한 상황이 놓여 있었는지를 엿볼 수 있다. 이 글은 자국의 식민지 지배로부터 해방 이후 6개월에 걸쳐 한국인 귀환자가 해상 및 한반도에서 직면한 위험요인에 대해 고찰한다. 국가와 국민의 '연대'가 아니라, 고향을 떠난 사람들이 귀향해 새로운 생활을 시작하려는 때에는 승자와 패자를 포함하여 다양한 인간들에 의해 위험에 직면하게 된 점을 보여주고 있다.

기타무라 쓰요시(北村毅) 교수의 「전후 일본의 피해자 의식의 계보」는 패전의 기억, 즉 일본인들이 전전 전쟁에 국민을 동원한 것을 비판하면서 일본인이 피해자 혹은 희생자로 자리매김되는 역사관이 일반국민의 전쟁책임을 느끼지 못하고 하고 있음을 비판한다. 그것은 동시에 전후 동일본 3.11 대지진 속에서 나타난 피해자 의식과 책임의 부재가 동형적임을 분석해낸다. 이 두 '사건'은 일본 내에서 '속았다'라는 심리가 활용되었다는 점과, 그것을 어떻게 하면 국가레벨에서 추상화되어버린 전쟁책임을 어떻게 개인레벨로 되돌려 생각할 수 있을 것인가에 대한 프로세스를 설명해내고 있다.

이경완 교수의 「체호프의 사할린 여행의 현대성에 대한 성서적 고찰」은 안톤 체홉의 『사할린 섬』(1895)에 나타난 러시아 제국의 사할린 섬의 유형화 정책에 대한 그의 분석과 정책 제안을 성서적인 시각에서 고찰하고, 그것의 현재적 의미를 실현하는 데 기여하는 것을 목적으로 삼고 있다. 그 과정에서 이 여행기에 대한 사실주의, 사회주의, '탈근대적인' 비평을 성서적인 관점에서 고찰하고 종합적인 해석을 내리는 작업으로 연결시킨다. 즉 필자의 성서적인 시각에서 그의 여행기는 그의 진정성과 높은 도덕성, 그리고 계몽된 지식인으로서 과학적인 사유능력, 더불어 러시아 작가들의 메시아주의의 복합적인 작용으로 상당히 객관적인 정보 제공과 현실 타당한 분석 및 정책제안을 담고 있다. 그래서 이 점을 강조하는 사실주의 비평은 상당한 타당성이 있고, 이 점을 과대 해석하여 체홉을 급진적인 인텔리겐차로 간주하는 사회주의 비평은 너무 지나친 감이 있다. 반면 체홉의 경험적인 관찰과 계몽주의적인 사유방식 간에는 논리적인 비약과 양가성이 있고 체홉의 계몽주의적인 시각에는 남성중심주의, 러시아중심주의, 서구지향성 등이 미약하게나 존재한다. 그래서 이 점을 강조하는 탈근대적인 비평도 나름 타당성이 있다. 결국 체홉의 분석과 제안은 오늘날 사할린 섬 주민의 삶의 질 향상에도 크게 기여할 수 있다는 점에서 상당한 현재성을 내포한다고 볼 수 있다.

전성곤 교수의 「만주 '오족협화＝왕도주의'의 외침과 식민지 기억의 다성성」은 만주 건국대학에서 외친 오족협화와 왕도주의의 허상에 대해 논하고 있다. 이를 위해 만주 건국대학 설립위원으로 위촉되어 실질적인 방침을 만들어 낸 히라이즈미 기요이, 가게이 가쓰히코, 사쿠다 소이치, 니시 신이치로의 사상적 특징을 살펴보았다. 또한 왕도의 논리를 만들어낸 다치바나 시라키에게 영향을 준 이노우에 데쓰지로의 '국체' 논리를 고찰해 보았다. 이를 통해 일본 내에서 형성된 황도주의가 결국 만주국에 이식되어 '왕도주의'로 변형되었음을 밝혀냈다. 이것은 만주 건국대학에서 건국이념인 오족협화로 융합하기 위해 교육을 추진했지만 결국 내부의 '학생들 사이'에서는 불협화음으로 반일, 항일이 길항했고 내선일체와 오족협화의 모순을 드러내는 '국민국가' 창출의 실패를 보여준다는 점을 전후 졸업생들의 인터뷰를 통해 규명해내고자 했다.

정이(鄭毅) 교수의 「위(僞)만주국 시기 조선인 이민자 사회 계층과 정치적 선택 : '만주 기억'의 관점으로」는 위만주시기 중국 동북지역으로 이주한 대규모 조선 이민자들의 정착과정에 대해 설명하고 있다. 이 당시 이민자들의 절대 다수가 '생존형' 이주에 속했고 위만주라는 사회적 틀에서는 중국 민중과 같은 피지배 위치에 있었으며 그들의 삶과 운명, 역사의 기억은 현지 중국 민중의 그것과 기본적으로 유사할 뿐만 아니라, 상호 혼합된 것으로 위만이 붕괴된 후 상당수의 조선 이민자가 중국 동북으로 이주하여 중국 조선족의 중요 구성원이 된 배경에 대해 규명해냈다. 이러한 고찰은 동일 민족 집단의 소위 '만주 기억'은 서로 다른 정치적 위치와 입장으로 인해 각기 완전히 다른 역사적 기억을 형성하게 되었다. 각 개인 또는 집단의 역사적 기억은 모두 특정 시대의 기억 중 하나의 측면이기 때문에 각기 다른 집단의 정치적 정서와 역사적 기억을 통합함으로써 비로소 한 특정 민족 집단의 비교적 완전한 '만주 기억'을 형성하거나 재구성하는 데에 감안해야 한다는 점을 보여주고 있다.

제3부는 '이동'에 초점을 맞추어 이동의 영유와 구조의 변이 그리고 '동아시아' 문제를 담아 보았다. 김영근 교수의 「일본 제국의 네트워크 구상과 동아시아 국제관계」는 일본의 근대화 구상 및 제국 건설을 위한 설계도를 해부하고 '근대적 네트워크와 동아시아의 논리'에 내재된 지정학적 논리를 재검토하고 있다. 아울러 일본의 철도 근대화 과정에서 지정학적 환경의 급격한 변화와 더불어 근대성을 어떻게 받아들였는지 또한 근대화가 어떻게 전개되었는지를 분석한다. 국민국가의 탄생과 더불어 시작된 일본의 '근대화' 과정은 국민을 통합하기 위한 과제로 강력한 '이데올로기적 장치(소프트파워)'의 마련이 관건이었다. 1868년 메이지유신을 계기로 '근대개혁'에 박차를 가했다. 특히 근대적 공간의 창출에 '철도' 시스템을

도입하고 교통망의 확충(하드파워)에 힘썼다. 메이지유신 전후로 교통의 근대화가 이루어졌으며 결과적으로 일본 지역 간 대량의 물자이동과 인력공급을 가능하게 하여 일본의 경제발전 및 지역균형 발전에 크게 기여했다. 또한 전쟁 등 대량 수송이 필요한 시기에 국가전략적 역할도 전개되었다. 특히 근대적 네트워크와 동아시아의 논리에 내재된 지정학적 논리에서 벗어나 '동북아 철도공동체'라는 명목 하에 철도 근대화 과정을 전개했음을 밝혀냈다.

김현아 교수의 「식민지 가라후토 : 일본인 이주와 신사의 창립」은 가라후토 신사의 성립과 역할에 대해 고찰했다. 가라후토로 일본인이 이주하게 된 주된 이유는 생계와 관련한 직업으로서 어업생활에 종사하기 위해서였다. 또 다른 이유는 가라후토가 일본 영유가 되었던 1905년부터 본국으로부터 이주자를 유치하기 위한 계획에 의해서였음을 밝혀냈다. 이처럼 일본인 이주자가 생겨나면서 신사도 건립되었는데, 가라후토에 세워진 신사를 보면 일본인의 생활과 사회구조를 보여주는 역설이 작용하고 있음을 분석해냈다. 일본인들이 일본인 생활 속에서 '모국' 혹은 조국의 생활을 그대로 이식하여 자신들의 일상생활, 즉 삶의 터전과 연관되는 신들을 봉재하는 정신 내셔널리즘의 자장이 연결되고 있음을 규명해냈다.

박승의 교수의 「사할린 한인 문제 : 전후 처리와 난문제들」은 제목에서도 알 수 있듯이 제2차 대전이 종결된 이후 여전히 해결되지 않고 있는 사할린 한인 문제에 대해 고찰한 글이다. 물론 일본 제국주의의 유제이기도 하지만 그 역사적 배경에는 러·일전쟁, 소련의 참전, 연합국 사령부의 이해관계 등 중첩된 사할린 한인 문제가 있었다. 이 글은 제2차 대전 이후 소련, 일본, 한국, 미국 그리고 북한이 얽혀있는 국제적인 문제로서 사할린 한인의 문제를 고찰하고, 특히 사할린에 버려둔 한인들에 대해 법적인 책임과 도의적인 책임을 회피하는 문제점이 존재하고 있음을 지적하고 있다.

방일권 교수의 「경계의 민족 공간 : 전후 사할린 조선학교의 발전」은 사할린 한인이 만든 한국어로 교육하는 자치적 학교의 역사에 대해 설명한다. 사할린 한인들은 조국귀환을 준비하면서도 민족 정체성을 함양할 수 있는 교육에 정열을 기울였다. 이러한 조선학교는 공식적인 교육 공간이면서 민족적 성격의 발현이 허락

18

되는 공간으로 자리를 잡았다. 이것은 현실에 적응하며 민족공간을 형성하는 과정이었는데, 사할린 한인교육 공간은 민족어로 이루어지는 기초적 교육은 교차하는 세계 속에서 혼란과 박탈, 배제와 같은 부정적 요소를 극복하고 낙관적 민족정체성을 구성하려는 회복의 과정이기도 했다. 다시 말해서 공식적인 공간인 조선학교를 통해 조선인으로 태어나는 과정이었고 조선학교와 연관이 깊은 다른 한 그룹의 활동가가 사할린에서 조선공산당의 창설을 시도했다가 체포된 문제도 검토했다. 그와 동시에 조선학교가 가진 취약점까지도 언급하면서 전후 세대의 소비에트 사회 통합의 역할에 대해서도 고찰한다.

배규성 교수의 「러일전쟁 이후 일본의 환동해 인식 및 접근에 대한 연구」는 청일전쟁과 러일전쟁의 승전 이후 일본이 본격적인 대륙침략을 앞두고 동해와 인근 지역(환동해)을 어떻게 공간적으로 활용하려 했는지에 대한 기본적인 인식과 접근법을 고찰하고 있다. 일본(니가타현)은 러일전쟁 이후 동해 연안(환동해) 지역에 초점을 맞추고 1907년 러시아 극동의 블라디보스토크와 사할린 섬의 남쪽 부분인 가라후토(Karafuto)에 조사단을 파견했다. 그 후 니가타현은 니가타항과 블라디보스토크와 가라후토 간의 상업 네트워크를 발전시킬 (환동해의) 지역적 프레임워크를 제안했고, 이렇게 제안된 '동해 연안 지역'의 구조는 일본열도 주위에 해외 식민지들이 펼쳐져 있는 일본 식민지 제국의 지역구도와 놀랍도록 유사했다. 따라서 본 글에서는 러일전쟁 이후 니가타현이 환동해 연안에 구상했던 지역적 상업적 틀이 무엇인지를 규명하고 있다. 그리고 환동해 연안 지역은 일본 본토와 상업/무역과 경제 및 군사적 관계로 연결된 지역 네트워크를 형성하고 있었고 일본의 동해 쪽 연안은 그런 목표로 개발되었음을 밝혀냈다.

임성숙 교수의 「사할린 한인의 초기 '귀국'과 국가, 국경, 이동성」은 2008년부터 현재까지 사할린과 한국에서 장기간에 걸쳐 실시한 인류학적 현장연구와 사할린 한인의 귀환과 관련한 자료를 바탕으로 사할린 한인의 영주귀국은 처음부터 일관성 있는 정책이나 사업이 아니었던 점을 밝혀내고 있다. 사할린 한인들은 탈식민지와 탈냉전적인 변화가 교차하는 동북아시아 지역에서 한국과 일본정부의 공동사업으로 시작된 영주귀국사업을 통해 의도하지 않는 형태의 국경을 넘는 이동을 경험하게 되었고, 국경을 넘는 삶의 공간이 새로 형성되었다. 그럼에도 불구하고 누가 한국에서 살 수 있는지에 대한 자격에 대해서는 일관성 있게 대응하지 못함으로써 사할린 한인들은 혼란을 겪었다. 바로 이러한 과정에 착안하여 사람이 실제 국경을 넘을 때 사람들은 단지 물리적인 장소를 이동하는 것뿐만이 아닌 가족, 젠더와 같은 관계와 다양한 사회문화적 상상력을 도모하면서 이동의 가능성과 불가능성을 경험하는 그 자체의 양상을 고찰했다.

　다시 언급하지만 이 총서의 글들은 '제국과 국민국가'의 문제를 '사람, 기억, 이동'이라는 키워드로 연결되어 있으며 기존의 규범적 개념이 갖는 한계성과 문제점을 제시하는데 공통점이 있다. 그것은 제1부가 처절한 개인의 삶 자체가 갖는 '정신세계'와 투쟁이 곧 현실의 삶이며 국민이란 무엇인가, 인간의 자각된 삶이란 어떻게 쟁취되고 살아나가는 힘으로서 국민을 상대화하기 위해 민족과 개인의 딜레마를 어떻게 극복하고자 했는가를 보여주고 있다. 이러한 시각을 이어받아 제2부에서는 근대국가의 시선 그리고 제도로서 권력의 문제와 국가가 만든 유재들을 대상으로 삼았다. 특히 모더니티(Modernity)와 여행의 문제로 연결되고 다시 이주자들의 계층과 민족의 이질감이 접촉하는 공간으로서 전후에 전전을 어떻게 국가적 시각에서 보는가의 문제를 전개해보았다. 이들 제1부와 제2부가 국민과 국가의 근대성·제국주의 문제를 살펴보았다면 제3부는 네트워크와 접경의 딜레마가 갖는 '관계성'에 주목했다. 원거리 내셔널리즘이라고 명명되기도 하지만 근대 국민국가 체계 수립이 갖는 문제점과 그것을 국민국가의 외재적 확장의 문제로서 비판적으로 보고자 했다. 이를 통해 나아갈 수 있는 동아시아의 의미를 재고하는 계기가 되기를 마련하고자 했다.

　반복해서 언급하지만 이 글들은 국민국가의 문제점에 대해 공생, 평화, 주권에 대한 '선험적 문제'들을 그대로 대입하는 '국민국가 해석'의 문제가 아니라, 국민국가의 내부에 존재하는 '외부적 제국주의'의 문제를 이동, 기억의 시각을 재정립하면서 인간의 삶이 갖는 의미를 재고하고 있다. 이주자들의 시각에서는 국가와 민족, 그리고 국민이 정주자와 이주자로 규정되거나 대립적인 개념으로 느껴지지 않는다. 다시 말해서 국가의 내부에서는 정주인 것처럼 보이지만 이주자로서 국민국가가 만든 개념들로부터 떨어져 나온 유민(流民)이기도 하다. 바로 이 정주와 이주 사이와 중첩의 세계 그리고 그 둘에 동시에 균열을 일으키는 기묘한 '사이'를 찾고 있기 때문이다. 사람의 이주와 기억이란 국민·국가를 지탱해주는 것이 아니고 그렇다고 해서 이주가 정주와 반대어이거나 근대에 잉태된 전유의 동의어가 될 수 없는 창조적 세계를 열어주는 역설을 발견하고자 한다.

　이 책의 간행을 계기로 본 일본학연구소는 인문한국플러스(HK+)사업 아젠다인 포스트제국, 문화권력, 동아시아에 대한 연구가 더욱 더 '심화 / 확산' 되어가기를 간절히 바란다. 마지막으로 본 총서에 옥고를 보내주신 국내외 연구자 선생님들께 다시 한 번 감사의 말씀을 드리며 편집과 교정을 위해 고생해주신 학고방 출판사의 명지현 팀장님과 하운근 사장님께 깊은 감사를 드린다.

2021년 4월
봉의산(鳳儀山) 기슭에서
HK교수 전성곤

제1부

사람의 횡단과
차이의 재생
그리고 '국민'

만주 식민지 체험과 기억,
그리고 탈(脫)식민지

가와무라 구니미쓰(川村邦光, Kawamura Kunimistu)

일본 도호쿠대학 종교사학 전공. 덴리대학(天理大学) 조교수 및 교수를 역임하고, 오사카대학 교수. 현재 오사카대학 명예교수. 주요 저서로는 『사진으로 읽는 일본의 광경』(2010), 『애도론(弔い論)』(2013), 『애도의 문화사』(2015), 『일본민속문화 강의』(2018), 『성(聖)과 속(俗)의 사이』(1996), 『전사자(戦死者)의 행방』(2003) 등이 있다.

서론 : 「북쪽귀향」을 열며

창문은 밤이슬에 젖어, 도시는 이미 멀어졌네
북쪽으로 돌아가는 홀로 나그네, 눈물이 그치지 않아
꿈은 헛되이 사라지고, 오늘도 어둠을 떠돌아다니는
머나먼 생각 덧없는 소망, 우리는 사라지지 않는다
지금 입 다물고 있을 것인가? 무엇을 다시 말할 것인가
안녕 조국이여, 사랑하는 사람이여
앞으로 언제나 이 마을에 돌아올 수 있을까[1]

　「북쪽귀향(北帰行)」의 가사이다. 작사·작곡은 우다 히로시(宇田博), 1941년 옛제국 뤼순고교(旅順高) 때 만들어졌다. 우다는 뤼순고 2학년 때 퇴학 처분을 받고 학교를 떠났지만, 뤼순 고등학교 '기숙사의 교가(寮歌)'처럼 여겨 왔던 것으로 알려진다. 일본제국이 패전 후 일본에 귀국하기 앞서 뤼순고 학생들이 동창회 등에서도 계속 불렀다. 1950년대 중반부터, 젊은이들이 모이는 '노래다방(歌声喫茶)'에서 「북쪽귀향」은 작사·작곡자 불명으로 '여행의 노래(旅の歌)'라는 제목으로 불리고 유행했다.1962년, 고바야시 아키라(小林旭)주연 일본활동사진주식회사(日活)에서 제작한 영화『북쪽으로 돌아가는 철새(渡り鳥 北へ帰る)』(감독: 사이토 타케이치〈斎藤武一〉)의 주제곡으로, 고바야시(小林)가 불러 대히트한 바 있다.그리고 1960년대 후반, 우다(宇田)씨가 스스로 작사

1　古茂田信男·島田芳文·矢沢寛·横沢千秋(1995), 『新版日本流行歌史 下』, 社会思想社, p.123.

작곡자임을 밝혔다.

이 노래가 풍미하는 바는 "꿈은 깨져버리고 보잘것없는 처지(零落)가 되어 북쪽으로 돌아가려 하면서도 홀로 떠도는 나그네라는 애수에 찬 이미지다.『철새 북으로 돌아간다(渡り鳥北へ帰る)』에서 주인공을 연기한 고바야시 아사히(小林旭)가 과거의 패배(열등)감을 잠재우고 있다고는 해도, '약자를 돕고, 강한 것을 꺾는다'는 의협심 또는 정의감에 넘친, 밝고 쾌활한 영웅으로, 완전히 노래의 이미지와는 반대된다. 하지만 고바야시 아사히의 가창력에 의해서, 이「북쪽귀향」이 말하자면 불후의 애창가가 된 것만은 인정할 수밖에 없다.

이 노래에는 도시를 떠나 북쪽으로 돌아가는 나그네를 노래한다. 귀향일지도 모르지만 편력(여러 경험)하며 고향에는 좀처럼 도달하지 못하는 것 같다. 그러면서도 조국에 대한 이별을 고하고 있다. 조국은 어디던가? 아마 중국 동북부·만주 등 식민지의 종주국, 즉 일본일 것이다. 일본에 대한 결별이 담겨있다. 작사 작곡자의 경력을 보면 뤼순(旅順)에서 도쿄로의 귀환이지만 가사에는 그대로 담고 있지 않다. 또 이 노래가 유행하던 1960년대까지도 아직 작사 작곡자가 불분명해 만주의 기억(흔적)이 이어오지는 못했다.

1960년 전후의 정황으로는 집단 취직을 위해서든 혹은 무작정 도시로 나온 지방 젊은이라면 전직(転職), 이직, 해고, 무직에 의한 실의와 치욕의 귀향인 셈이다. 60년 안보투쟁에 몸을 던진 학생이라면 패배와 좌절감이 이 노래에 담겼다고 생각했다. 무엇보다도 '북쪽'이라는 방향이 상징하는 도호쿠(東北)지방·홋카이도(北海道)는 낙향하는 패자·낙오자가 멀리 끝까지 도망치려는 땅으로 표현하고 있다. 자포자기를 못하고, 속절없는, 오로지 패배와 좌절을 감수할 수밖에 없어서 고립되어 불안하여 속을 태우던 중에 몸을 맡기거나 할 일도 없는 방황하고 있는 심경을 노래한 것으로 공감되었다. 고바야시 아키라(小林旭)의 밝고 하이톤의 목소리는 그나마 그런 심경을 위로 받고 긍정적으로 살아가며 조그만 희망을 빚은 것이다. 전후 고도경제성장기에 돌입하던 그 시절은 「무작정 도쿄로(ただただ東京へ)」라는 도시만을 지향하는 전성기였다. 그러니까 도회지적 냄새를 풍기면서 지방을 떠돌아다니다가 마지막에는 도시로 돌아가 「철새(渡り鳥)」의 시크함(무표정)에 당시의 젊은이들은 낭만을 느꼈을 것이다,[2]라고 지적하며 고바야시는 지난날을 되새기게 된다.

「몸을 던지고 싶을 만큼의 조국(身捨つるほどの祖国)」[3]은 이미 사라지고, 추억(懷旧)을 버리면서 과거를 짊어지고, 묵묵하면서 조국과 결별해 대치해 나가는, 「철새(渡り鳥)」로서 우리를 떠돌이(여행) 인생으로 비유한다. 여기서 만주를 떠올리게 된다. 1960년대 후반 「북쪽귀향」의 탄생지가 만주였다는 사실을 알려질 당시 이 노래는 새로운 의미를 띠고 새롭게 부각될 만했다. 만성적 내셔널리즘에 젖어 망각되거나 은폐되어 온 만주, 이른바 목구멍에 걸려 있던 가시와 같은 장소(땅)에 주목한 것이다. 하지만 「북쪽귀향」과 만주는 그다지 중복되는 이지지는 아니었다. 만주는 버려져(유기)있었던 것이다.

1. 만주를 상기하다

전후 일본 국내에서 만주의 다렌(大連)을 비롯한 옛 식민지 지명이 대중적으로 다시 주목받게 된 것은 언제부터일까? 아마도 큰 계기가 된 것 중의 하나가 기요오카 다카유기(清岡卓行)의 『아카시아의 다렌(アカシアの大連)[4]』이 하반기 아쿠타가와상(芥川賞)을 수상했을 무렵이다. 1969년의 일이다. 『군상

---

2 小林旭(2001), 『さすらい』, 新潮社, pp.56-57.

3 寺山修司(1971), 『寺山修司全歌集』, 風土社, p.238.

4 다렌(다이렌, 大連)은 지명으로 중국 요령성(遼寧省) 랴오둥 반도(遼東半島)의 남쪽 끝에 있는 항만 도시를 가리킨다. 1898년에 제정 러시아가 청나라로부터 조차(租借)해서 달리니(Dal'nii)라 이름 지었음. 1904년에 한반도와 만주에 대한 지배권을 둘러싸고 러시아와 일본 사이에 일어난 러일전쟁(露日戰爭)에서 승리한 일본이 1907년에 조차권을 넘겨받아 일본의 지배하에 두고 일본 본토의 내국인을 많이 이주시켰으며 남만주(南滿洲) 철도회사가 설치되었었다. 제2차 세계대전 후 중국에 반환되었으며, 둥베이(東北) 최대의 중화학 공업 지역이다._역자주

(群像)』1969년 12월호에 실렸다. 아쿠타가와상을 수상(하반기)하고, 『문예춘추
(文藝春秋)』1970년 3월호에 전재되었으며 단행본 '아카시아의 대련'은 1970년
에 간행되었다[5]. 1970년, 후루야마 고마오(古山高麗雄)가 「플레이 8의 새벽녘
(プレー8の夜明け)」으로 아쿠타가와상(상반기), 『조그마한 시가지(小さな市
街図)』(1972)로 예술원 신인상을 수상했다. 기요오카(清岡)는 대련 태생, 후루
야마(古山)는 북한의 신의주 태생이다.

『아카시아의 다렌(アカシアの大連)』으로 명명된 작품을 통하여 다렌만 아
니라 옛 식민지를 노스텔직(향수)으로 생각하는 일정한 이미지가 형성된 것으
로 추측된다.1970년 전후 베트남 반전 운동이나 전국학생공동투쟁회의(全共
闘)[6]·신좌익운동의 열기 속에서 아시아·태평양 전쟁의 책임, 특히 난징대학
살 등에서 철저하게 죽이고, 빼앗고, 불태워 없애려 했던 '산코우작전(三光
作戦)[7]'이야말로 일본이 중국 침략에 대한 가해자로서 주목받고, 단죄 및
책임·사과를 재차 추궁당하게 된[8] 정책이다. 재일조선인과 중국인에 기록상

---

5 『문예춘추(文藝春秋)』에는 '아카시아의 다렌'의 게재에 맞춰 집필했는지는 모르나, '종전
  비화: 사지 만주에 잠입하여'(이이야마 다쓰오〈飯山達雄〉)라는 제목의 만주 귀환의 기록도
  실려 있다. 단행본 『아카시아의 다렌』(고단샤〈講談社〉, 1970)에는 표제작과 「아침의 슬픔
  (朝の悲しみ)」이 담겨 있다.

6 「전학공투회의(全学共闘会議)」 의 약칭으로1968~69년의 대학분쟁 때에 제 대학에 결성된
  신좌익계 내지 무당파 학생조직을 가리킨다._옮긴이

7 중일전쟁 초기에 일본군이 취한 작전(전술) 중의 하나로, '杀shā光'(모두 죽임)·'烧shāo光'
  (모두 태움)·'抢qiǎng光'(모두 빼앗음)의 뜻한다.

8 그 밖에 도서간행회에서 '만주총서조국으로 향하는 길'로 재간된 모리 후미코(森文子)『탈
  출행』(1948), 요네즈카 히데직(米塚英子)『빼앗겨도』(1950) 등이 있다. 소설은 1950년 전후,
  우시지마 하루코(牛島春子)가 「쇼코」「어느 여행」등을 발표하였다(나리타(成田) 2006:186).
  다렌에서 귀환한 미키 타쿠(三木卓)는 1969년 아동서『멸망한 나라 여행』을 발간하고, '비
  화'(1972)로 1973년 아쿠타가와상(상반기)을 수상, 이를 수록한『포격이 있은 뒤』를 같은
  해에 간행했다. 기요오카와 대극에 위치하는 듯 하나, 다소 비슷한 작가는 모리사키 카즈에
  (森崎和江)로, 『어머니 나라와의 환상혼』(1970), 『이족의 원기(原基)』(1971)가 있다. 이회성
  의 사할린으로부터 귀국을 그린『또 다른 길』은 1969년에 발표되었고, 『다듬이질하는 여인

패전 후의 현재를 조명하여 규탄하고 '입관투쟁[9]'(入管闘争 입관법의 국회 상
정에 반대하고 소수자 차별 문제에 대처하고자 하는 운동)에서 다시 식민주의,
제국주의를 되묻는 분위기가 나타나기 시작했다.

　무엇보다 만주 귀향(귀국)이나 시베리아 억류를 다룬 체험기는 잘 알려져
있다. 후지와라 테이(藤原てい)『흐르는 별은 살아있다(流れる星は生きてい
る)』(1949), 타카스기 이치로(高杉一郎)『오로라의 그림자(極光のかげに)[10]』
(1950)을 비롯하여, 1950년 전후부터 일찌감치 출간되었다[11]. 그것은 동서 냉전

―――――――――

　』으로, 1971년에 아쿠타가와상(하반기)를 수상하였다. 조선에서 돌아온 고토 아키오(後藤
　明生)는 1976년에『꿈 얘기』를 간행했다. 시베리아 억류자로는 정치가이자 전 수상 우노
　소스케(宇野宗佑)『고향 도쿄』(1948)가 빨랐고, 평론가 우치무라 고스케(内村剛介)는『서
　둘러 가다』를 1967년에, 시베리아 억류 화가를 논한『카즈키 야스오(泰男)』등을 담은『사
　라지지 않는 나의 사념』을 1969년에 간행했다. 시인 이시하라 요시로(石原吉郎)가 시집
　『산초 판사의 귀환』(1963)과 평론 '확인되지 않은 죽음 속에서 - 강제 수용소에서의 한 죽
　음'(1969) 등 시와 평론을 담은『일상에 대한 강제』를 간행한 것은 1970년, '강제된 일
　상'(1970) 등을 담은 에세이집『망향과 바다』는 1972년 간행되었다. 만주의 문자를 딴 작품
　으로는,『쇼와전쟁 문학전집1 전쟁 만주에 오르다』(슈에이샤, 1964)가 가장 빠르겠지만, 이
　것은 전전 작품의 앤솔러지(사화집)이다(와다 쓰도(和田伝) '오오히나타마을', 시마키 켄사
　쿠(島木健作) '만주 기행', 고바야시 히데오(小林秀雄) '만주의 인상', 키타무라 켄지로(北
　村謙次郎) '춘련(春聯), 우시지마 하루코(牛島春子) '슈쿠라는 남자' 등을 수록. 만주 이민
　의 기록은 1978년 야마다 쇼지(山田昭次)편『근대민중의 기록6 만주이민』이 간행되었다.
　만주 이민·귀환에 관해 정리된 연구로는 아라라기 신조(蘭 信三)『'만주 이민'의 역사사회
　학(1994)』이 있다.

9　재일외국인의 인권향상운동의 일환으로 출입국관리 및 난민인정법(出入国管理及び難民
　認定法)의 줄임말로 우리나라의 출입국관리법에 해당한다.

10　극광이란 주로 남반구와 북반구의 상층 대기에 나타나는 빛이, 발하는 현상. 아름다운 색채를
　보이며 커튼이나 띠, 천조각 따위와 같은 여러 형태로 나타난다. 오로라로 불리운다.

11　중국귀환자연락회 편『삼광 - 중국에서의 일본인 전쟁범죄의 고백』이 1957년에 출판되어
　각광받은 지 10년 정도 지나 다시 주목받았다. 히라오카 마사아키(平岡正明)『일본군은
　중국에서 무엇을 했는가』(시오출판사, 1972), 모리야마 고헤이(森山康平)『증언기록 삼광
　작전』신진부츠오라이샤, 1975), 요미우리신문 오사카사회부편『중국침략』(요미우리신문
　오사카본사, 1983), 중국귀환자연락회편『완전판 삼광』(반세이샤, 1984), 히메다 미쓰요시

이 시작될 즈음으로 소비에트연방(이하, 소련)등의 사회주의 제국에 대해서
점령하고 있던 식민지국가를 이용해 일본의 '반소련·반공(反共)'이라는 정치
적 의도를 개재하려 했다. 특히 '일본 독립(日本独立)'을 둘러싼 '전면 강화(講
和)'나 '단독 강화'를 놓고 강화 문제로 일본 국내 여론이 첨예하게 대립했던
시기에 이러한 귀국 체험기는 1945년 8월 일제 패망 직전에 참전한 소련에
대한 적의를 부추기게 됐다. 결과적으로 체험기나 향수에도 국가(일본)의 정치
성향이 투영된 셈이다.

패전으로부터 4반세기가 지난, 1970년을 계기로 만주를 비롯한, 옛 식민지에
서의 생활이나 귀국 체험기, 소설 등이 잇달아 출판되었다. 다만 의아하게도 다
롄이나 창춘(신경⟨新京⟩), 심양(奉天), 하얼빈(哈爾賓) 등 만주에 거의 한정되어
있지만 구 식민지의 지명이 그립고 잊기 어려운 땅이었기 때문이지 혹은 떠올리
고 싶지도 않은 땅으로, 망령처럼 갑자기 섬뜩하게 되살아나고 있는 것이다.

이 무렵부터 과거 식민지 생활과 귀국을 먼 과거의 풍경으로 되돌아볼 만한
여유가 생긴 것일까? 혹은 이른바 고도경제성장의 최고 전성기에 이르러, 물질
적인 풍요로움과 테크놀로지(기술)의 발전을 구가한 오사카(大阪) 만국박람회
를 보면서, 엄청 고생하고 힘들었던 귀국 체험을 상기하려고 했을까? 어쨌든,
과거의 꺼림칙한 마음이나 부채의식을 털어버리고, 만주를 이야기하기 시작했
던 것이다. 그러나 그것은 어떻게 표상(表象)[12]되어 되살아났을까.

박유하(朴遊河) 교수는 『귀국 문학론 서설: 새로운 포스트 식민주의의 길(引
揚げ文学論序説 : 新たなポストコロニアルへ)』(2016)를 펴내며 '귀국 문학'
의 컨셉트를 제기하고 있다. 전후 일본에서 귀국에 관한 스토리텔링이 전국민
의 이야깃거리가 되기 쉬운 '수난(受難) 모노가타리[13]'이면서도 '원폭 이야기'

(姬田光義), 『三光作戰(삼광작전)』이란 무엇이었나 - 중국이 본 일본의 전쟁』(이와나미서
점, 1995) 등이 출판되어 삼광작전이 밝혀졌다.
12 추상적인 사물이나 개념에 상대하여 그것을 상기시키거나 연상시키는 구체적인 사물로 나
타내는 일을 뜻한다._역자주

와는 달리 공적인 기억으로 남지 않은 것은 가해자로서의 일본을 포함한 내용
이었기 때문이다. 전후 일본에서는 받아들여질 여지가 없었다고 지적하고, 다
음과 같이 귀국에 관한 시각(視点)을 설명하고 있다.

「귀국」이란, 점령지나 식민지와의 관계에서만 생각할 수 있는 것이 아니고,
「본토(=내지)」와의 관계, 나아가 귀국자들끼리의 관계도 고려해야 비로소 그
전모가 보인다고 하는 것이다. 즉 점령지나 식민지에 나가서 살기 이전의 '제
국일본'과의 관계, 돌아온 후의 '전후 일본'과의 관계 등 종합적 상황(사항)을
파악해야만 '귀국'에 관해 이해할 수 있을 것이다.[14]

이런 착종하고 중층된 상황(사태)에서 귀국자들에 대해서 본토인들의 '차별
과 경멸, 연민이 섞인 복잡한 감정'때문에," 본토인들이 기억화하고 공유할 여
지는 없었다". 한편으로는 귀국자. 자신도 그 체험을 적극적으로 말할 수 없었
다. 양자(본토인 vs. 귀국인)가 가슴에 담고 있는 심리에 관해 '귀국'의 이야기
를 국민의 '집단(集合的) 기억'으로 정착시키며, 국민이 공유할 수 있는 '국민
적 이야기'로 승화시키는 못했다」[15]과 박유하는 귀국 이야기가 국민 이야기로
전환(전위)하지 못한 근거를 잘 설명해 주고 있다. 어느 정도까지 공유하고
정착하고 보급하여 일반화한다면, '집합적 기억' 또는 '국민적 모노가타리'라고
부를 수 있었을지도 모른다. '집단 기억'으로 정착시키거나 '국민 모노가타리'
가 된다고 가정해 보면, 어떤 의의가 있을까? 꽤 어려운 문제이다. 문학이라는
관점에서 본다면 더욱 그렇다.

---

13 모노가타리(物語)란 일본 헤이안 시대(平安時代)에 발생한 문학양식 중의 하나이다. 내용
  과 성격에 따라 쓰쿠리(作り) 모노가타리, 우타(歌) 모노가타리, 레키시(歷史) 모노가타리,
  세쓰와(說話) 모노가타리, 군키(軍記) 모노가타리, 기코(擬古) 모노가타리 등으로 분류되지
  만, 단순히 모노가타리라고 할 때는 〈겐지 모노가타리 源氏物語〉로 대표되는 쓰쿠리 모노
  가타리를 가리킨다. 쓰쿠리 모노가타리는 가공 인물이나 사건을 사이사이 와카(和歌)를
  섞어가며 가나(假名) 산문으로 묘사한 것._역자주
14 朴裕河(2016), 『引揚げ文学論序説』, 人文書院, pp.24-25.
15 朴裕河(2016), 『引揚げ文学論序説』, 人文書院, p.25.

『아카시아의 다롄』은 과거 식민지 생활자들에게 자신의 식민지 체험을 되돌아보는 계기가 되었을 뿐만 아니라 스스로 식민지 생활을 집필하는 데 큰 영향을 미쳐 텍스트로 표현된 듯하다. 그 뿐만 아니라 소설에 어느 정도의 관심을 가지고 있던 사람들에게 다롄과 만주에 눈을 돌리게 하는 계기를 가져왔다는 점이 중요하다. 여기에서는 『아카시아의 다롄』 분석을 통해 식민지 체험의 이야기에 초점을 맞추어 아카시아로 얼룩지고 그 그윽한 냄새가 물씬 풍기는 다롄, 또는 만주에서 식민지 생활이 어떻게 회자되었는지, 다른 식민지 생활자의 체험기나 잡지 기사 등도 돌아보고 살펴보자.

2. 기억과 심상(心象) 풍경의 구성

「아카시아 다롄」의 주인공은 다롄에서 유소년 시절을 보냈고, 다롄을 떠나서 도쿄의 고교·대학에 들어갔다. 일제 패망의 5개월 전 대학 1학년 때」 주체(저항)할 수 없는 향수에 사로잡혀」 아파지도 않았지만 휴학하고 두 친구들과 함께 다롄으로 돌아갔다. 그리고 「조국의 패전(祖国の敗戦)」을 맞고 이곳에 3년 머무르는 동안 결혼도 하였다. 아마 16살까지 생활한 다롄, 스무살 전후해서 출신지의 다롄을 '고향'이라고 마음먹은 심경(心情), 「억누를 수 없는 향수」를 가슴에 담고, 향수에 젖어 있다.

패전 임박해서 다롄으로 건너간 두 친구는 바로 전후 곧바로 『스무살의 습작(二十歳のエチュード)』을 남기고 자살한 하라구치 도우조(原口統三), 그리고 나중에 러시아문학 연구자가 되는 에가와 다쿠(江川卓)이다. 키요오카(清岡)는 하라구치를 위해 「소소한 레퀴엠(ささやかなレクイエム)」[16]을 썼으며, 하라구치가 죽은 25년 후에 『(바다의 눈동자: 하라구치를 그리워하며(海の瞳: 原口統三を求めて))』를 집필했다.

---

16 清岡卓行(1970), 『アカシアの大連』, 講談社, p.244.

일본으로의 귀국은 1948년의 일이다. 이는 작자, 키요오카 타쿠유키(清岡卓行)의 경력과 완전히 겹친다. 주인공은 내가 아니라, 3인칭 '그'로 표기하고 제3자적 관점에서 기록되어 있다. '그'의 입장에서 대상화, 타자화(他者化)하고 있다는 점은 주목할 만하다.

작자가 '그'에 대해서, '그'의 과거와 현재를 드나들며 기술하고 있다. 확실히 '그'의 체험이나 감개는 작자가 느꼈던 것과 꽤 겹치고 있다고 추측할 수 있다. 「아카시아의 다롄」은 '프라이빗 소설(私小説)'로 불러도 좋을지도 모른다. 그렇다고 개인소설(私小説)에서는 나(주인공)의 적나라한 고백이 아니라 나를 허구화한다. 허구화하지 않는 나를 표상하기 위해서는, 역설적으로 타자(他者)로서 거리감을 두게 한 '그' 사람에게 나를 빙자(仮託)하는 기법이야말로 나를 허구화하지 않는 손쉬운 방법이다. 작자는 '그'의 식민지 체험에 고나해 현재의 '그'의 입장에서 자각적(自覚的)으로 그렸다.

'그'의 현재는 도쿄에 귀국한 후, 21년 이상 지난 1969년경을 말한다. 연령은 사십 중반을 지났다. 대학을 졸업하고 회사원이 되었고 현재는 한 대학의 어학교사로 이직해 있다. '그'가 귀국한 후, 다롄은 여대시(旅大市·여순과 대련)로 변해 별로 기억나는 것이 없었다. 왜냐하면, "눈앞에(당장) 살아가기 위해 해야 할 일이 너무 많았고, 아내랑 아이들과 즐거운 생활 속에서도 틈틈이(가끔) 과거가 생생하게 되살아난다는 경우는 이유는 알 수 없지만 거의 없었다"[17]라는 연유에서다. 하지만 그것은 때로는 되살아난다. 「아카시아 다롄」은 현재의 자신이 식민지 체험을 둘러싼 기억을 회복하는 이야기(모노가타리)로 풀어내고 있다.

패전 후 직장이나 식량을 구하기 위해 우왕좌왕하던 혼란기를 살며, 1950년에 발발한 한국전쟁을 계기로 한 전쟁특수경제(特需景気), 1960년대의 '소득배증정책(所得倍増政策)'에 의한 고도경제성장기로 이어졌다. 전후의 4반세기를 짊어지며 고생한 세대로 치부(개괄)되는 상황을 회고해 보면, '그'와 같

---

17 清岡卓行(1970), 『アカシアの大連』, 講談社, pp.88-89.

은 감개무량(感慨)함을 느꼈을 것이다. 풍요지향 및 마이홈을 향한 꿈(マイ
ホーム主義)이 뇌리의 대부분을 차지했고 절박한 생활에 급급해 과거를 그리
워할 여유란 거의 없었다. 뿐만 아니라, '반미애국'이라는 슬로건이 여기저기서
외쳐지고 있었다. 그러나 민주화의 구호에 덮여, 침략전쟁이나 식민지 지배에
관해서는 거의 뒤돌아보지 않고, 전쟁이나 식민지 생활은 떠올리고 싶지도 않
은 괴로운 체험마저 망각의 구렁텅이로 내몰아가고 있었던 것이다.

그러나, 때로는 과거 희비가 교차하는 체험이 우연한 일을 계기로 떠오르기
도 했다. 전사한 아들이나 귀국의 도중에 잃은 아이를 공양하는 과정에서, 혹은
훗날의 일이지만, 중국에 남겨둔 부인이나 '그'의 부모·형제·자매·친척과의
만남의 장면에서 알 수 있듯이 재차 과거의 시간에 직면하지 않을 수 없는
경우도 종종 나타났다. 어쨌든 그것을 메모해 두려는 의사는 아직 거기에 등장
하지는 않는다. 소설이든 체험기나 회고록(自分史)이든 간에 그러한 의향(意
思)이 어디에 있었는지, 전쟁 체험이나 식민지 생활 체험을 상기하고 기록을
남기는 행위란 무엇을 의미하는 것일까? (구체적으로) 어떠한 것이었는지, 새
롭게 다시 되물어 볼 필요가 있을 것이다.

'그'의 경우는, "옛날 다롄의 무엇인가가, 극히 드물게 과거의 깊은 어둠으로
부터 화려하게 떠오르는 것은 생활속에서 우연의 진기한 사건이 발생하자 우
연히 마음이 어두워졌던 '그'의 기억을 실로 잘 자극하는 시간에 한정되어 있
던 것 같다"라고 적고 있다. 여기서 무심해져 있던 '그'의 기억이란 어떤 것인
지 상당히 이해하기 어렵다. 그러나 〈우연한 진기한 사건〉이 계기가 되고, 그것
도 적어도 다롄 생활과 관련된 사건에서 촉발돼 다롄의 기억뿐만 아니라 옛
다롄의 무엇인가가 갑자기 모습을 드러난다. 이러한 일화로는 두 가지를 꼽을
수 있는데 본고에서는 한 가지만 살펴보기로 하자.

8년 전 겨울, 아들을 위해 지구본을 사러 백화점에 갔을 때의 일이다. 지구본
을 고르려는 방법 중의 하나로 다롄이 있는 랴오둥(遼東)반도 부근에서 회전
을 멈췄다. 잠시 눈을 지구본 위의 랴오둥에 고정시켰더니 유소년기 그리운

다롄의 이미지가 뇌리를 스치면서 먼 과거의 땅에서 스쳐오는 향수가 자연스
럽게 가슴에 와 닿고 있다. 그것은 그 무렵 알제리의 독립 문제가 신문이나
텔레비전의 뉴스에 보도되고 있던 것과 무의식중에 관련되어 있었을지도 모른
다고 적고 있다.

지구본을 사들고 기차에 오르자 누군가의 휴대용 라디오에선 드골 대통령의
알제리 정책이 지지를 받았다고 전하는 뉴스가 흘러나왔다. 1961년의 일이다.
'그'는 팔에 안은 지구본을 떠올리며, 프랑스 본국의 보라색은 '멋'이지만, 프랑
스 식민지 알제리는 아무래도 '피비린내 나는 보라색'이다, 머지않아 그것은
다시 칠해지겠지만, 희미하고 수수한 색이었다고 해도, "틀림없이 아름답게
보일 것이다"라고 장담한다.[18]

그리고, '그'는 알제리에서 태어나 자란 프랑스인 자식(子弟)이며 「청춘의
드라마」를 연상하며 「이상한 친밀감」을 기억한다. 문득 너희는 빨리 프랑스
본국으로 돌아가는 것이 좋겠다(중략) 저 영광스러운 전통의 나라로 돌아가는
데 아무 지장이 없지 않느냐, 고향은 잊을 수 있는 것이라며 식민지에 살고
있는 프랑스인 청춘들에게 이야기하려는 무엇인가가 솟아 올라 스스로 놀랐다
고 한다. '고향을 잊을 수도 있다'라는 말이 이번에는 '그' 자신의 현시점(現在)
으로 돌아와, 자신에게 있어서 고향은 무엇이었던가, 「표현하기 어려운 통증」
과 함께 떠오르는 생각에 사로잡혔다.

각국의 영토가 색색으로 분류된 지구본, 그리고 프랑스의 '세련된 보라색'과
알제리의 '피비린내 나는 보라색', 이는 식민주의에 대한 제대로 된 비판이라고

---

18 1901년(메이지 34), 병상에 있던 마사오카 시키(正岡子規)는 『먹물 한 방울』 시작 부분에,
「20세기 새해 선물」로 받은 지구본을 베갯가에 두고, 직경 9센치 정도의 작은 지구를 보면
서, 「약간이나마 일본이라는 나라도 특별히 붉게 칠해져 있고, 대만 아래에는 신일본으로
적혀 있고. 조선 만주 길림 흑룡강은 자줏빛 안에 있지만, 베이징으로 톈진이라고도 적을
곳이 없는 것은 너무나 불안하다. 20세기 말 지구본은 이 붉은 색과 자주색이 얼마나 바뀌었
을까, 그것은 20세기 초의 지구본이 알 바는 아니고.' (마사오카(政岡) 1927:5)라며 제국
일본의 식민지주의의 미래가 적혀 있다.

34

해도 좋다. 그러나 이는 겨우 눈치 채고 있다는 정도로 해석된다. 식민지 지배에 의한 굴복과 예종(남의 지배하에 매여 시키는 대로 따름), 해방투쟁의 탄압에 못 이겨 현재에 이르기까지 엄청난 피(희생)를 흘리고 있다. 그러나 '비피린 내 나는' 색으로 물들인다. 과거 일본의 식민지 지배, 또한 다른 색깔로 칠해진 만주 등의 옛 식민지에 대해서는 생각이 미치지 않는다. '먼 과거의 땅(土地)에 대한 향수(노스탤지어)'가 치솟아 올라서, 가슴이 욱신거림을 느낄 뿐이다.

'소득배증계획(정책)'이라는 구호 아래 '살기 위한 눈앞의 일'에 몰두하여(내몰려) 다른 일을 돌아볼 겨를이 없었다. 그렇기보다는 오히려 벌써 잊어버리고 있었다고 하는 편이 좋을 것이다. 뒷일이 걱정되거나 꺼림직함은 조금도 없이, 「그리운 다롄의 이미지」 즉 향수가 가슴으로 울컥 올라올 뿐이다. 하지만 그것은 하나의 계기가 되었다.

'그'는 식민지 해방투쟁을 담당하는 알제리인에 공감하는 것이 아니라, '그'와 같은 식민지에서 태어나 자란 프랑스인의 청년들에 대해 많은 생각을 하게 되었다. 리베럴리스트인 척하며 안이하게 해방투쟁을 지지하지 않는다. 고향은 잊을 수 있고, 본국에 돌아갈 수 있다는…, 하지만, '그'의 고향이라고는 하지만 그 '고향'을 잊을 수 없고, 때때로 향수를 더듬어 가슴이 저며오는 것을 기억하지 않을 수 없다. 향수는 단순히 과거를 그리워하고 감정에 자족한 나머지 거기에 젖어 들기만 하는 것이 아니다. 과거의 기억을 환기해가며 현재를 조사하는 것이다. 아픔과 뉘우침으로 현재를 부각시키는 역할을 한다.

조금 생각하면 쉽게 알아차릴 수 있을 지 모르지만, 알제리 출신 프랑스인에 '고향'의식이 있는지 없는지, 혹은 본국에 귀환하고 나서야 그것이 생길지는 의문이다. 단지 알제리인에 대한 적의를 가지고 있다는 건지 모른다. 원래 '고향'의식은 '그'에도 말할 수 있도록, 태어난 조국(고향)을 떠나면서 '고향'의 가요나 이야기 등을 매체를 통해 재탄생 시키며 감흥을 되안겨 준다. 또한 식민지의 프랑스인은 민족해방전선(民族解放戰線), 알제리해방군의 공격에 노출되어 식민지를 사수하기 위해서 싸우고 있는 사람도 있었다. 패전으로 소련군과 중국공산당 팔로군(八路軍), 국민정부군, 현지인들에게 쫓기어 비참한 모습으로 도망치듯 돌아갈 수밖에 없었던 일본인과는 근본적으로 달랐던 것이다.

훗날 당시 대학의 어학 교수인 '그' 키요오카(清岡)는 1964년부터 호세이대학(法政大学)의 프랑스어 교사로, 민족해방전선에서 싸운 프란츠 파농[19]의 이름, 또한 1968년에 번역 간행된 프란츠 파농의 『검은 피부, 하얀 가면』(원작 1952년)과 『땅으로부터 저주받은 자』(원작 1961년) 등을 수록한 『프란츠 파농 선집』은 모르긴 해도 1954년에 알제리 각지에서 무장봉기하고 58년 임시정부를 수립, 1962년에 알제리가 독립한 것은 제대로 기술하고 있을 것이다.[20] 1967년에 일본에 상륙(공개)하며 아마도 『키네마 순보』베스트10에서 1등을 하게 된 『알제리 전투』를 보았을 것으로 생각된다. 그러나 과연 이 영화에서 아무것도 느낀 바가 없을 지는 의구심이 든다.[21] 키요오카는 영화를 좋아했으며, 비록 짧았지만 뉴스영화 회사에 취업하여 약 반년 정도 근무했다, '그'가 이 영화를 보았다고 상정(設定)해도 좋을 법하다.

알제리의 독립투쟁에 관한 뉴스를 들어도, 피식민지(피지배자) 알제리인들이 일찍이 자신들도 식민지 지배자의 일원이었던 점에는 개의치(눈 하나 깜박이지) 않고, '고향'은 잊을 수 있다고 하면서도, 과연 고향은 자신에게 있어서 무엇이었을까 하는 생각에 사로잡히곤 한다. 이는 '그'의 감상적이고 나르시스틱한 감성(나르시즘)과 결합된 식민지주의를 온존시킨 심정(心情)에서 기인한 것이다.

40대 중반이 된 '그'에게 드물게 이런 일이 있어도 '머나먼 내(가 태어난) 고향은 기억 속에 고이 잠들고 있다'는 점이 현실이었다. 하지만 미묘하게 상

---

19 Frantz Omar Fanon은 『혁명의 사회학』 저자로, 알제리 민족해방운동연구의 선구자라 할 수 있다._역자주
20 전자는 1970년, 후자는 1969년에 '프란츠 파농 저작집'의 1권, 3권으로 간행되었다.
21 猪俣勝人(1974), 『世界映画名作全史 戦後編』, 社会思想社, pp.259-263.

황(事態)은 달라진다. 그 계기가 된 것은 아내의 죽음이었다. 혼자 생각에 잠기는 시간이 반복되면서 다롄에 얽힌 다양한 기억의 단편들이 "'그'의 머리 속에서 마치 며칠 간격으로 흐르는 간헐천처럼 생생하게 떠오른다." 그래서 이러한 "기억의 단편이 은밀하게 분출되어, 전체적으로 그리려 했던 것이 무엇인지를 막연히 예감하게 되었다." 그것은 '약간 청춘의 냄새 물씬 풍기는 이야기(모노가타리)'이다.

「아카시아 다롄」은 '그'의 현재(1969년경)아내가 사망한지 1년하고도 몇 달이 지난 뒤 이를 기점으로 전후(戰後)에 문득 떠올리게 된 '다롄의 추억', 다롄으로 건너간 패전 직전, 유소년기의 다롄, 패전 후 다롄의 생활, 결혼을 기약하고 만난 여성과는 교제 과정에서 헤어지는 등 다롄에 얽힌 과거를 돌아본다는 구성이다. 「청춘 모노가타리(이야기)」이자 정겨운 '고향'인 '먼 과거의 토지에 대한 향수'가 구구절절 녹아있다.

3. 아카시아와 다롄 이미지 : 향수의 구조

키요오카 타쿠유키(清岡卓行)는 「아카시아의 다롄」에 관해 다음과 같이 써 내려가고 있다.

과거 일본의 식민지 가운데 아마도 가장 아름다운 도시였음에 틀림없는 다롄을 다시 한 번 가보고 싶으냐고 묻는다면 '그'는 오랫동안 망설이다가 고개를 저을 것이다. 보기 싫은 게 아니야. 보는 것 자체가 불안한 것이다. 만약 다시 한 번 '그' 그리운 거리에 다시 서게 되면, 당황해서 걸을 수조차 없게 되지나 않을까, 은근히 자신을 두려워하게 되는 것이다.

불안과 두려움, 그것은 아마도 옛 다롄의 경관(풍경)이 완전히 바뀌어 버렸기 때문이라고 우선은 추측 가능하다. '그'는 다롄이라는 이름을 잃은 도시가 더 이상 「아름다운 도시」가 아니라는 점도, 거기에는 「그리운 추억의 그 거리」가 이미 사라지고 없다는 것도 새삼 느끼게 될 것이다. 단순히 자신이 만든 다롄의 이미지가 깨지기 때문에 다시 가 봄으로써 불안감을 느끼게 하는 것은 아닐게다. 그리움과 감격에 겨워 어쩔 줄 몰라 할 것이라는 생각도 들겠지.[22]

하지만, 처음부터 다롄은 「기억의 저 밑」에 숨겨진 고향이다. 그래서 과거 다롄의 기억이 여리고 깨지기 쉬우며 덧없이 사라지는 것에 대한 두려움일 수 있다. '그'가 잃고 싶지 않다고 생각하는 것은, 마음속에 숨어 있던 「과거 일본의 여러 식민지 중에서 아마 가장 아름다운 도시」로서 여린 기억, 죽게 내버려 둔 아내와 함께 보낸, 노스탤지어로 늘상 살아 있는 「머나먼 토지」일 뿐이다. 현실과는 괴리된, 어디에도 없는, 대체불가의 토지, 네버랜드였다고 말할 수 있다. '자신도 모르게 무서워하는 것'은 '현재'의 여대(旅大), 다롄(大連)에 배신당하는 두려움이 아니라, '그'의 '현재'와 직면하는 것이 무서웠을 것이라는 생각이 들 수 있다. 무엇보다도 자신의 기억이 취약성 및 용이한 망각(침식성), 나아가 쉽게 오염될 수 있다는 두려움이 존재했을 것이다.

구체적으로 살펴보자면 과거 식민지배자·침략자였던 '현재' 자신의 (치부가) 드러나는 상황을 두려울 것이다. 옛 식민지의 '현재'를 무시하고 과거만 아름답게 노래 부르는 것은 '식민지주의'를 불식하지 못하고 유지하며 연명시키고 있을지 모른다. 또한 이러한 의도가 드러나는 것을 두려워하고 있다. 다만 민족적 편견과 차별에 대한 자기반성이 식민지주의를 온존시키고 있는 것으로 보기는 어렵다.

이 소설의 테마는 '먼 과거의 어느 지역에 대한 향수'이다. 그러나 또 한 가지 숨겨진 테마가 있다. 패전 후에 다롄에서 만나 결혼하여 '그'가 40대 중반 무렵에 병으로 죽은 아내에 대한 만가(挽歌)[23]가 그것이다. 소설의 결말에서

---

22 淸岡卓行(1970), 『アカシアの大連』, 講談社, p.87.
23 구전 민요 중의 하나로 수레(상여)를 끌면서 부르는 노래, 즉 죽은 사람을 위해 부르는 노래를 말한다._역자주

야 밝혀진다. 다롄에의 향수는 아내의 추억과 애도(哀悼)가 중첩되고 있는 것이다.

잃어버린 「고향」 다롄은 곧 지금은 살아있지 않은 아내를 먼저 떠올리게 된다. 다롄과 부인에 대한 만가, 이것이 「아카시아 다롄」의 주제이다. 다롄이라는 도시가 주선해 준 인연을 통해 다롄에 대한 향수로 이어지고 죽은 아내의 추억과 맞물려 더더욱 가깝게 느끼게 한다는 것이다. 일제의 침략 및 식민지 지배를 되돌아본다면, 단순히 「먼 과거의 장소(토지)에 대한 향수」를 매개로 그리운 다롄을 그저 지나버린 과거로 싸잡아 지나쳐버릴 수는 없다고 생각한다. 그러나 '그'는 「그리운 다롄의 이미지」에 젖어 헤어 나올 수 없었던 것이다.

5월 중순이 지났을 무렵, 남산 기슭(南山麓)의 길가에 여기저기 많이 심어져 있던 가로수 아카시아 꽃이 일제히 피어 있었다. 그러자 마을 전체가 너무 감미로워 죽을 정도로 좋은 냄새, 그 순결함 속에 가물거리는 욕망과도 같은, 혹은 향락(逸樂)하며 회상하는 깨끗한 꿈을 꾸는 듯한, 어딘가 쓸쓸함이 가득 찬 것이었다. 황혼이 질 때면 '그'는 언제나 혼자서 거리를 산책하면서 그 향기를 거의 온몸으로 느꼈다. 한줌의 꽃송이를 잡고 하나씩 하나씩 작은 꽃들을 곱씹으며 진하지 않은 꿀맛과도 같은 기쁨을 누렸다. 그 어렴풋하지만 달콤했던 맛은 예컨대 초등학생 시절 숨바꼭질, 높은 빨간벽돌의 담장에 올라가서 거기에 뻗어 올라오고 있는 아카시아 가지(풍성한 녹색) 뒤로 몸을 숨기고 가시가 박히지 않도록 조심하면서 그 꽃의 꿀을 빨면서, 휘황찬란한 오후가 정말 길구나하는 생각으로 이어졌다. 그리고 '그'는 이 마을이야말로 역시 자신의 진짜 고향인 것이라고 감지했다. 다만 생각을 통해서가 아니라 육체를 통해서 절실히 느꼈던 것이다.[24]

40세 중반 지나니 '그'는 22세 때 '주체할 수 없는 향수'에 이끌려 돌아온 다롄의 거리를 「진짜 고향」으로 몸소 느낀 점을 서정적으로 적고 있다. 여기에는

24 清岡卓行(1970), 『アカシアの大連』, 講談社, pp.143-144.

향수, 혹은 '고향'의식이 어떻게 발생하는지 그 메커니즘이 잘 표현되어 있다.

　한꺼번에 꽃이 피어 숨막힐 듯한 '매혹적이고 감미로운 내음' 혹은 '어딘가 아주 슬픈 향기'를 띠고 있는 아카시아의 가로수. 다롄은 아카시아 향에 응축된 (절인) 결정체가 되어 있었다. 그 향기에는 감미로움 / 쓸쓸함, 순결 / 가슴 아픈 욕망, 향락(逸樂) / 청렴한 꿈처럼 양의적이고 상반된 이미지가 혼재해 있다.

　이 다롄이라는 도시는 실제 가득 머금고 있는 향기에 의해서 환기(喚起)되는 것은 아니지만, 이처럼 상반된 이항대립[25]적인 아카시아 향기를 회상함으로써 상징적으로 표상되어 성적인 욕망의 대상으로서, 즉 여성의 이미지로 여겨져 왔다. '그'에게는 여체를 생생히 떠오르게 하는 다롄이 '진짜 고향'으로 육체를 통해서' 실감된 것이다. 이미지에 의해서 형성된 아카시아 향을 상기함으로써, 다롄을 '고향'으로 떠올리는 셈이다. 즉 이미지의 다롄이 구축(構成)되며, '그'에게는 '고향'의식이 규칙적으로 결합하여 재배열(結晶)되어 새로이 창출될 것이다.

　다롄이라는 명칭은 러일전쟁 중에 '메이지 38년 2월 11일 이후『청니와(青泥窪)』를 『다롄(大連)』으로 개칭한다'[26]는 요동(遼東) 수비군사령관 니시 간지로(西寬二郎)의 영달서(令達書)에 처음으로 기재되었다. 다롄의 이름이 처음 사료(史料)에 등장하게 된 것은 1880년 청나라 서태후(西太后)에게 북양대신(北洋大臣) 이홍장(李鴻章)이 다롄만(大連湾)을 군항으로 삼으라고 제의했을 때로 알려져 있다.

　그러나 당시에 다롄이라는 지명은 없었다. 1898년, 제국주의 열강들이 중국

---

25 '이항대립(binary opposition, binary system)'은 철학에서 한 쌍을 이루는 두 요소 간의 대립 구조를 뜻한다. 서양철학의 근간을 이루는 양자대립구조에서 그 기원을 찾을 수 있다. 즉, 2가지 요소를 서로 대립시켜 이를 통해 정의를 하거나 규칙을 발견하는 사고의 방식이다. 근대 유럽문화는 서양철학의 이항대립을 전제로 한 선택과 택일의 사고에 의해 발전되어 왔다. 이항대립의 예로는 신과 세계, 물질과 정신, 육체와 영혼, 선과 악, 생과 사, 합리와 비합리, 남자와 여자, 서양과 동양, 백인과 흑인, 진보와 보수 등을 들 수 있다._역자주
26 清岡卓行(1978), 「「だいれん」か「たいれん」か」, 『大連港で』, 福武書店, p.182.

의 분할·식민지 지배를 획책하고 있던 가운데 러시아가 청나라에서 뤼순(旅順)과 다롄항(大連灣)을 포함한 관동주(関東州)를 조차(租借)하여, 이듬해 다롄만(大連灣)의 연안에 달리니(Dal'nii)라는 이름의 시가지와 자유 항구의 건설을 선언하고 파리를 모델로 한 시가지 및 항만을 염두에 둔 건설공사가 진행되었다. 이 달리니(일본에서는 '다루니'라고 불렸다)라는 명칭이 러일전쟁을 계기로 다롄으로 개칭되어 전후 일본의 조차지가 된 것이다.[27] 7년간 러시아가 지배하고, 40년 간 일제 강점의 역사를 가지고 있는 곳이 바로 '그'의 '고향'다롄이다. 여기서 '고향'은 다음과 같이 회자되고 있다.

'그'는 문득 자신이 다롄이라는 마을에 대해 안타깝게 생각하고 있는 것은, 주관적으로 얼마나 〈진실의/진짜 고향〉이라 할 수 있을까라는 점이다. 객관적으로는 〈가짜 고향〉이 되어버릴 지도 모른다고 생각했다. 왜냐하면 '그'의 마음은 다롄 대부분의 일본인들은 애국심이 결핍된 상태일 것이고, 대를 이어 그 땅에서 살고 있던 토착(土着)민, 즉 기골장대한 중국인들 입장에서는 '네나시구사(뿌리없는 풀포기)'처럼 헛소리(장난)로 간주할 것이라고 상상했기 때문이다. 이런 일이 '그'의 내부에서 이러지도 저러지도 할 수 없는 모순에 대응하고 있음을 '그'는 깨닫지 않을 수 없었다. 그것은 자신이 다롄의 도시에서만 〈풍토(風土)의 고향〉을 느끼는데, 다른 한편으로는 일본어에서만 〈언어의 고향〉을 느낀다는 것이다.[28]

다롄에 살고 있던 '그'의 앞 세대 일본인들은 「국내(내지)」에 있는 자신의 고향에 집착하다가 죽게 된다면 「내지」고향땅에 묻어 주기를 바란다. 다롄과 '그' 주위에는 「토착인의 무덤」만이 존재한다. 그같은 「식민지 2세」는 '네나시구사(뿌리 없는 풀포기)'처럼 「고향」의식 같은 것이 없는 듯하다. 그러나 22세의 '그'는 징병검사 및 소집에 응했다가 하러 나갔다「호적상의 고향」인 고치현(高知県)의 「남국의 땅(南国の土地)」에 대해서도 「고향」이라는 실감이 나지

27 清岡卓行, 上掲書, p.182.
28 清岡卓行(1970), 『アカシアの大連』, 講談社, p.145.

않고 다롄이 '진짜 고향'이라고 느낀다. 여기서 '그'는 '왠지 열등감'을 느끼고 있는 것 같다. 그것은 다롄이 '그'에게 독선적이고 주관적인 '고향'일 뿐 객관적인 '고향'이 아니라 '가짜 고향'일지도 모르기 때문이다.

'그'가 「일본 국내」 어딘가가 아닌 다롄에 대해 「고향」의식을 느끼는 것은 「애국심이 결핍된」으로 생각한다. 일본에 의해서 명명되고 점유된 다롄을 「고향」으로 느끼는 것은 애국심이 왕성하다고 간주할 수 있어 보이지만 실제로는 그렇지 않을 것이다. 「내지(內地)」야말로 조국인 것이다. 아마도 직업상의 이유로 다롄에 사는 사람들과 만주에서 한 밑천 잡아보려는 '맨주먹 부대(一旗組)[29]'가 있었다. 한편으로는, 만주 개척을 위한 이민사업에 응모하거나 친척들에게 부탁(의존)하여 분촌(分村)하기도 하는 경우이다. 그 들은 「제1의 고향」을 떠나거나 버리고 「두번째 고향」으로 삼아 용감하게도 만주의 오지에 정착하여, 「만주에 뼈를 묻거나」「북만주(北滿)에서 한줌의 흙이 되겠다」는 각오로 이 땅을 고집했던 만주개척민의 의식 차이에 관해 여기서 알 수 있다.

'그'가 다롄을 「진짜 고향」이라고 절실히 실감할 수 있었던 것은 19세에서 22세까지, 청년기의 한 시기, 다롄을 공간적으로 시간적으로 떠났기 때문이리라. 공간적인 거리감이 향수(노스탤지어)의 원천 「고향」의식을 양성하고 있다. 만약 '그'가 청년기에 「국내(內地)」의 고교나 대학에 가지 않았다면, 다롄에 〈풍토의 고향〉이라는 정서를 느끼지 않았을 것이다. 「국내」을 잘 아는 부모랑 친척들이 「국내」 혹은 도쿄가 훌륭하다는 점을 들려주고 「국내」로 건너가라는 열망을 증폭시키는 한편 「외지」 혹은 다롄에 대해서 불만이나 모멸의 감정을 크게 느끼도록 몰아붙였던 것이다. 「외지」다롄에 사는 일본인들이 애국심을 고조하게 할 조국(祖国), 모국(母国), 고국(故国)은 오로지 「내지」라는 선택지 외에 있을 수 없었던 것이다.

---

29 다롄으로 건너온 일본인 가운데 대다수는, 가난한 일본인과 사회적 지위가 낮았으며 일본에서 생계가 막막한 사람들, 이른바 '개척단(一旗組)'이였다._역자주

'그'가 태어나 유소년기를 보낸 다롄의 기억이, 내지(內地)에서 공간적으로 격리되어, 발굴되어 응축되었을 때, 다롄에 대한 고향 의식이 즉 향수가 결정돼 갔다고 말할 수 있다. 여기에 크게 작용한 것은 이미지로 만들어진 다롄에서 환기된 아카시아 향기였다. 이러한 고향 의식을 안고, 22세의 '그'는 다롄에 '감당하기 어려운 향수에 사로 잡혀」귀환한 것이다. 그것은 주관적인 고향을 본디 「진짜 고향」으로 객체화해서, 실감하고 체험하기 위한 귀향이었다. 그리고 언제 징집될지 모르는 절박한 상황속에서, 이런 고향 의식을 다롄에서 아카시아 내음을 통해서 확인함으로써 처음으로 「진짜 고향」이 탄생했다. '가짜 고향'은 불식되고 '진실된 고향'임을 확신하고, 생의 증표를 요구할 수 있었던 것이다.

그러나 '그'의 진정한 고향은 확고한 것이 아니라 흔들리고 있었다. 다롄이기 때문에 더더욱 〈풍토의 고향〉을 그리워해도, 일본어로 밖에 〈언어의 고향〉을 느끼지 못한다고 하는 것이다. 특히「풍토의 고향」과 「언어의 고향」을 구별하는 것은 '그'와 같은 문학청년이자 대학을 졸업한 지식인 정도가 가능했을지도 모른다. 하지만 일본인의 식민지 거주자들로서는 자명한 것이었다. 다롄은 조차지이기는 하지만 제국일본의 판도(版圖)였던 것이다.

일본인 학교에 다니며 일본인 어린이들끼리 놀고, 항상 일본어를 사용하고 있었다. 다롄의 거리에서는 중국어와 만주어, 조선어가 난무하고 있었을 것으로 생각되지만 실제로는 그렇지 않다. 국적을 넘어 소통(교제)도 없었으며 대부분이 일본인 거리나 일본인 주택지구에서 살았고 비슷한 생활을 영위하고 있었다.[30] 일본어를 하고 생활했던 다롄에 「풍토의 고향」과 「언어의 고향」의

---

30 가령 닛케(일본모직 주식회사)사원의 아내는 '넓은 만주와 몽골 땅이지만, 어린 아이가 있는 저에게는 닛케 일대만이 저의 세계였습니다. 그런 저에게도 가족이 모여 큰 도로나 교외로 따가닥 따가닥 마차를 몰아 즐긴 여름 밤의 추억이 있었습니다. 말에 단 방울이 딸랑딸랑 울려 퍼지고, 지평선 너머에는 커다랗고 새빨간 태양이 가라앉으려 합니다. 만주 특유의 붉은 색 커다란 태양을 보면, 다이쇼시대에 태어난 저는 절실히, 여기는 나라의 몇 백리, 떨어져 있는 먼 만주, 붉은 노을이 비치고, 친구는 들가의 돌 아래, 가사를 흥얼거리고 멀리도 떠나 왔다는 감상에 젖었습니다」라고 적혀 있다. (야스이(安居) 1972:20-21). 타 도시도

양자를 느끼고 있었다고 해도 아무런 이상한 일이 아니다. 중국인, 조선인의 모습은 거의 눈에 할 일이 없었고, 눈 할 때가 있더라도 점경으로서 신경 쓰지 않아도 좋았다. 다렌은 일본 땅으로 모국어인 일본어가 모국어라는 것이 만주 개척 이민을 비롯한 식민지 생활자의 가지고 있던 의식이었다.

'그'는 다렌을 「진짜 고향」이라고 생각했던 것일지도 모른다. 하지만 의식하려고 하지 않음에도 불구하고 「언어의 고향」을 일본어로 여기고 있는 '내지인'이었다. 비록 다렌을 「풍토의 고향」이라고 해도, 일본제국 내의 '외지인(外地人)'이 아니었고, 또 외지인이 되려고도 하지 않았을 것이다. 내지인과 외지인의 구별은 내지인의 외지에서도 엄연히 존재하고 있었던 것이었다.

만주(四合屯高知開拓団)의 한 국민학교 교장은 인근에 사는 조선인들이 이 국민학교에 자녀를 입학시켜달라고 부탁하러 온 데 대해 다음과 같은 답변을 내놓고 있다.

> '재만주국민학교(在満国民学校)'는 재만주대사관(在満大使館)의 직할로, 내지인(조선인과 구별하기 위한 순일본인을 가리키는 말)의 자녀만 입학시키게 되어 있습니다. 그런 법이 있습니다. 조선에서도 내지인과 조선인의 학교는 따로 되어 있지 않나요? 가장 큰 이유는 역시 언어가 다르기 때문이 아닐까요? 우리도 일본어를 잘 모르는 조선 아이들을 가르칠 여력이 없으니까요.[31]

「내지(內地)」와 「외지」는 단순한 지리적인 차이만을 뜻하지 않는다. 일본제국 내 민족의 조직(계급)에 근거한 차별을 노골적으로 투영하고 지정학적인 심상(心象)을 축적해온 민족적, 지리적 서열, 이른바 일본적 오리엔탈리즘의 소산 그 자체라 할 수 있다. 여기서 '제국신민(帝国臣民)'이란 '일시동인(一視

마찬가지였겠지만, 만주몽골개척청소년의용군 대원은 만주의 농업 지도자가 되기 위해서 중국어를 배우고 있었다.

31 後藤蔵人(1973), 『満州 修羅の群れ−満蒙開拓団難民の記録』, 太平出版社, p.42.

44

同仁)³²'과 같은 하나의 방침(다테마에)이든 진심(혼네)이든 간에, 민족의 차이점만을 부각시키는 것이 아니라 언어의 차이, 즉 일본어를 모국어로 하고 있는지 여부가 「내지인」과 「외지인」을 구별하는 중요한 지표(기준점)였다.

'그'가 '외지'의 다롄에 「진짜 고향」을 느끼고 있었다고 해도, 혹은 '내지'의 고등학교 및 대학에서 지낸다고 해도, '외지인'과 '내지인'의 구별과 연관되어 있었던 것이다. 다롄의 '내지인'도, 만주의 개척민(開拓民)도,'그'와 마찬가지로 모국어인 일본어로 이야기했고, 또한 '오족협화(五族協和)³³' 를 주창하면서도, 앞의 언급한 국민학교장도 만주에 10년씩이나 살고 있었음에도, 그(중국어) 필요성은 느꼈지만 중국어로 이야기할 수 없었던 것처럼, 모국어로 하는 일본어만을 제국의 언어로 하고 있었다.

도시지역에서도 개척지에서도 조선인이나 중국인을 배제하면서, 형편에 맞추어 노역에 이용하고, 일본인만으로 형성된 작은 사회 속에서 안주할 수 있었다. '그'가 일본어로 사용시에만 「언어의 고향」을 느끼지 않았던 것은, 다롄을 「풍토의 고향」이라고 치부하더라도, '내지인'이라는 암묵적이고, 혹은 자명한 아이덴터티를 가지고 식민지주의를 체현했기 때문이다.

22세의 '그'는 '내지(內地)'의 이미지뿐이었던 아카시아 향기에 5년 만에 젖어 허구의 가짜 고향 의식을 떨쳐내고, 새로운 '진실한/진짜 고향'을 발견했다. 그 계기는 중학교 3학년 때 경험한 기억이 생생하게 되살아난 데 있다. 학교 수업에서 다롄의 아카시아는 속칭에 불과하며 정확하게는 '가짜 아카시아'와 '개 아카시아' 혹은 '아까시아나무(針槐樹)'로 불리우는 진짜 아카시아는 다롄의 중앙공원에 두 그루 정도 있다고 가르쳐주었다. '그'는 진짜 아카시아를 확

32 모든 사람을 하나로 보아 마찬가지로 인애를 베풀다. 모든 사람을 똑같이 사랑하는 것을 말한다._역자주

33 일본이 만주국을 건국할 때에 내세운 이념 중의 하나이다. 여기서 5족이란 일본인·한족(漢族)·만주족·조선인·몽골 족을 이르는 것으로, 다섯 민족이 협력하고 화합하여 구미 제국주의를 막아 내고 아시아 인의 번영을 이루자는 것이다. 그러나 여기에는 일본이 중심이 되며, 주도권 또한 일본이 가진다는 뜻이 숨어 있다._역자주

인하러 가면, '가짜 아카시아'가 진짜 아카시아보다 훨씬 아름답기 때문에 안심했던 것이다.

22세의 '그'는 이 에피소드에 관해 「위조(가짜)」라는 말이 부당하게 사용되어지고 있어, '일종의 의분(義憤: 옳지 않은 일을 보고 일어나는 정의로운 분노)'에 익숙해지자 상기되었다. 그리고 아카시아라고 부르는 것은 내지인 일본인밖에 없었음에도 불구하고,"'가짜 아카시아'에서 「가짜」라는 각인을 벗겨내고, 지금까지 마을사람들이 불러온 대로, '그'는 거기서 만발하고 있는 그립고도 아름다운 식물을, 단지 아카시아라고 부르자"며 이를 자랑스럽게 생각한다[34].

가짜(상상의) 아카시아가 아카시아로 바뀐 것과 같이, 다롄은 '허구의 고향'에서 '진짜 고향'으로 변했다. 이는 다롄이라는 이름만큼이나 남을 돌아보지 않고 독선적인 자신의 미의식, 혹은 지배자 혹은 제국의식을 강요하는 식민지주의자들을 방불케 하는 일화라고 할 수 있다. '그'는 '마을 사람들'의 이름으로 '가짜'를 벗겨내고, '진실'의 이름을, 나아가 '진짜 고향'을 다롄에 각인한다. '그'가 말하는 '마을 사람들'은 말할 것도 없이 중국인이 아닌, '그'의 '언어의 고향'을 구성(멤버)하는 내지인인 일본인이다 있는 '내지인' 일본인이다. '그'의 고향 의식은 '외지인'을 배제한 「풍토의 고향」및 「언어의 고향」으로 구성되어 향수도 커지게 되었다.

과연 중국인 입장에서 보면, '그'를 포함한 일본인은 단순히 '뿌리없는 풀'이었던 것일까. 중국인의 대부분, 또는 반만항일의 투사·게릴라 관점에서 보면 '동양귀(東洋鬼)'의 일본귀자(日本鬼子, 속어: 쪽발이), 만주의 중국인·농민에서 보면 '토지 도둑'이었다. 그것은 8월 8일 이후 소련군의 진격에 의해서 재차 각인되게 된다[35]. 하지만, 그 이전까지는 몰법자(별 수 없다)를 입버릇처럼 말

---

34 중국에서는 아카시아를 금합환, 가짜 아카시아를 양괴(洋槐), 자괴(刺槐), 괴수(槐樹)로 부른다.

35 패전 직후, 신경(창춘)국무원 회의장 칠판에는 일본어로 '동양귀 대일본 제국 1945.8.15일 세계에 패했다. 그리고 관동군을 궤멸시키고 꼭두각시 군주제 만주국 여기에 사실상 멸망

46

하고, 무엇이든지 단념하고 기력이 없는 무지한 중국인(만주인)이라고 밖에 눈에 비치지 않았다. 그러나 도시에 사는 일본인이건 개척민이건, 꺼림칙함이나 양심의 가책과 더불어, 군사력으로 지배했었다고 하더라도, 중국인에 대한 공포심이 도사리고 있었음은 물론이다.

지난 고치개척단(高知開拓団)의 국민학교장에 의하면, 개척 단원은 「수 헥타르의 논과 밭을 소유한 대지주로, 중국인이나 조선인을 소작이나 일용직으로서 고용할 수 있는, 산마을 고치(高知)와는 비교가 되지 않는 풍요로운 생활」을 하고 있었다. 하지만, 「이 꿈같은 생활에도 끊임없이 가슴 속 어딘가에 통증을 불러일으키는 가시와 같은 자극을 잊을 수가 없었다'. 또한 '기상 상태가 별로였다'는 것이다. 그렇게 된 연유는 "일본인들은 지도자 역할을 수행하여 만주농업진흥의 개척자가 될 수 있다는 사실을 알고 있어서", 개척생활 때에는 "어느 중국인을 봐도, 지저분한 얼굴에 무지한 눈빛을 하고, 그저 마음씨 좋아 보이는 웃는 얼굴로 일본인을 맞이해 주었다"라고는 하지만, 현재의 토지는 "지금 자신들이 고용하고 있는 중국인이나 조선인들로부터 거의 공짜와 마찬가지로 사들였다기 보다는 강탈한 토지이다." [36]는 사실을 개척생활 후에 알게 되었기 때문이다.[37]

한다. 만만세!!」라고 분필로 갈겨써져 있었다. '종전의 라디오를 듣고 3시간 후에 내가 본 이 만주인의 변모 모습'에 분노를 드러내면서도, 이 '원한을 품은 글자는 일본인으로서의 심정으로 패전을 뼈저리게 느낀 것이었다'(야마시타(山下) 1984:106)고 회상한다.

36 後藤蔵人(1973),『満州 修羅の群れ-満蒙開拓団難民の記録』, 太平出版社, p.16.

37 가와무라 미나토((川村湊)가와무라 1990:54-56)는 와다 츠도의『오오히나타마을』과 시마키 켄사쿠(島木健作)의『만주기행』을 비교하여, 이 점에 대해서 지적하고 있다. 또한, 나카무라[1983:38-42]참조. 시마키 켄사쿠는『만주기행』(1940)에 '일본인의 이주 이전에 그만큼의 논이 있었다는 점은 적지 않은 조선인 농민의 존재를 의미한다. 그들과 그렇게 해서 지금 여기 개척민이 살고 있는 만주인 농가의 원래 주민들은?/올해는 조선인, 만주인 이백 오십 가구 가량이 떠났습니다. 이전 촌장(만주인)은 지금 개척단에 고용되어 개척단과 재래민 교섭사이에 서 있습니다./떠났다는 의미는 어떻게 어디로 간 것일까? 거기에 관련해서 여기 사람들한테 거의 듣기 힘들다'(島木健作(1964),「満州紀行」,『昭和戦争文学全集 1 戦

개척단 주변 스무 가구 정도의 조선인은 간신히 일궈 경작하고 있던 논을 빼앗기고, 개척 단원들이 논의 소작인이 되어, 단원은 조선인에게 "너희들은 중국인과 달리, 우리와 같은 일본인이니까 특별히 협조해 주겠지? 우리도 너희들을 형제로 여기니까"라며 '회유' 수법으로 고용하고 있었다.

반면 사십여 가구 정도의 중국인들은 조상 대대로 물려받은 땅을 빼앗기고, 소작과 일용직을 하거나 산 주변의 초지(草地)를 개척하면서, '체념하는 자의 심정(没法子: 어찌 할 수없이)'와 "지금까지 재난을 당할 때마다 되풀이되어 온 이 말을 내뱉으며, 체념한 듯 결코 포기하지 않으리라는 깨달음과 비슷한 무표정으로 살고 있었다"고 방관하는 모습이다. 그리고 개척단원들은 '자신들보다 훨씬 하층의 인종을 바라보는 심정으로 중국인이나 조선인을 보고 안심했다'[38]고 한다. 여기에서 조선인이 중국인의 상위에 놓여 있고, 그 위에 일본인이 군림하며 안주하고 있었으며, 차별·분단 정책이 관철되었음을 분명히 볼 수 있다.[39]

'내지'의 계급이 '외지'로 전이되어 있었다. '내지'에서 하층에 위치한 소작인이나 영세농민이 '내지인'으로서 상층을 차지하고, '일본인'으로서 대접받은(처우된) 조선인, 그리고 중국인(만주인) 민족 히에라르키(신분제도)가 구축되었던 것이다. 여기서 '내지인'과 '외지인'의 권력 관계는 말할 것도 없이 군사력과 경찰력을 배경으로 성립된 것으로, 이것이 없어졌다면, 그들의 관계는 용이하게 역전된 것이라 할 수 있다.

"평원의 울퉁불퉁한 길 곳곳에는 만주인 부락이 있었고, 일본인에 대해 더욱이 호의적이지 않으며, 오히려 패전 국민이라고 속 시원히 경멸하고 있었을 것이다. 그렇지 않아도 작당하여 출몰하여 살인·약탈을 일삼는 도적(匪賊)으로 돌변할 위험이 있었던터라, 그들로 인해 도중에 행방불명된 일본 병사와

火満州に挙がる』, 集英社, p.178)고 적었다.
38 後藤蔵人(1973), 『満州 修羅の群れ－満蒙開拓団難民の記録』, 太平出版社, pp.17-18.
39 蘭信三(1994), 『「満州移民」の歴史社会学』, 行路社, p.288.

일반 일본인들의 수는 헤아릴 수가 없다."[40]고 기록된 바이다.

그러나, 이 '체념상태(몰법자)'에는, 다른 의미도 포함되어 있었다. 전쟁 전 만주여행가이드북(旅行案內記)로 유명했던 다롄 거주의 이마에다 세츠오(今枝折夫)의 『만주이문』에 의하면 다음과 같이 설명한다. 예를 들어, 무일푼으로 만주에 돈 벌러 온 '산둥(山東)의 외국인 노동자(쿨리)'가 돈을 벌고 나서, 귀향하기 위해 다롄에서 숙박하다가 도박으로 완전히 돈을 갈취당했다고 하면서, '몰법자'라고 투덜대면서 '깨끗하게 떨쳐버린다'고 한다. 거기에는 '재류일본인의 해석에도 한치 부족한 점이 있어', '단순한 퇴영(退嬰)적 체념'이 아니라, '애써봤자 소용없는 일에 마음을 쓰는 것은 어리석다'라는 심정이 담겨있었다고 한다. 즉, 『몰법자』는 곧 『유법자』(有法子)라는 의미인 것이다. "좋아! 내 일부터 또 부지런히 일해서 모아야지" 하는 것이 『몰법자』로, 이 끈기가 의미하는 『몰법자』에 감탄할 필요가 있다고, 단순한 '체관'이 아닌 중국인 '지나(支那) 특유의 처세관'이 있음을 지적하고 있다.[41]

일본인은 조선인-중국인(한족-만주족)이라는 민족적 히에라르키(신분구조)를 만들어, 안주하면서도 '마음씨 좋아 보이는 웃는 얼굴' 뒤에, '무지한 눈'의 본심에, '몰법자'라는 말 속에 숨어있는 겁 없는 미소나 불쾌한 눈초리, '동양귀' '일본귀자'라는 모멸(감)·반항의 말을 감지하여, 끊임없이 정체를 알 수 없는 공포심을 느끼고, 타인의 시선에 끊임없이 겁을 먹었던 것이다. 그것은 개척민·식민자 뿐만이 아니라, 많든 적든 도시에 사는 '내지인'인 일본인도 마찬가지였을 것이다. '언어의 고향'을 버리지 않고, 언어와 민족의 히에라르키를 구축해, 식민지 지배를 한 '내지인'은, 조선인이나 중국인에게도 결코 형제 따위는 있을 수도 없고, 재앙(災厄)을 불러일으키는 적에 지나지 않았다. 향수는 이러한 언어·민족 히에라르키를 근저로 생성된 것이다.

---

40 上村高直(1976), 『惡夢(引揚物語)』, 講談社出版サービスセンター, p.25.

41 今枝折夫(1935), 『滿洲異聞』, 月刊滿洲社, pp.131-132.

4. 불결과 공포의 심성(心性): 식민지의 섬뜩함

'아카시아 다롄'의 주인공'그'가 살고 있는 동네는 남산 기슭(南山麓)으로 불린다. '한 가구마다 높은 벽돌 담으로 둘러 쌓여 있는' 석조 건축, 유럽풍 '몽상으로 가득 찬 듯한' 집이 즐비하고, "폭넓고 구불텅한 아스팔트 차도를 승합버스가 조용히 지나가기만 하는 적막함", '한가롭고 우아하기만 한' 거리이다. 또, 버드나무, 포플러, 아카시아와 같은 가로수가 일정 간격으로 심어져 있고, 쓰레기가 별로 눈에 띄지 않는 청결함, 질서정연하게 종횡으로 달리는 차도와 충분히 넓은 보도가 있고, 저녁 무렵 산책을 즐길 수 있었다. '그'가 사는 집은 '녹색 지붕, 흰 벽, 붉은 담'이라 '아무리 봐도 제1차세계대전 이후에 세워졌다는 느낌, 일본스럽게 벽돌을 쌓은 이층집'으로 누가봐도 멋진 집이다.

한편, 만주의 개척단원(滿洲開拓團員)이 살았던 집들은 초가 지붕에 흙벽돌로 만든 단층집으로, 토담의 모퉁이에 틈이 만들어져 있었던 것 외에는, 당시 중국 시골에 가면 어디에나 있는 가옥 구조였다. 중국인과 조선인의 집과 별반 다르지 않았으나, 각각 별개의 취락을 이루고 있었다.[42]

만주의 도시 지역에서는, 대부분 사택, 관사나 단독주택에 살고 있었다. 『婦女界(부녀계)』1928년 5월호에 실린 奉天(瀋陽)/봉천(심양)에서 단독주택을 지은 과정을 적은 수기(手記) 「남만주철도주식회사(南満洲鉄道会社)의 주택자금을 빌려」〈高山千代女(다카야마 치요조)〉를 썼던 어느 여성의 경험담을 살펴보자.

만주로 건너간 지 4년, "당시 남만주철도주식회사의 사택은 정말로 잘 완비되어 만주 특유의 겨울철 영하 30여도의 혹한에도 따뜻한 난방에, 실내는 봄처럼 여러 꽃을 피우고는 삭막한 겨울도 따스한 기분으로 지낼 수 있었다"는 것이었다. 그러나, 이 쾌적한 만철(남만주철도회사) 사택에 불만을 품고, 이

---

42 後藤蔵人(1973), 『満州 修羅の群れ－満蒙開拓団難民の記録』, 太平出版社, p.18.

여성은 '추첨 결과, 주어진' 대지 132평에 건평 35평의 새 집을 마련했다.

토지는 남만주철도회사의 소유로 공짜라 건축비 밖에 들지 않았다. 새 집이
편리하다는 점을 실감하며, "지독한 한기 때문에 실내의 따뜻한 공기가 현관문
에 얼어붙는 것을 막고, 다른 하나는 중국인의 도난을 막기 위해 현관 앞에
바람막이실"을 만든 것, 거실 창문은 기마(騎馬)의 떼도둑들이나 도난방지용
으로 철봉을 쓰지 않고, 철로 된 개폐문으로 만들어 놓고, 봉을 늘렸다 접었다
해서 침구의 일광 소독에 편리하도록 한 점"을 들었다. 그리고 "우리들은 지금
30여 년 전, 백만의 우리 동포가 고귀한 피를 흘리며, 간신히 전투에 승리한
심양(奉天)의 한 지역(奉天)에서 우리들에게는 이상(理想)에 가까운 집을 짓
고, 붉은 석양이 비쳐 빛나는 충령탑에 절하면서 행복하게 지내고 있습니다"라
고 보고하고 있다. 이렇듯 '이상에 근접한 집'에서의 행복한 삶과는 달리 실제
로는 '중국인의 도난'과 마적(馬賊)들의 위협에 끊임없이 시달리며, 단단히 문
단속을 해야만 했다.[43]

'그'처럼 다롄에서 일본인 거주지역에 살고 있었다고 해도, 때로는 중국인이
나 조선인을 조우는 피할 수 없었다. 「아름다움과 추함의 차이」로서 '그'가 소
학교 시절, 다롄 동부의 중국 노동자, 하층 노동자의 거주지, 사아구(寺児溝)의
"참담한 모습을 보고 거의 공포심에 가까운 감정을 느꼈다"고 한다. 이 '참담한
모습'은 '빈곤 그 자체의 상징인 듯한 주거'를 가르키며, 직접적으로 하층 노동
자의 불결하기 짝이 없는 생활환경을 의미했을 것이다. 『만주이문(滿洲異聞)』
에는 '만주에 돈벌이'하러 오는 산동성(山東省) 출신의 하층 노동자 '연인(한
족)'의 낙오자가 모이는 '돼지우리만도 못한 토굴같은 부락'[44]이라고 이 사아구
를 거론하였다.

이것이 소학교 6년생의 '그'가 본 '참담한 모습'이었을 것이다. 아름답다고

---

43 高山千代女(1928), 「滿鉄会社の住宅資金を借りて」, 『婦女界』37巻5号, pp.235-238.

44 今枝折夫(1935), 『滿洲異聞』, 月刊滿洲社, p.18.

불리는 '그'가 사는 남산 기슭에 있는 유럽풍의 청결한 집들이 '우아하다고도 볼 수 있는 깨끗한 부분'으로 여겨지는 데 반해, 사아구는 대조적으로 추하다고 여겨진다. 즉, '공포심을 불러일으키는 더러운 부분(영역)'이다. 청결과 불결의 두드러진 대조, 거기에 커다란 공포를 느낀다. 이 '공포를 자아내는 더러운 부분'은 단순히 심리적이 아니라, 신체 감각에서 발생되는 듯한 소름 끼치는 혐오감, 역겨움으로 느끼게 되어 두번 다시 찾지 않았다. 그렇다고는 해도, 계속 기억의 깊숙한 곳에 앙금처럼 남아 있었다고 할 수 있다. 『다롄항에서』에 의하면, 키요오카(淸岡)가 사아구를 찾은 것은 초등학교 때 단 한 번뿐이다.[45]

게다가 이 사아구의 공동 화장실에 들어갔을 때, 그 벽 구석에 '타도 일본'이라고 적힌 여러 낙서를 보고 '혹시 내가 이곳에서 유괴되지나 않을까 하는 불안감을 느꼈다'고 한다. 이 불안도 '참담한 모습' 또는 '두려움을 유발하는 더러운 부분'의 하층 노동자에게 품었던 공포에서 비롯된 것이다. 중국인·하층 노동자가 타도해야 할 적으로서 일본인에게 대항하는 것은 아니더라도, 그저 막연하기만 한 공포의 대상으로 이미지가 확연해진 것은 분명하다.

이러한 공포심을 환기시키는 중국인을 대면해, '아름다움과 추함의 차이'로밖에 체험 할 수 없었던 것은, 단지 소학교 학생이었기 때문도, 시인으로서 키요오카의 자질에 의한 것도 아닐 것이다. 역시 일본인 마을에서, 혹은 가정이나 학교에서의 일상 생활 속에서 몸에 익혀 온, 청결과 불결로 타인을 구별·차별했던 '내지인'으로서 심성, 또한 강권적(强權的)인 제국의 신체에 있었을 것이다. 더러운 부분에 대해서 시선을 돌리면서도 마음 속 깊은 곳에 끊임없이 억압해 온 것은, '외지인'으로 불려 온, 수용하기 어려운 타인으로서의 이민족에 대해서 겁에 질린 심성·신체였던 것이다.

또 하나, 중국인 노동자, 하층 노동자에 대한 '그'의 심정이 이 소설에 그려져 있다. 용돈절약을 위해 하층 노동자의 거주지 사아구로 통하는 노동자 전용

45 淸岡卓行(1978), 「「だいれん」か「たいれん」か」, 『大連港で』, 福武書店, p.127.

전차에 탔을 때, '하층 노동자들은 한결같이 입을 다물고 있었지만, 전차 내에 감도는 땀냄새, 넘치는 활력, 그리고 약간의 마늘냄새가 섞인 것 같은 공기에 '그'는 어느 정도 압도당하는 기분이었다'고 회상한다. 그것은 아카시아의 '관능을 자극하는 감미로운 향기'와는 정반대의 혐오당하고, 망각되거나 그렇지 못한다면 억압받아야 할 냄새였다.

'내지인'에게 이 산둥성 출신 하층 노동자는 '마늘 냄새'의 이미지로 형상화되어 있었다[46]. 하층 노동자의 땀 냄새, 활력, 마늘 냄새, 그리고 침묵에도 길들여진 '어느 정도 압도당할 것 같은 기분'는 끝없는 불결함 혹은 더러움뿐 아니라, 하층 노동자의 '공포심을 유발하는 더러운 부분'과도 무관하지 않다. 그것은 하층 노동자 몸에서 풍기는 강인한 생명력 또는 야생성, 야만성, 나아가 폭력성으로 볼 수 있다. 무력과 강권으로 보호된 일본인의 취약한 식민지적 신체를 의식하지 않을 수 없었다. 하지만 이 생명력, 또는 야생성과 야만성, 심지어 폭력성도 아카시아 냄새와는 전혀 다른 '아름다움과 추함의 차이' 또는 불결을 상징하는 냄새로 혐오감을 불러일으키기만 하는 꺼림직 한 것으로, 일상의 풍경 속에 은폐되어 용해되어 간 것이다.

22세의 '그'는 소학교 때의 감회와는 달랐다. 다롄에서의 아름다움과 추함의 공존은 '긍정할 수 없는 사실'이 되어, 그것이 '민족의 차이에 대응한다는 점은 허용할 수 없는 야만함으로도 느껴졌다'고 말한다. 하층 노동자가 일본인과는 차별된 싼 임금으로 혹사당하는 것도 알게 된다. 또한 만주국(滿洲國) 건국의 슬로건, 왕도낙토·오족협화(王道楽土·五族協和)가 '현실의 광경'과는 차원이 다르다고 느꼈으나, '일본 식민지의 잔혹함', 제국의 신체를 의식하지 않을 수 없게 되었다.

---

46 하층 노동자의 '마늘 냄새'에 대해서는, 앞서 거론한 이이야마 다츠오(飯山達雄)의 '종전비화 사지 만주로 잠입하여'에 패전 직후, 심양역 삼등 대기실 벤치에서 한잠 자려고 누우면, 악취가 코를 찔러, '도대체 이 악취는 무엇일까… 산둥 하층 노동자 특유의 시큼한 마늘 악취와는 다르네」라고 되어 있다.

다롄의 구분은 그저 '민족의 차이에 대응'하는 것뿐 아니라, 식민지 지배의 역사적 현실의 소산이라는 생각에 다다른 것이다. 그러나, 식민지주의와 문명의 야만성·잔인함은 제대로 해부되지 않고 감성 레벨에 머물러, '공포심을 유발하는 더러운 부분'에서 시선을 돌리고, '우아하다고 볼 수 있는 깨끗한 부분」에만 생각을 거듭하게 된다. 거꾸로 말하면, 이러한 '더러운 부분'이 '깨끗한 부분'을 압도하는 듯한 끊임없이 교차하는 공포심을 억누를 수 없게 된다. 제국의 강건한 신체와 식민지의 취약한 신체가 서로 경합하는 경지에 이른 것이다.

아마도 중요한 것은, 소년기에 '그'가 순응할 수밖에 없었던 공포감이었다. 민족차별의 야만성과 식민지 지배의 잔혹함을 인식했을 당시, 하층 노동자에게 느꼈던 이 공포심이 잊혀 져 갔다. 당시 대학생들이 이러한 사회적 모순을 인도주의적으로 인식하고 있었다고 해도, 전혀 이상할 게 없다. 정의가 이루어지지 않았다고 동정해도, 그것은 감성적인 휴머니즘에 불과해, 스스로 만족할 만한 납득으로 일관할 뿐이다. 설마 타인과의 관계도 생겨나지는 않는다. 자신은 식민지 지배나 민족 차별에도 관계없고, 가담한 적도 없으며, 깨끗하다는 현실과 동떨어진 의식밖에 생겨나지 않을 것이다.

소년기에 공포심에 길들여진 섬뜩함의 핵심이 어디에 있었는지 탐구 했어야 했다. 그것은, 순진무구한 것도 정의롭지도 않은 '내지인'으로 겪은 대학생, 혹은 전후의 40대 중반 넘은 자신을 파악할 수 있는 회로가 되었을 것이다. 부담감이나 열등감이라고 하는 정서적인 감상주의와 휴머니즘을 넘어, 공포심을 유발하는 타인에 마주하는 계기를 거기에서 찾아낼 수 있기 때문이다. 이 공포의 원천에서 벗어나 '공포심을 자아내는 더러운 부분'은 일상 풍경에서 감쪽같이 사라진 것이다.

23세가 된 '그'는 더이상 중국인·하층 노동자 대해 공포심을 느끼지 않았다. '굶주림의 분위기'도 없고, '내지(內地)의 도시에 비하면 한참 충분한 혜택을 받아' '평화로운 모습'이 남아 있는 다롄에서 독서와 사색에 잠기거나 무료함

54

을 즐긴다. 이를테면 한여름 정오에 창문을 통해 바깥 풍경을 내다본다. 무더워 보이는 들판 한 모퉁이에 시원해 보이는 10여 그루의 아카시아나무가 있다. 그곳에 '영리해 보이는 중국인'이 포장마차에서 점심을 팔고 있다. 손님은 짐마차 마부같은 중국인 노동자들, 멀리서 보면 "중국식 접시나 밥그릇 속에 있는, 아마도 소박한 음식이나 음료가 꽤 멋있고 맛있게 느껴진다"고 한다. 그리고 '그'는 "그 옆의 낮잠도 기분 좋을 것 같다"고 생각했을 때, '낯익은 일상 풍경이 한여름 정오라는 조명을 받으며, 갑자기 모두 신비롭게 변모해 그에게 다가왔다고' 말한다.

이 변모한 풍경은 노자가 느닷없이 나타나도 이상하지 않을 것 같은 먼 옛날 중국 어느 촌락 전원의 분위기처럼 평화롭고 고즈넉한 풍경이다. 목가적(牧歌的) 장면은 '격렬한 햇빛, 잡초, 아카시아 나무, 포장마차, 점주, 노동자 손님들, 그런 것으로 이루어진 단순한 구도가 커다란 침묵 속에서 슬라이드 화면처럼 혼연해져서, 그의 뇌리에 인간 남자의 생활이라는 한 근원적인 형태를 선명하게 각인시킨 것이었다'고 전한다. 또한, '비참한 노동으로 인해 질서에서 벗어난 듯한 묵시적인 인간'이라고도 한다. 패전 후 아카시아 나무숲 아래에서 포장마차를 차린 중국인을 만나자, 상당히 권력을 가진 위치'를 나타내는 '어느 지역구의 위원인 완장'을 차고 있었다고 한다. 중국 공산당원이었을까, 결코 한가롭게 점심을 팔고 있었던 것은 아니었다.

청년기의 '그'는 소년기의 사아구에 대한 전율·공포를 넘어, 일본의 식민지 지배의 잔혹함을 인식하면서도, 현실의 광경을 훨씬 낭만적인 고대의 점적인 풍경(点景), 자연적인 정경으로서, 또는 신화적 혹은 보편적인 인간 세계의 한 장면으로서 바라볼 수 있을 정도로 성장했다고 볼 수 있을 것이다. '그'는 이미 항일(抗日)이라는 낙서에 불안이나 적의를 느끼지도, '참담한 모습'이나 '공포심을 자아내는 더러운 부분'에도 시선을 두지 않았던 것이다.

5. 향수와 탈식민주의

패전 직전에서도 다롄에는 '굶주림의 분위기'는 거의 눈에 띄지 않았고, '그'는 전시 상황의 악화로 인한 궁핍한 생활에 시달리지도 않았다. 그러나, 1945년 8월 6일 히로시마에 원자폭탄이 투하되고, 8일에는 소련이 선전포고를 했다는 소식을 듣는다. 그 다음날 새벽에는 소련군이 순식간에 국경을 뚫고 진격하여, '그'의 '생각에 깊이잠긴 드라마'은 중단됐다. 패전(종전)이 선언된지 일주일이나 지났을 때, 소련군이 다롄에 진군하여 주둔해 왔다. 일부 시민은 즉석에서 제작한 소련기를 흔들며 맞이하고, '약간 꺼림직하지만, 어쨌든 평화로운 풍경이었다'.

만주 거주의 '내지인'에게 있어서, 이 소련군의 진공이나 패전을 수긍하는 방법, 귀향(인양)의 과정, 그리고 무엇보다도 고난이나 비참함의 심도는, 그 거주지나 직업의 차이에 따라 다양했다. 수많은 만주 귀환에 관한 기록에서 볼 수 있듯이, 소련과 만주 국경에 가까워질수록 가혹한 참상을 보였다. 군인, 관리, 만주철도의 사원, 기업의 사원 등 도시지역 거주자와 근처 개척농민의 정도 차이는 매우 컸다.

1945년에 들어설 무렵부터 관동군은 최후의 수비지역을 연경선(다롄-창춘/大連-新京間) 이동·경도선(以東·京図線), (도문-신경간/図們-新京間) 이남, 이른바 연경도선(連京圖線) 내측으로 설정하고 있었다.개척단의 거의 모두가 관동군의 개입으로 국경 부근에 정착되고 연경도선 밖에 위치하고 있었다. 관동군의 철퇴 후, 개척단 등의 거류자 130만여명은 관동군이나 일본 정부로부터도 방치된 것이다.[47]

다롄에서 패전을 맞이한 '그'의 시점에서 보면, 식민지에서 일본인의 패전 경험은 다양하겠지만, 다롄에서는 '일반적으로 말해 그다지 비참하지는 않았다'. 게다가 '그 당시 다롄은 일본인들에게 몇몇의 민족이 교차하는, 어떤 의미

---

47   中村雪子(1983), 『麻山事件』, 草思社, p.130.

에서 낭만적인 생활의 장소'가 되어, '일본인들은 학대받는 입장에 놓이고 나서야 비로소 타민족의 존재에 확실히 자각을 하고, 오히려 생각지도 못한 인생의 임시휴가를 맛본 것이다'라고 토로하였다.

'그'에게는 생활 물자면에서 여유가 있었지만, 그렇지 않은 다롄 거주자도 많았다. 다롄시 중산구 지롄가(현재 智仁街, 옛 桜花台)에 살았던 11세 소년 오오니시 이사오(大西攷)가 몇 년 후에 기록한 '다롄 - 1947년 새해 첫날'을 살펴보자. 이 소년은 병든 부모와 함께 한집에서 4세대가 커튼과 칸막이를 치고 함께 살고 있었다. 1946년 9월부터, 재류방인(외국 다롄에 거주하는 일본인)의 주거는 1인 1조반씩으로 제한되었다.

이듬해 새해 아침, 오오니시는 '가스가국민학교'(日僑初等学校第七校로 개칭) 급우와 만난다. 부모를 여의고, 형제와 누이와 뿔뿔이 흩어져 중국인에게 거두어진 급우는, 일출을 등지고 뼈의 사무치는 한기 속에서 맨발로 석탄바구니를 매단 멜대를 메고, 언덕을 헐떡이며 올랐다. 뺨은 야위고 김이 오른 까까머리에는 커다란 혹이 검푸르게 부풀어 올라있었다. 중국인 거리의 두부 가게에서는 소년들이 흐느껴 울면서 '당나귀처럼' 맷돌을 돌리고, 젖은 흙마루에서 수수밥을 급히 먹는 광경을 볼 수 있다.

오오니시(大西)는 부모의 간병때문에 학교를 쉬고 있었는데, 학교에 가 보니, 개척단의 피난민이 차지하여, 복도에는 분변이 여기저기 흩어져 있고, 계단 중간의 넓은 부분에 노파가 납작 엎드려 있었다. '전차 거리'에서 고구마를 잘라 말린 '간코로모찌(전병)'를 징징거리며 팔다가 국민학교에서 담임 선생님을 발견하고는 달려들었지만, 거칠게 손을 뿌리치며 사주지 않아서 '멍하니 그 뒷모습을 지켜보았다', 이것이 11세 소년의 '언제 끝날지 모르는 기나긴 겨울방학'이었다. 이 소년에게는 '비로소 타민족의 존재에 대해 똑똑히 눈을 떴다'고 해도 '낭만적인 삶의 터전'이 아니라 '학대받는 처지(입장)' 그 자체였던 것이다.

오오니시(大西)는 한때 요새지대로 출입금지였던 중앙공원의 동산에 오르자, 부근 일대에는 엄청난 무덤이 펼쳐져 있고, '솔도파(卒塔婆)'를 대신한 널 조각은 대부분 장작용으로 도둑맞았으며, 들개가 뛰어다녔다. 그리고 "눈 아래 다롄 시가지가 그을린 색으로 펼쳐져 있었다. 그 세련되고 흥취 있던 거리는 어딘가로 사라져버렸다. 그 너머 바다가 보였다. 항구에는 작은 배 몇 척이 떠 있을 뿐이었다."[48]며 '낭만적인 삶의 터전'과는 거리가 먼 다롄에 대해, 한때 소년이었던 그가 47세에 이르러 기록하였다.

한 마디로 말하자면 난민으로 전락한 수많은 개척민들의 처지는 정말로 비참하기 짝이 없어 이 소년들보다도 더 심했다. 정도가 얼마나 심한 지 거의 '연경도선'의 원근에 비례하고 있었다. 분명 '학대받는 처치'라는 점을 억지로 인지시키고 '타민족의 존재'에 눈을 뜨게 했으며, '인생의 임시휴가를 맛보았다」고 해도, 그것은 죽음과 맞바뀐 경우도 허다했던 것이다. '그'도 만주 귀환자도, 도피행·귀향 과정 속에서, 또 귀환한 후에도, 타민족에 대해서 '학대하는 입장'에 섰던 사실을 인정하는 것은 쉽지만은 않았다.

예를 들어, '10년 전 처음으로 만주 땅을 밟은 이래, 비굴하리만큼 일본인에게 고개를 숙인 만주 사람들과 우월감에 젖어 있는 일본인의 모습을 지겨울 만큼 봐왔다. 10년후에 그 입장이 역전되리라고 누가 예상할 수 있었을까[49]라고, 단순히 입장의 역전으로 볼 뿐, 비굴함을 몸소 익힌 자신 또는 일본인을 측은하게 생각할 뿐이었다. 식민지 지배자의 일원이었음을 금방 망각하고, 피해자 의식 혹은 피학자 의식만 비대화 된 경우가 더 많았다. 귀환 시에는, 만주 중국에 대해 모욕 또는 저주스러운 막말을 선상에서 뱉아 낸 사람도 없었던 것은 아니었다.

'그'는 패전 전에는 '무슨 영문인지 마을 이름에는 나무이름을 많이 따서 지었다'고하면서, 쿠스노키초(楠町: 녹나무마을), 사카키마치(榊原町:녹나무마

48 大西功(1984),「大連-昭和二十二年元旦」,『されど、わが「満州」』, 文藝春秋社, pp.144-146.
49 入沢幸代(1984),「貸本屋生活」,『されど、わが「満州」』, 文藝春秋社, pp.215-216.

을), 카츠라마치(桂町:침나무마을), 사쿠라마치(桜町: 벗나무마을), 가에데초(楓町: 단풍나무마을), 야나기마치(柳町:버드나무마을)를 거론하고, 패전 후에는 '새삼스럽게 이 아름다운 도시에는 러일전쟁 때 일본의 장군과 외교관의 이름이 여기저기 붙여져 있었던 사실이 떠올랐다'고, 오오야마거리(大山通), 야마가타거리(山県通), 오쿠마을(乃木町), 고다마마을(児玉町), 토고마을(東郷町), 고바야시공원(小村)을 예로 들었다. 이들은 러일전쟁 때 군인과 외무장관이었다. 이 이름으로 침략과 제국주의 전쟁의 역사가 각인되었던 사실을 상기했던 것일까. 만주와 몽골문제가 마침내 중일전쟁을 일으켰다. '그'은 이들의 이름이 바로 사라질 것이라고 생각하면서도 '토지명이 각각 독자적으로 환기시킨다' '아련한 향수를 느꼈다'는 심경을 담고 있다. 소년기의 추억이 스며들다 사라지는 지명이 환기시킨 '아련한 향수', 이것이 소련군이 다롄을 지배하에 두었을 때 '그'의 감회였다.

패전 직후 '그'는 좀도둑이나 강도로부터 스스로를 지키기 위해서 야간 순찰을 돌거나, 비누 제조를 도우면서 '하루하루가 긴, 신기하게도 여유롭고 즐거운 시기'를 보내고 있었다. 이윽고 다롄에서도 귀환이 시작되어, 대부분의 일본인은 귀국하지만, '그'는 부모와 함께 남아, 물건을 팔아 치우면서 지낸다. 다음 귀국선이 언제 찾아올지 아무도 모르고, '그'는 자칫하면 다롄에서 '마지막 일본인 한 사람으로서 죽게 될지도 모른다는 둥, 이상하게 낭만적인 들뜬 마음을 느끼는' 동시에 '다롄에 대한 이상한 그리움'이 솟아오른다.

이러한 가운데, '그'는 백화점에서 잔류 일본인의 매매를 돕는 위탁판매를 거들게 되고, 나중에 아내가 될 여성과 만난다. '그'는 그가 예감하는 세계에서 훨씬 이전부터 아카시아꽃이 상징해 온 것은, 바로 그녀라는 존재였다'고 생각하게 된다.

귀국선으로 이상한 신혼여행을 하면서 두 사람은 무국적의 바다를 지나, 그녀에게 생소한 일본에 도착했어야 했다. 황폐해졌을지도 모르는 전후의 일본에서 어떤 새로운 생활이 시작될지, '그'는 그녀에게 별별 꿈들을 다 말해주고 싶었다. 그러나, 그 용기는 좀처럼 생기지 않는 듯 했다. /아카시아 꽃이 떨어지기 전에 저 남산 기슭에 따라 난 길에서, 멀리 과거의 자유롭던 항구가 어렴풋이 떠오르는 석양을 만끽한 시간대였지라고 '그'는 생각했다.[50]

다롄에서 귀국해 21년 이상 지난 '현재' 시점에서 시작된 '아카시아 다롄'은 '그'가 그녀와 전후의 일본에서 함께 하고자 한 다롄에서 몽상을 담고 마무리 됐다. 전후 일본에서 둘의 '새로운 생활'에 대해서는 아내가 병사한 것 이외에 아무것도 기록되어 있지 않다. '아카시아 다롄'이란 소설명은 '아카시아 그녀' 또는 '그녀의 다롄'과도 바꿔 말할 수 있을지도 모른다. 이 소설은 사십대 중반이 지난 대학의 어학 교사인 '그'가, 현재는 고인이 된 아내와 다롄의 잃어버린 땅에 바친 이른바 만가이다.

죽은 아내는 결혼 전 '20세의 향기로움에 약간 어리둥절한」 모습만 써져 있듯이, 다롄도 '평화로운 모습'인 채로 '먼 과거의 토지'로서 봉인되어, '현재'를 빼앗긴 도시로서 표현될 뿐이다. '그'는 다롄이 중화인민공화국의 성립 후, 다롄이 여대시(旅大市)의 일부로 되면서 이름을 잃었기 때문에, 구 다롄 출신자로서 '현재'에 이르는 역사를 되돌아볼 것 없이, '보기 불안한' 도시, 과거의 덧없는 도시, 혹은 어디에도 없는 존재하지 않는 거리라고 느껴지는 다롄을 이야기하기 시작했을 것이다(1981년에 여대시는 다롄시로 개칭).

식민지 지배와 문명의 야만성과 잔혹함으로 다롄에 겹겹이 쌓여 중층된 '모순'은 기록될 리 없다. '그'가 태어나 유소년기를 보내고 청년기에 재방문한, '애틋한 쓰라림으로 사랑하지 않을 수 없었던' 식민지, '과거 일본의 식민지 중에서 아마 가장 아름다운 도시였음이 분명한 다롄'에 그저 아낌없는 존경을 바친다. 무엇보다도 소년기에 목격한 '참담한 모습'은 시야로부터 배제되고, 상상의 다롄, '고향'에 대한 향수에 빠져 간다. '그'의 〈풍토의 고향〉이란, 식민지 시대의 '공포를 자아내는 더러운 부분', 또한 다롄의 '현재'를 혐오하여 배제

---

50 清岡卓行(1970), 『アカシアの大連』, 講談社, pp.222-223.

하거나 은폐해 완성된 환상의 '고향'이었다고 볼 수 있다.

'아카시아 다롄'에서는 휴학생의 특권적인 생활이 적혀 있다. 거기에는 분명히 '내지인'과 '외지인'의 일상이 그려져 있지 않았다. 그렇다고 해도, 키요오카 다카유키(清岡卓行)가 전후의 일상 속에서 표현하고자 한 것은 일본 제국의 패전 전후에'그'가 보낸 식민지 다롄에서의 특이한 시간과 공간(時空間)이 아니라 '그' 나름의 일상이었다.'내지인'의 신분으로 아무래도 평범하게 보낸 의식주에 관련된 일상생활의 모습이다. 그것은 전후의 일상 속에 매몰되는 한편, 가끔 일상에 대한 위화감, 혹은 자신 속 이물질, 흔들리는 정체성, 스스로 말하자면 '이질감(異人感)'을 품으면서도 가라앉았다. 하지만, 아내의 죽음을 계기로 흔들린 일상 속에서 기억 그 끝에서 떠올랐다. 향수로서 식민지 경험이 선명하게 부각되었다. 장소만은 다르다고 해도, 그것은 패전으로 단절되지 않고 일상생활 속으로 계속 이어졌다.

'그'에게 있어서, '먼 과거의 토지를 향한 향수'는, 자신 안에 식민지 생활, 나아가서는 탈식민주의의 속행을 깨닫게 한 계기였던 것이다. 흔들린 일상 속에서, 주제하지 못한 '그' 자신의 힐링을 위해서, '청춘의 향기가 묻어나는 이야기(모노가타리)'를 엮어내지 않을 수 없었다고 볼 수 있다.

대부분의 만주귀국기나 '시베리아 억류기'는 만주를 건너면서 시작되어, 소련군의 진공, 도피행 혹은 계속된 강제 노동이 귀국으로 끝나, 이주민을 저버린 관동군(関東軍)이나 귀국 후에 냉담했던 국가와 국민·지역민에 대한 원한이 기록된다.[51] 그러나 식민지 생활 그 자체, 귀국 후의 생활에 대해서는 쓰여 있지 않고 거의 숨겨져 있다. 소위 비일상적인 생활만이 특이한 체험으로 그려져, 식민지 생활의 일상이 결여되었던 것이다. 한때 살았던 만주 땅에서의 일상, 그리고 귀국 후 만주생활 만큼이나, 혹은 그 이상으로 고달픈 일상생활을 저버리고, 가혹한 도피행이나 난민생활, 억류생활에만 눈이 쏠리고 있다.

---

51 山田昭次編(1978), 『近代民衆の記録6満州移民』, 新人物往来社, p.49.

결론: 식민지 체험과 공양의식의 만가(挽歌)

한 예를 들어보자. 어느 75세 남성의 수기에서는 다음과 같이 기록되어 있다.

> 울창한 나무숲이 이어져 있는 가로수, 만주로 건너온 1935년 이래 오늘날까지
> 즐거웠던 10년이라는 지난 세월 모두 어제의 꿈이 되었다. 그리운 하얼빈! 나는
> 눈물이 고인 눈동자로 저 멀리 석양에 비치는 거리를 바라만 보고 있었다.(중략)
> 그로부터 37년이 지났다. 종전 전 화려하고 활기찬 하얼빈에서의 행복한 생활!
> 패전 후의 고난과 공포의 나날! 괴로웠던 귀국의 긴 여정! 모두 지금은 오히려
> 그립게 생각되고, 이 지겨운 기억 또한 평생 잊지는 못할 것이다. 그리고 혐오스러
> 운 전쟁을 누구보다 증오한다.[52]

소련군이 진격할 때까지는 평화로운 생활이었지만, 그 후는 급변(전환)하여
나락으로 떨어졌다는 구도가 지배적이다. 식민지 만주 체험은 귀국이나 귀환
과정에만 거의 응축되어 버렸던 것이다.

화려한 도시에서의 행복한 생활이든, 고생하면서도 평온한 농경 생활이든,
일상이 그려져 있지 않다는 점은 결코 그것이 전후의 일상과 단절되었음을
의미하는 것이 아니다. 식민지에서의 일상이 보류됨으로써 전쟁 중과 전쟁 후
와는 무의식적으로나 신체적으로 연속되고 있다고 볼 수 있다. 귀국 체험의
신체적·정신적인 공유를 기반으로, 식민지주의의 자각이 대부분 결여된 채
'내지인'으로서, 전후에는 일본 국민으로서 유사성이 이야기의 문체에서도 일
관되게 이어져 있다.

만주 귀국자나 시베리아 억류자가 자신의 체험을 쓸 수밖에 없는 것은, 단순
히 귀국자가 '별종의 계급처럼, 음으로 양으로 차별당했다'[53]는 것 때문만은
아니다. '아카시아의 다롄'의 '그'와 마찬가지로, 전후 일상생활에 대한 위화감,

52　大高武夫(1984),「第二松花江」,『されど、わが「満州」』, 文藝春秋社, pp.191-194.
53　上村高直(1976),『悪夢(引揚物語)』, 講談社出版サービスセンター, p.122.

어울리지 않는 느낌, 이른바 이공간(異空間)의 느낌, 동요하는 동질감, 내가 아닌 것 같은 감각이나 심정으로, 언젠가 자신을 납득시키고 싶은 생각이 있었기 때문일 것이다. 그것은 요행이라고 밖에 볼 수 없는 살아남은 경험뿐 아니라, 가까운 친척이나 동료 등의 죽음이 왜 일어날 수밖에 없었는지, 아무도 대답하지 않았고, 또 스스로도 답을 내리지 못하는 점에 대한 사회 혹은 타인과 자신에 대한 위화감 때문이었을 것이다.

어느 만주몽골개척청소년의용군(滿蒙開拓靑少年義勇軍) 중 한 명은 '고난을 넘어, 살아있는 현재를 기쁘게 그리워하는 것이다. 처음부터 끝까지 행동을 같이 한 동료 한사람으로서 평생 잊을 수 없는 일'임과 동시에 '종전 후 악조건에 많은 동료들이 그 하얼빈에서 죽어 간 슬픈 일도 생명이 있는 한 추모해 가는 것이다'[54]라고 쓰고 있다. 동일한 과거와 동시대를 공유했던 고인(사망자)에게 애도를 표하고, 명복을 빌고 애도하면서 생존자로서 자신의 요행을 확인하기 위해서는 글을 쓰는 것 외에는 달리 방법이 없었던 것은 아닐까.

그렇다 해도, 전후에도 식민지주의를 거의 되돌아보지 않고, '내지인' 그리고 일본인으로서의 정체성을 따르고자 하는 기색이 역력했다. 그러나 귀국(인양)에 관한 체험이든 뭐든 계속 써가면서, 단순히 제국 일본이나 '무적'의 관동군에 의해서만 개척민들이 내버려진 '기민(棄民)'으로서 횡사당한 것이 아니었던 점을 이해하고 공감하는 경우도 있다. 그것만으로 수습할 수 없는 무수한 사망자의 신음소리가 들려왔던 것이다.

저는, 이것을 기록하면서, 제가 써야할 부분은 당시 비참한 난민생활 — 어떻게 해서 사람들이 죽고, 아이와 부인들은 버려졌는지…, 를 밝히면 된다고 생각했습니다. 물론 그것을 주로 썼습니다. …그런데 글을 쓰는 동안 시체들은 '왜 내가 이런 꼴을 당해야 했는지' '왜 전쟁 따위를 시작했는지' 자문해 왔습니다.

---

54 川口清忠(1988), 「滿蒙開拓靑少年義勇軍「回想記」」, 『郷愁の高根』第五次, 高根拓友会, p.157.

딸의 시체는 '아버지는 왜 만주 같은 곳에 갔는지, 전쟁은 왜 멈추지 않았는지' 라고 저를 나무라고 있는 것처럼 느꼈습니다. 저는 이런 힐문에 주춤했습니다. 피해가려고 했습니다. 변명하려고 했습니다. 저는 제 삶의 모든 것을 추궁하였 습니다. 저 역시 '피해자'라고만 생각했지만, 저는 타민족 뿐 아니라 동포나 제 딸에 대해서도 '가해자'였다는 사실을 괴로움을 맛보면서 인정하지 않을 수 없었습니다.[55]

이는 앞서 거론한, 재만국민학교(在滿国民学校)는 '내지인'만을 위한 것이 라 하며, 조선인 자녀의 입학을 거절한 국민학교장의 말이다. 도피행, 나아가 그 이전의 개척지 생활로 거슬러 올라가 보며, 자신과 지인들의 죽음으로 향하 는 길(과정)을 적어 내려간다.

그 중에서, 생존한 자신 속에 품고 있었던 '이물질'은 횡사하여 되돌릴 수 없는 딸이나 사망자들의 신음소리뿐 아니라, 개척지에서 사람같이 여기지 않 고 멸시하면서 얼굴을 맞대던 조선인이나 중국인들의 '더러운 얼굴에 무지한 눈을 하고, 그저 마음씨 좋아 보이는 웃는 얼굴'이었음을 깨닫게 된 것일까? 당시 국민학교장은 식민지에서 '내지인'으로서 일상에 대한 기억이 생존자의 현재로 비집고 들어와, 그것을 후벼파내면서 한층 더 현재의 탈식민주의에 관 해 되물으려는 작업을 자신에게 부과된 사명으로 삼았던 것이다.

'아카시아의 다롄' 작품은 다롄의 기억이나 향수가 때로는 떠오르는 전후의 일상에서 시작되어, 결혼을 꿈꾸고, 이윽고 아내가 되는 '그녀'와의 만남과 교 제로 끝내고 있다. 만주 귀국과 시베리아 억류의 기록과는 뒤바뀐 구성이다. 고도경제 성장기의 한복판에서 이제는 타향이 되어버린 만주를 아카시아 냄새 를 떠올리며 향수를 고집하고, '진정한 고향'에 대한 기억을 이야기한다. 만주 기억의 복권을 시도하지만, 그것은 패전을 거듭 물어서 탈식민지 상태의 제국 후 일본의 기억에 균열을 가하려는 향수의 전략이었다고도 볼 수 있다. 향수는

55 後藤蔵人(1973), 『満州 修羅の群れ—満蒙開拓団難民の記録』, 太平出版社, p.257.

단지 과거에 집착하는 것만이 아니라, 그 반작용으로 현재를 침식해 간다. 현재를 정당화하는 보수적·반동적 심정이 아니라, 과거를 되찾아 현재를 해체하고 재편할 가능성을 잠재시키는 심정을 조성해 나가기도 하는 것이다.

여기에서는, 여러 사정으로 자신의 의지대로 다롄에 남기로 하며, 국가·국경이나 전쟁이 개인에게 있어서 얼마나 의의가 있는지를 묻고 있을지도 모른다. 또한 '과거 번영의 대가와 같이, 재산, 지위, 직업, 서로 신뢰했던 인간관계 등을 거의 모두 잃고, 고국으로 귀국'하는 것을 거부하거나, 혹은 '생활의 파멸을 초래한 애타는 토지'로 그냥 버려지는 것이 아니라, 몇몇의 민족이 교차하는, 어떤 의미에서 낭만적인 생활의 장소'에 몸을 담그면서 낭만적이 되었는지 아닌지 알 수 없으나, 탈식민주의를 자각하면서 굳이 향수를 개입시켜 '타민족의 존재', 혹은 만주에서의 사망자나 방치된 자가 말할 수 없는 「미귀국자」[56]라는 단절된 이야기를 풀어 나가기 위해 다방면에 걸쳐 여럿으로 열린 세계를 구축할 가능성에 대해서도 묻고 있는지도 모른다.

| 참고문헌 |

蘭信三(1994), 『「満州移民」の歴史社会学』, 行路社.

飯山達雄(1970), 「終戦秘話 死地満洲に潜入して」, 『文藝春秋』, 文藝春秋社.

猪俣勝人(1974), 『世界映画名作全史 戦後編』, 社会思想社.

今枝折夫(1935), 『満洲異聞』, 月刊満洲社.

入沢幸代(1984), 「貸本屋生活」, 文藝春秋社編, 『されど、わが「満州」』, 文藝春秋社.

大高武夫(1984), 「第二松花江、」文藝春秋社編, 『されど、わが「満州」』, 文藝春秋社.

大西功(1984), 「大連-昭和二十二年元旦」, 文藝春秋社編, 『されど、わが「満州」』, 文藝春秋社.

上村高直(1976), 『悪夢(引揚物語)』, 講談社出版サービスセンター.

---

56 朴裕河(2016), 『引揚げ文学論序説』, 人文書院, p.63.

川口清忠(1988),「満蒙開拓青少年義勇軍「回想記」」, 菊田幸次編,『郷愁の高根』第五
　　　次, 高根拓友会.

川村邦光(2001),「植民地体験と「内地人」」,:『アカシアの大連』をめぐって」, 栗原彬他
　　　編,『越境する知 6 知の植民地：越境する』, 東京大学出版会.

川村湊(1990),『異郷の昭和文学』, 岩波新書.

清岡卓行(1970),『アカシアの大連』, 講談社.

＿＿＿＿(1971),『海の瞳＜原口統三を求めて＞』, 文藝春秋.

＿＿＿＿(1978),「「だいれん」か「たいれん」か」,『大連港で』, 福武書店.

後藤蔵人(1973),『満州 修羅の群れ－満蒙開拓団難民の記録』, 太平出版社.

小林旭(2001),『さすらい』, 新潮社.

古茂田信男・島田芳文・矢沢寛・横沢千秋(1995),『新版日本流行歌史 下』, 社会思想社.

島木健作(1964),「満州紀行」,『昭和戦争文学全集 1 戦火満州に挙がる』, 集英社.

高杉一郎(1991),『極光のかげに』, 岩波文庫.

高山千代女(1928),「満鉄会社の住宅資金を借りて」,『婦女界』37巻5号.

寺山修司(1971),『寺山修司全歌集』, 風土社.

成田龍一(2006),「「引揚げ」と「抑留」」, 杉原達編,『岩波講座アジア・太平洋戦争4帝
　　　国の戦争経験』, 岩波書店.

中村雪子(1983),『麻山事件』, 草思社.

朴裕河(2016)『引揚げ文学論序説』, 人文書院.

原口統三(1952),『二十歳のエチュード』, 角川文庫.

藤原てい(1976),『流れる星は生きている』, 中公文庫.

正岡子規(1927),『墨汁一滴』, 岩波文庫.

森文子(1983),『脱出行』, 図書刊行会.

安居儔子(1972),『ひとすじに星は流れて 満州引揚げ－母の手記』, 太平出版社.

山田昭次編(1978),「解説・満州移民の世界」, 山田昭次編,『近代民衆の記録6満州移
　　　民』, 新人物往来社.

山田昭次編(1978),『近代民衆の記録6満州移民』, 新人物往来社.

米塚英子(1983),『奪われても』, 図書刊行会.

남미의 코리안 디아스포라와 고향 / 조국의 기억

한국전쟁 / 근대산업화를 중심으로

김환기(金煥基, Kim huan-ki)
일본 다이쇼 대학 문학연구과 문학박사. 현재 동국대학 일본학과 교수 겸 일본학연구소 소장. 주요
저서로는 『재일 디아스포라 문학선집』(2018), 『화산도』(2015), 『재일 디아스포라 문학』(2006), 『브
라질 코리안 문학선집』(2013) 등이 있다.

1. 들어가는 말

현실(현실주의)과 이상(이상주의)을 둘러싸고 작동되는 디아스포라의 구심력과 원심력에는 단순한 의식의 이끌림과는 다른 주체성과 개아의 문제가 존재한다. 그것은 고향(조국)을 향한 귀향의식과 현지화의 과정에서 겪게 되는 갈등지점이 인간의 내면세계와 맞물려 있기 때문이다. 물론 구심력(고향, 조국, 모어, 가족 등)과 원심력(이민국, 모국어, 귀화 등)으로 포섭되는 경계의식과 월경, 즉 국가와 민족, 언어와 생활이 중층적일 수밖에 없는 디아스포라의 입장에서는 당연한 일이기도 하다. 더욱이 태생적으로 고향(조국)의 정치역사, 사회 이념적인 현상과 맞물려 형성된 디아스포라의 문화지형을 생각하면 이민사회의 혼종성과 글로컬 의식도 소중할 수밖에 없다.

그동안 코리안 디아스포라를 둘러싼 학문적 담론은 역사학적 관점이나 민족주의를 중심으로 중심/주변의 논리가 지배적이었다. 구한말 경제적 빈곤의 생활환경을 탈피하고자 국경을 넘었던 조선인들과 일제강점기에 진행된 강제이주, 해방 이후의 한국전쟁과 연동된 이민자(전쟁고아, 입양, 국제결혼), 국가주도의 이민정책에 따른 이민(농업이민, 간호사/광부)에 대한 학문적 담론이 그러했다. 그리고 그동안의 코리안 디아스포라에 대한 담론이 하와이와 멕시코의 사탕수수 농장으로 흘러갔던 한인들을 비롯해 구소련권의 고려인들, 중국의 조선족, 재일코리안을 둘러싼 마이너스적인 지점을 천착했다면, 최근 글로벌시대에는 디아스포라의 긍정적인 지점이 부각된다는 점도 주목된다. 예컨대 지난날의 코리안 디아스포라의 담론과정이 순혈주의 내지 민족주의 관점이 강조되었다면 최근의 학문적 논의전개는 탈중심 / 다중심적 시좌가 강조되는 경향을 보여준다고 할 수 있다. 필자는 지역별(대륙,국가) 형성된 디아스포라의 생태학적 지점을 감안하면서 전자와 후자를 동일선상에 놓고 논의를 전개하는 편이다.

본고에서는 그러한 디아스포라의 긍정적 / 부정적인 관점을 동일선상에 놓고 구심력 / 원심력으로 표상되는 경계의식과 트랜스네이션의 의식세계가 인간의 실존의식과 보편성으로 수렴되는 과정을 살펴보고자 한다. 특히 남미지역의 코리안 이민사회를 한국전쟁과 조국의 근대 / 산업화와 연동시켜 살펴보고 이민자들의 기록물 / 텍스트에서 고향 / 조국이 어떤 형태로 기억되고 표상되는지를 검토해 보고자 한다.

2. 코리안 디아스포라의 역사와 남미로의 이민

1) 한인 이민역사의 출발과 전개

한국의 이민역사를 개략적으로 짚어보면, 먼저 구한말 함경도 / 평안도 지역의 농민들이 경제적인 빈곤을 탈피하고자 국경을 넘어 러시아의 연해주 지역과 중국 동북지역으로 들어가게 된다. 그리고 국가주도의 공식적인 이민의 첫 출발은 1902년 하와이의 사탕수수 농장으로 출발했던 121명이었고 곧이어 1905년 멕시코의 '에니껜' 농장으로 떠났던 1,033명으로 기록된다. 구한말의 공식적인 이민이 철저한 노동력 착취로 노예와 다름없는 혹독한 형태의 이민이었음은 말할 것도 없다. 일제강점기의 한인 이민역사는 일본제국의 토지수탈 정책으로 인해 경작지를 빼앗긴 농민 / 노동자들이 만주지역과 일본으로 이주하게 되었고, 독립운동가와 정치적인 난민이 러시아, 중국, 미국 등지로 건너가게 된다. 해방 이후에는 한국전쟁과 맞물린 전쟁고아, 국제결혼, 혼혈아 등이 북미지역(미국, 캐나다)으로 건너갔고 그들의 가족들이 연쇄적으로 들어간다.

물론 한국전쟁과 불가분의 반공포로들이 제3국인 인도와 남미지역(브라질/아르헨티나)으로 이주한 이민역사도 간과될 수 없는 지점이다. 그리고 1962년 한국정부가 해외로의 이민법을 제정하고 근대화/산업화를 적극 추진하면서 남미지역의 농업이민과 파독 광부/간호사, 베트남 파병 등이 본격화되고 최근에 글로벌 투자이민 형태로 캐나다, 뉴질랜드, 호주, 동남아지역 등지로 확산되면서 한인들의 이민(이주)은 한층 다변화된다.

2) 남미지역으로 떠난 한인들의 개척정신

남미지역 한인들의 이민역사를 개괄해 보면, 먼저 남미대륙으로 한인들이 가장 먼저 진출하고 정착한 나라는 브라질이다. 브라질은 인구 2억 천만여명에 한반도의 38배가 넘는 광활한 영토와 풍부한 천연자원을 자랑한다. 이러한 지리적 요건을 갖춘 브라질로 일본은 1908년 일찌감치 농업이민을 보냈고 그 대열에 한인들이 몇 명 합류했음을 확인할 수 있다. 그 후 한국전쟁을 거치면서 반공포로 50명이 인도를 거쳐 브라질로 들어갔으며[1] 5·16혁명과 함께 퇴직한 장교들이 문화사절단으로 들어가게 된다. 말하자면 1962년 12월, 한국정부의 주도로 농업이민과 기술자들 약 2,700명이 네덜란드 상선 치차렝가호를 타고 부산항을 출발하기 이전에도 브라질에는 한인들이 정착해 살고 있었던 것

---

1 한국 수용포로들은 송환을 희망했던 포로 83,071명이 2차에 걸쳐 송환되었고, 송환을 거부했던 포로 86,867명은 민간인/반공포로가 석방되고 최종적으로 송환을 거부한 포로는 22,604명이었다. 중립국송환위원회로 인계된 22604명은 재차 629이 공산측에 송환되었고 21,820명이 남한/대만으로 석방되는데, 그 과정에서 중국인 89명과 한국인 101명이 수용소를 탈출해 중립국행 의사를 밝힌다. 중립국행의사를 밝힌 101명은 재차 남한/대만으로 15명이 석방되면서 결국 1954년 2월 인도로 향했던 반공포로는 총88명(중국군 12명, 북한군 74명, 한국군 2명)이었다. 그렇게 해서 최종적으로는 남미지역 브라질(50명)과 아르헨티나로(12명)로 가장 많이 들어가게 된다.

이다. 그렇게 정부주도로 진행된 한인들의 브라질 이민에는 대체로 학력 수준
이 높은 중산층이 많았고 〈브라질한인회〉는 그들이 주축이 되어 설립한 단체
이다. 그리고 1972년 이후부터 파독 광부들이 브라질로 재이주해 오거나 1980
년대 90년대 한인들 중심으로 활성화된 의류산업을 중심으로 한국의 가족친지
들이 연쇄적 하류하면서 이민사회는 한층 활기를 띠게 된다. 현재 브라질에는
상파울루의 리베르다지와 봉혜치로를 중심으로 한인회관과 코리안타운이 구
축되어 있으며, 약 6만여 명의 한인 이민자들은 의류산업을 중심으로 중남미지
역 한인사회의 상업적인 구심점으로 자리매김하고 있다.

아르헨티나의 한인 이민역사는 일제강점기인 1941년 외항선의 선원 자격으
로 입국한 이차손을 비롯해 역시 한국전쟁을 거치면서 당시의 반공포로 12명
이 아르헨티나로 들어오면서 시작된다. 브라질의 경우처럼 1965년에 한인 영
농이민단이 부에노스아이레스에 도착하였고, 역시 브라질의 한인사회처럼 의
류사업을 통해 코리안타운을 형성하며 이민사회가 활성화된다. 코리안타운인
레띠로 판자촌, 109촌, 라마르께 농장 등은 아르헨티나의 한인사회를 상징하는
지역이라고 할 수 있다. 물론 이러한 한인사회의 의류산업 활성화는 다양한
관련 서비스업에 영향을 끼치며 중산층 시대를 열어가는 계기가 된다. 수도인
부에노스아이레스에 구축된 한국학교를 비롯해 다양한 한인 커뮤니티는 아르
헨티나 한인사회의 역동성을 보여주는 지점이라고 할 수 있다. 그러나 달러파
동을 겪게 되는 1980년대를 기점으로 민족적 정체성 차원의 언어문제, 현지인
과의 갈등, 현지동화 등과 같은 문제가 부각되면서 이민사회의 고민도 깊어진
다. 구이민자들과 신이민자 그룹 간의 갈등과 이민자 / 이민사회의 과열경쟁으
로 인한 한인사회의 분열 등 풀어야할 과제도 적지 있다.

한편 파라과이의 한인 이민역사는 1965년 2월에 한국인 95명이 네덜란드
선박(보이스벤호)을 타고 부산항을 출발해 인도양과 대서양을 거쳐 아순시온
으로 들어오면서 시작된다. 이들 한인들은 파라과이에 도착하자마자 〈한인회〉
와 〈한글학교〉를 중심으로 교민사회 재건에 힘쓰며 한인회관과 각종 커뮤니티

를 조직한다. 하지만 1965년부터 파라과이로의 들어간 한인 이민자들이 총15만여 명에 이르지만 현재까지 파라과이에 정착한 한인들은 약 6,000여명에 불과하다. 이는 결국 파라과이를 택했던 대부분의 한인 이민자들이 다른 국가(브라질, 아르헨티나, 멕시코, 캐나다 등)로 재이주했다는 것인데, 거기에는 파라과이 정부의 느슨한 이민정책, 열악한 생활환경에서 비롯된 측면이 크겠지만 기본적으로 한인 이민사회의 개척정신과 교육열 등이 작용했을 것으로 보인다.

이렇게 구한말의 유이민에서부터 출발했던 한인들의 이민(이주)역사는 오늘날 북미지역(캐나다, 미국)과 중남미지역(브라질, 아르헨티나, 멕시코 등), 유럽지역(독일, 프랑스 등), 그리고 호주 / 뉴질랜드를 포함한 동남아지역의 이민까지 전지구촌으로 확산되기에 이른다. 예컨대 2019년 현재, 코리안 디아스포라가 740만 여명에 이른다는 외교부의 공식적인 통계는 현재진행형인 한인들의 이민역사가 얼마나 구체적으로 광범위하게 진행되고 있는지를 상징적으로 보여주고 있다. 그리고 이러한 한인 이민역사의 공간과 장소, 즉 지역별(대륙 / 국가)로 구축된 한인 이민사회에는 한국의 근현대사와 연동된 정치역사, 사회문화적 지점을 표상한다고 점에서 주목할 필요가 있다.

특히 이들 코리안 디아스포라의 역사 중에서도 남미지역으로의 한인 이민 역사는 한국전쟁기의 반공포로와 조국의 근대화 / 산업화의 과정에서 표상되는 굴절된 역사적 사회문화적 지점이라는 점에서 특별한 의미가 있다. 무엇보다도 '근대의 기억', 기억의 공간 / 장소로서 한국전쟁(전쟁포로)과 농업이민자의 고향(조국) 표상이라는 점에서 그러하다. 물론 코리안 디아스포라의 고향(조국) 기억, 즉 해방정국 / 한국전쟁과 맞물린 개인 / 집단적 트라우마에 대한 기억이 결국 인간 본연의 실존의식과 개아에 대한 물음임은 말할 것도 없다.

3. 남미에 정착한 한인 이민사회의 고향 / 조국 표상

1) 조국의 굴절된 현대사와 맞물린 이민자 / 이민사회의 자화상

국가권력에 맞서다 희생된 개인이나 집단의 억울함과 그 부당성을 문학작품이나 글로 남기는 경우는 적지 않다. 우리가 말하는 일종의 '기억의 방식'이기도 한데, 그것은 지금까지 매우 다양한 형태로 남겨져왔다. 예컨대 일기나 증언을 통해서 기록되었고 문학작품과 다큐멘터리 혀태로 과거의 역사정치, 사회문화적 순간들을 기록물로 남겨졌다. 물론 그러한 개인 / 집단의 기억은 현실적 경험 공간 / 장소를 중심으로 진행되는 것이 일반적인데 때로는 국경을 넘은 한층 타자화된 디아스포라의 관점에서 기억되는 경우도 적지 않다. 예컨대 재일코리안 작가 김석범은 대하소설 『화산도』를 통해 그러한 현대사의 굴절된 역사적 / 정치적 상황을 외국어로 남겼던 기억방식은 시사하는 바가 크다. 가혹했던 〈제주4·3사건〉과 해방정국에 내재된 격심한 남북대립과 정치이데올로기를 서사화한 '진혼곡'은 '역사의 '기억'이 왜 소중한지를 새삼 보여준 사례일 것이다. 그렇다면 국가중심의 구도에서 튕겨나간 디아스포라가 타자화 / 이질화 된 해외라는 공간 / 장소에서 기억하는 고향(조국)은 어떤 소리와 색채를 보여주는가. 특히 남미지역의 한인 이미자 / 이민사회가 기억하는 고향(조국)은 어떤 형태로 표상되는가.

먼저 거론할 수 있는 것은 조국의 굴절된 근현대사에 얽힌 이민자 / 이민사회, 개인 / 집단의 자화상일 것이다. 예컨대 브라질에서 소설가로 활동했던 안경자는 작품 「새와 나무」를 통해 강력한 투쟁의 형태는 아니지만 조국의 근현대사에 얽힌 굴절된 개인의 이야기를 문학적 보편성으로 승화시킨 사례라고 할 수 있다.

> "애아, 떠나거라. 편지도 하지 말고 소식 전할 생각도 말고 만날 때까지 건강해야 한다. 그것만 약속해라." 조용조용 배를 탔고 다시 비행기를 탔고 브라질에

도착했다. 나는 사상가도 아니었고 반체제 운동가도 아니었다. 대학 시절 아주 가깝게 지내던 친구가 어느 날 갑자기 무슨 사건의 주범으로 붙잡혀 간 것이 전부였고 그것이 시작이었다. 군화발 그대로 우리 집이 무섭게 뒤져지던 그날 행운이 있었는지 불운이었는지 지금도 모르겠지만 난 미국으로 이민 가는 기형이 형의 마지막 스케치 여행을 함께 하고 있었다. 사찰 중심의 일정이 될 거이란 말을 들어셨던 어머니, 도대체 어떻게 찾으셨는지 지금도 가끔 추리를 해보다가 말지만 송광사 암자에 있던 우리를 찾아오셨고 3개월 후 다시 나타나서는 혼자 있던 나를, 외아들인 나를 멀리 떠나보내셨다. 난 아무리 생각해봐도 부당한 듯했다.[2]

　사실 한국현대사에서 개인 / 집단의 희생이나 억울함은 국가권력과 정치이데올로기의 반목에서 비롯된 측면이 적지 않다. 특히 일제강점기와 한국전쟁을 겪으면서 형성된 정치이데올로기적 대립과 국론분열은 거대한 민주화운동 내지 저항정신(4·19혁명, 80년대 민주화 투쟁)으로 귀착되기도 했다. 이러한 국가중심의 권력구도와 연계된 개인 / 집단의 불우성는 재일코리안 작가 김학영의 '말더듬'의 논리를 통해서도 구체적으로 확인된다. 예컨대 현세대인 주인공의 '말더듬'은 그 원인을 추적해가면 결국 부친의 폭력을 거론하게 되고, 부친의 폭력은 "왜 한국인이면서 일본으로 흘러들어와 살게 되었나 하는 질문에 봉착하게 되고 그 근원을 찾아가다 보면 민족문제에 이르게 된다."[3]는 논리와 다르지 않다. 개인 / 집단의 억울한 희생과 불행의 이면에는 제국주의와 국가권력, 정치이데올로기와 연동된다는 것이다. 특히 일제강점기와 해방 조국, 한국전쟁과 군사정권에서 강제되었던 정치적 상황에서 발생한 개인 / 집단의 트라우마, 그것은 단순히 개별 차원에서 해소하기엔 한계가 있을 수밖에 없다.

2　안경자(2006), 「새와 나무」, 『재외동포문학의 창』, 재외동포재단, p.193.

3　김학영(1977), 「자기해방의 문학」, 『소설집 - 얼어붙은 입』(하유상 역), 화동, p.205.

2) 한국전쟁과 반공포로

사실 남미지역의 한인 이민자 / 이민사회를 거론할 때 한국전쟁과 불가분의 반공포로 여정은 역사정치적으로나 개인적으로 간과될 수 없다. 한국전쟁을 혹독하게 경험했던 반공포로들의 남미행에 내재된 상징성이 너무도 명료하기 때문이다. 하지만 남북분단 70년을 넘긴 한반도의 현실에서, 해방정국의 남북한 / 좌우익의 이념갈등이 여전히 계속되는 현시점에서, 그야말로 지구반대편으로 뛰쳐나간 반공포로들은 고향(조국)에서 어떻게 기억되고 있는가. 그들 반공포로들은 고향(조국)을 어떤 방식으로 호명하고 기억하고 있는가. 과연 조국이나 반공포로들은 그 혹독했던 한국전쟁의 기억으로부터 자유로워졌는가, 자유로워질 수 있는가. 반문해 보지만, 해외라는 타자화된 공간 / 장소에 유폐된 개인 / 집단의 전쟁 트라우마는 여전히 생활공간을 맴돌며 되새김 되고 있다.

당시 한국전쟁 과정에서 발생한 반공포로 중에서 남북한으로의 송환을 거부하고 중립국을 요구했던 한국인 반공포로는 총76명이었다. 그들은 1954년 2월 영국함대 아스투리아스(Asturias)호를 타고 인천항을 출발해 인도로 향했고 그곳에서 '인도파'와 '남미파'로 갈라져 끔찍했던 수용소생활의 기억을 지울 수 있는 중립국행을 희망했다. 그러나 반공포로들의 운명은 뜻대로 진행되지 않았고 결국 3년간 인도에 묶여있는 신세가 된다. 인도 외교부는 "이들이 전쟁포로이고 무국적자"이기 때문에 "최종 정착지를 정하지 않는 이상 이들은 시민권이나 영주권을 갖고 있지 않은 무국적자로 대우할 수밖에 없고, 만약 한국으로 돌아가길 원한다면 휴전 직전 소속된 사령부를 기준으로 송환되어야 한다.[4]"는 입장이었다. 실제로 인도는 그 기준을 적용해 포로 4명을 북한으로 송환했기에 그 상황을 지켜본 반공포로들은 한층 불안에 떨 수밖에 없었고

---

4 이선우(2018), 「만주에서 거제도, 그리고 인도까지: 어느 반공포로의 생존기록」, 『이화사학연구』제56집, 이화여자대학교 이화사학연구소, p.88.

하루라도 빨리 남미행이 실행되길 바랐던 것이다.

그렇게 반공포로들의 중립국행은 난항을 거듭한 끝에, 한국인 반공포로 76명이 "최초의 계획과는 달리 미국 입국이 좌절되고 난 뒤, 남북한 정부의 적극적인 공세 속에 6명이 북한으로 송환되었고, 4명은 남한으로 송환된다. 그리고 최종적으로 50명은 브라질로, 12명은 아르헨티나로 이동했고, 9명은 인도에 잔류"[5]하게 된다. 이렇게 남미지역으로 이송되었던 총 62명의 반공포로에 관한 자료 분석은 정병준의 「중립을 향한 '반공포로'의 투쟁」에서 구체적으로 설명하고 있는데, 당연한 결과이겠지만 브라질과 아르헨티나로 향했던 반공포로들의 살아남기 위한 생존투쟁은 참으로 간고했다. 그야말로 "삶을 전장에서 평생을 투쟁해야 했다. 이들은 현지 사회, 선발 일본계와 이민사회, 후발 한국 이민사회 등과 관계를 맺으며 자신의 정체성에 대한 끊임없는 도전에 직면해야 했다."[6]

브라질로 들어갔던 김창언과 주영복은 자신들의 입장이기도 한 한국전쟁/반공포로를 둘러싼 한반도 정치지도자들에 대한 비판을 아래와 같이 증언한다.

> "지금도 생생히 기억되는 장면들, 아침이면 저쪽에 공화기가 올라가고 이쪽에 태극기가 올라가고 동시에 서로의 국가를 부른다. 그리곤 돌싸움이 벌어진다. 공포의 나날들, 판문점에서는 정전협정이 벌어지고 있었고, 정전을 절대 반대했던 이승만 대통령은 정전을 종용하는 유엔을 상대로 많이 싸웠다. (중략) 거제도 포로수용소는 한마디로 아수라장이었다. 이북 보위부부장 이학구소장이 수용소내 포로들을 지도하기 위해 고의적으로 포로가 되어 들어왔다. 하루에도 잔혹한 학살로 죽어가는 숫자가 엄청났다. 그는 66수용소에서 5천명을 훈련시키며 기회를 보다가 포로의 대우, 학대 등을 폭로하고자 도트 수용소 소장을 생포하는 만행

---

5 정병준(2018), 「중립을 향한 '반공포로'의 투쟁: 한국전쟁기 중립국행 포로 76인의 선택과 정체성」, 『이화사학연구』제56집, 이화여자대학교 이화사학연구소, p.53.
6 위의 논문, p.54.

도 저질렀다. 그 사건은 세계의 톱뉴스가 되면서 휴전협정의 자기네 입지를 높이는데 이용하기도 했다."[7]

"소련을 등에 업고 전면에 들어선 김일성은 자신의 권력을 공고하게 하기 위해 숙청의 칼을 종횡무진 휘둘러 대기에 바빴다. 반면 미국의 하수인 이승만은 자신의 치부를 감추기 위해 민족의 피를 빨아대기에 급급했으며 급기야는 미국의 앞잡이 노릇까지 하지 않았던가. 그들에게 중립론이란 이른바 골치 아픈 비판세력이자 타도 대상이었다. 백주대낮에 정치테러가 자행되고 진정한 민족주의의 뿌리들이 하나하나 뽑혀져 나갔다. 온 백성들의 피눈물에는 아랑곳하지 않고 그들은 그들의 권력욕을 위해 한반도를 하나하나 시해해 들어갔던 것이다."[8]

한국전쟁 당시 반공포로를 수용했던 거제도 포로수용소에서 벌어진 남북한과 유엔의 치열했던 협상전, 그 과정에서 희생된 수많은 포로들, 그리고 한반도의 남북한 정치지도자에 대한 비판적 시선을 고스란히 드러낸다. 그야말로 남북한 어느 쪽도 선택할 수 없었던 반공포로들의 내면의식을 여실히 보여주는 대목이다. 그리고 김창언은 결국 인도로 향했던 한국인 반공포로 76명은 "평균 나이 20세 안팎. 성분도 각계각층이었다. 5, 6명은 나이가 좀 있었던 정치보위부 장교 출신으로 이북으로 간대도 총살될 것 뻔한 사람들. 그러나 북한에 포로가 되었다가 귀국하여 범국가적인 영웅대접을 받았던 미국의 딘 소장과는 너무도 다른 경우가 아니랴! 집에 가야 가족도 없고 해야 할 일도 없는 나 같은 사람들은, 밖에 나가 원하던 공부나 하고자 했고. 그리고 옆의 친구들의 충동에 이끌렸던 사람들 등등… 그러나 76명에게 공통되는 한 가지 의식은 "두 번 다시 전쟁은 싫다. 사상은 더욱 싫다."였음을 강조하였다.

그렇게 힘겹게 도착한 브라질에서의 삶은 어떠했을까. "눈 앞에 펼쳐지는 모든 광경들이 우리들을 매혹시켰다. 지금도 나는 브라질을 천국이라 생각하

7 김창언 편, 「반공포로 50명은 이렇게 해서 브라질에 왔다」(브라질 정하원 소장본).
8 주영복(1993), 『76인의 포로들』, 대광출판사, p.30.

지만 난생 처음보는 아름다운 리오의 정경은 천국 바로 그것이었다. 천국, 정치적 증오가 없는 곳. 매일 밤잠을 이루지 못하고 누가 또 죽어나가지는 않나 전전긍긍하지 않아도 되는 곳. '너, 이리 나와!' 뭔가를 조사하겠다고 나를 불러내지는 않을까? 공포와 불안에 떨던 수용소의 나날이 떠오르며 모든 것이 꿈만 같았다."라고 했다. 증언대로 정말 그랬을까, 격심했던 정치이데올로기를 벗어났다는 해방감이 잠시 '천국'을 선사했을지 모르지만 결코 브라질 / 아르헨티나에서 주어진 그들의 삶은 녹녹하지 않았다. "우리는 작년에도 한 20여명이 썽빠울루에서 모였었다. 우리들은 만나 포어로 말한다. 서로의 얼굴에서 50년 전의 옛 모습과 그 끔찍했던 나날들을 잠시 떠올리며 지금의 생활을 서로 염려한다. 지방에서도 올라오고 생사를 알 수 없는 친구도 있으나 벌써 저 세상으로 많이들 갔다. 70이 넘은 나이에 아직도 택시 운전을 하는 친구도 있고, 작은 예수회에 기탁하고 있는 친구도 있다. 남부 신학대학장을 하는 친구도 있으나 대체로 삶이 고달프고 어렵다. 공부를 많이 했던 명석한 두뇌의 엘리트로 소식이 끊긴 친구도 있고, 오래동안 병석에 누워 있는 친구도 있고 미국으로 간 친구도 있다."[9]라는 문명철의 증언은 반공포로의 힘겨운 현주소를 일러주기에 충분하다. 철저히 타자화된 공간 / 장소에서 디아스포라로서의 간고한 삶이 펼쳐지고 있음을 충분히 확인할 수 있다.[10]

---

9 문명철 목사편, 「반공포로에서 목사로」(2004.9.13. 목사님 댁에서 - 브라질 정하원 소장).
10 브라질에 정착한 반공포로들은 리우데자네이로 공항에서 반공포로 50명을 마중나온 세 사람의 동포를 잊을 수 없다고 했다. 귀화한 일본인으로 이민선을 탔던 분들(아오끼로 불리던 김수조, '미다 할아버지' 장승호, 택시 운전사 이준창)과 비록 일본어로 대화를 했지만 지금도 그 감격과 고마움을 잊지 못한다고 했다. 그리고 반공포로들은 1963년 공식적인 한국에서 오는 첫 이민자들을 만나러 산토스항에 갔고, 그곳에서 "한국 사람들을 본 순간, 가슴 가득히 차오르던 감격을 어찌 잊을 수 있으랴. 아픔같기도 하고 행복같기도 했던 그 느낌을 어찌 전하랴."라며 "선발 일본계 이민사회, 후발 한국 이민사회"와 함께 동포애의 감동적인 순간도 경험하게 된다.(김창언 편, 「반공포로 50명은 이렇게 해서 브라질에 왔다」(브라질 정하원 소장본)).

한편 박명순은 「꼬라질레이로의 초상」에서 제3국행을 택했던 반공포로 김남수가 이국에서 사고를 치고 영어의 몸이 되어 힘겹게 감옥생활을 하는 현장을 고발하면서 이젠 국가가 나서서 그의 손을 잡아주어야함을 피력한다. 특히 한국전쟁을 경험하면서 국외로 뛩겨나간 코리안들의 간고했던 삶의 연장선에서 피폐화된 개인의 디아스포라적 삶을 국가와 민족이 책임감을 있게 감싸 안아야 한다고 호소하고 있다.

> "지난 93년 한 독자의 제보로 27년을 이곳에서 영어의 몸으로 늙어가고 있는 김남수 노인을 만났다. 그는 전쟁이 있던 한국 땅이 싫어서 제3국을 선택하고 보니 머나먼 브라질까지 흘러오게 된 반공포로 출신으로 당시는 무국적 신분의 한국인이었다. (중략) 잠시 후 식사시간을 알리는 사이렌이 울리자 김 노인은 줄을 서서 식판에 밥을 타가지고 저 멀리 마당 한구석으로 뛰어가는 것이었다. 그리고는 나무 밑에 이르러서는 선 채로 꾸역꾸역 밥을 다 밀어 넣고 나서야 희미한 미소를 입가에 담은 채 우리 일행 쪽으로 걸어왔다. 27년을 한결같이 그렇게 하고서야 밥을 먹을 수 있었다는 것이었다. 또한 머리 위로 늘 총탄이 나는 환상 때문에 다윗별이 수놓인 청색모자를 잘 때도 쓰고 잔다는 김 노인은 그때가 환갑을 앞둔 중노인이었다. (중략) 이방이라고는 오직 한국이 낳은 동족상잔의 비극적인 전쟁의 상흔을 간직한 김 노인 한 사람뿐이었습니다. 그의 정신질환 역시 전쟁의 흔적입니다. 또 그가 죽였다는 일본인, 중국인은 우리나라를 업신여기는 발언을 했다가 그에게 당한 것입니다. 억지일지는 몰라도 자신의 안일보다는 나라의 자존심을 지키고자 했던 애국자입니다. 그를 석방시켜야 책임은 이 나라와 교회에 있는 것입니다."[11]

이렇게 남미지역으로 들어갔던 한국전쟁과 반공포로들의 간고한 삶의 여정은 다양한 형태로 들려온다. 특히 한국전쟁과 반공포로의 고향(조국)에 대한

---

11 박명순(2000), 「꼬라질레이로의 초상(肖像)」, 『제2회 재외동포문학상수상집 - 재외동포문학의 창』, p.303.

기억은 한평생 동안 하시도 그들 곁을 벗어난 적이 없는 형태로 정신과 육체를 지배한 형태로 자리매김하고 있다. 예컨데 개인 / 집단에게 가장 소중한 것들, 즉 가족친지, 고향산천, 학교친구, 민족의식, 자기정체성에 이르기까지 일체가 그들에게는 과거형이 아닌 밀착된 형태의 현재진행형으로 존재한다. 김창언은 그렇게 한평생 동안 간직해 온 자신의 삶을 이렇게 증언한다.

> "지금 나에게 무슨 희망이 있겠는가? 1933년생이니 내 나이 71세, 내 처와 세 아이들 모두 건강하고 이만하면 물질적인 어려움도 없고 고저 사후에 극락정토에 가기를 바라는 한 늙은이에 불과하다. (중략) 동포의식, 민족의식. 도대체 동포란 무엇인가? 지금도 나는 가끔 이 질문을 스스로 해본다. 제일 중요한 문제이다. 이 땅에서 오래 살다 보니 또 아이들을 키우다 보니 난 국제인이 된 것 같다. 그러나 나이들수록 고국이 그립다. 말할 수 없이 그리워진다. 김치도 만들어 먹고 그걸 아는 집사람도 김치를 자주 담가 주기도 하지만 무엇보다 부모님 기억! 인터뷰 때마다 그 얘기가 나오지만 잊을 수밖에 없어서 잊었고 억지로라도 잊으려 하니 잊어졌고 생각할수록 그립고 그리다보니 잊어졌다. 이따금 꿈속에 나와 다음 날이면 너무 괴로워서 미칠 것 같아지기도 했었다. 우리 친구들 가운데에는 집 생각, 부모님 생각에 골몰하다 머리가 도는 경우도 있었다. 전쟁도 그렇다. 자꾸 잊으려 노력해도 잊어지지 않는다. 한국? 물론 가보고 싶다. 그러나 이런데로 나날을 사는 것 그것도 좋다.
>   왜 나는 브라질로 귀화하지 않았는가? 회사 생활을 하는 동안 단 한 번도 국적이 문제 된 적이 없었고 1956년 이래 지금까지 난 단 한 번도 귀화의 필요성을 느껴 본 적이 없다. 귀화를 하게 되면 선거권을 가지게 되고 투표를 해야 하며 정치적 소견도 가져야 하는 것, 나는 그것이 싫었다."[12]

이처럼 반공포로가 어떤 국가로 귀화를 한다거나 무국적자를 포기하고 국적을 취하고 시민권을 획득했을 때, 필연적으로 개인에게 주어지는 국가의 투표권, 그 투표권에 내재된 정치적 이념적인 소견을 가져야 한다는 것, 그것이

---

12 김창언 편, 「반공포로 50명은 이렇게 해서 브라질에 왔다」(브라질 정하원 소장본).

싫었기 때문에 귀화하고 싶지 않다는 김창언의 증언을 어떻게 이해해야만 하는가. 그리고 동일선상에서 한국에서 진행된 전쟁 이후의 '반공포로에 대한 기억과 기념', '반공투쟁신화'를 어떻게 이해해야만 할까. 아무튼 철저하게 배제되고 바깥세계로 튕겨나가면서 타자화 / 이질화된 공간 / 장소에서 반공포로들은 그러한 과정을 거치면서 한층 근원적인 삶에 대한 고뇌(보편성, 실존의식)를 의식하지 않았을까 한다.

3) 조국의 근대화 / 산업화 정책과 이민

한국은 해방과 함께 찾아온 남북 분단과 한국전쟁을 겪으면서 정치적. 경제적으로 큰 혼란을 경험하면서도 강력한 국가주도의 정책을 추진하면서 점진적으로 안정을 찾아가게 된다. 특히 5·16을 기점으로 한국의 근대화 / 산업화 정책은 매우 구체적인 형태로 진행되었는데 군사정권이 추진한 국민들의 해외이민 계획도 그 중에 하나였다. 1962년 한국정부가 해외이주법을 공포하면서 해외이민의 합법적인 장치를 마련했던 것이다. 예컨대 1963년부터 남미지역(브라질, 아르헨티나, 파라과이)으로 이민을 추진했던 점, 독일로 광부 / 간호사를 파견한 점, 월남전에 국군파병과 같은 정책적 지원은 해외로 시선을 돌린 대표적인 사례들이다. 물론 이러한 해외로의 시선이 한국전쟁 이후의 급격한 인구 증가와 국가의 경제건설과 맞물린 정책이자 빈곤타파를 위한 국가 차원의 고육지책임은 말할 것도 없다. 그러니까 "60년대라면 한국의 실정은 세계에서 가장 가난한 나라 중의 하나"이기도 했지만, 한편으로는 혹독한 전쟁을 경험한 세대들에게 새로운 미지의 공간 / 장소는 희망을 안겨주기에 충분했다. 물론 당시 1960년대 브라질로 이민온 한국 이민자들 그룹에 예비역 장교 출신, 중산층, 북한 출신이 많은 것도[13]도 그러한 시대 정황과 무관하지 않다.

---

13 『브라질한인이민50년사』, 브라질한인이민사편찬위원회(2011), p.42.

　　브라질에 정착한 정하원은 한국정부의 브라질 이민정책은 발단 자체가 잘못
됐다며 "잘못된 브라질 이민이 결행된 것은 군사정권의 밀어내기식 때문이었
다. 나라에 입 하나라도 덜고 잘되면 동생들의 학교길이라도 열릴 수 있을까
해서 과년한 딸을 도시가정의 식모로 내보내던 심정 그것이었다. 이런 형편이
니 정부로서는 쌀밥 조밥 갈릴 형편이 못되었다."[14]며 당시의 갈팡질팡했던
국가의 이민정책을 비판하였다. 그리고 『파라과이 한인 이민 35년사』에서는
"브라질 1차 계획이민과 2차 계획이민 사이에 개인적으로 단신 이민은 18명이
있었다. 그 중에는 11명의 예비역 장교들이 동승했던 사실이 있었는데 이들
11명의 예비역 장교들에 대한 신원이나 그 이후에 대한 일체의 언급이 없어서
이들이 과연 누구였을까 하는 궁금증을 낳는다."[15]며 거칠게 진행된 1960년대
의 남미행 이민정책의 무분별함을 꼬집었다. 군사정권의 출범과 함께 적지 많
은 예비역 장교들이 이민선에 올랐다는 점, 이민선에 올랐던 사람들의 개척정
신을 여실히 읽을 수 있는 대목이다. 특히 주목할 것은 남미지역으로의 이민정
책의 성격이 영농이민이었다는 사실이다.

　　　　"정부에서 추진한 이민이 순수 영농이민이었음은 이미 밝혀진 바 있다. 그러나
　　　이민단 모두가 농민은 아니었다. 각계각층의 사람들이 이민선에 올랐기 때문에
　　　이민선에서의 화합이 문제점으로 나타나기도 했다. 사업을 하던 사람, 회사에 다
　　　니던 사람, 장사를 하던 사람, 등 전직을 밝히기 꺼려하는 일부 사람들을 제외하면
　　　각양각색의 다양한 직종에 종사하던 사람들이 이민선에 올랐다. 그러나 거기에는
　　　한가지 공통점이 있었다. 한국에서 종사한 직종은 서로 달라도 모두들 개척정신
　　　이라는 하나의 깃발아래 모여들었다는 점이다."[16]

14　위의 책, p.44.
15　『파라과이 한인 이민 35년사』, 재파라과이한인회(1999), p.28.
16　위의 책, p.35.

이렇게 한국정부의 주도로 진행된 남미지역의 이민정책은 거칠게 진행되면
서 많은 문제점을 안고 출발한다. 그리고 국가간의 계약은 영농이민이었지만
실제로 다양한 직종의 이민자들이었던 만큼 농업지역보다는 도심지에서 상업
을 선호하게 된 것도 주목된다. 오늘날 브라질의 상파울루와 아르헨티나에서
의류사업이 활성화되고 코리안타운을 중심으로 교민사회가 팽창하게 되는 계
기였다고도 할 수 있다. 한편 한인 이민자 / 이민사회보다 남미지역에 먼저 정
착했던 일본계 이민자 / 이민사회와 달리 더 나은 사업환경, 교육환경을 찾아
다른 지역(북미, 중미 등)으로 재이주하며 강한 개척정신을 보여준다는 특징도
있다. 그리고 남미지역의 일본계 이민자 / 이민사회가 현지적응과 현지화를 거
쳐 그 지역에 동화되며 뿌리내리기를 강조했다는 점은 한인 이민자 / 이민사회
와 다른 면목이라 할 수 있을 것이다.

4. 남미지역 코리안 디아스포라의 정체성

1) 남미지역의 코리안 디아스포라와 고향(조국)의 특수한 역사/정치적 관계성.
2) 남미지역 한인 이민자/이민사회는 디아스포라의 긍정적/부정적 측면을
   동시에 보여주는 특별한 지점.(1950년대의 반공포로, 1960년대의 해외이
   민, 글로벌시대의 이민 등)
3) 남미지역 전체를 사업/생활무대로 삼고 있는 한인 이민자/이민사회의 열
   린 세계관.(혼종성, 스페인어권)
4) 남미지역의 열악한 사회환경/이민환경을 한국인의 개척정신.
5) 동아시아인의 공생과 협력이라는 관점에서 반세기 먼저 정착한 일본계
   이민자/이민사회와의 상호존중과 공생.(리베르다지라의 공생과 협력)

   "일본은 60년대만 해도 브라질 땅에 발을 들여놓은 지가 반세기를 넘었기 때문
   에 브라질 땅에 기반을 탄탄히 잡았을 뿐 아니라 각종 농업 분야에는 두각을 나타

내 브라질 정부와 브라질 국민으로부터 절대적 신임을 받는 사람들이기 때문에 일본인들을 개입시켜 이민사업을 벌린 것이다. 하기야 한국 이민자들이 일본인들의 득을 본 것은 이민이 이루어진 후에 많았다. 이색적으로 동양인이 서양문명 안에 정착하는 것도 어려운데 이민자들은 그 안에 안착을 해야했기 때문에 일본인들의 후광을 입은 것은 사실이다."[17]

6) 간고한 디아스포라적 경험에서 획득하는 보편적 세계관과 실존의식.

| 참고문헌 |

강진구, 『한국문학의 쟁점들-탈식민·역사·디아스포라』, 제이엔씨, 2007.
손정수·장영철(2005), 『아르헨티나 한국인이민40년사』, 아르헨티나 한인이민문화연구원.
열대문화동인회(1986-1995), 『열대문화』(제1호-9호).
윤인진(2004), 『코리안 디아스포라』, 고려대출판부.
이동헌(2013), 「한국전쟁 후 '반공포로'에 대한 기억과 기념」, 『한국학논집』제40집.
이선우(2011), 『한국전쟁기 중립국 선택 포로 연구』, 이화여자대학교 대학원 석사학위 논문.
이선우(1996-2009), 「만주에서 거제도, 그리고 인도까지 - 어느 반공포로의 생존기록」, 『이화사학연구』제56집, 2018. 재아문인협회, 『로스안데스문학』제1호-13호.
정병준, 「중립을 향한 '반공포로'의 투쟁 - 한국전쟁기 중립국행 포로 76인의 선택과 정체성」, 『이화사학연구』제56집, 2018.
정하원·안경자·최금좌(2011), 『브라질 한인이민 50년사』, 브라질 한인이민사편찬위원회.
조성훈, 「송환거부 반공포로의 판문점 중립지대 180일간 일기」, 『전쟁과 유물』제6호.
주영복(1993), 『76인의 포로들』, 대광출판사.

---

17 『브라질한인이민50년사』, 브라질한인이민사편찬위원회(1999), p.86

유착(流着)과 선언

'간사이오키나와 현인회' 잡지 『동포(同胞)』를 읽는다는 것

도미야마 이치로(冨山一郎, Tomiyam Ichiro)

교토대학(京都大学) 박사. 고베외국어대학 조교수 및 오사카대학 일본학과 조교수를 거쳐 현재 도시샤대학(同志社大学) 글로벌 스터디 연구과 교수. 식민지주의의 문제와 주민운동, 역사인식, 감정 기억, 오키나와 현대사 등에 관한 연구를 진행하고 있다. 주요 저서로는 『전장의 기억』(2002), 『폭력의 예감』(2009), 『유착의 사상』(2015), 『시작의 앎』(2018) 등이 있다.

거주는 집단생활의 로컬적 토대로, 여행은 그 보충이라고 생각했었다. 'roots'
(기원)은 언제나 'routes'(경로)보다 선행된다. 그렇지만 '만약에' 라고 나는 묻기
시작했다. 여행이 지금까지의 틀에서 해방되어 그것이 복잡하게 퍼져나간 인간
경험의 일부라고 간주한다고 한다면 그것은 어떻게 될까. 그때 전지(転地,
displacement)라는 실천은 단순한 장소의 이동이나 확장이 아니라, 오히려 다양한
문화적 의미를 구성하는 것으로 생각할 수 있을지 모른다.[1]

1. 이동의 경험과 역사의 획득

이동에서 역사나 사회를 생각한다는 말은 이제 진귀한 것이 아닌지도 모른다.
그러나 '이동으로부터'라는 말은 인간의 역사적 사회적 속성에 앞서 이동이 있다
는 것을 의미하며, 역사나 사회를 말하는 여러 가지 용어들이나 카테고리가 이동
이전에 '주입된 것'이며 경우에 따라서는 무효가 될 수도 있다는 것이다.

또한 그것은 이동이 정점(定点)과 정점을 연결하는 일시적인 움직임이 아니
라 역으로 어느 점에도 이동의 연장선상이며, 이동하는 복수의 선의 교차점은
존재하지만 이동을 정의하는 정점은 없는 것이다. 여기에 이동이라는 말을 다
시 생각해 보고 싶다.

---

1 ジェイムズ・クリフォード(2002), 『ルーツ 20世紀後期の旅と翻訳』, 月曜社, p.12.

86

또한 이러한 이동을 경험으로 받아들인다는 것은 이러한 경험을 표현하는 말이 세계를 구성하는 정점(定点)과 역사적/사회적 속성에 관련된 틀이나 용어군(用語群)들에 의해 발견되지 못한다는 것이라는 점으로 역설적으로 말을 찾는 움직임은 이러한 틀이나 용어와 결정적인 저어(齟齬)를 일으킨다는 것이다. 따라서 이동의 경험은, 동시에 저어의 경험이기도 한 것이다. 또한 이동이라는 것을 통해 생각한다는 것은 이러한 저어의 경험이 예외적이고 한정적인것이 결코 아니라 모든 역사상 사회의 시작으로서 존재한다는 것을 의미한다고 볼 수 있다. 맨 앞에 인용한 제임스 클리퍼드(James Clifford)의 이동에 대한물음도 이러한 지금까지의 역사나 사회를 구성해 온 사고의 토대 그 자체에 근원적인 물음을 세우는 것을 포함하고 있다고 생각한다.

후술하겠지만, 오키나와인의 근대는 사람들이 오키나와를 나와 그들의 삶을 살기위한 길을 찾는 역사였다. 특히 1920년대 제당업 붕괴 이후, 그것은 가속화되었다. 흔히 말하는 「소테쓰지옥(蘇鉄地獄)」[2]이라고 불리던 사회 경제적 상황 속에서 사람들은 이동을 통해 살아남으려는 도정을 획득하고 있었던 것이다. 이러한 근대 오키나와의 역사에 대해 아라카와 아키라(新川明)는 「토착과 유망(土着と流亡)」이라는 제목의 글에 다음과 같이 기술하고 있다.

　기묘하게 들리더라도 유민(流民)으로서의 역사를 질량(質量) 모두를 갖고있는 오키나와 오키나와인에게 있어 유민과 '토착'이란 결코 대립개념으로존재하지 않는다. 즉 토착이기도 하면서 유민이기도 하고, 유민이면서 토착한다는 관계성에 문제를 생각해야 한다고 여겨진다. 유민으로서 토착이란 좀 기교(奇矯)한 말 표현이라고 한다면 유민이면서 토착의 의지를 잃지 않는다는

2 다이쇼(大正) 말기부터 쇼와(昭和) 초기에 걸쳐 오키나와현(沖縄県)의 경제적 궁핍을 가리키는 말이다. 주식을 확보하지 못해 소테쓰를 먹을 정도로 곤경에 처한 것에서 그 이름이유래되었다. 특히 생산기반에 취약성을 가진 오키나와현에서 심각한 사태가 발생한 것이다._역자주.

것이라고 보충해 두어야 할지도 모른다. 토착이란 정착의 동의어가 될 수 없기 때문이다.[3]

여기서 아라카와 아키라가 말하는 「토착」이란, 서두에서 말한 클리퍼드가 말하는 기원의 문제는 아니다. 사람들의 생(生)[4]이 유민으로서 삶(生) 즉 이동 속에서의 삶임에도 불구하고, 정점(定点)으로 혹은 무엇인가의 로컬적이고 영토적인 속성에서 그 생의 경험이 표현되는 것을 그것을 의미하고 있다.

즉 토착은 정착이 아니며 유망의 경험의 은유적인 표현인 것이다. 그리고 그곳에는 말 그대로 앞서 언급한 저어의 경험이 잠재되어 있는 것이다. 이동의 경험이 정점이나 속성과 관련된 틀로 의미지어진다는 점에서, 응시해야 하는 것은 이 저어의 경험일 것이다.

필자는 그것을 유착(流着)이라는 말로 생각해 보고자 했다.[5] 즉 모든 사람들이 이동의 도상에 놓여있고 어딘가에 도착하기도 하며 또한 흘러가는 생의 모습에서 역사와 사회를 근본 바탕에서 새로 생각해야 한다고 본다. 그리고 그것은 다름 아닌 오키나와의 근대를 생각할 때 불가결한 전제를 이루고 있는 것이다.

그런데 이동의 경험을 토착적인 '잔향'을 띤 집단적인 말로 표출(表出)하려고 하는 시도는 오키나와에 관련시켜 말한다면 오키나와 독립 혹은 류큐(琉球) 독립이라는 문제 속에서 이 이동의 경험을 어떻게 생각할 것인지를 묻는 것으로 존재하고 있는 것이다. 예를 들면 마쓰시마 야스카쓰(松島泰勝)가 류큐 독립을 주장할 때에도 이 이동의 경험을 결코 놓치지 않고 있다. 즉 마쓰시마는 「아메리카 대륙, 아시아 태평양 지역이나 일본 각 지역 즉 오사카시 다이쇼구

---

3 新川明(1973), 「土着と流亡－沖縄流民考」, 『現代の眼』(3月), 現代評論社, p.112.

4 일본어의 생(生)은 한국어로 생 그대로 번역이 가능하지만, 문맥의 앞뒤를 고려하여 생과 삶 등을 사용하였다._역자주

5 冨山一郎(2013), 『流着の思想』, インパクト出版会, 참조.

(大正区) 가와자키시(川崎市) 쓰루미구(鶴見区) 등에 류큐인이 살고 있다고 하면서, 그곳에 에스닉 공동체와 민족 자결이라는 문제를 세워보고자 했다.[6] 마쓰시마도 언급하듯이, 다이라 고우지(平恒次)도 이러한 이동의 확장을 「전 세계적 류큐 정신 공동체 공화국론」으로 말하고자 했다.[7] 그러나 양자의 논의 는, 이동의 경험으로서의 오키나와의 근대라는 것을 근저에 잘 파악하고 있다. 그와 동시에 그곳에는 역시 토착과 유망이라는 분류적인 구분이 섞여 있다. 여기에 토착과 유망을 가능한 한 중첩시키는 논리로 그 '사이(間)'의 영역을 응시하고자 한다.

예를 들면 1945년 11월 11일에 결성된 오키나와인 연맹은 스스로를 「현대 오키나와인, 즉 류큐인(Luchuan)」이라고 명명하며, 그 내실적인 것으로 「(1)도 내(島內) 거주민, (2)해외이민, (3)국내 출가민(出稼民)[8]이라고 기술하고, 더 나 아가 해외 이민에 대해서는 「하와이(布哇)」, 「미국 본토」, 「남미」, 「브라질」, 「로손 섬」, 「다바오」, 「남양군도(南洋群島)」, 「대만」 등의 지역을 가리키고, 「국내 출가민」은 「간사이지방(関西地方)」, 「게이힌(京浜) 지방」, 「규슈」, 「나 고야(名古屋)」를 제시했고, 「다이쇼구(大正区)」, 「기타오카지마(北恩加島)」, 「시칸지마(四貫島)」, 「니시나리구(西成区)의 이마미야(今宮)」, 「다카라쓰카 (宝塚)」, 「아마가사키(尼ヶ崎)」, 「쓰루미(鶴見)」, 「가와사키(川崎)」 등 구체적 인 장소를 표기했다. 이러한 오키나와인 혹은 류큐인이라는 집단을 설명하는 말에는 마쓰시마나 다이라가 독립이라고 표현한 말로 잡으려고 하는 근대 오 키나와의 이동의 경험이 포함되어 있는 것이라고 말할 수 있다.

이 오키나와인 연맹의 월경적인 확산은 오키나와전(沖縄戦)에서 폐허가 된 고향에 대한 구원운동이라는 구체적 움직임으로 나타난다. 그러나 1950년을 경계로 이러한 확산 경향도 오키나와라는 도서지역(島嶼地域)의 일본이라는

6 松島泰勝(2012), 『琉球独立への道』, 法律文化社, p.157.
7 松島泰勝(2012), 上掲書, p.226.
8 新崎盛暉(1969), 『ドキュメント 沖縄闘争』, 亜紀書房, p.29.

국가에의 귀속, 즉 영토적 틀만을 전제로 한 복귀론이 주장되게 되고, 또 월경적 확산도 미국의 아시아 태평양지역에 대한 헤게모니 전개와 중첩되어 가게 된다. 그렇지만 달리표현하자면 이러한 오키나와의 근대의 이동 경험이 어떤 '현대 오키나와인, 즉 류큐인(Luchuan)'을 만들어 갔는가라는 것에 대해서는 미래를 향해 열려있는 것이라고 말할 수 있을 것이다.

여기서는 직접 오키나와인 연맹에 대한 검토는 다루지 않지만, 이러한 이동의 경험을 스스로의 고향의 대한 기속 속에서 표출하려한 그 시작으로서 1920년대의 간사이오키나와현인회(関西沖縄県人会)에 대해 검토하기로 한다. 그것은 이 오키나와인연맹이 「다이쇼구(大正区)」, 「기타오카지마(北恩加島)」, 「시칸지마(四貫島)」, 「니시나리구(西成区)의 이마미야(今宮)」, 「다카라쓰카(宝塚)」, 「아마가사키(尼ヶ崎)」 등 구체적인 장소를 보여주는 말이 갖는 의미를 생각할 수 있기 때문이다.

떠돌다가 도착한 장소와 고향, 달리표현하자면 앞서 언급한 오키나와인 연맹에 내포되어 있는 것은, 이동의 경험과 고향의 기억이라는 이중성이며, 전자를 후자 속에 비유적으로 주장하는 구도가 그곳에는 존재하는 것이다. 다케무라 가즈코(竹村和子)는 이동 안에 집(家), 고향 혹은 조국이라는 말이 그 기억과 함께 큰 의미를 띠게 된다고 언급하면서 「디아스포라 개념 속에 남성중심주의를 보편화해 버린 위험」[9]고 지적하고, 동시에 그 해체 가능성에 대해서는 주디스 버틀러(Judith Butler)의 『안티고네의 주장』을 언급하고 있다.

버틀러는 그 책에서 누가 발화 주체로서 이미 배제되고 또한 누가 승인하고 있는가라는 '선행 배제(foreclosure)'의 근간에 이성애주의적인 친족 구조가 있다는 것을 논의했는데, 다케무라는 그 '선행 배제'를 담당하는 친족구조가 이

9　竹村和子(2012),「ディアスポラとフェミニズム―ディアスポラ問題、女性問題、クィア問題、ユダヤ問題」,『ディアスポラの力を結集する』, 松籟社, p.222.

90

동 속에서는 「가단적(可鍛的)」인 것이며, 배제된 자들의 「생존가능성의 근거를 부여하는 것」이 될 수 있다는 점을 지적하고 있다.[10] 버틀러는 친족 구조에 있어서 발화주체로서 선행 배제된 안티고네의 주장(claim)을 새로운 사회 형태를 만드는 도전으로서 바꾸어 말하자면 정치의 언어로 받아들이고 있는데, 다케무라는 이 안티고네의 도전이 이동 프로세스에 있어서 생성하는 것을 지적하고 있는 것이다. 산채로 매장당한 안티고네는 이동 속에서 재등장하는 것이다.

이 다케무라의 지적에서 중요한 것은 이동 속에 이미 배제의 흔들림, 발화주체로서 배제되어 온 자들의 목소리와 함께 섹슈얼리티나 친족 관계의 양상도 묻는 것으로, 그것이 단순하게 가족이나 친족 영역의 문제가 아니라 발화주체로 선행적 배제와 관련한 문제인 이상 말 그대로 법의 전제(前提) 즉 「적히지 않은 법(法)」을 묻는 정치라는 점이다. '이동하는 토착'은 새로운 목소리와 함께 사회 양상을 근저에서 묻는 정치인 것이었다.

그런데 다케무라가 이동과 관련하여 지적한 남성중심주의나 친족관계의 위험성과 가능성은, 이동의 경험에 관련된 많은 문학이 가족이나 친족의 이야기로서 등장한다는 것과 무연(無緣)의 것이 아니다. 예를 들면 우에노 에이신(上野英信)의 『마유야시키(眉屋私記)』(1984)는 오키나와에 있어서 근대의 이동을 그린 다른 종류에서는 볼 수 없는 문학인 것이다. 오키나와에서 오사카, 남미로 퍼져나가는 하나의 친족 이야기인데, 그것은 이동 속에서도 친족관계가 강고하게 유지되고 있는 듯이 보이지만, 다른 한편에서는 동시에 친족관계가 새롭게 발견되고 다른 이야기로 바뀌어 가는 프로세스로서 이동이 존재한다는 것을 뚜렷하게 그려내고 있다.

그곳에는 사기(私記)라는 말로 상징되는 프라이버시적인 영역과 전쟁을 포

---

10 竹村和子(2002), 「訳者解説 生存 / 死に挑戦する親族関係」, 『アンティゴネーの主張』, 青土社, p.197.

함하는 국가에 의해 이루어지는 공적 영역의 구분이 융해되어 버린다. 버틀러나 다케무라의 논리를 빌려오면 선행된 배제의 근간에 존재하는 친족구조의 융해와 새로운 목소리의 등장이, 공과 사의 기존의 구분을 흔들면서도 정치공간의 새로운 발견으로 연결해 가는 것으로, 이러한 전개 프로세스가 '사기(私記)'라는 말로 표현하고 있는 것이다.

그리하여 그 '사기(私記)'의 근간에는 오키나와의 나고(名護)라는 지역의 고향 기억이 그려지는데, 그것은 새로운 정치공간의 등장을 지탱하는 미래를 향한 투기(投企)와 같다. 과거의 기억은 미래의 투기였던 것이다. 또한 앞서 오키나와인연맹에서 언급하면서 이동의 경험을 비유적으로 오키나와 혹은 오키나와인이라는 집합적 기억이 있다고 지적했는데, 그 고향 기억과 관련된 비유적 표현을 수사학적인 의미로만 이해해서는 안 될 것이다. '그것은 〈반영(反映)〉이나 〈비유(比喩)〉가 아니라 자기의식을 운명 짓는 것을 의미하고 있는 것이다.[11]

다카하시 가즈미(高橋和巳)가 로진(魯迅)의 글에 대해 언급했듯이 비유적 표현을 통해 묻고 있는 것은 그 말을 짜내는 자와 그것을 해설하는 자의 결정적인 균열이다. 따라서 이동의 경험과 함께 존재하는 오키나와 혹은 오키나와인은 아직 보지 못한 미래를 스스로의 미래로 붙잡으려고 하는 말이었던 것이다. 혹은 그것은 선언이라고 불러도 좋을지 모르겠다. 즉 선언이란 '언설과 그 『대상(対象)』, 담론과 그 『주체(主体)』 사이에 그 상황에 맞추어 각각의 관계를 설정해 가는 것'[12]이며, 또한 보지 못한 자신들과 자신들의 역사를 선취하려는 시도인 것이다.

여기서는 1920년대 오사카를 중심으로 결성된 간사이오키나와현인회 기관지인 『동포(同胞)』를 검토하여, 유착(流着)한 사람들이 역사를 획득하려는 이

---

11 高橋和巳(1973), 「解説」魯迅『吶喊』, 中央公論社, p.224.
12 ルイ・アルチュセール(1999), 「マキャベリと私たち」, 『歴史・政治著作集Ⅱ』, 藤原書店, p.676.

선언에 대해 고찰하고자 한다. 그리고 필자를 포함해 역사연구 사실 확인적인 다큐멘타리로서 읽은 『동포』라는 글을 「선언」으로 받아들이는 시도를 진행하고자 한다. 읽는다는 것이 무엇인가를 묻게 될 것이다.

2. 『동포』 및 간사이오키나와현인회에 대해

본 글에서 다루려는 『동포』는 간사이오키나와현인회의 기관지로 간행된 잡지이다. 창간호(1924.3), 2호(1924.3), 5호(1924.12.15), 6호(1925.3.5), 7호(1925.5.20), 8호(1925.7.25.), 9호(1926.3.25)이 현존한다. 창간호는 오키나와현인동포회기관지였다. 현인(県人)회 회원으로서 천명 이상에게 배포되었다고 한다.[13]

이 현인회는 1924년 3월에 결성되었는데, 그 배경을 보자면, 제당 가격의 폭락이 계기가 되어 1920년대 오키나와 경제를 위기를 맞이했다. 이 '소테쓰지옥'이라고 불리는 위기는 결국 사람들을 오키나와의 외지로 나아가 살 길을 찾게 만들고, 대부분은 오사카와 해외 특히 당시 위임통치령이었던 남양군도로 떠나게 되었다. 『국세조사』에 의하면 오사카에 재주하는 오키나와 출신자는 1920년에는 천명이었는데, 1920년에는 1만9천명으로 늘어났다.

이 사람들 중 여성은 주로 방적공작의 여공으로, 남성은 미숙련 노동자였다. 오사카 지역의 미나토쿠시(港区市) 오카마치(岡町), 산겐야초(三軒家町), 오카지마초(恩加島町), 고바야시초(小林町), 고노하나구(此花区) 시칸지마(四貫島), 가스가데마치(春日出町), 덴포초(伝法町), 다카미초(高見町), 니시나리구(西成区) 이마미야초(今宮町), 히가시나리구(東成区) 나마즈에초(鯰江町), 이마후쿠(今副), 가모우(蒲生) 등에 밀집해서 살았다. 이들 지역이 현인회 지부가 되는 것이었다. 바꾸어말하자면 1920년대 오키나와에서 오사카에 이주해

---

13 「会員一千名以上」, 『同胞』五号,

서 산다는 것은 「소테쓰지옥」을 계기로 월경적으로 퍼져나간 사람들의 삶이 동반되는 것이었다.[14]

이 현인회 결성 배경에는 1923년 9월 1일의 간토대지진이 존재한다. 이를 계기로 간토지구에 거주하고 있던 사람들이 오사카로 이주하여 살게 된다. 여기에는 비교적 유복한 계층들 그리고 간토에서 활동하고 있던 사회주의자들이 포함되어 있었다. 간사이오키나와현인회는 이러한 사회주의자 그룹을 기축으로 유복층을 끌어들이면서 결성된 것이었다.[15] 또한 이 간토대지진 경험과 기억을 어떤 방식으로 간사이오키나와현인회의 『동포』잡지에 문제화했는가라는 것이 중요한 요점이 된다.

『동포』8호에는 '선언'이라는 제목의 글이 게재되어 있다. 이 선언은 1925년 6월 21일에 개최한 간사이오키나와현인회 제3회 대회에서 채택된 것인데, 여기에는 오키나와 경제의 피폐함과 오사카에서의 노동 상황 및 「언어풍속」에 의한 「손실과 불편함」이 지적되고 있었다. 그 중에서 「오사카재주 현인 3만 명」단결을 주장하고 있었다. 또한 그 활동 내용으로서는 직업소개, 해고 등등 노동 문제에 대한 대응, 복히 후생 활동을 내걸고 있었다.

앞서 언급한 것처럼, 간사이오키나와현인회는 필자를 포함해 1920년대 오사카 사회운동사 문맥에서 논의되고 『동포』도 그 자료로서 읽혀져 왔다.[16] 그때 중심이 된 것은 앞서 언급한 사회주의자 그룹이 하나의 논의 대상이 되었고 검토해야할 활동으로서는 노동운동이나 노동재해 보상 교섭, 그리고 반차별운동 등이 기축이 되었다. 예를 들면 간사이오키나와현인회 결성에 참가한 마쓰모토 산에키(松本三益)는, 1926년에 오키나와출신자가 많이 고용되어 있던 동

---

14 冨山一郎(1990), 『近代日本社会と「沖縄人」』, 日本経済評論社, 제2장 참조. 冨山一郎 (2013), 『流着の思想』 제3장을 참고하기 바란다.

15 安仁屋政昭(1982), 『沖縄の無産運動』, ひるぎ社, 참조.

16 冨山一郎(1990), 『近代日本社会と「沖縄人」』, 安仁屋政昭(1982), 『沖縄の無産運動』 참조.

94

양방적(東洋紡) 산겐야(三軒屋) 공장 노동쟁의를 조직하여 소요죄(騷擾罪)로 채포된다.

이를 통해서 알 수 있듯이 간사이오키나와현인회는 동향단체로서 지금까지 논의해 왔던 현인회와는 다른 측면을 갖게 된다. 가미시마 지로(神島二郎)는 이러한 동향단체를 '제2의 마을'이라고 부르고, 그 마을에 참가할 수 없는 성공자들이 아닌 사람들을 「과거를 말하지 않는 사람들」라고 불렀는데[17], 간사이오키나와현인회는 이러한 사람들도 포함한 사회운동을 담당하는 조직이었다고 여겨진다. 또한 이 선언을 포함해『동포』는, 이러한 오사카의 오키나와 출신자의 사회운동사를 사실 확인적으로 파악하는 중요한 자료로서 다루어져 왔던 것이다.

그러나 선언이라는 영역이 보여주는 것은 처음에 기술한 것처럼 역사적 사실이라기보다는 '우리들'이 누구인가라는 물음이었고, 그 '우리들'이 획득해야 할 역사와 미래와 연결되는 것이 아니었을까. 보다 구체적으로 본다면 오키나와에서 살아갈 수가 없게 된 사람들이 오키나와인으로서 어떻게 오사카에서 '우리들'을 새로 구성하고, 또한 오키나와라는 지역의 역사로 환원되지 않는 역사를 발견하고 동시에 획득하여 우리들의 미래를 그리려고 했는가. 바로 이 물음을 갖게 된 것이 선언이 아니었을까.

선언이란, 새로움을 말하는 주체와 새로운 역사를 선취하려는 시도였으며, 그것은 사실 확인적으로 이해하는 것이 아니었다. 선언이란 역시 아직 보지 못한 자신들과 자신들의 역사를 선취하려는 시도 그 자체였던 것이다.

반복해서 말하지만, 여기서는『동포』에 의한 말들을 지금까지의 역사나 사회 혹은 정치를 구성하는 용어로 대입시켜 이해하는 것이 아니라, 어디까지나 유착(流着)한 자들의 선언으로서 받아들여야 한다고 생각한다. 즉 선언에 등장하는 '우리들'은 단순하게 동일한 오키나와 출신이라는 출자의 공통항목이나

17 神島二郎(1975),『政治をみる眼』, 日本放送協会, 참조.

문화적 동일성을 의미하는 것이 아니라, 또한 역사도 오키나와라는 지리적 범
주에 둘러싸인 지역의 역사를 의미하는 것도 아니다. 말하자면『동포』에 등당
하는 오키나와인도 그 역사도 파농이 민족문화란 「노력의 총체」라고 말했듯
이[18] 여러 가지 시도들의 합력(合力)으로 부상된 것이며, 그러한 자신들과 자
신들의 역사를 선취하려는 시도의 흔적으로서『동포』를 다시 읽어야 한다고
생각한다. 이때 몇 가지 요점을 언급해 둔다면, 필자가 검토하고 싶은 것은
오사카에 이주해 살고 있는 것에서 도출되는 오키나와 및 우리들이라는 것의
문제이며, 자신들을 도출해 가는 프로세스에 간토대지진의 기억이 감춰져 있
었다는 점에 있다.

  1923년 간토대지진은 도쿄에 사는 많은 오키나와 출신자들은 자경단이나
경찰에 의해 살해당할 뻔했다. 또한 실제로 살해당한 자들도 있었을 것이다.
이 간토대지진 기억은 또한 오키나와의 표준어 교육 현장에서 「대지진 때에
표준어 발음을 하지 못해서 많은 조선인이 살해되었다. 너희들도 잘못해서 살
해당하지 않도록」해라 라는 발언도 등장한다.[19]

  그렇다면『동포』는, 이러한 간토대지진 기억을 어떻게 받아들이고 있었을
까. 미리 언급하자면『동포』에는 직접적인 기사로서 간토대지진이 등장하지는
않는다. 여기에는 지진재해와 부흥을 전개하여 그것을 성취해가는 도쿄와 동
시기의 동양의 맨체스터로 경제의 중심지였던 오사카의 차이였는지 모른다.

  이 차이는 많은 사람들이 오키나와에서 흘러오는 오사카의 노동시장에 포섭
되어 가는 이유이기도 하다. 당시 오사카는 사람들을 삼켜가는 장소이기도 했
으며, 그것은 폐허에서 부흥하려는 도쿄와는 다른 양상을 띠고 있었다. 그렇지

---

18 フランツ・ファノン(1969), 「民族文化について」, 『地に呪われたる者』, みすず書房, p.133.
    프랑스어의 원저는 L'ensemble des efforts로 되어 있고, 번역을 한다면 「복수의 노력의 조화
    혹은 합력(合力)」이라고 할 수 있다. 이 민족문화에 대해서는 冨山一郎(2013), 『流着の思
    想』, pp.218-220 참조.
19 沖縄県労働組合協議会(1972), 『日本軍を告発する』, p.69.

만, 자신들과 자신들의 역사를 선언하려고 하는 말에는 지리적 범위에 묶어둘 수 없는 학살 기억이 감춰져 있었던 것이다. 이것은 후술하기로 한다.

3. 『동포』의 양식

우선 양식에 대해 살펴보기로 하자. 창간호와 2호는 등사판 인쇄로 형식은 잡지에 가까운 편으로 페이지를 넘기면서 읽게 되는 형식이다. 5호부터는 인쇄 신문의 형태였고, 지면은 네 면으로 구성되어 있었다. 신문이라는 형식이 되는 것이었고, 한 면에 여러 가지 기사를 동시에 볼 수 있도록 했다. 또한 창간호 등사판은 읽기 어렵거나 읽을 수 없는 부분도 있다. 처음 잡지 형식으로는 「논설」, 「다화(茶話)」, 「신인회원방명(新人会員芳名)」, 「가단(歌壇)」, 「동포시단(同胞詩壇)」, 「회보」등의 장르적인 구분이 페이지마다 전개되었고, 신문 형식으로 된 이후에는 비약적으로 이러한 장르가 늘어났다. 그것은 한 지면에 몇 개의 기사가 게재되는 것과 관련되고 있는 것이다. 그럼 『동포』에 나타난 장르 구분을 열거해 보기로 하자.

「선언」, 「슬로건」(예를들면 「현인회는 상호간에 원조하고 손을 잡고 나아가는 방패가 된다」), 「격(檄)」, 「급고(急告)」, 「총회보고」, 「논설」, 「자유논단」, 「회보」(본부와 지부), 「현인 취업 조사」, 「방적 둘러보기」, 「각 지부 행각」, 「지부 뉴스」(기시와다(岸和田)지부, 사카이(堺) 지부, 이치오카(市岡) 지부, 이시다초(石田町) 지부, 나마즈에(鯰江) 지부, 기타오사카(北大阪) 지부, 히에지마(稗島) 지부, 오와다(大和田) 지부 미나토구다이이치(港区第一) 지부), 「오키나와 소식」(오키나와와 관련한 뉴스), 「현인 각 단체 정보」, 「현인 단체 소식」(오키나와 해외 협회, 게이힌(京浜) 학생회, 하와이 오키나와 협회, 대만 오키나와 학생단 등등), 「다화」, 「프리즘(三稜鏡)」, 「가단」, 「동포시단」, 「명언, 인용 등」, 「향토 전설」, 「근래 사감(私感)」, 「상화(想華)」, 「편집실」, 「신회원방명」, 「인사

소식」, 「명부」 등등이다.

　이러한『동포』의 양식에서 몇 가지 논점을 지적할 수가 있을 것이다. 첫째로 매우 다양한 문체나 문장 양식을 수용하고 있다는 점이다. 뉴스나 보고, 논설, 엣세이에서부터 이야기, 시(詩)까지 있으며, 서명이 들어간 것도 있고 서명이 없는 것도 있다. 이 다양한 양식이 병존할 수 있는 것은 앞서 언급한 것처럼 신문양식이 됨으로서 시각적인 파악이 가능해 졌다는 것과도 관련된다고 생각된다. 둘째는 현인회 전체나 오사카 전체를 대상으로 했다기보다는 오사카 각 지역에 전개하고 있던 지부와 관련하여 그 문장 혹은 개별 공장과 관련한 문장들이 많다는 것을 알 수 있다. 즉 오사카를 다루기보다는 구체적이고 고유한 장소 지명을 제시하면서, 오사카 전체를 염두에 두고 적은 글은 반대로 적다. 셋째 개인명이나 명부가 항상 게재된다. 즉 우리들 '일반'이라기보다는 고유명을 붙인 개인이 빈번하게 등장한다. 넷째로는 오키나와에 관계된 현상 보고가 있었으며 다섯 번째로는 오사카 이외의 오키나와인 단체 기사도 상시 존재했다.

　이처럼 다양한『동포』의 양식이 의미하는 것은 논문조의 문장에서 일상 감각이나 감정을 표출하는 문체에 이르기까지 폭 넓게 다루고 있었다는 것과 지부나 개인이라는 구체성과 개별성이 전체를 보여주는 제유(提喩)로 등장하고 있다는 점이다. 자신들이 사는 오카사가 오키나와 해외라는 타 지역과 연결해 가는 것을 보여주고 있는 것이라고 말할 수 있다. 이러한 양식을 염두에 두면서『동포』를 구체적으로 검토해 가도록 하자.

4.『동포』라는 존재, 현인회라는 존재

　　「저 사람은 오키나와 사람임에 틀림없다」. 길에서 자주 이런 말을 하는 일이
　　있다. 그럴 때는 마음속에 기쁜 생각이 들었고, 그 다음에 뭔가 이야기를 나누어
　　보고 싶다는 생각이 고개를 들었다. (중략) 도회지 생활에 광명을 찾아 전진하는
　　방패는 오키나와현인동포회이며, 혈관처럼 동포들 사이를 끊임없이 흘러 소통하

98

는 이 잡지 『동포』이다.(중략)잡지 「동포」 간행에 의해 자신들은 여행 중에 있어
도 끊임없이 고향에 있는 듯한 따뜻함을 느낀다. 왜냐하면 그것은 「동포의 피」로
모두에게 끊임없이 흐르고 있기 때문이다.[20]

　창간호에 게재된 이 「『동포』간행에 즈음하여」라는 제목의 글에는 『동포』가
갖는 의미를 단적으로 보여주고 있다. 즉 중요한 것은 무엇인 적혀있는가라는
기사 내용보다도 『동포』가 우선은 「혈관」이며, 「피」라고 하는 점이다. 다시
말하자면, 『동포』는 자신들의 '말'의 장소이며 그 장소가 「동포」(=「우리들」)
을 구축해주는 것이었다. 즉 『동포』는 그것이 미디어로서 무엇을 전달하려고
했는가라는 점에서 의미를 가질 뿐만 아니라, 말의 장소로서 존재 그 자체가
의미를 갖는 것이며, 그것은 자신들의 말의 장소 자체가 지금까지 존재하지
않았던 것을 의미라고 있는 것이기도 했다.
　예를 들어「원고가 많이 남았다」라는 「편집후기」[21]를 보면 많은 글들이 『동
포』에 기고되고 있었다는 것을 상상할 수 있을 것이다. 그와 동시에 앞서 언급
한 다양한 장르 구분도 기고된 다양한 말들에 대한 대응이라고도 생각되어
진다. 『동포』는 말하자면 자신들의 말을 집약해 가는 장소였던 것이다. 혹은
역으로 집약된 말들을 읽으면서 사람들은 각각이 처한 상황이나 장소에서 자
신들을 상상해 갔던 것이다. 마찬가지로 현인회에 대해서도 다음과 같은 문장
이 있다.

　　지금이야말로 우리들은 자긍심을 갖고 있다고 말할 수 있다. 우리들에게는 아
주 훌륭한 현인회가 있다. 상호간에 원조하고 손을 잡고 나아가는 방패가 있는
것이다. 우리들 현인회는 우리들의 자긍이며, 진정으로 우리들의 것이다.[22]

20 「『同胞』刊行に当たり」, 『同胞』創刊号.
21 『同胞』九号.
22 「臨時大会と今後の方針－会員一同の奮起を促す」, 『同胞』五号.

　현인회는 그 활동내용보다 이전에 그것이 존재한다는 것에 의미를 두고 있다. 「진정으로 우리들의 것」이며, 스스로를 「오키나와 현인(県人)」으로 명명하고 있는 곳에 『동포』가 있었고, 간사이오키나와현인회가 있었던 것이다. 「현인회는 상호간에 원조라고 손을 잡고 나아가는 방패」라고 자주 등장하는 이 슬로건에 있는 「방패」라는 것도 이러한 문맥에서 이해할 수 있다. 그리고 이렇게 명명하는 것은 다음과 같은 '단결' 혹은 '힘'으로 표현된다.

> 　왜 이처럼 비참한 생활을 하지 않으면 안 되는가?(중략) 우리들은 현인 동포를 하루라도 빨리 인간으로서의 느끼는 행복 증진을 위해 힘써 싸우지 않으면 안된다. 이것은 누구의 힘인가. 누군가 이루어내지 않으면 안 된다. 우리들 1만 5천 동포는 이곳에 있고 현 이름아래 일어서려고 하고 있지 않은가. 단결 앞에는 장애물도 없고 정정당당하게 만사를 전개해 갈 힘이 있다.[23]

　이러한 『동포』나 간사이오키나와현인회의 존재론적인 의미는, 다시 후술하겠지만, 스스로의 말 자체가 심문의 대상이 되었고, 죽을지도 모른다는 기억의 지표가 된 간도대지진의 기억을 생각할 때 매우 중요한 포인트가 된다.

5. 역사의 획득

　그런데 1920년대 오키나와는 앞서 언급한 것처럼 '소테쓰지옥'이라고 불리던 경제적 위기에 처해 있었다. 이러한 위기에 즈음하여 「오키나와 구제 논의(沖縄救済論議)」라고 불리던 오키나와 구제를 둘러싼 논의가 신문이나 잡지에 등장하게 된다. 또한 오키나와 구제와 관련한 책이 간행되기도 한다.

　와쿠가미 로진(湧上聾人)편의 『오키나와 구제(救済) 논집』(1929), 신조 초

---

23 「人間的人間にかへし度い」, 『同胞』二号.

고(新城朝功)의 『빈사의 류큐』(1925), 다무라 히로시(田村浩)의 『오키나와 경제 사정(沖縄経済事情)』(1925) 등이다. 이러한 「오키나와 구제 논의」에 있어서 오키나와 인식은 앞서 언급한 「선언」에서도 공유되고 있었고, 이러한 인식은 총체적으로 국가에 의한 1932년의 오키나와현 진흥 계획 책정으로 이어진다. 다시 말해서 오키나와를 구제해야할 지역으로 사회정책적입 법 제정으로 나아간 것이다.

그렇지만, 다른 한편에서 경제 파탄은 스스로의 역사를 어떻게 그려갈까라는 역사인식의 문제이기도 했다. 류큐의 '개성'을 되살리기 위해 오키나와의 역사를 그리고 그곳에 오키나와인의 미래를 전망하고 있던 이하 후유(伊波普猷)는, 1924년에 이러한 류큐의 개성을 기축으로 한 역사인식이 '소테쓰지옥'에 의해 파탄되고 이미 경제적 구제밖에 없다고 말하면서도 개성을 표현하는 자기 자신의 말을 갖고 있지 않다[24]고 말했다. 그것은 말하자면 오키나와인으로서의 역사 상실과 스스로의 역사를 이야기하는 말의 상실이기도 했다. 『동포』에서도 이러한 향리의 피폐와 관련한 기사가 많다. 그리고 생활수단을 빼앗긴 동포의 현외(県外) 이동[25]이라는 표제의 기사를 통해 알 수 있듯이 이러한 이하 후유에게 역사의 상실을 일으킨 '소테쓰지옥'이 자신들 '동포'가 오사카에 있는 이유로서 도출해 내고 있었다.

그렇지만 그것만 논한 것은 아니었다. 예를 들면 창간호에 게재된 「게이한신(京阪神)에 있어서 현인(県人)의 발전」이라는 제목의 글에 있는 「우리 현인(県人)은 일본 공업의 심장인 오사카에서 심장을 구성하고 있다」[26]라고 표현했는데, 이 표현에는 역사의 상실뿐만 아니라 새로운 출발점으로서 스스로의 생활을 오카사가 심장으로서 도출되고 있는 것이었다. 이것을 염두에 두

24 伊波普猷(1924), 「寂泡君の為に」, 『沖縄教育』137号 참조.
25 『同胞』九号.
26 「京阪神における県人の発展」, 『同胞』創刊号.

면서 다음의 「작은 섬에 태어났지만, 대국(大国)에 있다」는 글을 살펴보기로
하자.

> 우리 현(県)은 사방이 바다로 둘러싸여 아침에는 파도 사이를 뚫고 나타나는
> 태양을 숭배하고, 저녁에는 차도 사이에 지는 석양을 보며 아쉬워하는 작은 섬이
> 다. 우리들은 이 작음 섬에서 태어났다. 중략 이 작은 섬에 갇혀 일생을 마감하려
> 하지 않는다. 우리들은 대해의 저편에 존재하는 대국(大國)을 활동 무대로 삼아야
> 하고 그를 위해 주변을 단단하게 하지 않으면 안 된다. 구지마(クジマ)에서 태어나
> 서 데국(テーック)을 이룬다. 우리들 신체에는 이 정신이 옛 부터 흐르고 있다.[27]

이 문장에는 「작은 섬(小島)」은 구지마(クジマ)로, 대국(大国)에는 데국
(テーック)」이라는 오키나와어 표기를 붙이고 있다. 게다가 「구지마」에서
「데국」으로 향하는 자신들의 역사 과정이 주장되고 있는 것이다. 위기에 처
한 오키나와가 「생활수단을 빼앗기고」 살기 위해 이동해 온 '동포'와 「데국」
으로 향하는 '우리들'이 오사카라는 장소에서 교차하고 있는 것이다. 그럼
유민들이 도출한 향하고자 하는 미래로 상정된 「데국」이란 무엇일까. 그것은
제국 일본을 가리키는 것일까. 이에 대해서는 다시 후술하기도 하고, 적어도
여기서 말 할 수 있는 것은 이 '데국'으로 향하는 우리들은 이하 후유가 말하
는 개성이지 않으면 안 되었고, 예부터 전해로는 전통으로서의 오키나와 문
화도 아닌 것이었다. 오키나와를 벗어난 사람들은 오사카라는 지역에서 새로
운 자신들과 자신들의 역사를 도출하려고 한 것이다. 그것을 담당한 것이
『동포』였던 것이다.

---

27 「小島に生まれて大国におはる」, 『同胞』二号.

6. 경험의 공유, 감성의 공유

여기서 『동포』에 등장하는 '동포' 혹은 '우리들', '우리', '오키나와현인', 오키나와인이라는 말이 가리키는 집합성과 그것을 혈관으로써 다루며 말의 장소로서 구성된 『동포』와의 관계에 대해 고찰할 필요가 있다. 우선 지적할 수 있는 것은 앞서 인용한 창간호의 문장에도 있듯이 개인적 감정을 기점으로 하면서 그곳에서 집합성을 도출해 가는 문맥이다. 즉 '저 사람은 오키나와인이 틀림없다' 우리들은 길거리에서 자주 이 말을 하는 일이 있다. 그때는 우선 반가운 감정이 일어나고, 뭔가 이야기를 하고 있는 생각이 고개를 든다」[28]라고 했다. 그리고 나서 다음과 같은 시가 있다.

> 격앙되어오는 마음을 달래기 위해 번화가에서 술을 마시고, 오늘도 나는 살아간다. 흐릿하게 보이는 요도가와(淀川) 강가에서 불러보는 고향 노래에 눈물이 밀려온다.[29]

「번화가」나 「요도가와 강병」이라는 오사카의 지명과 함께 격앙되어 오는 개인적 감정이 『동포』라는 장소에서 공유되고 있는 것이다. 그런데 『동포』 속의 양식 부분에서 기술했듯이, 이 『동포』에는 많은 노래(歌)와 시(詩) 혹은 하이쿠(俳句) 등이 적지 않게 게재되고 있다. 또한 이러한 노래나 시, 하이쿠는 지금까지 사회운동사연구 역사자료로서 『동포』를 다룰 때 거의 주목을 받는 일이 없었다. 그러나 자신들의 말의 장소라는 점에서는 이러한 노래나 시, 하이쿠는 매우 중요한 것이었다.

그런데 1950년대의 생화기록 운동을 되돌아보며 쓰루미 가즈코(鶴見和子)는 '쓴다는 것이' 시간이 보증되어 있지 않은 사람들에게는 단편적으로 생각나

---

28 주석 8번 참조.
29 『同胞』二号.
28 주석 8번 참조.
29 『同胞』二号.

는 것들이나 사건을 가장 **빠르게** 말의 형식으로 시나 하이쿠나 와카가 있었
다[30]고 지적했다. 이러한 점에서 『동포』에 의한 노래나 시, 하이쿠를 생각한다
면 노래나 시, 하이쿠야말로 매일 일어나는 일상 경험 속에서 생겨난 말을 확
보하는 장소로서 『동포』의 성격이 전형적으로 나타난 것이라고도 말할 수 있
을 것이다.

  그런데 이러한 노래나 시, 하이쿠와 함께 주목할 만한 것이 이야기이다. 6호
이후부터는 매호마다 「프리즘(三稜鏡)」이라는 코너를 마련해 다음과 같은 문
장으로 게재했다.

  사례 ① 3개월이나 실업(失業)한 상황이고, 나하(那覇)에 국립측후소(国立測
      候所) 설립 공사가 있다고 들어서 빨리 귀성(帰省)해 보니 필요 인원
      3배 이상의 희망자가 있다는 것을 듣고 다시 오사카로 되돌아 온 남자
      가 있다.[31]

  사례 ② 회원이 치쓰고(築港)에서 현인(県人)인듯한 남자를 붙잡아 단도직입
      적인 방언으로 『나는 오키나와인데, 당신은 오키나와인가, 오늘 다이
      베이마루(台北丸)로 출범(出帆)하는가?』라고 묻자, 그 남자는 보통어
      로 『아니오. 우치나까지 일이 있어서』라고 대답했다.[32]

  사례 ③ 3년 전의 연애가 부활하여 부인의 꿈까지 이루어진 요 3년, 이 남자의
      주변 물건이 매각되고 임신하여 버려진 여성이 있었다.[33]

  사례 ④ 돈을 벌기위해 오사카에 와서 다음날 돈을 빌려 선물을 사고 귀현(帰
      県)한 25세 남성이 있다.[34]

  사례 ⑤ 기계에 왼쪽 손을 잃은 남자가 기시와다(岸和田)에 있는데, 이번에는
      회사가 그의 목을 자르고, 해고 수장도 주지 않았다. 자적(資賊) 횡행

---

30 鶴見和子(1963), 『生活記録運動の中で』, 未来社, p.54.
31 「三稜鏡」, 『同胞』六号.
32 上掲雑誌.
33 上掲雑誌.
34 「三稜鏡」, 『同胞』七号.

의 세태이다.[35]

사례 ⑥ 오사카 요리학교 학생 10여명이 류큐 요리를 동경하여 원정(遠征)했는데, 구니가시라(国頭)에서 기아에 허덕이는 소테쓰가 일행의 깨워 주었다.[36]

사례 ⑦ 결혼을 하지 않고 오사카에 온 현(県) 여성들은 신부로서 가장 존중된다는 것도 이용하여 시집을 온 것이라고 여겨 오사카에서 오키나와 신부와 결혼한 남자가 파혼한 남자가 있다. [37]

사례 ⑧ 집을 팔아서 오사카에 론 남자는 이번에는 노동자로서 몸을 팔게 되고, 게이한신(京阪神)을 떠돌았다. 오사카뿐만 아니라 10여만 노동자가 건어물 취급을 받고 있다.[38]

사례 ⑨ 피폐된 우리의 류큐를 구하는 유일한 길은 파쇼 정신 즉 자본과 불량배가 한패가 되어 노동자를 가만두지 않는다고 『오키나와 아사히(沖縄朝日)』는 외치고 있다.[39]

사례 ⑩ 절약할 것도 없는 우리 현민(県民)에게 최근에는 절약선전을 시작했다. 설마 목숨의 절약은 아니겠지만, 우리와 우리들의 목숨을 떼어놓는 것이 심고 있다.[40]

이러한 짧은 이야기들의 요점은 진실성이 있거나 정확한 것들이 아니기도 하다. 오히려 정확함을 둘러싼 판단을 보류하는 것에서 생기는 아이러니컬한 곳에 이 이야기들의 중요성이 부각된다. 여기서는 표층적인 의미와 숨겨진 의미를 둘러싼 이중의 독자의 존재, 그리고 후자를 읽어내는 자가 웃음과 함께 현실 감각을 공유해 가는 것이라고 지적한 로버트 울프(Robert Paul Wolff)의

---

35 上揭雜誌.
36 「三稜鏡」, 『同胞』八号.
37 上揭雜誌.
38 「三稜鏡」, 『同胞』九号.
39 上揭雜誌.
40 上揭雜誌.

논의를 염두에 두면서 생각해 보고 싶다.[41]

　이러한 작은 이야기들에 있어서 중요한 것은 자주 언급되듯이 「가공의 이야기이며 등장인물도 실재하지 않는다」는 것이 아니다. 그렇다고 말 그대로 사실을 이야기하고 있는 것도 아니다. 이 이야기를 읽고 웃음을 띠는 독자는 우선은 이 이야기들이 있을 수 없는 가공의 이야기라는 표층적인 해석이 일반적으로 일어날 것이라는 점을 전제하고 있고, 「그렇다고 하더라도 있을 수 있다」고 읽는 것이다. 웃음은 이 '일반적인 것'과 '실재로는'이라고 생각하는 것 〈사이〉에 생기는 것이다. 이 〈사이〉는 가공과 진실 사이이기도 한 것이다.

　그리고 이러한 해독이 가능한 것은 이 이야기에 등장하는 가공의 인물이 아니라, 독자가 바로 상상하고 있기 때문이며, 독자는 그 상상된 인물을 자신들의 것으로 간주하고 '실은 있을지도 모른다'고 읽어내는 것이다.

　이야기를 통해 독자와 문장에 등장하는 인물의 거리는 매우 가깝다. 그리고 웃는다는 것은 자신과 상상하면서 나타난 인물의 관계가 은밀하게 승인되고 또한 웃고 있는 것은 자신 혼자만이 아니라, 이 문장에 등장하는 인물과의 관계를 승인하고 있는 사람들이라는 것도 승인되는 확인되는 것이다. 그리하여 자신들이라는 집합성이 독자들 사이에 상상되게 되는 것이다.

　『동포』는, 읽고 있는 것이 자신뿐만이 아니라는 집합성을 마음속에 상상하게 함과 동시에 오사카에서 살고 있는 사람들이 일상에서 경험하는 사건들이나 그곳에서 품고 있는 감정을 자신들의 일로서 받아들이기 한 장치이기도 한 것이다. 따라서 '동포'(=우리들)이란 단순하게 같은 오키나와 출신자라는 것만이 아니라, 오사카에서의 일상 감각이 계기가 되어 구성되는 것이라고 말할 수 있을 것이다. 그런데 이 이야기 중에 「여성의 입장에서」라는 제목의 글

41　ロバート・ポール・ウルフ(1989),『アイロニーの効用』, 法政大学出版局, 참조. 이 책에서는 『자본론(資本論)』의 문체를 아이러니를 통해 다시 해독하고 있다. 즉 상품용어의 세계를 인간의 언어가 표현하려는 문체로서 『자본론』을 읽는 것이다. 田沼幸子(2014),『革命キューバの民族誌』, 人文書院, 제4장 참조.

이 있는데, 다음과 같이 적고 있다.

지난달 기관지상에 「3년 전의 연애가 부활하여 함께 살 수 있게 되기까지 3년, 그 남자가 주변을 정리했는데 임신을 했지만 버림받은 여성이 있다」고 하는 기사를 읽고 그것을 우리들은 단순하게 웃음거리 혹은 이야깃거리로만 다루는 것은 너무 경솔하다고 생각했다. 특히 이런 문제들이 연관된 사건이 우리 동포들 사이에 사실로 존재한다는 것은 슬픈 일인 것임과 동시에 남자이든 여자이든 크게 반성해야 할 것이다.[42] 아이니컬한 웃음에 의한 공통 감각은 여기서 파탄하게 된다. 웃을 일이 아니라, 그곳에서 '우리들'을 만들지 마라라고 말하고 있는 것이다. '소테쓰지옥' 속에서 오키나와를 나온 사람들 중 여성들은 압도적으로 방직여공이었고 그 확대 비율이 남성보다 빨랐다. 그러한 와중에 오키나와에서의 여성의 이동에 대해 비참함과 비난이 섞인 표상이 생겨나게 된다. 즉 몸을 파는 것을 이미지화 하고 마을을 버리고 떠난 자로서의 여성인 것이다. 청년단도 「신부 부족」의 문맥에서도 말해지고 있다.

현인회(県人会)의 「제3회 대회보고」[43]에는 현인회 부인부가 설치된 것이 기재되는데, 대회에서는 이 '여성 입장에서'를 집필한 도카시키 치카코(渡嘉敷周子)가 연설을 했다. 그곳에는 친족관계의 규범적 관계를 다시 짜가는 것을 간취할 수 있다. 거칠게 결론을 말할 수 없지만, 서두에서 언급한 다케무라의 표현처럼, 남성중심주의의 반복과 동시에 발화주체로서 배제되어 온 자들의 목소리와 함께 섹슈얼리티나 친족 구조의 양상도 되묻고 있는 것이었다.

이러한 것에서도 「동포」(=우리들)는 단순하게 같은 출자나 그곳의 전통을 함께 하는 사람들만이 아니라, 그것을 바꾸고 재구성해 가는 과정에서 도출된 것이라고 말할 수 있을 것이다. 역시 노력의 소산물인 것이다.

---

42 渡嘉敷周子, 「女の立場から」, 『同胞』七号.
43 『同胞』八号.

7. 구체적인 것의 의미

『동포』지의 양식에서도 언급했듯이 『동포』에는 각 지역의 지부와 관련된 문장이나 구체적인 공장 활동 기사가 많다. 또한 그곳에는 공장에 대한 부당한 노동조건에 대한 교섭이나 항의의 내용도 다수 존재했다. 예를 들면 '지금까지 오키나와인이라고 까보던 방직공장은 우리들이 조직과 관련되어 있다는 것을 알고 다음 날부터 대우가 달라졌다'[44]고 적고 있었다. 또한 「부당해고에 대한 교섭」이라는 제목의 기사는, 기시와다(岸和田) 방적 노무라(野村) 공장에서 미숙련공임에도 불구하고 숙련공 일을 담당하여 오른쪽 손목을 잃고 공장 측의 노동재해 보상을 시행하지 않고 오히려 해고를 통고한 것에 대해 기시와다 지부가 항의와 교섭을 시작하여 해결한 것을 적고도 있다.[45] 혹은 『오키나와 타임즈(沖縄タイムス)』나 『오사카마이니치(大阪毎日)』등의 미디어에서는 오키나와 표현에 대해 항의 활동도 있었다.[46] 오키나와와 관련된 표현들에 대한 항의는 마지막에 기술하는 오키나와청년동맹에 의한 히로쓰 가즈오(広津和郎)의 『방황하는 류큐인』에서 논하는 저항에도 상통하는 것이 있었다.

여하튼간에 『동포』에서는 구체적인 복수의 장소에서 현인회가 상시 활동을 하고 있었던 것을 잘 보여주고 있다. 그것은 구체적인 장소의 지도화에 의해 생겨나는 공간인식이기도 한 것이다. 또한 그 지도화는 대부분의 경우, 공장명이나 관련인물 등의 고유명사가 기재되기도 했다. 예를 들면 『동포』7호애는 오키나와에서 선박이 도착하는 오사카 항의 부두에 현인회 게시판을 설치하는 것이 기재되어 있는데, 이러한 부두에서의 게시판 설치도 자신들의 '거처'를 보여주는 일종의 공간인식과 관련하는 것이다. 이처럼 오사카에 있어서 구체

---

44 「吉見紡績の女工よりの投書」, 『同胞』五号.
45 「不当解雇に対する交渉」, 『同胞』七号.
46 『沖縄タイムス』에 대해서는 『同胞』七号, 『大阪毎日』에 대해서는 『同胞』八号 참조.

적인 장소 지도화 속에는 우리들 동포라는 집합성이 조성되고 확인되고 있었던 것이다. 또한 이러한 공간의 확장은 현인회가 편찬한 주소록『오사카부시 재주 오키나와인 주거 안내(大阪府市在住沖縄県人住居案内)』(1926)에서도 생각할 수 있다.

그렇지만 이 공간 인식은 오사카에 그치는 것이 아니었다. 그 공간인식의 확장은 이미 언급한 것처럼, 오사카를 넘어 타 지역, 더 나아가 타이완이나 하와이까지 퍼져 나갔다. 1937년 간행된『현대 오키나와 현인 명감(現代沖縄県人名鑑)』[47]에서는 하와이, 만주국, 남양군도, 필리핀으로 퍼져나간 오키나와인의 명부가 작성되었는데, 그곳에는 소테쓰지옥으로 오키나와를 떠나지 않을 수 없었던 사람들의 흔적을 동포의 공간으로 재발견하고 있는 것임을 알 수 있다. 그리고 그러한 공간을 최초로 언급한 오키나와인연맹은 「현재 오키나와인, 즉 류큐인(Luchuan)」으로서 '파악;하려고 했던 것은 아니었을까.

이러한 확장을 염두에 두면서 다음으로 「우타지마무라(歌島村) 재주의 현인(県人), 입회 신청」이라고 제목을 붙인 글을 살펴보고자 한다. 이것은 현재의 니시요도가와구(西淀川区)에 있는 우타지마무라(歌島村)에서 현인회 입회 신청이 있었던 것에 관한 글이다.

> 함께 손을 잡고 나아가자고 말하는 관념은 우리 현인회의 표어로, 같은 전통 속에서 자란 같은 현인(県人)이 서로 도와 진보를 꾀라는 것에 어떤 장애가 있을 리가 없다. 우리 현인회가 현민 전반의 이해를 대표하는 한 우리들의 지리적 경계는 없다. 하와이에도 브라질에도 필리핀에도 우리 현인이 재주하는 나라는 서로 연락을 취하는 것을 말할 필요도 없다.[48]

---

47 오기미 초토쿠(大宜見朝徳)의 해외연구에 의해 편찬된 것이다. 오기미(大宜見)는 소테쓰 지옥 속에서 오키나와의 미래를 이민에게 요구했다.

48 「歌島村在住の県人より 入会申込」,『同胞』五号.

새 회원이 증가하고 있다는 것을 전달하고 있는 기사로 볼 수 있지만, 이 새로 가입한 '우타지마무라'라는 구체적인 지리적 장소에 「지리적 경계는 없다」고 하며 확대되고 상상되는 것에 특징이 있다. 바꾸어 말하자면 지부는 확실하게 구체적인 오사카라는 지역에서 지리적인 지도화인 것인데, 그곳에는 경계를 넘는 확장이 부단하게 상상되고 있었던 것이다. 말하자면 구체적인 장소나 활동이 제유적(提喩的)[49]으로 보여주고 있는 것은 오사카라는 지리적 장소를 넘어 확장하는 것이었다. 그것에 앞서 언급한 「데국」이 부상되고 있는 것이다.

8. 폭력의 예감

그런데 『동포』에는 오사카에서 차별이 있었다고 하는 내용의 문장이 많이 등장한다. 예를 들면 창간호에서도 「현인회를 위해 일하자」라는 제목의 글에서, 「오사카에 와서 통절하게 느낀 것은 직장을 찾아 이 사람 저 사람을 찾아다니면서 들었던 듣기 거북한 모멸적 언어는 부정할 수 없는 것이었다고 했다. 그러나 동시에 스스로를 오키나와인으로 내세우는 것에 대해 공포나 경계심을 가졌다는 글도 다수 등장한다.

> 현인 중에는 자기 자신을 비하하는 생각에 사로잡혀, 오키나와현인이라는 것을 이상하리만큼 굴욕적으로 생각하여 현인과 관계하는 것을 두려워하고, (중략) 타 현인인 척하는 에고이스트가 의외로 유식자 계급에 있다. (중략) 오키나와 현인이기 때문에 명예롭다고 하는 신념을 실질적으로 얻기 위해서 만든 현인회는 이제 고민을 끝내고 약진을 향해 발걸음을 옮기고 있다.[50]

---

49 한 부분으로써 그 사물 전체를 가리키거나, 그 반대로 전체로써 부분을 가리켜 비유하는 설명으로 사용된다._역자주.

그리고 다음과 같은 서명이 들어간 글도 있다.

　　현인에 대한 특수한 견해를 민족문제가 분규하는 오늘날 결코 놓칠 수 없다. 오키나와인이라는 명목으로 거절당하고, (중략) 그리하여 현인 일부가 이름을 바꾸어 회사나 공장에 가기도 한다. 반대로 얄궂게도 조선인이 오키나와인이라고 하며 입사하는 것도 들린다. 인간은 빵을 위해서는 어떠한 수단도 마다하지 않는다.[51]

　이러한 문장의 전제로서 '이름을 말하는 것에 대한 공포', '그런 체하는 것' 더 나아가 조선인과의 교차 가능성이 있다는 것이다. 현인회 자체를 동포로서 오키나와인을 말하고, 차별과 싸우는 것을 기본 축으로 삼고 있었는데, 이 전제로 하고 있는 것이 두려움을 가졌다는 것을 어떻게 생각해야 할 것인가 묻지 않을 수 없다.

　『동포』9호에는 「오키나와 청년 동맹, 4월 14일 나하시(那覇市) 공회당에서 성대하게 발회(發会)」라는 제목의 글이 있는데, 「이 단체야말로 현재 모든 단체보다도 의미심장한 것」이라고 하고 있다. 이 오키나와 청년 동맹은 1926년 간사이 오키나와 현인회 결성에 관계한 마쓰모토 산에키(松本三益)가 오키나와에서 결성한 것인데, 그 첫 활동이 히로쓰 가즈오(広津和郎)의 「방황하는 류큐인」(『중앙공론(中央公論)』(1926년 3월호)에 대한 항의 활동이었다. 여기서는 구체적으로 기술하지는 않지만[52], 이 항의가 일어난 배경에는 간토대지진의 기억이 존재한다. 히로쓰가 이 소설 속에서 지금까지의 류큐에 대한 처우에서 생각해 보면 류큐인이 무력으로 봉기해도 이상하지 않다는 취지로 쓴 것인데, 이것은 가장 크게 규탄한 것이었다. 그곳에는 만약 폭동을 일으키는 것으로 보여질때는 어떤 일이 기다리고 있는가라는 공포가 있었다.

---

50 「いざ叩かん扉を」, 『同胞』五号.
51 新里長一, 「我が同胞の立場」, 『同胞』九号.
52 冨山一郎(2013), 前掲書, 제1장 참조.

「대지진 때에 표준어를 못한다는 이유로 많은 조선인이 학살당했다. 너희들도 잘못해서 살해당하지 않도록」이라며 앞서 인용한 발언을 다시 생각해 보기로 하다.

여기서 보여주고 있는 간토대지진의 경험이란, 말이 말로서 간주되지 않는다는 경험이었던 것이다. 말을 하고 있는데, 말하고 있는 것으로 간주되지 않고 말을 통해 죽여도 되는가 그렇지 않은가를 판단하는 동작으로서 등장하는 것이다. 또한 대지진 때 자경단에게 심문을 당한 경험을 적는 경우도 많다. 죽을 뻔 했던 것이다.

이러한 심문 기억은, 스스로의 말이 말의 세계로부터 이미 배제되어 있는 것이라는 공포였고, 그 배제의 심연에 문답 무용의 폭력이 대기하고 있는 것을 감지한 것이다. 『동포』에 등장하는 '이름을 말하는 것에 대한 공포'도 좀 거칠게 말하면 단순한 차별의 차원을 넘어 말이 무효화 된 간토대지진의 기억이 있는 존재하는 것이다. 이 기억에서 감지되는 폭력은 단순한 법이나 제도에서 정의하는 계엄령으로 환원되지 않는다. 또한 그것 이상으로 심문의 기억은 확대되고, 계속된다. '잘못해서 살해당하지 말도록'이라는 것 그리고 그렇기 때문에 이 확산하는 심문의 기억은 『동포』가 자신이나 자신들의 역사를 말하는 말의 재처(在処)로서 등장하는 것을 의미한다고 생각하지 않을 수 없다.

9. 새로운 정치 공간으로 - 「데국」의 행방

선언에서 중요한 것은 그것을 학문적으로 해성하는 것이 아니다. 다카하시 가즈미(高橋和巳)에 따르면 운명은 계획도 아니며 이론도 아니라고 했다. 또한 수사학적인 문학비평 세계도 아니다. 묻는 것은 함께 운명을 개척하자는 태도인 것이며, 역으로 미래를 이론적으로 설명하고 안심하고자 하는 시도 자체, 운명을 개척하는 선언이며, 그곳에 포함되는 새로운 정치공간의 가능성을 잃어버리게 되는 것에 있다.

그리고 『동포』는 「동포」를 선언했다. 그것은 단순한 출자가 동일하다고 하는 것이 아니라, 문화적 동일성을 의미하고 있는 것도 아니었다. 선언에서 말하고자 했던 것은 오사카에 있어서의 복수의 구체적 장소에서 일어나는 일상적 활동에서 「경계」를 넘는 「동포」를 구성하고, 그곳에 구제될 오키나와와는 다른 새로운 역사를 낳는 것이었다. 그것은 「소테쓰지옥」에서 유민이 될 수밖에 없었던 사람들이 만들어 낸 새로운 집합체라고 말 할 수 있을 것이다. 또한 그 역사를 담당하는 말의 재처(在処)는 경계에 둘러싸인 문답무용의 권력으로서의 계엄 상태와 심문을 유민들이 감지하고 그것에 항의하면서 확보되어진 것이기도 했다. 더 나아가 그것은 구체적인 일상이야말로 계엄 상태에 있어서 정치공간으로서 등장한다는 것을 의미하고 있는 것이기도 하다. 선언이 낳은 것은 이러한 정치공간이 아니었을까.

간사이오키나와현인회는 1930년대에는 활동을 정지하게 되지만 사람들의 생활은 지속된다. 그 생활은 전후 시작과 함께 최초에 언급한 오키나와인연맹에도 연결된다. 서두에서 언급한 마쓰시마(松島)나 平良이 독립이라는 문맥에서 주목한 것이 이러한 사람들의 생과 함께 등장한 정치공안이며, 그것은 자구 마쓰시마에게 던져지는 비판으로 언급되는 영토적 주권과 내셔널리즘을 전제로 한 기존의 국민국가 건설을 의미하고 있는 것은 아닐까. 앞의 비판에는 선언의 말을 받아들이는 태도가 상실되어 있는 것이다.

또한 '소테쓰지옥'을 계기로 오키나와에서 이동한 것은 다름이 아니라 노동력으로서의 이동이기도 했다. 산드로 메자드라(Sandro Mezzadra)와 브렛 닐슨(Brett Neilson)은 글로벌적인 사람의 이동과 노동력의 도야를 검토하면서, 국가통치를 국경에 둘러싸인 내부성에 두는 사고방식이 아니라, 내부의 '문 앞'에 멈춰두게 하는 '유치(detention)'라는, 강제적으로 버릴 수 있는 '폐기성(deportability)'으로 다루고 있다.[53] 또한 그곳에는 국경은 선으로 그어진 경계가 아니라, 몰려드는 노동력을 대기시키는 장소로서의 경계 영역인 것이며,

모든 대기 상태와 연결하는 계엄 상태가 예외가 아닌 상태(常態)로서 상정되고 있는 것이다. 말하자면 멈추어 두는 것이면서 언제든지 버릴 수 있는 생(生)이라는 것이다.

유착한 사람들이 일상 속에서 감지하는 것은 이동과 관련한 이러한 '유치'와 '폐기성'이었던 것은 아니었을까. 모든 폭력에 내몰린 스스로의 미래를 획득하려고 할 때 '우리들 오키나와인, 우리들 고향 오키나와'를 선언한 것은 아니었을까. 또한 이동의 경험에서 시작되는 정치공간이란 폭력에 노출된 스스로의 생을 미래를 담당할 생으로 획득해 가는 시도로서 도출되어야 할 것이다. 그리고 이러한 시도는 노동력으로서의 인간을 규정하는 규정이 널리 존재하는 이 세계에서 결코 오키나와나 일부 영역에 한정 된 것이 아니라는 점이다.

1941년 오키나와현(沖縄県) 사범학교 교사인 아사토 노부(安里延)는『오키나와 해양발전사(沖縄海洋発展史)―일본 남방 발전사(日本南方発展史)』를 간행했다. 이 책에는 「해양민족으로서」, 동남아시아와 교역을 실시하고 있던 류큐 왕국 시대를 검토하고, 「동아신질서 건설을 향해 약진하는 일본」과 「오키나와인의 남해 발전」을 중첩시켜 논의했다.

그리고 오키나와에서는 1941년 8월에 오키나와 문화연맹이 결성되고 흔히 말하는 익찬문화운동이 개시되었다. 또한 이 익찬문화 운동의 일익을 담당한『월간문화오키나와(月刊文化沖縄)』가 간행되었는데, 이 잡지에는 「우리들은 해양민족이다. 우리들이야말로 이 세계의 7개의 바다를 제압할 민족이다. 그리고 그것은 지역적인 운명이기도 하면서 역사가 요구하는 사명이기도 하다」[54]라고 적고 있다.

그곳에는 유착하는 사람들은 「해양민족」이라고 표현되었고, 제국일본의 최전선에 위치 지어졌다. 『동포』에 등장하는 「데국」은 일본제국과 연결되고 있

---

53 Sandro Mezzadra & Brett Neilson(2013), Border as Method: or the Multiplication of Labor, DukeUniversityPress, pp.142-157.
54 『月刊文化沖縄』(2卷5号, 1941). 「海洋民族」참조.

는 듯이 보인다.

당시 척무성 촉탁이었던 나하(那覇) 출신의 나가오카 도모타로(永丘智太郎)는, 상해의 동아동문서원(東亜同文書院)을 중퇴한 후 제1차 공산당 중앙위원, 잡지 『개조』 기자 등을 지냈고, 1937년 7월에는 고노에(近衛) 내각의 척무성 촉탁이 되었다. 이 나가오카(永丘)는 척무성 촉탁으로서 남방의 식민문제, 노동문제에 대해 다음과 같이 기술했다.

> 특히 일본은 사람, 자본, 기술도 노동력도 겸비하고 있는 민족이니, 지금부터 태평양 지역 개발자로서는 바라든 그렇지 않든 일본인이야말로 이 지역의 개척자로서 최적합자라고 간주해야 할 것이다. [55]

그리고 이 '자본', '기술', '노동력'을 통한 태평양 개발자라고 간주한 나가오카는 이 개발자로서의 일본에 오키나와의 미래를 투기하려고 했다. 나가오카는 『월간문화 오키나와』에 「오키나와인의 식민지적 성격」(1권3호, 1940)에서 '남지나 및 남양 개발에는 오키나와 현인을 통해 우선적으로 충당해야 한다. 그를 위해서는 오키나와 현내(県内) 및 남양군도의 노동 인구 자원의 함양이라는 것도 고려하지 으면 안 되는 문제라고 생각한다'고 논한다.

그리고 이 나가오카(永丘)는, 막 결성된 오키나와인연맹의 중요 멤버로 활동하게 된다. 그곳에서는 「현대 오키나와인, 즉 류큐인(Luchuan)」이 선언되게 된다. 이 나가오카가 제국 속에서 발견한 노동인구로서의 오키나와인은, 제국 붕괴이후 오키나와인 연맹으로 등장한 것이다. 물어야 하는 논점은, 이 연결고리의 접근전(接近戰)을 발견하고, 그것을 단열시키는 가능성을 생각하지 않으면 안 되는 것에 있다. 그리고 『동포』의 '데국(テークク)'은 이 아리나의 단서가 되는 것이다.

---

55 永岡智太郎(1941), 「南方に於ける日本民族の進路」, 『比律賓に於ける政策の変遷』, 日本拓殖協會 참조.

제국 일본 붕괴 이후 제국이 지배한 영토에 대해서는 신탁통치를 포함해 주권적인 통치형태가 논의되었다. 그것은 제국으로부터의 해방을 주권으로 수렴시키는 전개임과 동시에 영토적인 주권을 넘는 미국의 군사적 헤게모니 확장과 중첩된 것이다. 지금에 와서 이러한 영토적 주권과 그것을 넘는 군사주의의 공범관계는 소비에트 연방을 기축으로 한 코민포름에서도 볼 수 있을 것이다.[56] 탈식민지화가 영토적 주권 획득이라는 문맥에서만 정치화되고, 사람들이 국민으로서 단지 지도상으로 등록되어 가는 전개 이후 그곳에 있는 것이다. 미국의 군사적 헤게모니를 담당하면서 일본으로 「부귀」한다는 전후 오키나와의 상황도 이러한 문맥에서 이해할 수 있을 것이다.

그러나 이동의 경험은 제국과 국민국가에 통저(通底)하는 폭력을 감지하고, 스스로의 일상에서 차원이 다른 정치공간을 만들어내는 것이 아닐까. 좀 더 언급하자면 유착하는 사람들이 선언하는 오키나와인이나 류큐인이 감싸 안은 새로운 정치공간의 가능성을 영토화 된 민족이나 국민국가의 문맥에서 정리하고, 민족주의나 국민국가와의 관련한 일반론으로는 비판적으로 해성하는 태도도 가능성을 매장하는 것으로 연결된다는 점이다. 노력의 총체로서 민족도 존재하고, 국민도 존재한다는 것은 이 영역이 투쟁의 아리나라는 것이기도 하며, 그곳에는 운명을 붙잡으려는 선언의 말을 받아들이는 태도가 우선 중요하다는 것을 알아야 할 것이다.

| 참고문헌 |

竹村和子(2002),「訳者解説 生存 / 死に挑戦する親族関係」,『アンティゴネーの主張』, 青土社.

---

56 藤井たけし(2010),「ファシズムと第三世界主義のはざまで─冷戦形成期における韓国民族主義」,『歴史学研究』868号, 참조. 冨山一郎(2013),『流着の思想』, pp.278-286.

116

ジェイムズ・クリフォード(2002), 『ルーツ 20世紀後期の旅と翻訳』, 月曜社.

フランツ・ファノン(1969), 「民族文化について」, 『地に呪われたる者』, みすず書房.

ルイ・アルチュセール(1999), 「マキャベリと私たち」, 『歴史・政治著作集Ⅱ』, 藤原書店.

ロバート・ポール・ウルフ(1989), 『アイロニーの効用』, 法政大学出版局.

高橋和巳(1973), 「解説」魯迅『吶喊』, 中央公論社.

藤井たけし(2010), 「ファシズムと第三世界主義のはざまで一冷戦形成期における韓
　　　国民族主義」, 『歴史学研究』868号.

安仁屋政昭(1982), 『沖縄の無産運動』 참조.

冨山一郎(1990), 『近代日本社会と「沖縄人」』, 日本経済評論社.

＿＿＿＿＿＿(2013), 『流着の思想』, インパクト出版会.

松島泰勝(2012), 『琉球独立への道』, 法律文化社.

新崎盛暉(1969), 『ドキュメント 沖縄闘争』, 亜紀書房.

神島二郎(1975), 『政治をみる眼』, 日本放送協会.

新川明(1973), 「土着と流亡－沖縄流民考」, 『現代の眼』(3月), 現代評論社,

安仁屋政昭(1982), 『沖縄の無産運動』, ひるぎ社.

永岡智太郎(1941), 「南方に於ける日本民族の進路」, 『比律賓に於ける政策の変遷』,
　　　日本拓殖協會.

伊波普猷(1924), 「寂泡君の為に」, 『沖縄教育』137号.

田沼幸子(2014), 『革命キューバの民族誌』, 人文書院.

竹村和子(2012), 「ディアスポラとフェミニズムーディアスポラ問題、女性問題、クィ
　　　ア問題、ユダヤ問題」, 『ディアスポラの力を結集する』, 松籟社.

沖縄県労働組合協議会(1972), 『日本軍を告発する』, 沖縄県労働組合協議会.

鶴見和子(1963), 『生活記録運動の中で』, 未来社.

Sandro Mezzadra & Brett Neilson(2013), Border as Method: or the Multiplication of Labor,
　　　DukeUniversityPress.

「京阪神における県人の発展」, 『同胞』創刊号.

「『同胞』刊行に当たり」, 『同胞』創刊号.

「人間的人間にかへし度い」, 『同胞』2号.

「小島に生まれて大国におはる」, 『同胞』2号.

「会員一千名以上」『同胞』5号.

「吉見紡績の女工よりの投書」,『同胞』5号.

「歌島村在住の県人より 入会申込」,『同胞』5号.

「いざ叩かん扉を」,『同胞』5号.

「臨時大会と今後の方針－会員一同の奮起を促す－」,『同胞』5号.

「三稜鏡」,『同胞』6号.

「女の立場から」,『同胞』7号.

「不当解雇に対する交渉」,『同胞』7号.

『沖縄タイムス』『同胞』7号.

『大阪毎日』『同胞』8号.

「我が同胞の立場」,『同胞』9号.

국가폭력의 전후적 기억, 국가폭력을 내파하는 문학적 상상력

메도루마 슌과 오시로 다쓰히로의 대비를 통해

손지연(孫知延, Son, Ji-Youn)

경희대학교 일본어학과 부교수. 경희대학교 글로벌류큐·오키나와연구소장. 일본 근현대문학 및 문화 전공. 동아시아, 오키나와, 여성, 마이너리티 등의 키워드에 천착한 연구를 진행하고 있다. 지은 책으로 『전후 오키나와문학을 사유하는 방법―젠더, 에스닉, 그리고 내셔널아이덴티티』, 『오키나와 문학의 이해』(공편), 옮긴 책으로 『오시로 다쓰히로 문학선집』, 『기억의 숲』, 『일본 근현대여성문학선집17 사키야마 다미』(공역), 『오키나와와 조선의 틈새에서』, 『오키나와 영화론』 등이 있다.

메도루마의 작품을 읽는다는 것은, 전쟁과 점령의 상흔을 통해 오키나와와 아시아의 관련성을 강하게 의식하는 것이기도 하다. 바로 그렇기 때문에 메도루마 씨의 작품이 아시아에서 번역되어 읽히는 것에 주목해야 한다.

나카자토 이사오(仲里効)[1]

1. 들어가며

동아시아에서 오키나와가 지니고 있는 위상은 대단히 문제적이다. 오키나와는 일본 제국주의를 거치면서 '제국'의 일원인 동시에 '제국'의 억압과 차별의 당사자였고, 제2차 세계대전 이후에는 미국이라는 새로운 '제국'의 질서가 구체적이고 현실적인 억압과 차별로 작동한 지역이었다. 일본 제국주의는 몰락했지만 그것이 동아시아에서 식민주의의 단절을 의미하는 것은 아니었다. 미국이라는 '제국'의 등장은 새로운 식민주의의 시작이었으며, 이러한 동아시아의 문제적 상황은 오키나와라는 구체적 지역에서 극명하게 드러나기 시작했다.

일본 패전 이후 오키나와에 주둔하게 된 미군기지는 이후 미국의 동아시아 지배 전략의 교두보로 활용되고 있으며, 한국전쟁과 베트남전쟁을 거치면서 오키나와 미군기지는 미국의 세계질서를 유지하는 상수로 작용하고 있다. 이러

---

1 目取真俊・仲里効(2017.12),「行動すること、書くことの磁力」,『越境広場』4号, p.26.

한 현실 속에서 오키나와 문학은 식민주의의 단절과 연속, 동화(同化)와 이화(異化)라는 자기분열, 특히 외부의 폭력에 노출된 오키나와 내부의 자기분열을 매우 민감하게 포착하고 이를 문학으로 형상화하는 데 주력해 왔다. 예컨대, 오키나와 내부에 존재하는 다양한 타자들을 통해 일본과 미국이 자행한 폭력을 노정시키고, 여기에서 한 발 더 나아가 일본이 구축한 폭력에도 적극적으로 수행하거나 묵인한 문제를 그려왔다. 또한 '일본 내 유일한 지상전', '철의 폭풍(鉄の暴風)' 등의 수식어에 가려진 오키나와의 가해성은 오키나와 안에 존재하는 여러 층위의 타자, 다시 말해 계급이나 인종, 젠더 등의 복잡하고 중층적인 타자들에 의해 발견되어 오키나와의 전후 사상을 성찰하도록 촉구하고 있다.

오시로 다쓰히로(大城立裕), 마타요시 에이키(又吉栄喜), 메도루마 슌(目取真俊), 사키야마 다미(崎山多美) 등이 그 대표적인 작가들인데, 이들의 작품은 오키나와라는 지역에 국한된 것이 아니라 한국을 비롯한 동아시아의 현재적 질서와 밀접한 관련이 있음을 말하고, 오키나와 문학이 단순한 지역적 감각에서 분석되기보다 식민주의의 팽창과 몰락, 그리고 이후 미국의 동아시아 전략이라는 세계질서 속에서 해석되고 분석될 필요가 있음을 강하게 환기시킨다.

이 글에서는 지금도 여전히 일상이 전장화되고 있는 현실을 폭로하고, 일상에 내재한 폭력에 맞선 저항의 불 / 가능성을 지속적으로 표출해 온 두 명의 오키나와 출신 작가 메도루마 슌과 오시로 다쓰히로에 초점을 맞춰 생각해 보려고 한다. 궁극적으로는 제국의 식민지 이후, 전'후'를 살아가는 마이너리티 민족의 서사적 응전의 가능성과 한계를 전후 오키나와 문학을 통해 짚어보는 일이 될 것이다.

2. 국가폭력을 내파하는 두 가지 상상력

일본과 미국으로 대변되는 '타자'와 오키나와 '내부'의 폭력성을 동시에 감지하는 오키나와만의 감수성과 이를 비판하는 지적 상상력 면에서 단연 돋보이는 작가는 오시로 다쓰히로와 메도루마 슌이다. 이 두 작가는 결은 다르지만, 오키나와 전투와 뒤이은 미군의 폭력적 점령정책으로 인한 외상에 누구보다 민감하게 반응해 온 작가라고 할 수 있다. 두 작가의 차이를 서둘러 말하면, 오시로 작품에는 보이지 않고 메도루마 작품에는 보이는 '대항폭력(counter violence)'이라는 개념이다. 이 용어는 『대지의 저주받은 자』에서 프란츠 파농이 제기한 것을 차용한 것인데, 잘 알려진 것처럼 파농은 제3세계를 향해 인간성 타락의 주범인 식민지배자들에게 대항할 것을 호소하여 큰 호응을 얻었다. 메도루마의 작품들은 이러한 파농의 인식을 현 오키나와 사회가 직면한 폭력적 점령시스템과 연결시켜 사유하거나, 식민주의적 폭력에 대한 비판이나 폭력의 기억 문제로 다룬 것으로 잘 알려져 있다.[2]

그에 비해 오시로의 경우는, 미국과 오키나와의 관계를 규정함에 있어서도 메도루마와 조금 다른 방식으로 대응한다. 오키나와 최초의 아쿠타가와상(芥川賞) 수상작으로도 잘 알려진 『칵테일파티(カクテル・パーティー)』(1967)에서는, 미 점령하의 미국과 오키나와의 관계, 그 사이에 일본 본토와 중국의 관계까지 포함시켜 4자간에 가로놓인 차별적 권력구도를 대단히 섬세하게 파헤쳐 보인다. 또한, 상하이(上海) 동아동문서원(東亜同文書院) 유학시절의 경험을 모티브로 한 『아침, 상하이에 서다(朝, 上海に立ちつくす)』(1983)에서는

---

2 관련 논의로는 사토 이즈미(2008), 「1995-2004의 지층 - 메도루마 슌의 『무지개 새』론(1995-2004の地層 - 目取真俊『虹の鳥』論)(新城郁夫 編, 『錯乱する島 - ジェンダー的視点』, 社会評論社; 오자키 분타(尾崎文太)(2011), 「메도루마 슌의 『무지개 새』고찰 - 프란츠 파농의 폭력론을 넘어(目取真俊『虹の鳥』考 - フランツ・ファノンの暴力論を越えて」, 『言語社会』5, 一橋大学大学院言語社会研究科; 다니구치 모토이(谷口基)(2006), 「불가시적 폭력을 때리기 위하여 - 메도루마 슌의 『무지개 새』론(不可視の暴力を撃つ - 目取真俊『虹の鳥』論)」, 『立教大学日本文学』97, 立教大学大学院文学研究科; 곽형덕(2015), 「메도루마 슌 문학과 미국 - 미군에 대한 '대항폭력'을 중심으로」(『일본문화연구』56, 동아시아일본학회; 고명철(2017), 「오키나와 폭력에 대한 문학적 보복과 '오키나와 리얼리즘'」, 『탐라문화』54, 제주대학교 탐라문화연구소 등이 있다.

일본의 패전이 임박한 시기의 오키나와, 조선, 중국, 타이완 청년들의 서로 다른 시대인식을 예리하게 포착하고 있다.[3] 그런데 미국과 오키나와 양자 관계로 의미망을 좁혀보면, 미국, 미군의 이미지는 스테레오타입을 벗어나지 못하는 측면이 있다. 미 점령하라는 상황을 전면에 내세우고 있지만 그의 관심은 이미 '점령 이후'에 다가가 있었기 때문이다. 오시로의 관심이 미국에서 완전히 벗어나 온전히 일본 본토로 향하고 있음은 『칵테일파티』로부터 1년이 지난 1968년에 간행한 『신의 섬(神島)』을 보면 한층 명확하다. 더 정확히는 「2세(二世)」(1957)로 첫 집필활동을 시작하는 1950년대와 『칵테일파티』로 아쿠타가와상을 수상하는 1960년대 후반을 경계로 나눌 수 있으며, 특히 1960년대 후반이라는 시기는 일본 본토로의 '복귀(復歸)'가 임박한 만큼 미국과의 관계에서 일본 본토와의 관계로 관심이 옮겨가는 모습으로 나타난다.

그렇다면 시선을 미국에서 벗어나 일본 본토로 향하고 있다는 『신의 섬』은 어떨까. 오키나와 전투(沖繩戰)에서의 '집단자결(集團自決)'을 모티브로 한 이 소설은 실은 일본 본토에 대한 판단은 상당 부분 유보되어 있다. 그도 그럴 것이 '복귀'가 가시화되고 있긴 하지만 '복귀 이후'를 섣불리 예측하기 어려웠기 때문이다. 무엇보다 오랜 세월 일본 본토는 물론이고 오키나와 내부에서도 금기시되어 온 '집단자결' 문제를 문학이라는 공론의 장(場)으로 이끌었다는 것, 그 자체만으로도 높은 평가를 받을만한 작품이다. '집단자결'이라는 사태의 책임을 본토에만 묻지 않고 오키나와 내부로 깊숙이 파고들면서 가해와 피해,

3 두 작품에 대한 논의로는 손지연(2020), 「'미군' 표상과 오키나와계 미국인 '2세'라는 설정」, 『전후 오키나와문학을 사유하는 방법』, 소명; 손지연, 「패전 전후 제국 / 오키나와 청년의 중국체험과 마이너리티 인식」 위의 책; 新城郁夫(2010), 「大東亜という倒錯—大城立裕『朝、上海に立ちつくす』」(『沖縄を聞く』, みすず書房); 武山梅乗(2013), 「〈沖縄〉と自己のはざまで—大城立裕と二つの戦争」, 『不穏でユーモラスなアイコンたち』, 品文社; 鹿野政直(2008), 「異化・同化・自立—大城立裕の文学と思想」, 『鹿野政直思想史論集〈第3巻〉沖縄1 占領下を生きる』, 岩波書店; 岡本恵徳(1984), 「文学的状況の現在—『朝、上海に立ちつくす』をめぐって」, 『新沖縄文学』59号 등을 참고 바람.

억압과 저항, 자발과 강제라는 일면적인 이항대립 구도를 낱낱이 해체해 가는
데, 이것은 앞서 『칵테일파티』에서 보여주었던 것과 유사한 패턴이라고 할 수
있다. 이 가운데 '오키나와인도 가해자일 수 있다'라는 설정은 문학적 상상력을
넘어 전후 오키나와 특유의 성찰적 자기서사의 근간을 이루는 매우 중요한
사유체계라 할 수 있다. 이 '오키나와인도 가해자일 수 있다'라고 하는 설정은
오시로 다쓰히로 이후라고 정확히 규정하기는 어려우나, 이후 오키나와 작가
들에게는 더 이상 새로운 사유가 아니게 된다.[4]

　오시로 다쓰히로(1925년생)와 세대 차이는 커 보이지만 메도루마 슌(1960년
생)의 작품세계에도 그러한 고민의 흔적이 짙게 자리한다. 그 공통의 고민 흔
적을 한 마디로 정의하자면, 오키나와 전투로 거슬러 올라가 국가폭력에 맞서
는 오키나와인의 자기존재 증명 양식이자, 그것을 내파하는 문학적 방법으로
서의 '기억'의 문제라 명명할 수 있다.

　오시로에 이어 오키나와문학사상 네 번째 아쿠타가와상을 수상한 『물방울
(水滴)』(1997)을 비롯한 「이승의 상처를 이끌고(面影と連れて)」(1999), 「풍음
(風音)」(2004), 「이슬(露)」(2016) 등의 작품은 모두 오키나와 전투에서 촉발된
심리적 외상(트라우마) 혹은 암묵적으로만 존재해 오던 오키나와 내부의 불가
항력적인 불신을 가감 없이 묘사하고 있으며, 무엇보다 전쟁의 기억을 잊지
않고 계승해 가겠다는 작가 메도루마의 의지가 돋보인다.

　다만, 앞서도 언급했지만 오시로와 메도루마의 작품세계는 유사한 듯 보이
지만 결코 같은 결이 아니다. 예컨대, 『평화거리라 이름 붙여진 거리를 걸으며
(平和通りと名付けられた街を歩いて)』(1986, 이하 『평화거리』로 약칭), 「1월
7일(一月七日)」(1989) 등의 작품 안에는 오시로 작품에서는 찾아보기 힘든 '대
항폭력'으로 충만하다. 그것도 정면에서 다루기 어려운 천황(제)을 정조준 한

4　예컨대, 메도루마 슌의 『기억의 숲』에서는 사요코의 아버지, 구장을 비롯한 마을 남성들
　간의 첨예한 갈등을 통해 권력에 복종하고, 타협, 협력하는 오키나와 공동체 내부의 모순
　또한 드러내 보인다.

124

다. 미국도 예외가 아니다. 『기억의 숲(眼の奥の森)』(『전야(前夜)』(2004~2007)
에 연재된 후, 2009년 가게쇼보(影書房)에서 단행본으로 간행)에서는 오키나
와 전투 당시 미군에 의한 오키나와 여성 강간사건이 비중 있게 다루어지는데,
작품 전반에 흐르는 대항폭력의 양상은 정확히 미군을 향해 있다. 유년 시절부
터 흠모하던 사요코(小夜子)가 미군에게 성폭행을 당했다는 사실을 접하고 바
다로 뛰어 들어가 가해자인 미군들을 향해 작살 공격을 감행하는 오키나와
청년 세이지(盛治)의 행동은 이 소설의 클라이맥스이자 메도루마식 대항폭력
양상이 가장 돋보이는 장면이라 할 수 있다.

　이러한 측면은 오시로의 『칵테일파티』나 「2세」 등 미군을 소재로 한 작품과
대비시켜 볼 때 그 차이는 더욱 선명해진다. 한 가지만 지적하자면, 오시로나
메도루마나 오키나와 전투의 기억을 기점으로 선명해진 오키나와 공동체 내부
의 균열과 모순을 드러내는 방식은 크게 다르지 않지만, 미군의 점령정책이나
본토에 대응하는 방식에 있어서는 적지 않은 차이를 보인다는 것이다. 메도루
마의 경우, 전시 - 전후로 이어지는 국가폭력에 대한 비판적 시점이 일관되고
명확한 반면, 오시로는 앞서 언급한 것처럼 '복귀' 이전과 이후, 그리고 시기를
훌쩍 건너 뛰어 미일 양국 주도하의 기지경제에 포섭된 오키나와의 현재를
바라보는 시야에도 미세한 변화가 감지된다.

　앞서 언급한 오시로 작품에는 보이지 않고 메도루마 작품에는 보이는 '대항
폭력'이라는 개념이 아마도 두 작가의 작품세계를 갈라놓은 분기점이 아닐까
한다. 오시로의 『후텐마여(普天間よ)』와 메도루마의 『평화거리』를 통해 그러
한 사정에 좀 더 가깝게 다가가 보자.

3. 『평화거리』와 『후텐마여』의 '거리'

　『평화거리』는 1983년 7월 12일부터 13일까지 황태자(아키히토 천황) 부부가
나하(那覇)를 방문하면서 벌어지는 이틀간의 이야기를 담고 있다. 오키나와

주민의 헌혈을 독려하는 이른바 '헌혈운동추진전국대회'에 참가하기 위한 목적이 있는 방문이었다. 황태자 부부의 방문일에 맞춰 경찰 당국은 이들을 경호하기 위해 사전에 동선을 철저히 계산하고 경비태세를 갖춘다. "과잉경비"라고 할 만한 데에는 이유가 있다. 1975년 오키나와에서 개최된 국제해양박람회(오키나와의 일본복귀를 기념하기 위한 사업의 일환)를 찾았던 황태자 부부가 화염병 테러에 급습당한 사건이 있었기 때문이다. 이 소설의 클라이맥스는 치매를 앓고 있는 '우타'가 "무시무시할 정도의 경비 태세"와 황태자 부부를 환영하는 인파 사이를 뚫고 두 사람이 탄 차량에 (그것도 얼굴 부위를 정조준한 듯한) "황갈색 손도장", 즉 자신의 배설물을 뿌려 더럽히는 장면이다.

> 그것은 우타였다. 자동차 문에 몸을 들이대고 두 사람이 보이는 창문을 손바닥으로 큰 소리를 내며 두들기고 있다. 검고 흰 얼룩진 머리카락을 산발한 원숭이 같은 여자는 우타였던 것이다. 전방과 후방에 있던 차에서 뛰쳐나온 다부진 남자들이 우타를 차에서 떼어내더니 순식간에 황태자 부부가 탄 차를 몸으로 에워쌌다. 길바닥에 내동댕이쳐져 기모노 앞섶도 다 풀어헤쳐진 우타 위로 사파리 재킷을 입은 남자와 공원에서 라디오를 듣고 있던 부랑자 같은 남자가 덮친다. 양쪽 팔을 제압당했음에도 우타는 노인이라고 여겨지지 않을 만큼 난폭하게 날뛴다. (중략) 개구리처럼 사지를 늘어뜨리고 버둥거리는 비쩍 마른 다리 사이로 황갈색 오물로 범벅된 빈약한 음모와 벌겋게 짓무른 성기가 보인다. (중략) 정차해 있던 두 사람이 탄 차가 허둥지둥 떠난다. 미소 짓는 것도 잊은 듯, 겁먹은 표정으로 우타를 바라보던 두 사람의 얼굴 앞에 두 개의 황갈색 손도장이 찍혀 있던 것을 가주(カジュ)는 놓치지 않았다. 그것은 두 사람의 뺨에 찰싹 들러붙어 있는 듯했다.[5]

위의 인용문의 우타의 행동은 신성한 천황(제)에 대한 반기를 든 것임이 명백하다. 우타 이외에도 천황의 방문에 불편한 심기를 표출한 이들은 더 있다.

---

5 目取真俊(1990), 「平和通りと名付けられた街を歩いて」, 『沖縄文学全集』9巻, 国書刊行会, p.110.

후미의 아들 세이안(正安)은 황태자 부부를 환영하기 위해 작은 일장기 깃발을 흔들며 이토만(糸満) 가도를 가득 매운 인파, 이들에게 미소로 화답하는 황태자 부부의 모습, 그리고 이들이 남부 전적지의 국립전몰자묘원, 오키나와 평화기념당을 참배하고, 과거 오키나와 사범학교 여학생, 직원 등 224명이 합사된 히메유리 탑을 참배했다는 내용이 실린 신문 기사를 읽다가 집어 던지며, "전쟁에서 그만큼 피를 흘리게 해 놓고 무슨 얼어 죽을 헌혈대회야"[6]라는 뼈있는 일침을 가한다. 세이안이 에둘러 표현한 말 속에서 '헌혈운동추진전국대회' 이면에 자리한 국가폭력의 깊은 내상, 천황(제)으로 상징되는 일본 본토의 위선적 평화의 제스처를 발견하는 일은 그리 어렵지 않을 것이다. 우타와 마찬가지로 평화거리에서 노점상으로 잔뼈가 굵은 후미의 표현은 세이안의 그것보다 훨씬 더 직접적이고 구체적이다.

무슨 얼어 죽을 황태자 오키나와 방문 환영이라는 거야? 모두 과거의 아픔 따윈 잊었군. 후미는 뒤이어 오는 자동차를 무시하고 엉금엉금 기어가는 우익 선전차에 돌이라도 던지고 싶었다.

(중략)

어젯밤의 일이다. 구장(区長) 니시메 소토쿠(西銘宗徳)가 일장기(日の丸) 깃발 두 개를 가져왔다.

"뭐야 그건?"

술이라도 마신건지 불콰해진 얼굴을 번들거리는 소토쿠를 후미는 차갑게 바라봤다.

"내일 황태자 전하와 미치코 황태자비가 오시는 날이잖아. 모두 환영하러 나간다고 해서 깃발을 나눠주러 왔어."

"왜 우리가 깃발을 흔들어야 되는 건데?"

"그거야 마음의 표현인거지. 마음."

"마음이라고?"

---

6 위의 책, p.101.

"황태자 전하를 환영하는 마음이랄까."

"환영? 그게 말이 된다고 생각해? 전쟁에서 너희 형과 누나 다 잃었잖아. 그런데도 환영할 마음이 들어? 나는 네 누나가 아단(阿旦) 잎으로 만들어준 풍차를 아직도 기억해. 기쿠(キク) 언니는 상냥하고 좋은 사람이었어. 그런데 언니는 여자정신대에 끌려가서 아직 유골도 찾지 못했어. 너도 알잖아. 네 누나가 널 얼마나 예뻐했는지 … "

(중략)

후미는 깃발을 거칠게 잡아채더니 마당에 내동댕이쳤다.[7]

　천황(제)에 반기를 든 우타가 정상적인 사고가 불가능한 '치매'라는 설정이라면, 후미는 우타와는 딸 뻘 되는 나이 차이이지만 그것에 매우 자각적이며 예리한 성찰력을 갖춘 존재로 그려진다. 앞서 우타의 행동이 치매를 앓는 병약한 노인의 돌발적인 행동으로만 치부될 수 없음을 증명하는 존재가 바로 이 후미인 것이다. 이 소설에서 후미의 역할은 표면적으로는 평화거리를 온통 자신의 배변으로 더럽히며 헤매고 다니는 우타에게 얼굴을 찌푸리는 사람, 호기심 어린 시선을 보내는 사람들로부터 우타를 지켜내는 일이지만, 실은 우타의 불완전한 기억, 즉 오키나와 전투를 기억하고 계승하는 역할이 부여되고 있음을 소설 곳곳에서 간파할 수 있다.

　오키나와 북부 얀바루(山原) 출신인 우타는 오키나와 전투 당시 방위대에 동원되었다가 행방불명이 된 남편과 어린 나이의 장남을 잃었다. 이후 둘째 아들 가족과 함께 나하로 내려와 평화거리에서 생선 좌판을 열어 생계를 꾸려오고 있다. 한때 시장 상인들의 돈을 갈취하는 폭력단에 맞설 정도로 평화거리의 소문난 여장부였던 우타를 후미는 누구보다 잘 따랐고, 장남을 잃은 슬픔을 내색하지 않았지만 그녀의 슬픔에 깊이 공감하는 인물로 등장한다. 또한, 자세한 설명은 생략되어 있지만 후미 역시 전쟁에서 아버지와 오빠를 잃은 것으로

7 위의 책, pp.97-98.

128

묘사된다.

우타의 기억이 남편과 아들을 잃은 비극적인 오키나와 전투 당시로 소환되었다면, 후미는 그 기억을 1983년 '지금' '여기'로 끌어와 현재화시켜 보인다. 후미가 이끄는 대로 따라가다 보면, 1983년 현재, 아직 도래하지 않은 오키나와의 전'후' - 메도루마식 표현으로 말하면 '전후 제로년(戰後ゼロ年)' - 의 일상과 마주하게 된다.

> "(전략) 우리 아버지도 오빠도 천황을 위해서라며 군대에 끌려가서 전쟁에서 죽었어. 천황이든 황태자든 내 눈앞에 나타나기만 하면 귀싸대기를 날리고 싶다구. 그래도 말이지 아무리 그렇다 해도 내가 설마 칼로 찌르기야 하겠어? 그놈들도 사람인데. 그런데 그 남자가 얼마 전에 나한테 뭐라고 한 줄 알아? 너도 옆에서 들었잖아. 아주머니야 안 그런다고 해도 누군가 아주머니의 칼을 빼앗아서 찌를지 모르지 않느냐고. 썩을 놈. 누가 내 소중한 칼을 그런 일 따위에 쓰겠어. 그런 말도 안 되는 소릴 듣고 있으니 우릴 더 우습게 아는 거야. 난 무슨 일이 있어도 장사 나갈 테야."[8]

황태자 부부에게 위해를 가하는 요소를 사전에 차단하기 위해 치매에 걸린 우타를 비롯한 시장 상인들을 지속적으로 감시했을 뿐만 아니라, 차량 행렬이 지나가는 당일은 휴업할 것을 강요하지만 후미는 이를 완강히 거부한다. 경찰 당국의 휴업 경고를 무시하고 평소대로 생선 좌판을 열겠다는 후미의 의지를 국가권력에 대한 저항 내지는 도전으로 읽어내는 것은 그리 과도한 해석이 아님을 알 수 있을 것이다. 고명철의 지적대로 두 여성이 생선 장사로 생계를 이어가는 평화거리는 역설적이지만 "전쟁의 트라우마를 잠시 잊고 살아남은 자들의 삶을 유지시켜 주는 신생의 터전"이자, "잊힐 만하면 그때의 참혹한 기억이 소환되는 그리하여 억압된 것이 귀환하는 역사의 현장"[9]이기도 한 것이다.

---

8 위의 책, p.107.

「1월 7일」의 경우는 『평화거리』보다 한층 더 사적인 일상 속으로 파고든다. 제목 그대로 1월 7일의 하루를 다룬다. 이 작품이 발표된 해가 1989년이므로, 작품 속 배경은 정확히 1989년 1월 7일이 될 것이다. 이날은 쇼와 천황(昭和天皇)이 세상을 떠난 날이기도 하다. 일본 본토에서는 결코 '평범할 수 없는' 이 날을 메도루마는 어떻게 그리고 있을까?

소설 첫 장면에서 젊은 남녀의 섹스 장면과 함께 "천황 폐하가 죽었대"[10]라며 아무렇지 않게 천황의 '붕어(崩御)' 소식을 전한다. 젊은 두 남녀는 텔레비전 뉴스에서 흘러나오는 검은 상복 차림을 한 아나운서의 '붕어'라는 말뜻을 이해하지 못하는 것은 물론, 천황이 아직도 살아있냐며 반문하기도 한다. 무료함을 달래기 위해 집을 나선 남자는 파친코 가게를 찾았으나 "천황 폐하가 붕어함에 따라 오늘은 폐점합니다"[11]라는 문구를 접하고, 여전히 '붕어'라는 한자를 읽지도, 이해하지도 못한다. 그런 건 관심 밖이고 천황 폐하가 죽으면 어째서 파친코 문을 닫아야 하는지 그 이유가 더 궁금할 뿐이다. 남자는 천황 폐하가 필시 일본 파친코 조합 명예회원이었을 거라고 마음대로 추측하고 납득해 버린다. 그리고 발길을 돌려 성인영화관에서 새벽 3시까지 포르노를 즐긴다. 여기까지의 남자의 하루는 같은 날 본토 젊은이들의 일상과 그렇게 멀지 않은 곳에 있다고 하겠다.[12]

9　고명철(2017), 「〈해설〉 문학적 보복과 문학적 행동주의」, 메도루마 슌, 곽형덕 옮김, 『메도루마 슌 작품집1 어군기』, 문, p.300.

10　目取真俊(2013), 「一月七日」, 『魚群記』(目取真俊短篇小説選集1), 影書房, p.314.

11　위의 책, p.317.

12　가노 미키요(加納実紀代)에 따르면, 일본 정부는 쇼와 천황의 사망을 기해 '가무음곡자숙(歌舞音曲自肅)'이라는 경고를 내거는 등 '자숙' 분위기를 유도했지만 자숙은커녕 평소보다 열기가 고조되었다고 한다. 당시 유행하던 "천황 폐하도 그편을 더 기뻐하실 것이다"라든가 "천황 폐하가 기뻐하지 않으실 것이다"라는 말은 당시 '자숙'을 원치 않던 국민들의 좋은 명분이 되었다고 한다. 가노 미키요, 손지연 외 옮김(2013), 『천황제와 젠더』, 소명, pp.107-108.

그러나 다음 장면에 이르면, 천황의 죽음이 오키나와인에게 어떤 의미인지 되묻지 않을 수 없게 된다.

> 엉겁결에 박수를 친 순간 총성이 울리더니 내지인 아가씨와 애정 행각을 벌이던 미국인이 연속해서 총알을 다섯 발 쏜다. (중략) 오가네쿠(大兼久)는 새빨갛게 물든 몸에서 젖 먹던 힘까지 다 짜내서 "천황 폐하 만세"를 외치더니 죽 늘어선 기동대의 두랄루민 방패로 돌진하며 쇼윈도를 뛰어넘으려다 그만 길바닥에 고꾸라져 숨이 끊긴다. "너희들은 완전히 포위됐다. 쓸데없는 저항은 멈추고 즉시 나오라" (중략) 갑자기 확성기 소리가 바뀌더니, 미국인의 발음인 듯한 우치나 야마토구치(沖縄大和口)로 "나오시오. 아무 일도 없을 겁니다. 어서 나오시오"라며 호소한다. "거짓말이야" 갑자기 뒤쪽에서 큰 소리가 들려온다. "모두 속으면 안 돼. 나가면 남자는 고환을 뽑히고 여자는 폭행당하고 살해될 거야"라며 50이 넘은 남자가 자리를 박차고 일어나 소리를 지른다.[13]

총성이 울리고 난투극이 벌어지는 위의 장소는, 남자가 허기를 달래기 위해 찾은 국제거리(国際通り)에 자리한 맥도널드다. 평소라면 '미국인', '내지인(일본 본토인)', '오키나와인'이 함께 모여 있어도 위화감이 없는 곳이지만, 천황이 세상을 떠난 이날의 맥도널드 공간은 1945년 오키나와 전투 당시로 되돌려진다. 미국인의 총에 맞아 죽음에 임박한 오가네쿠가 "천황 폐하 만세"를 외치는 장면은 오키나와 전투에서 "천황 폐하 만세"를 외치며 죽어간 오키나와 주민들을 상기시킨다. 오키나와 방언과 일본어가 뒤섞인 미국인의 발음인 듯한 '우치나 야마토구치' 사용자의 호소를 믿지 못하는 50대 남자. 이 50대 남자는 미군에게 포로로 잡혀 수치를 당하느니 천황 폐하를 위해 '옥쇄(玉砕)'하라는 일본군의 명령을 충실하게 재현한다. 이 짧은 문장은 전전-전시 오키나와인에게 가해졌던 구조적 폭력의 양상을 해학적으로 승화시킨 것으로 높은 평가를 받고 있는 지넨 세이신(知念正真)의 희곡 『인류관(人類館)』(1976)을 응축

---

13 目取真俊(2013), 「一月七日」, 앞의 책, pp.324-325.

시켜 나타내 보인 듯하다. 천황 폐하가 세상을 떠났다는 사실조차 알지 못하며, 젊은 남자의 무심한 반응은 그렇다 하더라도, "아하. 동쪽 섬의 그 천황 폐하 말이구나. 그래 그 사람이 죽었다더냐. 언제?"[14]라고 되묻는 (전화의 비극 한가운데를 뚫고 살아남았을) 한쪽 귀를 잃은 남자의 친척 할아버지의 무심한 반응을 액면 그대로 무심히 넘길 수 없는 이유다.

　전후 40여 년이 지나고 있지만 여전히 일상적이고 개인적인 부분에까지 국가권력이 미쳤던 1983년·오키나와라는 시공간. 그리고 1989년 1월 7일, 쇼와 천황이 세상을 떠난 날의 오키나와 번화가의 하루. 이 평범해 보이지만 특별한 오키나와의 전후의 일상은 오시로 다쓰히로의 작품에서도 찾아볼 수 있다.

　『후텐마여』의 배경은 지금은 후텐마 기지가 자리하고 있는 옛 기노완촌(宜野湾村, 현 기노완시)에서 옆으로 밀려나 새롭게 조성된 마을로, '기지 속 오키나와'를 살아가고 있는 이들의 일상 속으로 깊숙이 파고든다. 『평화거리』의 우타와 후미의 관계와 마찬가지로 오키나와 전투를 경험하고 현재 가벼운 치매 증세를 보이는 할머니와 손녀 '나'(신문사 사장 비서, 25세)가 이야기의 중심축을 이룬다.

　'나'는 미군에게 점령당해 지금은 자유롭게 드나들 수 없는 후텐마 기지—'시설 내 입역허가신청서(施設內入域許可申請書)'를 받아야만 제한적으로 입역이 허가된다—안에 파묻어 놓았다는 선조 대대로 내려온 '별갑 빗(龜櫛)'을 되찾고자 하는 할머니의 의지에 강한 힘을 실어 주는 인물이다. 그런 할머니의 의지를 미군에 대한 저항으로 받아들였던 '나'와 달리 아버지의 반응은 회의적이다. 그는 젊은 시절 "오른쪽 귀로는 미국 비행기의 폭음을 듣고, 왼쪽 귀로는 복귀운동을 외치는 소리를 듣는"[15] 조국복귀운동에 앞장서 온 인물이지만, 지금은 조국복귀운동이든 기지반환운동이든 사사로운 일에 얽매이기보다 큰 틀

14　위의 책, p.319.

15　오시로 다쓰히로, 손지연 옮김(2018), 「후텐마여」, 김재용 엮음, 『현대 오키나와 문학의 이해』, 역락, p.320.

에서 생각해야 한다는 다소 유연해진 모습으로 바뀌었다. 무엇보다 기지경제의 혜택, 군용지 사용료의 수혜를 둘러싼 갈등이 부모 자식 세대를 넘어 계속되고 있는 현실 앞에서 자신이 나아갈 방향성을 잃어버린 위축된 모습으로 그려진다.

『평화거리』에도 이와 유사한 상황이 묘사되어 있다. 이를테면, 황태자 부부를 환영하기 위한 일장기를 나눠주러 온 소토쿠와 그런 그의 행동을 호되게 꾸짖는 후미의 대화에서, "일장기를 흔들며 일본인의 한 사람으로서 '황태자 전하'를 환영하자는 소토쿠와 황태자 역시 전범과 다름없다고 생각하는 후미는 같은 대상을 바라보면서도 큰 시차(視差)를 보이고 있"[16]음을 간파할 수 있다. 군용지 사용료의 수혜인 구장 소토쿠는 "이 냉장고, 이 부엌, 이런 물건들을 사들이는 데 기지 덕이 없었다고 말할 수 있냐"[17]며 기지반대운동에 불편한 심기를 표출했던 『후텐마여』의 히가(比嘉)를 연상시킨다.

이에 더하여 주의를 요하는 것은, 『평화거리』의 우타와 후미로 이어지는 저항 방식과 할머니와 '나'로 이어지는 저항 방식의 차이다. 여기서 저항 방식이라는 표현은 전시 – 전후로 이어지는 국가폭력의 기억을 계승해 가는 방식으로 바꿔 말해도 무방하다. 할머니의 '별갑 빗 찾기'의 불 / 가능성은 기지와 일상을 공유해야 하는 이른바 '기지 속 오키나와'의 현실 그 자체를 상징하기도 하지만, 기지 피해의 최전선에서 벗어날 탈출구를 찾지 못하고(혹은 찾고서도) 물러서지도 앞으로 나아가지도 못하고 '현실' 앞에 멈춰서버린 듯한 작가 오시로를 대변하는 것이기도 하다. 주민들의 출입이 제한된 후텐마 기지 안에 자리한 돈누야마(殿の山)에서 '별갑 빗'을 찾겠다는 할머니에게서 더 이상 "증오의 그림자"를 찾아볼 수 없으며, 시끄러운 군용기 소음의 방해에도 류큐 전통 무용을 끝까지 완벽하게 소화해 내는 '나'의 모습 등은 확실히 『평화거리』의 우타

---

16 조정민(2017), 『오키나와를 읽다』, 소명, pp.199-200.
17 오시로 다쓰히로, 손지연 옮김(2018), 앞의 책, p.355.

와 후미의 파격적인 행보와는 거리가 멀어 보인다. 천황의 존재, 후텐마 기지 모두 오키나와 안의 금기의 영역이자, 국가폭력으로 점철된 신식민지적 상황의 오키나와를 상징한다고 할 때, 한쪽은 천황의 얼굴에 똥칠을 한다는 파격적이고 '불온'한 상상력이, 다른 한쪽은 기지 피해에 최전선에 서 있지만 이에 굴복하지 않겠노라고 다짐하는 '현실'에 방점을 둔 상상력이 작동한 데에서 두 작가 사이에 가로놓인 두터운 장벽을 가늠할 수 있을 것이다. 이어지는 장에서 그에 대한 실마리를 찾아보자.

4. 국가폭력에 맞선 저항의 불 / 가능성

1) 오시로 다쓰히로 vs. 아라카와 아키라 · 메도루마 슌

1996년 오시로 다쓰히로는 「광원을 찾아서(光源を求めて)」라는 제목의 자전적 에세이를 발표한다. 이 글은 이후 아라카와 아키라(新川明)를 비롯한 문인, 평론가들의 거센 반발에 부딪히게 된다. 메도루마 슌도 『게시카지(けーし風)』 지상에 오시로 글이 안고 있는 문제점들을 다음과 같이 통렬하게 비판한다.

> 오시로 다쓰히로가 오키나와타임스(沖縄タイムス) 지상에 「광원을 찾아서」라는 자전적 에세이를 연재하고 있다. 매일 아침 이 에세이를 읽고 있자면 종종 헛웃음이 터져 나온다. 문장 전체를 덮고 있는 자기만족적인 어조에다 넉살좋게 여기저기 늘어놓은 자기자랑들. 분명 전후 소설뿐만 아니라 문화 상황 전반에 걸쳐 오시로가 미친 영향과 성과는 크다. 그러나 아무리 자전적 에세이라고 해도 때로는 스스로를 냉철하게 바라보고 과거의 비판에 대해서도 진지하게 재검토하는 자세를 갖지 않는다면 점점 자기자랑에 도취되기 마련이다.
> 아울러 이 에세이를 읽으면서 오시로와 동시대를 살아온 시인이나 소설가, 비평가들은 왜 아무런 비판도 없는지 의문이다. 많지 않은 오시로 비판자로 알려진 아라카와 아키라(新川明)와 가와미쓰 신이치(川満信一)의 담론을 요시모토 다카

134

아키(吉本隆明)의 영향이라고 한 마디로 정리해 버린다거나, 해양박람회 당시 쏟
아졌던 비판에 대한 울분을 털어버리기라도 하듯 '대교역(大交易) 시대'를 강조
하며 피력하는 것 등은 논쟁을 불러일으킬만한 발언이다. 천황의 치졸한 류카(琉
歌)를 상찬하고, 훈장을 받고 기뻐하는 것은 보이지 않는 곳에서 혼자 웃어 넘겨
버리면 그만이다.

　그런데 언젠가는 역사의 한 증언으로 남게 될 에세이다. 아무런 비판 없이 유통
된다면 50년대, 60년대 등을 아주 먼 과거로밖에 인식하지 못하는 세대에게는
오시로가 쓴 글이 액면 그대로 당시의 사정이라고 받아들여질 수 있을 것이다.
동시대를 살아온 사람들이 다른 각도에서 증언과 비판을 가하고, 거기에서 논쟁
이 불거져야 비로소 오키나와 전후 문학사의 건전한 검증도 가능하게 될 터이
다.[18](밑줄은 인용자, 이하 같음)

　메도루마가 오시로와의 논쟁의 필요성을 촉구하는 대상은 1950년대에 류큐대
학 동인지 『류다이분가쿠(琉大文学)』를 함께 이끌어간 아라카와 아키라, 가와미
쓰 신이치 등이다. 위의 발언과 거의 동시에 아라카와 아키라는 「오시로다쓰히
로론 노트(大城立裕論ノート)」라는 제목으로 「광원을 찾아서」를 둘러싼 비판
을 전개한다. 가장 문제가 된 것은 50년대 『류다이분가쿠』 활동이 문학에 어떤
공헌을 했는지 물으며 "문학의 가능성의 싹을 모조리 뽑아내버린 죄는 크다"라
며 아라카와 아키라로 대표되는 동인들을 전면 부정하는 듯한 내용이다.[19]

　오시로와 아라카와를 비롯한 동인들의 주의주장이 크게 엇갈리는 지점은
바로 이 50년대 『류다이분가쿠』의 행보와 깊은 관련이 있다. 정확히는 1956년
미군의 탄압을 받은 대학 당국이 『류다이분가쿠』를 발행정지 처분을 내린 데
에 기인한다. 아라카와가 밝히고 있듯 이 시기는 '암흑시대'를 거쳐 미군지배에
대한 총반격의 성격을 띤 '섬 전체 투쟁(島ぐるみ闘争)'의 시대로 그야말로
오키나와 전역이 격동하는 시대였다. 1954년 오키나와를 무기한 관리한다는

18 目取真俊(1998.12), 「沖縄の文化状況の現在について」, 『けーし風』13号, p.28.
19 新川明(2000), 『沖縄・統合と反逆』, 筑摩書房, p.153.

아이젠하워 미 대통령의 발언을 시작으로, 미국 민정부의 군용지 사용료 일괄 지불 방침과 이에 대응하는 류큐입법원의 '토지를 지키는 4원칙' 등이 연이어 발표되었다. 『류다이분가쿠』가 발행정지 처분을 받게 되는 1956년을 전후한 시기도 군용지 문제를 둘러싸고 '섬 전체 투쟁'이 격화되던 때와 맞물린다. 류 큐대학 학생회도 프라이스권고 반대운동 등에 적극적으로 나서자 미국 민정부 는 대학 당국을 압박해 반미 성향을 보이는 학생들을 제적이나 근신 처분하고, 그 과정에서 『류다이분가쿠』도 발행이 금지된다. 복간되는 것은 이듬해인 1957년 4월, 12호부터다. 이 12호에 오시로가 「주체적인 재출발을(主体的な再 出発を)」이라는 제목의 글을 싣는데, 그 안에서도 『류다이분가쿠』의 문학적 유효성을 부정하며 주체성을 회복하자는 취지의 발언을 한다. 이에 대해 아라 카와는 오키나와의 엄혹한 현실을 문학에 반영하는 것이야말로 '문학하는 자 의 주체성'이라는 취지의 반박문을 발표한다.[20]

「광원을 찾아서」를 둘러싼 논쟁이나 그 불씨가 된 1957년의 문학자의 '주체 성'이라는 문제는 간단치 않지만, '문학과 정치를 분리하는 것이 문학자의 주체 성을 찾는 길'이라는 오시로의 입장과 '정치적 현실을 문학에 반영하는 것이 문학하는 자의 주체성'이라는 아라카와의 입장으로 거칠게 나눌 수 있을 것이 다. 그런데 아이러니하지만 오키나와가 직면한 정치적, 사회적 현실과 동떨어 진 오시로 문학을 생각하기 어렵다는 것이다. 그에 대한 답은 앞서 살펴본 『평 화거리』와 『후텐마여』의 차이, 다시 말해 국가폭력을 내파하는 문학적 방식의 차이에서 찾을 수 있을 듯하다.

메도루마가 오시로의 「광원을 찾아서」를 일갈하며 언급한 해양박람회, 천 황, 훈장 수여 등의 글귀는 『평화거리』가 발신하는 메시지를 상기시키기 충분 하다.[21] "당시 쏟아졌던 비판에 대한 울분을 털어버리기라도 하듯"이라는 표현

---

20 新川明(1957.12), 「『主体的出発』ということ—大城立裕氏らの批判に応える」, 『沖縄文学』 2号, 위의 책, pp.162-163에서 재인용.

21 오시로는 1990년과 1996년에 각각 자수포장(紫綬褒章)과 훈4등욱일소수장(勲四等旭日小

에서 오시로가 깊이 관여했던 오키나와 국제해양박람회에 대해 메도루마 역시 비판적인 입장임을 분명히 하고 있다. 당시 비판의 목소리는 아라카와의 앞의 저술에 자세한데, 해양박람회를 문화문제로 바라봐야 한다는 오시로의 입장과 정치문제이자 경제문제로 바라봐야 한다는 아라카와, 가와미쓰 등 『류다이분가쿠』 동인들의 이해가 충돌한 것으로 읽을 수 있다. 중요한 것은 메도루마가 동인들의 반론을 촉구할 만큼 오시로의 글에 강하게 불만을 느끼고 있다는 사실이다. "천황의 치졸한 류카를 상찬하고, 훈장을 받고 기뻐하는 것은 보이지 않는 곳에서 혼자 웃어 넘겨버리면 그만"이라는 메도루마의 뼈있는 일침 또한 그리 새롭지 않다. 「광원을 찾아서」가 나오기 전, 정확히 10년 전인 1986년, 메도루마는 이미 우타의 불완전한(혹은 완전한) 기억을 후미가 완벽하게 보완하며 오키나와 주민의 일상 속으로 파고든 천황(제)으로 상징되는 국가권력을 무력화시켜 보인 바 있기 때문이다.

오시로를 비판하는 이들도 입을 모아 인정하듯, 오시로가 전후 오키나와 문학에 끼친 영향은 실로 대다하다. 오시로를 누구보다 통렬하게 비판했던 아라카와 또한 오시로의 아쿠타가와상 수상을 오키나와 근대문학사상, 민중정신사상 그 유례를 찾기 어려울 만큼 역사적 의미가 있는 것으로 평가한다.[22] 마찬가지로 메도루마 슌이라는 작가 또한 오키나와 문단에서 빼놓을 수 없는 존재라는 것은 새삼 언급할 필요도 없을 것이다.

이상의 1950년대와 1990년대의 오키나와의 문단 사정은 두 작가의 커다란 입장 차이와 함께 국가폭력의 전후적 기억 혹은 국가폭력을 내파하는 문학적 상상력이 어디에서부터 배태되었는지 가늠케 한다. 그렇게 배태된 그의 문학은 궁극적으로 어디로 향하고 있을까?

綬章)을 수여하였다.

22 新川明, 앞의 책, p.153.

2) 메도루마 슌 문학이 향하는 곳 - 오키나와와 조선인 '위안부'

오키나와 문학이 우리에게 시사적인 것은 무엇보다 한국, 중국, 일본, 타이완, 재일 등 동아시아와의 깊은 관련성을 놓치지 않는 중층적이고 복안(複眼)적 사유로 충만하기 때문이다. 이 가운데 조선인 '위안부'와 군부를 오키나와 내부의 문제와 불가결한 것으로 묘사해온 방식은 우리에게도 적지 않은 시사점을 던져준다.

조선인 '위안부'와 군부의 모습은 오키나와 소설에서 매우 자연스러운 형태로 녹아들어 있다. 예컨대, 오시로 다쓰히로의 『신의 섬』(1968), 마타요시 에이키의 『긴네무 집(ギンネム屋敷)』(1980), 메도루마 슌의 『나비떼 나무(群蝶の木)』(2000), 사키야마 다미의 『달은, 아니다(月や, あらん)』(2012) 등의 작품을 들 수 있는데, 이들 작품 하나하나에 대한 분석은 다음 글로 미루고, 여기서는 『나비떼 나무』와 『신의 섬』만 간략하게 언급해 보고자 한다.

아래의 인용문은 『신의 섬』에서 발췌한 조선인 '위안부'와 군부에 대한 묘사이다.

> "이 벼랑 위에 서 있으면요 선생님, 아래에서 불어오는 바람에 조선인 군부나 위안부의 외침이 실려와 들려오는 것 같은 느낌이 들어요."
>
> (중략)
>
> "그 안에 조선인이 섞여 있었어요. 군인이 아닌 군부와 위안부 말이에요."
>
> "그들도 도민을 내쫓았다는 건가?"
>
> "모르겠어요. 어쩌면, 있었을지 모르죠…"
>
> "그게 무슨 의미지?"
>
> "도민과 조선인 사이에 갈등은 없었을까 하는 생각이 들어서…"
>
> "과연. 그렇다면, 저기에서 불어오는 조선인의 외침이라는 것은 도민들로부터 반격을 받아서…?"
>
> "그럴지도 모르죠. 군인에게 학대당한 고통의 외침이기도 하지 않을까요? 그리고 저 군인 가운데엔 야마토인도 오키나와인도 있고…"

138

"말하자면 야마토인과 오키나와인, 조선인이라는 3파 갈등이라는 건가. 자네 영화는 그런 것도 다루나?"[23]

'섬 전몰자 위령제'를 둘러싸고 다미나토(田港)와 요나시로(与那城)가 대화를 나누고 있는 장면이다. 섬 초등학교 교사 출신인 다미나토는 위령제에 초대받아 섬을 떠난 지 23년 만의 방문이었고, 카메라맨인 요나시로는 오키나와를 배경으로 영화를 제작하기 위해 섬을 찾았다. 요나시로는 오키나와 전투에서 희생된 이들을 기리는 위령제가 가해자와 피해자의 구분 없이 치러지는 데에 비판적이다. 그런 요나시로가 오키나와 전투 당시 피난해 있던 방공호(자연호)를 가리키며, 저곳에 일본군이 들어와서는 안에 있던 주민들을 내쫓고 점거했다는 이야기를 들려준다. 개중에는 조선인 군부와 위안부도 있었는데, 그들도 주민들을 내쫓는데 가담하지 않았으리라는 확신까지는 아니지만 의심을 거두지 않는 듯한 발언도 이어진다.

위의 대화에서 요나시로가 피력하고자 하는 바는, 다미나토가 꿰뚫고 있듯 "야마토인과 오키나와인, 조선인이라는 3파 갈등"에 다름 아니다. 그렇다고 할 때, 이 요나시로의 포지션은 가해자와 피해자를 구분하자는 쪽인지, 그 반대인건지 상당히 애매해진다. 거기다 "위령제의 영령을 섬사람들만으로 독립시키"[24]자는 주장까지 겹쳐지면서 요나시로라는 인물에 대한 평가는 한층 곤혹스러워진다. 그러나 한 가지 분명한 것은, 작가 오시로의 관심은 애초부터 조선인 '위안부'나 군부 그 자체에 놓여 있지 않았다는 것이다. 그보다는 가해와 피해의 구도가 복잡하게 뒤엉킨 역설적 함의를 다양한 각도에서 드러내기 위함이며, 그 과정에서 조선인 위안부와 군부가 '포착' 내지는 '발견'된 것으로 보아야 할 것이다.

---

23 오시로 다쓰히로, 손지연 옮김(2016), 「신의 섬」, 『오시로 다쓰히로 문학선집』, 글누림, pp.188-189.
24 위의 책, p.191.

반면, 『나비떼 나무』의 경우는 사정이 조금 다르다. 이 소설의 주인공은 고제이(ゴゼイ)다. 고아로 자란 고제이는 창관(娼館)에서 잡일을 도맡아 하면서 노래와 산신(三線)을 익혔고, 나이가 들어 "남자에게 교태와 몸을 팔며"[25] 보내다 어느덧 23살이 되었다. 오키나와 전투가 발발하면서 나하의 유곽에 있던 고제이도 얀바루에 있는 일본군 장교 위안소로 끌려가게 되고, 그 안에서 하급 병사들을 상대하는 조선인 위안부들을 접하게 된다. 그 후로 고제이에게 혹독한 나날들이 이어졌는데, 유일한 낙이라면 마을 청년 쇼세이(昭正)와 유우나(ユウナ) 나무 아래에서 만남을 갖는 것이었다. 지능이 떨어져 보이는 쇼세이는 징병을 피하기 위해 스스로 손목을 자해한 탓에 왼팔이 불편하고 오른쪽 다리도 절면서 다닌다. 일본의 패배가 확실시되는 가운데 고제이와 조선인 '위안부'들은 위안소에서 십 수 명의 일본군 부대원과 함께 마을 남쪽 산속으로 이동해 가던 중, 쇼세이가 일본군에게 양팔을 결박당하고 무릎을 꿇린 채 고문 당하는 모습을 고제이는 고통스러운 심정으로 목격한다. 고제이와 조선인 여성 한 명은 가까스로 살아남았지만 나머지는 생사를 달리했다.

　　가까이서 조선인 여자의 신음소리가 들린다. 맞고 있는 건지, 능욕당하고 있는 건지, 이런 깊은 산속 동굴까지 도망쳐 와서 미군에게 일방적으로 당하기만 하는 겁쟁이 주제에 여자 몸을 희롱하는 건 여전한 썩은 놈들. 위안소에서 끌려온 조선인 여자는 처음엔 네 명이 있었는데 한 명은 도중에 어디론가 사라지고, 두 명은 함포사격 파편에 맞아 내장과 목이 파열돼 사망했다. (중략) 손을 더듬어 조선인 여자를 찾아 동굴 속 냉기로 차갑게 식은 서로의 몸을 데운다. (중략) 조선인 여자는 몸을 떨면서 고제이에게 달라붙는다. 아직 열일곱이나 열여덟 정도의 여자였다. 이름도 모르는, 삐(ピー)라고 불리는 그 여자를, 고제이는 자신의 처지보다 더 힘들었을 거라며 안쓰러운 마음에 등과 팔을 어루만져주었다.[26]

25　目取真俊(2001), 『群蝶の木』, 朝日新聞社, p.24.

26　위의 책, p.210.

(전략) 그 고제이도 장교 녀석들을 상대하는 위안부였지 … 산에 피난했을 때도 계속 장교들과 함께 했다든 것 같은데 … 전후에는 고제이 혼자 마을에 남았어. 그 조선인 여자들은 어떻게 됐을까 … 27

들것에 실려 가고 있을 때, 햇볕 때문에 눈도 몸도 아파 견딜 수 없었다. 조선인 여자가 가까이 다가와 머리카락과 뺨을 어루만지고 손을 꼭 잡으며 무언가 말을 건넸는데, 들을 기력조차 남아있지 않았다. 이름도 모른 채 헤어졌던 것이 가슴 아프게 다가온 것은 아주 오랜 시간이 흐른 뒤였다.28

이 소설에서 특히 눈에 띄는 것은, 일본군 '위안부'로 이리저리 끌려다니며 성적 착취를 당하는 고제이의 고통스러운 모습과, 그런 고제이를 묘사하는 장면에 어김없이 등장하는 같은 처지의 조선인 여성이다. 엄밀히 말하면 조선인 여성들은 고제이와 같은 처지라기보다 고제이보다 더 열악한 상황에 놓여 있음을 반복해서 묘사한다.

조선인 '위안부'를 향한 고제이의 시선을 앞서의 요나시로의 시선과 겹쳐 읽을 때, 오시로와 메도루마의 서로 다른 포지션은 더욱 명확해진다. 오시로에게 있어 마이너리티와 마이너리티 사이에 존재하는 미세한 차이와 균열을 읽어낸다는 것은, 곧 '오키나와인은 누구인가' '일본인은 누구인가'라는 근원적인 물음 앞에서 끊임없이 분열하는 자신의 모습을 확인하는 일이었던 듯하다. 요나시로로 하여금 오키나와 주민과 조선인 '위안부', 군부, 일본군을 '3파 갈등'이라 명명하며 미세하게 구분하려 한 것도 그런 이유에서가 아닐까. 다만, 이 소설이 발표된 시기가 1960년대라는 이른 시기임을 감안할 필요가 있다. 그로부터 20여 년 후 『아침, 상하이에 서다』에 등장하는 조선, 중국, 타이완 등 피차별 마이너리티 민족 간 양상은 이전과 조금 다르게 표출된다. 소설이 전개되는 내내 주인공 '지나(知名)'(=오시로 자신)는 피차별 마이너리티 민족과 거리를

27 위의 책, p.216.
28 위의 책, p.220.

두며 '오키나와=일본인'임을 확인하는데, 조선 출신 '가나이(金井)'는 그것을 비춰주는 반사경이 된다. 이 또한 『나비떼 나무』에서 고제이가 보여준 조선인 '위안부'와의 교감과는 거리가 있다.

5. 나가며

메도루마는 최근 『얀바루의 깊은 숲과 바다에서(ヤンバルの深き森と海より)』(2020, 影書房)라는 제목의 에세이집을 간행했다. 이 안에는 2006년부터 2019년 5월까지 신문, 잡지 지상에 발표했던 시평과 평론이 실려 있다. 그 첫 번째 페이지를 장식한 글은 「오키나와 전투의 기억(沖繩戰の記憶)」(『문학계(文學界)』, 2006.5)으로, 자신의 고모가 직접 체험한 '오키나와 전투'의 기억에 대한 내용을 담고 있다. 당시 17살이던 고모는 메도루마가 나고 자란 오키나와 섬 북부 나키진(今帰仁)에서 전쟁을 맞았고, '우군(일본군)'이 접수한 초등학교에서 취사 노동에 동원되었다고 한다. 아울러, 마을 병원을 '위안소'로 개조해 '여관'에서 일하던 오키나와 여성들을 일본군 '위안부'로 삼았다는 이야기도 등장하는데, 이것을 『나비떼 나무』의 고제이의 인물조형에 반영했다고 밝히고 있다.[29] 당시 오키나와 중남부는 극도의 빈곤으로 어린 자식을 여관 등지로 팔아넘긴 사례가 빈번했는데 '고제이'는 이처럼 오키나와 안에서도 더 한층 취약한 처지에 놓여 있던 여성을 대변하는 것이리라. 작가의 고모가 취사 노동에 동원되었던 것은 '고제이'로 형상화된 극빈층 여성들에 비해 환경이 그나마 나았음을 의미하는 것이기도 하다. 무엇보다 일본군의 패전 이후에도 여전히 미군을 상대로 한 미군용 '위안소'에서 끝나지 않은 전'후'=전후 제로년을 살아가야 했던 이들 여성의 문제가, 일본 본토가 그러했듯 마을 여성들을 미군으로

---

29 目取真俊(2020), 『ヤンバルの深き森と海より』, 影書房, pp.10-12.

부터 보호하기 위해 마을 대표들이 이에 앞장서거나 묵인한 데에서 파생한 것임을 분명히 한다. 더 나아가, 그 가운데에는 적지 않은 수의 조선인 여성들이 포함되어 있으리라는 점을 지적하며, 오키나와인의 피해만이 아니라, 가해 사실에 대해서도 철저히 밝힐 것을 촉구한다. 이 글의 집필시기보다 훨씬 앞선 1996년, 「광원을 찾아서」를 둘러싼 일련의 사태를 목도하며 "최근에는 본토 지식인도 친절하고 상냥한 사람들이 많아져서 오키나와에 대해서라면 찬미 일색으로, 신랄한 비판이 없다. 우치난추 또한 정말은 자신 없으면서 묘한 자신감에 빠져 있다"[30]라며, 본토와 오키나와 모두 (지난 전쟁에 대한) 비판적 사유가 절대적으로 결핍되어 있음을 성토한다.

이 글은 두 문학자의 공과(功過)를 논하고자 함이 아니다. 문제 삼고 싶었던 것은 모두(冒頭) 부분에서 밝혔듯, 오시로의 작품을 보조선으로 삼으면서 메도루마 문학의 특징을 규정짓는 요소가 무엇인지 살펴보는 것이었다. 메도루마 문학의 여러 특징 가운데 가장 크게 꼽을 수 있는 것은, 국가폭력에 타협하지 않고 정면에서 맞서온 것을 들 수 있을 것이다. 또한, 전시 - 전후를 관통하며 자리해 온 한국, 타이완, 베트남 등 동아시아의 폭력의 상흔, 징후들에 누구보다 자각적으로 대응해 온 것도 메도루마 문학의 특징 중 빼놓을 수 없을 것이다. 오키나와와 조선인 '위안부' 문제를 정면에서 다룬 『나비떼 나무』를 비롯해 천황(제)에 대한 '불온'한 상상력을 거침없이 발휘한 『평화거리』와 「1월 7일」 등의 텍스트는 국가폭력에 누구보다 강력하게 대응해 온 그의 문학이 어디를 향하고 있는지, 그의 비판적 사유가 어디로 향하고 있는지, 그 궁극의 지향점을 매우 분명한 형태로 보여준다고 하겠다.

30 目取真俊, 「沖縄の文化状況の現在について」, 앞의 책, p.29.

| 참고문헌 |

目取真俊(1990),「平和通りと名付けられた街を歩いて」,『沖縄文学全集』9巻, 国書刊行会, p.110.

_____(2001),『群蝶の木』, 朝日新聞社. p.24.

_____(2013),「一月七日」,『魚群記』(目取真俊短篇小説選集1), 影書房, p.314.

_____(1998.12),「沖縄の文化状況の現在について」,『けーし風』13号, pp.28-29.

_____(2020),『ヤンバルの深き森と海より』, 影書房, pp.10-12.

目取真俊・仲里効(2017.12),「行動すること, 書くことの磁力」,『越境広場』4号, p.26.

大城立裕(2011),『普天間よ』, 新潮社, p.233.

_____(2002),「神島」,『大城立裕全集』9, 勉誠出版, pp.311-312.

新川明(2000),『沖縄・統合と反逆』, 筑摩書房, p.153.

오시로 다쓰히로, 손지연 옮김(2018),「후텐마여」, 김재용 엮음,『현대 오키나와문학의 이해』, 역락, p.320.

_____(2016),「신의 섬」,『오시로 다쓰히로 문학선집』, 글누림, pp.188-189.

가노 미키요, 손지연 외 옮김(2013),『천황제와 젠더』, 소명, pp.107-108.

고명철(2017),「〈해설〉 문학적 보복과 문학적 행동주의」, 메도루마 슌, 곽형덕 옮김,『메도루마 슌 작품집1 어군기』, 문, p.300.

손지연(2020),『전후 오키나와문학을 사유하는 방법 - 젠더, 에스닉, 그리고 내셔널 아이덴티티』, 소명, pp.269-296.

조정민(2017),『오키나와를 읽다』, 소명, pp.199-200.

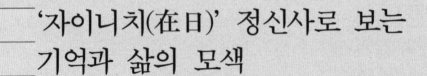

'자이니치(在日)' 정신사로 보는
기억과 삶의 모색

윤건차(尹健次, Yoon Keun-cha)

가나가와대학 명예교수. 도쿄대학(東京大学) 박사과정 수료. 주요 저서로는『일본국민론: 근대일본의 아이덴티티』(1997),『현대한국의 사상』(2000),『사상체험의 교착(交錯)』(2008),『자이니치의 정신사』(2016) 등이 있다.

1. 들어가며

4년 전에 이와나미쇼텐 출판사를 통해《'자이니치'의 정신사(원제:「在日」の精神史)》전 3권을 낸 지 어느 정도 시간이 흘렀다. 한국어 번역본이 한겨레 출판을 통해 나온 지도 3년이 지났는데 그동안 '자이니치'는 물론 일본, 한국, 북한 그리고 전 세계가 상당히 불투명하고 불안한, 어디서도 돌파구를 찾을 수 없는 시간을 보내온 듯하다. 개인이든 나를 둘러싼 공동체나 국가라는 단위에서든, 왠지 더는 꿈을 이야기할 수 있을 만한 시대가 아닌 것 같다. 이 세상에 좋은 일은 하나도 없고, 지구상에서 제대로 돌아가는 지역이나 나라는 어디에도 없다는 생각이 든다. 새로운 시대라는 큰 발상을 떠올리는 것은 물론 자신의 일상 속 작은 목표나 바람 등을 갖는 것도 어려워진 듯하다. 생활의 격차 확대 그리고 답답함 속에서 글로벌화와도 관련된 무사상이나 무규범, 혼란의 시대가 쭉 이어지고 있는 듯해 앞으로의 전망이 전혀 서지 않는 느낌이다. 하지만 그래도 현실에서는 국가라는 단위를 벗어나서 생각하거나 행동하는 것이 어려운 시대가 계속되고 있다. 자본주의 시대에 본질적인 민족국가의 틀을 고수하는 논리에서 어떻게든 벗어나고 싶다, 빠져 나오고 싶다고 생각하면서도 그러나 현실에서는 국가를 무시하는 관념세계로 빠져들지 않도록 경계해야 하고, 때로는 무의식 속에 있는 특정 국가를 기준으로 삼는 사고방식이나 태도로 편향되기 쉽다는 사실에 초조해지기도 한다.

2. '자이니치'가 국민인가?

'자이니치'는 말할 필요도 없이 일본의 식민지 지배의 소산이며 2차 세계 대전 이후의 일본과 분단된 남북한에 의해 크게 규정되는 존재로 살아왔다. 무엇보다도 '자이니치'는 한반도 지배의 책임을 대부분 전혀 인정하지 않고, '자이니치'의 존재 자체를 무시하려 해온 일본 사회 안에서 줄곧 동화와 차별, 무권리 상태의 한복판으로 내몰리며 필사적으로 자신들의 주체성을 지니려고 발버둥질 쳐왔다. 때로는 북한을 또 때로는 남한을 '조국'으로 의지하며 주체성을 형성, 이른바 정체성 확립에 갈팡질팡하고, 대부분의 경우 좋든 나쁘든 '민족'에 의거하려는 태도를 보여 왔다. 그리고 패전 / 해방된 지 70여년, 시대는 완전히 변해 '자이니치'는 그들 나름대로의 삶을 꾸리고, 일본 사회에서 무시할 수 없는 존재가 되었다. 그러나 이 시점에서 '자이니치'의 존재 의의를 새롭게 정리하고 미래로 이어지는 어떤 전망을 하려고 하면, 거기에는 헤아릴 수 없는 어려움이 늘 따라다닌다. 단적으로 말해 지금과 같은 일본 사회의 애매함, 자신감 결여, 불투명함 속에서 남북 분단의 긴장과 대립 구조가 계속되고, 게다가 세계의 글로벌화, 경제의 구조적 악화, 정치적 알력의 격화라는 상황 속에서 저출산, 고령화, 일본 국적 취득자(귀화자)의 증가, 일본 국적자와의 결혼 증가, 혼혈인 증가, 한국에서 온 이민자 증가 등과도 관련된 '자이니치'의 부유화(浮遊化)라고도 할 만한 이 사태를 어떻게 설명하고, 새로운 미래에 대한 로드맵까지는 아니더라도 전망 비슷한 무언가를 얻을 수 있을까 하는 것이다. 그 바탕에는 아마 '자이니치'란 누구인가 그리고 '자이니치'는 언제까지 '자이니치'로 있을 수 있는가라는 근본적인 물음이 있을 터이다.

생각해 보면, '자이니치'는 지금까지 굳이 말하자면 일본, 남한, 북한이라는 '세 국가'의 사이에서 즉 민족국가의 논리 속에서 그 역사적 경위는 물론, 어디에 속하는지 또는 속하지 않는지, 어디서 의지할 곳을 찾을지도 포함해, 민족국가를 고수하는 논리에서 벗어나지 못하는 사고의 틀 안에서 다뤄져 온 듯하다.

하지만 현실의 세계는 지구상의 온갖 지역에서 난민과 이민이 넘치고, 이를 둘러싼 정치적, 사상적 혼란은 어떻게든 늘어나기만 할 뿐이다. 이런 점에서 봐도 '자이니치'를 식민지 지배의 소산, 무권리 상태의 마이너리티, 구종주국 및 분단된 조국 사이에서 헤매는 특수한 존재로만 파악하려고 하는 것은 무리인 듯싶다. 실제로 올해 봄에 일본 정부는 단일민족적 사상이 강한 국민의 반발을 우려해 출입국관리법 개정을 통해 새로운 외국인 인재 유치, 즉 '특정 기능'이라는 체류 자격을 신설하는 등의 정책을 실시하기 시작했는데, 이는 사실상 '이민 사회'로 가는 방향성을 나타낸다. 그렇지만 남북한의 민족국가라는 틀이 그렇게 쉽게 무너지지 않으리라는 것도 자명한 일이다. 그렇다면 애초에 '자이니치'가 '국민'인가라는 질문을 해보는 것도 좋지 않을까. 여전히 어딘가의 국민일 수도 있고 혹은 국민이 아닌 범주, 예를 들어 시민이나 마이너리티, 그리고 요즘 유행하는 디아스포라 등의 말로 인식되는 존재일지도 모른다는 사실을 한번쯤 생각해봐도 좋을 듯하다.

3. 국가권력과 내려 받음에 대한 저항

최근 들어 비교적 많이 사용되는 용어인 디아스포라라는 개념으로 말하자면, 일본어로 출판된 그와 관련된 참고할 만한 책이 몇 권이 있다. 대표적인 책은 고전혜성 감수, 가시와자키 지카코 번역의 《디아스포라로서의 코리안―북미, 동아시아, 중앙아시아(원제: ディアスポラとしてのコリアン―北米・東アジア・中央アジア)》(신초샤, 2007), 그리고 마쓰다 모도지, 정근식 편저의 《코리안 디아스포라와 동아시아 사회(원제: コリアン・ディアスポラと東アジア社会)》(교토대학학술출판회, 2013)이다. 둘 다 각 분야에서 활약하는 전문가의 논고를 모은 논문집으로 일본, 사할린, 중국, 중앙아시아, 북미 등으로 간 코리안의 이동과 '코리안네스(Koreanness)'의 생성 및 변용의 과정에 대해 상세히 기술되어 있다. 즉 식민지 지배, 침략 전쟁, 냉전과 그 붕괴 및 재편과 밀접하게 관련된 동아시아 근현대사 속에서 세계 각지로 마치 격류처럼 이주해 간 코리안에 대해 논한 책이다. 그리고 야마 요시유키 편저의 《자이니치 코리안의 이산과 삶의 여러 양상 – 표상과 정체성의 간극을 통해(원제: 在日コリアンの離散と生の諸相 – 表象とアイデンティティの間隙を縫って)》(아카시쇼텐, 2017)라는 책도 있는데 '배제'와 '포섭'이라는 이원론적 사고를 뛰어넘어 '배제형 사회'와는 다른 사회의 역할을 구상한다는 의미에서 흥미롭다. 자이니치 코리안과 재일 제주도인을 중심으로 한 이주하는 코리안에게 초점을 맞추어, 이주한 사람들의 정체성과 자신들의 문화의 표상의 의의를 찾으려는 내용으로 디아스포라 문제를 생각하는 데에 참고가 된다.

조금 길지만, 마쓰다 모토지의 《코리안 디아스포라와 동아시아 사회》의 '머리말'의 글을 그대로 인용하고자 한다. "이 격류와도 같은 사람들의 이동은 일본제국에 의한 식민지 지배나 동아시아의 폭력적 냉전 구조, 그리고 글로벌한 신 자유쥬의적 질서에 의해 근본적(구조적)으로 규정되면서도 이주한(이주할 수밖에 없었던) 곳에서 사람들은 살아남기 위해 공동성을 창조(상상)해 갔다. … (이 공동성의 역할의) 핵심이 되는 자원은 에스니시티(민족성)와 내셔널리티(조국)이었다. 그러므로 그들을 표현하는 데에 디아스포라라는 용어를 사용하는 것에도 의미가 있다. 그리스어인 '스페이로(흩뿌리다)'가 어원인 이 말은 현대 세계의 유동 상황과 거기서 생겨나는 정체성을 생각하기 위한 중요한 키워드로 여겨져 왔다. 글로벌화가 진행되는 가운데 혹은 그보다 앞서서 전 세계의 도시에 세계 각지에서 (특히 구 식민지에서) 대량으로 이민자가 유입되어 기존의 민족국가의 통제를 무너뜨린 새로운 사회 질서가 출현하기 시작한 것과 디아스포라라는 말로 상징되는 사람들의 세계에 대한 주목은 일맥상통하는 현상이었다."라고 적혀있다.

다만 월남자나 월북자 등 남북 이산가족의 정체성의 변용을 생활세계를 기점으로 파악한 김귀옥의 연구에 주목한 마쓰다 모토지는 코리안 디아스포라의 경험을 신구로 나누는 것에 주의를 기울인다. 즉 20세기의 전쟁과 식민지 지배 시대에 한반도에서 추방된(강제로 끌려간) 사람들이 이주지에서 형성한 방위적 민족 공동체를 구 디아스포라라고 부르고, 1990년대 이후 글로벌화의 급격한 진전 속에서 국경을 넘어 이주해 간 사람들을 신 디아스포라로 구별하는 개념을 받아들인다. 바꿔 말하면 "남북 이산가족이나 재일한국인, 재일조선인은 21세기의 현대를 '구 디아스포라'로서 살 수밖에 없는 사람들이라고 인식한다. 이는 동아시아의 코리안 디아스포라가 북미나 서구처럼 문화의 재창조와 재상상을 통해 에스니시티나 내셔널리티의 장벽을 극복해 나아가는 방향과는 다르게 일상의 온갖 상황에서 긍정적으로든 부정적으로든 에스니시티나 내셔널리티의 재창조(탈구축이 아닌)와 직접적으로 마주하지 않으면 안된다는 것을 시사하고 있다."라고 한다. 또 "본서에서 각 장이 공유하는 문제의식이 바로 이 점이다. 북미나 서구적인 디아스포라와 달리 동아시아의 문맥에서 코리안은 어떻게 내셔널리티나 에스니시티와 마주하고 있는가라는 물음이다. 이는 분명 단순한 '어머니의 민족'에 대한 회귀도 '어머니의 조국'에 대한 편향도 아니다. 그러나 동시에 민족을 해체하고 기피하는 탈민족을 추진하는 것도 국가를 응시하고 그에 대한 포섭에 대항하는 탈국가를 지향하는 것도 아니다. 본서의 집필자가 공유하는 것은 살아남은 코리안네스를 긍정하고, 그 생성의 주도권을 국가 권력이나 진정한 민족 문화에 의해 '위'에서 일방적으로 내려받는 것에 대한 거절이다."라고 적혀있다.

4. 폭력적 대상으로서 동포의 배제

상당히 정확한 논리적 정리라고 생각하는데, 이렇게 생각하면 문제의 소재, 추궁해야할 과제는 매우 커진다. 《코리안 디아스포라와 동아시아 사회》에서는 '자이니치'(코리안 디아스포라)가 다양한 각도에서 다뤄지고 있는데, 나는

〈한국에서의 '재외동포'와 민족의식〉이라는 한국 사회의 시점에서 적은 논술이 흥미로웠다. 한국에서는 영화 등을 통해 '자이니치'는 '빨갱이', '반쪽발이', '졸부'라는 세 종류의 인간으로 그려져 왔다(권혁태)고 하는데, 진위 여부를 떠나 '자이니치'와 한국 동포 간의 인식의 왜곡이랄까, 내면의 갈등의 차, 이미지의 실상과 격차 등을 어느 정도 실감하게 해준다. 여기에는 같은 뿌리를 가진 한국(조선)의 신분 의식이나 가족 의식, 질서 의식이 존재하고 있으며, 게다가 식민지 지배 / 피지배, 해방 후의 한쪽은 고도 경제 성장, 한쪽은 분단 체제 지속과 같은 민족이나 국가, 역사의 근간과 관련된 문제가 잠재되어 있고, 이것들이 총체적으로 정신 상태나 의식이 어떻게 출현할지를 좌우하는 잠재적 계기로서 내재되어있는 것을 느낄 수 있다. 게다가 지금 '동포'라는 말을 썼는데, 1999년에 '재외동포법'이 제정된 이후 한국 사회에서 재외 동포 그리고 외국 국적 주민에 대한 견해가 많이 변했다는 것 그리고 그 재외동포법이 몇 차례 개정되고, 2001년에는 헌법재판소가 위헌이라고 판단하자 이 법률이 인종차별법에 해당하는지에 대해 격렬한 논쟁이 벌어졌다는 것 등을 알게 되면, 새삼 보편적인 의미의 인권이란 무엇인가, 그리고 혈연관계나 고향, 조국 등과 연관된 의미의 '동포'란 대체 무엇인가를 다시 생각해 보게 된다. 일본 사회 이상으로 한국 사회에서 재일한국인, 재일조선인이란 때로는 폭력적 배척의 대상이며 때로는 정치적 이용 가능한 자원이었다(조경희)라는 말도 유념해야 한다.

5. 삼중구조와 부담감

생각해보면 '자이니치'의 연구자나 문학자들 사이에서는 '디아스포라'라는 말은 그다지 사용되어 오지 않은 듯하다. '마이너리티'라는 말은 그래도 종종 쓰여 왔다고 알고 있는데, 이는 일본은 아이누족이나 오키나와인, '자이니치'

그 외 이질적인 집단 내지는 출신자가 있지만 형태상으로는 천황을 정점으로 한 문화적, 민족적 동질성이 강한 집단인 '일본인'이 관념상이라고는 해도 절대적 다수자로서 존립해왔기 때문일 터이다. 이는 이른바 가토 슈이치가 강조한 것처럼 천황, 민족, 국가를 하나로 합친 '일본'이라는 절대 가치에 대한 무조건적 승인에 다다르는 사회의 모습을 나타내는 것일지도 모른다. 그런 점에서 '디아스포라'라는 말이 최근 들어 많이 사용되기 시작한 것에 큰 의의가 있을 것이고, 그것이 이 일본 사회에 새바람을 불어넣는 어떤 역할을 해준다면 매우 고마운 일이기는 하다. 다만 '디아스포라'라는 말이 사회과학의 개념이라면, 사회과학의 연구자가 절대적으로 적은 자이니치 사회에서는 역시 다가가기 어렵고 좀처럼 익숙해지지 않는 말인 것은 어쩔 수 없을지도 모른다.

아무튼 '자이니치'의 상황을 생각해보면 그것은 동질성을 강요하는 일본 사회와의 알력, 피침략자 및 그 자손들의 역사의식, 그리고 자신들이 '의거'해야 할 조국의 분단 등과 더불어 말의 문제가 상당히 큰 듯하다. '귀화'한 자이니치 여성 작가인 후카자와 나쓰에는 〈밤의 아이(원제: 夜の子供)〉(1992)라는 소설에서 재일잡지《바람》의 편집자라는 설정으로 자이니치 사회의 현상을 보고 다음과 같이 말한 적이 있다. "(편집 위원 중 한사람이 말한다). 예를 들어 우리에게는 4등급의 신분 제도가 있어. 1등급은 민족적 주체성을 확고히 지니고 있는 주의자로 물론 조선어를 할 수 있는 사람, 2등급은 주체성은 있지만 조선어를 못하는 사람, 3등급은 둘 다 부족하지만 국적을 유지하고 있는 사람, 4등급은 귀화한 사람, 이런 식으로 말이야. … 일본 사람이 보기에는 1등급이나 4등급이나 다를 게 없는 다 똑같은 조선인인데"라는 구절이다. 그리고 후카자와는 작품 속 여성을 통해 "재일조선인이라는 정체성을 계속 파고들다보면, 결국은 38도선으로 나뉜 남과 북 중 어느 한쪽에 귀속, 수렴될 수밖에 없는 것 같다. …일본 국적을 취득한 자는 일본인이 된 사람이다, 라는 식의 말이 그녀에게는 도저히 와 닿지 않았다. 그 의미를 이해할 수 없는 것이다. 그런데

도 너는 귀화했으니 일본인이라는 말을 들으면 수긍할 수밖에 없는 일종의 비정상적인 관념의 상극, 괴로워하고 고민하면서 그 괴로움이나 고민이 자신의 내면 깊은 곳에서 생겨나는 것이 아닌 외부로부터 추궁되고 강요되고 있다고 느껴지는 소외감. 이상하게 들릴지 모르지만 지금 괴로워하고 있는 괴로움과 일체감을 느끼지 못하는 자신의 불성실함을 용서할 수 없는 것이다. 그 마음이 그녀를 더 자학하게 하고, 자기가 자기 자신을 심판하는 꼴이 됐다."라고 이야기 한다.

옛날이야기로 치부해버릴 수 있을 만한 심적 고통이 아니다. 옛날부터 '자이니치'인 젊은이들은 성장하는 과정에서 모국어를 배우고 정체성 확립을 위해 노력할 때, 어디서 누구에게 배울지의 조직 및 학교 문제, 그리고 정치 이데올로기의 문제, 남북 분단국가 중 어느 쪽의 편을 들지의 문제에서 자유롭지 못했다. 현재는 성장 단계에서 이렇다 할 정치적 의식을 갖지 못한 채 한국에 유학하는 사례가 늘었는지도 모르지만, 그것도 역시 본질적으로는 모국어 학습과 정치 또는 국가의 선택이라는 엄중한 '결단'을 강요당하는 일인지도 모른다. 그런 점에서 (부모의 혹은 출신지로서의)고향 내지는 남북의 조국-모국어 -자신이라는 삼극구조의 의식화는 예전만큼은 아니더라도, 현재도 '자이니치'가 통과해야만 하는 인생의 난관이다. 반대로 말하면 그것을 어떻게 통과해 나아갈지를 결정할 때에 단 한번 뿐인 개별적인 경험에 의해 '자이니치'는 자신의 형편이나 환경, 조건 그리고 역사적인 '부담감'을 극복하고 보편적인 세계로 들어갈 가능성을 갖게 되는지도 모른다.

6. 디아스포라와 자이니치의 외부

이렇게 써내려오다 보면 왠지 '디아스포라'라는 말에 공감을 느끼면서도 그것을 쉽게 받아들일 수 없는 나 자신에 대해 이야기하고 있는 것 같기도 한데,

그건 그거고 딱히 어떻다는 것은 아니다. 중요한 것은 '디아스포라'라는 말을 더 풍부하게 사용하여 '자이니치'를 제대로 설명할 수 있게 된다면 그걸로 된다. 즉 '디아스포라'라는 말이 코리안 디아스포라, 특히 '자이니치'가 감당해온 문제들을 다 떠안을 수 있는지의 여부가 아닐까. 일본의 조선 식민지 지배에서 시작되어 '해방'과 냉전 구조하의 남북 분단, 한국전쟁의 참상, 일본의 식민지 지배의 미청산과 국가와 사회가 합심한 차별과 배제, 북한 신봉과 귀국운동, 절대적 타자와 적으로 간주되는 북한의 존재, 세대교체와 정체성의 다양성과 이종성, 각종 권리 획득 투쟁의 전개, 혼인과 혈통을 둘러싼 다양성과 갈등, 한국의 경제 성장과 한국과의 교류 증대, 다양한 형태의 일본 사회 내 정착 등의 문제다. 거기에는 마쓰다 모도지가 말하듯 "명확하게 국가(내셔널리티)와 민족(에스니시티)에 대한 판단을 내려야하는 일상세계"가 있고, "그것은 이종혼효(하이브리디티)나 유동성(노마디티)과 같은 세계와는 전혀 다른 차원의 '인습적'이지만 냉철한 현실"이 있다고 설명할 수 있는지도 모른다. 하지만 그렇더라도 막연하게나마 그렇게 간결하고 정리된 형태로 기술되어도 되는지, 의문은 남는다.

《'자이니치'의 정신사》전 3권을 쓴 경험에 비추어 말하자면, '자이니치'의 정신사로 보는 기억과 삶의 모색과 같은 것을 서술하는 일은 결국은 무모한 도전에 불과하다. 정치나 역사와의 관계 속에서 정신세계와 생활세계 모두를 글로 남기는 것은 딱히 '자이니치'뿐만 아니라, 아이누족이나 오키나와인 등 '민족'과 관련된 것뿐만이 아닌 문학이나 성 그 외 어떤 분야에서도 불가능하다. 그래도 '디아스포라'라는 말을 사용해서 글을 쓴다면 무엇을 할 수 있을까. 어떤 의미로는 한계를 인정하면서도 그 핵심이 무엇인지를 분명하게 밝혀 나아가는 숙고가 필요할 듯하다.

《디아스포라로서의 코리안-북미, 동아시아, 중앙아시아》에 서문을 작성한 미국에 거주중인 고전혜성의 말을 살펴보자. "현재, 175개국에 700만 명의 코리안이 살고 있는데, 본서에서 다루는 4개 국가 및 지역을 합치면 코리안 디아스포라 인구의 90%에 달한다. … 본서의 독자는 운이 좋다고 생각한다. 왜냐면 4개 국가 및 지역에 사는 코리안들이 지금까지 해온 공헌, 그리고 안고 있는 과제에 대해 책 한 권으로 비교해볼 수 있기 때문이다. 그렇게 하면 미국은 물론 중국이나 아프가니스탄에 사는 코리안들과 비교해서도 일본에 사는 코리안들의 문제가 얼마나 복잡한지 알 수 있을 터이다. … 디아스포라의 시점은 또 글로벌리제이션과도 밀접한 관련이 있다. 기존의 국경을 초월한 디아스포라의 연구를 통해 우리는 트랜스내셔널한 문화를 자신의 집단과 연관시키면서 새로운 시각으로 글로벌 사회를 탐구할 수 있다. … 1968년에 나는 처음으로 일본을 방문해 문화인류학 및 민족학의 국제회의에 참석했다. 정말 짧은 기간이기는 했지만 일본 국내에서 일본인과 자이니치 코리안을 직접 만나며 그때까지 내가 연구하던 재미 코리안이 안고 있는 과제와 비교해 큰 차이가 있다는 것을 깨달았다. 또 일본의 저명한 조선 연구가들조차 코리안에 대해 노골적인 차별 의식을 갖고 있다는 것도 알게 되었다. 도쿄와 교토에서 만난 몇몇 자이니치 코리안의 표정에서는 좌절감, 불안감 그리고 소망이 이루어지지 않은 데에서 오는 깊은 고뇌 – 한국어의 '한(恨)' – 이 엿보였다"라고 한다.

이 짧은 문장에서 이미 디아스포라 연구의 의의를 적잖이 알 수 있고, 동시에 부족한 점과 과제 등도 몇 가지 느낄 수가 있다. 내 나름대로 조금 이야기해보자면, 미국의 패권주의 그리고 중국과 러시아 일본 등의 대내외 정책 등, 디아스포라 연구의 권력 관계와 정치적인 문제가 불분명하게 느껴지는 점, 마찬가지로 글로벌리제이션이나 트랜스내셔널한 문화를 이해하는 방법 등을 잘 모른다는 점이다. 그리고 자이니치 코리안이 가지고 있는 좌절감, 불안감 그리고 소망이 무엇인지, 어떻게 파악할지를 알고 싶다는 점 등이다. 책의 각 논고에 구체적으로 다루지 않은 채 이런 글을 쓰는 것이 불손하고 때로는 무리한 일이기도 하지만, 지금까지 디아스포라 연구 논고에 몇 차례 다루면서 느껴왔던 점과 중복되는 점이기도 하다.

7. 정신사로써 본 자이니치

나는 '디아스포라'라는 말이 중요하다고 생각하지만 왠지 모르게 부족하다고도 느낀다. 이를 한마디로 말하기는 어렵지만, 단적으로 말해 여러 가지 사실을 알게 되는 것은 좋지만 그렇다면 어떻게 하면 된단 말인가라는 부족함 내지는 불안감 같은 것이 아닌가싶다. 물론 특별히 무언가를 하고 있지도 않은 내가 이런 말을 하는 것은 부적절하겠지만, 그렇기 때문에 더 솔직하게 말하는 편이 좋을 듯하다. 《'자이니치'의 정신사》를 집필하며 나는 '자이니치'는 잘 살아왔다고 생각했다. 다양한 고뇌와 갈등, 때로는 타인에게 해를 끼치는 행위도 많이 있었을 테지만, 전반적으로 '자이니치'는 잘 살아왔다고 생각했다. 아마 전 세계에 흩어져있는 코리안 디아스포라도 마찬가지였을 터이다. 그리고 잘 살아왔다는 것은 잘 싸워왔다는 것과 상당히 비슷하다. 사람에 따라서는 고매한 이상을 내세우며 조국이나 민족, 남북통일을 위해 싸운 경우도 적지 않겠지만, 그보다는 일상적인 생활세계 속에서 잘 살았다, 잘 싸웠다고 생각한다. 게다가 말이다. 예를 들어 컴퓨터에 '식민자 디아스포라'라고 입력하고 검색해 보면 여러 가지 검색 결과가 나타난다. 디아스포라란 '이민', '식민'을 의미하는 사상 용어라든지, 디아스포라는 원래 살던 국가나 민족의 거주지를 떠나서 생활하는 국민이나 민족의 집단 혹은 커뮤니티 또는 그렇게 떠나서 흩어지는 것 자체를 가리키는 말이 되었다든지, 난민과 디아스포라의 차이는 전자는 원래의 거주지로 귀환할 가능성을 내포하고 있는 데에 반해 후자는 이주한 곳에서의 영주와 정착을 시사한다는 점이라는 내용이다.

앞에서 인용해서 적은 내용인데, 코리안 디아스포라는 이주한(이주할 수밖에 없었던) 곳에서 사람들은 살아남기 위해 공동성을 창조(상상)해 갔다. … (이 공동성의 역할의) 핵심이 되는 자원은 에스니시티(민족성)와 내셔널리티(조국)이었다고 한다. 아마 여기서 에스니시티(민족성)와 내셔널리티(조국)는 다

양한 의미를 갖지만, 기본적으로는 살기 위한 동력 즉 긍정적인 개념으로 인식되고 있을 터이다. 하지만 식민자의 경우에는 어떨까. 조선에서 태어난 일본인 식민자 2세나 알제리에서 태어나고 자란 프랑스인 식민자 등이다. 아카시쇼텐 출판사에서 고마이 히로시가 감수한 총서 〈글로벌 디아스포라(원제: グローバル・ディアスポラ)〉 전 6권이 나왔는데, 세계에는 정말 많은 디아스포라가 있음을 알 수 있다. 그중 한 권에 미야지 미에코 편저로 《중동, 북아프리카의 디아스포라(원제: 中東・北アフリカのディアスポラ)》라는 책이 있다. 책의 소개문을 읽어 보면 "예로부터 민족, 문화, 국가가 교차되는 곳에 위치해 사람, 재화, 정보가 오가는 땅으로 발전해 온 중동과 북아프리카 지역의 다양한 디아스포라의 모습을 '피해자 디아스포라', '노동 디아스포라', '교역 디아스포라', '식민 디아스포라'로 분류해서 다룬다."라고 적혀있다. 이중에서 '피해자 디아스포라'나 '식민 디아스포라'의 내용이 무엇인지는 읽어 보지 않아서 잘은 모르겠다. 하지만 지금까지 설명해 온 코리안 디아스포라와는 의미나 내용이 조금 다른 듯하다. 여기서 에스니시티(민족성)와 내셔널리티(조국)는 과연 어떻게 인식되고 평가되고 있을까. 역시 긍정적인 내용일까, 혹은 반대로 부정적인 내용일까.

최근 젊은 연구자인 하라 유스케가 《금지된 향수 - 고바야시 마사루의 전후문학과 조선(원제: 禁じられた郷愁 - 小林勝の戦後文学と朝鮮)》(신초샤)라는 훌륭한 책을 냈다. 박사 논문을 10년에 걸쳐 다시 쓴 책이라고 한다. 1927년에 한반도 남부에서 식민자 2세로 태어난 고바야시 마사루는 1944년에 '본국'의 육군예과사관학교에 진학하기 전까지 조선에서 살았다. 18세 때에 일본의 패전을 맞이하는데, 이때부터 조선은 갑자기 외국으로 변한다. 식민지는 소멸하고 그리운 조선의 산과 강만 남았다. 고바야시의 고향은 가짜 식민지와 진짜 산천으로 갈라졌고, 게다가 일본의 땅에는 아무 것도 없어 오히려 위화감이 느껴질 뿐이었다. 그때부터 고바야시의 '전후'의 삶이 시작되는데, 이는 트라우마와의 싸움이었다. 고바야시는 그 활로를 일본공산당에게서 찾고 필사적으로 몸부림치다가 결국에는 공산당에게도 실망하게 된다. 조선에 대한 고뇌, 일본에 대한 위화감, 고향과 이향 사이에서의 갈등과 고뇌, 이는 조선이나 대륙에서 일본으로 돌아온 많은 일본인이 경험해야 했던 고통이다. 고바야시의 경우에는 처음에 일본공산당의 당원 작가로서 문학 활동을 시작하는 것으로 고난을 극복하려고 했다. 그 경우 그의 에스니시티(민족성)와 내셔널리티(조국)는 과연 어떤 것이었을까. 긍정적인 것이었을까, 부정적인 것이었을까, 혹은 그 어느 쪽도 아닌 형용할 수 없는 것이었을까. 고바야시가 마지막까지 '고향을 그리워하면 안된다'고 스스로에게 당부했다는 것이 갖는 의미는 무엇일까. 마찬가지로 조선의 식민자 2세였던 모리사키 가즈에가 《어머니의 나라와의 환상혼(원제: ははのくにとの幻想婚)》, 《이족의 원기(원제: 異族の原基)》, 《고향 환상(원제: ふるさと幻想)》등의 작품을 많이 남긴 이유도, 역시 고바야시와 똑같은 고통의 연장선상에 있었기 때문이라고 생각된다.

8. 저항과 반항이 만드는 세계

에스니시티(민족성)와 내셔널리티(조국)가 가진 강인함과 취약함 그리고 뒤틀림, 왜곡, 혼돈, 단절 등 대체 디아스포라 그리고 마이너리티 등을 생각하는 데에 기본이 되는 개념은 무엇일까. 에스니시티와 내셔널리티를 살아가기 위한, 미래로 이어지는 동력 즉 긍정적인 것으로 인식해도 될까. 《'자이니치'의 정신사》를 쓰며 나는 기억의 소중함을 알게 됨과 동시에 그 기억을 어떻게 정리하여 미래의 삶을 위해 재인식하면 좋을지를 계속 생각했다. 아직 명확한 결론은 나지 않았고 아마 평생 생각하고 고민해 나아가야겠지만 지금 단계에서 분명한 것은 결코 기존의 무언가에 의지해서는 안된다는 것, 늘 물음을 던져야 한다는 것이다. 그리고 이는 아마도 저항하고 반항하며 살아가는 것이 아닐까싶다. 그렇다, 지금은 세상에 없는 시인인 이바라기 노리코가 지은 〈기

대지 말고(원제: 倚りかからず)〉처럼 말이다.

> 이제는 이미 만들어진 사상에는 기대지 않으리라. / 이제는 이미 만들어진 종교에는 기대지 않으리라. / 이제는 이미 만들어진 학문에는 기대지 않으리라. / 이제는 그 어떤 권력에도 기대지 않으리라. / 오래 살아오며 마음 속 깊이 배운 것은 이 정도뿐 / 내 눈과 귀, 내 두 다리만으로 서있어도 아무것도 불편하지 않으리라. / 기댄다면 그것은 의자 등받이뿐

혹시나 해서 말하자면 이바라기 노리코의 이런 독립 정신은 에스니시티(민족성)와 내셔널리티(조국) 등과 동떨어진 것이 아니다. 오히려 그녀의 평생에 걸친 정진을 통해 거기에는 더 근원적인 자유와 해방으로 향하는 에스니시티와 내셔널리티가 자리매김했다고 볼 수 있다. 그것은 그녀가 평생 동안 천황제도에 대한 거부감을 표현하고 또 윤동주의 한글 시에 심취해있던 것에도 나타난다.

카뮈－사르트르 논쟁이라는 말이 있다. 문학 논쟁 역사상에서는 '혁명인가 반항인가'로 알려져 있는데, 1951년에 발표된 카뮈의 평론《반항적 인간(원제: 反抗的人間)》이 프랑스 사상계에 큰 반향을 불러오고, 다양한 비판이 난무하던 와중에 사르트르가 편집장으로 있던 잡지《현대》에서 펼쳐졌던 논쟁이다. 카뮈는 프랑스령 알제리의 식민자(콜롱) 출신이다. 내면은 복잡했을 테지만 평론에서는 그런 면은 거의 나타내지 않았던 듯하다. 결과적으로는 논쟁의 끝에 카뮈와 사르트르는 절교에 이르는데, 이 논쟁의 쟁점은 역사를 어떻게 해석하고 역사에 어떻게 참여할 것인가, 참여한다면 어떤 태도를 취해야하는가에 있었다고 한다. 카뮈는 '부조리'라는 말을 사용하는데, 이는 식민지 사회 내의 '부조리'임과 동시에 이를 망각하는 프랑스 본토 내의 '부조리'이며, 또 인간의 본성으로서의 '부조리'였던 듯하다. 그런 점에서 고바야시 마사루의 내면의 고뇌와 통했으리라 생각된다. 카뮈의 '부조리'란 이성으로 세계와 대립할 때에

나타나는 불합리성을 말하며 그런 부조리한 현실에서 눈을 떼지 않고 계속 직시하는 태도를 '반항'이라고 부른다. 어떤 경우라도 인간성을 존중하고 인간의 존엄을 지키고 가능한 한 자유와 행복을 얻으려고 한다. 거기에는 사르트르가 공산주의를 정당화하고, '혁명'에 집착하고 소련의 수용소에 대해 설명하지 않는 태도를 비판하고, 이데올로기를 절대시하여 혁명적 수단을 사용한 공포정치의 실태를 경시하는 것에 반대한다는 의미가 내포되어 있을 터이다. 나는 카뮈나 사르트르에 대해 아직 잘 모르고, 이렇게 가볍게 써내려가도 될지 자신은 없지만, 여기서 하고 싶은 말은 사람이 살아가는 데에는 '저항'이나 '반항'이 매우 중요하다는 점이다. 앞서 말한 디아스포라의 문제로 말하자면, 디아스포라를 연구해서 무엇을 얻고자 하는가, 이는 바로 현실에 대한 이해뿐 아니라 이를 통해 필요한 방향성을 확정짓고 저항하고 반항하는 계기가 생겨나기를 바라는 것이다.

9. 마치며

그 경우에 기본이 되는 것은 역시나 역사의식과 역사인식일 터이다. 요즘 '종군위안부'나 전 강제징용자 문제 등으로 한일 관계가 상당히 곤란한 상황에 처해있는데, 생각해보면 당연한 일이다. 한국은 일본의 식민지 지배가 부당했다고 하고 일본은 합법적이었다고 주장하고 있다. 양국의 역사적 견해가 정반대인 상황에서 한일기본조약을 출발점으로 국교가 시작되었으니 거기에 모순, 갈등, 알력, 대립이 쌓여가는 것은 당연하다.

여기서 역사의식 또는 역사인식에 대해 내 나름대로 정리해두고자 한다. 무언가 원고를 쓸 때에는 거의 비슷한 내용을 써넣기 때문에 내키지는 않지만 어쩔 수 없다. 근현대일본의 역사 그리고 그 안에서의 일본인의 정체성의 의미에 대해 생각하면 거기에는 크게 세 가지 핵심 요소가 있는 듯하다. 첫 번째는

160

에도 막부 말기와 메이지유신 이후 서구의 일본 침략, 즉 서구 입장에서 보면 일본이라는 자본주의 시장을 새롭게 획득한 것이고, 두 번째는 식민지가 되는 것에 위기감을 느낀 일본이 그것에 대항하여 천황제 국가를 창설하고 천황 중심의 국가 건설 및 국민 통합을 꾀한 것, 그리고 세 번째는 그러나 현실은 그것만으로는 강대국의 침략에 대항할 수 없어 자국의 독립을 확보하기 위해 아시아를 침략한 것이다. 메이지시대 이후 확립된 국가의 이데올로기 장치인 국민 교육으로 말하면 서구 숭배 사상, 천황제 이데올로기, 아시아 멸시관, 이 세 가지 요소로 일본 '국민'의 정체성을 만들어간 것이 된다. 이러한 일본의 근현대사를 이해한 후에 지금 조선근대사의 세 가지 핵심 요소를 꼽아보자면, 첫 번째는 실패하긴 했지만 1860년대 이후에 펼쳐진 반제반봉건 투쟁이고, 두 번째는 일본제국의 식민지 근대화 강요이고, 세 번째는 해방부터 현재에 이르는 남북 분단이라고 보면 된다. 당연히 남북한 사람들에게는 이 세 가지 요소에 입각한 사고가 필요한데, 민주화 운동은 바로 이런 과제를 해결하려는 반제반봉건, 탈식민지화, 남북통일의 투쟁 그 자체라고 할 수 있다. 더 나아가 생각하면 일본과 조선의 양국에 의해 규정된 '자이니치'는 여기서 말하는 일본근대사의 3요소 및 조선근대사의 3요소에 입각한 역사의식 및 역사인식을 자각하라는 요구를 받아왔다고 볼 수 있다.

'자이니치'의 정체성의 양상은 지금까지도 계속 변화해 왔고 앞으로도 변해 가리라 생각된다. 게다가 지금까지와 마찬가지로 민족국가를 고수하는 논리에서 탈피할 필요가 있는데, 하지만 그와 동시에 국가를 무시하는 관념세계에 빠지거나 혹은 특정 국가를 기준으로 삼는 사고방식이나 태도에 빠져서도 안 된다. 즉 자신들이 처한 역사적 위치를 제대로 파악하는 것이 가장 중요한 기본 사항이다. 그렇게 하고 난 후에 현실의 생활세계에서 어떤 태도를 보일지가 중요할 것이다. 그런 점에서 역사의식이나 역사인식은 더 가까운 의미로는 자신의 '출신' 혹은 '내력' 내지는 '기원' 등을 늘 자각하고, 그것을 매일 재편성하

면서 어떻게 살아가야하는지를 꾸준히 생각하는 일상 속에 있다고 해도 되지
않을까. 어려운 일일수도 있고, 반대로 그렇게 대단한 일이 아닐 수도 있는데,
현 시점에서는 역시 이렇게 써내려갈 수밖에 없을 듯하다.

모리사키 가즈에의 월경(越境)하는 연대의 사상

식민자 2세가 더듬어간 아시아·여성·교류의 역사

현무암(玄武岩, Hyun Moo-Am)
현 홋카이도대학 대학원 미디어커뮤니케이션 연구원 교수. 미디어문화론, 한일관계론 전공. 코리안 디아스포라, 전후 일본인의 귀환 등 초국가적인 사람과 문화의 이동에 관심을 갖고 있다. 주요 저서로는 『통일코리아』(2007), 『노무현 시대의 디지털 민주주의』(2010), 『기시 노부스케와 박정희』(공저, 2012), 『코리안 네트워크』(2013), 『'반일'과 '혐한'의 동시대사』(2016), 『사할린 잔류자들』(공저, 2019) 등이 있다.

1. 모리사키 가즈에의 〈원죄를 버리기 위한 여행〉 - '단층'에서 '경계'로

민족·계급·젠더를 가로막는 '단층'을 어떻게 타파하고 민중의 연대를 구축할 것인가? 일본의 시인이며 작가인 모리사키 가즈에(森崎和江)는 이러한 사상적 과제를 안으며 일본과 한국에 있는 '경계'를 의식하고 거기에 잠재하는 탈식민주의의 영역을 개척하면서 "일본 민중에게 있어서 조선 문제란 무엇인가"를 날카롭게 되물었다.[1] 본고에서는 모리사키 가즈에의 조선 체험과 식민자로서의 기억의 특유성이 작품 세계에 어떤 영향을 주었는지를 밝히고, 나아가 아시아 여성들이 만들어낸 교류의 역사를 추구한 모리사키의 연대의 사상을 관철한 '월경(越境)'의 의미를 살펴보고자 한다.

해방 전 대구에서 태어난 식민자 2세인 모리사키 가즈에는 제2차 세계대전 이후 지배 민족의 자녀로 식민지에서 감성을 키운 것을 '원죄'로 받아들여 고뇌했다. 잘 알려져 있다시피 1950년대 후반 규슈(九州)의 탄전 지대인 지쿠호(筑豊)에 들어가 나카마(中間)에 거주하면서 시인·노동 활동가인 다니가와 간(谷川雁)과 르포 작가인 우에노 에이신(上野英信)들과 함께 문예 교류지 『서클촌(サークル村)』을 발간했다. 여기서 모리사키는 하층부 사람들의 생존 욕망과 공존 의식이 얽히는 거친 자기 표현들과 마주하면서, 일본사회의 일상 세계에 내려앉은 모순의 심부에 파고들었다.

지금까지 모리사키 가즈에의 사상을 고찰하는 접근방법은 노동과 가라유키

---

1 森崎和江(1971), 『異族の原基』, 東京 : 大和書房, p.100.

상, 그리고 여성으로서 '출산하는' 성을 주제로 하는 등 일본사회의 '단층'을 향해 왔지만, 근래 그 사상에서 '경계'를 넘는 '월경'의 관점을 파악하려고 하는 움직임이 보인다.[2] '단층'과 '경계'는 모두 모리사키가 극복하려고 한 민중 세계에 작용하는 집단적인 폐쇄성으로 전자는 공동체 내의 차별과 억압 구조에, 후자는 공동체 간의 교류를 가로막는 배재의 원리에 맞서는 심부와 외부로의 사상의 방향성을 가리키는 것이라고 할 수 있다. '단층'에서 '경계'로 기축을 이동하는 것은 모리사키의 사상에서 탈식민주의의 보편성과 현대적 의미를 건져내려는 시도이기도 하다.

　　그러나 이 '경계'의 의미는 아직까지 충분히 파악되지 않았다. 그것은 모리사키의 다양한 사상적 궤적 때문이기도 하지만, 서클촌의 운동과 관련된 사상 연구 및 여성사 연구와 식민자 2세로서의 히키아게(引揚げ)=귀환 문학의 영역에서 모리사키 가즈에를 다른 존재로 단절하여 다루고 있는 것이 원인이라고 생각된다. 이들 영역이 교차하는 지점에 서면 한반도와 오키나와(요론섬[与論島]을 포함)를 향한 모리사키의 시선에서 아시아로 확산하는 일관된 사고와 장소의 공간성이 드러난다.

　　"조선에 대해서 말하는 것은 가벼운 일이 아니다"고 느끼고 있었던 모리사키 가즈에는,[3] 1968년에 패전 후 처음으로 방한한 것을 계기로 한반도와의 관계에 대한 논고를 발표한다. 이후에 왕성한 저술활동을 전개하면서 자신의 조선 체험을 회상하는 『경주는 어머니의 부르는 소리 – 나의 원향(原郷)』을 쓴 것은 1984년의 일이었다.[4] 이 '소녀 이야기'는 『가라유키상』(1976)을 써서 존재

2　水溜真由美(2013), 『『サークル村』と森崎和江 – 交流と連帯のヴィジョン』, 京都 : ナカニシヤ出版 ; 安田常雄(2013), 「戦時から戦後へ – ひとつの〈境界〉論の試み」(安田常雄編『社会の境界を生きる人びと – 戦後日本の縁(シリーズ戦後日本社会の歴史4)』, 東京 : 岩波書店.
3　森崎和江(1970a), 『ははのくにとの幻想婚』, 東京 : 現代思潮社, p.178.
4　이 책은 박승주·마쓰이 리에 번역으로 『경주는 어머니가 부르는 소리 – 식민지 조선에서 성장한 한 일본인의 수기』라는 제목으로 2020년에 글항아리에서 한국어판이 출판되었다.

감을 드러낸 '국민 작가'(우에노 치즈코 [上野千鶴子])의 견실한 작품에 비해
에피소드적인 개인사로 받아들여졌던 것일까. 이 회상기가 그려내는 '원죄'의
생성 과정에 대해서는 지금까지 충분히 고찰되지 않았다. 결국 일본사회의 '단
층'에 맞서는 모리사키 가즈에의 사상을 고찰하는 데 있어서 식민주의의 문제
의식은 뒤로 밀려났다.

모리사키 가즈에의 '원죄'는 그 말 자체의 신화성도 영향을 끼치며, 그의
사상의 전제로 인식되어 홀로 떠돌아다니는 측면이 있다. 그러나 식민자 2세로
서 숙명처럼 덮쳐 온 원죄 의식을 모리사키는 철저한 자기 부정을 통해 아이덴
티티를 재생시키기 위해 반추하면서 스스로의 원점에 자리매김했다. 모리사키
의 정신사의 흐름은 '원죄'를 짊어지고, 되묻고, 그리고 버리기 위한 긴 여정이
기도 했다. 그 월경하는 사상의 궤적은 아시아를 향한 연대로 수렴되는 수많은
사색과 실천이 담겨 있다.

그렇다면 모리사키의 식민자 2세로서의 원죄 의식이 탈식민주의의 문제 영
역으로 내발(內發)하는 경계 깨기 = 연대하는 사상의 기반으로서 연속돼 있다
는 것을 밝혀낼 필요가 있다. 그것은 지금까지 개별적으로 논의되어 왔던 텍스
트에 대해서 '월경'을 중심에 두고 다시 읽는 것을 통해 가능해진다. 따라서
본고에서는 모리사키 가즈에의 조선 – 히키아게 – 지쿠호 – 방한–『가라유키
상』–『경주는 어머니의 부르는 소리』–『메아리 울리는 산하 속으로(こだまひ
びく 山河の中へ)』(1986)로 이어지는 역정을 〈원죄를 버리기 위한 여행〉으로
부르기로 한다.

모리사키 가즈에의 사상에서 '교류와 연대의 비전'을 찾으려고 한 일본사상
연구자인 미즈타마리 마유미(水溜真由美)는 가라유키상의 고찰을 통해 모리
사키의 '월경자'로서의 모습을 드러냈다. 특히『가라유키상』에 대해서는 조선
의 민중과의 만남에 실패한 모리사키의 조선 체험이 그 근저에 있다고 하여
식민주의의 문제의식을 부각시키고 "나카마 시절의 마지막을 장식하는데 알
맞는 집대성적인 작업"이라고 평가했다.[5] 그러나 탄광촌에서의 생활이라는 조

건이 있다고는 하나 작품 세계에 있어서 이 작품에 일정한 완결성을 상정하려고 하면 모리사키의 정신사의 흐름에 단절을 초래할 수 있다. 본고에서는 『가라유키상』을 오히려 『경주는 어머니의 부르는 소리』로 가기 위한 중간 지점＝기항지로 보고 어린 시절의 조선 체험에 거슬러 올라가서 모리사키의 월경하는 연대의 사상의 근원을 찾고자 한다.

근현대사 연구자인 야스다 츠네오(安田常雄)도 모리사키의 일련의 저작에서 '월경'론을 재조명하고 있으나, 1970년 전후에 간행된 3권의 평론집에 한정된 것이었다. 야스다는 "동시대에서 '포스트콜로니얼리즘'에 가장 근접한 위치에서 긴장감을 가지고 서 있었던 것처럼 보인다"고 평가하여 모리사키의 월경하는 사상의 가능성에 주목했지만,[6] 그것의 전체 상까지 깊이 파고 들지는 않았다.

본고는 이러한 선행 연구의 문제의식을 계승하면서 모리사키 가즈에의 '월경하는 연대의 사상'을 고찰하는데, 모리사키의 원죄 의식의 생성도 시야에 넣어 조선 체험에 유래하는 특유의 감수성을 찾아내고자 한다. 그것을 통해 모리사키의 작품 세계 전반에 공통되는 사상의 월경성을 더더욱 명확하게 파악할 수 있다고 본다.

한편, 문학연구에서는 모리사키 가즈에와 도미니카 출신의 백인 크리올 여성작가인 진 리스를 '(구) 식민지에서 태어나 자란 식민자'라는 관점에서 비교 고찰한 스기우라 기요후미(杉浦清文)의 연구가 모리사키의 '고뇌에 찬 자기 성찰'의 근원이 되는 조선 체험에 착목하고 있다.[7] 그러나 모리사키의 원죄 의식을 식민지 출신 작가의 자명한 현상으로 다루면 기타 2세 작가들과도 다른 작품 세계의 특유성을 놓칠 수 있다. 그런 의미에서 '재일조선인 작가를 읽는

---

5 水溜真由美, 앞의 책, p.335.

6 安田常雄, 앞의 논문, p.8.

7 杉浦清文(2013), 「(旧)植民地で生まれ育った植民者－ジーン・リースと森崎和江」, 『立命館言語文化研究』24巻4号.

모임'을 주재하는 이소가이 지로(磯貝治良)가 피식민자에게 응시되는 식민자
로서 중층적인 위치에 선 모리사키의 자세에 주목한 것은 의미가 있지만, 그
관점은 '내적인 지배·억압의 구조', 즉 '단층'을 향하고 있다.[8]

　　한국에서도 근래 식민자 2세들 작품에서 재조선 일본인의 의식 구조를 파악
하려는 연구가 활발하지만, 거기서 모리사키 가즈에를 다루는 경우는 드물다.
분석 대상에 포함된 경우에도 식민자의 정형화된 조선인들에 대한 무관심이
나, 조선인들과는 격리된 재조일본인 사회의 일상성의 논거로 모리사키가 묘
사하는 정경을 단편적으로 사용하는 경우가 많다.[9] 그 사상적 실천을 도외시하
면 모리사키는 식민자의 무의식을 대표하거나, 기껏해야 식민지 지배를 반성
한 '양심적' 일본인의 범위를 벗어나지 않는다.

　　이러한 한일의 연구 상황을 감안하여, 본고에서는 조선 체험으로부터 정처없
이 떠돌아다니는 자기를 회복하는 과정을 연속된 것으로 파악함으로써 보이게
되는 모리사키 가즈에의 작품 세계를, 동세대 식민자 2세 문학자들과 비교하여
주요 텍스트의 담론을 통해 그 공통성 및 특유성을 고찰하고자 한다. 식민지
체험을 기반으로 계급 및 젠더 문제로 접속함으로써 싹튼 모리사키의 '접촉의
사상'이 '교류와 연대의 비전'을 가리키고 탈식민주의의 월경성으로 전화하는
과정에는, 식민자 2세의 공동 체험에 환원되지 않는 사상 형성에 있어서의 독자
적인 갈등이 있었던 것으로 보인다. 이 아시아 연대를 향한 긴 여정의 의미를
밝히지 않으면 모리사키 사상의 핵심에 근접할 수 없으리라 여겨진다.

8　磯貝治良(1992), 『戰後日本文學のなかの朝鮮韓国』, 東京 : 大和書房, pp.93-95.
9　권숙인(2008), 「식민지 조선의 일본인－피식민 조선인과의 만남과 식민의식의 형성」, 『역사
　　와사회』80호 ; 이수열(2014)「재조일본인 2세의 식민지 경험－식민지 2세 출신 작가를 중심
　　으로」, 『한국민족문화』50호 ; 신호 (2016), 「식민지 향수의 역설－「나쓰카시이 조선」 담론
　　을 통한 "식민자 의식"의 부정」, 『한일민족문제연구』30호.

2. 월경자로서의 모리사키 가즈에
- '접촉의 사상'에서 탈식민주의의 문제 영역으로

모리사키 가즈에는 1927년 식민지 조선의 경상북도 대구의 일본인 거리였던 미카사정(三笠町, 현 중구 삼덕동)에서 태어났다. 아버지인 구라지(庫次)는 1925년에 부인 아이코(愛子)를 데리고 일본에서 대구고등보통학교에 부임했다.[10] 1930년에 여동생 세츠코(節子), 32년에 남동생인 겐이치(健一)가 태어났다. '자유 방임'을 아이들의 교육방침으로 삼았던 자유주의자인 아버지 밑에서 모리사키는 식민지 조선 땅에서 구김살없이 자랐다.

대구봉산정(鳳山町)심상(尋常)소학교에 입학한 모리사키는 5학년이 된 1938년, 아버지가 경주중학교의 초대 교장으로 임명되면서 경주심상고등소학교에 전학했다. 대구고등여학교 시절인 1943년, 어머니의 죽음을 겪은 모리사키는 전근하는 아버지를 따라 김천고등여학교로 전학하여 이듬해 후쿠오카여자전문학교(현 후쿠오카여자대학)에 입학했다. 거기서 모리사키는 조선에서 귀환한 가족을 맞았다. 『경주는 어머니의 부르는 소리』는 대구에서 태어나 내지(內地)=일본으로 도항할 때까지의 조선 체험을 담은 자전적 에세이다.

이 책에 따르면 모리사키는 조선에서의 생활에서 유랑감은 전혀 느끼지 않았으며, 오히려 "구습의 땅을 버리고 새로운 일본에 살고 있다"는 분위기를 어린 마음으로도 느끼고 있었다.[11] 조선이 고향이며 일본이 이향이었던 것이다. 내지와 외지(外地)가 반전되는 식민자 2세로서의 모리사키의 의식 구조는 고향인 조선에 대한 애정을 깊게 하면서도 지배 민족으로서 '가해 의식'에 흔

---

10 朝鮮総督府編『朝鮮総督府及所属官署職員録 大正14年』에 의하면 모리사키 구라지는 1925년4월 현재 이 학교에 교사로 근무하고 있음을 확인할 수 있다. 韓国教会史文献研究院編(鄭晉錫監修)(2009), 『朝鮮総督府及所属官署職員録 第16卷 1925』, 東京 : ゆまに書房, p.364.

11 森崎和江(1984), 『慶州は母の呼び声 - わが原郷』, 東京 : 新潮社, p.89.

들리는 양의적인 것이었다. 이러한 양의성은 패전 후 이질적인 문화를 배척하는 일본 사회에 대한 답답함으로 나타났다. 망설임 없이 조선의 대지에서 자라 체득한 감각과 감정이 제국주의 침략의 산물임을 알고 고뇌한 모리사키는 그것을 원죄 의식으로 짊어지게 된다.

모리사키의 방황하는 아이덴티티는 일본인의 틀에 자신을 박는 것이 아니라, 뿌리가 없으면서도 놀라울 정도로 명랑한 인간성을 발휘하는 민중에 의해 단련되면서 구제 된다.[12] 1958년부터 살았던 탄광 마을은 스스로 분열하는 아이덴티티를 유인하는 "깊고 넓은 정신의 광맥"이었다.[13] 그것은 지쿠호가 노동자의 이상향이었다는 것을 의미하지는 않는다.

분명히 탄광 노동자들은 다른 민족과 직접 만나, 압박을 받으면서도 자발성을 발휘하여 일본 전래의 토착성을 변질시켰다.[14] 그러나 모리사키가 뿌리를 내리려고 했던 장소는 유동하기 시작하여, 오히려 대기업과 하청 업체로 단절되는 '일본의 산업 구조의 이중성'의 근원이 되는 일본 대중의 하급 공동체의 집단적인 내향성·배타성에 의한 단층이 쌓이고 있었다.[15] 지쿠호의 현실은 모리사키가 식민지에서 자란 소시민적 감성을 되돌아보게 하는 장소였다.[16] 지배 권력에 의해 격리된 피지배자 상호간의 주체적 연대의 어려움을 모리사키는 생활 차원에서 내발하는 식민주의의 과제를 통해 발견하고, 일상 세계에 정체되는 모순의 심부로 파고들었던 것이다.

모리사키의 근대 비판의 근저에는 분명히 원죄 의식이 자리잡고 있었다. 『서클촌』의 간행과 다이쇼 투쟁(다이쇼 탄광의 합리화 저지 투쟁)을 총괄해서 쓴 『투쟁과 에로스』(1970)에서 모리사키는 종종 동거한 다니가와 간에게 조선에

---

12 森崎和江(2008a), 『森崎和江コレクション 精神史の旅1 産土』, 東京：藤原書店, p.144.

13 森崎和江(2009), 「精神史の旅−明日へと生きる」, 『環』38号, p.253.

14 森崎和江(1971), 앞의 책, p.51.

15 森崎和江(1970a), 앞의 책, pp.65-80.

16 森崎和江(1977), 『ふるさと幻想』, 東京：大和書房, p.120.

한국어텍스트

대한 속죄의 마음을 전했다.[17] 그러나 모리사키의 식민지 체험은 좀처럼 이해를 받지 못했다. 오히려 자유롭게 글을 쓰지 못했다고 한다.[18] 여성 문제도 『서클촌』의 관심 밖이어서 그 반발로 여성 교류지 『무명통신(無名通信)』을 발행했다. 모리사키는 지쿠호에서 서클촌 운동에 참여하면서도 식민주의와 여성 문제는 중요한 주제로 다가오고 있었던 것이다.

시작(詩作)이 중심이었던 모리사키는 지쿠호에서의 활동을 통해서 1961년, 여성 탄광부 이야기를 담은 『암흑(まっくら)』을 출판하면서 본격적으로 저술 활동에 나섰다. 1963년에 『비소유의 소유』, 1965년에 『제3의 성』을 연달아 써 냈다. 모리사키 자신을 투영한 것으로 생각되는 '사에(沙枝)'가 '리츠코(律子)'와 교환 노트를 통해 대화하는 형식으로 구성된 『제3의 성』의 막판에서 사에는 한국에서 온 편지에 얽힌 일화를 소개한다. 그리고는 "지배·피지배·그 지양"을 향해 "은근히 긴장된 감각에 들어가 (중략) 변변치 않은 종이의 나라(한국-인용자)와 내적 대화의 길을 열어 나가겠다"는 의욕을 표명한다.[19] 모리사키의 한반도에 대한 사색은 아이러니하게도 자신을 "깊고 넓은 정신의 광맥"으로 이끌어 준 다니가와 간과 결별하면서 시작된다.

1968년의 첫 한국 방문을 계기로 모리사키는 방한에 관한 수필과 조선 체험에 대한 평론을 발표한다. 한편, 이 무렵부터 천황제, 오키나와 등 내셔널리즘과 탈식민주의에 관한 급진적 논진을 펼쳤으며, 이들은 『어머니의 나라와의 환상혼(ははのくにとの幻想婚)』(1970)과 『이족의 원기(異族の原基)』(1971)에 수록됐다. 모리사키는 1979년 무나카타초(宗像町)에 이사할 때까지 지쿠호를

---

17 모리사키는 이 책에 대해서 「독선에 빠지는 것을 방지하기 위해서 픽션과 자료에 의한 기록을 엮어서」집필하여 가공의 인물을 등장시켰다. 森崎和江(1970b), 『戦いとエロス』, 東京 : 三一書房, p.2.

18 森崎和江・中島岳志(2011), 『日本断層論−社会の矛盾を生きるために』, 東京 : NHK出版新書, p.132.

19 森崎和江(1965), 『第三の性−はるかなるエロス』, 東京 : 三一書房, p.224.

거점으로 문화운동, 사회운동에 참여하면서 문필 활동을 전개했다.

　그러면 1968년의 방한은 모리사키 가즈에로 하여금 어떠한 사상적 과제를
짊어지게 했던 것일까.

　'포스트콜로니얼리즘'(탈식민주의)과 가장 근접한 지점에 긴장감을 가지고
서 있었다고 평가받는 모리사키의 조선 문제에 대한 선구적인 접근 방식은
단순히 제국주의를 비판하기 위해 전전(戰前)의 군국주의를 추궁한 것이 아니
다. 모리사키는 식민자로서 정치적으로 조선을 침략한 것 이상으로 더 깊숙이
침해했다고 느끼고 있었다. 식민지화 문제가 객관적·역사적 조건의 교차뿐만
아니라, 이러한 조건들에 대한 인간의 태도를 포함했었다고 한다면,[20] 모리사
키는 바로 그 인간의 태도 및 의식을 계속 추궁했다고 할 수 있다. 그 태도나
의식의 전체적 구조와 맞서기 위해서 자신도 그 속에 자리매김하여 자기 해방
을 위해 내부로부터 되물어야 했던 것이다.

　모리사키는 "식민주의하에서 현지 사람들의 민족성·인간성에 대한 경애라
는 것은 틀림없이 사람의 마음을 내부에서 침식하게 하는 것이다"고 확신했
다.[21] 그래서 모리사키는 아버지조차도 심판해야 했다. "식민지에서 교육자였
던 아버지를 패전 후에 내가 비판하는 방법은 조선에 대한 아버지의 애정이
얼마나 조선인 개인의 생애를 일그러지게 만들었는지 보는 것으로부터 시작된
다"며,[22] 세상을 뜬 아버지를 대신해 한국으로 향했던 것이다.

　한일국교정상화(1965)로부터 얼마 되지 않은 1968년에 아버지가 근무했던
경주중학교(현 경주중고등학교) 창립 30주년 기념식에 맞춰서 모리사키는 초
대 교장의 딸로서 한국에서 초청 받았다. 그것은 국가 권력을 매개로 하여 조
선 민족에 접근했었다는 '원죄'를 짊어지면서, '민중 차원의 독자적인 만남'을

20　フランツ・ファノン(海老坂武・加藤晴久訳)(1970),『黒い皮膚・白い仮面』, 東京 : みすず
　　書房, p.64.
21　森崎和江(2008a), 앞의 책, p.52.
22　森崎和江(1970a), 앞의 책, p.226.

확인하는 여행이기도 했다.

모리사키는 이 방한에서 '두가지 말'로 갈라졌다고 한탄하는 아버지 제자들에게 그 분열을 "두 민족에 대한 비판적 역량으로 몰아넣을" 수 있다고 대답했다. 서민 수준에서는 "두 민족의 경계를 허무는 기능을 하는 매개자의 사상"이 살아 숨쉬고 있다고 확신했던 것이다.[23] 그러므로 그 분열을 의식적인 것으로 끌어 올림으로써 한일간의 한계='경계'를 돌파할 수 있을 것으로 기대했다.

모리사키가 "지배와 피지배의 내부 관계는 고정적인 것이 아니다"라고 하면서 한일관계의 가해와 피해의 이항 대립을 거부한 것은,[24] 이런 단순한 도식으로는 자신을 심판할 수 없다고 생각했기 때문이다. 가해자가 피해자 입장을 마음에 새기는 일은 있을 수 없다고 하면서도 모리사키의 감각은 양자가 한 가닥의 실에 얽히고설킨 것이었다.[25]

그리하여 모리사키는 지배 권력의 식민주의의 죄업뿐만 아니라 일본 서민들의 생활 의식 속의 죄에 대해서도 두루 생각했다. "삶의 터전에서 이민족과의 교류가 어떤 원칙으로 이루어졌는지, 그것은 일본에 거주하는 민중 의식과 어떤 식으로 연관됐는지, 그 민중 의식과 지배 권력의 지배 원리는 어떠한 보완 관계에 있는지"를 묻지 않고서는 아시아 침략을 일으킨 일본의 민족적 특성과 그 내적 필연성을 넘는 사상은 일본 민중의 생활 의식 속에 생기지 않는다고 인식했다.[26] 모리사키가 「두가지 말·두가지 마음」(1968)에서 "일본인의 조선 문제는 역시 일본 자체를 사상적 갈등의 대상으로 했을 때 시작된다"고 갈파했듯이,[27] 식민지 체험은 일본 자신의 문제였던 것이다.

모리사키의 월경적인 연대의 기반은 이처럼 '민중 차원에서의 독자적인 만

---

23 森崎和江(1971), 앞의 책, p.12.

24 森崎和江(1971), 앞의 책, p.17.

25 森崎和江(2009a), 『森崎和江コレクション 精神史の旅5 回帰』, 東京 : 藤原書店, 133.

26 森崎和江(1970a), 앞의 책, pp.226-227.

27 森崎和江(1970a), 앞의 책, p.195.

남의 사상'에 있다. 「민중의 이집단과의 접촉의 사상」(1970)에서는 오키나와
· 일본· 조선을 넘나드는 민중끼리의 만남에 대해서 "스스로 파악하고 창조하
려 해왔는가라는 이질 집단과의 접촉의 사상"을 통해 조명하고 있다.[28]

　모리사키는 민중의 직접적인 만남을 가로막는 공동체의 폐쇄성과 그들이
국가 권력과 산업 자본에 의존하는 메커니즘에 칼끝을 겨누며 민중끼리의 '경
계'를 극복하는 '접촉의 사상'＝월경의 사상을 추구했다. 그 본질은 생활집단의
공동 환상을 상대화하고, 국가의 지배권력에 저해를 받아 세밀화된 피해자적
만남이 아닌 서로가 공동 투쟁 의식을 가질 수 있는 관계를 주체적으로 확립하
면서 이질적인 것과 접촉하는 것이다. 그러나 그것은 국가 의식과 대결하지
않고서는 자기 것으로 만들 수 없다.[29]

　모리사키의 사상은 분명히 『서클촌』의 구상과 맞닿아 있었다. 『서클촌』은
봉건적인 공동체 의식을 해체하고 개인 의식을 형성함으로써 민주화를 이루려
는 근대주의의 견해를 거부하고 내부의 격심한 단층과 이질적인 것들의 충돌
· 교류에서 창조의 에너지를 문화운동을 통해 발현시키고자 했다.[30] 다만, 다니
가와 간이 일본 전래의 공동 생활체가 만들어낸 정신성에서 민중의 근원적인
에너지를 찾으려고 한 데 비해,[31] 모리사키는 그것이 전쟁을 일으킨 일본이라
는 민족 의식의 총의에 대해서 개인적 책임을 지려 하지 않는다는 것을 간파하
고 있었다.[32] 계급적 모순을 재생산하는 집단적 무의식에 대한 비판은 자신의
조선 체험에 기초한 식민주의라는 문제의식에 의해 더욱 날카로워졌다.

　모리사키의 연대론은 식민지 체험에서 내재적으로 발생하였고 조선이라는

28　森崎和江(1971), 앞의 책, p.154.

29　森崎和江(1971), 앞의 책, pp.182-184.

30　木原滋哉(2006), 「対抗的公共圏の構想と実践－『サークル村』から大正闘争へ」, 『呉工業
　　高等専門学校研究報告』68号, p.19.

31　佐藤泉(2007), 「共同体の再想像－谷川雁の『村』」, 『日本文学』56巻11号.

32　森崎和江(1970a), 앞의 책, p.127.

'이족'과의 만남이 일본문화(의식)에 어떠한 의미가 있는지 물으면서 사상화되었다. 제국의 확대가 어떻게 일본문화의 가치관과 의식구조를 창조하는 데 관련됐는지를 쫓았다고 할 수 있다. 거기서 한일 민중이 연대하는 근거를 이끌어내려 함으로써 모리사키의 사상은 탈식민주의에 다가서게 된다.

3. 식민자 2세들의 귀환
―모리사키 가즈에의 식민지 체험의 공통성과 특유성

1) 식민지 조선에서의 공동 체험

모리사키 가즈에는 자신을 식민자 2세로 자리매김했다. 여기서 '식민자'는 내지에서 외지로 이동의 권력성을 가지고 있는 존재의 가해자성을 내포한다. 그것이 반전하여 외지에서 내지로 쫓기듯이 이동하는 히키아게샤(引揚者)=귀환자는 피해자성을 갖게 된다.

식민지에서 태어난 '2세'라는 세대 개념 또한 식민자의 자명한 생활 의식이 지배와 피지배 간의 억압 구조를 무시한 채 구축된 생활 기반에 집착해서 유지되고 있는 한 식민주의와 떼어 놓고 생각할 수 없다. 따라서 재조일본인 2세들의 고향 관념은 권력 구도의 변동으로 인해 왜곡과 모순을 동반하는 복잡한 양상을 띠게 되는 것이다.

이처럼 조선이나 구만주에서 생활한 식민지 일본인의 정신 구조는 분열적이다. 종언을 맞이한 '쇼와(昭和)시대'를 재검토하기 위해 사상사 연구자인 윤건차(尹健次)는 일본과 아시아 민중에게 고통을 초래한 일본제국주의가 붕괴하고도 극복되지 않은 채 그 시대를 계속해서 살아 남은 '제국의식'을 고찰하였다. 거기서 "지배 민족의 일원으로서 식민지에 살았던 일본인 한사람 한사람에게는 식민자들에게 공통되는 생활 의식·정신 구조가 있었다"고 지적했다.[33]

그렇다면 1960년대 이후, 급진적인 창작과 활동을 한 모리사키 가즈에는 그 사상적 도전에서 어떻게 '식민자들에게 공통되는 정신 구조'를 상대화하고 '자기 부정에 의한 재생'으로 연결시켜,[34] 독자적인 사상 영역을 개척했을까. 이러한 문제를 밝혀내기 위해서도 모리사키의 원죄 의식을 일본에 귀환한 후 문학이나 회상록을 통해 고뇌를 말하기 시작한 동세대 식민자 2세의 공동 체험 속에 자리매김하여 그 공통성과 특유성에 대해 고찰할 필요가 있다.

일본 내지에서 식민지 조선으로의 이주는 제국주의를 배경으로 한 지배자의 착취와 수탈에 의거하는 통치 구조 확대의 일환이었다. 재조일본인은 한일병합이 있었던 1910년에는 이미 17만 명을 넘었는데, 약 10년 만에 그 숫자는 2배로 늘어났다. 식민지 조선에서 태어난 이주 2·3세대들에게 조선은 고향 그 자체였다. 그 고향이 한편으로는 피지배민인 조선인들이 풍경의 일부에 지나지 않는다는 독선적인 점유에 의해 성립되고 다른 한편으로 내지에서는 낙오자나 일확천금을 노린 자라고 얕보는 중층성을 띠고 있었다고 할지언정, 자신들이 나고 자란 소중한 땅임에는 틀림없었다.

1930년대가 되면 재조일본인의 약 3분의 1이 조선에서 태어난 2·3세였다. 1925년 규슈에서 대구로 이주한 모리사키 일가도 부모들의 생활 스타일 외에는 직접 다른 사람들의 생활 윤리가 들어오는 일은 없었다고 한다. 일본인 주택가 밖에 펼쳐지는 산과 하늘, 멀리 떨어진 초가집과 일하는 사람들의 목소리, 생활 소리 등을 배경 음악처럼 호흡한 모리사키는,[35] 두말할 나위 없는 '조센코(朝鮮子)'였다. '조선코'는 주로 일본인 2세나 3세인 '조선에서 태어난 내지인 딸'이 일본의 향토적·역사적·종교적 분위기와 분리되어 제국 신민으로서의 의식이 부족한 존재라는 의미에서 사용되었다.[36]

---

33 尹健次(1989),「植民地日本人の精神構造 –『帝国意識』とは何か」,『思想』778号, p.5.

34 尹健次(1989), 앞의 논문, p.20.

35 森崎和江(2008a), 앞의 책, p.134.

36 오성숙(2014),「재조일본여성 '조센코' 연구 쓰다 세츠코,『녹기』 그리고 청화여숙」,『일본언어문화』27호.

내지인이라는 우월 의식을 가진 채 조선인들의 생활에서 멀리 떨어져 노동을 경시하여 '기미가요'도 부르지 않는 허영에 찬 경조부박한 존재로서의 '조센코'의 표상은 제국 일본의 이데올로기의 반영이지만, 일면에서는 재조일본인의 의식을 정확히 나타내기도 했다. 그것은 수도, 전기, 전화 등으로 근대화된 생활을 식민자 대부분이 누리는 식민지의 근대 도시 대구에서,[37] "구습의 땅을 버리고 새로운 일본에 살고 있다"는 모리사키의 생활 감각이기도 했다. 따라서 모리사키가 다니는 여학교에서도 식민자 2세의 학교 생활을 일본인답게 바로잡으려는 수업을 판에 박힌 듯 하고 있었지만 수업이 끝나면 여학생들은 수업 중에 들은 내용을 비웃었다고 한다. 천황의 적자(赤子)로서 목숨을 바친다는 마음을 모리사키는 도저히 받아들일 수가 없었다.[38]

'조선인들의 생활에서 멀리 떨어져' 있다는 것도 식민자 2세들의 공통된 생활 감각이었다. 일본인 자녀들은 조선인 자녀들과 다른 세계에 살고 있다고 생각하여 대부분은 조선에 대해 아무것도 몰랐다.[39] 조선의 여성 식민자에 관해서 연구하는 히로세 레이코(広瀬玲子)가 인터뷰한 경성제일고등여학교나 사카모토 가즈코(咲本和子)가 조사한 경성여자사범학교 출신자들도 대부분이 여학교 시절까지 동세대 조선인들과 어울려 본 적이 없었다고 한다.[40] 육군 막사가 늘어선 일본인만 사는 주택지에서 자란 모리사키가 술회한 것처럼 "가도 되는 영역을 식민자 2세들은 잘 알고 아주 소꿉질하는 양 살았던 것이다".[41]

그러한 속에서 재조일본인에게 가장 가까운 조선인이라고 하면 더불어 살며

37 森崎和江(1984), 앞의 책, p.28.
38 森崎和江(2008a), 앞의 책, pp.116-118.
39 旗田巍(1983), 『朝鮮と日本人』, 東京 : 勁草書房, pp.290-291.
40 広瀬玲子(2014), 「植民地支配とジェンダー-朝鮮における女性植民者」, 『ジェンダー史学』10号, p.26 ; 咲本和子(1998), 「『皇民化』政策期の在朝日本人-京城女子師範学校を中心に」(『国際関係学研究』25号), p.84.
41 森崎和江(1970a), 앞의 책, p.216.

일하는 가사사용인이었다. 재조일본인들은 그 가정에서 집안일을 해 주는 조
선 여성 사용인을 '오모니(オモニ)'라고 불렀고, 소녀는 일본식으로 '네에야(ネ
エヤ)'라고 했다.[42] 이들 가사사용인은 이름을 가지지 않았고 대개는 '인격이
없는 도구'처럼 취급되었다.[43] 모리사키가 다닌 봉산정소학교의 대부분 가정에
서도 가사사용인을 고용하고 있었다.[44] 모리사키의 원체험으로 몸에 밴 냄새와
촉감은 자신의 어머니의 것이 아니라 오모니나 네에야의 것이었다. 그럼에도
불구하고 모리사키는 오모니의 생활상도 모르고 그의 말도 모르고 이름조차
기억 못하는 자신을 계속 책망했다.

　한편, 식민자 2세들의 문화적·자연적 체험에는 외지와 내지 간에 메우지
못하는 틈이 있었다. 조선에서 자라난 아이들에게는 귀환한 내지 풍경이 어색
할 정도로 일본 노래나 그림책에 나타나는 문화적 표상은 현실 감각과 괴리되
어 있었다. 모리사키에게도 '내지는 이야기 속의 세계'였다. 자장가라고 하면
오모니를 연상하고, 시냇가에서 빨래하는 할머니 이야기를 들으면 조선 옷을
입은 할머니를 떠올리고, 오봉(お盆)의 공양 이야기가 나오면 잔디에 둘러싸인
봉긋한 무덤이 아니면 실감이 나지 않았다.[45] 내지 문화나 자연의 추상적 표현
의 뜻을 자신이 체험하는 조선의 구체적 기호를 거치지 않으면 이해하지 못했
던 것이다.[46]

　이처럼 모리사키 가즈에의 유년기와 소녀 시절은 식민자 2세인 같은 세대들
과 조선 체험을 공유하고 있었다는 것을 알 수 있다. 후쿠오카여자전문학교
재학중, 공습과 기총 소사에 조우한 모리사키는 학업을 마치면 조선에 사는
부모 곁으로 돌아가서 일할 생각이었다.[47] 패전에 의해 '마음이 놓여'도 그로

42　森崎和江(1970a), 앞의 책, p.228.

43　高崎宗司(2002), 『植民地朝鮮の日本人』, 東京 : 岩波新書, p.186.

44　森崎和江(1984), 앞의 책, p.57.

45　森崎和江(1970a), 앞의 책, pp.265-266.

46　森崎和江(1970a), 앞의 책, pp.218-219.

인해 조선이 독립하고 거기에 더 이상 일본인은 살 수 없다는 것까지 상상이
미치지 못했던 것이다. 식민지지배에 대한 재조일본인의 순진한 감정 또한 모
리사키는 가지고 있었다.

2) 귀환이라는 고향 상실/창출

지배자로서의 특권 의식과 피지배자에 대한 무의식이 얽힌 식민주의가 지탱
하는 식민자 2세의 고향 관념은 제국의 붕괴와 더불어 무상하게 사라져가는
허상이었다. 조선이라는 고향의 상실과 일본이라는 고향의 창출을 강요하는
급격한 사회 변동은 '히키아게 이야기(引揚物語)'로 표상되는 실체적인 어려
움 이상으로 이들 식민자 2세들을 고통으로 몰아넣게 된다. 재조일본인 2세는
선천적인 감각으로서의 고향에 대한 관념을 정치 관계의 변동으로 인해 포기
해야 하는 아이덴티티의 동요에 직면했던 것이다. 귀환은 스스로의 의식에서
도 그리고 내지인들의 시선으로도 가혹한 현실을 들이대었다.

식민자 2세들이 귀환하면서 제일 먼저 눈에 들어오는 광경이 '막노동을 하
는 일본인'들의 모습이었다. '노동을 경시한다'고 빈축을 샀던 '조센코'들은 실
제로 육체 노동이 조선인들의 역할이라는 생각을 가지고 있었다. 그래서 귀환
선이 입항하면서 눈 앞에 펼쳐지는 일하는 일본인들의 당연한 모습에 문화적
충격을 받았던 것이다.[48]

모리사키는 히키아게가 아니라 진학을 위해 규슈로 건너간 것이어서 '일하
는 일본인'의 모습에 충격을 받은 것 같지는 않다. 부모의 교육도 있어서 가끔
씩 아버지 고향도 방문했었기 때문에 '정보'로서는 알고 있었다. 하지만 그것과

47 森崎和江(2008a), 앞의 책, p.113.
48 本田靖春(1984[1973]), 『私のなかの朝鮮人』, 東京 : 文春文庫, p.164 ; 沢井理恵(1996), 『母
　の「京城」・私のソウル』, 浦安 : 草風館, p.11 ; 赤尾覚(1983), 「韓国再訪 – 三十七年ぶり旧
　友と奇遇」, 『季刊望郷 – 北朝鮮引揚者がつづる終戦史』10号, p.136.

생활의 공유는 차원이 달랐다.[49] 그래서 가족이 귀환 후에 '식민지에서는 본적이 없는 물긷기'를 하면서 '식민지에서 일본인 여성들은 일하지도 않고 편안하게 살았다'는 것을 절절히 느꼈던 것이다.[50] 모리사키를 절망시킨 것은 오히려 이질적인 인간을 배제하는 듯한 구태와 여성을 상품화하는 유곽이었다.

조선에서 귀환한 모리사키 일가를 아버지 고향 사람들은 따뜻하게 맞아주었다. 그러나 모리사키는 "아버지의 맏딸이라는 것만 알면 충분"하다는 듯이 "아무도 내 정체를 알려고 하지 않았다"는 사실에 위화감을 느꼈다. "개인의 속성만 묻고 인간의 핵심 부분의 대응을 무시하는" 모습에 마을 사람들이 개별적인 경향성을 알려고 하지 않는 몰개성적인 '미소 짓는 집단'(방점 원문)처럼 보였다.[51]

이질적인 문화를 배척하는 일본사회의 숨막힘을 많은 재조일본인 2세들은 참아내야 했다. '일하는 일본인'에 대한 당혹감이 식민자로서의 우월 의식과 무의식에 대해서 안쪽으로부터 균열을 일으키는 것이라고 한다면, 동질적 공간으로서의 일본에 대한 이질감은 그나마 식민지에서 체득한 혼종성과 주변성을 가지고 동화 압력에 저항하는 이의 제기였다.

식민자 2세로서 조선에서 태어나 자기 형성을 할 다감한 시기에 패전을 맞은 모리사키와 동세대 작가로는 무라마츠 다케시(村松武司, 1924년 생), 고바야시 마사루(1927년 생), 호리우치 스미코(堀內純子, 1929년 생), 가지야마 도시유키(梶山季之, 1930년 생), 고토 메이세이(後藤明生, 1932년 생) 등과 생후 바로 조선으로 건너간 이츠키 히로유키(五木寬之, 1932년 생) 등이 있다. 이들 작가는 전후, 자신의 조선 체험을 돌아보고 죄의식과 향수가 얽힌 고향 상실 / 창출의 갈등을 작품 활동을 통해 일본사회에 토로하게 된다.

---

49 森崎和江(2009a), 앞의 책, pp.283-284.

50 森崎和江(2008a), 앞의 책, pp.213-220.

51 森森崎和江(1970a), 앞의 책, pp.204-205.

3) '자기 부정'하는 향수의 모습
- 고바야시 마사루·이즈키 히로유키·니시카와 나가오

많은 경우, 귀환자의 이의 제기는 모리사키 가즈에처럼 단련되어 일본사회에 대한 비판으로 향하기보다 남동생인 겐이치나 소학교 시절의 동창생처럼자살에 내몰리거나 국민국가로 수축된 일본에 순응할 수밖에 없었다. 그렇다면 재조일본인 2세들에게 식민지의 기억으로 남는 것은 지배와 수탈 등 불순물을 제거하여 순화된 고향에 대한 '그리움'이었을 것이다.

이렇듯 많은 조선 귀환자들이 식민지 시대를 회상하여 문학 작품이나 회고록을 통해 세월이 흘러가도 지워지지 않는 '그리운 조선'을 표상했다.[52] 이러한전후 일본의 조선에 대한 향수에 대해 식민자 2세 작가들은 불순물이 섞인'그리움'을 표명하거나 '그리움' 자체를 거부하는 것으로 저항하였다.

모리사키는 조선 사람들과 같은 풍토에서 자라난 것에 대해 일단 "안이하게말하면 안된다고 마음에 자물쇠를 채웠다".[53] 그 이면에는 "나는 사랑했다"고말한 것처럼 틀림없이 '그리움'이 있었다. 그러나 그 애정의 대상은 '식민지에서의 내 생활"이 아니었다. 생활을 부정한 자연·풍토에 대한 예찬도 물론 아니었다. "사랑하지 않을 수 없는 아름다움이 그 풍토에 있습니다"라는 말이 목구멍까지 나왔지만 그것은 "사랑이 없는 시선에 대한 분노"였기 때문에 모리사키는"분노를 참으면서 그 말은 하면 안된다고 자신에게 계속 타일렀"던 것이다.[54]

모리사키의 '그리움'에 대한 대처 방법은 윤건차가 말하는 '식민지 일본인의정신 구조'로 말하면 '자기 부정'이라는 가장 급진적인 입장이라고 할 수 있다.[55] 동세대의 식민지2세 작가로서 같이 조선 체험의 '그리움'을 거부하는 자

---

52 中根隆行(2004), 『〈朝鮮〉表象の文化誌 – 近代日本と他者をめぐる知の植民地化』, 東京 : 新曜社, p.318.
53 森崎和江(1984), 앞의 책, p.224.
54 森崎和江(2008a), 앞의 책, p.217.

기 부정으로 자신을 몰아간 것이 고바야시 마사루였다. 모리사키와 동갑내기
인 고바야시는 똑같이 교사의 자녀이며 어린 시절을 대구에서 보낸 것도 공통
점이다. 고바야시도 패전 전에 내지에 있는 육군항공사관학교에 입학했기 때
문에 두 사람은 조선에서부터의 가혹한 귀환을 직접 경험하지는 않았다.

　패전 후, 공산당에 가입하여 한국전쟁 반대투쟁으로 체포와 투옥을 겪었던
고바야시 마사루는 식민자 2세 작가로서는 누구보다도 '한발짝 앞서서 현실적'
으로 조선을 주제로 한 작품들을 발표했다.[56] 주로 소년의 시선에서 조선의
원풍경을 그린 전기 작품에는 소박한 '그리움'이 엿보인다. 고바야시는 식민자
에 대한 피식민자의 눈을 의식했지만, 조선인들과 풍토에 대한 감정을 공유한
다고 믿어 의심치 않았던 모리사키와는 달리 자신은 거부 당하고 있다는 '식민
자의 아들들의 소외감'을 안고 있었다.[57] 『포드・1927년』(1956) 등에 표출된 이
러한 콤플렉스는 고바야시의 문학적 관점에 강하게 투영되었다.

　고바야시 마사루는 '일본에게 조선은 무엇이었는가'를 묻는 것을 자신의 문
학의 출발점으로 삼았다.[58] 후기 작품에 이르면 '내면의 그리움'조차 거부하게
되었다. 문학 연구자인 하라 유스케(原佑介)는 이 시기의 고바야시에 대해서
조선을 사랑하고 그리워하면서도 많은 귀환자들이 전후 일본에서 품고 토로했
던 식민지에 대한 향수의 정을 굳이 철저하게 자제하여 단죄하는 방향으로
나아갔다고 지적했다.[59] 여기에는 원죄 의식의 속박에 갇혀 있었다는 비판도
있지만, 앞의 이소가이 지로가 지적한 것처럼 고바야시가 '일본인 총체로서의

55　尹健次(1989), 앞의 책, p.20.

56　安宇植(1978),「小林勝と朝鮮」, 日本アジア・アフリカ作家会議編『戰後文学とアジア』, 東
　　京：每日出版社, p.124.

57　磯貝治良(1992), 앞의 책, pp.104-106.

58　小林勝(1976),「私の『朝鮮』－あとがきに代えて」, 小林勝『小林勝作品集 第4巻』, 京都：
　　白川書院, p.251.

59　原佑介(2010),「朝鮮植民者二世作家小林勝と『内なる懐かしさ』への抵抗」(『コリア研究』
　　創刊号), p.23.

182

나'라는 관점을 고집하는 것은 일본 및 일본인이란 무엇인가라는 물음을 던지기 위한 것이었다.[60] '일본 민중에게 있어서 조선 문제란 무엇인가'를 되물었던 모리사키와 고바야시는 문제의식을 공유하고 있었다.

그런데 모리사키가 원죄 의식이라는 자기 내면에 다가가기 위해 '일본인 총체' 속에 자신을 자리매김하려고 했다면, 고바야시는 반대로 어린 시절에 '그리운 조선'에게 거절 당한 자신의 굴절을 '일본인 총체'로까지 끌어올리려고 했다. 후기 작품인 「발굽이 갈라진 것」(1969)은 그 거절과 굴절을 극명하게 보여주고 있다.

이 "유년기의 상실도 단순한 로맨티시즘의 상실이라는 것이 아니라 조선의 연상 여인과의 성적인 오욕으로서 형상화된" 작품에 풍기는 것은 식모(오모니)의 "일본인이 아닌 강하고 진한 냄새"이다.[61] 모리사키의 원체험인 오모니의 냄새와 촉감과는 대조적으로, 이 작품 중의 '나'에게 있어서 그 '여성'은 "회상하기조차 괴로운 존재였다".[62] 오모니에 대한 양자의 표상의 간극은 '조선에서 태어난 내지인 딸'과 '식민자의 아들'이라는 차이에 의한 섹슈얼리티의 문제와도 무관하지 않다.

고바야시 마사루는 1971년에 사망했기 때문에 문학적 세계의 완성은 뜻을 이루지 못한 채 끝났다. '죽을 때까지 식민자 2세'였던 고바야시는,[63] "우리 생활이 그대로 침략이었다"라고 한 모리사키와 더불어 원죄 의식에 시달리면서 조선에 대한 '그리움'을 참았던 것이다.[64]

모리사키 가즈에와 고바야시 마사루가 '그리움'을 참고 자기 부정으로 나아간 것은 조선에 대한 향수를 온존한 채 일본으로 방출되었기 때문이기도 하다.

60 磯磯貝治良(1992), 앞의 책, p.122.
61 野呂重雄(1972), 『混沌の中から未来を』, 東京 : 一ツ橋書房, p.180.
62 小林勝(1976), 「蹄の割れたもの」, 앞의 책, p.54.
63 原佑介(2010), 앞의 책, p.35.
64 森崎和江(1984), 앞의 책, p.38.

식민자 2세 작가들 중에는 고향의 붕괴를 목격하고 억류되었던 북한 지역에서 탈출한 사람들도 있었던 것이다. 그 경우, '그리움'은 참는 것이 아니라 봉인할 수 밖에 없었다. 사선을 넘어 일본으로 귀환한 식민자 2세들의 문학을 '외지 귀환파'라고 부른 작가 이츠키 히로유키와 문학연구자가 된 니시카와 나가오 가 이에 해당된다.

이츠키 히로유키는 조선 땅에 향수를 느끼고 있었지만 그곳은 '죄 지은 땅' 이었다. 따라서 교사였던 아버지의 제자들에게 초대를 받아도 평양에 갈 자격 이 없다고 생각하여 조선 체험에 대해서도 "그립다는 말을 하면 안된다는 입 장"이었다.[65] 패전 후의 혼란 속에서 목숨을 잃은 어머니에 대해서도 "구 지배 자 측의 인간들이 식민지를 떠날 때의 형식"인 '벌'로 받아들여 원망하지 않았 다고 한다.[66]

그래도 패전 국민이 된 소년에게는 받아들이기 힘든 것이 있었다. "왜 이런 일을 당해야 하나？"라며 불우한 처지를 한탄하고 "내지에 돌아가기만 하면" 고난에서 벗어날 수 있다고 생각하는 어른들이었다. 그 어른들이 생존을 걸고 일본인끼리 서로 싸우고 집단적인 극한 상태에 있으면서 환상의 '내지'를 향했 던 것이다.[67] 자아의 형성기에 경험한 패전과 귀환, 그리고 귀국 후 수년간에 응축된 원체험이 이츠키를 만들고 비뚤며 지배하게 된다.[68]

귀환 체험으로 인해 이츠키 히로유키는 "가난한 자가 보다 가난한 자를 적 으로 삼는 섬뜩한 진실"을 수도 없이 목격했다.[69] 그러한 이츠키에게는 "대중 에 대한 어두운 분노와 초조함과 부추김이 있다"고 문학 연구자인 고마샤쿠

---

65 五木寛之(2002),「心の奥の『日朝問題』平壌で終戦、五木寛之さんと考える」,『每日新聞』,
　　2002.9.17(夕刊).

66 五木寛之(1970a),『風に吹かれて』, 東京: 角川文庫, pp.96-98.

67 五木寛之(1970a), 앞의 책, p.97.

68 五木寛之(1970b),『にっぽん漂流』, 東京: 文藝春秋, p.23.

69 五木寛之(1974),『深夜の自画像』, 東京: 創樹社, p.38.

184

기미(駒尺喜美)는 지적한다.[70] 이츠키는 모리사키가 부심한 '지배권력에 의해
격리된 피지배자 상호의 주체적 연대의 어려움'을 다른 형태로 마음 속에 새기
고 있었다고 말할 수 있다.

즉 모리사키가 민중 세계로 뛰어들어 그 심부에 들어가는 것을 마다하지
않고, "지금까지 아무도 말하려고 하지 않았던 것을 말로 표현하려고 고투"하
는 딱딱한 문장을 쥐어짜내듯이 쓴 것과는 대조적으로,[71] 이츠키는 허무주의를
풍기면서 민중의 눈높이에 맞춤으로써 그 어려움을 우회했다. 대중사회 속에
서 탄생한 유행 작가인 이츠키는 '읽을거리'에 있어서는 엔터테인먼트로 일관
했던 것이다.

이츠키 히로유키는 식민지에서의 원체험을 통해 모리사키와는 민족·인종
관계에 대한 강한 관심, 내지 또는 일본적인 것에 대한 반발, 지리적 방랑성과
인터내셔널한 경향, 고향상실 의식을 공통적으로 가지고 있다. 또한, 귀환 후
지쿠호에 운명 공동체를 발견하고 오키나와에도 특별한 관심을 갖게 되지만
끝까지 탈출한 고향 땅을 밟지 않았다. 이츠키는 반세기 이상 비참하게 죽은
어머니에 대한 기억을 지워 버리려고 필사적으로 싸웠다.[72] 식민지 조선에서
패전을 맞이한 이츠키에게 고향을 상기하는 것은 불쾌한 일이었던 것이다. 이
츠키에게는 '원죄'보다도 '현죄(現罪)'가 절박했다.[73]

1934년, 군인의 아들로 한반도에서 태어난 니시카와 나가오(四川長夫)도
"사고방식과 감정의 거의 원점이라고 할 수 있는" 귀환 체험을 귀환자의 복잡
한 문제와 연결하여, 또한 그것을 "식민주의가 만든 아포리아"로 생각하여 본
질에 다가가려고 하였다.[74] 그 과정은 순탄하지 않았으며 "유소년기를 보낸

---

70 駒尺喜美(1977), 『雑民の魂－五木寛之をどう読むか』, 東京：講談社, pp.86-87.
71 上野千鶴子(2013), 『〈おんな〉の思想－私たちは、あなたを忘れない』, 東京：集英社イン
　　ターナショナル, p.15.
72 五木寛之(2002), 『運命の足音』, 東京：幻冬舎文庫, p.16.
73 駒尺喜美(1977), 앞의 책, p.35.
74 西川長夫(2013), 『植民地主義の時代を生きて』, 東京：平凡社, pp.220-221.

조선과 만주의 그리운 추억을 말하는 것에 강한 저항"을 느낀 것은 식민자 2세 작가들과 다를 바 없다. 그런데 니시카와는 "과거에 거슬러 올라가는 내면의 여행을 시작했다면 나 자신에게 아주 위험한 여행이 될 우려가 있다"고 해서,[75] 모리사키처럼 한반도와 '내적 대화의 길'로 가는 것을 망설였다. 결국 니시카와는 조선 시절에 관해서는 쓰는 것도 말하는 것도 신중하고 두려워해서 마치 실어증에 걸린 사람처럼 되어 버렸다.[76]

식민지를 갖는 것이 얼마나 종주국의 인간들을 비문명화시키고 타락시키는가라는 니시카와의 탈식민주의적인 질문은,[77] '일본 자체를 사상적 갈등의 대상'으로 삼아 조선 문제에 접근하는 모리사키의 방법과 상통한다. 그럼에도 니시카와가 '일본인'으로서가 아니라 "자신을 일본 공동체와 동일화시키지 않고 비국민으로 일관하여 책임을 지는 (혹은 지지 않는) 협소한 약간의 가능성"에 건 것은,[78] 이츠키 히로유키와 마찬가지로 가혹한 귀화 체험이 있었기 때문일 것이다.

단, 니시카와에게 트라우마가 된 것은 북한에서의 억류보다도 전후 직후의 식민지적인 일본의 상황이었다. 모리사키의 경우, 대부분의 귀환자가 겪어야 했던 의지할 곳이 없다는 어려움과 굶주림은 모면했지만 인신매매와 매매춘에 큰 충격을 받았고 점령군인 미병사들의 행동도 눈에 거슬렸다.[79] 그 충격은 식민지에서 내지로 귀환하는 시기에 소녀에서 어른으로 성장되는 시기가 겹치면서 내면 깊숙이 스며들었을 것이다.

모리사키 가즈에나 니시카와 나가오도 '굴욕'의 땅에서 살아나가야 했다는

---

75 西川長夫(2013), 앞의 책, pp.233-234.

76 原佑介(2015), 「『引揚少年』としての西川長夫と韓国」(『立命館言語文化研究』27卷1号), p.103.

77 西川長夫(2013), 앞의 책, p.231.

78 西川長夫(1998), 『国民国家論の射程 – あるいは〈国民〉という怪物について』, 東京 : 柏書房, p.17.

79 森崎和江(2008a), 앞의 책, pp.42-43.

것은 똑같았다. 그리고 '굴욕' 자체보다도 그러한 식민지적 상황을 쉽게 받아들이는 일본의 정치적·문화적인 상황 속에 본질을 발견하고 두 사람은 고뇌했다. 하지만 그러한 상황을 추궁하는 방법은 각기 달랐다. 니시키와가 '굴욕'에 무감각한 식민지적인 상황을 누구도 거기서 벗어날 수 없는 거대한 국제정치의 폭력 구조로 인식했다면, 모리사키는 그것을 정치적으로는 철저하게 차별하면서도 생활 차원에서는 차별하고 있지 않다고 느끼는 일본의 사회구조·정신구조에서 찾으려고 했다.[80]

그 외에, 조선총독부 관리의 딸로서 경성(현 서울)에서 태어나 귀환 후에는 아동문학작가로 활약한 호리우치 스미코도 "가해자로서의 식민자였기 때문에 솔직히 '그립다'고 말할 수 없는 심경을 그렸다"고 평가 받는다.[81] 호리우치는 "여기는 머물면 안 되는 장소"라고 자신에게 되뇌며 "마음을 사슬로 꽁꽁 묶어서" 귀환자 전용 화물차에 올라타 서울에는 "두번 다시 평생 갈 일이 없을 것이라고 생각했"다.[82] 다만, 자유주의자인 아버지마저 심판해야 했던 모리사키와는 달리 "수탈과는 관계없이 오로지 나무를 심어서 키우기만 한 아버지"를 옹호했다.[83]

대부분 10대 나이로 패전을 맞게 된 식민자 2세들의 문학적 과제는 깊은 고뇌를 동반하면서도 식민자로서의 안과 밖의 모순은 일본의 식민주의를 날카롭게 비판하는 독자적인 전후 문학을 만들어내는 원동력이 되었다.[84] 모리사키의 작가 활동이 이들 문학과 반드시 겹치는 것은 아니지만, 패전 시에 식민지 체험을 내면화하거나 상대화하기에는 젊었던 식민자 2세인 표현자들은 귀환

80 森崎和江(1970a), 앞의 책, p.194 ; 西川長夫(2013), 앞의 책, p.231.
81 磯貝治良(1992), 앞의 책, pp.96-97.
82 堀内純子(絵·岩崎淑子)(1985), 『ソウルは快晴』, 三鷹 : けやき書房, p.4.
83 堀内純子(1985), 앞의 책, p.183.
84 原佑介(2013), 「『引揚者』文学から世界植民者文学へ－小林勝、アルベール·カミュ、植民地喪失」, 『立命館言語文化研究』24巻4号, p.138.

의 경험을 통해서 맞닥뜨린 극심한 낙차를 말하기 시작한다.

모리사키 가즈에는 식민지 체험에 의해 갈라진 아이덴티티를 자기 부정함으로써 자기 회복으로 연결지우려 한 시대의 아이였다. 하지만 모리사키의 조선 체험에는 "풍토에 대한 공통 감정이 특정 조선인이나 불특정 조선인들과 오고 간 신뢰"가 새겨져 있었다.[85] 이것이야말로 기타 식민자 2세 작가와 다른 원체험의 탈식민주의의 조건이라고 생각되는데, 그 특유한 감수성에 대해서는 다음 절에서 검토하고자 한다.

4. 식민지 체험을 넘어서 – 자기 부정의 폴리틱스

1) 원죄 의식의 생성 – 내발(內発)하는 사상

대략 10대 나이에 일본으로 방출된 재조일본인 2세들에게 고향 상실이라는 고민은 육체적으로나 정신적으로나 가차 없이 들이닥쳤다. 귀환한 식민자들의 전후는 생존을 통해 허구의 고향에 실체를 갖추게 해야 하는 고난으로 가득 차 있었다. 이들 귀환자의 뼈저린 외침은 이윽고 전후 민주주의 따른 '평화국가'를 위한 희생으로 밖에 여겨지지 않는 국가적인 이야기에 회수돼 버린다. 모리사키 가즈에의 끝없는 원죄 의식은 그러한 허구성을 거침없이 강요하는 '일본식 공동체'를 향해 날을 세웠다.

재조일본인 2세 작가들 중에서도 모리사키 가즈에는 각기 방법론은 달라도 고바야시 마사루나 니시카와 나가오와 더불어 가장 급진적으로 식민주의를 추궁한 한명이라고 볼 수 있다. 그가 서 있던 위치는 탄광, 여성, 한국 / 조선, 오키나와, 재일한국·조선인 등, 항상 하층부와 주변부에 있었다. 모리사키는 10대 나이로 패전을 맞은 동세대들과 마찬가지로 식민지 조선에서의 공동 체

---

85 森崎和江(1984), 앞의 책, p.224.

험에서 비롯되는 급진적인 전형을 따라가게 되지만, 시각을 바꿔서 그 특유성을 형성한 감수성에 주목하면, 공동 체험에 머물지 않고 내발하는 사상의 기반이 되는 탈식민주의의 싹이 트기 시작한다.

모리사키의 사상의 원점이 된 식민지 체험의 '원죄'는 진학을 위해 조선에서 일본으로 건너갔을 때 싹텄다.[86] 패전의 해와 이듬해, 모리사키가 공습으로 불탄 후쿠오카의 구 규슈제국대학 도서관에서 일본제국의 죄업의 흔적을 찾아가듯 조선총독부 자료를 뒤진 것도 원죄 의식이 어른거리고 있었기 때문일 것이다.[87]

이러한 모리사키의 갈 곳이 없는 마음은 식민지 체험에 대한 글쓰기를 시작하기 전부터 표출되었다. 동인 시집 『모음(母音)』에서 활동한 1956년의 어느 날, 주재자이며 의사인 마루야마 유타카(丸山豊)가 "가즈에 씨는 원죄 의식이 깊구나…"라고 말한 것처럼 모리사키의 시에 깃든 원죄 의식을 직감적으로 감지했었다.[88] 귀환병이었던 마루야마는 신문사와 방송국을 돌면서 모리사키를 추천했다. 모리사키는 일본방송협회(NHK)의 라디오 드라마의 대본을 써서 생계를 유지하며 각지를 여행할 수 있었다.

원죄 의식에 흔들리는 모리사키는 자신의 아이덴티티를 찾기 위해 일본 각지로 여행을 떠난다. 재일 작가 강신자가 지적한 바와 같이, 그 여행의 출발지가 식민지 '조선'이었다.[89] 그렇다면 중요한 것은 다른 동세대 작가들보다 한층 강렬한 원죄 의식을 형성한 성장 과정일 것이다. 그러면 여기서 다시 모리사키의 식민지 체험에 되돌아가 '조선인과 풍토에 대한 감정을 공유한 것의 신뢰'를 구축할 수 있었던 독특한 감수성의 형성 과정을 살펴보자.

---

86 森崎和江·中島岳志(2011), 앞의 책, pp.66-67.

87 森崎和江(2009a), 앞의 책, p.303.

88 森崎和江(2009), 앞의 책, p.172.

89 姜信子(2018), 「〈解説〉果てしなく血を流し生まれかわり産みなおし書きつづける、旅」, 森崎和江(2008a), 앞의 책, p.326.

2) 식민지 체험 속의 '만남'

모리사키 가즈에의 조선인들과의 접촉은 다른 재조일본인 2세와 마찬가지로 인간적으로 깊은 관계를 맺어 우정까지 되지 않더라도 자아 형성에 있어서 중요한 계기를 포함했다. 그 경우 조선인(공동체)과의 접촉 속에서 느낀 냄새와 촉감, 소리 등 감각적인 면만이 아니라 기쁨과 불안 등 감정적인 면에도 주목할 필요가 있다. 물론 재조일본인 2세들의 식민지 체험은 가지각색이며 그것을 내면화하는 사고 회로도 같지 않다.

모리사키는 "조선인들과의 교류는 거의 없었다"고 하면서도,[90] "자신의 감각의 기반이 된 것이 그 일본인 거리 속의 일본인 특유의 생활 속에 한정돼 있었다고 말할 자신은 없다"고도 말한다.[91] 이처럼 "이식된 풀처럼 나는 힘차게 한눈도 팔지 않고 그 대지를 들이마시며 자기 자신의 감정이나 감각을 길렀다"고 하는데, 그것은 자연과 풍속에 한정되지 않고 사람들과의 접촉을 통해서도 마찬가지였을 것이다.

예를 들어 모리사키에게 시장은 즐거운 시공간이었다. 대구에서는 '조선 시장'을 본 적이 없었지만 경주에서는 어머니와 여동생과 함께 종종 찾았다. 큰 시장이 열리는 날이면 저녁때까지 사람들로 붐볐기 때문에 하교시에는 손님과 상인, 지게꾼들로 북적거리는 시장 사람들 사이를 밀어 헤치면서 걸었다.[92] 모리사키의 생활 공간에는 좋아하든 말든 '조선적인 것'들이 들어왔던 것이다.

이러한 만남은 우연이었거나 한번 뿐인 것이 많았다. 그러나 조선인들과는 "저녁 때 좁은 길에서 스쳐 지나갈 때 같은 정감을 서로 나누고 있었다"는 것을 어린 모리사키는 느끼고 있었다.[93] 그 사람들은 "이 세상에는 일본인과

---

90 森崎和江·中島岳志(2011), 앞의 책, p.27.

91 森崎和江(1970a), 앞의 책, p.265.

92 森崎和江(1984), 앞의 책, pp.126-127.

93 森崎和江(1984), 앞의 책, p.224.

190

조선인들이 섞여서 살고 있었다"는 것을 나타냄으로써 식민자로서의 의식을 뒤흔들고, "식민지에는 일본인들의 공통 감정이 산천에 새겨져 있지 않다"고 하는 거북한 느낌을 상기시켰다.[94]

『경주는 어머니의 부르는 소리』에는 모리사키 가즈에가 만난 무명의 조선인들이 다수 등장한다. 소학교에 들어가기 전, 설날에 네에야를 따라가서 전통놀이인 널뛰기를 하며 여자 아이들이 웃을 때에는 모리사키도 즐거워서 같이 웃었다. 그러나 모리사키의 뇌리에 박힌 조선 아이들의 표정에는 웃음이 없었다. 아버지 제자들이 사는 시골에서 만난 농가 아이들은 웃지 않았다. 하교길, 대구의 제사공장에서 일하는 어린 조선인 소녀와 눈이 마주쳤을 때에는 "정리되지 않는 감정이 끈적하게 침체"되는 기분이 들었다.[95] 웃음을 모르는 아이들의 모습이 패전 후, 모리사키의 가슴을 찌를 듯이 근원적인 물음을 던졌던 것이다.[96]

그것이 전후에 자신의 체험을 상대화하여 사후적인 성찰을 통해 상기한 현재로부터의 평가인 것은 분명하다. 그럼에도 모리사키는 조선인 소년들과 소녀들 얼굴에서 식민지 지배의 공간에서 피지배자가 보고 있는 자신을 발견했던 것이다. 거기에 잠재하는 식민주의의 수탈 구조를 이해하기에는 아직 어렸지만, 모리사키에게는 피지배자의 표정이나 눈을 통해 자신을 불안한 상황으로 몰아넣는 감수성이 있었다.

모리사키는 "다른 민족의 풍습과 역사적인 전통을 아전인수식으로 받아들이고 살았던 무분별함이 패전 이후 나를 괴롭혔다"고 말했다.[97] 그러나 그 조선 체험은 식민자로서의 무분별함과 무의식을 뜻한 것이 아니었다. 피식민자의 표정에 응답하려고 하는 감수성을 내재한 모리사키는 식민자 2세의 소녀에 대한 불특정 다수의 조선인 민중의 시선에서 한시도 자유로울 수 없었다고

94　森崎和江(1984), 앞의 책, p.21.

95　森崎和江(1984), 앞의 책, p.76.

96　森崎和江(1970a), 앞의 책, p.266.

97　森崎和江(1970a), 앞의 책, pp.214-215.

한다. 자신을 겁탈하려는 듯한 긴장된 시선에 노출되면서, 그 눈을 거꾸로 응시하며 저항하는 사이에 자기는 만들어졌다고 한다.[98]

3) '자신의 자유의 끊임없는 긴장'에 뛰어들다

식민지 사람들을 일방적으로 바라보는 것이 아니라 그 사람들의 시선에 노출되는 감수성이 있었던 모리사키 가즈에는 단지 식민주의의 거대한 폭력의 물결에 휩싸이는 것이 아니라, 거기에 민중이 직접적으로 만나는 장소를 발견했다. 식민지에는 일그러진 형태이기는 하나 '이질적인 가치관과의 공존 세계'가 있었던 것이다.[99]

그러한 민중이 직접적으로 만나는 장을 통해 모리사키는 식민지 조선을 폄하하거나 두려워하는 것이 아닌, 민중과 더불어 숨을 쉬는 감수성과 다름이 조화하는 혼종성의 정신을 길렀다고 할 수 있다. 식민지 상황에서 고유의 양의성을 극한의 형태로 체험했던 모리사키는 식민지 사람들의 절망을 감각적으로, 감정적으로 내면에서부터 감지하려고 한 것이다.[100] 이러한 혼종성과 감수성이야말로 후에 모리사키의 '접촉의 사상'을 낳는 근원이 되었다고 할 수 있다.

모리사키가 혼종성과 감수성을 닦은 것은 소수민족 문제에 대해서 생각하고 있다고 하며 공부를 종용한 아버지 구라지의 영향이 있었다.[101] 아직 소학생이었던 모리사키에게는 어려웠지만, 대구에서 다녔던 소학교에서는 아이누 일가의 노래와 춤을 본 것이 기억에 남아있다. 오키나와 출신인 선생님이 부르는 민요를 내지의 노래로 착각했지만 교실에서 어울리지 못한 도호쿠 지방에서

---

98 森崎和江(1970a), 앞의 책, pp.214-215.

99 森崎和江(2008a), 앞의 책, pp.35-36.

100 フランツ・ファノン(1970), 앞의 책, p.64.

101 森崎和江(1984), 앞의 책, p.131.

온 소녀가 마음에 걸려서 어깨를 끌어안고 싶었다.[102]

그런 모리사키에게 대구는 '중국인이나 러시아인, 서양인들도 바다를 건너와서 조선인들, 일본인들과 함께 여기서 살고 있는' 공간으로 보였다. "말은 다 가지각색이지만 모르는 말을 쓰는 사람이 있다는 것은 여러 가지 꽃들이 함께 피는 것처럼 자연스러운 모습이라고 받아들였던" 것이다.[103] 모리사키는 식민지의 다문화적 도시가 '이질적인 가치관과 공존하는 세계'라는 것을 사람들의 생활 감각으로부터 깨닫고 있었던 것이다.

따라서 모리사키에게는 제국일본의 교사로서 식민지의 아이들을 가르치는 아버지의 고뇌도 엿보였다. 총동원 체제의 영향이 조선반도에 미쳐 황국신민이란 것을 부모와 자식, 부부, 친구들 사이에서 전하는 일이 많아졌다.[104] 아버지가 조선인들의 항일 의식과 제국일본의 헌병 양쪽으로부터 몰리고 있다는 것을 눈치 챈 모리사키는 그 긴장 속에 자신도 뛰어들었다.

이윽고 모리사키는 귀환자로서 일본사회에 속수무책으로 동화되는 것에 대한 위화감을 노골적으로 드러내게 되는데, 그 모습은 입장이 반전되지만 식민지에서 태어나 프랑스에서 교육을 받고 알제리 해방 전쟁에 몸을 던진 프랑츠 파농과 겹친다. 파농은 엘리트 지식인으로서 서양화된 '하얀 흑인'인 자신을 엄중하게 추궁하면서 이중의 소외 속에 몸을 담고 자신의 존재를 부정하려고 했다.[105]

모리사키 가즈에도 자기 검토와 자기 회복이 해이해지지 않도록 '자신의 자유의 끊임없는 긴장'을 통해 '인간 세계의 이상적 존재 조건의 창조'를 지향하여,[106] 민중의 연대를 가로막는 '경계'를 해체하기 위해 식민주의와 싸운 것이다.

102 森崎和江(2004), 『いのちへの旅－韓国・沖縄・宗像』, 東京 : 岩波書店, pp.222-223.
103 森崎和江(1984), 앞의 책, p.25.
104 森崎和江(1984), 앞의 책, pp.149-150.
105 フランツ・ファノン (1970), 앞의 책, p.143.
106 フランツ・ファノン(1970), 위와 같음.

5. 아시아주의에서 아시아 연대로

1) 방한이 해방시킨 원죄 의식

모리사키 가즈에의 원체험은 오모니의 향기와 촉감 등 피부감각에서 비롯된다. 식민지 근대 조선에 있어서 가사사용인은 노동과 의사(擬似) 가족 사이의 애매한 위치에 있으면서 가사·육아·수유 등 가족 관계가 요구되는 친밀성의 영역을 경제적 활동으로 수행했다.[107] 모리사키 일가에 있어서도 오모니와 네에야는 의사 가족적인 존재였을 것이다.

일본의 패전에 의해, 여성의 신체를 통해 맺어진 오모니와의 친밀성이 사실은 식민지 권력을 매개로 하여 성립된 허상이었다는 것에 모리사키는 고뇌했다. 원초적인 감각으로서의 오모니에 대한 기억은 본래 상품화된 여성의 신체로 대개는 어린 시절의 추억과 더불어 해소될 로맨티시즘일 것이다. 그것을 방해한 것이 식민주의임을 간파한 모리사키는 오모니의 상실감을 탈식민주의의 문제로 승화시킨다. 이것은 『경주는 어머니가 부르는 소리』의 간행으로 마침내 결실한다.

모리사키는 이 책 후기에 다음과 같이 썼다. "쓰려고 마음먹은 것은 오로지 귀태(鬼胎)와 다름없는 일본인 아이를 사람의 아이라고 부정하지 않고 지켜주신 오모니에 대한 말로 표현할 수 없는 마음 때문입니다".[108] 이 구절에는 오모니와의 친밀성의 환상을 지배와 피지배의 정치관계에 노출시켜 깨부숴야 하는 회한이 응축되어 있다. 즉, 원초적 감각인 상실을 식민자로 태어났다는 것의 가해의 귀결로 보고, 본질적인 것이어야 할 오모니와의 친밀성을 근대적인 노동행위로 끌어 내린 것이다. 오모니에 대한 절실한 애정을 포기하는 자기 부정을 통해 모리사키는 '자신의 자유의 끊임없는 긴장'에 뛰어들어 식민주의에

---

107 서지영(2011), 「식민지 도시 공간과 친밀성의 상품화」(『페미니즘 연구』11권1호), p.24.
108 森崎和江(1984), 앞의 책, p.226.

맞서는 '인간적 세계의 이상적 존재 조건의 창조'를 지향했다.

　모리사키 가즈에가 『경주는 어머니의 부르는 소리』를 쓴 것은 1984년의 일이지만 그 여정은 "방한할 자격의 기초는 갖춰졌다는 생각으로" 한국으로 향한 1968년에 시작되었다.[109] 아버지를 대신하여 경주에 초청 받은 모리사키는 또한 한국사회에서 중견으로서 활약하는 아버지 제자들에게 서울을 안내 받아 옛친구들과도 재회하고 지식층의 여성들과도 교류했다. 이러한 공식 일정과 별도로 모리사키에게는 해야 할 일이 있었다. 오모니와 재회하는 것이었다.

　한국 방문이 결정돼 있었던 1967년, 규슈대학의 한국인 유학생에게 한국어를 배우고 있었던 모리사키는 부친이 남긴 쪽지를 더듬어 주소를 찾아, 경주에서 아버지가 친하게 지냈던 소년의 마을에 한글로 편지를 보냈다. 의사가 된 소년은 젊어서 세상을 떠났다. 그 부인이 모리사키 일가의 가사사용인이었던 오모니였다. 공식 일정을 마친 모리사키는 귀로에 그 마을을 찾아가 오모니와 외아들의 환영을 받았다.[110] 이 한촌에는 아무에게도 알리지 않고 혼자 찾아갔다.

　오열이 멈추지 않는 모리사키를 뒷전으로 하고 유일하게 울지 않았던 사람이 오모니였다. 방한하기 직전에 오모니란 단어가 당시 경멸적으로 사용됐었다는 말을 들었지만 모리사키에게 "오모니라는 호칭은 다른 말로 바꿀 수 없는" 것이었다.[111] 이때 모리사키는 "아무것도 모르면서 좋아하게 됐고, 잘못을 빌 수도 없는 삶을 살았다"는 원죄 의식에서 조금이나마 해방되었을 것이다.[112]

　식민자 2세들은 시기는 다르나 고향을 찾아다니며 그리움에 젖는 경우가 많았다. 1963년에 한국을 찾은 동세대 작가인 가지야마 도시유키는 이전에 살

109　森崎和江(1970a), 앞의 책, p.267.
110　森崎和江(2004), 앞의 책, pp.44-45.
111　森崎和江(1970a), 앞의 책, p.228.
112　森崎和江(1984), 앞의 책, pp.223-224.

던 집과 학교를 찾아내 18년 만에 본 서울 모습에서 옛 흔적을 발견하고서는 감개에 잠겼다.[113] 물론 가지야마는 총독부 관리의 아들로서 '식민지 책임'에 대한 속죄감을 갖고 태어난 고향인 한국·조선을 단순히 향수로 인식한 것은 아니었다.[114] 다만, 그것은 원죄 의식이라기보다는 "서울에 자기 영혼을 내버려두고 온 것" 같은 '허무감, 적막감'에서였다.[115]

호리우치 스미코도 1984년, 귀환한 지 39년 만에 처음으로 한국을 찾았다. 경성제일고등여학교 동기들과 집단으로 방문한 2박 3일의 짧은 여행이었지만 호리우치는 그 "눈에서 불꽃이 튀는 듯이 강렬했던 인상"을 바로 써 내려가지 않을 수 없었다.[116] 방한의 행적을 여행기 형식으로 쓴 것이 『서울은 쾌청』 (1985)이다.

"조선에 대하여, 사실을－내 살이 되었던 것을－표현할 자유는 없다"고 하면서 말하고 싶은 마음을 억눌러 온 모리사키 가즈에도 방한을 눈앞에 두고 심경의 변화를 보였다. 그때까지 "그것을 표현하지 않는 힘으로 나는 뭔가를 만들려고 해서 살아왔"지만 그것은 "네에야를 다시 억누르고 있다"는 것을 알아차린 것이다. "망설이고 있다가는 조선이 망가질 수 있다"는 위기감마저 들기 시작했다. 그리고 "빨리 조선인들과 만나 내 착란의 상자를 같이 열고 공동작업을 해야 한다"는 생각에 이르렀다.[117]

모리사키의 방한은 자신의 원죄 의식의 원점에 서는 결정적인 장면이었을 것이다. 모리사키도 첫 방한을 계기로 조선 체험에 관한 수필을 쓰기 시작하지만, 그러나 『경주는 어머니의 부르는 소리』가 나오는 것은 훨씬 뒤의 일이었다.

113 梶山季之(1965),「ソウルよ わが魂」(『太陽』21号), pp.65-69.

114 川村湊(2002),「解説 梶山季之『朝鮮小説』の世界」, 川村湊編『李朝残影－梶山季之朝鮮小説集』, 東京：インパクト出版社, pp.334-338.

115 梶山季之(1971),「瞼の裏を横切っていく〈京城〉」(『サンデー毎日』2728号), p.39.

116 堀内純子(1985), 앞의 책, p.186.

117 森崎和江(1970a), 앞의 책, p.179.

모리사키가 이 자서전을 쓰기 위해서는 한 가지 더 마주해야 할 존재가 있었다. 가라유키상이다.

2) 가라유키상과 함께 넘는 아시아주의

식민지 조선에서 사람과 대지를 신체 감각으로서 흡수하는 감수성을 체득한 모리사키 가즈에는 그것을 '원죄'로서 짊어지고, 자기를 부정하면서도 민중과의 만남을 통해서 자기를 회복하는 것으로 한국을 찾을 수 있었다.

그러나 방한하여 '원죄'의 무거운 짐을 내려놓았다고 해서 식민자로서의 과거가 지워지지는 않는다. 왜 '원죄'를 짊어져야 했는가. 그 답을 찾기 위해서는 내려놓은 '착란의 상자'를 열어 끝장을 봐야 했다. 그 죄를 심판하지 않는 한 '일본인으로서 다시 태어날 수' 없었던 것이다.

이때 도구가 된 것이 중국 문학자인 다케우치 요시미(竹內好)가 아시아주의의 사상적 귀결로 제시한 "애초에 '침략'과 '연대'를 구체적 상황에서 구별할 수 있는지가 큰 문제이다"라고 하는 『아시아주의의 전망』(1963) 속의 한 구절이다. 모리사키는 "연대라고 하는 언뜻 민주적인 발상이 구체화했을 때의 존재의 독과 같은 침략적 질을 간과하지 않는" 다케우치의 "한 구절의 말"에 감동하여 몸을 떨었다.[118]

모리사키는 『아시아주의의 전망』을 읽고 다케우치에게 "가르침을 청하는 편지를 쓴" 것처럼,[119] 그것은 자신의 '원죄'를 개개의 역사에서 집단의 역사로 추상화시켜 식민주의 비판으로 나아가는데 있어서 중요한 논거가 된다. 자신의 '원죄'에 일본 서민들의 아시아 진출의 본질이 숨어 있다면 종이 한장 차이로 표리 관계에 있는 연대와 침략 사이를 외줄타기하면서 '경계'를 넘나드는

---

118 森崎和江(2009a), 앞의 책, pp.167-170.

119 森崎和江(1982), 「『アジア』を見据える鋭い史観」, 『毎日新聞』1982.7.28.(夕刊).

사람들이 존재했을 것이다. 그런 사람들과 마주해야만 식민자로 군림했던 자신을 객체화시킬 수 있으리라 생각했던 것이다. 그것이 가라유키상이었다.

모리사키는 19세기 후반에 아시아로 건너가 성노동에 종사한 가라유키상에서부터 "다양한 민족이 길항함으로써 개척되는 인터내셔널한 심정 세계"를 찾으려고 했다.[120] 모리사키의 월경의 방법론은 사해동포적인 만남의 토대를 구축하는 것이 아니라, 어떤 소수민족이든 그 개인의 고유성을 확립시키면서 인터내셔널한 회로를 열어젖힐 수 있는가였다.[121] 즉, 각자가 의거하는 '내셔널리티'를 적분하는 것이 아니라 미분하듯이 이질성을 서로 부대끼면서 연대하는 '민중 차원의 독자적인 만남'을 구상했던 것이다.

그 하나의 도달점인 『가라유키상』은 모리사키가 "자신의 식민지 체험을 객관화하고자 오랜 세월이 지난 후에야 겨우 문장으로 만든" 것이었다.[122] 이처럼 "나 자신의 일이 아니라, 나와 대조적인 인생이라고 생각되는 가라유키상"을 취재함으로써 '자신의 자유의 끊임없는 간장'을 유지했다고 말할 수 있다. 모리사키는 '서민들의 생존과 국가의 의도와의 숙적 같은 관계'를 간파하고 있었기에 가라유키상이 해외에서 아시아의 여러 민족들과 피부를 맞대면서 길러낸 특유한 심상 세계를 일본에 대한 날카로운 내부 비판으로 받아들일 수 있었던 것이다.[123]

그래서 모리사키는 왜구와 해녀, 그리고 가라유키상과 같은 '국경의 민초'가 '혈연의 원리'로 이루어지는 공동체의 '경계'에 얽매이지 않고 '공동(共働)의 원리'를 바탕으로 생활권을 자유롭게 확대해 나간 역사적 체험의 가능성과 창조성에 기대를 걸었던 것이다.[124] 모리사키가 아시아 연대를 꿈꾸며 가라유키

---

120 森崎和江(2009b), 『森崎和江コレクション 精神史の旅3 海峡』, 東京 : 藤原書店, p.188.
121 森崎和江(1977), 앞의 책, p.253.
122 森崎和江(1984), 앞의 책, p.29.
123 森崎和江(2009b), 앞의 책, p.190.
124 森崎和江(1971), 앞의 책, p.103.

상을 초대 한국 통감인 이토 히로부미(伊藤博文)를 저격한 안중근과 만나게 한 것도,[125] 바로 그 가능성과 창조성 때문이었다. 가라유키상은 다름 아닌 '경계'의 해체를 시도한 '국경에 가까운 여성의 역사'였다.[126]

모리사키는 개개의 역사인 『경주는 어머니의 부르는 소리』를 쓰기에 앞서 자신의 모습을 겹친 가라유키상의 집합체로서 '국경에 가까운 여성의 역사'를 그려내야 했지만 처음부터 "해외에 팔렸던 여성을 쓰려고 한 것은 아니"었다. "마을에서 쫓기듯 나왔고 거듭 혼자가 되어 개척해 나간 이름 없는 사람들의 정신의 자취를 더듬고 싶은" 생각으로 우연히 쓴 것이 『가라유키상』이었다.[127] 모리사키가 "원래 그것은 내가 하고자 했던 것의 일부"라고 말한 것처럼,[128] 『가라유키상』은 종착지라기 보다는 『경주는 어머니의 부르는 소리』로 가기 위해 들러야 하는 기항지였다.

그렇다고 해서 가라유키상의 존재 자체가 자신을 구제한 것은 아니었다. "아시아의 타민족과 접하면서 일상적으로 타자를 침해한 애처로운 식민자를 응시하는 것은 저에게는 자신을 뒤에서 찌르는 듯한 심정이었다"고 하는 모리사키는,[129] 자신의 '원죄'를 심판하기 위해 가라유키상과 함께 '식민자'가 되는 길을 선택한 것이다.

식민주의의 폭력에 직접적으로 말려들지 않았던 어린 모리사키가 '자신의 자유의 끊임없는 긴장'을 유지하는 방법은 정치 문제로서의 인간관계를 통해서가 아니라 '불특정 다수의 조선인 민중의 시선'을 '자신을 겁탈하려는 듯한 긴장된 시선'으로 받아들이는 것이었다. 그 장면을 상징하는 여학교 시절 저녁

125 佐藤泉(2015), 「からゆきさんたちと安重根たち－森崎和江のアジア主義」(『越境広場』創刊0号), pp.46-47.

126 森崎和江(1971), 앞의 책, p.12.

127 森崎和江・上野英信・金原左門(1978), 「もうひとつの移民論－移民史への視角」(『歴史公論』(第二次)5巻1号), p.31.

128 森崎和江(1977), 「竹内先生とのおわかれ」, 『日本読書新聞』1977.3.2.

129 森崎和江(1984), 앞의 책, pp.9-10.

무렵에 미루나무 가로수에서 조우한 "조선민족의 동세대 남자 아이들의 눈"을 모리사키는 잊을 수 없었다.[130] 『제3의 성』에서는 그것은 "저녁노을이 터진 것 같은 붉은 눈"으로 연애 감정처럼 표현되었다.[131]

그렇다면 모리사키에게 있어서 '불특정 다수의 조선 민중의 시선'은 원래 남녀 간의 성애를 둘러싼 섹슈얼리티의 영역이었다고도 할 수 있을 지도 모른다. 그런데 소녀시절의 아련한 연정은 가라유키상과의 대화를 거쳐 '자신을 겁탈하려는 듯한 긴장된 시선'으로 바뀐다. 연애 감정조차 지배와 피지배의 비대칭성 속에서의 도전과 응전의 힘겨루기로 내몰아야 했던 것은, 오모니에 대한 애정을 포기하는 자기 부정과 마찬가지로 식민주의에 대한 날카로운 비판 의식으로 연결됐을 것이다.

모리사키는 여자 탄광부, 리츠코, 오모니, 가라유키상 등과의 여성끼리의 대화를 통해 남성 중심적인 성애, 노동, 식민주의를 추궁했다. 생명의 근원이 되는 에로스가 근대주의, 식민주의에 의해 억압되는 것은 모두가 마찬가지였다. 여성이 여성인 채로 말함으로써 가라유키상은 단순히 여성에 대한 폭력 구조의 희생자가 아닌 '이민족' 사이의 '매개자'가 되는 것이다.

그러므로 『가라유키상』에서 조선인 인부가 일본인 여성을 사서 원한을 풀었던 것처럼, 자신도 식민지 사람들의 시선에 의해 겁탈 당하려 한 것이다. 이 책에 등장하는 오키미(おキミ)의 트라우마를 떠맡아야만 가라유키상과 함께 아시아주의를 넘을 수 있었던 것이다.

3) 아시아 여성들이 만들어내는 교류의 역사

가라유키상의 목소리에 숨어 있는 "참으로 다면적인 사상의 카오스적인 체

130　森崎和江(1971), 앞의 책, pp.16-17.
131　森崎和江(1965), 앞의 책, pp.42-43.

험"에는 "성과 계급과 민족과 국가가 관념이 아니라 애처로운 소녀에 대한 강간처럼 닮고 소용돌이 치고 푸르스름한 불꽃이 되어 타오르고 있다".[132] 모리사키 가즈에가 그 목소리에 귀를 기울이는 것은 20대가 되면서이다. 그것은 '연대와 침략은 종이 한장 차이'라는 아시아주의의 조락한 이념과, 방한에 의한 '원죄'로부터의 해방으로 구체화되지만, 등을 밀어준 것이 아시아여성교류사 연구회이다.

모리사키가 처음 가라유키상에 관한 수필을 쓴 것이 1969년에 다니가와 겐이치(谷川健一)·츠루미 슌스케(鶴見俊輔)·무라카미 이치로(村上一郎) 편 『다큐멘트 일본인5 기민(棄民)』에 게재되어 후에 『가라유키상』의 일부로 수록된 「어느 가라유키상의 생애」이다. 또한 「가라유키상이 품은 세계」를 『현대의 눈(現代の目)』(1974년 6월호)에 발표했다. 이것은 『가라유키상』에는 쓰지 못했던 식민주의의 문제의식을 평론 형식으로 피력한 것이다. 그 후에도 취재와 퇴고를 거듭하여 1976년에 『가라유키상』을 출판했다.

그 동안 야마자키 도모코(山崎朋子)가 『산다칸 8번 창관』(1972)을 썼다. 야마자키는 1966년에 아시아여성교류사연구회를 설립했다. 1967년 11월에 발행된 동 연구회 책자 『아시아 여성 교류사 연구』 창간호(1호)가 가라유키상과 '종군 위안부'를 다루고 있으며, 그중 하나가 야마자키가 쓴 「바다에 울리는 가라유키상의 애가(哀歌)」이다.

한편, 모리사키가 1965년에 쓴 『제3의 성』에는 리츠코가 가라유키상을 주제로 하여 라디오 드라마를 쓰고 싶다고 이야기하는 장면이 나온다.[133] 야마자키가 취재를 위해 아마쿠사(天草)를 방문했을 때에도 모리사키는 협력을 아끼지 않았다.[134] 모리사키와 야마자키의 시선은 모두 '아시아'의 하층부에 있는 '여성'을 향하고 있었다. 그러나 가라유키상에 접근하는 두 사람의 시점에는 결정

---

132 森崎和江(2009b), 앞의 책, p.189.
133 森崎和江(1965), 앞의 책, pp.17-18.
134 山崎朋子(1972), 『サンダカン八番娼館－底辺女性史序章』, 東京 : 筑摩書房, p.24.

적으로 다른 점이 있었다.

모리사키 가즈에는 아시아여성교류사연구회에 입회를 신청했다. 『아시아 여성 교류사 연구』의 창간은 전국 신문·지방 신문에서도 소개돼 그것에 자극받은 것으로 보이는데, 모리사키의 입회는 연구회에 있어서도 고무적인 일이었다.[135] 모리사키는 바로 제2호에 권두의 시를 보내 (「조선해협」), 이어 제3호(「내 얼굴」) 및 제4호(「토담」)에 방한에 관한 수필 「조선 단장(斷章)」을 게재했다. 또한 모리사키는 이 책자의 편집위원으로도 활동했다. 모리사키의 의식에는 여성-민중-민족-아시아가 연결돼 있었다. 이렇게 해서 모리사키는 "'아시아'와 '여성'과 '교류사'가 언젠가 과거의 일이 아닌 미래 개발의 힘으로 깊게 작동하도록 서로 노력을 거듭하고 싶다"면서 동 연구회에 기대를 걸었던 것이다.[136]

모리사키는 방한 직후인 1968년 6월, 기타큐슈·지쿠호 지구의 동 연구회 정기 모임에서 '메이지(明治)시대 여성 유출과 내셔널리즘'이라는 주제로 보고했다. 같은 해 가라유키상을 주제로 한 라디오 드라마 「대하의 흐름(大河の流れ)」이 NHK 후쿠오카 방송국에서 방송되었다. 모리사키는 이 대본을 "소녀들의 목소리와 겹치면서(중략) 나의 원향의 오모니 향기를 아시아의 하늘로 퍼뜨리고자 하는" 심정으로 썼다고 술회했다.[137] "아시아와 여성이 하나가 된" 가라유키상은 처음부터 자신의 '원죄'와 뗄 수 없는 존재였다.

모리사키가 『가라유키상』을 다 쓸 때까지 "몇 번이나 중단하고 한숨을 쉰" 것도 그 때문일 것이다.[138] "너 혼자만이 식민지에서 자란 건 아니다"며 모리사키를 나무랐던 숙부가 이 책을 읽고 "미안하구나, 가즈에의 마음은 잘 알았다"고 말했다고 하는데,[139] 이처럼 가라유키상은 모리사키가 자신의 식민지 체험

135 山崎朋子(1968),「編集後記」(『アジア女性交流史研究』2号), p.36.

136 森崎和江(1970c),「編集後記」(『アジア女性交流史研究』6号), p.34.

137 森崎和江(2004), 앞의 책, p.48.

138 森崎和江(1976),『からゆきさん』, 東京 : 朝日新聞社, pp.240-241.

을 겹친 분신이나 다름없었다.

모리사키 가즈에의 『가라유키상』에 식민주의적 복주성(輻輳性)을 찾으려고
한 다키모토 니이나(嶽本新奈)는 야마자키 도모코의 작품을 예로 들어 다음과
같이 지적했다. "야마자키의 의식에서 쑥 빠져 있는 것은 일본국가이다. 시대
를 고려하면 그것은 대외 팽창에 상징되는 식민주의라고도 바꿔 말할 수 있을
것이다".[140] 『가라유키상』에는 식민지에서 태어난 모리사키의 비애와 고뇌가
엿보인다.

6. '원죄'의 저편으로 – 동아시아의 월경하는 연대 사상

모리사키 가즈에는 가라유키상과 마주하는 것으로 식민주의에 가담한 '원
죄'를 단죄하면서도, 그 '아시아 체험'과 '고향'이 뒤섞인 '환상'에서 만들어지
는 여성의 '힘' 속에 민중의 사상적 상상력을 찾아냈다.[141] '고향'을 원하는 것
도 버리는 것도 아닌 환상의 영역으로 몰아넣는 상상력을 가지고 모리사키는
'나의 원향'을 상대화한 것으로 보인다. 이렇게 해서 『경주는 어머니의 부르는
소리』를 완성할 수 있었다.

그런데 1968년에 방한한 모리사키는 옛 친구와 다시 만났을 뿐만 아니라,
남북 분단의 어려운 현실 속에 사람들이 살고 있다는 것을 알게 되었다. 한국
전쟁도 식민지 지배가 남긴 상처로 인식하고 민족 분단의 아픔을 뼈저리게
느꼈다. 또한, 당시 박정희 군사 정권의 3선 개헌에 반대하는 학생 시위 소식과
관련해 한국의 "지식층이 일본 신문 등을 통해서 자국의 상황을 파악하려고

---

139 内田聖子(2015), 『森崎和江』, 東京 : 言視舎, p.302.

140 嶽本新奈(2015), 『「からゆきさん」－海外〈出稼ぎ〉女性の近代』, 東京 : 共栄書房, p.169.

141 大畑凛(2018), 「流民のアジア体験と『ふるさと』という『幻想』－森崎和江『からゆきさ
ん』からみえるもの」(『女性学研究』25号), p.143.

한다"는 것을 알고 감동을 받았다.[142] 그리고 1980년 4월 사북탄광 총파업과
5월 광주민주화운동에 대해서도 연대의식을 강하게 느꼈다. 그럼에도 불구하
고 해방 후 한국의 정책이 마치 메이지 유신 후의 일본처럼 단일 민족의, 민족
의식의 고양이라는 한 가지에 치우쳐 있는 것을 우려하고 있었다.[143]

　『경주는 어머니의 부르는 소리』를 쓴 이듬해인1985년, 모리사키는 한국을
다시 방문했다. 그 기행문인『메아리 울리는 산하 속으로』에서는 과거가 아니
라 현재를 응시하고 있었다. 이때, 그 후 교류를 계속하게 되는 거제도에서
지적 장애아 시설 애광원을 운영하는 김천고등여학교 시절 동급생 김임순과도
재회했다. 이제 모리사키에게 있어서 한국은 단순히 원죄 의식의 원점도 아니
고 사색의 대상도 아닌, 연대하는 사상의 현장이었던 것이다. 이윽고 모리사키
는 '생명의 여행'을 통해 '원죄의 저편으로' 나아간다.[144]

　이렇게 보면 조선 – 귀환 – 지쿠호 – 방한 –『가라유키상』–『경주는 어머니의
부르는 소리』–『메아리 울리는 산하 속으로』로 연속되는 모리사키 가즈에의
〈원죄를 버리기 위한 여행〉은 동아시아의 월경하는 연대를 향한 긴 여정이었
다는 것이 드러난다. 그것은 모리사키가 일관하여 조선·오키나와·일본(무나
카타)을 일체화된 공간적 확산으로 파악하고 있는 것과도 겹친다. 식민주의에
서 비롯된 원죄 의식을 사상의 원점과 에피소드뿐만 아니라 작품세계를 관철
하는 탈식민주의의 월경성에서 고찰하면, 모리사키의 사상적 궤적의 연속성이
선명하게 떠오른다.

　모리사키 가즈에의 사상＝정신사를 탈식민주의의 관점에서 국가 권력을 매
개로 하지 않고 직접적으로 '서로 본질을 소통하는' 계기를 추구해 나간다
면,[145] 가해와 피해로 나눌 수 없는 전쟁 희생자의 다면성과 저항성을 건져

142　森崎和江(1969),「編集後記」(『アジア女性交流史研究』5号), p.26.
143　森崎和江(2009a), 앞의 책, p.148.
144　森崎和江(2004), 앞의 책, p.107.
145　森崎和江(1971), 앞의 책, p.101.

올릴 수 있을 것이다. 이렇게 경계를 허물고 월경하는 사상적 과제를 일본과 한국이 공유할 수 있다면 역사문제로 더없이 혼란한 양국에 있어서 가해와 피해를 넘어 연대의 방향을 모색하는 계기가 될 수 있다. 현재적 의미를 직시한 모리사키 가즈에의 사상에 대한 고찰이 앞으로도 요구된다.

제2부

기억의 전유와
치환적 환류
그리고 '국가'

'아이누 표상'과 근대 그리고 일본의 국민국가

가와무라 구니미쓰(川村邦光, Kawamura Kunimistu)

일본 도호쿠대학 종교사학 전공. 덴리대학(天理大学) 조교수 및 교수를 역임하고, 오사카대학 교수. 현재 오사카대학 명예교수. 주요 저서로는 『사진으로 읽는 일본의 광경』(2010), 『애도론(弔い論)』(2013), 『애도의 문화사』(2015), 『일본민속문화 강의』(2018), 『성(聖)과 속(俗)의 사이』(1996), 『전사자(戦死者)의 행방』(2003) 등이 있다.

나가오카 다카시(永岡崇, Nagaoka Takashi)

오사카 대학(大阪大学) 문학연구과 일본학전공. 학술박사. 불교대학 특별연구원, 남산대학 연구원을 거쳐, 고마자와대학(駒澤大学) 종합교육연구부 문화학부 조교수. 주요 저서로는 『종교문화는 누구의 것인가(宗教文化は誰のものか)』(2020), 『일본종교사의 키워드: 근대주의를 넘어서(日本宗教史のキーワード: 近代主義を超えて)』(공저, 2018), 『신종교와 총력전(新宗教と総力戦)』(2015) 등이 있다.

1. 아이누의 근대란 무엇인가 : 아이누와 박람회

1999년 4월부터 이듬해 1월까지 미국 워싱턴 D.C.의 스미스소니언 국립자연사박물관에서 '아이누: 북쪽 민족의 혼'(Ainu: Spirit of a Northern People)전이 개최되었고 이후 미국 각지를 순회했다.[1] 이 해는 1994년부터 시작된 '세계 선주민족을 위한 유엔 10년'에 해당하는 해였다. 1993년은 유엔이 정한 '세계 선주민의 해'이자 과테말라 원주민 운동 지도자 리고베르타 멘추의 제창으로 제1차 '원주민 정상회의'가 개최되었다.

스미스소니언 국립자연사박물관에는 19세기 후반부터 20세기 초반까지 수집된 아이누 자료가 다수 소장되어 있다. 스미스소니언 연구원이었던 로마인·히치콕이 1888년(메이지 21) 수집한 일용품과 수렵·어로 용구, 제사 용구 등의 민속자료, 히치콕 자신이 촬영한 사진이 중심이며 한때 아이누의 진열 케이스가 있었으나 거의 전시된 적 없이 수장고에 잠들어 있었다. 히치콕은 『박물관연보』에 '일본 에조지의 아이노인'(1892) 등의 논문을 발표한 초창기 아이누 연구자이다.[2]

미국에는 스미스소니언 외에도 뉴욕의 미국자연사박물관, 펜실베이니아대 박물관, 시카고 필드자연사박물관 등에 아이누 자료가 소장되어 있다. 특히 브루클린 박물관에는 프레데릭 스타(스탈)가 1903년에 수집한 컬렉션이 소장

---

1 芸術新潮編集部(1999),「特集 北の民族アイヌに学ぼう」,『芸術新潮』7月号 참조.
2 ヒッチコック, ロマイン(1985),『アイヌ人とその文化』, 六興出版 참조.

208

되어 있다. 20세기 초 스타는 일본에서 각광을 받았던 인물이다. 시코쿠편로(四國編路)를 시작으로 일본 각지의 사찰이나 신사 참예를 해서 이를 신문지 상에 알리고, 기행문을 저술하여 간행함과 동시에 부적을 수집하여 '부적박사'로 알려진 인물이다.

미국에서 아이누전이 열린 것은 스미스소니언이 처음은 아니었다. 1904년 루이지애나 취득 100주년 기념 세인트루이스 박람회가 개최되었고 그곳에서 11개 민족과 함께 아이누 자료가 전시되었고, 아이누의 집(지세)을 짓고 성인 남녀 7명과 어린이 2명이 그곳에 정착해 민족 전시 대상이 되었으며 바구니 뜨기와 베 짜기, 목각 등을 실연했었다. 이 아이누를 히라토리(平取)에서 데려온 것이 스타였고, 이를 주선한 것이 나중에 언급할 성공회 선교사 존 바첼러였다.

세인트루이스로 건너간 한 사람인 베테 고로(邊泥五郎, 25세)는 버첼러로부터 세례를 받은 크리스천으로 나중에 전도소를 개설해 기독교 전도에 종사했다. 이 밖에는 버첼라의 집에서 일하던 오사와 야조(大澤彌藏, 24세)·시라케(18세) 부부, 히라무라 구토로게(38세)·슈토라테쿠 부부와 양녀 기쿠(일본인·2세), 히라무라 산게아(56세)·상투크노 부부와 딸 긴(6세)이다. 이 박람회에서 아이누가 가져오거나 만든 물품 215점이 시카고 필드박물관에 소장되어 있다.

앤 멕스웰(Ann Maxwell)의 Colonial Photography and Exhibitions: Representations of the 'Native' and the Making of European Identities(『식민지 사진과 박람회: '미개'의 표상과 유럽인들의 정체성 형성』)에 따르면 19세기 말부터 박람회 붐이 일면서 북아메리카 원주민 '인디언'을 비롯해 아프리카 등의 피식민지인들은 박람회장에 마련된 '토민 마을'(native village)에 수용·격리되어 라이브 디스프레이즈(live displays)또는 라이브 익스히빗(live exhibits), 살아 있는 인간의 전시, 진열, 생체 전시로 노출되어 구경거리가 됐다. 즉, 사회 진화론에 입각한 사라지는 민족 신화("disappearing race" myth), 혹은 멸망해 가는 민족 신화("dying race"myth) 하에서 진짜 '토착민' '미개인' '야만인'의 진열은 활인화(活人畫, tableaux-vivants)로서 감상의 대상이 되고 진기하고 이국적인 구경

거리로서 인기를 끌었다.[3]

그리고 일시적인 박람회의 장소에 한정됨 없이 언제 어디서나 볼 수 있는 시각적 툴로써 '토착민'의 활인화 사진이 판매되고, 가까운 곳에서 생체 전시를 감상할 수 있게 되었다. 문명과 야만, 개화와 미개의 히에라르키가 가시적으로 표상되어 문명으로부터 아득히 먼 미개·야만인, 때로는 '고귀한 야만인(the noble savage)'으로서 호기의 시선이 집중되고 있었다. 이는 문명국, 서구 제국주의의 정체성을 구축하고 강화하는 시각적인 쇼가 된 것이다.

1) 학술인류관과 아이누의 생체 전시라는 실험

일본에서는 세인트루이스 박람회보다도 앞선 1903년(메이지 36) 오사카 덴노지 공원에서 개최된 '제5회 국내권업박람회'에서 아이누 생체전시를 한 바 있다. 또한 1912년에 우에노에서 개최된 '메이지기념척식박람회', 1914년의 '도쿄다이쇼박람회' 등에서도 전시되었다. 1910년에는 런던에서 열린 '영일(英日)박람회'에서 아이누 마을과 대만 마을이 조성되어 여기에서도 생체 전시가 열렸다.

오사카의 국내권업박람회에서는 학술인류관(개관 직전에 인류관에서 개칭)은 회장 정문 앞에 세워져 당초 '내지에 가까운 이인종을 모아 풍속, 기구, 생활상 등을 실지로 보여주자는 취지'로, '홋카이도 아이누 5명, 대만 생번 4명, 류큐 2명, 조선 2명, 지나 3명, 인도 3명, 자바 1명, 뱅갈 1명'의 21명을 '각 그 나라의 주거와 유사한 일정한 구획 내'에 살게 하고, '일상의 기거 동작' 또는 무대에서 '가무음곡을 연주'하는 것을 구경시키며, 입장권은 보통 10전, 특등 30전, 특등에는 '토착민 등의 사진'을 제공할 예정이었다.[4] 그러나 중국(청국)

---

3 Maxwell, Ann(1999), *Colonial Photography and Exhibitions : Representation of the 'Native' and the Making of European Identities*, Leicester University Press. p.107, p.121
4 「場外余興」『大阪朝日新聞』(1903.3.1).

은 그러나 중국(청국)과 조선, 나아가서는 오키나와로부터 비난과 항의가 잇따르면서 이들 전시는 취소되었다. 구경거리 전시에서 '학술' 전시로 변경한 것이다.[5] '토인 등의 사진'을 제공할 예정이었다. 구경거리 전시에서 '학술' 전로 변경한 것이다.[6]

이 학술인류관은 민간 파빌리온이기는 하지만 도쿄제국대학 이과대학의 교수 쓰보이 쇼고로(坪井正五郞)가 주임이 되어 기획하였으며 그 인류학교실이 크게 관여했었다. 학술인류관에는 아이누와 '대만 생번' 등의 일용품과 무구, 의례 용구 등 인류학교실의 수집품을 진열했다. 쓰보이는 "외국 박람회에서는 인류학의 참고자료로서 회장 내에 각국 인종과 건축물을 전시하여 세계의 인종의 골상 및 생활상태를 알 수 있도록 편의를 제공하지만, 우리나라에서는 종래 이런 적이 없어 이번에 겨우 여흥인류관에 의해 그 일단을 알 수 있을 뿐"[7]이라고 했다.

쓰보이는 학술인류관이 서구의 박람회를 모델로 하여 인류학의 지식체계를 토대로 인종 골상 및 생활상태를 아는 것을 목적으로 내세우고 있다. 그러나 이번에는 '각국 인종'이나 건물을 별개로 전시하지 못하고 '한 전시관 안에 각 인종'을 수용했기 때문에 한계가 있었다고 하고 있다. '각 인종'의 풍속, 특히 신체적 특징을 과장해서 표상하고 '각 인종'을 차별화해서 진열하여 문명인 일본인과 대조화해서 차별화하는 것이 제국의 인류학, 심지어 식민지 지배를 정당화하고 자명시하게 만드는 박람회·박물관의 문화 표상 폴리틱스이었던 것이다.

쓰보이가 말하는 '인류학의 참고'와는 달리 학술인류관과 인접한 무대에서 펼쳐진 아이누의 생활 민속과 종교적 의식의 실연은 관중에게 위안이 되는 '가무음곡', 즉 오락과 여흥으로 향유되었다. '토착민'의 사진이나 그림엽서는

5 松田京子(2003), 『帝国の視線 : 博覧会と異文化表象』吉川弘文館, pp.119-141.

6 松田京子, 上揭書, pp.119-141.

7 「博覧会と人類学(坪井博士談)」, 『大阪毎日新聞』(1903.3.28).

이국 취미를 불러일으키고 그 수집·소유는 '토착민'의 정복감을 향수하게 만들기도 했다. 서구 박람회를 전면적으로 모방한 것이다. 박람회는 당초의 식산홍업을 장려하고 그 성과를 전시하는 자리에서 진기하고 이국적인 볼거리를 구경하고 소비하는 오락의 장으로 바뀌게 된 것이다.

러일전쟁 직전 학술인류관을 만들어 이민족으로 아이누나 대만 원주민 등을 진열한 것은 제국 일본의 위치를 미개·야만과의 거리를 통해 확인하고, 아시아에서의 헤게모니를 지향하고 민족주의를 고양시키는 동시에 제국주의적 시각을 심고 침투시키며 차별화된 계층으로 구성된 제국의 신체를 육성하려고 했던 것이다.

학술인류관에 실물의 육체를 전시하게 된 아이누는 구경거리가 되는 것을 적극적으로 혹은 마지못해, 혹은 금전에 현혹되어 받아들인 걸까, 아니면 강요를 당한 것일까. 생체 전시의 주체, 말하자면 배우가 된 12명 중에 후시네 야스타로(伏根安太郎)라는 이름의 인물이 있다. 도카치(十勝)의 수장, 아이누명, 호테네이다.[8]

후시네는 "연무장에서 종교와 교육에 대해서 내지어로 연설"[9]을 했다. 후시네는 '홋카이도 구토인(舊土人)보호법' 시행 하에서 개교한 '토인학교'의 유지비를 마련하기 위해 학술인류관에 나갔던 것이다.

"이번 박람회를 계기로 인류관에 참가하여 내가 의미 있는 연기를 해 다수 유지의 찬조를 얻으려"는 것이 후시네의 표명이며, 그것도 "언어 응수가 자유롭고 조금도 내지인과 다를 바가 없다"[10]고 보도되었듯이 유창한 '내지어' 일본어로 연설을 했다. 후시네는 "관람자의 성금을 모아 토인학교를 설립하고자 하는 고상한 목적"[11]이라고 높이 평가를 받았다.

---

8 海保洋子(1992), 『近代北方史 : アイヌ民族と女性と』三一書房, p.161.

9 「人類館の設備」, 『大阪朝日新聞』(1903.3.8).

10 「アイノ土人の気焔」, 『大阪毎日新聞』(1903.3.6).

11 「博覧会投書」『大阪毎日新聞』(1903.4.13).

후시네는 '인류학의 참고'로 자신을 제공해 아이누라는 멸망해가는 민족으로서는 기특하게도 교묘하게 「내지어」를 조종해 미개하고 뒤처진 아이누를 「토인 학교」를 설립해 교육하려고 하는 의도는 제국에의 아이누의 동화, 혹은 '보호'의 수용이라고 하는 점에서 크게 평가되었다. 그러나 후시네는 생체 전시를 구경하는 관객에게 우월감을 안겨주며 기부금을 모금하고, 내지인을 지향하며 제국의 동화주의에 영합했다고 단순히 말해도 되는 것일까.

1899년의 '홋카이도 구토인보호법' 공포, 1901년의 '구토인 아동 교육 규정' 공포, 1911년까지 전국에 21교의 「토인 학교」개설 계획이라는 기회에 편승해 후시네는 행동을 한 것이다. 그것도 박람회의 학술인류관 무대라는 장에서 말이다. 아이누가 발언하며 주장하는 장소, 자신들의 궁상(窮狀)을 호소하는 장소는 전혀 없었던 것이나 마찬가지였다.

제국의 동화주의에 의한 토지 수탈, 수렵·어로장의 박탈, 황무지로 강제 이주, 권농정책 아래 보호 정책이 추진되면서 '내지어' 일본어를 습득하고 이른바 바이링거가 될 수밖에 없는 것은 살아가는 데 있어 필연이었다.

이런 보호와 동화의 철책에 갇힌 상황에서 아이누 자제의 교육·자립을 목표로, '학술'이라는 명목하에 오락화된 박람회장을 교란하기 위해 내 몸을 던져 '의미 있는 연기를 하면서' 자금 마련에 동분서주한 것이 후시네였다고 할 수 있다. 그것은 변방에서 아이누의 근대를 쏘려 했던 과감한 궐기, 대항전략의 실천이었던 것은 아닐까.

2) 서구인에 의한 아이누의 발견과 표상

아이누의 존재를 서구에 널리 알린 자로 여행가 이사벨라 버드, 성공회 선교사 존 버첼러, 그리고 의사이자 민족학자 닐 고든 먼로 등을 들 수 있을 것이다. 이들은 모두 19세기 후반부터 말까지 홋카이도 아이누 마을을 방문해 아이누의 생활을 보고 그 민속문화와 종교 등을 조사해 책을 펴냈다.

이사벨라 버드는 영국의 여성 여행가이다. 일본을 비롯해 티베트와 페르시아, 조선, 중국 등을 오랫동안 여행을 했다. 버드는 1878년(메이지 11)의 봄에 일본을 방문, 6월에 도쿄에서 여행을 시작해 홋카이도에 도착한 것은 그해 8월이고, 9월에 하코다테에서 배를 타고 요코하마로 돌아왔다. 그리고 배를 타고 고베로 가 이세신궁과 교토에 들렀다가 12월에 도쿄로 돌아왔다. 약 9개월에 걸친 동일본과 홋카이도의 대여행을 기록한 것이 Unbeaten Tracks in Japan:An Account of Travels in the Interior, Including Visits to the Aborigines of Yezo, and the Shrines of Nikko and Ise(『일본오지기행』)이고 1880년에 간행되었다.

버드가 일본에 온 전년의 1877년(메이지 10)에 존·버첼러가 일본에 왔다. 성공회 선교사가 되어 아이누 전도를 비롯해 아이누 기독교인을 많이 영입했다. 1940년 영국으로 돌아갈 때까지 63년간 전도를 하면서 아이누 전도자를 양성했다. 1903년의 홋카이도 성공회 신도 수가 2,595명, 그중 아이누는 1,157명이다.[12]

버첼러는 아이누어를 우스(有珠)의 모코차로(일본 명은 向井富蔵무카이 토미조, 그 딸이 바첼러의 양녀가 되는 야에코八重子), 히라토리(平取)의 수장(코탄·코로·쿠루) 벤리, 호로베쓰(幌別)의 긴나리 다로(金成太郎, 아버지인 간나리 기조(喜藏)는 호로베쓰의 수장) 등으로부터 배웠다. 긴나리 다로는 버첼러로부터 기독교를 배워 세례를 받았다. 기조의 딸, 긴나리 마쓰(아이누명은 이메카누, 유카라의 전승자로, 그 필록의 역주가 긴다이치 교스케(金田一京助)의 『유카라집(ユーカラ集)』과 그의 여동생 나미(아이누명은 노카안테, 결혼해서 성이 지리知里가 됨)는 하코다테의 성공회 전도 학교에서 교육을 받고, 바첼러가 세운 히라토리교회 등에 부임해 전도에 종사했다. 지리 나미의 딸이 『아이누 신요집(神謠集)』의 저자, 지리 유키에(知里幸惠)(남동생이 아이누학·언어학자인 마시호(眞志保)로 크리스천이다.

---

12 宮島利光(2004), 「アイヌ民族と宣教」, 『日本宣教の光と影』いのちのことば社, p.16

214

무라카미 히사키치(村上久吉)의 『아이누 인물전(あいぬ人物伝)』(1942)에 따르면 긴나리 나쓰를 비롯해 바첼러 야에코, 그의 동생 무카이 야마오(向井山雄, 아이누에서 첫 성공회 사제), 다니 헤이스케(谷平助), 베테 고로(邊泥五郎) 등이 전도사로 활약하고 있었다. 버첼러는 전도를 하는 한편으로 아이누의 언어와 생활, 문화, 민속을 조사해 『아이누 영화(英和)사전』, 아이누어 역 『신약성서』, 『아이누인과 그 설화(アイヌ人及其説話)』(1900), 『The Ainu of Japan』 (1889), 『The Ainu and their Folk-Lore』(1901: 『아이누의 전승과 민속(アイヌの伝承と民俗)』), 『Ainu Life and Lore: Echoes of a Departing Race(1927: 『아이누의 삶과 전승: 되살아나는 메아리(アイヌの暮らしと伝承: よみがえる木霊)』) 등을 정리하고 있다.

의사인 닐 고든 먼로가 병 요양차 홍콩에서 일본에 온 것은 1890년, 훗날 홋카이도의 니부타니(二風谷)에 진료소를 세워 아이누의 진료를 맡으면서 1898년부터 1938년까지 40년간 아이누의 민속 종교를 조사 연구하고 논문을 많이 작성했다. 먼로가 사망한 후 그 논문이 1958년에 정리되어 『Ainu Creed and Cult(アイヌの信仰とその儀式)』라는 제목으로 출판되었다.

이사벨라 버드의 『일본 오지 기행(日本奥地紀行)』에 의하면 1878년(메이지 11) 무렵 아이누만의 취락은 히라토리(53호) 뿐이고 일본인만의 취락은 무로란(室蘭)(57호)과 도마코마이(苫小牧)(38호), 모리(森)(105호), 사루후토(佐瑠太)(63호), 하코다테(函館)(3만 7천명) 등이다. 아이누와 일본인의 취락이 병존하고 있는 것은 호로베쓰(아이누 47호: 일본인 18호)와 시라오이(白老)(51호: 11호), 우스(有珠)(99호: 3호), 오샤만베(長萬部)(38호: 56호) 등이다.

이들 취락에서는 일본어를 구사하는 사람이 꽤 많았을 것으로 추측된다. 호수 53의 히라토리 아이누만 사는 마을에는 '상당한 일본어를 구사하는' 자가 5명 정도 있었다. 젊은 남성이 취락을 떠나 일본인 밑에서 일하면서 고용주와 종속적인 역학관계에 있었다고는 해도 업무상의 필요 때문에 일본어를 익힌 사람도 있었다. 앞서 애로 든 후시네 야스타로는 일본어가 유창한 지식인이었지만 어릴 때부터 어려운 생활환경 아래서 생활의 수단으로서 일본어 교육을 받아 습득할 수밖에 없었던 것이며, 일본인에게 영합하고자 능숙한 일본어를 구사했던 것은 아니었을 것이다.

버드는 일본어도 아이누어도 구사하지 못했지만 이토(伊藤)라는 이름의 영어를 구사하는 청년 종자(從者)의 통역에 의해 아이누어와 일본어와 영어 등 3개 국어를 통해 아이누 문화와 아이누어를 조사했다. 그런 자리에 대해서 "동양의 미개인과 서양의 문명인이 이 오두막에서 마주하고 있다. 더구나 미개인이 가르치고 문명인이 배운다. 이 두 가지를 이어주는 역할을 하는 것이 노란 피부를 가진 이토이며 서양문명 따위는 아직 태어난 지 얼마 되지도 않은 갓난아기에 불과하다는 동양문명의 대표자로 참석하고 있다"고 하면서 버드는 자민족중심주의(에스노센트리즘)의 태도를 고수하고 있다.

버드는 "아이누인은 우둔한 민족이다"[13], "그 성질을 제외하고 모든 점에서 완전한 야만인이다"[14]라고 결단코 주저함 없는 발언을 하면서 아이누의 무엇을 찾으려 했을까? 우선 아이누를 방문하기 직전에 "나는 경험 많은 여행가의 자신감으로 혼자 계획해 왔다. 나는 이 여행을 매우 기대하고 있다. 원주민 방문은 분명 신기하고 흥미 있는 경험이 될 것이기 때문"[15]이라고 적고 있다.

처음 아이누를 만난 인상은 '고귀하고 슬픈 듯한, 넋을 일고 꿈꾸는 듯한, 부드럽고 지적인 얼굴을 하고 있다. 미개인의 얼굴이라기보다 오히려 사 노엘 버튼(영국의 역사화가)이 그리는 그리스도상의 얼굴을 닮았다'까지 기술하고 있다. 그리고 '아이누인은 악의가 없는 민족이다. 진보의 천성은 없고, 그 많은 피정복 민족이 사라져 간 것과 같은 운명의 무덤으로 가라앉으려 하고 있다'고 예측하고 있다. "아이누인을 공손하게 다루다니! 그들은 그냥 개에요. 인간이 아닙니다"[16]라고 하는 것이 종자인 이토의 아이누관이다.

13 バード, イザベラ(1973), 『日本奥地紀行』, 平凡社, p.294.
14 バード, イザベラ(1973), 『日本奥地紀行』, 平凡社, p.246.
15 バード, イザベラ(1973), 『日本奥地紀行』, 平凡社, p.244.

버드는 아이누를 '고귀한 야만인'으로 간주하고, 언뜻 보면 존중하고 있는 것 같아 보이지만, 문명의 척도로부터 '진보의 천성은 없고'와 근대의 서양문명을 섭취하고 거기에 도달할 수 없는 나태한 민족, 즉 '멸망해 가는 민족'이라고 애감(哀感)을 담아 불렀던 것이다. 그러므로 아이누를 일본에 의한 '피정복 민족'이라고 파악하는 휴머니스트 버드는 아마도 이 '멸망해 가는 민족'의 '슬픈' 표정에 매혹되어 그 마지막 모습을 기록으로 남겨 역사의 증인이 되려고 했다.

버드는 버첼러처럼 전도를 위해 아이누의 민속이나 종교를 조사하려 한 것은 아니다. 문명사회에서는 살아남지 못하고 일본인과 혼주하면서 일본에 동화되어 저변에 묻혔버리게 될 '고귀한 야만인', 비애가 가득 찬 '멸망해 가는 민족'의 때 묻지 않은 원래의 모습을 기록해 두고 싶은, 19세기 말의 인류학자와 같은 의식을 갖고 있던 것이다. 그러나 버드는 문명이나 일본 문화에 오염되지 않은 '순수한' 아이누 문화를 기록한 것은 아니다. 무조건 버드와 동시대를 살던 아이누로부터 이야기를 듣고 그것을 기록했다. 하지만, 그러한 동시대성이나 역사성을 도외시하고 버첼러도 『Ainu Life and Lore: Echoes of a Departing Race』라는 서명에서도 알 수 있듯이 아이누를 '멸망해가는 민족' '죽어가는 민족'(departing Race)이라 하면서 그 조사·연구의 시급성을 호소하고 있었지만 아이누에게 지고신(知高神)을 인정하면서도 다신교·범신론의 종교적 세계관을 그린 것처럼 아이누의 신관념과 종교관을 기독교의 그것과 유비(類比)하면서 기술한 것과는 달랐다. 일본의 마이너리티로서의 선주민족 아이누의 언어나 민속·종교를 '멸망해 가는 민족'이라는 시점으로부터 호기심이 큰 여행가로서 기록으로 남겨 보존해 두려고 버드는 성의를 다하고 있는 모습을 보인 것이다.

의사인 닐 고든 먼로는 고고학과 지질학, 인류학, 민족학에 능통했다. 1932년 니부타니에 진료소를 세우고 정착해서 의사로서 활동하는 한편으로 아이누 조사에 심혈을 기울였다. 먼로의 아내는 일본인 간호사로 먼로와 함께 아이누

---

16 バード, イザベラ(1973), 『日本奧地紀行』, 平凡社, p.255, p.263, p.265.

의 의료에 종사하고 있었다. 그뿐만이 아니라 아이누 여성들에게서 여성 특유
의 민속을 듣고 먼로의 연구를 도왔다. 먼로는 집을 아이누들에게 개방해 친분
을 쌓았고 잡담과 소문, 전설, 전래동화, 노래를 듣거나 구술 조사를 했다.

또한 마쓰리나 의식의 절차, 무용, 질병의 치료에 관한 의식 등의 사진을
찍었다. 특히 '곰축제'의 영화 촬영을 했다. 먼로의 연구법은 이른바 참여관찰
이라고 할 수 있는데 방관자로서의 위치라기보다는 아이누의 일원 혹은 준구
성원으로서 축제나 의례를 지켜보는 에카시(장로)와 같은 위치에 있었을 것으
로 추측할 수 있다. 그것은 먼로 내외 모두 아이누와 생활권을 공유하고 일상
생활에 깊이 관여하고 있었기 때문이다. 일과성의 여행가 버드와는 크게 달랐
던 점이다.

버드나 버틀러, 먼로 모두 인류학이나 민족학, 언어학, 고고학 등의 일본인
연구자보다 앞서 있었던 확실하다. 훗날 일본인 연구자가 이를 계승해 나가는
데 이들이 아이누의 동화·보호 정책 아래에서 '멸망해 가는 민족' 아이누의
문화를 구출해 보존하기 위해서 그 민족 문화의 고유성을 기록한 것에 아카데
믹한 가치가 있었음을 일관되게 인정하고 있다.[17]

또 이후의 인류학자나 민족학자, 언어학자처럼, 아이누 문화를 미개나 과거
의 유물로 고정화해 가두어 버리는 것이 아닌 동시대의 콘텍스트 아래에서
조사·연구하고 있었다. 그렇다고는 해도 그 기록된 아이누어, 민속·종교, 그
예의범절이나 의례는 아이누의 정치적·사회적·문화적인 상황으로부터 단절
되어 고유의 순수한 아이누 문화로서 추출되어 표본·자료화되어 가게 된다.
여기에서는 버드의 뛰어나고 에스노그래픽한 기행문을 하나의 작품으로 읽으
며 버첼러나 먼로, 히치콕, 구보데라 이쓰히코 등을 원용하면서 근대와의 조우
를 강요당한, 19세기 말의 아누의 민속·종교적 세계를 더듬어 보고자 한다.

17 モーリス=鈴木, テッサ(2001),『辺境から眺める－アイヌが経験する近代』, 大川正彦訳, み
すず書房, p.20.

2. 아이누의 민속과 종교: 전통에 대한 시선

지캅프 미에코(チカップ美惠子)는 『아이누 모시리의 바람』에서 다음과 같이 아이누의 신이 선물을 한 이야기를 적고 있다.

> 시로카니페란란 / 피시카시 / 콩카니페란란 / 피시카시
> '은의 물방울 내리는 주위에 금의 물방울 내리는 주위에'라는 노래를 부르며 하늘을 나는 올빼미 신이 가난한 아이의 쏘는 화살을 받아 그 집의 빈객이 되었고 밤에 아름다운 소리를 내며 그 집안이 보물로 가득 찬다는 지리 유키에(知里幸惠) 씨의 신요집 은의 물방울의 시가 황혼 무렵의 숲속 깊은 곳에서 조용히 울려올 듯하다.[18]

시마후쿠로(島梟)는 가무이·지캅프(신의 새)으로 고탄코로 가무이(마을을 지키는 신, 마을을 다스리는 신)다. 시마후쿠로는 '숲의 장로'[19]라고 불리며 높은 지위에 있는 신으로 모셔졌다. 올빼미 신이 가난한 어린아이가 쏜 화살을 받고 그 아이의 집을 찾아가 보물을 내려주었다는 이야기가 전해지고 있었다. 시마후쿠로 신이 어린 화살에 맞아 자진해서 사냥감이 됨과 동시에 고탄 고로 가무이로서 집을 방문해 따뜻한 대접을 받고 답례를 한 것으로 풀이된다. 환대에 대한 증여가 이 이야기의 모티브일 것이다.

이사벨라 버드가 히라토리의 아이누 마을(고탄)의 우두머리의 집(치세)에 도착해서 받은 그 환영해주는 모습을 보자. 수장 벤리(펜리)의 조카 시논데와 두 남자가 나와 인사를 했다. "그들은 매우 환대의 마음을 나타내며(중략) 실로 그들의 환영은 열심이었으며, 한바탕 소동을 일으켜 저쪽으로 달리는 자도 있고 이쪽으로 달리는 자도 있으며, 낯선 사람을 열심히 환영하려 했다"고 적고 있다. 집 안으로 안내를 받자 신논대는 "한발 물러서서 두 팔을 벌리고 세 번 내

---

18 チカップ美惠子(2001), 『アイヌ·モシリの風』, 日本放送出版協会, p.11.
19 山本多助(1993), 『カムイ·ユーカラ』, 平凡社, p.34.

쪽으로 팔을 흔들고, 그리고나서 수염을 몇 번 쓰다듬고", "손을 휙 흔들며 아름다운 미소"를 지으며 "이 집도 이 집에 있는 모든 것도 당신 것입니다"라고 말했다. 그리고 시논데는 버드의 손을 잡아, "이로리의 머리 부분 상석으로 안내해" 앉게 했다. 버드는 아이누의 손님 환대의 관행 하에서 빈객으로서 대우를 받았던 것이다.

식사 때 벤리는 "머무는 동안에는 내 집처럼 사용해라" "여러 가지 생활 습관이 다른 점을 용서하라"며 버드에게 정중한 배려를 하고 있다. 또한 연로 하신 어머니도 화덕 옆에서 나무껍질을 벗기면서 두 손을 흔들어 인사를 했다. 이 벤리의 어머니에 대한 버드의 인상은 최악이었다.

"징그러운 마녀 같은 여든 살 노녀"로 "그 주름투성이의 얼굴에는 사람을 몹시 의심하는 눈초리"를 하고 "내 방문은 그녀의 종족에게 재수가 없다"며 '악마의 눈'(邪視)를 하고 응시하고 있다고 혼자 판단하여 "그녀만이 외래자를 의심하고 있다"고 하면서 "그녀는 술을 보면 탐욕스러운 눈을 번득거리며 단숨에 술잔을 비운다"고 혐오감을 노골적으로 나타내고 있다.[20]

저녁 식사 후 버드를 환영하기 위해 부수장과 7명의 흰 수염을 덥수룩하게 기른 장로(에카시)를 포함해 18명이 모였다. 남자는 장유(長幼) 순, 여자는 등 뒤에 자리를 잡았다. 아이누는 남성 중심의 사회이다. 이날 밤 버드는 종교 및 풍속 습관에 관해 4시간에 걸쳐 청취를 했다. 그리고 머문 3일간 "품격 있고 친절하게 환대해 주었다"고 한다.

버드는 "그들에게는 진실을 말하고 싶은 마음이 역력했다"고 느낀 한편으로, "그들의 풍속, 습관에 대해 이야기했다는 것을 일본 정부에 알리지 말아 달라"는 애원을 받았다. 일본 정부는 구미인의 눈으로 '미개'의 아아누인의 '미신'을 숨겨 두고 싶었던 것과 동시에 서구인에 의해서 아이누의 궁박한 현상이 고발되는 것을 두려워했기 때문일 것이다. 그것은 에도막부 말기 마쓰우라 다

20 バード, イザベラ(1973), 『日本奥地紀行』, 平凡社, pp.271-272.

220

케시로(松浦武詩郞)가 에조지로 건너가 혹사당하고 수탈당한 아이누의 참상을 면밀히 조사하여 고발한 것을 두려워하여 은폐했을 때와 거의 달라진 것이 없었던 것이다.[21]

버드는 곳곳에서 술을 '아이누 민족의 대해(大害)'[22] 라고 묘사했듯이 음주를 극도로 혐오한 개신교 금주주의자였다. 밤 9시경 스튜 나베를 내놓은 뒤 술판이 벌어졌다. 이 주연에서는 술이 옻 그릇에 담겨 있었고 그릇 위에는 '훌륭한 조각을 한 사케바시(酒箸)'가 놓여있었다. '사케바시'란 이쿠파스이(호슈바시捧州箸, 호슈베라捧酒箆, 히게아게髭揚げ, 히게헤라髭箆)를 말한다. 그리고는 일일이 밥그릇을 몇 차례 흔들고 나서 이쿠파스이를 술에 담근 뒤 화롯불에 대고 그 물방울을 뿌리고, '나무 기둥에서 깎다가 만 하얀 나선형의 대팻밥이 상부에서 다량으로 떨어져 내려오는'신, 즉 이나우를 향해 술을 뿌리는 의례가 행해졌다. 버드는 이 같은 주연의례에 대해서 다음과 같은 생각을 하고 있다.

'신을 위해 술을 마시는 것'이 주요한 숭배 행위다. 이리하여 대취(大醉)와 종교는 불가분의 것이며 아이누인이 술을 마시면 마실수록 신에 대한 믿음이 두터워지니 신은 그만큼 기뻐하게 된다. 술 이외에는 아무것도 신을 기쁘게 할 가치가 없어 보인다. 불이나 신주(神柱)에게 술을 바치는 일은 생략하는 경우는 거의 없으며, 그때는 항상 술잔을 앞에서 흔든다.[23]

아이누는 조와 일본산 쌀로 도부로쿠(濁酒)를 양조하는 한편으로 니혼슈를 아주 좋아해 번 돈을 모두 거기에 쏟아 붓는다고 버드는 개탄한다. 그리고 "만취야말로 이들 불쌍한 미개인들이 바라는 최고의 행복이며, '신들을 위해 마신다]고 믿기 때문에 만취상태는 그들에게 신성한 것이다. 남자나 여자나 모두 이 악덕에 젖어 있다"[24]고 비난한다.

21 花崎皋平(2008), 『静かな大地 : 松浦武四郎とアイヌ民族』, 岩波現代文庫 참조.
22 バード, イザベラ(1973), 『日本奥地紀行』, 平凡社, p.275.
23 バード, イザベラ(1973), 『日本奥地紀行』, 平凡社, p.313.

아이누의 남녀는 일본인 이상으로 술이 세다는 것이 버드의 인상이다. 아이누는 신을 핑계로 술판을 벌인다고 비난하지만 꼭 그런 것만은 아니라 생각할 수도 있다. 신에 대한 믿음, 신을 기쁘게 하기, 그리고 혼술이 아니라 집단으로 술자리를 갖고 모두가 똑같이 만취를 하는 데에 의의가 있다고 생각된다.

앞서 치컵 미에코가 든 "'은의 물방울 내리는 주위에 금의 물방울 내리는 주위에'라는 노래는 지리 유키에의 『아이누 신요집』에 수록된 '올빼미 신이 손수 노래한 노래 / 은의 물방울이 내리는 주위에'[25]에 따른다. 여기에서는 아이누와 술의 연관성에 대해서 말을 한다. 올빼미 신은 이 노래를 부르며 창공을 날고 있는데 가난한 집 아이가 나무 활에 꽂은 화살을 쏘았다. 올빼미 신은 '손을 내밀어 그 작은 화살'을 잡아 그 아이가 있는 곳에 내려앉았다. 어린이는 올빼미 신을 허름한 오두막집으로 데려가 첫 번째 창문으로 집어넣고 늙은 부모에게 사연을 이야기했다.

이 지세(집)의 창은 가무이·푸야라(신의 창)라 불리는 '신들의 출입구'이며, 창 너머로 집 안을 들여다보는 것은 엄격히 금지되어 있었다.[26] 버드도 "아이누인에게는 창문으로 들여다 보는 것 만큼 큰 모욕은 없다"[27]고 관찰했다. 버첼러도 같은 지적을 하며 화롯가에서 만든 이나우를 많은 이나우를 세워 둔 누사에 놓을 때는 이 창문을 통해 꺼내고, 곰이나 사슴 등의 사냥감들도 이 창문을 통해 집안에 들여놓아야 한다는 전승을 기록하고 있다.[28]

아버지는 "올빼미 신이시어, 큰신이시어 가난한 우리들의 허름한 집으로 와주셔서 감사합니다. (중략) 오늘은 이미 해도 저물었으니 오늘밤은 큰신님을 묵게 해드리고 내일은 단지 이나우만이라도 큰신님을 모셔다 드리겠습니다"[29]

---

24 バード, イザベラ(1973), 『日本奥地紀行』, 平凡社, pp.318-319.

25 知里幸恵(1978), 『アイヌ神謡集』, 岩波文庫, p.11.

26 チカップ美恵子(2001), 『アイヌ・モシリの風』, 日本放送出版協会, p.245.

27 バード, イザベラ(1973), 『日本奥地紀行』, 平凡社, p.303.

28 バチェラー ジョン(1995), 『アイヌの伝承と民俗』, 安田一郎訳, 青土社, p.124.

라고 외치며 예배했다. 늙은 어머니는 상석 동쪽 창문 밑에 깔개를 깔고 올빼미 신을 놓고 세 사람 다 잤다. 올빼미의 신은 '은 물방울 내리는 주위에 금 물방울 내리는 주위에'를 조용히 노래하며 방 안을 '신의 보물'로 가득 채우고, 허름한 작은 집을 멋진 큰 집으로 만든다. 가난한 아들과 그 부모에 의한 올빼미 신에 대한 환대에 대한 답례이다.

이튿날 아침 "노인은 이나우 나무를 베고 훌륭한 이나우를 아름답게 만들어 나를 장식했습니다"라고 올빼미 신이 말한다. 노모는 술을 빚어 상석에 6개의 술통을 나란히 놓았다. 그리고 마을의 옛날 가난뱅이였고 지금 부자가 된 사람들을 초대한다. 가난한 사람도 부자도 사이가 좋아져 떠들썩하게 술판이 벌어진다. 올빼미 신은 "불의 신, 집안의 신 고헤이다나(御幣棚) 신들과 의논하면서 인간들의 춤을 추고 추는 모습을 바라보고 아주 재밌어하셨습니다."라고 말한다. 주연(酒宴)은 사흘 동안 이어진 후 끝이 나고 올빼미 신은 인간들의 사이 좋은 모습을 보고 안심하여 불의 신, 집안의 신, 온베다나 신에게 작별을 고하고 '자기 집'으로 돌아갔다.

올빼미 신의 집은 이나우와 술로 넘쳤다. 그래서 올빼미 신은 신들을 초대해 성대한 주연을 베풀고 아이누의 마을을 찾아갔음을 이야기했다. 올빼미 신이 아이누의 마을을 내려다보니 모두 평온하고 사이좋게 살고 있다. 올빼미 신에게 화살을 쏜 아이는 성인이 되어 처자를 거느리고 효도를 하고 있다.

"언제나 언제나 술을 빚었을 때는 술잔치 초반에 나에게 어폐와 술을 보내옵니다. 저도 인간들 뒤에 앉아서 언제나 인간의 나라를 지키고 있습니다"라고 올빼미 신이 이야기를 하며 끝이 난다.

이 신들의 이야기에서는 동물·신들의 세계와 아이누의 세계가 밀접하게 연결되어 있다는 것을 말해주고 있다. 있다. 그것도 이나우와 술을 매개로 해서다. 포획된 동물은 이나우와 술로 정중하게 환대를 받고 그 영혼은 동물과 신

---

29 知里, 知里幸恵(1978), 『アイヌ神謠集』, 岩波文庫, p.19.

들의 세계로 환송된다. 그리고 동물·신들의 세계에서는 그 답례로서 많은 사냥감을 내려줌과 동시에 아이누의 세계를 수호해 나간다. 이러한 의례의 작법은 곰 축제(이오만테) 등의 의례와 공통된 것이다.

구보데라 이쓰히코(久保寺逸彦)는 "아이누 사람들은 신에게 제사를 지낼 때는 반드시 술을 바치고, 신들도 가장 기뻐한다고 여겨지기 때문에 제사를 지낼 때는 반드시 술이 있고, 술이 있는 곳 반드시 신에게 기도하기 위해서 술을 양육(釀育)(나는 이런 이상한 숙어를 사용하지만, 뒤에서 언급할 신도사(神禱詞)에서도 알 수 있듯이 술을 만드는 것은 아이를 기르는 듯한 기분인 것이다)한 것이었다"[30]고 경의를 담아 기술하고 있다. 신과 객인에 대한 헌주의례가 끊임없이 반복되던 것이 아이누의 민속·종교의 예의범절이며, 신들과 교류하고 생활을 존속시켜 가기 위해 술은 빠뜨릴 수 없는 공물·선물이었던 것이다.

버드가 히라토리의 아이누에게 작별 인사를 하자 벤리의 두 아내는 수수떡을 만들어 삶고 그것을 칠기 쟁반에 담아 보냈다. 또 별미라며 사슴고기도 선물했다. 많은 아이누가 배웅을 하러 와서 "그들이 너무 많은 선물(그중에는 훌륭한 곰 가죽도 있었다)을 가지고 왔기 때문에 만약 내가 그 절반만이라도 받기로 했다면 말을 한 마리 더 구해 운반해야만 했을 것이다."[31]라고 할 정도였다.

히라토리를 떠날 때 버드는 아이누의 음주 습관의 악덕을 맹비난했다. 이에 대해서는 "우리는 하느님을 위해 마시는 것입니다. 그렇지 않으면 우리는 죽을 겁니다."[32]라고 하는 것이 대답이었다. "죽을 겁니다"라는 말은 꽤 과장된 말이지만 동물·신들의 세계와의 관계에 의해서 아이누의 세계가 운영되고, 그 연결을 잃어버리게 되면 아이누 자신의 생존의 근저는 뒤집혀 버린다는 심성이

30　久保寺逸彦(2001), 『久保田逸彦著作集 1 アイヌ民族の宗教と儀礼』, 草風館, p.11.

31　バード, イザベラ(1973), 『日本奥地紀行』, 平凡社, p.325.

32　バード, イザベラ(1973), 『日本奥地紀行』, 平凡社, p.326.

있었을 것이다.

그러나 메이지 초기 버드가 적어놓은 것처럼 일본인에게 고용된 아이누 노동자가 임금을 술에 탕진한 채 술에 취해 도로를 비틀비틀 걷거나 큰 대자로 쓰러져 누워 있는 상황이 나타나기도 했다. 버드에 의하면 일본인과의 유익할 것 없는 접촉에 의해서 확실히 음주의 새로운 국면이 나타났고 '신을 위해 마신다'를 구실로 삼고 있었다고도 할 수 있다. 하지만 신들과 아이누 세계는 환대와 증여 의례를 통해 통저되었고, 신들과 아이누가 함께 술을 마시고 음주하는 데에 의의가 있었으므로 주연(酒宴)은 아이누문화의 근원을 이루는 지극히 중요한 집단적인 종교적 의례로 존속되었던 것이다.

3. 아이누의 종교적 세계에서 보는 전통성

아이누의 종교적 세계, 그리고 코스몰로지에 관해서 버드는 단기간 체류하면서도 호기심 왕성하게 성심성의껏, 정력적으로 파헤치려고 했다. 버드는 히라토리에 머문 지 얼마 되지 않아 "아이누의 종교적 관념만큼 막연하고 정리되지 않은 것은 없을 것"이라고 기록하며, "언덕 위의 신사는 일본식 건축으로 요시쓰네(義經)를 모시고 있는 것"이지만 그것을 제외하고는 신사도 승려도 없고, 희생을 바치지도 예배하는 일도 없다며 다음과 같이 적고 있다.

> 분명히 그들의 종교의식은 오랜 옛날부터 전통적으로 가장 소박하고 가장 원시적인 형태의 자연 숭배이다. 막연히 수목이나 강이나 바위나 산을 신성한 것이라 생각해 바다나 숲이나 불이나 일월에 대해서 막연히 선이나 악을 가져오는 힘이라고 생각하고 있다. (중략) 이 소박한 자연숭배는 일본 신도의 원시적 형태였을지도 모른다. 그들은 생물계 혹은 무생물계의 것을 숭배하는데 그 유일한 예외는 요시쓰네 숭배라 여겨진다.[33]

버드는 생물·무생물을 가리지 않고 "가장 소박하고 가장 원시적인 형태의 자연 숭배", 즉 애니미즘이 아이누의 종교적 세계의 근저를 이루고 있다고 하고 있다. 그러나 그 예외가 요시쓰네 숭배라고 기술되어 있다. 이에 대해서는 후술하기로 하고, 아이누의 신들의 세계를 보자. 자연숭배 혹은 애니미즘, 오늘날에는 자연과의 공생이라는 언설로 분식되는 경우가 많지만 아이누의 경우 숲도 평야도 강도 바다도 일본 정부·일본인(和人)에 의해 수탈되어 보호라는 이름하에 이주·격리되어 농업을 강요당하고 노동력은 착취당해갔다. 애니미즘이나 자연과의 공생 같은 것을 찬양하는 언설은 아이누의 역사적 현실을 사상하고 은폐하는 것임에 다름 아니다.

아이누의 '자연숭배'를 "겁이 많고 단조로우며 선의 관념을 갖고 있지 않은 생활로 (중략) 어둡고 지루하며, 이 세상에 희망도 없을뿐더러 아버지 신도 모르는 생활이다"[34]라고 기독교의 은택을 입어오지 않은 백성을 연민하고 있다. 그야말로 크리스천이 아니면 불가능한 종교관을 노골적으로 드러낸 인식법이다. 일신교·기독교 신앙의 신관념이 문명의 척도였으며, 서양중심주의·에스노센트리즘의 일익을 담당하고 있었던 것이다.

한편으로는, "다른 많은 원주민들의 생활보다는 상당히 고도이며 뛰어난 것이고", 또한 서양 도시의 기독교인이지만 '타락한 대중'보다는 "훨씬 고도이고 훨씬 훌륭한 삶을 살고 있다"고 다소 찬사적인 말을 보내고 있다.

버드는 자신의 아무렇지도 않은 행동이 아이누의 관행에 맞지 않았던, 이문화 체험처럼 느껴졌음을 솔직하게 적고 있다. 그것은 벤리의 집에서 식은 차를 침대 옆 창문을 통해 버리려다 저지당하고 훈계를 당한 일이었다.

"나는 그때까지 몰랐는데 그 창문에는 신이 놓여 있었던 것이다. 그것은 앞에서 말한 대팻밥을 하나즈나(花綱)처럼 붙여 놓은 작은 기둥으로 그 옆에 죽

---

33 バード, イザベラ(1973), 『日本奥地紀行』, 平凡社, p.310.
34 バード, イザベラ(1973), 『日本奥地紀行』, 平凡社, p.290.

226

은 새가 있었다"[35]고, 아마도 반성의 뜻을 담아 쓴 글이다. 이 창문이 가옥의 동쪽에 위치했다면 앞서 말했듯이 가무이 푸야라(신의 창)이다. '대팻밥을 하나즈나처럼 붙인 작은 기둥'은 이나우다. 이나우는 버드나무나 층층나무 등으로 만들어지는 "신들을 제사 지낼 때 사용하는 나무 재물"[36], 아이누의 종교의례에는 필수적인 제구이다.

이나우는 수호해 주는 가무이에 대한 공물, 가무이와 인간을 주선하는 매체, 그리고 버드의 말처럼 신 혹은 신체이다. 구보데라에 의하면 "이나우는 신들에 대한 제물이며, 또 어떤 종류의 이나우는 그 자신 신의 빙의물, 즉 신체로서 모셔지는 것이다"[37]. 여러 이나우를 한데 모아 세운 것을 누사(祭壇)라고 한다. 두 갈래 막대기를 여러 개 세우고 거기에 삿대를 대서 울타리를 만들고, 거기에 기대걸치듯이 많은 이나우·누사를 세운 제단이 누사산(弊壇)이라 부르고 가옥 동쪽의 가무이 푸야라 밖에 설치되어 있다.

누사단은 네 개의 울타리가 있고 북쪽 끝에는 누사코로가무이(大弊의 신)를 위해 네 개의 이나우를 세운다. 그 옆에 시람파 가무이(숲의 신)를 위해 네 그루의 이나우를 세운다. 그 옆에 하시나우·우쿠·가무(수렵의 신)를 위해 역시 네 그루의 이나우를 바친다. 남단에 왓카·우시·가무이(물의 신)를 위해 다섯 그루의 이나우를 세운다. 누사코로가무이의 이나우 울타리 앞에 시누랏파·우시(조령의 제단)를 마련해 네 개의 이나우를 바친다. 이 자리는 술을 빚는 '조령제(祖靈祭)' 의식이 거행되는 제단으로 여성들끼리만 이 의식을 집행하고 있었다.

누사산의 가무이들은 가옥의 가무이·푸야라를 통해 가무이·후치와 교류하고 있으며, 실내의 화롯가에서 장로가 가무이·후치에게 빌면 가무이·후치는 누사산의 가무이들에게 소원을 전해주게 된다.[38]

35 バード, イザベラ, 上掲書, p.277.
36 久保寺逸彦(2001), 『久保田逸彦著作集 1 アイヌ民族の宗教と儀礼』, 草風館, p.335.
37 久保寺逸彦, 上掲書, pp.338-339.

버드가 히라토리에서 눈으로 본 이나우를 예로 들어 보자. 처음 본 것은 앞서 말한 버드가 히라토리에 도착한 날 밤 9시경 수장 벤리의 집에서 장로들도 모여 술판을 벌이며 환대받았을 때였다. 이 주연은 다음 날도 열렸다. 옻그릇에 술을 따르고 그릇 위에 이쿠파스이(酒箸)를 놓는다. 그릇을 몇 차례 흔들고 나서 이쿠파스이를 술에 담가 불에 방울을 여섯 번 뿌린 뒤 이어 이나우에게 술 방울을 몇 차례 뿌리는 주연의 절차가 진행되었다. 다음날의 주연에 대해서는, "밤의 잔에는 술을 따르고, 불의 신과, 깎은 꽃을 붙인 나무기둥신은 봉주(捧酒)를 받는다"[39]라고, 화롯가의 불=불의 신과 이나우에게 술을 받친 것을 기록하고 있다.

다음에, 다음 날 점심시간 전에 수장 집에 이웃 사람들이 모여 벌인 '미개인 모임'에서의 주연(酒宴)에서 이나우를 보았다. 벤리는 바닥 중앙 화덕 옆에서 잔을 끌어다가 두 팔을 벌리고, 얼굴 쪽으로 손을 흔들어 버드에게 인사를 하고 "술에 막대기(히게베라)를 담그고 신에게 여섯 번 신주를 바쳤다. 그때 깎다만 송이 장식을 단 곧은 막대기를 방바닥에 세운다. 그리고 그는 자신을 향해 여러 차례 술잔을 흔들고 불에 헌주를 한 다음 술을 마셨다[40]고 적고 있다.

이 '신(神)'이란 불의 신인 것이다. '방바닥'이 어딘지는 알 수 없으나 화덕의 재에 불의 여신을 위해 이나우를 꽂고 이쿠파스로 술을 붓고, 기도(가무이노미)를 올렸을 것이다. 화덕의 불, 또는 화덕의 재에 꽂힌 이나우에 먼저 술을 헌상했다. 화덕에는 불의 신이 머문다. 불 그 자체가 신의 표상이다. 불의 신에게 바쳐진 이나우 또한 그 신체의 표상이다.

아이누의 가옥은 방이 하나뿐이며 필요에 따라 멍석을 매달아 방을 칸막이로 만들어 이용한다. 가옥 내부는 서향 출입구와 실내의 화로리, 동쪽에 신의 창 가무이·푸야라를 연결해 딱 일직선이 되는 구조이다.[41] 화덕이 가장 신성한

---

38 マンロー, ニール·ゴードン(2002), 『アイヌの信仰とその儀式』, 図書刊行会, p.72

39 バード, イザベラ(1973), 『日本奥地紀行』, 平凡社, p.291

40 バード, イザベラ(1973), 上揭書, p.266.

자리이며 가무이·후치 '최고의 선조 여신'(아페·가무이 '불의 여신', 아페·후치 '불의 오나가미(媼神)'라고도 불린다)가 화덕의 중앙부에 깃들어 있고 이나우가 상좌(上座)에 해당하는 화덕의 좌상 귀퉁이 재에 꽂혀 모셔진다. 이 화덕은 죽은 자의 영혼이 죽은 자의 세계로 향하는 입구로도 여겨진다.

버드가 본 것은 화롯불의 신 가무이·후치에게 바쳐진 이나우였다. 매일 밤 잠자리에 들기 전에 숯불 위에 재를 덮어 화덕의 불씨를 꺼뜨리지 않도록 해 둔다. 화덕의 불을 꺼뜨리면 그 집 주부에게 재앙이 온다고 하여 가무이·후치에 대한 '무엇보다 무거운 죄'라고 하였다. 둘째 날 아침, 버드는 침대를 놓아둔 잠자리 쪽 창문으로 식은 차를 버리려다 혼이 났다. 그 창에는 이나우가 놓여 있었고 그 옆에 새의 시체도 있었다고 한다. 이에 대해서는 다른 곳에 "아이누인이 신에게 희생을 바치는 것은 한 가지 경우뿐이며 참새와 비슷하게 보잘것없는 죽은 새를 껍질을 벗긴 신장(神杖) 근처에 놓아두고 부패 정도가 상당히 진행될 때까지 방치한다"고 적고 있다.

벤리 부부의 잠자리는 집 북쪽, 현관 왼쪽. 그렇다면 버드의 잠자리는 남쪽, 현관 오른쪽이었을 것이다. 남쪽은 어린이들이 사용하는 장소 또는 잠자리인 동시에 '축제 때나 장례식 때 손님들이 앉는 곳'이며 동남부 어린이들의 잠자리가 버드의 잠자리가 되었을 것이다. 여기 있는 창문은 이토무·푸야라(남쪽 창문), 그 아래쪽 서남쪽 창문은 퐁·푸야라라고 한다. 먼로의 지적처럼 이나우는 출입구나 창문 위, "재앙을 일으키는 악령들이 숨어 있을 법한 가옥 구석구석에"[42] 놓여 있다.

버드는 '집안의 수호신'인 이나우를 보았다. "이 집에서는 입구 왼쪽에 열 개의 지팡이 같은 기둥이 있고, 그 상단에서 깍다만 것을 늘어뜨려 벽을 꽂아 놓았다. 아침 햇살이 비치는 창밖으로 돌출한 나무 기둥도 있다. 큰신(大神)은

41 マンロー, ニール・ゴードン(2002), 『アイヌの信仰とその儀式』, 図書刊行会, p.92.
42 マンロー, ニール・ゴードン(2002), 『アイヌの信仰とその儀式』, 図書刊行会, p.92.

2피트 높이의 흰 기둥으로 머리부터 나선형의 깍다만 것을 늘어뜨리고 있으며, 항상 바닥에 꽂혀 서 있다. 그것은 좌측의 벽 근처, 화로를 마주하고 있고, 호주의 침대와 항상 같은 쪽에 부착되어 있는 낮고 넓은 선반의 사이에 있다"[43]라고 기록하고 있다. 여기에서는 서쪽 입구의 이나우, 동쪽의 가무이·푸야라(신의 창)의 이나우, 그리고 60cm가량의 '큰신'의 이나우를 들고 있다.

입구의 이나우는 아파·삼·가무이(가옥의 출입구에 있는 신)로 집 안으로 들어오려는 악령을 막고 집을 수호한다. '큰신' 이나우는 왼쪽 호주의 침대와 넓은 선반 사이 마루에 세워져 있다.이 선반은 상좌 구석에 위치하여 술잔(도키)이나 상(옷치케), 행기(신토코) 등의 칠기, 또 칼이나 활 등의 무구를 안치하는 보단(寶壇) 이요이키리(이누마이키리)이다. 이 칠기들은 주조(酒造) 용구가 되는 실용품이자 제사 용구이기도 하다. "부와 권위를 나타내는 중요한 보물"[44]이다.

이 침상과 선반 사이에 이나우가 놓여져 있었다고 하는데, 그 60센치 정도의 이나우는 실내 보단이 있는 북동쪽 벽 쪽에 세워져 있는 치세·코로·가무이(집의 수호신)의 이나우일 것이다. 집안 상석 한쪽에 안치되어 가무이·후치에 이어 "유일한 집안의 수호신"[45]으로 추앙받고 있다. 이 신은 남신으로서 가무이·후치와 함께 가족의 무병식재(無病息災)와 생업의 번영 등을 기원하는 신으로 추앙되고 가무이·후치의 배우신(配偶神)으로 간주되고 있다.[46] 이 이나우 옆에 치세·코로·쿠루·에푼키네·가무이(집주인의 수호신)의 이나우가 모셔진다.

버드는 "그들의 신들은- 즉, 그들 종교의 구체적인 상징은 신도의 고헤이(御幣)와 아주 유한 것이지만- 껍질을 벗긴 백목 지팡이나 기둥으로 꼭대기 근처까지 깎았고, 거기서부터 깎은 부분이 하얀 권모(捲毛)처럼 늘어져 있다"고 고헤이와의 유사성을 지적했다. 또한 "이 들 신주는 때로는 20그루도, 집안에

43 バード, イザベラ(1973), 『日本奥地紀行』, 平凡社, pp.303-304.
44 佐々木利和(2001), 『アイヌ文化誌ノート』, 吉川弘文館, p.140.
45 マンロー, ニール・ゴードン(2002), 『アイヌの信仰とその儀式』, 図書刊行会, p.42.
46 久保寺逸彦(2001), 『久保田逸彦著作集 1 アイヌ民族の宗教と儀礼』, 草風館, pp.285-343.

세워 둘 뿐만 아니라 벼랑 위 혹은 강둑, 고개에도 세운다. 사공이 급류나 위험한 곳을 내려갈 때는 이들 신장(神杖)을 강물 속에 던진다. 내가 사루후토에서 오는 길에 내 몹쓸 말이 오르막길에서 떨어진 이후 네 개나 신장이 세워졌다"[47]라고, 실내에는 20그루나 이나우가 세워져 있고 야외에서는 절벽이나 강둑이나 고개에도 이나우가 세워져 있는 것을 보았다.

병과 재해를 가져오는 우엔·가무이(악신)나 니크네·가무이(광포한 신)로부터 마을이나 집을 방호하고 격퇴하는 고탄·키키카라·가무이(마을을 방호하는 신)에게 바쳐지는 것이, 코고·키키카라·이나우다. 마을 경계인 길가나 해안, 강 입구에 세워져 있다.[48] 절벽이나 강둑이나 고개에 세워진 것도 이런 종류의 이나우일 것이다.

버드는 아이누의 종교를 "오랜 옛날부터 전통적으로 가장 소박하고 가장 원시적인 형태의 자연숭배"라고 하는 한편 그 예외로서 인신신앙인 '요시쓰네 義經 숭배'를 들고 있다. 버드는 병자를 간병한 답례로서 요시쓰네를 모시는 '신사'를 안내받았다. 이 요시쓰네 신사는 1799년(寬政 11)에 마쓰마에(松前) 에조치어용(蝦夷地御用) 곤도 주조(近藤重蔵)가 아이누의 시조신 오키쿠루미를 미나모토 요시쓰네(源義経)로 모셨다고 한다.

요시쓰네신사는 마을 건너 산 정상에 있어서 버드는 나무계단이 약간 겨우 설치된 가파른 오르막길을 젊은이의 손에 이끌려 도착했다. 정상 절벽 끝에 목조 '일본식 건축'인 '백목(柏木)의 간소한 신사'가 있었고, 안쪽 넓은 선반에 요시쓰네의 상을 넣은 즈시(厨子)가 안치되어 있었다. 요시쓰네의 상은 '놋쇠 상감(真鍮象眼)의 갑옷'을 걸치고 있었다. 금속제 고헤이와 녹슨 놋쇠의 촛대가 있었고 범선을 그린 에마(繪馬)가 걸려 있었다고 한다. 세 번 줄을 당겨 방울소리를 내고 세 번 배례를 하고 술을 여섯 번 신에게 받쳤다.

---

47 バード, イザベラ(1973), 『日本奧地紀行』, 平凡社, p.311.
48 久保寺逸彦(2001), 『久保田逸彦著作集 1 アイヌ民族の宗教と儀礼』, 草風館, p.348.

버드에게도 이 신에게 절하라고 했지만 "나 자신의 신 이외에는 배례할 수 없다"고 거절하니더 이상 강요하지 않았다. 부수장이 '위대한 신' 요시쓰네에 대해서 이야기를 했다. "요시쓰네의 화려한 전투의 공로 때문이 아니라 전설에 의하면 그가 아이누인에게 친절했다는 이유만으로 여기에 요시쓰네의 영혼을 언제까지나 지키고 있는 것을 보고 나는 무언가 마음이 찡해 짐을 느꼈다"[49] 적고 있다. 미나모토 요시쓰네는 아이누의 조상에게 "문자와 숫자와 함께 문명의 제예(諸藝)를 가르치고 올바른 법률을 주었고". "전쟁을 영구히 금지했다"[50]고도 전해진다.

버드가 요시츠네 신사를 본 10년 뒤 히치콕도 찾아왔다. 요시쓰네는 아이누의 시조신 "오키쿠루미로서 아이노인에게 알려져 있고", 버드가 요시쓰네에 대해서 "산에 사는 아이노인의 최고신"이라고 하는데 "실제로 요시쓰네를 신으로서 숭배하고 있는지 어떤지는 의문스럽기까지 하다"고 했다. 히치콕은 수장 벤리의 안내를 받아 요시쓰네 신사로 갔는데, 1888년(메이지 21)에 태풍으로 "신사는 날아가 버려 잔해가 험준한 산허리에 흩어져 있었다"[51]고 보고하고 있다. 후에 재건하여 오늘에 이르고 있다.

4. 이오만테·곰축제의 코스몰로지

버드는 이오만테·곰축제(곰 보내기)에 참석한 적은 없지만 히라토리와 우스(有珠)에서 곰(기문·가무이)의 숭배, 또는 '서양의 세터나리아(농신제)'에 상당하는 '최대의 종교적 축제'에 대한 이야기를 들었다. 마을마다 수장의 집 근처에 높은 기둥 여러 개가 서고 "그 기둥 꼭대기에는 살이 없는 곰 머리가

---

49 バード, イザベラ(1973), 『日本奥地紀行』, 平凡社, p.288.
50 バード, イザベラ(1973), 『日本奥地紀行』, 平凡社, p.310, p.320.
51 ヒッチコック, ロマイン(1985), 『アイヌ人とその文化』, 六興出版, p.142.

얹혀 있는" 기둥, 또는 작은 곰이 들어있는 우리를 보았다. 곰의 두개골을 얹은 기둥은 육·사파·오·니라고 불리며, 그 누사는 사냥신과 물의 신인 누사 사이에 설치되어 여러 가지 이나우가 만들어진다[52].

아이누는 술을 마시고 춤을 추며 "여러 가지 무기를 들고 곰을 습격한다. 곰에게 피를 흘리게 하는 것은 행운을 가져다주므로 모두 상처를 입히려고 한다"며, 곰을 죽이고 목을 베어낸다. 그리고 곰을 해체하여 "축연과 시끌벅적한 소란 속에서 곰의 머리를 기둥 위에 안치하고, 거기에 예배, 즉 술을 올리고", "모두 진탕 취해 제는 끝난다"고 적고 있다. 그리고 "우리는 너를 죽이겠지만 곰이여, 아이누인이 되어 빨리 돌아오라"고 적고서 버드는 다음과 같은 감회를 표현했다.

> 곰을 덫에 걸리게 하거나 화살로 쓰러뜨리면 사냥꾼들은 곰에게 변명 같은, 위무 같은 의식을 치른다. 그들은 어떤 소박한 윤회 사상을 가지고 있는 것처럼 보인다. 이는 우스 사람들이 곰에게 기도하는 말에서도, 또한 어떤 소박한 전설로도 증명이 된다. 그러나 이 사상이 토착적인 것인지 혹은 후기에 이르러 불교와 접촉하게 되면서 발생한 것인지 그것은 알 수 없다.[53]

버드는 곰의 피를 흘리게 해 마지않는 잔인함과 야만함, 만취하여 광포함을 드러내는 아이누의 자태를 과장하고 강조하고 있다. 아이누에게는 '최대의 종교적 축제'이고 엄숙한 의례와 주연을 병행한, 이른바 '피가 끓고 살이 춤추는' 대축제이다. 개신교 버드에게는 탐탁지 않을지도 모르겠지만 서양 농경신 사투르누스의 농신제와 비교했다면 생업의 차이는 있지만 새로운 지식을 얻어 아이누의 심성에 접근할 수 있었던 건 아닐까. 하지만 버드는 "우리는 너를 죽이지만 곰이여, 아이누인이 되어 빨리 돌아오라"는 주문을 적으며 거기에

---

52 久保寺逸彦(2001), 『久保田逸彦著作集』, 草風館, pp.353-357.
53 バード, イザベラ(1973), 『日本奧地紀行』, 平凡社, p.315.

'소박한 윤회 사상'을 발견했다. 오늘날 아이누의 종교·민속으로 칭앙되는 자연과의 공생과 같은 단순한 자연숭배·애니미즘이 아니라 동물 세계와 인간·아이누의 세계와의 사이에, 생명의 순환, 혹은 재생을 기반으로 하는 환대와 증답의 관계성을 구축했던 것이다.

1888년에 아이누를 조사했던 히치콕은 곰 축제를 볼 수 없었다. 저서에서는 B. 쇼이베의 논문(「Der Barencultus und die Barenfeste der Ainos」, 1880)을 요약해서 실었다.[54] 쇼이베는 1880년(메이지 13)에 오샤만베(長萬部)로부터 3리 떨어진 군나이(國縫)에서 곰축제를 봤다. 외국인 중에 곰축제를 처음 조사해 보고한 것이 바로 이 사람일 것이다. 1931년경 먼로는 니부타니(二風谷)에서 곰축제를 보고 영화 촬영을 했다. 이 곰축제에 대해서는 먼로가 제작한 영화의 해설을 B.Z. 셀릭맨이 편집한 글이 남아 있다.[55] 또한 1936년에 구보타 이쓰히코(久保田逸彥)는 니부타니에서 곰축제의 기록 영화를 촬영했다.

먼로의 영화 '곰축제'에서는 '희생 의식'이 시작되기 전부터 촬영을 하고 있다. 가무이·후치에게의 헌주, 여인들의 수수경단 만들기, 누사·상 만들기·헌주, 가무이로서의 곰에 대한 헌주, 꽃화살 쏘기, 화살에 의한 사살, 곰 목 잘라내기, 곰 머리에 헌주, 곰 피 돌려 마시기, '신성한' 곰고기 분배 등 가무를 동반한 제의가 촬영되었다. "암컷 곰을 보내는 의식의 경우에는 그 시체에 목걸이 걸어 장식해 줍니다. 곰의 영혼을 향해서는 경의를 담은 인사 의례를 행하고, 사람들에게 은혜를 베풀어 준 것에 대해 찬사를 말하고, 그 영혼을 조상이 잇는 곳으로 보내는 약속의 말을 외치면서 봉주(捧酒)를 거행합니다. 이렇게 함으로써 그 영혼을 만족시키는 겁니다"라고, '최고의 손님'으로 여겨진 곰의 영혼을 환대하고 배웅하는 의례에 대해 해설을 하고 있다.[56]

아이누의 청년교사 다케스미 도쿠자부로(武隈德三郎)는 『아이누 이야기(ア

54 ヒッチコック, ロマイン(1985), 『アイヌ人とその文化』, 六興出版, pp.150-159.
55 マンロー, ニール·ゴードン(2002), 『アイヌの信仰とその儀式』, 図書刊行会, pp.241-244.
56 マンロー, ニール·ゴードン, 上掲書, p.243.

234

イヌ物語)』(1918)에서 "작은 곰을 기르는 목적은 곰의 동정을 얻어 사냥을 많이 하고, 재산을 만들고 또한 병마 등에 걸리지 않도록, 행복을 얻기위해서다"라고 하면서, "곰은 신이기 때문에 육체를 몇 번이고 바꿔 만들 수 있는" 신으로서의 곰의 특성을 기록함과 동시에 다음과 같이 곰축제의 '전설'을 들고 있다.

> 작은 곰은 보내질 때 예쁜 '이나오'(木幣), 멋진 '이코로'(칼을 모조한 것), 진귀한 '에베레 아이'(또는 '헤베레아이'라고도 하고 곰축제 때 사용하는 꽃화살), 맛있는 경단과 술을 많이 짊어지고 부모님이 계신 곳으로 돌아가서 지금까지 두터운 신세를 진 사람이나, 많은 좋은 선물을 받았던 것에 대해 이야기를 늘어놓는다. 이때 노부모는 아주 기뻐하며 "아, 그래? 너는 좋은 곳에서 자랐구나. 그 집 사람들은 마음이 정말 좋구나. 우리도 그 집 선대한테 자주 가곤 했지. 은거하기 전에 한, 두 번 놀러 가자꾸나. 너도 말할 필요 없겠지만 좋은 친구 불러서 가끔 놀러가서 그 집의 '마우코비리카'(행운)를 도모하고 부자가 되게 하거라" 라고 부모와 자식은 재회를 기뻐하며 이제까지보다 더한층 그 집안의 행복과 안태를 꾀하는 것이다.[57]

곰축제에서 '보내기'란, 사사키 도시카즈(佐々木利和)에 의하면 가무이·모시리(신의 세계)에서 아이누·모시리(인간 세계)에 놀러 온 신을 가무이·모시리로 돌아가게 하는 의례이며, 거기에 아이누의 신앙의 근저를 이루는 종교적 사상이 있다.

가무이·모시리에서 신들은 인간과 같은 모습으로 똑같은 삶을 살고 있다. 아이누·모시리에 놀러 올 때 곰의 신이라면 검은 곰 분장을 하거나 '갑옷'을 몸에 걸친다. 가무이가 화신해 가상의 모습으로 곰이 된다. 신이 가무이·모시리로 돌아갈 때는 스스로 그것을 벗지 못하기 때문에 인간이 거들어 벗기어서 영혼의 모습이 되어 가무이·모리시로 돌아가게 된다.

이 분장이나 투구를 벗기는 행동거지가 모피를 벗겨 해체하는 것이다. 고기

57　武隈徳三郎(1980),『アイヌ物語』河野本道編『アイヌ史資料集5』北海道出版企画センター, pp.19-20.

나 모피는 신이 인간에게 주는 선물이 된다. 한편 인간은 술이나 이나우 등의 선물을 바치고 신을 돌아가게 한다. 그리고 신은 몇 번이나 아이누·모시리를 방문해 인간은 풍요로워지고 신도 한층 더 '신격'을 높이게 된다.[58] 이러한 환대와 선물의 호혜적인 관계성을 의례로 결정지은 것이 이오만테인 것이다.

버드는 아이누의 집에서 키우는 곰을 보고 수장 집에서 곰축제에 대해 물어봤다. "그들은 곰을 주신으로 하고 다음으로 태양과 불을 신으로 삼고 있다. 이제 더는 늑대에게 빌지 않는다고 한다. 그들은 화산이나 그 밖의 많은 것들을 카모이 〈신〉이라고 부르지만 그것들에게 빌지 않는다. 그들에게 빈다는 것은 단순히 술을 바치고 신을 위해 술을 마시는 것을 의미하며, 기원이나 그 밖의 입으로 말하거나 마음으로 염원하는 등의 동작을 동반하지 않는다는 것을 분명히 알았다"[59]고, 제멋대로의 확신을 토로하고 있다. 버드가 정리한 아이누의 종교관이란 다음과 같은 것이다.

> 아무 종교 사상도 없는 민족의 종교 사상이나, 단지 어른이 된 아이에 지나지 않는 사람들의 신앙에 대해 쓰는 것은 무의미할 것이다. 만약 아이누의 신조에 대해 정리하려는 여행가 가 있다면 그 사람은 멋대로 자기 마음속에서 상상해서 쓰는 수밖에 없을 것이다. 그들의 종교 관념은 어떤 것일까. (중략) 몇몇 막연한 두려움과 희망이며, 그들 밖의 대자연 속에 자신보다 강력한 것이 있지 않을까, 하는 기분이다. 술을 바치면 그런 힘의 영향을 받을 수 있고 나쁜 영향을 피할 수 있다고 생각한다. 숭배라는 말 자체가 사람을 그르치게 만든다. 내가 이 말을 이들 미개인에 대해서 쓸 때는 단순히 술을 바치거나 팔을 흔들고 두 손을 흔드는 것일 뿐 애원이나 간청 등의 정신적 행위가 조금도 동반되지 음을 의미한다.[60]

아이누에게는 신을 숭배해서 진정으로 바치는 기도, 이른바 정신적 내면적

58 佐々木利和(2001), 『アイヌ文化誌ノート』, 吉川弘文館, pp.208-209.

59 バード, イザベラ(1973), 『日本奥地紀行』, 平凡社, p.348.

60 バード, イザベラ(1973), 上揭書, pp.311-312.

236

신앙과 행실이 없으며 신을 구실로 그저 술을 마실 뿐이라고 단정한다. 우스에서는 우스다케의 노을 지는 광경에 감동하면서 "화려하지만 한 사람도 신자가 생길 것 같지 않은" 절, 정토종의 젠코지(善光寺)를 찾아갔는데, "많은 아이누 주민들은 민간불교를 형성하고 있는 많은 미신보다 더 깊은 미신 속에 침체되어 있다"[61]고 했을 뿐이다. 역시 개신교다. "민간불교를 형성하고 있는 수많은 미신에" 젖어 있는 일본인들, "더 깊은 미신 속에 침체되어 있는" 아이누 백성들에게 연민을 느끼면서도 모멸하고 유럽의 '미신'이나 음주에는 눈을 돌리려 하지 않는다.

한편으로 버드는 사냥과 어로의 계절이 끝날 때의 대제(大祭) 때 외우는 '소박한 문구'를 적고 있다. "우리를 키워주는 바다에 대해, 우리를 지켜주는 숲에 대해 우리는 깊은 감사를 드린다. 당신들은 같은 아이를 키우는 두 엄마입니다. 한쪽을 떠나 한쪽으로 가더라도 결코 화를 내지 마십시오", "아이누인은 항상 숲과 바다의 자랑거리가 될 것입니다"[62]가 그것이다. 버드는 이 기도 말에 신들에 대한 "감사의 마음이 조금 배어 있다"고 해설을 덧붙였다. 숲이나 바다, 또 그 신들에 대한 '감사의 마음', 그것이 버드가 찾아낸 아이누의 종교 관념이었다고 말할 수 있을 것이다. 이러한 이교도의 모성이나 자녀에 대한 자애, 신이 창조한 자연친화성에는 개신교 또는 근대인으로서 존중하는 것이다.

버드가 개신교의 종교·윤리관 또는 서구문화를 지상으로 하는 에스노센트리즘에 입각하여 아이누의 민속 종교를 관찰조사하고 기술한 것은 분명하고 당연하다. 아이누에 대한 훼예포폄(毁譽襃貶), 어느 쪽이냐 하면 '문명화할 수 없는', '미개인' 등, 매도하고 멸시해 마지않는 경우가 많다고는 해도 아이누 그 자체를 알려고 정중하게 성의를 갖고 귀를 기울여 아이누의 말을 듣고 시선을 집중시키기도 했다. 오늘날의 지식에서 보면 쉽게 비판하고 묻어버릴 수도 있겠지만 귀중한 에스노그래피(민족지)를 얻었으며 배워야 할 것이 지금도 많이 숨어 있다.

61 バード, イザベラ(1973), 上揭書, p.347.
62 バード, イザベラ(1973), 上揭書, pp.312-313.

5. 아이누의 근대적 변용과 국가

메이지(明治) 정부에 의해 '에조지'가 '홋카이도'로 개칭되고 일본 국가의
지배하에 편입되자 아이누는 사냥터를 빼앗기거나 농경지로 선정된 곳으로
강제적으로 이주하게 되면서 기존의 생활환경에서 벗어나게 되었다. 그리고
'홋카이도 구토인 보호법(北海道旧土人保護法)'(1899) 등으로 상징되듯이, 농
경으로의 전업이나 학교에서의 일본어 습득, 전통문화로부터의 탈피라고 하는
'동화' 정책에 적응을 강요당해 간다. 이사벨라 버드가 홋카이도를 여행한 1878
년에는 적지 않게 남아 있던 의식이나 관습도 그 전승이 곤란해져 갔던 것이다.

　그렇기는 해도 '동화' 정책하에서도 아이누의 전통적 종교가 쉽게 사라진 것
은 아니었다. 1918년에 간행되어 아이누에 의한 단저로서는 초창기의 것 중 하
나인 『아이누 이야기(アイヌ物語)』에서 타케쿠마 도쿠자부로는 최근 아이누
사회에 기독교나 불교가 확산해 온 것을 보고하면서, "그렇지만 그 신도 중에는
왕왕 진짜로 귀의한 것이 아니라 그저 세상에 적응해 살아가기 위해 외모를
장식해야 할 하나의 수단으로서 귀의하는 자가 있다"고 지적하고 있다.[63] 다케
쿠마에 의하면 이들 '기독교인'이나 '불교도'는 병자가 생겼을 때 재래의 신이나
점쟁이를 의지하고, 사망자가 나왔을 때는 재래의 습관에 따라 장례를 치른
뒤, "지금은 시시야무부리(和人의 풍습)로 하지 않으면 안 되는 때여서 이에
형식적으로만 무슨 교(敎)의 의식을 행하라. 원컨대 여러 신이여, 이를 용서하
소서"라는 구절을 넣어 기독교식 혹은 불교식 의례를 집행한다고 한다.[64]

　기독교는 존 바첼러 등 성공회를 중심으로 일찍부터 아이누 전도에 착수했
고 교육면에서도 아이누 학교를 설립하는 등 활발한 활동을 벌여왔다. 확실히
'기독교도'의 실태로서는 타케쿠마가 지적하는 것과 같은 상황이 있었겠지만,

63　武隈徳三郎(1980), 『アイヌ物語』, 河野本道編, 『アイヌ史資料集5』, 北海道出版企画セン
　　ター, p.40.
64　小川正人・山田伸一編(1998), 『アイヌ民族近代の記録』, 草風館, pp.365-366.

개중에는 크리스트교 신앙에 깊게 빠져 들어간 아이누도 있었다. 바첼러를 단장으로 하는 아이누 전도단의 기관지 『우타리그스』 같은 걸 읽으면 아이누는 무교육, 나태, 비위생적이며 음주의 습관에 빠져 있다는 화인의 차별 의식을 아이누 자신이 승인하면서 그것들을 극복하고 "아이누 사회를 개조하고 싶다, 우타리를 좀 더 향상시키고 싶다, 일본 국민으로서 어울리는 게 만들고 싶다, 그리스도에 딸린 백성으로서 어울리는 사람을 만들고 싶다"[65]는 기사가 눈에 띈다. 그리고 아이누의 '진보'를 방해하는 요인으로 여겨지는 것 중 하나가 "곰의 머리나 여우의 머리를 신으로 삼는 것과 같은 종교"이며, 어느 기사에서는 "우타리 신은 술을 마시기에 딱 좋고, 따라서 술을 마시고 싶은 마음에 엉터리 신을 배례하고 있어 오늘날 기독교가 우타리에 세력을 얻지 못하는 것은 야소에 들어가면, 술을 마실 수 없다"는 것이 원인으로 작용하고 있다"고, 아이누의 종곽적 의식을 음주의 습관과 결부시켜 강하게 비판하고 있다.[66]

이러한 논조의 배후에는 홋카이도 개척 정책이 전개되어 토지나 생업을 빼앗겨 가는 가운데 아이누 자신이 민족 고유의 언어·문화의 계승을 단념하고, '일본 국민'으로서의 '동화'를 목표로 하지 않을 수 없는 상황까지 몰려갔다고 하는 상황이 있었다고 생각된다.[67] 아이누 사회에서 기독교는 서양문명을 상징하는 것이기도 했고, 그 교회에 모인 사람들은 자신들이 솔선해서 아이누의 근대화를 추진하려는 기개를 갖고 있었던 것이다.

한편 1931년에 『아이누의 외침』을 저술한 카이자와 도조(貝沢藤蔵)는 기독교에 의한 아이누의 교화 성과가 그다지 오르지 않는 것은 음주의 습관에 의한 것이 아니라 기독교의 일신교적 신관념이나 타계에 대한 사고방식을 쉽게 받아들일 수 없는 이유 때문이라고 주장하고 있다.[68] 성공회의 버첼러는 아이누

65 小川正人·山田伸一編, 上掲書, p.103.
66 小川正人·山田伸一編, 上掲書, p.108.
67 小川正人(1997a),『近代アイヌ教育制度史研究』, 北海道大学図書刊行会 참조.
68 小川正人·山田伸一編(1998),『アイヌ民族近代の記録』, 草風館, p.380.

의 신앙 속에 "단 한 명의 최고의 신, 즉 전 세계의 조물주인 신"의 존재를
찾아내어 일신교에 가까운 것으로 이해하려 했던 것 같다. 그러나 먼로가 지적
한 바와 같이[69] 많은 가무이를 지배하는 단 한 명의 최고신이 있다는 생각을
아이누가 공유하고 있던 건 아니었고, 기독교와 아이누의 신앙 세계 사이에는
역시 큰 차이가 있었다고 할 수 있을 것이다.

카이자와는 "고대부터 전해져 내려온 전통적 힘은 하루아침에 고치지 못하
며 아직도 특이한 풍습이 남아 있습니다"라며 아이누의 전통적인 신앙이 뿌리
깊이 살아 숨 쉬고 있다고 말하면서도 "요즘 젊은 아이누인의 자각에 따라
미신적인 풍습이 점차 희석되고" 있다는 인식도 보이고, 특히 장례식의 변용에
대해 기술하고 있다. 장례식에 승려를 부르게 된 것, 시신을 침관(寢棺)에 넣게
된 것, 여성이 죽었을 때 내세에서의 살집으로 하기 위해 집을 불태우는 '집보
내' 풍습이 사라져 간 것 등, 조문의 습속에도 '모던화'의 물결이 밀려오고 있었
던 것이다.[70]

6. 아이누의 현재와 국민국가의 시선

1920년대 이후 일본어를 구사하며 아이누 민족의 자긍심을 주장하는 사람들
도 많이 나타났지만, 일본 사회의 압도적 다수를 차지하는 화인에 둘러싸여
지배자의 언어를 사용하여 표현할 수밖에 없는 상황 속에서는 '동화'를 강제하
고 그것을 아이누의 행복인 것처럼 말하는 화인 사회의 구조를 근본적으로
비판하기는 어려웠다. 화인에 대한 이의신청은 '같은 일본인'으로서의 '평등'을
요구하는 것에 그치는 경우가 많았던 것이다.

그러나 1968년 '홋카이도개척백년기념제'에 대한 항의 행동을 계기로 상황

69　マンロー, ニール·ゴードン(2002), 『アイヌの信仰とその儀式』, 図書刊行会, p.21.
70　小川正人·山田伸一編(1998), 『アイヌ民族近代の記録』, 草風館, pp.380-381.

240

은 변화하고 있다. 이 기념제는 1869년 개척사 설치 후 100년이 경과한 것을
기념해 삿포로에서 열렸는데 그 세월은 아이누에게는 침략 백 년의 역사라고
해야 할 것이었다. 기념사업 중에 건설된 홋카이도 백년기념탑이나 샤크샤인
상, '풍설(風說)의 군상' 등과 같은 기념사업에 대한 아이누들의 언론과 실력에
의한 항의가 전개되었던 것이다. 항의 행동을 일으킨 야마모토 다스케(山本多
助)나 유키 쇼지(結城庄司)와 같은 사람들의 입장에서 보면 이러한 기념물은
화인이 아이누·모시리를 침략해 온 역사를 정당화하는 동시에 화인에 의한
수탈에 대해서 봉기해서 모살된 샤크샤인의 의사 또한 폄훼하고 무해화(無害
化)하는 것으로 허용할 수 없는 것이었다고 할 수 있다.[71] 야마모토나 유키의
항의는 근대 일본국가의 틀 안에서의 '평등'을 요구하려는 것이 아니라 근대에
아이누와 화인 사이에 형성되어 온 관계 전체를 비판한 것이다.

　개척백년사업에서는 많은 아이누 연구자가 집필에 관여한『아이누 민족지(ア
イヌ民族誌)』(1969)라고 하는 대작 서적도 편찬되었다. 하지만 이 책에서도 아
이누에 대한 심각한 편견이 보이고 있으며 그것이 1985~88년의 아이누 초상권
재판으로 이어졌다. 아이누 민족지에는 전통 의상을 입은 아이누의 모습을 담은
사진이 실려 있다. 이것은 NHK에 의한 기록 영화에 아이누가 분장하고 출연했
을 때의 스틸 사진이었는데 이것을 피사체의 허가를 얻지 않고 본서에 게재했던
것이다. 피사체 중 한 명인 이가(伊賀, 지카푸) 미에코는 이것이 그녀의 초상권
을 침해하고 명예를 훼손하는 것이라며 사진을 제공한 시인 사라시나 겐조(更
科源藏) 및 감수자이며 홋카이도대 명예교수인 다카쿠라 신이치로(高倉新一
郎) 등을 상대로 소송을 냈다. 3년여에 걸친 이 재판에서는 피고측이 원고에
대한 사과문을 교부하고 대체로 이가의 주장이 인정된 '화해' 성립되었다.

　이 재판은 개인의 초상권을 둘러싼 분쟁이라는 범위를 넘어서 화인에 의한
아이누에 대한 억압·차별에 대한 역사 인식의 문제와 아이누 연구에 잠재되어

71　結城庄司(1980),『アイヌ宣言』三一書房, 참조. 現代企画室編集部編(1988),『アイヌ肖像
　　権裁判·全記録』, 現代企画室, 참조.

있는 윤리적 문제를 근본적으로 되묻으려는 것이었다. 도쿄지방법원에 제출된 원고의 최종의견진술은 이가의 가족이 경험해 온 차별, 아이누가 당해온 침략의 역사, 그리고 현대의 아이누 민족의 긍지를 드높이고자 했던 이가 자신의 생각을 힘있게 적고 있는데, 이 진술서의 첫머리에는 과거의 '자연계의 신들과 일체가 되었던 아이누들의 생활'이 묘사되어 있다.

> 그 옛날 남자들은 온갖 생명 있는 것에 대한 깊은 존경을 가지고 사냥을 했고, 여자들은 아쓰시(나무의 내피로 짠 천)에 수를 놓아 바느질의 뛰어남을 자랑하는 나날을 보냈다.
>
> 이 세상에 존재하는 형태 있는 모든 것이 영혼을 가지고 있다. 달이나 별, 숲이나 호수, 꽃이나 나무, 새 등 모든 것이….
>
> 이렇게 믿은 여자들이 이 형태 있는 사물의 상을 찾아 수를 놓을 때, 그것은 그것 자체를 살아있는 가무이(신)로 만드는 것이었다. 그리고 그 한 땀 한 땀은 독특한 추상문양(抽象文樣)이 되어 영혼을 이었다.[72]

이 원초적 이미지는 그러나 잃어버린 것에 대한 단순한 향수가 아니다. 그것은 근대 일본의아이누가 더듬어 온 곤란한 경로를 밟으면서 재차 아이누로서 현대를 살아가려고 하는 이가가 그 아이덴티티의 기점으로서 찾아낸 것이었다고 말할 수 있을 것이다. 그것은 아이누라는 이유만으로 받아왔던 차별에 고통스러워 하던 이가의 형 야마모토 카즈아키(山本一昭)가 차츰 '아이누의 긍지'를 획득해 가는 과정을 그린 대목에서 분명히 드러난다.

> 당황하고 어리둥절해 하면서 이윽고 형은 목각 안에서 한 조각의 긍지를 발견해 간다. 오랫동안 찾고 있던 긍지가 이 얼마나 가까운 곳에 있었던 것일까. '관광 아이누!'라고 욕을 먹으면서 맏형(伊賀久幸)이나 백부(형의 양아버지·야마모토 타스케)와 함께 찾아온 그 목각이야 말로 아이누의 긍지였던 것이다.[73]

---

72 現代企画室編集部編(1988), 『アイヌ肖像権裁判·全記録』, 現代企画室, p.254.

242

목각의 제작·판매는 '관광 아이누'의 전형적인 이미지를 이루는 것으로서 여러 가지 비난을 받아 왔을 것이다. 하지만 야마모토 카즈아키는 그러한 고뇌에 찬 목각 안에서 "당황하고 어리둥절해 하면서" 자긍심을 발견해 갔다고 한다. 관광 아이누라는 이름 아래 헐뜯겨온 그 목각을 아이누의 근대사가 새겨진 것으로 해석한다면 그것은 그야말로 가혹한 상황을 헤쳐온 아이누의 긍지라고 부를 만하다. 거기에 담겨 있는 것은 가무이에 둘러싸인 행복한 원초의 이미지와는 다른 것이지만 그러나 그것 또한 틀림없는 아이누의 경험인 것이다.

이가의 진술서는 아이덴티티의 기점으로서 "자연계의 신들과 일체가 된" 생활에 대한 생각을 길러가면서도 거기에 멈추지 않고 아이누가 경험해 온 고난의 역사를 이어받으면서 법정이라는 장소에서 일본인 사회에 물음을 던졌던 것이다.

1970년경부터 곰 제와 같은 신앙적 의식도 점차 전통문화의 전승·부흥을 목적으로 집행되기 시작하지만 '부흥'된 의식은 이미 아이누들의 일상생활에 뿌리를 둔 것이라고는 할 수 없다. 그러나 그것은 현대사회를 아이누로서 살아가는 데 있어서 민족의 자긍심을 상징하는 것으로서 의지적으로 선택된 실천으로서 평가해야 할 것이다.[74]

7. 현재의 '아이누론'을 묻다

오늘날에도 또한 아이누에 대한 화인으로부터의 차별이나 편견은 뿌리 깊게 남아 있다. 그러나 그런 한편으로 아이누 자신의 압박이나 국제 정세의 변화 등에 의해 일본 정부의 아이누에 대한 자세도 바뀌고 있다. 1997년 대부분이

73 現代企画室編集部編(1988), 『アイヌ肖像権裁判・全記録』, 現代企画室, p.258.
74 小川正人(1997b),「イオマンテの近代史」, 『アイヌ文化の現在』, 札幌学院大学人文学部, 참조.

공문화(空文化)되어 있던 '홋카이도 구토인보호법'이 폐지됨과 동시에 '아이
누문화진흥법'이 통과되었다. 이 법은 문화진흥에 특화되어 정치적, 경제적인
면의 진흥시책이 포함되어 있지 않다는 문제점이 있기는 하지만 국가의 아이
누문화에 대한 자세가 '잃어가는 문화를 보존한다'는 것에서 '적극 진흥한다'
는 방향으로 전환되었다는 점에서 의의가 있다고 할 수 있다.[75]

　게다가 2007년에 유엔이 '원주민의 권리에 관한 국제연합 선언'을 채택한
것을 계기로 이듬해 중참(衆参) 양원에서 '아이누 민족을 선주민족으로 할 것
을 요구하는 결의'가 만장일치로 채택되어 정부에 의한 종합적인 아이누 정책
의 추진이 요구되었다. 이를 바탕으로 설치되어 아이누도 위원으로서 참가하
는 '아이누 정책의 바람직한 모습에 관한 전문가 간담회' 및 '아이누 정책 추진
회의'에서 언어·음악·무용·공예뿐만 아니라 토지 이용의 형태 등을 포함한
생활양식의 총체로서의 아이누 문화 진흥을 목표로 논의가 이루어지고 있다.[76]
그러한 성과의 하나로 2020년에는 아이누의 역사·문화를 배우고 전하는 내셔
널센터로서 홋카이도 시라오이초(白老町)에 '민족공생상징공간(우포포이)'이
개설되었다.

　말할 나위도 없겠지만 아이누 사람들이 처한 사회적 입장과 생각이 다양하
고, 아이누로서 정체성을 강하게 갖고 있는 사람이 있는가 하면 그렇지 않은
사람도 있다. 최근의 아이누 문화 진흥의 흐름은 모든 아이누에게 '아이누다움'
을 강요하는 것이 아니라 아이누의 삶의 다양성을 인정하는 것이 전제가 되고
있다. 게다가 아이누가 아이누 문화를 전승·부흥하는 것을 가능하게 하는 사
회적 기반을 정돈하는 것, 아이누가 아이누로서 사는 것에 곤란함을 느끼지
않는 사회의 구축을 지향해야 할 것이다. 그것은 국가나 지방 자치단체의 시책
에 의해서만 이루어지는 것이 아니라 일본 사회를 구성하는 각각의 사람들의

75　常本照樹(2010), 「アイヌ文化振興法の意義とアイヌ民族政策の課題」, 北海道大学アイ
　　ヌ・先住民研究センター編, 『アイヌ研究の現在と未来』, 北海道大学出版会. pp.213-217.
76　安藤仁介(2011), 『アイヌ・台湾・国際人権』, 世界人権問題研究センター, 참조..

역사 인식·타자 인식, 그리고 자기 인식의 심화, 그리고 새로운 사회에 대한 구상력이 불가결하다고 할 수 있을 것이다.

| 참고문헌 |

アイヌ民族文化財団(2020), 「ウポポイについて」ウポポイ(民族共生象徴空間), 最終
　　　閲覧日, 2021年2月28日, https://ainu-upopoy.jp/about
安藤仁介(2011), 『アイヌ·台湾·国際人権』, 世界人権問題研究センター.
違星北斗(1980(1930)), 「私の短歌」, 『アイヌ民族の魂 北海道文学全集 11』, 立風書房.
小川正人(1997a), 『近代アイヌ教育制度史研究』, 北海道大学図書刊行会.
　　　　(1997b), 「イオマンテの近代史」, 『アイヌ文化の現在』, 札幌学院大学人文学部.
小川正人·山田伸一編(1998), 『アイヌ民族近代の記録』, 草風館.
貝澤正(1993), 『アイヌわが人生』, 岩波書店.
海保洋子(1992), 『近代北方史: アイヌ民族と女性と』, 三一書房.
萱野茂(1975), 『おれの二風谷』, すずさわ書店.
萱野茂監修(1995), 『アイヌ民族写真·絵画集成 6』, 日本図書センター.
木名瀬高嗣(1997), 「表象と政治性: アイヌをめぐる文化人類学的言説に関する素描」,
　　　『民族学研究』62巻1号.
　　　　　(2001), 「アイヌ「滅亡」論の諸相と近代日本」, 篠原徹編, 『近代日本の他者
　　　像と自画像』, 柏書房.
久保寺逸彦(2001), 『久保寺逸彦著作集 1 アイヌ民族の宗教と儀礼』, 草風館.
芸術新潮編集部(1999), 「特集 北の民族アイヌに学ぼう」, 『芸術新潮』7月号.
現代企画室編集部編(1988), 『アイヌ肖像権裁判·全記録』, 現代企画室.
児島恭子(2003), 『アイヌ民族史の研究』, 吉川弘文館.
佐々木利和(2001), 『アイヌ文化誌ノート』, 吉川弘文館.
新谷行(1972), 『アイヌ民族抵抗史ーアイヌ共和国への胎動』, 三一書房.
関口明·田端宏·桑原真人·瀧澤正編(2015), 『アイヌ民族の歴史』, 山川出版社.
武隈徳三郎(1980(1918)), 『アイヌ物語』河野本道編, 『アイヌ史資料集 5』, 北海道出版
　　　企画センター.
チカップ美恵子(2001), 『アイヌ·モシリの風』, 日本放送出版協会.

知里幸恵(1978(1923)), 『アイヌ神謡集』, 岩波文庫.

常本照樹(2010), 「アイヌ文化振興法の意義とアイヌ民族政策の課題」, 北海道大学ア
　　　イヌ・先住民研究センター編, 『アイヌ研究の現在と未来』, 北海道大学出版会.

「TOKYOアイヌ」映像製作委員会編(2010), 『TOKYOアイヌ 鑑賞用資料』, 「TOKYOア
　　　イヌ」, 映像製作委員会.

東京アイヌ史研究会編(2008), 『《東京・イチャネパ》への道 - 明治初期における開拓使
　　　のアイヌ教育をめぐって』, 現代企画室.

東京都企画審議室編(1975), 『東京都在住ウタリ実態調査報告書』, 東京都企画審議室.

バード・イザベラ(1973), 『日本奥地紀行』, 平凡社.

バチラー・ジョン著, 安田一郎訳(1995), 『アイヌの伝承と民俗』, 青土社.

鳩沢佐美夫(1980), 「対談・アイヌ」, 『アイヌ民族の魂 北海道文学全集 11』, 立風書房.

花崎皋平(2008), 『静かな大地 : 松浦武四郎とアイヌ民族』, 岩波現代文庫.

東村岳史(2006), 『戦後期アイヌ民族 和人関係史序説 - 一九四〇年代から一九六〇
　　　年代後半まで』, 三元社.

ヒッチコック・ロマイン(1985), 『アイヌ人とその文化』, 六興出版.

平山裕人(2014), 『アイヌの歴史』, 明石書店.

藤村久和(1985), 『アイヌ、神々と生きる人々』, 福武書店.

松田京子(2003), 『帝国の視線 : 博覧会と異文化表象』吉川弘文館.

マンロー・ニール・ゴードン(2002(1962)), 『アイヌの信仰とその儀式』, 図書刊行会.

宮島利光(2004), 「アイヌ民族と宣教」宮島利光他, 『日本宣教の光と影』, いのちのこ
　　　とば社.

モーリス=鈴木, テッサ著, 大川正彦訳(2001), 『辺境から眺める - アイヌが経験する近
　　　代』, みすず書房.

山田孝子(1994), 『アイヌの世界観』, 講談社.

山本多助(1993), 『カムイ・ユーカラ』, 平凡社.

結城庄司(1980), 『アイヌ宣言』, 三一書房.

和田完(1999), 『サハリン・アイヌの熊祭』, 第一書房.

Maxwell, Ann(1999), *Colonial Photography and Exhibitions : Representation of the 'Native'
　　　and the Making of European Identities*, Leicester University Press.

1920년 「남미·세계일주항로」 개설의 의미와 식민지기 조선의 모더니즘

네가와 사치오(根川幸男, Negawa Sachio)
브라질 상파울로대학 석사, 종합연구대학원대학 박사. 브라질리아대학(Universidade de Brasília) 문학부 조교수를 역임하고, 국제일본문화연구센터 공동연구원. 주요 저서로 『브라질 일계(日系)이민의 교육사』(2016), 『월경과 연동의 일계(日系) 이민 교육사』(공저, 2016), 『트랜스 내셔널한 「일계인(日系人)」의 교육·언어·문화』(공편저, 2012), Cinqüentenário da Presença Nipo-Brasileira em Brasília(Brasília, FEANBRA, 공저, 2008) 등이 있다.

1. 들어가며

본 보고에서는 「남미·세계일주항로」 개발과 함께 일본의 남미 이민이 국책화된 1920~30년대 이민선항해의 기억과 기록을 바탕으로, 두 가지 문제를 다루려한다. 우선 이 항로의 이주선이 ①교육 문명화의 에이전트 ②국민의식 형성의 시공간 ③동식물·문화교환의 미디어라는 역할을 담당한 것을 알아본다. 다음으로는 이 항로가 몇 가지의 경로로 식민지 조선의 모더니즘에 연동하였던 것과 관련된 문제이다. 즉, 1930년대 경성 카페에 제공되었던 커피가 제국일본의 교통시스템을 통해 브라질에서 유입된 가능성에 주목하여, 「남미·세계일주항로」와 식민지 모더니즘의 관계에 대해 고찰한다. 보고자가 이와 같은 연구 주제를 설정한 것은 다음과 같은 구절과 조우했던 데 있다.

> 「뿌라질」에서 온 「커피」에 兼하야 美人 「웨이트레스」까지 볼 수 잇는 「카페-」조차 업다면 서울의 젊은이들은 갓득이나 固塞하고 乾燥無味한 생활에 얼마나 더 寂寞을 늣길 것인가?[1]

1930년대 경성에서 브라질 커피를 마신다는 것은 모더니즘의 상징이었던 것이다. BS 재팬에서도 방영된 한국드라마 〈경성스캔들〉(KBS 2007)에서도 당시 유행한 슈트를 입은 모던보이가 커피를 마시는 장면이 등장한다. 한편 일본에서는 1910년대 브라질 커피가 수입되기 시작해, 도쿄·요코하마·오사카·고

---

1 金乙漢(1930.7), 「世界各国夜話集 京城夜話」, 『別乾坤』, p.86.

베·후쿠오카 등의 여러 도시에 카페가 탄생할 수 있었고 역시 이곳은 모더니 즘의 발신처로 기능했다.

1930년대 경성의 브라질 커피는 어디서부터 어떤 과정을 통해 온 것일까? 「남 미·세계일주항로」와 관련해 이민이 행해지고 커피가 유입된 길을 더듬어보자.

〈그림 1〉 오사카상선 남미·세계일주항로

2. 일본의 이민선항로에 관한 선행연구와 문제점

상기의 과제를 살펴보기 위해서는 우선 일본의 이민항로에 관한 선행연구와 그 문제점을 검토할 필요가 있다. 일본이민학회 편의 『일본인과 해외이주-이민 의 역사·현상·전망(日本人と海外移住－移民の歷史·現狀·展望)』(明石書店, 2018)이 작년 발행되어 일본이민(사)연구의 최근 동향과 향후의 과제가 제시되 었다. 많은 성과에도 불구하고 이 책에서는 몇몇의 문제가 누락되어 있다. 그것 은 종래 연구의 상당부분이 연구대상을 육지로 한정하고 있다는 것에서 기인 한 것인데, 일본열도주민의 '트랜스내셔널'한 이동을 전제로 하여 바다를 건너 는 행위와 과정, 즉 이민선연구에 대한 관심과 연구가 부족하다는 점이다. 이민 선에 대해서는 유럽 최대의 이민 송출국이었던 이탈리아와 남미 최대의 이민 수 입국이었던 브라질에서 그 관심이 높아지고 있는 상황이다.[2]

이민의 항로체험에 대해, 일본에 선행연구가 없는 것은 아니다. 우선 전전(戰前)의 것으로 우미모토 데츠오(海本徹男)의 『이민운송선연구(移民運送船之研究)』(外務省通商局, 1930)가 있다. 이 책은 재상파울루 제국영사관영사였던 우미모토가 이민운송관계법과 이민선검사, 선내설비, 선내위생, 여객운임, 이민보호단속 등의 내용을 정리하고 당시 이민선 및 운항의 상황에 대해 종합적으로 기술한 기초자료이다. 그러나 발행년인 1930년 이후 '부에노스아이레스 환급(丸級)'과 '아르헨티나 환급(丸級)' 등 본격적 이민선과 이민여객의 항로체험에 대해 다루지 않고 있다.

일본이민선 전반에 대한 연구로서 야마다 미치오(山田廸生)의 『일본이민선시말기(日本移民船始末記)』(제1회 1993.11~최종회 1993.6까지 20회 연재, 『세계의 선박』, 海人社)와 『배로 보는 일본이민사 - 가사토마루에서 크루즈선박으로(船に見る日本移民史ー笠戸丸からクルーズ船舶へ)』(中公新書, 1988)를 들 수 있다. 후자는 전자를 컴팩트하게 정리한 것으로 양자간 대체적인 내용은 공통된다. 메이지 초기에서부터 전후까지 이어진 일본인 해외이민사를 이민선박연구로 파악하려 한 연구이다. 단신 이민자에서 가족이민, 국책이민으로 이민의 성격이 변화하는 가운데, "인간을 실어 나르는 화물선"이라고 불린 이민선이 근대적인 화객선(貨客船), 현대의 크루즈선박으로 발전해 가는 과정을 다양한 에피소드를 교차시켜 서술하고 있다. 이민의 선내생활, 특히 선내 소학교 등 이민선에서의 교육, 문화적인 역할도 소개해 이민선연구의 많은 가능성을 제시하고 있다.

다음으로 브라질행 이민선만을 중점적으로 살펴보는 연구로서 요스케 다나카(ヨースケ·タナカ)의 『전전이민항해이야기(戰前移民航海物語り)』(サンパウロ人文科学研究所, 2010)가 있다. 앞서 언급한 야마다의 연구(1988)로부터 인용이 많기는 하지만 이민선박 명부와 이민자들의 좌담회기록, 신문기사를

2　Mu.MA-Istituzione Musei del Mare e delle Migrazioni (org). *Memoria e Migrazioni: Le Migrazioni Italiane Oltreoceano.* Genova, 2011. 『戰前活躍した移民船』(ブラジル日本移民史料館, 2011)등

사료로 해서 브라질 이민선을 둘러싼 다양한 에피소드를 소개하고 있다. 특히 이민자들을 두려움에 떨게 했던 감염병과 이민선내에서 그것의 발병, 그로 인한 사망에 이르기까지 다양한 사례들이 소개되고 있다. 또 일본인 이민자만이 아니라 러시아 이민자 화가인 라자르 세갈의 이민체험을 다루는 등 브라질의 시점에 입각한 이민연구라고 할 수 있다.

남미 브라질행 이민선 연구로서 아카사카 다다츠구(赤坂忠次)의 「일본-남미동안항로 이주민 수송사(日本ー南米東岸航路移住者輸送史)」(『이주연구(移住研究)』15, 1974, 55-84쪽)의 논문에는 이민선의 선내설비, 선내음식, 행사 일정, 도항보조금 등이 조사되어 있다. 구로다 기미오(黒田 公男)의 「남미이민선의 사고·사건부-트라코마, 콜레라, 폭발, 전화(南米移民船の事故·事件簿ートラホーム、コレラ、爆発、戦過)」(『이주연구(移住研究)』31, 1994, 1-17쪽)에서는 이주선을 둘러싼 사건, 사고 등이 다루어지고 있고 이주선객과 항해 실태가 설명된다.

브라질행 1회 이민선인 가사토마루에 대해서는 우사미 쇼죠(宇佐美昇三)의 『가사토마루에서 본 일본-꿋꿋하게 살아간 배 이야기(笠戸丸から見た日本ーしたたかに生きる船の物語り)』(海文堂, 2007)가 있다. 가사토마루의 기구한 운명을 검토한 노작으로 영국에서 '포토시'라고 하는 선명으로 제작되어 러시아 의용함대 소속선이었다가 일본의 이민선 등으로 변화해 가는 한 선박의 일생을 일본근대사 속에서 묘사하고 있다. 이민선으로서만이 아니라 근대 선박의 탄생과 운용의 프로세스를 사료적으로 검토해, 방법론적 측면에서도 의미가 있다.

네가와 사치오(根川幸男)의 「이민선의 기초적연구(移民船の基礎的研究)[3]」는 이상의 연구를 총괄해 현존의 이민선 관계 사료를 정리하고 있다. 이민관계의 기초적 사료를 크게 ①종이·물건 매체자료 ②사람 매체자료(기억, 체험담,

---

3 森本豊富編著(2013), 『早稲田大学人間総合研究センター研究プロジェクト「人のトランスナショナルな移動と文化変容に関する研究」調査報告書』, 早稲田大学人間科学学術院, pp.25-39.

이야기) ③데이타 베이스. 세가지로 나누어 정리 소개하고 있다. 일본에서 브라질 등으로, 송출국에서 수입국으로 사람들을 운송하는 선박으로서 이민선을 이문화체험과 세계학습의 시공간을 제공하는 문명화의 에이전트로서 파악해 향후 이민선을 둘러싼 연구과제를 종합하고 있다. 문명화의 에이전트라고 하는 것은 이민선이 문명화를 위한 일종의 미디어(=매개자)로서 역할을 담당하고 있음을 의미한다. 이러한 시점에서 이민선의 미디어로서 성격을 탐구하는 것이 네가와의 「이민선 미디어 / 미디어로서의 이민선 - 1930년대 브라질 이민선 사례를 중심으로(移民船のメディア / メディアとしての移民船 – 一九三〇年代ブラジル移民船を事例に)[4]이다. 이 논문에서는 1930년대 해외이민 전성기의 일본발 브라질 행 이민선이 견본시선(見本市船), 브라질일본계 소학생의 수학여행 견학처, 일본을 표상하는 미디어로 기능하는 점을 명확히 했다. 브라질행 제3회 이민선이었던 이츠쿠시마마루(厳島丸)항해의 실태에 대해서는 네가와의 「1910년대 전반 브라질행 이민선의 항해(1910年代前半ブラジル行き移民船の航海)[5]가 있다.

근대 일본인과 배에 의한 월경체험으로 연구 범위를 넓혀가면 와다 히로부미(和田博文)의 『바다 위의 세계 지도 - 유럽항로기행사(海の上の世界地図 – 欧州航路紀行史)』(岩波書店, 2016), 하시모토 요리미츠·스즈키 사다히로(橋本順光·鈴木禎広)의 『유럽 항로의 문화사 - 기항지를 독해한다(欧州航路の文化史一寄港地を読み解く)』(青弓社, 2017)등, 일본우선(日本郵船)의 인기항로(花形航路)인 유럽항로를 대상으로 최근 우수 연구가 발표되고 있다. 이들 연구에서는 와츠지 데츠로(和辻哲郎) 등의 항로체험이 다루어지고 있으며 월경이동에 의한 근대일본인의 간(間)국가적, 간(間)문화적 체험이 그려지고 있다. 그러나 와츠지 데츠로는 당시 일류의 지식인, 문학자로, 일본인구의 대부

---

4 河原典史·日比嘉高編著(2016), 『メディアー移民をつなぐ、移民がつなぐ』, クロスカルチャー出版, pp.245-272.

5 『海事史研究』第74号, 2017, pp.52-77.

분을 점하고 있는 민중의 체험을 대표한다고 보기는 어렵다. 또 이들의 연구에서는 항해 과정보다는 콜롬보, 수에즈, 마르세이유 등의 기항지에서의 체험에 중점을 두고 있다. 같은 근대를 살아간 일본인이라도 이들의 체험은 무명의 이민자들의 것과는 다를 수밖에 없을 것이다. 그러하다면 일본의 이민선, 특히 남미행 이민선이라는 것을 통해 일본 민중은 어떤 체험을 하였고 그 체험은 어떠한 의미를 지녔을까?

3. 「남미·세계일주항로」 이민선의 역할

1920년 오사카 상선의 「남미·세계일주항로」 개발에 의해 일본인은 처음으로 구미자본의 교통기관에 의존하지 않고 세계일주가 가능하게 되었다. 그것은 기본적으로 일본으로부터 남미로의 이민선 선로로서 기능하였는데 제국일본의 해외이민사업에 있어 하나의 획기적 사건이었다. 또한 그것은 남미브라질과 제국의 식민지가 '사중구조의 제국'[6]으로서 네트워크화된 것을 의미한다. '사중구조의 제국'이라는 것은 일본제국의 내지, 외지, 세력권이라고 하는 삼중구조에 더해 하와이, 남미아메리카대륙, 대양주 등 제국의 세력권외가 추가된 것으로, 이 지역은 일본제국의 사람과 물자가 이동, 정착하는 곳이다. 「남미·세계일주항로」는 이 네 번째 지역을 연결하는 항로를 자국화한 것이며 제국의 교통시스템으로 기능한 것이다.

---

6 근대 일본인의 월경이동과 복수문화체험의 제상을 글로벌한 시점에서 파악하기 위해 보고자는 이전부터 '제국의 형성을 둘러싼 사중구조'라고 틀을 제시했다. 일본의 제국형성에서의 내지, 외지, 세력권이라고 하는 삼중구조에 더해 하와이, 남북아메리카대륙, 다양주 등 제국세력권외에서 일본열도인들이 이동, 정착한 지역, 일본어에 의해 활동이 공유된 지역을 상정했다. (根川幸男(2016), 「序章 近現代日本人の海外体験と日系移植民史の時期区分 —「連動史を描くために」」, 『越境と連動の日系移民教育史—複数文化体験の視座』, ミネルヴァ書房, pp.5-7)

〈그림 2〉 '사중구조의 제국' 개념도

1) 교육문명화의 기능(문명화의 시공간)

우선 이민선의 교육·문명화 기능에 주목해 보자. 「남미·세계일주항로」를 운영한 오사카상선의 홍보잡지 『바다(海)』에서는 다음과 같은 이민선 항해의 소개기사가 기재되어 있다.

〈자료 1〉
선내생활 천명이 넘는 일도 있다. 도항객은 일본전국 대부분의 지역에서 모여들었고 모든 계급과 경력, 연령의 남녀들이 망라되어 있다. 일본을 떠나자 바로 호주회(戶主会), 부인회가 조직되고 동시에 풍기, 위생, 체육의 위원도 임명된다. 이 집단사회는 완전한 질서와 통제 하에 놓인다. 선내 소학교의 개설은 이 평화로운 해상사회가 가진 하나의 자랑거리이다. (『海』1932.10호 그라비아)

고베 출항 후 「남미·세계일주항로」의 이민선에는 호주회, 부인회가 조직되고 풍기, 위생, 체육 분야의 각위원이 선출되어 선내 자치가 행해진 것을 알 수 있다. 그리고 이민선에는 선내학교, 유치원, 포르투갈어 어학교도 개설되었다. 상기 〈자료 1〉의 위생, 체육위원은 다음의 〈자료 2〉에서 보듯 질병 예방과

스포츠 활동을 담당하였다.

〈자료 2〉

　46, 7일 내지 60일의 긴 선중생활에서 익숙하지 않은 열대지역을 통과하는 것에 충분히 주의를 기울이지 않으면 안 된다. 선내에는 보리밥이 나오는데 이는 각기병 예방과 건강을 위한 것이니 불평해서는 안 된다. 운동부족에서 오는 위장병, 각기병, 기항지로부터의 전염병, 아이들의 홍역 등에 특히 주의를 요한다. 규칙적으로 생활하기위해 노력하며 충분히 운동하고 신체를 청결히 하며 폭음폭식을 하지 말아야한다. 기항지에서는 가능한 한 음식물을 사먹지 말아야 하며 특히 외국인의 비웃음을 사지 않도록 복장과 기타 거동에 주의해야 한다.

　본사에서는 이민자 수송상의 만전을 기하기 위해 본사원 또는 촉탁의 수송감독 및 수송감독 조수가 탑승해있다. 때로는 사무장에게 감독을 의뢰하는 경우도 있다. 선내에서는 감독 및 선원의 명령에 따르고 협조하여 유쾌하게 항해해야 할 것이다. 항해 중에는 선내 소학교, 어학학습의 장이 개설되며, 운동경기회, 연예회, 적도제(赤道祭) 등의 행사가 개최된다. 또 기항지에서는 육상구경이 가능하기에 오랜 항해에도 육지에서 며칠간 지낼 수 있다. (海外興行株式会社『南米ブラジル事情 – 付航海案内』, 1936)

　'외국인의 비웃음을 사지 않도록 복장과 기타 거동에 주의해야 한다.'고 되어있는데 예를들어 이민선에서는 양장이 장려되었다. 복장과 기타 거동 등에 대한 주의는 '일등국민'으로서의 조건이라고 생각되어진다. 해외이민을 국책화한다는 것은 국가의 입장에서 이민자라는 '일등국민'을 해외에 송출하도록 노력하는 것으로 연결된다. 이시카와 다쓰죠(石川達三)의 『창맹(蒼氓)』(1935)에 묘사되어 있듯이 많은 이민자들은 지방의 농촌 출신자들이고 서양식 생활양식을 잘 알지 못해 '일등국민'의 이미지와는 거리가 있었다. 따라서 당국은 이민자를 '일등국민'으로 교육해야 했다. 교육 공간은 바다에서 2개월 전후의 시간을 보내야 하는 선내에 마련되었다. 1920년대 후반부터 이민선내에는 선내학교, 양재(洋裁)교실이 마련되었고 양장 장려, 댄스 강습 등 교육적 경향이 강화되었다. 이는 정부의 해외이민 국책화에 대응하는 것이었다고 생각된다.

　교육 이외 이민선객들은 이민감독·선원·재도항자로부터 전해들은 것, 선내신문, 기항지에서의 견문을 통해 학습하여 스스로를 변화시키려 했다. 또 열대의 자연 / 기후와 세계 기항지의 풍속 / 문화, 외국인 선객·현지인을 통해 이문화를 체험하여 스스로의 세계관을 수정하고 재구성해 갔다. 그런 의미에서 이민은 교육, 문명화의 에이전트였던 것이다.

2)「국민」의식 형성의 시공간(이민선을 둘러싼 내셔널라이제이션)

　앞서 언급한 〈자료 1〉에 '선내 생활 천명을 넘는 일도 있다. 도항객은 일본전국 대부분의 지방에서 모여 들었고 모든 계급과 경력, 연령의 남녀들이 망라되어 있다.'라고 되어 있듯, 이민선은 제국내 모든 장소로부터 모여든 사람들이 공간을 공유하여 타 도도부현(都道府県)민과 접촉하는 공간이기도 했다. 남미행 이민선의 각 도도부현을 포함한 제국 제영역으로부터 선객의 접촉상황은 초기의 이민선에서부터 관찰되는 특징이기도 했다. 이러한 이민선내의 여러 부현인의 접촉 상황은 다음과 같은 자료에서 발견된다.

　　〈자료 3〉
　　　이민선의 언어풍속은 천태만상이다. 양손 손가락에 문신한 오키나와 사람, 재기종횡의 구마모토 사람, 겉꾸밈이 없는 후쿠시마 사람. 일본내지의 풍속인정이 한 장소에 모여 있다. (橫山源之助「伯国移民船(上)」『大阪朝日新聞』19125.28)

　1912년 이츠쿠시마마루 이민에 동행한 저널리스트 요코야마 게노스케(橫山源之助)가 기록했듯좁은 선내 공간에서 여러 도도부현민의 접촉은 아주 밀도 높게 행해졌다. 당시 홋카이도 출신의 농민이 오키나와 출신의 사람과 만날 기회는 극히 드물었는데, 이민선내에서는 이것이 일반적으로 관찰되었다. 그러한 사람들이 위로부터는 '일등국민'으로 교육받고[7] 기항지에서는 현지주민의 시선을 통해 일률적인 '일본인'이 되기도 했다. 이것 이외에도 일본여권의 소지, 외국인과의 접촉 등을 통해 일본인 동포의식이 형성됨으로써, 이민선에 서는 '일본국민' 의식이 만들어 졌을 것이다.[8]

이민선객은 '일등국민'으로 교육받으면서 세계인종의 하이어라키를 학습하 기도 했다. 다음 〈자료 4〉는 1927년에 브라질에 도항한 이민자의 수기인데, 기항한 사이공의 한 카페를 경험한 후 남긴 기록이다.

〈자료 4〉

일류 카페에 들어가 보았다. 배척될지도 몰라 동지 3명과 갔는데 그곳에서는 "일본인은 이쪽으로"라고 하여 입구의 좋은 쪽에 안내되었다. 여기도 백인과 지 나계 사이 구별이 엄격하다. (トインビー倶楽部編, 「南米移民のたより」, 私家版, 1927, 16쪽)

또 다음의 기사는 어린 시절 양친과 함께 브라질로 이주한 이민화가 도무 한다(半田知雄)의 이민선항해에 대한 회상이다.

〈자료 5〉

아프리카항에 도착했을 때에는 흑인이 잘 보이지 않아 흑인을 보기위해 눈을 크게 뜨고 둘러보았다. 노예처럼 석탄을 운송하는 넝마를 뒤집어쓴 흑인을 보고 대부분의 이민자들은 정말 사람인가하는 동정이 섞인 목소리를 뱉어냈다.(半田 知雄, 『画文集 ブラジル移民の生活』, 無名舎出版, 1985, 8쪽)

---

7 根川幸男(2013), 「「移民船」の基礎的研究」, 森本豊富編著, 『早稲田大学人間総合研究セ ンター研究プロジェクト「人のトランスナショナルな移動と文化変容に関する研究」調査 報告書』, 早稲田大学人間科学学術院, pp.25-39.

8 根川幸男監修・執筆(2017), 『企画展図録: 神戸から世界へ、世界から神戸へ! ブラジル 移民の船上体験 Experiência do Navio de Emigração do Japão ao Brasil-神戸開港から世界 一周航路まで』, 一般財団法人日伯協会.

남아프리카 더반의 케이프타운에 기항할 때의 견문인 듯하다. '노예처럼 석탄을 운송하는 넝마를 뒤집어쓴 흑인들'을 보고 지배자로서의 백인 / 사역당하는 흑인이라고 하는 세계의 지배, 피지배의 구조를 학습하고 같은 유색인종으로서 인권의식의 발로에서 분노를 느낄 수도 있었고 한편으로 명예백인으로서 일본인의 지위에 안심하기도 했을 것이다. 이민선에 의한 시각적·감각 체험을 통해 세계와 문명을 학습하고 자기를 재조직화해 갔음을 추측할 수 있다.

3) 동식물·문화교류의 미디어(이민선에 의해 이식된 인도산 차·황마·후추)

이민선에 의해 운반된 것은 사람, 화물만이 아니다. 많은 동식물도 이민선을 통해 월경이동했다. 대영제국의 전략물자였던 인도산 차가 콜롬보의 하시무 상회를 거쳐 일본의 이민선을 통해 브라질로 운반되어 상품화된 신화가 존재한다.[9] 이 신화에 대해서는 검증이 필요하지만 1930년대 후반부터 교류를 통해 인도산 차가 브라질에서 생산된 것은 사실이다. 역시 대영제국의 전략작물이었던 인도산 황마도 다음 자료에서 보듯이 일본의 이민선에 의해 브라질로 운반되어 아마존강 주변지역에 이식되었다.

〈자료 6〉
가져온 곳: 인도 카르카츠타로부터. 가르카츠타 산.
채종년도: 1930년 결실종자
(「大アマゾニアに於けるジュートに関する試験研究」, 『昭和財政史料』5-143, 国立公文書館, JACAR: Ref, A09050273100)

다음의 자료는 브라질에서 발행된 일본어신문 『伯剌西爾時報』의 기사인데

---

9 橋本順光(2017), 「第4章 インドの代名詞コロンボーデッキパッセンジャーとハシーム商会」, 『欧州航路の文化史ー寄港地を読み解く』, 青弓社, p.132.

다음과 같이 동식물 이식에 대해 기술되어 있다.

<자료7>

　오소리(穴熊) 대사의 승선을 가까이에서. 만주국 아동의 작품도 맡겨져- 한층 서두른 친선의 여행

　아름다운 꽃과 진귀한 동물을 교환하여 만주국과 브라질국과의 천선에 일조하고 싶다는 신경(新京)동물원장 나카마타 미츠시(中俣充志) 씨의 요청에 고베 니치부(日伯)협회가 동조하여, 동식물친선사절단 제 1회분의 만주국측 동물대표 아무르 오소리 및 우수리 부엉이가 오사카상선의 브리스벤마루에 올라 브라질로의 여행을 서두르는 중. 이 배는 브라질마루 도착을 전후해 리오에 입항할 예정이다. 동물대표들이 신경을 출발한 날에는 만주국 아동들이 크게 환송하였는데, 도화작문 등을 오소리와 부엉이에게 전달 부탁하여 만주-브라질 친선을 꾀하였다. (『伯刺西爾時報』 2015, 1940.2.14.)

　신경동식물원은 1933년 민주국수도 신경특별시에 착공한 아시아 최대의 동식물원이고 동물원과 식물원의 총합이라는 생태학 전시로의 지향, 개방적인 동물전시, 오락 보다는 교육과 연구중심, 산업분야로의 응용 등 참신한 취지로 계획된 곳이다.[10] 브라질과 동물교환을 통한 친선을 신청한 원장은 동물북방순화(北方馴化)의 권위자로서 전후 삿뽀로의 마루야마(丸山) 동물원, 아사히카와(旭川)의 아사히야마(旭山) 동물원 원장이 된 인물이다. 브라질과 당시 국제적 비판의 대상이었던 만주국 사이 교류는 없었고 일본-브라질 교류단체인 '니치부(日伯)협회'가 매개하여, 오사카 상선의 배로 동물이 운송되어 양국간 친선이 실현되었다. 현재의 '팬더 외교'와 비슷한 성격의 것이라고 할 수 있는데, 동식물 외교의 선구라고 할 수 있을 것이다.

　<자료 7>에는 이러한 동식물 교환과 함께 '동물대표들이 신경을 출발한 날은 만주국 아동들이 크게 환송하였고 도화작문 등을 오소리와 부엉이에게 전

10　犬塚康博(2009),「新京動植物園考」,『千葉大学人文社会科学研究』第18号, p.15.

달, 부탁하여 만주-브라질 친선에 노력하였다.'고 되어있는데, 이 교류의 목적
은 브라질 동식물원 원조에만 있는 것이 아니라, 브라질에서 만주아동들의 도
화작문 전시가 행해지도록 해 만주-브라질 친선 교류와 브라질 환심사기에도
있음을 알 수 있다. 그리고 이러한 동식물의 운송에 오사카상선의 '브라질마
루', '브리스벤마루'가 이용된 것에 주목할 필요가 있다. 「남미·세계일주항로」
라고 하는 제국의 교류시스템이 국교가 없었던 만주국과 브라질을 매개하는
미디어로서 기능해 '사중구조의 제국' 내에서 네트워크를 구축한 것이다.

4. 식민지 조선 모더니즘 형성의 회로

제국의 식민지항로(대만항로·조선항로)는 「남미·세계일주항로」에 선행해
정비되었는데 「남미·세계일주항로」에 접속함으로써 대만과 조선은 제국일본
의 교통시스템 속에서 세계와 연결되게 된다. 오사카 상선의 조선으로의 항로
개척은 일찍이 시작되어 1890년 7월에 오사카~부산, 1893년에 오사카~인천 항
로가 개시되었다. 1910년 조선병합 후 노동인구의 이동만이 아니라 조선각지
의 관광자원개발도 활발하게 진행되었다.

1) 경성에서 브라질 커피를 마실 수 있었던 배경

1930년대의 경성에는 많은 카페가 등장했고 브라질 커피가 인기를 끌었음을
이미 살펴보았다.[11] 일본의 브라질 커피 수입은 1910년대에 시작되었지만 그
수입업자와 최초의 이민사회의 오너가 미즈노 류(水野龍, 1859~1951)라고 하는
동일인물인 것은 흥미롭다. 이츠쿠시마마루로 제1회 브라질이민을 송출한 황국
식민회사의 미즈노는 1910년 10월에 상파울루주와 일본 사이 커피판매 촉진을

---

11 金乙漢前揭注1.

260

위한 계약을 주선했다. 그 이후에서야 브라질 커피가 일본에 수입되었다.[12] 결국 일본의 브라질이민사업은 나가는 선박으로 사람(노동력)을 수출하고 돌아오는 것으로 물자(커피)를 수입하는 시스템을 처음부터 구축한 것이다. 다음 〈표 1〉은 1920년으로부터 1939년까지 브라질로부터 일본으로의 커피 수출량 추이이다.

〈표 1〉 브라질로부터 일본으로의 커피 수출량

년	표수(俵数, 60kg)	년	표수(俵数, 60kg)
1920	2,603	1930	4,303
1921	2,618	1931	7,675
1922	2,612	1932	16,825
1923	3,585	1933	19,481
1924	1,131	1934	23,971
1925	526	1935	36,068
1926	1,099	1936	20,055
1927	1,506	1937	61,030
1928	2,419	1938	33,566
1929	2,321	1939	22,851

출전: "Exportação do Café do Brasil para o Japão: Segundo a Quantidade Exportada, Marcha em 20 Anos". In. Pequeno Atlas Estatístico do Café 1940 No.2. Rio de Janeiro, Departamento Nacional do Café, 1940

1920년 2603대(袋=15.6t)였던 일본의 브라질 커피의 수입량은 1932년에는 16825대=1009.5t, 1937년에는 61030대=3661.8t로 증가하였다.[13] 이제 커피가 조선을 포함한 제국시장에 유통된 것을 생각해 보려한다.

앞서 언급한 「세계각국야화집 경성야화」의 기사를 다시 살펴보자.

12 青柳郁太郎編(1953), 『ブラジルに於ける日本人発展史·下卷』, ブラジルに於ける日本人発展史刊行委員会〔石川友紀監修(1999に再録), 『日系移民資料集南米編30卷』, 日本図書センター, p.268.

13 "Exportação do Café do Brasil para o Japão: Segundo a Quantidade Exportada, Marcha em 20 Anos". In. Pequeno Atlas Estatístico do Café 1940 No.2. Rio de Janeiro, Departamento Nacional do Café, 1940.

「뿌라질」에서 온 「커피」에 兼하야 美人 「웨이트레스」까지 볼 수 잇는 「카페-」
조차 업다면 서울의 젊은이들은 갓득이나 固塞하고 乾燥無味한 생활에 얼마나
더 寂寞을 늣길 것인가?

　西洋 사람들의 所謂 『俱樂部』가튼 것은 말할 것도 업거니와 이웃나라 사람만
큼도 集會의 自由가 업서서 일년 가야 講演 가튼 講演 하나 들을 수 업고 음악회
가튼 음악회 하나 볼 수 업는 이 곳 이 땅의 젊은 사람에게 잇서서 극장과 「카페-」
는 실로 사막 중의 「오아시쓰」와 가티 다시 업는 위안꺼리가 되는 것이며 따라서
혹 엇던 때에는 일종의 社交機關까지도 되는 것이다.[14]

　1930년대의 경성에서 브라질 커피를 마신다는 것은 모더니즘의 표상으로
작동한 것이다. 서지영(2016)은 '1930년대 혼마치를 중심으로 한 남촌에는 카
페가 적어도 60개이상 존재했다'고 하면서 경성 밤거리의 카페를 '여성의 신체
와 섹슈얼리티를 상품화하고', '그것을 소비하고 향유하는 남성의 욕망을 산업
화하는 공간'이라고 설명하기도 한다.[15] 「카페=커피를 마시는 공간」이라고 하
는 카페 본래의 기능과 함께 「카페=(일본 경유의) 서양문명과 접촉하는 최첨단
의 공간, 브라질 커피=문명의 기호품」이라고 하는 당시인들의 생각을 엿볼 수
있는 것은 아닐까? 그것은 도쿄 긴자, 오사카 가와구치의 카페에서 문학자,
예술가, 또는 그것을 지망하는 청년들이 브라질 커피를 마시면서 모더니즘 공
간을 만들어 내던 것과 상통한다.

2) 「남미·세계일주항로」와 제국의 식민지를 둘러싼 모순적인 순환

　1908년 이후 동양척식주식회사가 조선에 토지지배와 수탈을 진행한 것은
주지의 사실이지만 동사가 남미이민사업에 투자하고 있었던 것은 그간 주목되
지 않았다. 1917년 설립되어 일본의 해외이민사업을 독점한 해외흥업주식회사

14　金乙漢前揭注1.
15　徐智瑛(2016), 『京城のモダンガール』, みすず書房, p176.

(이하 해흥)는 동양척식과 '모자의 관계'라고 흔히 이야기되었다.[16] 「남미·세계일주항로」를 개설한 오사카 상선은 해흥의 유력한 출자자 중 하나이고 동양

〈표 2〉 오사카 상선 남미·세계일주항로 주요화물의 변천

년도	가는 배		돌아오는 배	
	품명	톤수(천 톤)	품명	톤수(천 톤)
1921~24	쌀	44	커피	81
	마, 마제품	26	면	53
	목재, 목제품	15	소맥	41
	면제품	11	강철, 철	19
	차	10	소맥분	17
1925~28	쌀	35	머피	76
	면제품	28	면	75
	자기, 도기	16	소맥분	49
	차	15	화학약품	17
	목재, 목제품	14	케브라쵸엑스	12
1929~32	면제품	44	면	86
	쌀	26	커피	77
	자기, 도기	17	소맥분	20
	차	15	소맥	19
	과실	12	케브라쵸엑스	13
1933~36	면제품	60	커피	97
	자기, 도기	33	면	68
	완구류	14	케브라쵸엑스	25
	전구	12	화학약품	15
	인견제품	12	금속류	12
1937~40	면제품	52	면	72
	자기, 도기	32	케브라쵸엑스	44
	완구류	11	피혁	17
			금속제품	14
			화학약품	12

출전: 大阪商船株式会社編(1966),『大阪商船株式会社八十年史』, 339쪽.

16 『海外興業株式会社小史』(1929年度版)p.54

척식회사가 조선을 수탈한 자금이 흥업을 통해 일본의 남미이민사업에 투자된다. 그리고 〈표2〉에서 보듯이 1930년대 중반까지 「남미·세계일주항로」를 통한 브라질로부터 일본으로의 최대수입품은 커피였다.

제국일본이 식민지(조선)를 수탈하여 얻은 자금이 해외 이민사업에 투자되었으며 그 결과 「남미·세계일주항로」 이민선의 돌아오는 화물로서 커피와 카카오가 수입될 수 있었다. 이에 카페의 보급과 함께 커피는 일본에서 모더니즘 문화의 한 요소를 이루게 된다. 더욱 이 모더니즘이 문예, 패션과 함께 식민지(조선)에 이식됨으로써 식민지 모더니즘을 형성하는 모순적인 순환이 만들어지는 것이다.

5. 나가며

이상 1920~30년대 「남미·세계일주항로」의 이민선이 ①교육·문명화의 에이전트. ②국민의식 형성의 시공간. ③동식물·문화교환의 미디어라고 하는 역할을 담당한 것을 검토했다. 다음으로 이 항로개설의 의미는 '사중구조의 제국' 내 항로의 자국화, 식민지토지수탈 자금의 순환이라고 하는 회로를 통해 조선의 모더니즘에 연동해 있음을 고찰해 보았다. 이 주제의 고찰은 일본에서 출발해 한국을 거쳐 인도양, 대서양을 돌아 파나마 운하를 통과해 태평양을 횡단하는 지난함을 수반한다. 그러나 이 항로의 의미를 살펴보는 것을 통해 '사중구조의 제국' 내부를 연락하는 제국일본의 교통시스템과 식민지 모더니즘의 연동성을 비로소 상상하는 것이 가능하지 않을까? 제국일본과 대영제국, 브라질, 국제시장을 커버한 동식물교환의 미디어로서의 이민선과 그 항로의 연구는 새로운 글로벌 히스토리 연구의 개척 가능성을 제시해 준다고도 생각한다.

(정충실_HK연구교수 번역)

귀환의 위험 그리고 종식되지 않은 태평양 전쟁의 유산

마크 카프리오(MARK E. caprio)
워싱턴대학 박사, 한국역사학 전공. 하버드대학과 UCLA 연구원. 현재 릿쿄대학(立教大学) 이문화 커뮤니케이션 학부 및 연구과 교수. 주요 저서로는 Japanese Assimilation Policies in Colonial Korea, 1910-1945(2009), 편저로 『근대 동아시아와 글로벌라이제이션』(2006), 공편으로 Japan as the Occupier and the Occupied (2015) 등이 있다. 연구 분야는 일본의 식민지 지배정책, 조선인의 귀환문제, 한국과 북한의 통일문제, 북한의 핵문제와 동북아시아의 외교문제, 국제 관계 및 평화학 등이다. 현재는 「해방 후 조선반도의 일본 식민지시대 잔재」 원고를 집필 중에 있다.

전사(戰史)라는 것은 특정한 침략행위의 시작과 끝을 기술하는 데에 있어 날짜에 크게 의거하고 있다. 날짜는 때때로 전쟁에 대해 국가의 해석과 연관이 있어 개전일과 종전일은 국민을 전장(戰場)으로 보내는 국가의 판단을 정당화하기 위해 사용된다. 이러한 날짜는 국가의 집단적 기억(collective memory) 속에 깊숙이 박혀 기념비에 새겨지고 박물관에 진열돼 교과서와 그리고 웹사이트에 기록된다. 그리고 시민들에게 특정 전쟁의 목적을 기억케 해 장래에 일어날 수도 있는 전쟁에 대한 지원을 이끌어낼 목적을 지니고 있다.

이러한 역사 서술은 마치 평화를 파괴하는 것은 선전포고이며, 적국을 무너뜨리기만 한다면 평화는 또 회복된다는 식의 인상을 준다. 따라서 이러한 전쟁은 국가에게 있어서는 대의(大義)를 위한 수단인 것이다.

일본에서는 1930년대부터 1940년대 초에 걸쳐 치러진 여러 전쟁은 15년 전쟁이라고 일컬어지며, 1945년 12월의 진주만 공격은 이 장기간에 걸친 전쟁의 일부로서 자리매김 되어있다. 한편 미국은 이 '정당한 이유 없는' 기습이 아시아와 유럽에서 있은 제2차 세계대전으로의 자국 참전을 부추기는 것이었다고 해석하고 있다.

마찬가지로 일본이 이 기나긴 전쟁의 최종일을, 싸움을 끝내는 것이 일본을 위한 것이라는 천황이 선언한 8월 15일로 간주하는 한편, 미국은 자국이 동경만(東京灣)의 미주리號 선상에서 정식으로 항복문서에 조인식을 거행한 9월 2일을 대일 전승기념일로 하고 있다.

그러나 전쟁은 그렇게 편리한 것은 아니었다. 개전 첫발의 총성은 대부분의 경우 수개월, 몇 년에 걸쳐 일어난 갖가지 항쟁과 숨 막히는 진퇴를 통해 서서

히 대립관계가 심화되어 간 결과이다. 그리고 적개심은 왕왕 항복 선언 또는 휴전, 평화조약 체결 이후에도 지속되는 것이다. 외국군에 의한 점령 혹은 전쟁에 의해 고향을 떠난 사람들에게는 평화선언 또는 조약이 원래 살던 곳으로 돌아가든가 또는 새로운 장소를 찾아 이동하는 때가 왔다는 것을 의미해, 따라서 그들의 '전후'는 왕왕 전시와 같은 폭력이라는 새로운 국면을 맞는다. 그것은 특히 1945년의 아시아 태평양전쟁 종결 후 일본인들과 또 조선인들이 지금은 해체된 대일본제국 각지에서 일제히 이동을 시작했을 때의 혼란 상태에서 현저하게 나타나고 있다.

쇼와(昭和) 천황에 의한 선언에 이르기까지 교섭이 속행되었다고는 해도 한국인에게나 또 일본인에게 전쟁은 예상치 못하게 돌연히 끝나버렸다. 자국이 최후까지 계속 싸웠다는 것을 믿고 있었던 많은 일본인들에게 일본이 전쟁을 계속하지 않는다는 천황의 말은 정말이지 이해하기 힘든 것이었다. 한편 해외에 살고 있던 한국인들은 40년이 흘러버린 일본에 의한 지배로부터 조국이 돌연 해방되었다는 소식을 듣고는 한반도로 돌아가야 할지 또 만일 그렇게 한다면 어떻게 돌아가야 하는지 등의 문제에 직면하게 되었다.

미(美) 점령군이 남한과 일본에 진주(進駐)한 것에서 상황은 안정되었다고 하기 보다는 오히려 복잡하게 되었다. 첫째 미군은 오키나와(沖縄)로 이동하기에 앞서 조선총독부로 전보를 쳐, 자기들이 도착할 때까지 질서를 유지해줄 것을 명령했다. 게다가 9월초에 한국 땅으로 발을 디디면서 한국인 인재가 양성되기까지 식민지 관리들은 계속해서 그 임무를 수행해야 한다는 명령을 내렸다. 이렇게 해서 미군은 한국 남부의 일본인들에게 다시금 권한을 부여했다.

그리고 미국은 불합리한 규칙을 만들어 한국인과 일본인이 귀환할 때 휴대할 수 있는 금전과 물품에 제한을 두게끔 하였다. 셋째로 미소 관계의 악화로 인해 한국인들 그리고 일본인들은 전쟁이 또 일어날 수도 있다는 가능성을 감지했다. 일부 일본인들에게 평화적으로 무장해제를 하고 귀환에 준비하라는 미군 명령에의 복종은 이제는 이미 문젯거리가 되지 않았다. 수많은 일본 군인들은 이번 전쟁을 지속시키는 것과 동시에 다음 전쟁을 조장하게끔 하는 사회 불안과 미국과 소련 간의 대립을 일으키려 들기 시작했다. 종전이 선언되기는 하였지만 수많은 한국인들과 일본인 귀환자들에게 전쟁은 이제 막 시작된 것이나 다름없었다. 그 후 5년 가까운 기간 동안 폭력은 격화되어 가 한국전쟁 '최초의 총성'은 그야말로 이 혼란한 가운데에서 시작되었음을 시사해준다.[1]

　이제껏 제국 식민지로부터의 일본인 귀환자의 고난이 일본 학술 연구 그리고 박물관의 주된 주제였던 데에 비해 한국인들의 본국 귀환에 대해서는 그다지 주목받지 못했다.[2] 본 논문은 후자를 테마로 한다. 그것에 맞추어서 일본과 한국 사이의 해상(海上) 그리고 한반도에서의 권력공백을 이용하려고 하는 움직임에 따라, 일본의 공식적인 항복문서 서명에서 수개월 후까지도 한국인들

1　한국전쟁의 기원을 1950년 6월의 '최초의 총성' 이전으로 거슬러 올라가 보려는 것이 브루스 커밍스의 연구주제. Bruce Cumings, Origins of the Korean War: Liberation and the Emergence of Separate Regimes, 1945-1947 (Princeton, NJ: Princeton University Press, 1981); The Origins of the Korean War: The Roaring of the Cataract, 1947-1950 (Princeton, NJ: Princeton University Press, 1991), John Merrill, Korea: The Peninsular Origins of the Korean War (Newark: University of Delaware Press, 1989)도 참조.

2　일본인의 귀환에 관한 연구로는 모리타 요시오(森田芳夫)의 저서[『朝鮮終戦の記録: 米ソ両軍の進駐と日本人の引揚』, 巖南堂, 1964)]를 비롯해 다음을 참조 바람: Lori Watt, When Empire Comes Home: Repatriation and Reintegration in Postwar Japan, Cambridge Mass. and London, 2009) 그리고 최영호, 『일본인 세화회: 식민지 조선 일본인의 전후』, 논형, 2013. 박물관에 대해서는 평화기념 전시자료관은 전후 일본인의 귀환의 곤란함에 대해 말하고 있다. 또 마이즈루 인양기념관은 전후 시베리아에 억류된 일본인의 귀환에 대한 전시도 행하고 있다. 한국인의 귀환에 대해서는 다음을 참조: Anonymous, Korean Returnees from Japan. Pyongyang: Foreign Languages Publishing House, 1960. Nakamura, Ko. "Korean Repatriation Question and Positive International Law." The Japanese Annual of International Law 4 (1960): 68-78. Mark E. Caprio and Yu Jia, "Legislating Diaspora: The Contribution of Occupation-era Administrations to the Preservation of Japan's Korean Community," in Diaspora Without Homeland: Being Korean in Japan, John Lie and Sonia Ryang, eds., (Berkeley: University of California Press, 2009), 21-38. 동경의 재일한인역사자료관(在日韓人歷史資料館)은 한국인의 전후 귀환을 전후에서 현재까지의 재일 한국인의 생활이라는 커다란 주제 가운데 한 부분으로 전시하고 있다.

268

에 의해 전쟁의 역사가 연장되었다는 점에 초점을 맞춘다.

주된 사료로는 『주한미군정보일지(駐韓美軍情報日誌)』[3](G-2 Periodic Report, 이하 『일지』)에 의거한다. 이것은 한반도와 한일 간 해상에 있어서의 매일 매일의 군사, 정치, 사회, 경제활동을 개괄적으로 보고한 것이며, 때에 따라서는 일본에서 일어난 사건 또한 포함하고 있다. 『일지』는 또 '민간인의 통신'이라는 부제하에 일본과 한국 사람들 간의 편지를 몰수한 것에서 얻은 정보를 게재하고 있다. 완벽한 기록이라고 할 수는 없겠지만, 이들 서한에 의해 당시 보통의 일본인과 한국인이 어떠한 생활을 해서 살아남았는지 그리고 특히 한국인들이 귀환을 할지 하지 않을지를 결정하는 데에 있어 어떠한 불안정한 상황에 놓여 있었는지를 엿볼 수 있다. 이 논문은 자국의 식민지지배로부터 해방 이후 6개월에 걸쳐 한국인 귀환자가 해상 및 한반도에서 직면했던 위험 요인에 대해 고찰한다.[4]

『일지』 보고의 위험에 관한 많은 부분은 일본인과 한국인 사이에 일어난 사건에 초점을 맞추고 있는데, 개중에는 한국의 남부로 국경선을 넘으려 하는 일본인에 대한 소련군의 난폭한 행위를 다루고 있는 것도 있다.

그러나 재조선 미국 육군사령부 군정청의 리차드 로빈슨(Richard D. Robinson)이 보고하고 있는 것처럼 한반도로 귀환하려는 한국인 또한 중국인과 미국인에 의해 곤경에 처해졌다. 이렇듯 유럽과 마찬가지로 고향을 떠난 사람들이 귀향해 새로운 생활을 시작하려는 때에는 승자와 또 패자 또한 포함해 다양한 인간들에 의해 위험에 직면하게 되었던 것이다.[5]

---

3 『駐韓美軍情報日誌』(G-2 Periodic Report)는 한림대학교에 의해 미군의 한국 진주(進駐)에서 1949년 중반까지(1945.9.9-1949.6.17) 시간대별로 7권으로 편찬되어 있다. 이곳에서는 이 시리즈의 제1권(1945.9.9-1946.2.12)에서 인용한다. 『駐韓美軍情報日誌』, 한림대학교 아시아문화연구소, 1999.

4 Caprio와 Yu의 앞의 논문 "Legislating Diaspora"는 한국인이 직면했던 문제를 보다 개괄적으로 서술하면서 귀환을 고찰하고 있다.

5 미국에 의한 점령에 대해서는 Richard D. Robinson의 미출간 논문 "Betrayal of a Nation."을 참조. 이 논문은 Frank Hoffman and Mark E. Caprio, Witness to Korea 1945-47: The Unfolding

1. 일본 내의 한국인

1876년 강화도조약(조일수호조규[朝日修好條規]) 체결에 의해 조선의 3개 항구가 개항되어 일본인들의 거주가 시작된 이래, 엄청난 수의 일본인이 바다를 건너 한반도로 건너왔다.[6] 1930년대에 일본 식민지정책이 한국의 공업자원을 군사용으로 이용하는 쪽으로 향했을 때부터는 많은 일본인이 북부로 이주했다. 그들의 귀환은 전후 한반도 분단에 의해 곤란하게 되었다.[7]

한국인의 일본 이주는 1910년 병합조약 이후 본격적으로 이루어졌다. 1910년에 일본에 거주하고 있었던 조선인은 겨우 2천 6백여 명에 불과했는데, 1922년에는 9만 명 이상이나 되었다. 관동대지진 발생 3년 후인 1926년에는 25만 명, 그리고 전쟁개시 때에는 2백만 명을 넘어섰다.[8] 종전 때까지는 2백만 명의 한국인이 일본에 거주하고 있었다. 소학교 보다 위의 학교는 조선인을 위해서는 학제가 없었던 때문에, 초기에는 교육이 일본으로의 이주 목적이었지만, 제1차 세계대전 때에는 전시 경기에 따른 노동력이 필요했기 때문에 이주의 커다란 견인력이 되었다.

---

of an Authoritarian Regime (Berkeley, CA: Academia Publishers, forthcoming 2021)에 수록되어 있다.

6　예컨대 1907년 시점에서의 재한 일본인의 3분의 1 (98,001 명중 38,749)이 상업 분야에 고용되어 있었다. 육체노동자들은 이 10% 그리고 3% 정도가 게이샤(藝者)라든가 여자 사환 등의 '물장사'에 종사하고 있었다. 다음을 참조 바람. Jun Uchida, Brokers of Empire: Japanese Settler Colonialism in Korea, 1876-1945 (Cambridge, MA: Harvard University Asia Center, 2019), 67.

7　이 지역은 소련에 의해 즉각 점령되어 수천 명의 일본인 남성이 시베리아에 억류되었다. 그것에 더해 귀환자는 일본으로 가는 배에 타기 위해 한국 남부에서 남하해 고난의 여행을 떠나지 않으면 안 되었다. 미즈노 나오키(水野直樹)는 오늘날의 북한 내에 일본인 3만 명의 유해가 남아있다고 추정하고 있다. 水野直樹(2014.1),「悲劇はなぜ起こったか: 朝鮮北部の日本人埋葬地が語るもの」,『世界』, pp.47-57을 참조.

8　西成田豊,『在日朝鮮人の「世界」と「帝国」国家』, 東京大学出版会, 1997, p.42.

제1차 세계대전의 불황으로 인해 그때까지 비교적 안정되어 있던 고용 형태가 불안정한 일용직들의 일로 되어버려, 많은 조선인들이 빈곤으로 내몰리게 되었다. 내무성경보국(內務省警報局)의 통계로는 1922년에는 1만 3,099명의 한국인이 일용직, 5,626명이 정규직 고용이었는데, 1933년에는 일용직이 12만 4,806명, 정규직이 6만 5,707명으로 되었다.[9]

이들 숫자가 말해주듯, 1923년의 관동대지진 때에 수천 명의 한국인이 우물에 독을 넣었다는 전혀 근거가 없는 소문에 의해 학살당했음에도 불구하고 한국인들은 바다를 건너 일본으로 계속해서 이주했다.[10] 아시아 태평양전쟁에 의해 더욱 더 많은 한국인들이 일본으로 상륙해 일본의 남자들이 전장으로 향한 후의 공석을 메웠다. 그러한 것들 중 많았던 것은 광산 그리고 군수공장에서 일본인들이 어렵고 위험하고 더럽다고 여겼던 일들이었다. 1938년부터는 군사적 목적에서 조선인들도 군인 또는 노동자로서 동원되기 시작했다. 1940년대에는 일본이 새로운 강제노동 프로그램을 도입해 일본 국내 및 기타 여러 대일본제국 지배 지역으로 보다 많은 한국인 남성을 그리고 주로 '위안부'로 여성들을 이동시켰다.[11]

2. 제2차 세계대전 후의 귀환

제2차 세계대전 종결 후, 유럽 전승기념일에 있어서 전투종결이 선언된 후에

---

9 두차례 대전 사이의 일본 내 조선인 노동자에 대한 다음의 두 연구, 분석은 아주 흥미롭다. 朴慶植, 山田昭次, 梁泰昊 編, 『朝鮮人強制連行文集成』, 明石書店, 1993, 13. Ken C. Kawashima, The Proletarian Gamble: Korean Workers in Interwar Japan (Durham, NC: Duke University Press, 2009).

10 관동대지진 당시 한국인 학살에 대해 보다 종합적으로 기술하고 있는 연구로는 다음을 참조. 姜德相, 『関東大震災虐殺の記憶』, 青丘文化社, 2003.

11 박경식(朴慶植)은 당시 70만 명 이상의 남성이 한국인징용노동자 강제연행으로 일본에 보내졌었다고 추정하고 있다.

도 싸움은 각지에서 계속되었다. 제2차 세계대전 후의 폭력(1944-1949)에 대해 케이스 로우(Keith Lowe)는 다음과 같이 말하고 있다. "전쟁은 히틀러의 패배로 간단히 끝난 것이 아니다. 제2차 세계대전 정도의 스케일의 싸움이 끝나려면 소규모 항쟁을 모두 포함한다면 몇 년이라고 말할 수는 없지만 적어도 수개월은 필요로 했다. 그리고 그 종국은 유럽의 다른 시기의 다른 장소로 찾아왔다."[12]

전쟁의 종식과 함께 위험을 수반하는 인간의 이동이 그때까지의 인류 역사상 없었던 규모로 시작되었다. 베셀의 계산으로는 동유럽 만해도 천 650만 명의 독일인이 종전을 맞아 그들이 있던 그 장소로부터 이동을 해야만 했다. 연합군의 계산에 의하면 당시 유럽대륙에서는 천 100만 명 이상의 유럽인들이 고향에서 떨어진 곳에 있었다고 한다.[13] 이들 숫자에는 전후 국경선이 다시 획정되거나 토지가 전승국의 것으로 되어버렸기 때문에 거주지에서 떠나게 된 많은 사람들은 포함되어 있지 않을 가능성도 있다.[14] 그리고 그 중에는 전전(戰前)의 거주지에서는 머물 수 없게 되었든가 혹은 스스로가 고국에 의해 환영 받지 못할 것을 알고 몇 번씩이나 거주지를 옮기지 않으면 안 되었던 사람들도 있었다.

아시아에서는 태평양전쟁 종결 시에는 690만 명의 재외일본인(민간인과 군인이 절반씩)이 있었다고 추산되고 있는데 그 가운데 약 70만에서 80만 명이

---

12 Keith Lowe, Savage Continent: Europe in the Aftermath of World War II (New York: St. Martin's Press, 2012), xiv.

13 Richard Bessel, Germany 1945: From War to Peace (New York: Harper, 2009), 68-69, 256. 그리고 Bernard Wasserstein, "European Refugee Movements after World War Two," BBC-History-World Wars, (2011) http://www.bbc.co.uk/history/worldwars/wwtwo/refugees_01.shtml (검색일: 2020.11.25)도 참조 바람. Keith Lowe, Savage Continent: Europe in the Aftermath of World War II (New York, NY: Picador, 2013); Ben Shephard, The Long Road Home: The Aftermath of the Second World War(New York, NY: Alfred A. Knopf, 2011)도 참고 바람.

14 이것에 의해 더욱 더 커다란 영향을 받았던 것은 폴란드와 독일이었다. 후자의 영토의 일부는 소련에 편입되었던 한편, 폴란드는 독일령의 한 부분을 얻었다. 그것에 의해 이들 지역의 거주민들은 새로운 국경획정에 따라 이주하게 되었다.

한반도에 거주하고 있었다.[15] 소련 지배하의 북한지역에서는 수십만 명의 남자들이 강제노동에 종사하기 위해 시베리아로 보내졌다. 그들의 귀환이 실현된 것은 1950년대에 들어서 부터였다. 한국인들의 주된 해외 거주지는 일본과 만주였는데 이들 지역에는 300만 명에서 400만 명이 있었다.[16] 이들 재일 한국인들과 재일 그리고 재만(在滿) 한국인들의 차이는 전자는 전부 일본으로의 귀환을 지향했던 데에 비해, 후자는 그대로 남거나 혹은 한국으로 돌아가는 두 가지 선택지가 있었다.

독일인과 일본인이 동시에 폭격으로 파괴당해 심각한 주택, 식량, 고용문제로 허덕여 고향의 마을로 돌아가게 되었다. 일본을 근거지로 하고 있던 한국인들은 많은 수가 과거 2-30년쯤에 걸쳐 일본인으로부터 받아왔던 비인간적 취급을 생각하면 더더욱 한반도로의 귀환을 희망했을 것이다.

일본의 주요 도시의 거의 대부분이 전쟁에 의해 파괴되었던 것에 비해,[17] 일본에 거주하는 한국인의 약 97퍼센트가 고향으로 여기고 있었던 한국 남부는 부산의 한 구역에 폭탄이 투하되는 것에 그쳤다.

---

15 Lori Watt, When Empire Comes Home: Repatriation and Reintegration in Postwar Japan (Cambridge, MA: Harvard University Asia Center, 2009), 2.

16 美 군정국(軍政局)이 발행 "Aliens in Japan"은 200만 명 전후의 외국인이 일본에 있었으며 그 대부분은 한국인이었다고 추정하고 있다. 그 밖의 외국인 거주자는 약 8만 명, 그 반수는 타이완 출신이었다. Office of Strategic Services, "Aliens in Japan" (June 29, 1945), "Occupation of Japan" United States Planning Documents, 1942-1945, Volume III, 1. (일본 국회도서관 소장) Frank Jacob은 제2차 세계대전 종전까지 210만 명의 한국인이 만주에 살고 있었다고 추정하고 있다. "The Korean Diaspora in Manchuria—Korean Ambitions, Manchurian Dreams, Japanese Reality," Entremons UPF Journal of World History 6 (January 2014): 5.

17 Harry L. McMasters는 동경의 상태에 대해 8월 31일부터 상공에서 조사를 행했다. 아내에게 보낸 편지 가운데에서 놀랄 정도로 상세하게 참상을 묘사했던 그는 동경에 "살기를 원하는 자는 아무도 없을 것이다"라고 말하고 있다. "Harry L. McMasters letters, 1945-1946" (September 5, 1945), (Palo Alto, CA: Hoover Institute). 이 시기에 대한 동시대적 개관에 대해서는 John W. Dower, Embracing Defeat: Japan in the Wake of World War II (New York: W.W. Norton, 1999), Chapter 1을 참조 바람.

　한편 이들 한국인들은 새로운 불안을 안게 되었다. 과연 동포들은 자기들을 따뜻하게 반겨줄 것인가 혹은 왜색에 젖은 한국인으로 멀리할 것인지? 한반도에서 재출발하기 위해서 필요한 것 즉, 주택, 식량, 일 등을 손에 넣을 수 있을 것인지? 더욱이 일본에서 좌익사상에 경도된 자들은 보수 색을 강하게 띠고 있는 한국의 남부에서 불이익을 입을 가능성도 생각했을 것이다. 또 일본의 언어와 습관에 동화된 젊은이들에게 있어서는 '외국' 사회에 적응할 수 있을까 하는 것들이 심각한 관심사였다.[18] 그리고 위험이라는 요소가 존재했다. 한국에 연결된 해상(海上)과 한반도에서 일어났던 주로 일본인과 한국인 사이의 폭력사건에 관한 뉴스는 귀환의 여부를 판단하는 데에 있어 커다란 요소의 하나가 되었음이 틀림없다. 100만 명이 넘는 사람들이 실제로 반도로 돌아갔다는 것은 사실이었지만, 일본에 머물러 있던 사람들도 적잖이 존재했다.

　이 논문은 후자 그리고 그들이 고국으로의 귀로에 있어 맞닥뜨릴 수도 있는 또 그 때문에 그것이 귀환을 미룬 이유의 하나였다고 생각할 수 있는 위험성에 초점을 맞춘다. 천황이 '옥음(玉音)방송'에서 '견디어 내기 어려운 것을 견디어 내고 참아내기 힘든 것을 참아내'라고 일본인들에게 호소한 다음에도 싸움은 잦아들지 않았다. 대다수의 일본인들은 천황의 말을 들어 장기간에 걸친 전쟁의 종식을 기뻐하기까지 했지만, 개중에는 그렇지 않은 이들도 있었다. 그들은 싸움을 계속했다. 어떤 이들은 분명히 옥음(玉音)을 듣지 않았기 때문에 싸움을 지속했고 또 어떤 이들은 천황의 명령이 내려진 이후에도 의도적으로 싸움을 계속했다.[19] 또 어떤 사람들은 다음 대전이 일어날 것으로 보고 그 준비를

18　최석의의 예는 전형적이다. 그는 한국으로 귀환에 성공했지만 자신의 언어, 문화면에서의 지식 부족을 깨닫고 일본으로 다시 돌아가 그대로 영주했다. 崔碩義(2004), 『在日の原風景 : 歷史・文化・人』, 明石書店, p.42.

19　우가키 마토메(宇垣纏)는 천황의 라디오 연설을 듣고는 특공대를 편성해 오키나와(沖繩)에 정박 중인 美 함대를 표적으로 출격했다. 공격 목표에 도달할 수 있었던 전투기는 전무했던 모양이다. Ugaki Matome, Fading Victory: The Diary of Admiral Matome Ugaki, 1941-1945, trans. by Masataka Chihaya (Pittsburg, PA: University of Pittsburg Press, 1991), 663-64를 참조.

한다고 하고, 또 어떤 이들은 전후 동아시아에서 일어난 투쟁에 합류했다.[20]

특히 일본의 아시아 령(領)에서 사람들을 공포에 떨게 했던 일본 군사경찰 (헌병대) 멤버는 특히 美 점령군의 명령에 대해 반항적이었다. 한국인들 중에는 공습을 피해 이미 전시 중에 한반도로 귀환하기 시작한 사람들도 있었다.[21] 하지만 대다수의 한국인과 일본인은 8월 15일에 천황이 라디오 방송에서 항복을 선언했을 때부터 조국에 가까운 부산과 시모노세키(下關) 항으로 쇄도했다.

현해탄의 양쪽에서 사람들은 조직을 만들어 미국이 지정한 선박 이외의 배를 확보해 지체 없이 도항할 수 있게끔 하려했다. 미국이 휴대품에 부과한 엄격한 제한 때문에 수많은 귀환자들은 별도의 보다 위험한 이동수단을 선택하든지 혹은 귀환을 미루는 것으로 자신의 재산을 지켜내려 했다. 제한 속에서도 특히 타격이었던 것은 귀환자들이 조국의 항구에 도착해 합법적으로 환전을 할 수 있는 금액을 겨우 1000엔으로 정한 포고(布告)였다. 이러한 말도 되지 않는 금액으로는 새로운 토지에 정착해 새로운 생활을 시작하는 것은 도저히 불가능했다.[22]

또 8월 중순의 G-2 Intelligence Survey는 정찰기가 "요코하마(横浜) 해군기지에서 격렬한 (대공[對空] 포화를 맞았다"고 보고하고 있다. (Far Eastern Command, US Army, G-2 Daily Intelligence Surveys 1 (G-2 Periodic Report) (August 17/18 1945) 이 당시 브루클린(뉴욕) 데일리 이글(Brooklyn Daily Eagle)紙는 '일본, 美 사진 정찰기를 재공격'이라는 기사를 게재해 작은 제목으로 '미군 병사 1명 사망 일본 항복 3일 후에'라 보도하고 있다. Brooklyn Public Library at http://bklyn.newspapers.com/image/52697500(접속일: 2020.11.17). 8월 15일 이후의 군사 활동의 종합적인 논의에 대해서는 Ronald H. Spector, In the Ruins of Empire: The Japanese Surrender and the Battle for Postwar Asia (New York: Random House, 2007)을 참조 바람.

20 예를 들어 Sayuri Guthrie-Shimizu에 따르면 중국 국공내전에서 일본병사 출신이 국민당, 공산당 양 측에서 참전하고 있었다. "Occupation Policy and Postwar Sino-Japanese Relations: Severing Economic Ties," in Mark E. Caprio and Yoneyuki Sugita, eds., Democracy in Occupied Japan: The US Occupation and Japanese Politics and Society (London: Routledge, 2007), 200-219. 그리고 Spector의 In the Ruins of Empire 중 각각의 장에서의 논의도 같이 참조하기 바람.

21 Sunny Che가 소년시대에 가족과 함께 조선으로 귀환한 경험이 그 한 예이다. Sunny Che, Forever Aliens: A Korean Memoir, 1930-1951 (Jefferson, NC: McFarland, 2005).

지금부터 살펴보겠지만, 일본인이든 한국인이든 많은 사람들은 정해진 액수의 재산이 있고 또 그것을 가지고 귀환하는 것을 바라고 있었다. 그렇기 때문에 그들은 보다 위험한 '비인가' 수단을 취하는 것도 마다하지 않았다.[23]

3. 공해(公海)에 도사리고 있는 위험

그렇지만 얼마 안 되어 일본에 있던 한국인들에게 있어 귀환은 곤란하고 위험한 것으로 자칫하면 생명을 잃을 수도 있다는 깨달음을 주는 사건이 일어났다. 우키시마호(浮島丸) 침몰사건이다. 침몰의 원인에 대해서는 지금 아직도 여러 설이 분분하다. 우키시마호의 최후는 사고로 어뢰를 건드렸기 때문인가? 아니면 의도적인 작업 즉 일본 해군이 깔아 놓은 어뢰 폭발에 의한 것이었나?[24] 진실이 어찌됐든 우키시마호의 운명에 대해 무성한 소문이 그것이 설령 믿기 어려운 무익한 것이었다 하더라도, 사람들이 귀환에 대한 판단을 내리는 데에 있어 커다란 영향을 끼쳤을 것이라는 점은 쉽사리 상상이 간다.[25]

정확하게 몇 명인지도 모르는 한국인 노동자와 그 가족들을 태운 우키시마

---

22 방첩대(CIC; Counter Intelligence Corps) 의 날짜가 없는 보고에서는 한국인이 4주간의 수입을 직업별로 다음과 같이 정리하고 있다: 상인 1279, 공무원 975, 서기(書記) 681, 노동자 및 농민 659. RG 554 Records of General HQ, Far East Command, Supreme Commander Allied Powers, and United Nations Command, box 22, Folder: Military Government Activities: Political Parties, (College Park, MD: National Archives and Records Administration, 이하 NARA)

23 재한 일본인들은 귀환을 재빨리 행할 수 있게끔 세와카이(世話會)를 설립했다. 최영호, 앞의 책.

24 북한 영화 '살아있는 령혼들'(Souls Protest, 감독; 김춘송, 2000)은 우키시마호(浮島丸)의 침몰은 일본해군이 꾸민 음모 때문이라고 주장하고 있다. 다음 졸고 참조. Mark E. Caprio, "Investigating Tragedy at Sea: The Ukishima-maru Incident and its Legacy," European Journal of Korean Studies 18 (April 2019): 81-104.

25 우키시마호(浮島丸) 침몰을 최초로 보도한 것은 사건이 일어난 후 1개월 후인 1945년 9월 18일 부산일보였다. 金贊汀(1994), 『浮島丸釜山港へ向かわず』, かもがわ出版, p.16.

호는 1945년 8월 22일 일본 혼슈(本州) 북부의 오오미나토(大湊)에서 부산으로
향해 출발했다고 알려진다. 이틀 후, 옥음방송 후 불과 1주일 여, 우키시마호는
일본 서해안의 해군항인 미즈루(舞鶴)항에 예정에 없던 정박을 한 후 바로 그
바닷물에서 침몰했다. 수천 명이라 할 수는 없겠지만 수백 명의 조선인과 일본
인 소수가 사망했다.

우키시마호가 잔존해 있던 어뢰에 접촉했을 가능성은 있다. 그러나 조선인
들 사이에서는 폭발은 사고가 아니라 영구히 한국인 노동자들의 입을 봉쇄하
려 했던 일본해군의 음모였다는 소문이 순식간에 퍼졌다.『일지』는 다음과 같
이 기록하고 있다.

> 1945년 8월 22일 오오미나토 해군항의 약 6700명의 한국인 노동자들 그리고
> 공장 일꾼과 그 가족들은 한국으로 귀환한다는 통보를 받았다. 그들은 일본인
> 승무원 그리고 군장교들과 함께 우키시마호를 타고 출항했다. 이 군함은 일본의
> 미즈루항(큐슈; 정확히는 혼슈[역자])에 도착해 항구에 닻을 내렸다. 화물이 배
> 밖으로 던져지고 한국인들은 선실로 돌아가라는 명령에 그곳에서 일본도와 죽창
> 으로 맞았다. 그후 일본인 승무원들은 소형 보트를 타고 가버렸다. 그 직후 우키지
> 마(우키시마[역자])호는 처참하게 폭발한 후 침몰, 대량의 사상자를 냈다. 선원들
> 이 '어린아이들에게 미안하다'고 말하고 있었던 것에서 정보 제공자는 이 폭발이
> 계획적이었던 것이라고 생각하고 있다.[26]

고의로 장치된 폭발이라는 설은 증거 불충분으로 재일 美점령군에 의해 즉
시 각하되었다. 그럼에도 불구하고 이 설에 의해 분명하게 많은 수의 한국인이
귀환의 위험성을 확신하게 되어 일본에 잔류하는 것을 진지하게 검토하는 자
들이 많아졌을 것으로 보인다.[27] 우키시마호 이외의 선박 몇 척도 대부분의

26 『미국극동군사령부 G-2 일일정보요약』 1(1945.8.1-10.22), 한림대학교 아시아문화연구소(자
　료총서 26), 1999, p.70.
27 Mark E. Caprio(1994), "Investigating Tragedy at Sea. Kim Ch'anjŏng, Ukishima-maru - Pusankō

경우는 태풍과 같은 기후조건에 의해 그렇지만, 어떨 때에는 인위적 사고에 의해 배와 승객이 침몰한 적도 있어 사람들은 이러한 두려움을 계속해서 지니게 되었다.[28] 귀환자들의 안전은 또 공해에서 포획물들을 기다리고 있는 해적들에 의해 또 여러 인위적 사건들에 의해서도 위협을 당했다.

　규정된 양을 초과한 짐을 든 귀환자들이 탄 무인가 선박들이 해적들에게는 아주 훌륭한 표적이 되었을 것이라는 것은 쉬이 상상할 수 있다. 이들 선박들은 또 한국과 일본의 암시장으로 물건들을 나르는 밀무역에도 사용되고 있었다. 보고에 따르면, 많은 해적들은 미군에게 항복하는 것을 거부한 일본 헌병들이었다. 귀환 도중에 사람들이 조우했던 위험에 대한 정보는 미군에 의해 검열된 한국과 일본 간의 편지 안에서 왕왕 발견된다.[29] 1945년 11월 3일자의 한 편지에는 '무인가 선박'으로 일본으로 돌아가는 최선의 방법과 어떻게 하면 담당자의 눈을 속여 규정 이외의 물품을 가져갈까 하는 것에 대한 상세한 지시사항이 적혀 있다. 타케모토 히로라고 하는 인물은 다음과 같이 적고 있다.

　　부산에는 많은 비밀 선박회사가 있습니다. 가격은 게시판에 붙어 있습니다만 대략 1명당 150엔 정도입니다. 비밀 선박이라면 헌병대와 조선인 여성으로부터

---

e Mukazu (京都: かもがわ出版). 생존자의 한 사람이었던 이영출(李英出)이라고 하는 노동자는 한국으로 귀환을 취소해 다시 생명의 위험을 무릅쓰고 바다를 건너는 것 보다는 일본에 남는 것을 선택했다. 그의 이야기에 대해서는 金賛汀, 앞의 책, p.73-74 참조 바람. 김찬정은 이 사건의 원인으로 2000명의 한국인이 귀환 중단을 결정했다고 추정하고 있다. 앞의 책, p.200.

28 정애영(2010), 「귀국 해난사고를 통해 본 강제동원과 귀환」, 『한일민족문제연구』19, pp.123-159을 참조 바람. 마쿠라자키 태풍으로 인한 선박 난파로 한국인 노동자 241명이 죽었다. Ágota Duró, "Confronting Colonial Legacies: The Historical Significance of Japanese Grassroots Cooperation for the Support of Korean Atomic Bomb Survivors" (Ph.D. dissertation, Hiroshima City University, 2018), 22.

29 미국은 종전 직후부터 선택적으로(라고 하기 보다는 오히려 무작위로) 일본인과 한국인의 편지와 전보를 읽거나 통화 내용을 도청하기 시작했다. 『일지』는 그러한 정보를 상당 수 기록하고 있다.

278

검문을 받지 않아도 됩니다. 밀항하기에 어떤 회사가 좋은지는 '닛폰세와카이(日本世話會)'에서 가르쳐 줍니다. 세와카이는 부산 철도역 앞에 있습니다. …. 추신: 머리를 쓰면 많은 돈을 가지고 갈 수 있습니다.[30]

또 일본의 이시카와(石川)에 사는 데와케 마사코라는 일본여성은 서울에서 귀환 준비 중이라 생각되는 데와케 요시히로에게 편지를 쓰고 있는데, 거기에는 그녀에게 여자와 뇌물을 써서 미군 검사관을 통해 물품을 밀수하라고 일러주고 있다.

미국 병사들은 부산에서 귀환하는 일본인 중에서도 여자아이들은 검사하지 않습니다. 그러므로 돈은 우타코씨가 몸에 휴대하고 있으면 괜찮겠습니다. 여자가 옷 안에 잘 감추기만 하면 미국인들이 카메라로도 알아낼 수가 없을 것입니다. 저는 승선하기 전에 검사를 담당하는 병사에게 멋진 부채를 주었습니다. 그래서 어머니가 짐 검사를 받지 않아도 되었습니다.[31]

자기 재산을 지키고 싶어 하는 귀환자들의 바람을 생각하면 편지 내용의 많은 부분이 어떻게 하면 검문소를 무사히 통과해 돈을 가지고 갈 수 있을까 하는 데에 있었다는 것이 이해가 간다. 다음의 편지는 그런 것과 관련된 많은 것들 중 한 예다.

신 타츠마는 병원선의 간호사에게 뇌물을 건네, 일본의 친척에게 수백 엔을 보냈다. 그 간호사에게는 1만 엔을 건넸다. 그 증거로 신의 자택에 영수증이 있을 것으로 확신한다.[32]

---

30 『일지』, p.227(1945.11.3). 이 기록은 일본인 세와카이(世話會)가 이시히로 타데오가 이끄는 지하조직과 연결되어 있어 암시장과 연계되어 있었다고 보고 있다. 한국인의 일본으로의 재입국은 보다 위험해 가격은 상승해 갔다. 한 보고는 평균 2천 엔이라 하고 있다. 『일지』, p.227(1947.11.22).

31 『일지』, pp.599-600(1946.1.29).

32 『일지』, p.461(1945.12.20). 이 편지에 첨부되어 있던 메모에 따르면 보낸 이는 '(수백 엔이

또 다른 편지에서는 한국인들 또한 얼마간의 작은 재산을 지켜내려고 했던 사실을 알 수 있다.

> 친구인 김복순이 일본 엔으로 50만 엔을 또 그 친구인 유옥동으로 소개받은 사람이 600만 엔을 가지고 있다는 것은 정말입니다. 만일 그렇게 많은 돈을 곧바로 조선 엔으로 교환해 주시는 것이 가능하다면 제가 책임을 지고 600만 엔과 50만 엔을 가지고 가겠습니다. 빠른 회신을 부탁합니다. 고액은 나중에 바꾸어도 되기에 50만 엔을 먼저 지급으로 교환했으면 합니다.[33]

같은 달 『일지』의 후속 기사는 이 문제의 심각성을 다음과 같이 적고 있다.

> 한국인들이 일본 엔을 한국의 지폐로 불법 교환하려고 하는 내용의 편지가 계속해서 압류의 대상이 되고 있다. (대구의) Kim Choo The'an(김주천?)은 1월 27일에 (부산의) Kim Dei Song(김대송?)에 대해 11만 4천 760 일본 엔이 양창일에 의해 환전될 것이라 전하고 있다. 또 별도로 압수된 서한에서는 2월 4일 (Osam-mi 의) 타마가와 미조가 (부산의) 타마자와 케이이치에 대해 일본 엔으로 약 2만 엔을 환전할 수 있겠느냐고 열심히 묻고 있다. 또 어떤 편지를 보면 … 고액의 일본 엔이 50% 수수료를 지불하고 교환되고 있다고 한다. 1월 30일 (마산의) 손기태 (SON, Ki Tai)는 (밀양의) 조창(CHO Tch'ang)에 대해 조가 50%의 할인과 중개료를 받는 조건으로 일본 엔으로 50만 엔을 환전할 수 있다고 적고 있다. 이들 3통의 편지는 군정부가 조회(照會)하게끔 전달됐다.[34]

미군정 군정국(軍政局)의 보고서는 일본과 한국에 있는 사람들이 금전뿐만이 아니라 대량의 물품 또한 배에 싣고 있었다는 것에 대해 이야기하고 있다. 11월 의 『일지』에 의하면 세와카이(世話會)는 일본인의 귀환 수단을 준비하는 것만이

아니라) 수천 엔'이라고 적으려 했던 것으로 보인다.

[33] 『일지』, p.635(1945.2.7).

[34] 『일지』, p.645(1946.2.11).

아니라 암시장에 내다 파는 물건도 보내고 있었다.[35] 어떨 때에는 미군이 나포한 3척의 배에서 사람, 돈, 그리고 물품 등의 흥미진진한 화물을 발견했다.

> 1월 27일 항행 허가증 없이 마산에 입항한 3척을 나포. 선장과 선원을 체포했다. 선내를 수색한 결과, 일본의 철사, 케이블, 기계, 오토바이 3대, 감귤이 발견됐다. 승객 22명은 하선하게 해 철도로 부산으로 보냈다. 2척은 각각 1월 18일과 19일에 시모노세키(下關)와 오사카(大阪)를 불법으로 출항한 것으로, 또 다른 1척은 진해에서 와 있었다. 게다가 마산에서는 1월 19일에 일본으로 불법 출항하려 했던 20톤급의 배를 나포. 철저한 수색 끝에 147만 5천 엔을 몰수했다. 돈은 선내의 이곳저곳에 감춰져 있어서 통 속 2중 바닥에서도 발견됐다.[36]

많은 배들이 암시장에 공급하기 위해 한국 쌀을 싣고 있었다. 일본인들이 통치 중에 한국의 쌀을 '훔쳤던' 것에 대해 한국인들이 이미 민감해 있었기 때문에 이것은 특히 미묘한 문제였다. 나포된 선박 중 하나는 쌀 370가마를 싣고 있었는데 이것은 대략 23만 7천 엔에 상당한다.[37] 하지만 때에 따라서는 암시장 상인들에게 쌀을 판 것은 한국의 농민들이어서 그것은 많은 이익을 손에 넣을 수 있었기 때문이라고 사료된다.

미군정 사령관 존 하지(John R. Hodge)는 당초 특히 부하들이 그러한 불법행위를 제지했다고 비난을 받았을 때는 그러한 사실을 부정하고 있었다. 후에 그 비난의 내용에 대한 진실을 알게 된 하지는 부하들이 아니라 '조선인 밀수업자'의 '애국심이 결여된 행위'라 비난했다.[38]

---

35 『일지』, p.227(1945.11.3).

36 『일지』, pp.627-628(1946.2.5).

37 『일지』, p.648(1946.2.5, 11).

38 하지 사령관은 당초 쌀이 불법으로 한국에서 선적되고 있었다는 것을 부정했는데, 이 쌀의 밀수출을 행한 "애국심이 결여된 한국인 밀수업자"를 비난했을 때에는 그 사실을 인정했다. John R. Hodge, "Denying Anti-US Propaganda Rumors"(November 11, 1945), 『하지(John R. Hodge) 문서집(1945.6-1948.8)』3, 한림대학교 아시아문화연구소, 1995, p.113.

이러한 선박들이 해적의 주된 표적이 되었다고 해도 그리 놀랄 만한 일은 아닐 것이다. 평균 10톤에서 20톤으로, 인가를 받은 배보다도 훨씬 작아 200명 정도의 승객은 각자 75~100엔을 지불하고 있었다.[39] 미국 군정국이 '불법'이라 간주한 배에 타고 '무허가' 물품을 나르려고 했던 사람들이 있어 해적들이 이득을 보고 있었다. 또 주로 미군, 일부 英연방군으로 구성된 일본 점령군은 육상에서 수많은 문제에 대처하는 것에 온갖 힘을 쏟아서 해상에서의 일까지 신경을 쓸 수가 없었다.

　　타이호(號)로 부산에 도착했던 한국인들은 항해 중에 조우했던 비극적 사건들에 대해 말했다. 이 배는 60명의 승객을 태우고 일본 오사카를 10월 22일에 출발했다. 부산으로 향하는 도중에 선상에서 3명의 강도가 승객 중에서 몇 명을 골라 소지품을 빼앗고 산채로 바다에 던져버렸다. 사태를 알아챈 승객들이 강도들에게 맞서려고 했으나 3명은 소형 배에 타고 오오시마(大島) 먼 바다로 도망쳤다. 부산항에 도착해보니 승객 11명이 행방불명이 되어버리고, 선창에서 확실하게 사살되었음을 알 수 있는 3명의 시체가 발견되었다.[40]

　같은 10월에 다른 선박이 이들 해적들의 표적이 되어 같은 운명을 겪었다. 이 배는 3명의 사망자와 1명의 한국인 부상자를 태우고 부산항에 입항했다. 그밖에 30명의 승객이 도중에 바다에 버려졌을 것으로 추정된다. 목격자는 일본인 선원을 공범자로 보고 있어 그들은 후에 미 헌병대에 체포되었다.[41]
　편지 안에는 일본과 조선 사이의 해상에서 행해진 범죄의 규모를 추정하는 거의 불가능한 작업을 시도하고 있는 것도 있다. 어떤 편지는 다소의 과장을 섞어 1945년 12월초까지 1000명의 헌병대 출신이 일본에서 귀환 도중이었던 1만 명이나 되는 한국인을 살해했다고 말하고 있다.[42]

39 『일지』, p.308(1945.11.20). 예컨대 인가선(認可船)이었던 우키시마호는 4700톤이었다.
40 『일지』, pp.262-263(1945.11.10).
41 『일지』, p.281(1945.11.15).

또 어떤 편지는 신문기사를 인용하면서 '11월에 일본에서 귀환 도중이었던
한국인 5천명이 해협을 횡단 중에 해적의 습격을 받았다'고 추정하고 있다.[43]
그 정확성은 차치하고 이러한 숫자가 일본에 살고 있는 한국인들에게 전해져
그들의 귀환에 대한 판단 - 어떠한 수단을 취할까 그리고 애당초 귀환이 옳은
것인지 아닌지 - 에 영향을 주었던 것은 분명 틀림이 없었다.

성공적으로 한국으로 귀환한 자들의 몇몇은 편지 가운데에서 귀환 도중의
위험에 대해 경고를 하고 있다. 예컨대 부산의 Tei Gin Rei(Ch'oe Kin-rei?)라고
하는 인물은 '바다에는 많은 해적이 있으므로 일본에서 한국으로 돌아갈 때에
는 암선(闇船, 무인가 선박)의 이용은 피할 수 없다. 제일 좋은 것은 공식적으
로 귀환선에 타는 것입니다'라고 군마(群馬)의 동포에게 충고하고 있다.[44]

『일지』는 태평양전쟁 종결 직후에 한국과 일본 간의 해상에서 행해진 여행
자에 대한 범죄 기록에 지면을 할애하고 있다. 그렇지만 그곳에 기재되어 있는
정보는 점령당국에 의해 명확하게 된 사건들에 한정되어 있었다. 그러니까 그
것들은 압수된 선박들과 검열된 서한으로부터 얻을 수 있는 정보였다. 사건의
많은 것들은 알려짐이 없이 보고되지 않은 채 어둠 속에 묻혔다. 그리고 당국
의 눈에 띄지 않았던 사건이 도대체 몇 건이나 존재했는지는 알 도리가 없다.[45]

예컨대 한국인들을 태우고 일본으로 향하다가 나포된 배 이외에도 한국으로
귀환한 후 다시 일본으로 돌아갔던 수천 명의 한국인들에 대한 기술은 거의
존재하지 않는다.[46] 최석기로 대표되는 수많은 한국인들은 한국으로 돌아간

---

42 『일지』, p.376(1945.11.4).

43 『일지』, p.461(1945.12.20).

44 『일지』, p.339(1945.11.26).

45 예를 들면 1945년 9월의 마쿠라자키(枕崎) 태풍에 의한 선박의 전복 사고에서는 200명 이상
   의 사망자가 나왔는데, 『일지』에는 적어도 같은 해 11월까지는 기재되어 있지 않다. 많은
   선박이 태풍과 어뢰 때문에 조난되었다고 적고 있을 뿐이다. 10월초의 『일지』는 타카사키
   號(태풍에 의한 조난)와 코토號의 조난을 언급하고 있다. 『일지』, p.102(1945.10.1).

46 Tessa Morris-Suzuki는 일본으로 돌아가려고 했던 1만 7천 명의 한국인이 점령 당국에 구속

후 자신의 언어와 문화에 대한 이해부족으로 고국 생활에 적응할 수가 없어 당국에 들키지 않고 (불법으로) 일본으로 돌아갔다.[47]

검열된 서한에서 얻을 수 있는 정보는 당시 사람들이 어떠한 곤란에 직면했는지 그리고 그들이 그것을 어떻게 극복하려 했는가를 이해할 수 있다는 점이다. 점령 당국이 어떻게 해서 이들 정보를 활용해서 '불법' 행위를 방해하려 했는가 하는 점은 흥미를 불러일으키지만, 현시점에서 그것을 알 수는 없다.

필자는 점령 당국이 검열한 서한에서 얻은 정보를 활용하는 것을 말해주는 보고를 접하지 못했다.[48] 한반도에서 또 다른 종류의 위험은 선동자들을 체포해 일단 일본으로 돌아가라고 '권고'하기만 한다면 저지할 수 있는 것이었다. 그러한 위험은 한국의 도시 지역 특히 서울에 존재하고 있었다.

4. 일본인 불한당 갱들

식민지배로부터 해방 후 통치권이 일본에서 연합국(미국, 소련)으로 이양된 한국에서는 여러 집단이 권력의 공백을 메우기 위해 투쟁을 해 북부, 남부 공히 당파 항쟁을 벌였다.[49] 38도선을 사이에 두고 북과 남 각각에서 내려졌던

되었음을 알아냈다. Tessa Morris-Suzuki. "An Act Prejudicial to the Occupation Forces: Migration Controls and Korean Residents in Post-Surrender Japan." Japanese Studies 24, no. 1 (May 2004): 11. 몇 명이 감시의 눈을 피해 일본으로 재입국할 수 있었는지는 알려지지 않았다.

47 崔碩義, 앞의 책, p.42.

48 미 당국이 검열하는 통신 건수는 나중에는 증가했지만 『일지』는 초기에 한국發 10만 건의 통신 중 검열 가능했던 것은 얼마 되지 않았다고 인정하고 있다. 『일지』, p.12(1945.9.13). 9월 14일 시점에서는 검열할 수 있었던 것이 82점이었다고 인정하고 있다.

49 한국 북부에 있어서 가장 컸던 반란(revolt) 중 하나는 1945년 11월의 신의주학생사건이었다. 이 사건의 상세한 사항에 대해서는 Adam Cathcart and Charles Kraus, "Peripheral Influence: The Sinuiju Student Incident of 1945 and the Impact of Soviet Occupation in North

결정에 의해 항쟁이 전개됐다. 8월 15일 이후는 일본군에 의한 군사행동이 산발적으로 일어났던 모양이나 『일지』는 9월 12일에 일본군이 '패배에 대해 수동적인 태도를 취하고 있어 점령은 곤란 없이 진행되고 있다'고 기록하고 있다.[50]

그러나 수주 사이에 일본의 군인과 경찰이 미군의 지령에 대해 폭력적인 방법으로 저항하고 있다는 엄중한 문제가 분명하게 드러났다. 해적과 마찬가지로 이러한 폭력 행위의 대부분은 항복을 거부해 갱이 되었던 헌병대 출신 무리배가 지휘하고 있었다. 그들은 한국의 거리에서 한국의 해방과 미군정의 방해를 시도하고 있었다. 이 위험 요소 또한 일본에 남아 있었던 조선인들이 주목하는 점으로 드러났다.

점령정책에 비협조적인 사람들은 태평양전쟁은 끝났지만 곧이어 다음 전쟁이 다가올 것이라 믿고 있었다. 다음 전쟁은 패전으로 잃었던 영광을 되돌리기 위해서 자기들 일본인들이 주도하든가 혹은 미국을 위시해 자본주의 진영에 가담해 공산주의 소련과 싸우게 되리라는 것이었다.

어떤 서한은 이러한 감정을 긍정적인 말로 표현하고 있다: "일본을 전전(戰前)의 모습으로 재건하지 않으면 안 됩니다. 미국을 배제하지 않으면 안 됩니다. 정신적으로는 우리들은 절대로 패배하지 않았습니다."[51]

또 서울의 어떤 일본인은 고국으로 보내는 편지 가운데에 일본의 부활에 대해 더욱 더 직접적인 예언을 하고 있다: "다시 일어서는 것 이외에 일본인이 패전의 오명을 떨쳐내는 길은 없습니다. 저는 신들이 우리들을 도와준다고 믿

Korea." Journal of Korean Studies 13:1 (2008)을 참조. 또 1946년 3월에는 한국 북부의 지도자들을 표적으로 한 폭행사건이 빈발했다. Erik van Rhee는 이들 사건을 소련군의 최상층부(이반 치스차코프 대장, General Ivan Chistiakov)과 한반도 북쪽의 정치적 지도자(김일성)을 타겟으로 한 한반도 북쪽에 있어서의 개혁에 의해 일어난 긴장관계의 표출로 보고 있다. Erik van Rhee, Socialism in One Zone: Stalin's Policy in Korea, 1945-1947 (Oxford: Berg Publishers, 1989), 151-53.

50 『일지』, p.5(1945.9.12).

51 『일지』, p.128(1945.10.10).

어 의심치 않습니다. 1948년이 그 해가 될 것입니다."[52]

　오는 대전이 미국과 소련 두 나라의 군대 사이에 이데올로기의 차이에 의해 발발한다는 소문의 내용은 널리 퍼져 있어 그것은 적어도 한번은 미군에 의해 발신되었다.[53] 『일지』는 이러한 풍조에 대해 다음과 같이 정리하고 있다.

　　일본 민간인들은 미국과 소련이 이제 곧 전쟁을 시작할 것이라고 계속해서 적고 있다. 어떤 민간인은 "전쟁이 나면 우리들 일본인은 미국과 싸울 것"이라고 말하고 있다. 그들 대부분은 완전히 소문에 의거해 적고 있다. 특히 38도선 부근에서 미소 양군 중에 어느 한쪽이 무기를 지니고 있는 것을 본 일본인은 미국과 소련이 전쟁 준비를 하고 있는 것이라 생각하고 있다.[54]

　필시 일어날 다음 전쟁에 대비해, 일본인들은 동굴 그리고 교사(校舍)에까지 무기를 감추고 있었다. 11월에는 목포의 학교 교사에서 다음과 같은 사건이 있었다.

　　미군이 11월 17일 목포의 일본인 상업학교와 소학교에서 무기와 장비를 압수해 소총 160정, 총검 200점, 기병도(騎兵刀) 16점이 상업학교에서 목제소총 540정, 기병도 3점, 총검 1점, 철모 50점이 소학교에서 각각 발견했다. 이 무기의 소재를 미국 군정국에 보고하는 것을 게을리한 자들이 체포되었다.[55]

　미군정(美軍政)의 최초 수개월 간 당국은 상기한 바와 같이 은닉했던 무기

52 『일지』, p.200(1945.10.26).
53 어떤 보고는 서울의 비젠야(備前屋)호텔 종업원으로부터의 정보로 이 호텔에 투숙중인 한 병사가 "미국은 머지않아 러시아와 일전을 불사할지도 모른다"고 말했음을 적고 있다. 『일지』, p.253(1945.11.8).
54 『일지』, p.339(1945.11.26). 앞서의 보고에 의하면 미군들이 이 소문을 퍼뜨리는 데에 가담했다고 한다.
55 『일지』, p.296(1945.11.18).

를 압수했다. 점령자끼리 그리고 점령군과 한국 사람들 사이에서 싸움을 걸려고 하는 일본인 갱 조직이 감추었던 것들이었다.

한국에 도착하자마자 美 군정부(軍政府)는 무장해제가 수월치 않을 것이라는 것을 곧바로 알아차렸다. 점령군의 서울 도착 후 며칠도 되지 않은 9월 12일, 일본의 제17 방면군(方面軍)을 지휘하고 있었던 코스케 요시오 사령관이 약 100명의 카미카제(神風) 특공대원이 '상당한 소요를 일으킬' 가능성이 있음을 걱정하는 뜻을 전해왔다.[56]

10월 초에서 12월 중순에 걸쳐 『일지』는 갱들의 체포, 취조, 재판에 대해 거의 매일 알리고 있다. 이들 정보는 '방첩' 중에서 '비밀조직'이라는 제목 하에 자리하고 있었다. 이런 종류의 보고의 최초의 것은 미군이 조선에 도착한 3주 후인 10월 1일자였다.

> 켄페이타이(헌병대) 그리고 토쿠무키칸(특무기관[스파이 조직])을 중심으로 하는 조직이 서울에서 발각돼 조직원 몇 명이 체포되었다. 이들 일본인 남성 9명, 여성 2명에 대한 취조로, 그들이 아직 체포되지 않은 15명과 이하의 목적으로 조직을 만들었음이 밝혀졌다: 1) 정보와 무기의 수집 2) 미국인과 한국인이 대립 관계에 있는 것처럼 보이게끔 하는 방법으로 미군과 저명한 한국인들을 암살할 것 3) 필요하다면 자신의 생명을 던져 이들 목표를 수행할 것. 기관총 2정과 피스톨 몇 정이 용의자 자택에서 발견되었다. 계속 수사 중.[57]

이 건에 대한 속보가 4일 후의 기사에 보인다. 용의자들은 "무기 불법소지와… 암살 그리고 테러에 의해 미국인과 조선인 간의 대립을 조장할 것을 목적으로 하는 조직의 멤버라는 것을 자백했다"고 한다. 이들 용의자들은 또 '미군 도착에 앞서 테러 행위'를 한 것을 인정했다.[58] 게다가 『일지』는 용의자들의

---

56 『일지』, p.12(1945.9.12).
57 『일지』, pp.97-98(1945.10.1).
58 『일지』, p.114(1945.10.5).

이름과 국적에 더해 한 사람 한 사람의 활동에 대해 기록해 이들이 보다 다양하고 조직화되어 있음을 가리키고 있다. 그러나『일지』가 더 깊이 파고드는 기술을 하면 할수록 일본인의 누가 어떤 그룹에 속해 있었는지 누가 실제로 주동자였는지에 대해서는 애매하게 되어갔다. 다음날의『일지』는 공판을 2-3일 후로 남겨둔 11명의 피고 전원이 "일본인으로 파괴적 행위를 목적으로 하는 조직의 멤버"임을 알리는 동시에 조선총독부 경무국장(警務局長)이었던 니시히로 타다오를 취조해 얻은 정보도 기재하고 있다. 니시히로는 조직의 세가지 주된 목적을 아래와 같이 분명히 했다.

> 댄스 홀, 카바레, 극장, 호텔 기타 오락시설을 열어 미군에게서 정보를 얻는다. 한국인과 미 점령군과의 사이에 대립을 일으키게 한다. 이러한 목적의 방해가 되는 어떠한 인물도 배제한다.

니시히로는 기타 멤버의 이름도 밝혔다. 그 중에는 조선인 김계초(Kim Ke Cho, 가명: 나카무라)도 포함되어 있었는데, 그는 "조직의 두목이며 중개인"이었다고 생각된다. 활동자금은 세와카이(世話會)라든가 기타 개인을 포함하는 복잡한 루트에 의해 조달되었다. 조직이 조달한 자금의 총액은 "800만 엔이며 그것은 약 100개의 단체로 배분되었다."[59]

게다가 다음날 지하조직의 멤버가 체포되어 수사는 진전을 보았다. 10월 7일『일지』에는 앞서 체포되었던 일본인들의 리더로 사이토 토시나루라는 이름이 거론되었다. 사이토는 10월 5일 "조선인 1명을 살해하고 1명을 상해'하여 체포되었다. 취조에 대해 그는 자기 그룹은 "커다란 조직 가운데 아주 작은 부분"이라고 진술했다. 그는 또 조직 활동에 가담하고 있었던 일본인 다수의 이름을 대는 동시에 "서울의 거리에는 700명 이상의 (무장한) 일본병사와 헌병대원이 활보하고 있다"고 말했다.[60]

---

59 『일지』, p.118(1945.10.6).

후일의 보고에서는 이 지하조직이 가지고 있었던 총기의 양에 대해 다루고 있다. 새로운 2명의 일본인 사고야 요시사키(토메오?)와 후지모토 아키리(아키라? 역자)가 체포되었을 당시 미군은 다음 것들을 압수했다: "소총 76정, 폭약 300발, 3만 엔, 아편 약 55상자(1상자 당 18킬로)" 무기는 일본군으로부터 입수되어 테러 활동에 사용될 예정이었다. 『일지』는 또 이 갱들과 세와카이(世話 會)의 금전적 연결 관계를 밝히고 있어 이들 작전에서는 앞서 말한 김계초 (Kim Ke Cho)가 지도적인 지위에 있었다고 하고 있다.[61]

사고야 요시아키의 예는 아주 흥미로운 것인 동시에 1930년대말 이후 일본 사회에 있어서의 군부의 권력을 입증해주고 있다. 사고야와 후지모토의 취조에서 두 사람의 활동이 갱들 조직으로부터 독립해 있었다는 것을 알 수 있다. 또 사고야가 일본의 아이코쿠샤(愛國社) 멤버였으며, 1931년 일본 하마구치 오사치(浜口雄幸) 수상 암살(1931년 런던 해군군축조약을 지지했기 때문이라 생각된다. 이 조약은 일본의 해군력을 한층 더 [초국가주의자들에게는 불공평 하게도] 제한했다)에 연루되어 10년 동안 복역했었다.

1933년에 사형판결 선고를 받았지만 후에 천황에 의해 종신형으로 감형되었다. 1940년에 은사를 받아 헌병대원으로 만주, 그리고 한국으로 부임했던 전력을 지니고 있다. 일본으로 귀환한 후에는 극우 활동에 여생을 바쳐 극우 의회 그룹인 고코쿠단(護國團)의 리더가 되었다.[62]

수사는 계속 행해졌다. 일본인들을 주체로 하지 않는 자들에 의한 혼란이 증가해, 일본군과의 관계가 강화된 시점에서 서울에서 헌병 대장이었던 대구

---

60 『일지』, p.124(1945.10.9).

61 『일지』, p.128(1945.10.10).

62 『일지』, p.143(1945.10.13). George Fetherling, The Book of Assassins: A Bibliographical Dictionary from Ancient Times to the Present (Auckland, NZ: Castle Books, 2006), pp.321-22을 참조 바람. 고코쿠단(호국단[護國團])에 대해서는 Brian Victoria, Zen Terror in Prewar Japan: Portrait of an Assassin (Lanham, MD: Rowman & Littlefield, 2020), pp.173-75를 참조.

의 카와이 소좌라는 인물이 체포되었다. 『일지』는 이 '테러 조직'의 리더가 이제껏 믿고 있었던 것처럼 사이토 토시하루가 아니라 카와이였음을 인지했다. 카와이 아래에는 헌병대 장교 출신이 다수 있었다. 카와이는 귀환 명령이 내려지는 것을 서울에서 대기하고 있었으나 돌연 애인을 데리고 대전으로 도주했다. 이 보고는 자금의 흐름에 대해 새로운 정보 또한 기재하고 있다.

더욱 흥미로운 것은 니시히로 타다오가 자금의 일부를 '일본 여성을 지키기 위해' 사용하고 있었다고 설명했다는 점이다. 여기에서 그의 말, '지킨다'라고 하는 것은 이들 여성에게 매춘을 시켰다는 것이다. 니시히로에 의하면, 이것은 조직이 미군 병사들을 대상으로 한 유흥시설을 만들기 위한 것이었으며, '성적 오락' 1회당 1만 엔으로 150명의 여성을 고용했다고 한다. 그는 또 "여성들은 완전히 자기의 의사에 따라 이 매춘을 한다"고 해, 이것이 정당한 방법에 의한 것임을 설명한다.[63] 다음날의 『일지』는 카와이 소좌 부하인 일본인 60명이 체포되었다는 것을 전하고 있다.[64]

그 후 수일간에 같은 목적을 가지고 활동하는 갱 조직이 더 존재하는 것이 확인되었다. 예를 들면 10월 20일 일본 군정부(軍政部)는 칼과 소총을 소지하고 있던 호쿠다 히토미를 체포하는 동시에 그가 또 별도의 갱 조직을 이끌고 있었던 것도 알아냈다. 호쿠다와 20명의 전 헌병대원들은 "러시아와 미국 사이 및 한국과 미국 사이에 대립을 일으키는 동시에 반미 프로파간다를 통해 일본을 다시 위대한 나라로 만들"기 위해 대구에서 조직을 결성했다.[65] 호쿠다는 취조에서 자기 조직은 '전국적 조직'[66]이며, 일본의 정식 항복에 앞서 1945년 6월에 이미 결성되어 있었다고 진술했다.[67]

---

63 『일지』, p.152(1945.10.15). 니시히로는 "재산을 지키고 유혈을 피하기"위해 여운형 등 한국인 지도자들에게 돈을 주었다는 것을 인정했다.

64 『일지』, p.155(1945.10.16).

65 『일지』, p.181(1945.10.21).

66 『일지』, p.188(1945.10.31).

이들 일본인 갱들이 저지른 테러에 관한 보고는 체포자가 재판에 회부되고 또 한국 주재 일본인들의 귀환과 동시에 감소되었다. 이들 재판은 11월 24일에 시작돼 12월 18일까지로 종료되었는데 그 후의 『일지』 기록도 없다. 첫 공판일에 42명의 일본인이 카와이 소좌의 테러리스트 조직에 속해 있다는 혐의로 서울 군사재판소에 소환되었다. 그 중 사이토 호시히루(호시하루? 역자)를 포함 25명이 자기의 죄상을 인정했다.[68]

유죄판결을 받은 자들은 3개월의 강제노역 또는 벌금, 혹은 최고 5년의 징역과 벌금 7만 5천 엔을 선고받았다. 전원이 형기를 마친 후 한국에서 추방되었다. 석방된 자들 그리고 무죄로 된 자들은 한국을 떠나라는 조언을 받았다. 『일지』에 따르면, 피고소인 거의 대부분은 증거 불충분으로 유죄가 되지 않았으며 공판 전후에 석방되었다고 한다. 그 중에는 주동자로 지목된 카와이 소좌도 포함되어 있었다. 심문에서는 고소에 필요한 증거를 얻을 수 없어 재판을 피할 수 있었다고 한다.[69] 니시히로 타다오와 김계초에 대해서도 마찬가지였다. 니시히로는 일본으로 돌아가고 김도 증거 불충분으로 경기도의 형무소에서 석방되었다.[70]

이러한 위험 요소에 대해 어느 정도가 일본에 사는 한국인들에게 알려졌는지에 관해서는 추측하기 어렵다. 그렇지만 『일지』의 인용에서 그들이 때때로 언급했던 편지로 상황이 알려지고 있었다는 것을 알 수 있다. 1945년 10월자의 한 편지는 다음과 같이 말하고 있다:

---

67 『일지』, p.199(1945.10.26). 『일지』에는 호쿠다 조직의 6개 목표를 담고 있다. 많은 것은 미 군정국(軍政局)과 한국인의 관계를 악화시키는 것과 한국인 지도자들을 암살하는 것 등 다른 조직의 그것과 공통점을 지닌다. 그것에 더해 호쿠다 등은 만주의 일본병사들에게 한국에서 미국에 대해 봉기를 시킬 것도 목표로 하고 있었다.

68 『일지』, p.328(1945.11.24).

69 『일지』, p.379(1945.12.5).

70 『일지』, p.452(1945.12.18). 『일지』에 따르면 니시히로는 1개월 전쯤인 11월 13일에 일본으로 귀환되고 있다.

미군이 왔을 때부터 상당한 시간이 흘렀음에도 불구하고 아직도 일본 군대가 무기를 가지고 거리를 배회하고 있습니다. 일본 제국주의 악마들은 최후의 발버둥질로 방화하고 발포하며, 또 칼로 사람을 죽이고 폭탄을 던지는 등 밤에는 경성의 거리에 숨어들어가 있습니다. 얼마나 증오에 찬 행위인지요.[71]

그러나 일본과 관련이 있는 테러는 이들 수사와 재판의 종결과 함께 종적을 감추었던 것은 아니었다. 한국의 해방 후 일본 식민지지배의 잔재가 일본의 패전과 한국의 남부에 있어 개시된 미국의 통치에 반발을 계속하고 있던 한편으로 다른 종류의 폭력이 일어나고 있었기 때문이었다.

5. 한국인에 의한 폭력

『일지』는 해방 후 한반도에서의 수많은 폭력에 한국인도 가담하고 있었다는 것을 기록하고 있다. 미국이 보다 나은 정책을 취하고 있었더라면 그 많은 부분을 막을 수 있었을 수도 있었겠지만, 분명 폭력 사건을 전무한 것으로 하는 것은 불가능했을 것이다. 일본의 항복 후에 보복 행위가 일어나리라는 것을 미 당국은 이미 전쟁 중에 예상하고 있었던 것으로 보인다. 미국은 진주만 피격 후에 한반도를 떠난 선교사 출신자 그리고 실업가 등 한국을 잘 아는 사람들 및 한국인 전쟁포로를 대상으로 인터뷰를 행하고 있었다. 인터뷰에는 한국과 일본 관계 그리고 전후 한국인이 일본인들에게 보복 행위를 할 가능성에 대한 질문도 포함되어 있었다.[72]

응답자 중 많은 이들은 일본인에게는 아무런 문제도 일어나지 않을 것이라

---

71 『일지』, p.144(1945.10.13).

72 이러한 보고의 많은 부분은 다음 자료에 수록되어 있다. 이길상 편(1992), 『해방전후사자료집』1, 원주문화사. 민간인들에 대한 인터뷰 보고는 회답자의 신원을 알 수 없도록 (처리)되어 있다. 한편 전쟁포로의 그것은 이름 기타 개인정보가 포함되어 있다.

고 답을 했지만, 2~3명의 답은 달랐다. 어떤 이는 한국인들은 "어떤 계기가 있다면 즉시 (일본인들에게) 적대할 것"이라 예측하고, 일본인들에 대해 "군중의 폭거를 피하기 위해서 … 포로수용소에서 보호되어야 한다"고 제안했다.[73] 이 견해는 다음 의견에 견주어 보면 온건한 것이었다고 말할 수 있을 것이다.

> 일반적으로 한국인은 일본인에 대해 상당한 적개심을 가지고 있다. 계기만 조성된다면 거의 모든 한국인들이 일본인들을 학살하려 들 것이다. 아주 많은 한국인들이 일본인들의 손에 죽임을 당했기 때문에 그들은 복수할 것을 강하게 바라고 있다.

이 회답자는 또 점령 당국은 "전쟁 중과 전쟁 직후 (일본인들을) 커다란 수용소에 집어넣어야만"할 것이라고 말했다.[74] 『일지』는 한국인의 일본인에 대한 폭력 사건의 2가지 유형에 대해 주목하고 있다. 첫 번째 노동관계는 한국인 노동자들이 과거뿐만이 아니라 장래의 급여까지도 요구하거나, 태평양전쟁 중에 일본에서 강제 노동을 부과했던 자들에게 분명한 제재를 가하고 있다는 점이다. 『일지』의 한 보고는 히다치(히타치?=역자) 제철소의 한국인 노동자 300명이 이전 상사를 납치해 구타를 한 후 그를 끌고 은행을 돌아 총 300만 엔을 지불하게끔 했다. 실제로 그들에게 지불된 것은 그 1/3의 금액에 불과했다.[75] 또 어떤 보고에 따르면 일본에서 한국으로 막 귀환한 한국인들이 이전에 자기들을 강제로 일본으로 가게 했던 군산의 일본인 시장에게 1명당 2,500엔을 지불하도록 하려했다.[76] 더욱이 다른 보고에 따르면 군산의 노동자 5,800명이 이 도시의 일본인 실업가에게 12,261,536엔을 지불하도록 하는 것에 성공했다고 한다.[77] 『일지』는 또 일본에서 노동을 마치고 귀환했던 한국인들이 일본인

---

73 위의 책, p.161. 1944년 12월 20일에 행해졌다.
74 위의 책, p.174. 1945년 1월 2일의 인터뷰.
75 『일지』, p.101(1945.10.2).
76 『일지』, p.119(1945.10.6).

에게서 받았던 냉대를 되갚아주려 했던 예의 몇몇을 기록하고 있다. 『일지』는 또 귀환 전의 일본인 그리고 그들의 귀환 준비를 도왔던 한국인들에 대한 산발적이라 여겨지는 폭력 사건에 대해 보고하고 있다. 미군 주둔 후 보통의 일본인이 한국인에게 공격당하는 사건이 『주한미군정보일지』(G-2 Periodic Report)에 상당수 기재되어 있다. 9월말에 『일지』는 서울과 인천 지역에서 "소수의 한국인 그룹에 의한 일본인 주거 불법침입과 강탈, 다수가 무장하고 있다고 보고되고 있다. 그들은 종종 거짓으로 미군 명령으로 왔다고 하며 안으로 들어온다"는 일본인의 호소를 적고 있다.[78]

10월에는 부산 근교에서 복수의 한국인이 "17세 이상의 일본인 남성과 일본군 관계자들을 전원 붙잡아 감옥에 넣었다. 일본병사 몇 명이 두들겨 맞고 일본인의 재산 일부가 빼앗겼다"고 보고하고 있다. 이 사건에 대해 미 당국은 일본인 민간인들을 신사(神社) 경내에서 '보호처분'하는 것으로 했다.[79]

미군의 일본인들에 대한 호의적으로 보이는 취급은 한국인의 반일 감정을 악화시킬 뿐이었다. 사실 더글러스 맥아더 장군에 의한 포고 제1호는 일본인 및 친일파 한국인들로 이루어진 식민지 관리에게 한국인 인재가 육성될 때까지 권력의 좌 - 행정직과 경찰- 에 머무를 것을 명하고 있었다.[80]

한국인들이 내는 분노의 목소리에 맥아더는 총독 이하 일본인 고위관리를 '즉시 배제할' 것을 명해 이 '오해'를 해결하려 했으나,[81] 때는 이미 늦었다. 『일지』는 이들 식민지 관리들을 계속해서 재직하게 했던 기관에 대해 불만을

---

77 『일지』, p.329(1945.11.24). 이 금액은 노동자들이 요구하고 있었던 4천 300만 엔의 1/3 정도에 불과했다.

78 『일지』, p.77(1945.9.25).

79 『일지』, pp.166-167(1945.10.19).

80 "Proclamation No.1 by General of the Army Douglas MacArthur,"(September 2, 1945), *Foreign Relations of the United States* (이후 *FRUS*), vol.VI, 1043-4.

81 "Memorandum by the Acting Secretary of State to President Truman"(September 14, 1945), FRUS VI, 1047-48.

가진 한국인 여러 명에 의한 폭력 사건을 보고하고 있다. 특히 그 중 1건의 범죄 의도에 대해서는 의심할 여지가 없었다. 1월에는 대전에서 암살단이 파출소에 다음과 같은 메시지를 남기고 있다:

> '황인실 부지사, 충청남도의 반역자의 목을 쳐라.
> 박변배(Park Pyun Pai) 경찰부서장, "너는 친일분자다. 일본인과 한국인의 혼혈이다. 네 아버지의 기념비를 가지고 일본으로 돌아가라.
> 방두환 대전부윤(府尹), 너는 반역자로 친일분자다. 너를 반대한다!82

다음의 영남일보 사설은 한국인들의 울분에 대해 다루고 있다:

> 현재 정부의 요직에 앉아있는 이들의 대부분은 일제 시대에 여러 비행을 저질렀던 자들이다. 따라서 그들이 현재의 지위에서 물러나는 것은 당연한 것으로 그렇지 않다면 대중은 정부를 믿을 수 없을 것이다… 이 상황을 개선해 사회질서를 되돌리고 또 평화를 되찾고 행복한 나라를 만들어 나아가기 위해서는 (한국인들은) 제국 일본 즉 일제의 잔재를 일소하고 유능한 인재를 채용해야만 할 것이다. 적재적소가 행해져야 하며 그렇게 하여 정부가 정부로서 한국 사람의 존엄을 수립해야 하는 것이다.83

미국의 군정국(軍政局)은 여러 경우에서 그러한 경고를 무시했다. 한국인들이 누군가를 식민통치의 협력자라고 단정 짓는 기준이 불명확하다고 믿고 있었다. 그렇지만 그러한 것으로는 폭력사태를 막을 수 없었다. 『일지』에는 1946년 1월 19일부터 26일에 걸쳐 이러한 종류의 폭력의 보기가 기재되어 있다.

이 주(週)의 『일지』는 경상도 남부와 전라도 북부에서 경찰 시설이 습격을 당한 사건 및 경상도 북부에서 정부관계자, 각료, 관리가 두 차례에 걸쳐 습격

---

82 『일지』, p.548(1946.1.14).
83 「일제 잔재를 일소하라」, 『영남일보』(1946.1.18).

을 당한 사건을 보고하고 있다. 게다가 대전, 서울, 인천, 흥덕에서는 한국주재
미군사령부 군정청 관계자가 흥분한 한국인들에 의해 총격을 당했다. 더글라
스 맥아더 장군은 통합참모본부 앞으로 보낸 보고서 중에 '미 군정국(軍政局)
관계자들을 도와 친미로' 간주된 한국인들이 '친일, 국가반역자, 일제에 협력한
자와 동종으로 간주된다'고 이의를 제기하고 있다.[84]

　몇몇 급진 그룹은 귀환하는 일본인들로부터 사거나 일본인들이 귀환 후 입
수하는 등 일본인들의 재산을 취득했던 한국인들을 친일의 표적으로 삼았다.
그중 하나, 청구(청주? 역자)의 청년결사동맹이라고 하는 좌파 단체는 일본인
들에게서 물건을 산 한국인들을 전원 죽이겠다는 협박문을 게시했다.[85]

　일본인 재산을 둘러싼 수많은 트러블은 일본인들이 많이 살고 있었던 군산
에서 일어났다.[86] 군정국은 일본인 재산의 많은 것들을 보관해 자기들이 사용
했다. 게다가 군정국은 국무성을 설득해 모든 일본인의 개인 동산(動産)을 (미
국의 점령) 지역에 두어 장래 한국정부의 신탁 재산으로 하려 했지만,[87] 실제로
행해지지는 않았다.

　1947년 2월 러치(Archer L. Lerch) 소장은 "농지, 소기업 및 영세 자산의
처리에 대해서는 나는 워싱턴으로부터 제한된 권한 밖에는 받지 못했다"고
해, 신설 '남조선과도입법의원(南朝鮮過渡立法議院 Southern Korea Interim
Legislative Assembly)'에 대해 이 문제의 해결을 위한 제안 작성을 '즉시 고려하

---

84 "General of the Army Douglas MacArthur to the Joint Chiefs of Staff" (December 16, 1945),
　FRUS VI, 1145. 맥아더는 이 메시지에 하지의 "Conditions in Korea"를 추가했다. 11월 12일
　군산의 군정부 통역이 미국 밑에서 일하는 것을 그만두라고 하는 한국인들의 말에 따르지
　않았다고 해 구타당했다고 보고되어 있다. 『일지』, p.276(1945.11.12).
85 『일지』, p.262(1945.11.10).
86 일본군 기지가 있는 군산에서 몇 건의 사건이 일어났다는 보고가 있다. 모두 재산과 관련된
　것이었다. 『일지』, p.327(1945.11.23). 그 후 2-3일 사이에도 비슷한 사건이 보고되고 있다.
87 "Telegram, [William R.] Langdon to Secretary of State" (December 14, 1945), Internal Affairs
　of Korea, 1945-1949 8권, 아름출판사(1995), p.538.

라'고 요구했다.[88]

미 군정부(軍政部)가 일본인들이 남긴 재산의 이용 가능한 범위를 제한했던 것, 나아가 좌파 그룹이 이들 재산을 취득하려 한 한국인들을 해치겠다고 협박했던 것에서, 이들 재산을 한국인 귀환자가 이용할 수 있는 가능성은 제한되게끔 되었다.

특히 좌파 그룹의 태도는 한반도로 귀환을 생각하고 있는 사람들 특히 한국어 능력이 충분치 않고 한국 문화에 대한 지식도 부족한 한국인들에게 분명한 메시지를 보냈다. 귀환은 간단한 과정이라고 말하기는 어려웠다. 귀환을 실행에 옮기는 순간부터 한국인들은 한국으로의 여정에 있어 그리고 고국에 도착한 후에도 위험에 처해지게 되었던 것이다. 그것은 한반도로의 귀환에 성공했음에도 불구하고 적지 않은 수의 한국인들이 '불법으로' 일본으로 되돌아갔던 이유의 하나가 되었다.

6. 결론

일본과 한국의 수많은 한국인들에게 있어 태평양전쟁은 일본의 천황에 의한 8월 15일의 역사적 선언과 9월 2일의 미주리호 선상에서의 항복문서 조인 후에도 계속 이어지고 있었다. 그 후 수개월 수년에 걸쳐 일어났던 폭력은 일본의 패전에 의한 권력의 공백과 권한 이양, 그리고 일본과 한반도 남쪽에 있어서의 미국 군정부(軍政部)의 잘못된 정책 결정에 의한 결과였다. 무엇이 '불법'이고 무엇이 '무허가'인가 하는 판단은 패한 일본군에 대해서는 당연한 것이었다. 그렇지만 한국인들에 대해서 그러한 결정을 행할 권한을 미국은 도대체 어디

---

88 Archer L., "Lerch to Chairman, Korean Interim Legislative Assembly" (February 5, 1947), F.E. Gillette pogosŏ chŏnbŏndae chaep'an girok, 1946-1948 (F.E. Gillette Written Reports) 1 한림대학교 아시아문화연구소(1996,) pp.109-110.

에서 얻었을까? 특히 귀환자들에게 부과되었던 어이없는 금액 제한은 사람들이 새로운 생활을 시작하는 데에 있어 필요하다고 하는 것과는 동떨어져진 것으로 도저히 받아들일 수 없는 것이었다.

한국 남부에 도착 후, 일본인과 일본인들에 의해 양성된 한국인 관리들을 그 지위에 머무르게 한 것은 명목상은 그들의 경험을 살려 효율성을 감안해서 그리했을 수도 있겠다. 그러나 한국인들의 눈으로 본다면 그것은 한국인의 의사를 무시한 친일적인 미 군정부(軍政部)에 의한 통치였다고 말할 수 있다. 그리고 일본군 일부가 패전을 받아들이지 않고 한국인들에게 대한 멸시를 계속해서 했던 것은 제국일본은 패전을 인정했지만 한반도에 있어서의 그 영향력은 의연 남아있었다는 한국인들에 대한 메시지였다.

전후의 혼란은 해외의 한국인들 특히 그 대부분을 점했던 35년에 걸친 일제 지배 중에 일본으로 이주한 한국인들을 또한 분단시켜 놓았다. 적지 않은 수의 한국인들이 일본에 남기로 결단한 것은 폭격으로 파괴된 일본 거리에서 지내는 편이 위험을 무릅쓰고 귀환하는 불확실성 보다는 그래도 조금 나을 것이라고 생각했기 때문이었다. 본 논문은 그 중요한 이유가 되었던 해상(海上)과 한반도에서의 위험 요소에 초점을 맞추었다.

특히 일본 헌병대원의 많은 인원이 전후 점령정책에 협력을 거부해 그것을 방해했다는 점에서, 수많은 한국인들은 결코 상쾌할 수 없는 일본이라고 하는 환경에 머물러 있기로 결정했던 것이다. 이들 헌병대원들이 주둔까지의 기간은 일본인들이 질서유지를 하라는 미 군정부(軍政部)의 최초 명령을 악용하고 있었다고 할 수 있을 것이다.[89]

---

[89] 이 내용을 둘러싼 대화가 1945년 9월 1일부터 전보로 행해졌다. 코스케 요시오 사령관은 막 도착한 미군에게 "한국인 중에 공산주의자가 있어 지금의 상황을 이용해 이곳의 평화와 질서를 파괴하려 하고 있다"고 알렸다. 이에 대해 하지 중장은 코스케에게 "우리 군(의 도착)까지…질서를 유지해 한국 [남부]에서의 행정기구를 보유하라"고 지시했다. (RG 554, Box 33, Folder Repatriation and Transfer of Control to US, NARA. Bruce Cumings, The Origins

일본인 갱들은 이 3주간의 기회를 이용해 조직화를 감행했다. 이러한 한반도에 대한 행위의 의미심장한 긴 메시지 - 일본은 패했지만 아직 한국인들을 움직이고 있다고 하는- 는 일본의 패전이 즉시 한국에 독립을 가져오리라고 믿었던 반도의 한국인들을 성나게 했다. 나아가 해방 후 한반도는 3년간의 점령기간이 경과한 후 38도선에서 지리적으로나 또 이데올로기적으로 분단되었으며, 인간 역시 각 구역으로 나뉘어져 더욱이 일본 열도와 한반도 사이의 해협을 두고 갈라져 버리게 되었다.

한국을 분단하는 결정과 그 분단 상태를 '시정하는' 것을 미국과 소련이 게을리 했다고 하는 것은 해방 이후 한국에 한층 더한 문제를 야기해 나아갔다. 두 코리아의 존재에 의해 해방 직후의 폭력은 서로 다른 형태로 반도 전체로 퍼져 나아가 1950년 6월의 내전을 낳았다. 이런 식으로 제2차 세계대전과 한국전쟁은 종전 직후부터 5년을 사이에 두고 점증하는 폭력과 함께 서로 옥죄어진 두 교전(交戰)집단처럼 얽혀 들어갔다.

이러한 것을 감안할 때, 1945년 8월 중순 미국과 소련이 상호 협력은커녕 의사소통조차 곤란함을 깨닫고 있었음에도 불구하고, 양 연합국 군대가 한반도의 북부와 남부를 각각 통치한다는 것을 미국이 결정했던 시점에서 5년 후 있게 될 전쟁의 '최초의 총성'은 이미 울리고 있었다고 결론지을 수 있지 않을까!

| 참고문헌 |

『미국극동군사령부 G-2 일일정보요약』1(1945.8.1-10.22), 한림대학교 아시아문화연구소 (자료총서 26), 1999.

『美軍政期情報資料集 질레트(F.E. Gillette)보고서 · 전범대 재판기록(1946-1948)』2, 한

_____

of the Korean War: Liberation and the Emergence of Separate Regimes, 1945-1947 (Princeton, NJ: Princeton University Press, 1981), 126-27)도 참조 바람.

림대학교 아시아문화연구소, 1996.

『영남일보』(1946.1.18).

『駐韓美軍情報日誌』, 한림대학교 아시아문화연구소, 1999.

『하지(John R. Hodge) 문서집(1945.6-1948.8)』3, 한림대학교 아시아문화연구소, 1995.

1차 자료

Brooklyn Daily Eagle, Brooklyn Public Library at
　　　http://bklyn.newspapers.com/image/52697500(검색일: 2020.11.17)

Far Eastern Command, US Army, G-2 Daily Intelligence Surveys 1.

Foreign Relations of the United States, vol.VI.

Internal Affairs of Korea, 1945-1949 8권, 아름출판사, 1995.

Office of Strategic Services, "Aliens in Japan" (June 29, 1945), "Occupation of Japan" United
　　　States Planning Documents, 1942-1945, Volume III(일본 국회도서관 소장).

RG 554 Records of General HQ, Far East Command, Supreme Commander Allied Powers,
　　　and United Nations Command, Box 22, Folder: Military Government Activities:
　　　Political Parties, (College Park, MD: National Archives and Records Administration).

RG 554, Box 33, Folder Repatriation and Transfer of Control to US, (College Park, MD:
　　　National Archives and Records Administration).

2차 자료

Anonymous. Korean Returnees from Japan. Pyongyang: Foreign Languages Publishing
　　　House, 1960.

Bessel, Richard. Germany 1945: From War to Peace (New York: Harper, 2009), 68-9, 256.
　　　그리고 Bernard Wasserstein, "European Refugee Movements after World War Two,"
　　　BBC-History-World Wars, (2011).

Caprio, Mark E. and Yoneyuki Sugita, eds. Democracy in Occupied Japan: The US
　　　Occupation and Japanese Politics and Society (London: Routledge, 2007).

Caprio, Mark E. and Yu Jia. "Legislating Diaspora: The Contribution of Occupation-era
　　　Administrations to the Preservation of Japan's Korean Community," in Diaspora
　　　Without Homeland: Being Korean in Japan, John Lie and Sonia Ryang, eds.,
　　　(Berkeley: University of California Press, 2009).

Caprio, Mark E. "Investigating Tragedy at Sea: The Ukishima-maru Incident and its Legacy,"
　　　European Journal of Korean Studies 18 (April 2019).

Cathcart, Adam and Charles Kraus. "Peripheral Influence: The Sinuiju Student Incident of 1945 and the Impact of Soviet Occupation in North Korea." Journal of Korean Studies 13:1 (2008).

Che, Sunny. Forever Aliens: A Korean Memoir, 1930-1951 (Jefferson, NC: McFarland, 2005).

Cumings, Bruce. Origins of the Korean War: Liberation and the Emergence of Separate Regimes, 1945-1947 (Princeton, NJ: Princeton University Press, 1981);

_____. The Origins of the Korean War: The Roaring of the Cataract, 1947-1950 (Princeton, NJ: Princeton University Press, 1991).

Dower, John W. Embracing Defeat: Japan in the Wake of World War II (W.W. Norton, 1999)

Duró, Ágota. "Confronting Colonial Legacies: The Historical Significance of Japanese Grassroots Cooperation for the Support of Korean Atomic Bomb Survivors" (Ph.D dissertation, Hiroshima City University, 2018.

Fetherling, George. The Book of Assassins: A Bibliographical Dictionary from Ancient Times to the Present (Auckland, NZ: Castle Books, 2006).

Jacob, Frank. "The Korean Diaspora in Manchuria—Korean Ambitions, Manchurian Dreams, Japanese Reality," Entremons UPF Journal of World History 6 (January 2014).

Kawashima, Ken C. The Proletarian Gamble: Korean Workers in Interwar Japan (Durham, NC: Duke University Press, 2009).

Lowe, Keith. Savage Continent: Europe in the Aftermath of World War II (New York: St. Martin's Press, 2012).

McMasters. "Harry L. McMasters letters, 1945-1946" (September 5, 1945), Palo Alto, (CA: Hoover Institute).

Merrill, John. Korea: The Peninsular Origins of the Korean War (Newark: University of Delaware Press, 1989).

Morris-Suzuki, Tessa. "An Act Prejudicial to the Occupation Forces: Migration Controls and Korean Residents in Post-Surrender Japan." Japanese Studies 24, no. 1 (May 2004).

Nakamura, Ko. "Korean Repatriation Question and Positive International Law." The Japanese Annual of International Law 4 (1960).

Rhee, Erik van. Socialism in One Zone: Stalin's Policy in Korea, 1945 — 1947 (Oxford: Berg Publishers, 1989).

Robinson, Richard D. "Betrayal of a Nation" 미출간 논문(이 논문은 곧 간행될 Frank

Hoffman and Mark E. Caprio, Witness to Korea 1945-47: The Unfolding of an Authoritarian Regime (Berkeley, CA: Academia Publishers, 2021에 게재 예정).

Shephard, Ben. The Long Road Home: The Aftermath of the Second World War (New York, NY: Alfred A. Knopf, 2011).

Spector, Ronald H. In the Ruins of Empire: The Japanese Surrender and the Battle for Postwar Asia (New York: Random House, 2007).

Uchida, Jun. Brokers of Empire: Japanese Settler Colonialism in Korea, 1876-1945 (Cambridge, MA: Harvard University Asia Center, 2019).

Ugaki, Matome. Fading Victory: The Diary of Admiral Matome Ugaki, 1941-1945, trans. by Masataka Chihaya (Pittsburg, PA: University of Pittsburg Press, 1991).

Victoria, Brian. Zen Terror in Prewar Japan: Portrait of an Assassin (Lanham, MD: Rowman & Littlefield, 2020).

Watt, Lori. When Empire Comes Home: Repatriation and Reintegration in Postwar Japan, Cambridge Mass. and London, 2009).

姜德相(2003), 『関東大震災虐殺の記憶』, 青丘文化社.

金賛汀(1994), 『浮島丸釜山港へ向かわず』, かもがわ出版.

김춘송(2000), '살아있는 령혼들'(북한 영화).

西成田豊(1997), 『在日朝鮮人の「世界」と「帝国」国家』, 東京大学出版会.

森田芳夫(1964), 『朝鮮終戦の記録: 米ソ両軍の進駐と日本人の引揚』, 巌南堂.

水野直樹(2014), 「悲劇はなぜ起こったか: 朝鮮北部の日本人埋葬地が語るもの」, 『世界』.

朴慶植, 山田昭次, 梁泰昊 編(1993), 『朝鮮人強制連行文集成』, 明石書店.

이길상 편(1992), 『해방전후사자료집』 1, 원주문화사.

정애영(2010), 「귀국 해난사고를 통해 본 강제동원과 귀환」, 『한일민족문제연구』 19.

崔碩義(2004), 『在日の原風景: 歴史・文化・人』, 明石書店,.

최영호(2013), 『일본인 세화회: 식민지 조선 일본인의 전후』, 논형.

번역을 맡아준 김민규 박사(동북아역사재단 명예연구위원)께 깊은 감사의 뜻 표합니다.

전후 일본의 피해자 의식의 계보

1945년 패전과 2011년의 원전사고를 연결하는 정신구조

기타무라 쓰요시(北村 毅, Kitamura Tsuyoshi)

와세다(早稲田)대학 박사, 와세다대학 고등연구소 조교, 조교수를 역임, 와세다대학 류큐(琉球)·오키나와연구소 객원조교수를 역임하고, 오사카대학 일본학과 조교수로 재직중이다. 주요 저서로는 『사자(死者)들의 전후지(戦後誌) : 오키나와 전적(戦跡)을 둘러싼 사람들의 기억』(2009), 『오키나와의 정신보건 복지가 걸어온 길』(2014), 『전쟁사회학의 구상 : 제도·체험·미디어』(2013) 등이 있다.

1. 들어가면서

1931년부터 1945년 사이에 일본이 아시아와 태평양의 섬들을 포함하는 광역 지역을 전쟁터로 삼은 전쟁[1]에 대해 대부분의 일본인은 침략전쟁이었다는 것을 인정하고 있다. 그럼에도 불구하고 일반적으로 전쟁에 대한 일본인의 가해 의식이 희박하다는 것을 자주 지적한다. 오히려 일본에서는 전쟁 중에 국민을 전쟁에 동원된 피해자 혹은 희생자로 자리매김하는 역사관이 지배적이었다. 이 피해자 의식은 역사학자 존 다우어(John W. Dower)가 지적하듯이 「절망적인 『성전(聖戰)』에 몰두한 군국주의자들의 우행(愚行)과 그에 쇠뇌당한 일반 민중이 무지했다는 것으로 희생자가 되었다는 의식」에 의해 성립된 것[2]이다. 일본인은 국민이 침략전쟁에 가담한 가해자라는 것을 동의하면서도 피해자로서 자기 이미지를 일관적으로 버리지 않았던 것이다.

이러한 일본인의 모순된 전쟁관을 알기 위해서는 1982년10월에 NHK방송 여론조사소가 실시한 「일본인의 평화관」에 관한 여론조사가 참고가 된다. 40여 년 전의 데이터이지만, 근대 일본의 대외적 팽창이나 대외전쟁에 대한 시비(是非)를 묻는 질문에 대해 「침략의 역사」라고 간주한 사람이 51.4%에 달했지만, 「일반국민의 전쟁책임」에 관한 질문에 대해서는 「군국주의의 교육이나 정보에 속아서 혹사당한 피해자였고 국민에게 책임은 없다」고 대답한 사람이

---

1 일본에서는 전후 「15년 전쟁」(만주사변·중일전쟁·태평양전쟁)이라고 부르게 된다.
2 ジョン・W・ダワー(外岡秀俊訳)(2013), 『忘却のしかた、記憶のしかた：日本・アメリカ・戦争』, 岩波書店, p.144.

36.3%에 달했다.[3]

이러한 조사결과에서 전쟁을 알고 있던 세대가 인구의 40%를 차지하던 시대에는 일정 정도의 일본인이 이 전쟁이 침략전쟁이었다는 것을 자각하면서도 전쟁책임을 국가 문제로 간주하고 개인은 분리해 내어 '속았고, 혹사당한 피해자'로서의 국민상(国民像)을 만들었다는 것을 읽어낼 수 있다. 이러한 역사인식의 근저에는 총후(銃後) 국민들의 전쟁체험 즉 공습이나 히로시마(広島)·나가사키(長崎)의 원폭투하에 의한 피해체험이 깔려있다는 것은 존 다우어가 지적하는 바이다.[4]

근래의 여론조서에서 「일반국민의 전쟁책임」에 관한 조사항목을 설정한 것은 찾아볼 수 없지만,[5] 가령 전쟁을 아는 세대가 1할 정도가 된 현재 이와 동일한 질문을 한다면 꽤 많은 일본인이 당시의 일반국민이 피해자였다고 보는 견해에 수긍할 것이다. 일본에서는 매년 여름이 되면 신문이나 TV에서 전쟁 특집이 방송되는데, 거기서 다루어지는 전쟁체험은 히로시마, 나가사키에 원폭 투하 등 '피해자 일본' 체험이 주축이 되고 그러한 국민적 기억의 반복 속에서 일본인의 피해자 의식이 덧씌워지는 것이라고 여겨진다. 1945년 패전부터 66년이 지난 2011년, 패전이라는 망령이 되살아나는 사건이 있었다. 도호쿠(東北) 지방 태평양 연안에서 발생한 대지진과 연안일대를 괴멸상태에 빠뜨린 쓰나미(津波) 그리고 그것으로 인해 발생한 후쿠시마 제일원전(福島第一原電) 사고(일반적으로 3·11이라고 부름)다. 심각한 사고가 일어날 가능성이 100만-1000만년에 한 번이라고 여겨졌던 원전이 폭발하고, 동일본일대 대부분 지역에 방사능이 확산되었다. 이 사태를 '원전 패전'이라고 평하는 논자도 나타난 상황에서[6], 1945년 패전 후와 마찬가지로 대부분의 국민이 원전 회사의 안

3 吉田裕(1995), 『日本人の戦争観 : 戦後史のなかの変容』, 岩波書店, pp.11-13.
4 前掲, 『忘却のしかた、記憶のしかた』, p.132.
5 2020년에 일본여론조사회가 실시한 「전후 75년 여론조사」가 참고 된다.
6 船橋洋一(2014), 『原発敗戦 : 危機のリーダーシップとは』, 文藝春秋 참조.

전신화에 '속았다'며 분노해 했다. 이 광경은 1945년의 불패신화(不敗神話) 붕괴했을 때 국민들이 속았다고 분노한 모습과 매우 닮았다.

본 논고에서는 이 두 개의 신화 붕괴를 둘러싸고 많은 사람들이 내뱉은 '속았다'라는 말을 근거로 전후 일본에서 생겨난 피해자의식의 계보를 고찰하고 책임 주체를 둘러싼 문제에 대해 생각해 보기로 한다. 일본 내외에서 일본의 제국주의와 침략전쟁에 대한 책임이 국가 레벨에서 추급(追及)되는 것은 자주 있는 일인데, 개인 레벨에서 그 책임이 어떻게 그리고 어느 정도 자각되고 있는가 묻는 것은 그리 많지 않다.

스스로의 전쟁 체험에 입각하여 언론활동을 전개한 작가 오다 마코토(小田実)는 1966년에 발표한 논고 「평화의 윤리와 논리」에서 일본인의 피해자의식에 대해 「나쁜 것은 국가, 그 국가로부터 피해자 체험을 매개로 자신을 떼어내는 것이 가능했기 때문에 '속이고 있었던' 책임의 주체는 그것을 구성하는 인간을 결여한 국가라는 정체를 알 수 없는 추상체일 수밖에 없다」[7]고 논했는데, 중요한 것은 국가 레벨에서 추상화되어버린 전쟁책임을 어떻게 개인 레벨로 되돌려 생각할 수 있을까에 있다. 본 논고에서는 마지막에서 정치적, 군사적 지도자로서의 천황의 주체성에 대해 검토한 후 전후 일본의 피해자의식의 내실(內實)을 해독하면서 책임에서 소외된 정신구조에 대해 고찰해 보기로 한다.

2. 2011년의 '패전' 후의 풍경

3.11 이후 많은 지식인, 문화인, 저널리스트가 원전사고를 '패전'으로 비유했다. 패전 비유는 1990년대 초기 버블경제 붕괴 때에도 있었는데, 대지진 후 일본에서는 그 경재패전을 제2의 패전이라고 형용하고, 원전 사고를 제3의 패전이라고 하는 논조가 눈에 뜨일 정도였다. 그 중에는 평론가인 사카이야 다이

---

7 小田実(1991), 『「難死」の思想(同時代ライブラリー89)』, 岩波書店, pp.59-60.

치(堺屋太一)처럼, 막번(幕藩) 체제 붕괴를 제1의 패전, 아시아태평양전쟁을
제2의 패전, 지진을 제3의 패전이라고 논하기도 했다.[8]

여하튼간에 1945년 패전을 준거점으로 「3.11」을 둘러싼 경험을 통해 다시
생각해보게 되었는데, 역으로 그것은 8.15를 둘러싼 경험이 아직 역사인식의
기점이 되고 있다는 패전국의 현실을 보여주는 것이라고 말할 수 있다. 대부분
의 경우 이들 논조들은 일찍이 부흥을 시야에 넣고 지진 재해를 기화(奇貨)로
삼아 '신생 일본 창조', '새로운 나라 만들기'(경단련, 経団連 「어필 2011」)로
연결시키려는 경제 주도 내셔널리즘의 욕망으로 나아간다. 즉, 메이지유신(明
治維新)이나 전후 부흥을 선례로 삼아 피해지를 흰 백지 캔버스로 삼아 그곳
에 커다란 일장기를 그리려고 하는 것이었다. 그리고 그 욕망은 '부흥 올림픽'
을 대의명분으로 하는 도쿄올림픽 유치로 나아가게 되었다.

이 지진 재해가 가져온 패전은 2011년 4월 음악활동가인 사이토 가즈요시
(斉藤和義)가 자신이 부른 「이전부터 좋아했다」라는 연애 노래를 「이전부터
거짓이었다」라는 표현으로 가사를 바꾸어 부른 노래 유튜브가 인터넷 투고
사이트 등에서 화제가 되었다. 당초에는 '사적으로 촬영한 동영상'으로 공표를
어떻게 할지 검토했는데, 소속 레코드회사 관련으로 늦어졌다가, 본인이 의도
하지 않는 형태로 유출되어 버렸다.[9] 그 가사 일부를 보면, 그곳에서 나오는
장년(長年)의 거짓말에 속았다는 감각은 원전의 안전신화 붕괴에 직면한 분노
가 많은 국민의 본심을 대변하는 것이라고 말할 수 있을 것이다.

> 이 나라를 걸어보면 원전이 54기(基)
> 교과서도 CM도 말했다 '안전하다고'
>
> 우리들을 속였고, 변명은 상정외(想定外)
> 그리운 그 하늘 검은 비

---

8 堺屋太一(2011), 『緊急警告！第三の敗戦』, 講談社 참조.
9 『朝日新聞』(2011.4.27).

이전부터 거짓말이었던 것이다 역시 들켜버렸네
진짜 거짓말이었다 「원전은 안전하다」
이전부터 거짓말이었던 것이다 시금치 먹어라
진짜 거짓말이었던 것이다 알고 있었지 이러한 사태를

바람에 흩날리는 방사능은 이제 멈출 수 가 없다.
몇 명이 피폭을 당하면 알 수 있을까 이 나라의 정부는

　　지진 재해 직후 사이토(斉藤) 뿐만이 아니라 많은 사람들이 수많은 거짓말
의 축적 위에서 구축된 「녹색 에너지」에 배신당한 것에 분노하고, 이 노래를
읊조리며 「속았다」는 것에 대해 노여워했다. 이 '속았다'라는 말이 1945년의
패전 후에도 일본 내에서는 흘러넘치고 있었던 것을 상기했으면 한다.

　　영화감독 이타미 만사쿠(伊丹万作)는 1946년 8월에 간행된 『영화춘추(映画
春秋)』에 '전쟁책임자 문제'라는 글을 기고했다. 그 글 속에 '많은 사람들이
이번 전쟁에서 속았다고 말한다. 모두가 입을 모아 속았다고 말한다고 적고
있는데[10], 패전과 원전 사고라는 두 개의 상정외의 사태를 둘러싸고 66년의
시간을 사이에 두고 동일한 현상이 나타난 것이다. 여기서 패전 전후의 전쟁책
임을 둘러싼 일련의 흐름을 개관해 두기로 하자.[11]

　　패전직후에 성립한 「종전처리내각」 수반(首班)이었던 히가시쿠니노미야 나
루히코(東久邇宮稔彦)는, 1945년 8월 28일에 실시된 기자 회견에서 「나는 군,
관(官), 민(民) 국민전체가 철저하게 반성하고 참회하지 않으면 안된다고 생각한
다. 전국민 총참회가 우리나라 재건의 제일보이며 우리나라 국내 단결의 제일보
라는 것을 믿는다」고 말하고, 패전 책임을 둘러싼 논의가 군부, 정부, 천황 등

10　伊丹万作(1961),「戦争責任者の問題」,『伊丹万作全集1』, 筑摩書房, p.205.

11　前掲,『日本人の戦争観』の第3章, 粟屋憲太郎 「占領・被占領―東京裁判を事例に」(『岩
　　波講座 日本通史 第19卷近代4』岩波書店, 1995, 所収),『日本同時代史①：敗戦と占領』
　　(青木書店, 1990)の第2章などを参照.

308

전쟁지도층 책임추급으로 파급하는 것을 견제하려고 했다. (「일억총참회」론)

같은 해 12월 이후 「일본인 재교육 플랜」의 일관으로 연합국 최고사령관 총사령부(GHQ / SCAP)에 의해 대본영 발표의 허위나 일본군 전쟁 범죄가 하나하나 폭로됨에 따라 군부·관료에게 「속았다」는 의식이 일본 국민들사이에 퍼져나가고 '일억총참회론'은 파탄하게 되었고, 지도자 책임관으로 수렴되어 갔다. 이러한 지도자 책임관이 형성되어가는 와중에 「동경재판을 수용한 사상적 토양」이 배양되었던 것이다.[12]

이상과 같이 패전 후 전쟁책임이 「패전책임」혹은「전쟁지도자 책임」으로 왜소화되어 가는 과정[13]에서 일본인의 피해자의식이 강화되어 간 것이다. 역설적으로 전쟁지도자와 국민을 분리하고, 전자의 책임만을 강조하는 GHQ의 「태평양전쟁 사관」은 일본인의 피해자 의식의 배양지가 된 것이라고 말할 수 있다. 그것은 오다 마코토(小田実)가 총괄하듯이 「일억총 참회」로부터 「일억총 피해자」으로의 전환이었다.[14]

「신국(神国)」인 일본은 절대로 전쟁에 지지 않는다는 불패신화의 붕괴에 직면하여 모두가 속았다는 말을 내뱉은 것에 대해 오다 마코토는 「『속았다』는 피해자로서의 자각 - 전후의 역사는 거기서부터 시작되었다」라고 적고 있다.[15] 말 그대로 이 「속았다」라는 자기인식에 초점이 모아지는 감각은 어디까지나 피해자로서의 자각이었고, 이타미 만사쿠(伊丹万作)가 기술하듯이「전쟁을 치르는 동안 모든 국민이 서로를 속이지 않으면 살아가지 못했다는 사실[16]을 고찰하고자 하는 자는 거의 없었던 것이다.

전함야마토(戰艦大和)의 특공 출격에서 살아남은 학도병 출신 작가인 요시

12 前揭, 『日本人の戦争観』, pp.26-49.

13 同上, pp.26-29.

14 前揭, 『「難死」の思想』, p.61.

15 同上, p.55.

16 前揭, 「戦争責任者の問題」, p.207.

다 미쓰루(吉田満)는 「병사 한사람의 책임」이라는 글에서 자신도 모르게 전쟁
에 참여하게 된 스스로의 취약성에 대해 다음과 같이 언급했다.

> 전쟁협력 책임은 직접적인 전투행위 혹은 군대생활의 충실함만으로 한정되는
> 것이 아니라 더 광범위하게 우리들 스스로를 그러한 국면까지 밀고간 모든 행도,
> 모든 단계에 걸친 불법행위, 태만함, 비겁함 등을 포함하는 것이다. 내 경우를
> 말한다면 전쟁인가 평화인가라는 무수의 가능성이 중첩되면서 한발 한발 깊숙하
> 게 들어간 과정을 통해 무엇보다도 정치적 무관심에 빠진 것을 지적하지 않으면
> 안 된다.[17]

원전 사고를 일으킨 「안전신화」가 원전을 둘러싼 정치에 대해 국민 한 사람
한 사람의 무관심에 의해 지탱되었다고 하는 것은, 지진 이전부터 반원전을
주장하던 원자력 공학자 고이데 히로아키(小出裕章)가 그의 저서 『속은 당신
에게도 책임이 있다』에서 시사한 대로이다.[18] 일본 국민의 대부분이 고이데(小
出)처럼 소수의 학자가 울린 경종에 귀를 기울이지 않고, 「안전신화」에 속고
싶어서 속은 측면은 부정할 수 없다.[19] 일본 국민 대부분은 속임을 당하는 것에
의해 전력(電力)을 「매일 매일의 풍족함과 밝은 생활」을 향유했던 것이다. 사
랑에 빠진 것처럼 '속는 것' 것에 탐닉했던 것이다. 「이전부터 거짓이었다」라는
것이 실연송의 가사를 바꾼 것에서 상징적이다. 음악가의 감성은 지진 재해
이후 사회의 공기를 실연이라는 상실에 중첩시켜 그것을 받아들였던 것이다.
일본국민의 압도적 다수는 「이전부터 좋아했었다」라는 상대의 달콤한 말에
속에서 속고 싶어서 속은 것이었다.

---

17 吉田満(1980), 『戦中派の死生観』, 文藝春秋, p.163.

18 小出裕章(2012), 『騙されたあなたにも責任がある : 脱原発の真実』, 幻冬舎.

19 필자가 자신도 원전은 반대입장이지만 원전사고가 발생하여 치명적인 위험을 가져오리라
고는 생각하지 못했다. 그런 의미에서 필자도 「안전신화」를 지탱해 버린 한 사람 일 것이다.

3. 속이는 자와 속는 자의 공모(共謀)

이타미(伊丹)는 패전 다음해에 쓴 문장에서 「속는 것도 하나의 죄이며, 옛부터 이것도 결코 자랑스러워할 일이라고 간주하지 않는다」「속이는 자와 속는 자 양쪽이 성립되지 않으면 전쟁은 일어나지 않는다」라고 힐문했다.[20] 이타미가 전쟁 책임의 심연에 침잠(沈潛)한지 65년이 지나고, 원전사고와 그 후의 사태는 속이는 자가 존재하고 속는 자가 있어 - 당사자들은 속이고 있다고, 속는 자도 속고 있다고 생각하지 않을 것인데 - 일본 사회의 구조 즉 시라이 사토시(白井聡)가 「영속패전(永続敗戦)」[21]이라고 부르는 구조를 노정했다.

원고 사고 발생으로부터 2년여 동안에 원자력 규제위원회는 중대 사고 발생 확률을 원전 1기(一基)에 100만년에 한번 이하라고 하는 안전목표를 재차 논하고[22], 원전 재가동을 위한 길을 만들었다. 이 규제위원회가 먹물로 가린 새로운 절대신화의 기준치에 의해 2015년 8월 가고시마현(鹿児島県)에 있는 규슈(九州) 전력의 가와우치(川内) 원자력발전소 재가동이 실현되었다. 가와우치 원자력발전소 재가동에 동의를 표명한 기자 회견에서 이토 유이치로(伊藤祐一郎) 가고시마 지사(당시)는, 「세계에서 가장 엄격한 규제 기준」을 담보한 규제위원회의 심사결과를 인용하며, 중대사고가 일어날 확률이 「100만년에 한번」이라는 숫자를 강조하고 다음과 같이 논했다.

국민의 목숨을 지켜라. 원전을 가동하면 국민의 목숨을 지킬 수 없다는 듯한 그런 프로파간다가 횡행하고 있다. 단 나는 규제위원회라는 훌륭한 분들이 모인 조직 역시 그 조직도 자신의 임무에 충실하게 상당한 시간을 들이고 있다. 원전 재가동에 대해서는 그 안전성을 철저하게 추구(追究)했다고 생각한다. (중략) 만약 후쿠시마(福島)와 같은 일이 생긴다 해도 방출량은 5.6테라베크렐(TBq)이다.

20 前掲,「戦争責任者の問題」, pp.208-209.
21 白井聡(2013),『永続敗戦論：戦後日本の核心』, 太田出版 참조.
22 原子力規制委員会(2013.7),「実用発電用原子炉に係る新規制基準について」 참조.

그리고 5.5km 떨어진 곳은 5시벨이다. 국민의 목숨에 관련된 문제는 발생하지 않는다. 나는 그것을 믿는다.[23]

저와 같은 「100만년에 한번」 일어날듯 말 듯한 사고가 발생한지 5년도 지나지 않은 시기였는데, 「목숨과 관련된 문제는 발생하지 않는다」라고 단호하게 말하는 지사는 동일본 전지역이 괴멸하기 일보직전에 있었던 위기를 마치 없었던 것처럼 말하고 있다. 「안전신화」에 대한 스스로의 신앙을 피력하는 것에 아무런 의문을 느끼지 못하는 지사는 만일 후쿠시마와 같은 사고가 일어났을 때 책임 소재에 대해서 「최종적인 책임은 역시 국가에게 있다는 것이 나의 생각」이라고 말했는데, 국가도 동전(東電)도 그 어느 누구도 책임을 지지 않는 것으로 2015년 당시 10만 명 이상의 사람들이 고향으로 돌아가지 못하는 원전 피난자의 모습은 보이지 않았던 모양이다. 이러한 이토 유이치로 지사가 말한 「안전」에 대한 맹목적이고 광신적인 신앙에는 「과학적근거」를 부여한 것이 규제위원회라는 전문가집단의 권위였다.

원전 사고를 통해 한번 땅에 떨어진 원전의 안전은 안전문제뿐만 아니라, 비산한 방사능물질의 안전에 대해서도 지진 재해 이후 이른 시기부터 과학의 권위의 복권이 보여진 것을 기억해 둘 필요가 있다. 100밀리시벨의 방사선을 쐬어도 괜찮다고 보증해 주는 과학적 권위가 있었다.(규제위원장 다나카 슌이치〈田中俊一〉도 그 중의 한사라이다[24])한편으로 방사선 의학을 전문으로 하는 나카무라 히로노부(中村仁信) 오사카대학 명예교수를 비롯해 저선량(低線量) 방사선은 건강에 괜찮다고 하며 「호르메시스(hormesi)효과」를 근거로 만성적 저선랴 피폭을 추천하는 연구자도 있다.[25] 또한 저선량 피폭보다도 오히

---

23 「〈参考資料〉川内原発再稼働"同意"記者会見」
   (http://www.inaco.co.jp/isaac/shiryo/genpatsu/restart/sendai/restart_sendai_ito_20141107.html)
24 田中俊一氏インタビュー、「100ミリシーベルト以下ではそんなに健康影響は大きくありません」(http://business.nikkeibp.co.jp/article/manage/20110912/222598/?P=4&rt=nocnt)

312

려 그 리스크를 고민하는 스트레스 쪽이 건강을 해친다고 「방사능 노이로제」로부터의 처방전을 제시해주는 전문가도 나타났다. 혹은 세상에는 건강에 나쁜 것이 넘쳐나고 있다고 하며 다른 종류의 건강 리스크를 환기시키는 과학자도 있었다.

이상과 같이 저선량 피폭에 의한 건강피해(흔히 말하는 「확률적 영향」)리스크를 지나치게 생각하지 말고, 나아가서는 생각하지 않는 것으로 없었던 것으로 간주하자는 과학을 토양으로 품평피해(風評被害)라는 경제적 이해를 최우선으로 하는 레토릭이 여전히 얼굴을 내밀고 있다.

2011년에 국립암연구센터가 공표한 방사선과 여러 가지 발암 리스크와의 상대평가에 의하면 흡연은 1000-2000밀리시벨, 비만은 200-500밀리시벨, 야채 부족과 수동적 흡연은 100-200미리시벨 리스크와 동등하다고 간주하고, 흡연과 비만이 100미리시벨의 피폭보다도 리스크가 높다고 설명했다.[26] 방사선에 관한 데이터는 「원폭에 의한 순간적 피폭」에 근거를 두고 있으며 「장기간에 걸친 피폭 영향을 관찰한 것은 아니다」라고 적고 있음에도 불구하고 그 중요한 주의사항을 빼놓고 항간에 유포된 것이다. 현재 다나카 슌이치(田中俊一)는 이러한 데이터를 인용하여 「가장 리스크는 피폭을 두려워하는 스트레스 쪽」이라고 발언했다.[27]

이 데이터는 일견 방사선 리스크를 수치화·가시화한 표처럼 보이지만, 그 실상은 방사선의 안전 평가표인 것이다. 말하자면 원자력 규제위원회의 전인 조직이 원자력 안전·보안원(保安院)이라고 불리던 것과 마찬가지로 방사선 위험성을 불가시화하기 위한 인상 조작이었던 것이다. 그것에 의해 과학적 권위에 안전을 보장하는 것으로 안심을 얻어 온 일본 사회의 구조가 확대재생산

25 中村仁信(2011.6),「放射線と発がん~福島原発放射能漏れを考える」,『癌と人』第38号別冊, 公益財団法人大阪癌研究会 참조.
26 「がんのリスク」(http://www.ncc.go.jp/jp/shinsai/pdf/cancer_risk.pdf)
27 前揭,「100ミリシーベルト以下ではそんなに健康影響は大きくありません」 참조.

되었던 것이다.

과학과 국가가 일체화 한 권위의 체현자들은 갖가지 과학적 근거를 구사하면서 국민을 안심시키려하고 있다. 그들 중에는 산관학(産官学)이 삼위일체가 된 이해 공동체의 대변자도 있는데, 면역학자 쓰다 도시히데(津田敏秀)가 『의학적 근거란 무엇인가』에서 논하고 있듯이 오히려 히로시마·나가사키의 피폭 조건과 관찰숫자 아래에서 얻은 절대적이지 않은 숫자에 근거하여 「『통계적인 유의차(有意差)가 없다』라며『영향이 없다(방사선에 의한 발암성이 없다)』라는 것을 혼동하고 있다」며 무자각적인 전문가가 적지 않다.[28]

속일 생각은 없으며 과학자로서의 양심에 따라 그렇게 믿고 있는 사람도 적지 않은 것이다. 쓰다(津田)가 말하듯이 100밀리 시벨 문제가 「일본 의학부의 구조적 결함에서 생긴 '리스크 커뮤니케이션' 문제」라고 한다면,[29] 그들을 「어용학자」라고 지명하여 유음(溜飲)을 주는 것만으로 끝날 단순한 일이 아닌 것이다.

과학사가인 가미사토 다쓰히로(神里達博)가 기술하듯이 「『과학적인 데이터에 의해 흑백이 결정된다』고 믿는 문제 속에 커다란 부분은 정치적 문제」라고 했다.[30] 가령 「어용학자」라고 하지만, 어느 쪽인가의 이해 근거를 과학적으로 보여준 것에 지나지 않는다. 바꾸어 말하면 스스로의 정치적 입장을 과학적으로 증거를 내세웠을 뿐인 것이다. 그리고 일본 사회의 대세는 리스크와 코스트를 저울에 달면서도 리스크를 명시하는 전문가의 말에는 결코 귀를 기울이지 않고, 「경제적 합리성」을 대의명분으로 삼아 생활상의 이익을 제공하는 쪽을 선택해 왔던 것이다. 신자유주의 조류 속에서 자신들의 목숨이 리스크와 코스트 사이에서 '공중 매달리기'가 된 것에는 눈길도 주지 않고 일본국민은 어느 쪽이 말하고 있는 것이 생활을 풍부하게 해 주는가라는 이익 배분에 중점을 두어왔다.

---

28 津田敏秀(2013), 『医学的根拠とは何か』, 岩波新書, p.96.

29 同上, p.102.

30 『朝日新聞』(2014.3.5).

　사고 후에도 이러한 흐름에 따라가는 경향은 변하지 않고 「100만 년에 한번」 혹은 「100미리시벨」이라는 말은 「안전신화」가 아닌 「안심신화(安心神話)」[31] 를 상징하는 「수호의 언어(お守り言葉)」(쓰루미 슌스케〈鶴見俊輔〉)화 해 버린 것이라고 말할 수 있다. 철학자 쓰루미 슌스케가 말하듯이 「언어를 부적처럼 사용하는 사용법이 성행하는 것은 그 사회에 있어서 언어를 읽어내는 능력이 저능하다는 것과 떼어낼 수가 없는」것으로[32], 「수호의 언어」범람은 과학적 리테러시의 부족이라고 하기보다도 그 사용자(정치적, 과학적 권위)의 욕망을 읽어낼 능력의 결여를 보여주는 것이다. 「안전 신화」라는 「초국가주의」정신에 근거한 과학적 파시즘의 욕망은 「안전」보다도 '안심'을 원하는 주류파 분류를 향해 탁류를 흘려보내는 것이다. 2013년의 아베(安倍) 내각총리대신의 시정방침 연설에서 읊조린 「세계 제일의 안심 국가」「세계 제일의 안전한 국가 일본」이라는 캣치 플레즈가 잔향처럼 울려 퍼진다.[33]

4. 리스크를 둘러싼 주술적 사고법과 학교적 사고법

　일본사회는 원전 비용에 대해 논쟁을 벌이기는 해도 리스크에 대해서 논하는 것은 극단적으로 기피되고 있다. 이하에서는 그 이유에 대해 주술적 사고법과 학교적 사고라는 두 가지 관점에서 생각해 보기로 한다.

　국회에 설치된 사고위원회가 2012년 6월에 공표한 사고조사보고서 내용 중에 지적하고 있듯이 '동전(東電)은 과혹사고(severe accident)에 의해 주변주민의 건강 등에 피해를 준 것 자체를 리스크로서 받아들이는 것이 아니라, 과혹사고 대책을 세울 때 기설로(旣設炉)를 정지하거나 소송상 불리해진 것을 경

31　本間龍(2015.8), 「甦る原発プロパガンダ——流布する「安心」神話」, 『世界』, 岩波書店.

32　鶴見俊輔(1992), 『鶴見俊輔集3：記号論集』, 筑摩書房, p.390.

33　「安倍総理・施政方針演説～第183回国会における安倍内閣総理大臣施政方針演説～」 (https://www.kantei.go.jp/jp/headline/183shiseihoushin.html)

영상의 리스크로 받아들이고 있었다」[34]. 원전 사고는 사상가 우치다 다쓰루(內田樹)가 논하듯이 「『리스크 헷지(risk hedge)를 하지 않는다』는 것에 의해 『리스크가 없다』는 것을 과시하려고 했다」고 귀결했다.[35]

이것은 원전에 한정된 것이 아니다. 일본에서는 리스크를 상정하는 것은 '좋은 일이 아니다'라고 하여 기피하는 경향이 있는데, 이 '말하지 않는 것'에 의해 '없다'는 것으로 해버리는 기풍(ethos)은 「원전 재해」를 경험했어도 겹하지 않고 있다. 이러한 기풍을 주술적 사고법이라고 표현할 수 있을 것이다. 리스크 매니지먼트 전문가 다무라 유이치로(田村祐一郎)는, 일본인의 「리스크 안전관」과 보험과의 관련에 대해 문화적 관점에서 검증한 논고에서 '일본의 『언령(言靈)』적 발상이 『위험(危險)』이라는 말보다도 『안전』이라는 말을 선택하게 한 것과(중략)이러한 안전관이 보험의 기초 발상과는 대조적으로 자주 보험을 기피하는 경향을 갖게 했다'고 논했다.[36]

놀랄만한 것으로 근대 근대과학기술의 정수를 모았을 원자력 발전을 둘러싸고도 위험이라는 말을 말소하려는 「『언령(言靈)』적 발상」이 인정된다. 그렇기 때문에 원자력의 위험성을 심사하는 위원회는 원자력 안전위원회[37]로 글자를 바꾸고, 원자로의 위험성을 심사하는 위원회는 원자로 안전 전문위원회로 바꾸었던 것이다.

이와 동일한 발상은 전시 중에도 있었는데, 일본이 질 가능성을 상정한 사람에게는 패전주의자라는 레텔을 씌우고 「진다고 생각하니까 지는 것으로, 그렇게 생각하지 않으면 지지 않는다」라는 정신주의 입장에서 논난(論難)되었다. 많은 일본문화론을 집필한 작가 야마모토 시치헤이(山本七平)가 논하듯이 그

---

34 東京電力福島原子力発電所事故調査委員会(2012), 『国会事故調 調査報告書【本編】』, 国会, p.18.

35 「養老孟司×内田樹『震災と日本』」, 『AERA』(2011.4.4.), p.13.

36 田村祐一郎(1994), 「言霊・リスク・保険」, 『国民経済雑誌』170(3), p.36.

37 2012년 9월에 폐지되어 원자력규제위원회로 이행.

곳에는 「그런 것을 생각하는 것은 불길하다. 좋은 일이 아니다. 그런 것을 생각하거나 논의하는 것, 그리고 입에 담는 것은 역으로 그것을 불러오게 된다」고 하는 주술적 사고법이 복재해 있다.[38]

문화인류학자 루즈 베네딕트도 『국화와 칼(菊と刀)』에서 일본에서의 이와 같은 사고법에 대해 논하고 있었다. 전쟁 중 일본에서는 「아메리카 B29 폭격기나 전투기의(예를 들면 방탄 강판과 같은) 안전장치조차 『겁쟁이 병에 걸렸다』며 일본인의 꾸짖는 소리를 들었다고 했다. 그곳에는 「생사(生死)가 걸린 위험에 몸을 맡기는 것이야말로 결백함이 있다. 사전(事前)에 대책을 강구하는 것은 비열한 짓이다」라고 하는 방상이 있었다고 베네딕트는 적고 있다.[39]

야마모토(山本)는 전후에도 이러한 종류의 「터부」가 잔존했다고 보고, 일본이라면 「리스크 매니지먼트를 실시하기 때문에 이러한 일이 생긴 것이 아닌가」라고 말할 수도 있다」고 이야기하고 있다.[40] 또한 가미사토 다쓰히로(神里達博)는 일본 사회에는 「리스크에 대해 말하는 것을 기피하는 경향이 있다」고 하고, 「『좋은 일이 아니라고 말하는 자』는 『좋지않은 일이 생기면 좋겠다고 생각하고 있는 사람＝나쁜 사람』이라는 수용 방식이 존재한다」고 지적했다.

이러한 해석 방식이 「『무사안일주의』『공기에 의한 지배』등도 조합되면서 갖가지 리스크가 방치되고 어느날 파국을 맞이한다는 일이 일어어나는 것이 아닌가라고 말하고 있는데,[41] 3·11 직후에 네트워크 상에서 일어난 것도 말 그대로 그것이었다. 편집자 다케쿠마 겐타로(竹熊健太郎)도 지적하고 있듯이 3.11 직후에 원전사고가 최악의 사태에 다다를 가능성에 대해 트위터 등에서 언급한 사람들에 대해서 '재수없는 말 하지마』「나쁜 것을 말하니까 나쁜 일이 생긴다」「퍼닉 상태가 되니까 입을 닫아라」라는 비난이 집중되어 쏟아진다[42]. 다케

38 片方善治・山本七平(1985),「『縁起でもない』ことに本気で取組め」,『実業の日本』88(4), pp.39-40.
39 ルース・ベネディクト(角田安正訳)(2013),『菊と刀』光文社古典新訳文庫(Kindle版) 참조.
40 前揭,「『縁起でもない』ことに本気で取組め」, p.40.
41 『朝日新聞』(2011.12.29.)

쿠마(竹熊)는, 그 배경에 「언령(言靈)」이라는 일본 고래의 사고법이 있다고 분석하고 있는데, 원전의 안전을 둘러싸고 전력회사 내부에서 이루어진 흥정(やり取り)도, 다음과 같은 원전 기술자의 증언을 참조하는 한 그 주술적 사고법에 사로잡힌 것이라고 생각하지 않을 수 없다.

그것은 도시바(東芝)에서 원자로의 격납용기 설계를 담당하는 기술자였던 고토 마사시(後藤政志)에 의한 증언이다. 고토(後藤)는, 재직중에 도쿄 전력에 대해 벤트그래스(bentgrass) 시에 방사성물질 방출을 희석시키는 필터 설치를 요구했는데, 거부 당했다고 한다.

거부 이유로서 들은 몇가지 중에 하나는 돈이 들기때문이라기 보다는 「눈에 띄기 때문에」라는 것이었다. 즉 전력 회사는 보통때는 「원자력은 안전하다」고 말하고 있는데, 과혹사고(過酷事故)를 상정하여 [직경10-20미터] 필터를 장착시키는 것은 이치에 맞지 않는 것이라고 한다.[43]

동전(東電)은 금방 눈에 띄는 거대 필터를 즉 원전 리스크를 현재화하는 것이라고 간주하여 그것을 경원(敬遠)했다. 말 그대로 「운이 좋지 않다」는 것을 상정한 것을 터부시하는 주술적 사고법에 의한 폐해인 것이다.

고토(後藤)는, 「기술이라는 것은 실패를 체험하고, 그것을 극복하여 발전해 가는 것이 대원칙인 것이다. 원자력이 가진 가장 큰 문제점은 실패가 용인되지 않는 기술에 있다」고 말했는데, 원전사고는 「실패가 허락되지 않는」일이기 때문에 일어난 것이라고 말하는 점이 중요하다. 일본에서는 「실패가 허용되지 않는다」라고 하기 때문에 리스크 헷지를 철저히 한다는 사고법은 사회통념으로 성립하기 어렵다. 「실패가 용인되지 않는다」가 목적화 되어 「실패는 있을 수 없다」가 원리 원칙화 되어 버린 결과 리스크에의 대처는 「운이 좋지 않다」는 것이 되어 버린 것이다.

다음으로 이 고토(後藤)의 발언을 계기로 원전 리스크를 둘러싼 사고 정지

---

42 竹熊健太郎(2011), 「『終わりなき日常』か終わった日」, 『思想地図beta』2号, contectures, p.158.
43 「連載第21回人生の失敗(ゲスト 後藤政志さん)」, 『通販生活』2011年秋冬号, p.126.

318

에 대해 학교라는 근대공간 속에서 조성된 사고법을 생각해 보기로 하자. 일본에 한정하는 것은 아니지만, 학교라는 장소는 실패를 하기도 하고, 틀려서는 안된다는 것을 알려주며 그것에 대해 마이너스의 가치만 부여하게 된다. 기본적으로 학교란 성공의 장치, 올바른 대답만 가르치는 장소인 것이다. 답안용지에 ×이 생기는 것에 대한 적극적인 의의를 논하는 것은 생기지 않는 것이다. 정치학자 가미시마 지로(神島二郎)가 말한 근대 일본의 출세민주주의를[44]를 지탱한 것도 이러한 학교적 사고법이었던 것이다.

출세민주주의란 표면상 모든 사람이 출세를 할 수 있는 사회이다. 그것은 노력만 하면 누구라도 도쿄대학에 갈 수 있다는 겉모습의 평등을 원칙으로 하는 학교민주주의의 연장선상에서 성립된다. 쟁취만을 과제로 하는 학교민주주의에 있어서는 실패와 틀린 것에 대해서는 엑스만 존재하고 감점의 대상으로만 간주된다. 말 그대로 「실패는 용납되지 않는다」는 것이다.

이 학교민주주의로부터 튕겨져 나간 아이들은 뒤쳐진 아이, 불량 학생, 패배자들로 간주되고 이러한 학교민주주의와 그 연장선상에 있는 출세민주주의 조리(条理) 하에서 아이들은 경쟁 사회에서 승리자로 살아남기 위해 절대로 실패해서는 안된다는 금기를 내면화 하게 된다. 그렇기 때문에 어린이들은 열심히 실패나 잘못한 것을 감추려고 한다. 계속 감출 수가 있다면 그리고 말로 드러나지 않는다면 그것은 없었던 것이 되는 것이다. 그리하여 이전의 우등생이 어른이 되어 ×표를 받았던 테스트의 답안도 없었던 것이 되는 것을 반복한 끝에 치명적인 원전 사고로 이어진 것이다. 이러한 우등생에 의한 속임수의 레토릭을 경제학자인 야스토미 아유미(安冨歩)가 말하는 「도쿄대화법(東大話法)」[45]으로서 받아들일 수 있는 것이다.

---

44 神島二郎(1961), 『近代日本の精神構造』, 岩波書店; 神島二郎(1991), 『新版 政治をみる眼』, NHKブックス.

45 安冨歩(2013), 『「学歴エリート」は暴走する : 「東大話法」が蝕む日本人の魂』講談社＋α新書, p.9); 安冨歩(2012), 『原発危機と「東大話法」 : 傍観者の論理・欺瞞の言語』, 明石書店な

학교민주주의는 스스로의 실패를 은닉하는 것에 능숙한 엘리트라고 불리는 인재를 양산한다. 실패해도 아주 능숙하게 없었던 일로 처리하면서 학력사회를 학벌로 쟁취해가는 엘리트가 된 이전의 아이들은 「약육강식」이라는 근대의 욕망이 투영된 자연 상태의 '신에게 받은 아이'인 것이다. 말 그대로 2011년 원전사고에는 이러한 엘리트들을 지배하는 원리인 학교 민주주의와 출세민주주의가 가져온 인재라는 측면이 존재하는 것이다. 말 그대로 安富가 지적하듯이 「원전이 『붕괴』했다는 것은 『학력 엘리트』들이 고도경제성장기에 『도쿄대 화법』에 의해 축적해 온 『도쿄대 화법 사회』도 또한 쿵쾅 소리를 내며 무너지고 있는 것을 의미하고 있는 것이다.[46]

5. 패전, 옴진리교, 원저사고를 잇는 정신구조

전후 50년째를 맞이하면서 패전 직후 일본국민의 캐리컬쳐(caricature)를 노정하듯이 럼 「속았다」라고 표현한 사람들이 있었다. 1995년 도쿄 지하철 살인사건을 비롯해 사회적 사건을 일으킨 옴진리교의 신자들이다.

옴진리교 대변인이었던 조유 후미히로(上祐史浩)는, 정치활동가·작가인 스즈키 구니오(鈴木邦男)와의 대담에서 「95년에 많은 신자들이 검거된 이후 『아사하라(麻原) [교조였던 아사하라 쇼코(麻原彰晃)]에게 속았다! 』고 말하는 제자들이 많았다. 그런 사람들을 보고 역으로 반감을 가진 사람도 있었다. 주체적으로 그것을 받아들였으면서, 어린아이도 아니고[47] 라고 느꼈다고 한다.

옴진리교의 간부였던 하야카와 기요히데(早川紀代秀)(2018년에 사형집행)도 또한 재판 과정에서 그와 동일한 '속고 있었다'라는 식의 감각을 갖고 있었

ども参照 참조.

46 前掲, 『「学歴エリート」は暴走する』, p.10.

47 鈴木邦男ゼミin西宮編(2014), 『錯乱の時代を生き抜く思想、未来を切り拓く言葉』, 鹿砦社, p.40.

던 사람 중 한 사람이었는데,[48] 그가 아사하라에 대해 절대적 복종 아래 살인까지도 정당화 한 심리에 대해서는 하야카와(早川)와 종교학자 가와무라 구니미쓰(川村邦光)의 공저인 『나에게 있어 옴진리교는 무엇이었나』에서 자세하게 논하고 있다. 하야카와(早川)는 스스로를 분석하면서 『교조의 교조환상과 제자의 교조 환상』에 '흉악범죄를 일으킨 옴진리교의 근본적인 오류'를 도출하고 있는데, 가와무라가 논하듯이 「그것은 조직체가 갖는 환상이 되어버린 힘, 혹은 폭력에 의거한 환상의 소산」이었다. 그들은 「신국일본」의 성전 슬로건 아래 불패신화를 믿은 사람들과 마찬가지로 주체적으로 교조 환상을 신봉한 것이다.

옴진리교 사건의 간부는 고학력의 엘리트가 많았는데, 국가총동원 하의 익찬 체제를 지탱한 것도 고학력의 관료·군인·지식인·문화인이었다. 그 한사람 중 이름이 알려진 무샤노 고지 사네아쓰(武者小路実篤)는, 패전 후 「우리들은 속고 있었다. 일본인이 전쟁에서 무엇을 해왔는가, 아시아에서 무엇을 했는가 알지 못했다」고 말했다고 하는데, 그러한 무샤노 고지 사네아쓰의 행동에 대해 가토 슈이치(加藤周一)는 아래와 같이 비판했다.

나는 전쟁책임이 있다고 생각한다. 그것은 그가 속았기 때문이 아니다. 속았기 때문에 책임이 있다고 나는 생각하지는 않지만, 속고 싶었다고 생각한 것에 책임이 있다고 생각한다. 그가 속은 것은 속고 싶었기 때문인 것이다.[49]

말 그대로 「속는」정신은 '속고 싶다'는 욕망과 속이고 싶다는 욕망의 결탁인 것이다. 속고 싶다고 생각하는 취약성이 있기 때문에 그 틈새에 '속이고 싶다'

48 『朝日新聞』(1999.2.5).
49 加藤周一講演,「第2の戦前・今日」
(https://www.wako.ac.jp/_static/page/university/images/_tz0605.115b79ffda27f047a6eac270b4bcb842.pdf)

고 생각하는 자의 욕망이 파고들어갈 수 있는 것이다. 이타미 만사쿠(伊丹万
作)는 패전 후 얼만 안지난 시기에 쓴 앞에서 언급한 논고에서 「아무리 속이는
자가 있다고 해도 아무도 속지 않는다면 이번과 같은 전쟁은 성립되지 않았을
것」이라고 적고 다음과 같이 경고했다.

　　「속았다」고 말하는 한마디의 말이 갖는 편리한 효과에 빠져서 책임에서 해방
　된 마음이 드는 대부분의 사람들의 안이한 태도를 볼 때 나는 일본국민의 장래에
　대해 암담한 불안감을 느끼지 않을 수 없다. 속았다고 말하면서 평상심으로 있을
　수 있는 국민이라면 아마 금후에도 몇 번이라고 속을 것이다. 아니 현재도 이미
　다른 거짓말에 의해 속고 있는 것에 틀림없다.[50]

　마치 3·11 이후 일본을 예견하고 있는 듯한 말이었다. 일본 국민은 이 말을
정확하게 인지하는 것에서 과거의 것으로 치부해 버릴 수 있었는데, 반복되는
패전이라는 말 속에 또 다른 거짓말에 의해 안전신화나 안심신화 유혹의 늪에
빠져버린다. 이타미가 말하듯이 우선 국민전체가 속았다고 하는 것의 의미를
진짜로 이해하고, 속임을 당하는 취약한 자신이라는 것을 해부하고 분석하여
철저하게 자기를 개조하는[51] 것이 이루어지지 않으면 일본인은 후속의 세대에
무한적인 부채를 지게 하는 것이 된다.
　부언하자면 이 이타미의 주장에는 「일억총 참회」론처럼 천황이나 군부나
전쟁지도층의 책임을 면죄하는 것에 의도가 있는 것이 아니다. 패전 직후 빈사
상태의 국민에 내던져진 일억총참회라는 말은 하시카와 분조(橋川文三)가 말
하듯이 총동원, 총결기(総決起), 총옥쇄(総玉砕)라는 '총력전 체제 이데올리
기'의 연장선상에 있는 것이며, 전시 체제를 그대로 전후 체제에 소프트 랜딩
시키려는 구지배층의 교묘한 사상 전략이었다.[52]

50　前揭,「戦争責任者の問題」, pp.209-210.
51　同上, p.210.

322

이 주문과도 같은 말에 의해 역설적으로 분기한 전쟁책임자라고 불러야 할 주체는, 점차로 분명한 전중의 사실 앞에 속았다라는 피해자의식을 갖고 모두가 속았다라는 입장으로 균일화 되는 것으로 총력전 체제 이데올로기를 전후에 연명시켰다. 누군가가 누군가에게 '속았다'라고 흐릿한 자기의식아래 일본 국민은 패전이라는 사실을 부인(否認)할 수가 있었다. 모든 부인의 구조에 대해서는 시라이 사토시(白井聡)가 『영속패전론』에서 논하고 있다.[53]

이타미(伊丹)가 말하는 「한 사람의 인간이 누군가에게 속임을 당하면 다음 순간에는 이미 그 남자가 다른 누군가를 붙잡고 속이는 것이 한없이 반복되어 간다」는 구조 속에 존재하는 책임의 연루는 「속았다」고 하는 피해자 의식을 매개로 무책임으로 연결되고 전도된다. 이 무책임의 연결고리에 대해 마루야마 마사오(丸山眞男)가 말하는 「무책임의 체계」[54]의 모습이 드러난다.

이 산의 정점에는 소화 천황이 있는데 대일본제국 하에서 현인신이면서 대원수였던 그가 1945년 9월 27일 맥아더연합군 최고사령관 앞에서 미국정부가 일본의 대미선전포고를 받아들이기 전에 진주만 공격을 개시할 생각은 없었는데, 도조 히데키가 자신을 속인 것이다라고 말했다고 전해진다.[55] 원래 통치권과 통수권을 총람(總攬)하는 '신성하여 침범할 수 없는' 존개가 속았다고 말하는 것은 도대체 어떤 의미인 것일까.

대일본제국 헌법 제11조에 있는 것처럼, 통수권 발동에 동반하는 책임에 대해서는 발령자인 천황에게만 돌아가지 않는다는 것은 명백한 것인데[56], 천황의 전쟁 책임을 묻는 것이 아니라 도쿄재판(東京裁判)에서 천황이 소추되는 일도

---

52 橋川文三(1985), 「日本近代史における責任の問題」, 『橋川文三著作集4』, 筑摩書房, pp.135-136.

53 前掲, 『永続敗戦論』 참조.

54 前掲, 「軍国支配の精神形態」 참조.

55 ジョージ・アチソン・Jr(1945.10.27.), 「マッカーサー元帥・アチソン氏会談覚書—対米宣戦の時刻設定に関して東条が天皇を詐ったとする天皇の陳述」(山極晃・中村政則編(1990), 『資料日本占領1 天皇制』, 大月書店, p.520)

56 山田朗(2019), 『日本の戦争Ⅲ 天皇と戦争責任』, 新日本出版社, p.242.

없었다. 천황은 도쿄 재판의 증언대에 서는 일조차 없었던 것이다.[57]

일본의 패전 직후 미국, 중국, 오스트레일리아, 뉴질랜드, 소련 등은 천황의 전쟁 책임을 엄중하게 추급해야 한다는 의견이 강했고, 1945년 6월 갤럽 여론 조사에서는 처형해야 한다는 회답이 33% 이상이었다.[58] 앞서 언급한 것처럼 패전 책임을 둘러싼 논의가 무엇보다도 천황의 전쟁 책임 추급으로 파급되는 것을 두려워한 히가시노쿠니(東久邇) 수상은 「일억총참회」론을 전개하고, 같은 해 9월 18일에 총리 관저에서 외국인 기자단에 대해 시행한 회견에서, 진주만 기습이 육해군 독단으로 결행된 것이며, 천황은 아무것도 알지 못했다고 강변했다.[59] 이 회견으로부터 10일 후 천황은 맥아더를 방문해 도조 히데키에게 속았다는 취지의 발언을 했다는 것이다.[60]

공적인 장소에서 결코 개인을 지정하여 비난하는 일은 없다고 말해지는 입헌국주로의 천황이 이러한 취지의 발언을 했던 것의 배경[61]에는 아직 점령군의 행동을 읽어내지 못했던 이 시기에 이대로는 황실의 존속도 위험할 수 있다는 위기감이 있었다고 생각되어 진다. 도조만 한정해서는 아닌데, 소화천황이 군인에 대해 불신감을 가진 것은 같은 해 9월 9일 소화천황으로부터 황태자(아키히토, 明仁)에게 보낸 편지에서도 분명하게 나타난다. 그곳에서 소화천황은 전쟁의 패인에 대해 다음과 같이 기술하고 있다.

　　우리나라 사람이 너무 황국(皇国)을 믿어버려서 영미(英米)를 얕잡아보았던

57　前揭, 『日本人の戦争観』, p.37.

58　由井正臣(1995), 「1940年代の日本—世界制覇の挫折」, 『岩波講座 日本通史 第19巻近代 4』, 岩波書店, p.55.

59　歷史学研究会編(1990), 『日本同時代史① : 敗戦と占領』, 靑木書店, p.82.

60　ジョン・ガンサー, 木下秀夫他訳(1951), 『マッカーサーの謎 : 日本・朝鮮・極東』, 時事通信社, p.183.

61　松尾尊兌(1990), 「考証 昭和天皇・マッカーサー元帥第一回会見」, 『京都大學文學部研究紀要』29巻, p.85.

것이다. 우리 군인은 정신에 무게를 너무 두어서 과학을 잃어버렸다. 중략 마치 제1차세계대전 독일처럼 군인이 발호해서 대국을 생각하지 못하고, 나아가는 것만 알았지 물러서는 것을 알지 못했기 때문이다.[62]

이 언사(言辭)가 도조 히데키 한사람에게만 향해진 것은 아니라고 해도 그 속에 도조 히데키가 포함되어 있다는 것은 틀림이 없다. 이러한 천황의 인식아래 그 이후 연합국에 의한 도쿄 재판이 시작될 때까지 일본의 구 전쟁지도 세력과 GHQ와의 사이에 전쟁책임을 둘러싼 밀실 거래가 이루어졌다. 그것은 천황과 궁중 그룹, 구중신(旧重臣)의 일부가 「GHQ관계자와 연락을 주고 받으면서 천황의 『결백(潔白)』을 주장하고, 전쟁 책임을 육군 도조 히데키(東条英機)를 중심으로 한 삼국동맹 추진파에게 밀어 넘기는 과정이었다.[63] GHQ는 구 체제세력과 결탁하여 천황의 전쟁책임을 따지지 않고 그 권위를 이용하는 것으로 점령 정책을 원활하게 추진하려고 했던 것이다.[64]

6. 전후일본의 피해자 의식의 내실

실제로 앞서 언급한 천황의 피해자 의식은 어느 정도 타당한 것이었을까. 개전(開戰)은 수상인 도조 히데키가 천황의 의사에 반하여 제멋대로 시행한 것이었을까. 도조 히데키 측근이면서 전후 A급 전범으로 재판을 받은 사토 겐료(佐藤賢了)의 증언에 의하면, 도조 히데키는 「천황의 납득을 받는 것을 시정의 근본이념으로 했다고 한다.[65] 사토(佐藤)는 「전후 세간에서는 군벌이 천황을 내세워 천황을 이용하여 제멋대로 일을 벌였다고 하는데, 그것은 전혀

62 高橋紘(1987), 『象徴天皇』, 岩波新書, p.2.
63 前掲, 『日本の戦争Ⅲ 天皇と戦争責任』, p.238.
64 吉田裕(1992), 『昭和天皇の終戦史』, 岩波書店 참조.
65 佐藤賢了(1976), 『佐藤賢了の証言 : 対米戦争の原点』, 芙蓉書房, pp.398-399.

반대의 관찰인 것이라고 말하고 다음과 같이 기술한다.

> 천황 앞에 의사를 제시하여 무리하게 진행시킨다는 것은 불가능하다. 타당성
> 이 없는 것은 상정도 되지 않고 허락도 받기 힘들다. 특히 각하된다고 해도 천황
> 의 얼굴색은 어두워진다.[66]

즉 상소할 수 있는 기회는 천황에게 정부 각 대신이 정보를 제공하는 장소이
기도 하며 동시에 천황의 의향을 적절하게 읽어내는 장소이기도 했다. 내주(內
奏)라는 것은 정부가 천황에게 공식적으로 재가를 구하기 전에 비공식적으로
각 대신이 천황의 의견을 확인하는 것을 말하는데, 이때 천황의 '어의(御意)'
(비공식적인 의사표시)가 주어지고, 최종적으로는 조정이 끝난 단계에서 상주
에 도달하게 되는 것이 관례이다.[67]

도조 히데키는 「국무보고병」이라고 주변에서 소근거릴 정도로「다른 대신들
이라면 그렇게 하지 않을 일까지」자세하게 천황에게 상세하게 보고했다고 한
다. 담당부서 군관료는 천황의 질문을 예상하여 모범 답안을 준비하지 않으면
안 되었는데 도조 히데키의 국무보고는 관료들이 비명을 지를 정도로 빈번하
게 이루어졌다.[68] 사토(佐藤)는 그러한 국무보고병 배경에는 상사(上司)의 약
한 심정을 알고, 항상 자기 책임을 겁내는 것이었다고 지적한다.[69]

도조 히데키가 독재자로서의 자질을 갖추고 있지는 않았다고 평가한 후 진
짜 강한 독재자라도 자기 책임을 겁내는 경우가 분명히 존재하고, 그렇기 때문
에 신불(神仏)에 의지하려고 하는 예는 적지 않다. 도조 히데키는 의지할 곳을
천황에게서 찾았던 것이다.[70].

66 同上, p.401.
67 井上淸(2004), 『天皇の戦争責任』, 岩波現代文庫, pp.264-265.
68 前掲, 『佐藤賢了の証言』, p.400.
69 同上, p.399.

마찬가지로 도조 히데키 측근이었던 아카마쓰 사다오(赤松貞雄)도 도조(東条)의 국무보고병에 대해 지적하고 있는데[71], 바꾸어 말하자면 도조에게 있어서 천황 보고는 자기의 권력의 발동에 대한 책임을 현인신인 천황의 권위에 맡기는 것이었다고 말할 수 있을 것이다.

한편으로 천황 쪽도 정부나 군부에 대해 국정이나 작전에 대해 상세한 설명을 요구했다. 개전 당시 참모본부 작전 부장이었던 다나카 신이치(田中新一)는 「실은 대본영 창문에 비핀 폐하는 적어도 국방, 용병, 통수에 대해서는 고등 비평가도 그렇다고 로봇도 아니었던 것」이라고 증언했다. 다나카(田中)가 '전시 중, 대본영 참모 중 한사람이 반 농담으로 "참모총장의 노력의 반은 천황이 요구하는 상주(上奏) 준비다"라고 통탄했듯이 상주는 총장에게 있어 매우 난관이기도 했다」고 말하듯이[72], 도조 히데키의 국무보고병은 천황의 요청의 반증이라고 말할 수 있다.

국무보고는 「폐하가 안 된다고 하면 그리고 얼굴색이 어두워지면, 그 안건은 안되는 것」이었으며 조건을 각하하지 않으면 안 되었다.[73] 즉 신하에게 있어서 천황의 의사를 읽어내는 능력이 요구되는 시련의 장소이기도 했던 것이다.

그리고 도조는 그러한 천황의 기대에 누구보다도 잘 대응했다. 1946년 시점에서 실시한 천황 이야기의 청취 기록인 『소화천황 독자록(昭和天皇独白録)』에서도 「도조 히데키는 열심히 일을 했고 평소에도 사려가 깊고 면밀하여 장점이 있었다」고, 패전후에도 도조 히데키에 대한 천황의 평가는 흔들리지 않았다. 「면도기」라는 이명(異名)을 가진 도조 히데키는 군사사가(軍事史家)인 하타 이쿠히코(秦郁彦)가 「말 그대로 능력있는 관이였으며, 그것이 천황의 마음에 들었던 것」이라고 평가하고 있는 것처럼 말이다.[74] 상대방의 마음을 읽어내

---

70 同上, pp.399-400.

71 上法快男編(1974), 『東條英機』, 芙蓉書房, p.722.

72 田中新一(1956.10), 「大本営の大元帥」, 『特集文藝春秋 天皇白書』, p.38.

73 前掲, 『佐藤賢了の証言』, p.399.

는 재능이 뛰어단 능력있는 관리였던 것이다. 도조의 국무보고병은 천황에 대한 과잉의 경과라고 말할 수 있을 것이다.

전쟁 회피를 위한 대미(対米) 교섭에 실패하고, 1941년 10월에 정권을 도조 히데키에게 넘겨진 고노에 후미마로(近衛文麿)는 측근이었던 도미타 겐지(富田健治)에 대해 다음과 같이 증언했다.

> 폐하는 물론 평화주의자로 어디까지나 전쟁을 피하고 싶은 심정이었던 것은 틀림없는데, 자신이 총리대신으로서 폐하에게 오늘 개전이 불리하다는 것을 말하겠다고 결심하고 그것에 찬성했는데, 다음날 폐하 앞에 가면 '어제는 당신이 그렇게 말했지만, 그렇게 걱정하지 않아도 된다'라며 조금 전쟁을 개시하는 쪽으로 말을 가져갔다. 그리고 그 다음은 더욱 전쟁론 쪽으로 기울어져 갔다. 즉 육해군의 총사부(統帥部) 사람들의 의견이 들어가 있어서 군 관련한 것은 총리대신은 잘 모른다. 자신이 더 자세하다고 생각하고 있는 듯 했다.[75]

고노에 후미마로(近衛) 내각이 바뀌고 같은 해 10월 18일에 성립한 도조 히데키 내각 하에서 천황은 한층 전쟁론 쪽으로 경사되어 갔다. 천황을 사이에 두고 주전파(主戦派)와 피전파(避戦派)의 알력싸움 속에서 도조 히데키는 천황의 전쟁에 대한 의지가 흔들리는 것이 걱정이었던 듯 했는지 천황에게 끊이지 않게 정보를 제공했다. 최종적으로는 군상부가 제공하는 정보에 승산이 있다는 것을 느끼고 개전이라는 정치판단에 천황은 납득한 것이었다.[76]

개전 전날 12월 7일 밤, 도조 히데키가 말한 것을 정부 고위관리가 기록한 메모에는 「개전을 결심하기까지 천황 폐하는 매우 걱정을 했다」 그렇지만, 개전은 「폐하의 결의에 근거한 것 이었다」라고 적고 있다.[77] 천황은 피전파의

---

74 半藤一利他(2010), 『歴代陸軍大将全覧 : 昭和篇 / 太平洋戦争期』, 中公新書ラクレ, p.97.

75 川田稔編(2019), 『近衛文麿と日米開戦 : 内閣書記官長が残した「敗戦日本の内側」』, 祥伝社, p.406.

76 前掲, 『日本の戦争Ⅲ 天皇と戦争責任』, p.185.

의견보다도 군상충부의 무승부 혹은 6대 4호 이길 수 있다[78]는 견적 쪽을 선택한 것이었다.

고노에 후미마로의 수기에 의하면 제3차 고노에 내각 말기에 육군대신이었던 도조는 '인간은 때로는 기요미즈데라(清水寺) 무대에서 뛰어 내릴 각오도 필요한 것」이라고 고노에 후미마로에게 개전을 압박했다고 하는데[79], 도조 히데키의 신에의 의지(소원을 비는 것)에 부합된 것은 말 그대로 현인신의 천황이었다고 말 할 수 있을 것이다. 한편 천황은 천황대로 신으로서의 역할에 충실했고, 도조 히데키는 「황조황종의 신령(神靈)이 존재한다」(개전 조칙)며 신칙(神勅)을 부여했다.

천황의 전쟁책임은 대미(対米) 전쟁의 개전 책임에 한정된 것이 아닌데, 천황의 주체적인 재가 없이는 아시아, 태평양의 넓은 지역 사람들에게 가한 심대한 전쟁 피해도, 그리고 위안부가 된 여성들의 젊음도, 일본 본토나 식민지의 공습도, 오키나와의 지상전도, 히로시마와 나가사키의 원폭 투하도 없었을 것이다. 이러한 전쟁책임자의 책임을 GHQ는 앞서 언급한 것처럼, 일본의 구체제 세력과 함께 불문에 부친 것이다. 또한 천황의 면책을 가능케 했던 배경에는 GHQ나 구(舊)전쟁 지도자 생각뿐만이 아니라, 국민들의 지지도 있었던 것을 추가할 필요가 있다. 1945년 12월 미국전략 폭격 조사단의 전의부문(戰意部門)이 히로시마에서 실시한 면접 조사 기록에는 다음과 같이 천황을 면책하는 피폭자 목소리가 남아 있는데, 이것은 동시대 민중의 대부분이 품고 있던 견해였던 것이다.

「천황폐하는 나쁘지 않다. 주변에 있던 사람들이 나쁜 것이다」(남성, 44세)[80]

---

77 「高官メモ 東条の胸中 生々しく 天皇の信任誇る場面も」, 『読売新聞』(2018.7.23.).

78 寺崎英成他編著(1995), 『昭和天皇独白録』, 文春文庫, p.89.

79 近衛文麿(2015), 『最後の御前会議 / 戦後欧米見聞録 近衛文麿手記集成』, 中公文庫(Kindle 版) 참조.

「천황은 책임자가 아니라고 생각한다. (중략) 정치를 담당한 것은 천황이 아니었고 각료들이었다. (중략) 그러면 결국 천황은 책임자라고는 말할 수 없을 것이다」(남성·38세)[81]

이러한 발언에 1946년 1월 1일에 발표된 「천황인간선언」 이전의 천황을 신으로 숭배하던 민중의 심리뿐만 아니라 침략전쟁에 많든적든 가담한 가해자가 된 자기를 면책하고 싶은 민중의 욕망을 읽어낼 수 있다. 저널리스트인 이안 부루마(Ian Buruma)가 『전쟁의 기억』 속에서 기술하고 있듯이 「천황이 책임이 없다는 것은 일본인이 책임이 없다는 것」이었다.

　　천황과 마찬가지로 국민도 군부지도층에 '속았던' 것이다. 무엇이 일어나고 있었는가, 국민은 아무것도 모르고 있었다. 국민은 오로지 평화를 바라고 있었는데, 속아서 전쟁에 끌려간 것이다. (중략) 천황을 국가의 상징으로 받든 일본인은 힘을 모아 번영을 향해 전진할 수 있었던 것이다.[82]

천황은 앞서 언급한 것처럼 황태자에게 보낸 편지에서 나타났듯이 군부에 대한 피해의식을 국민과 공유했던 것이다. 오다 마코토(小田実)는 그의 논고 「평화 윤리와 논리」에서 「[일본인의] 피해자 체험에는 그 체험에 의지하려고 하는 일종의 아마에(甘え)가 있다. 그러한 아마에는 『피해자의식』이라는 이름으로 부른다면, 그 의식에 안이하게 의존하고 있는 것에 의해 자신이 적어도 원리적으로는 전쟁 수행자의 일원이었다는 사실을 애매하게 한다」고 기술하고 있는데[83], 그 「아마에＝피해자의식」을 매개로 말하자면 공범의식을 촉매로

80　広島平和文化センター編(1986), 『原爆被爆者等面接記録 : 米国戦略爆撃調査団資料—テープ部門—』, 広島平和文化センター, pp.102-103.

81　同上, p.81.

82　イアン·ブルマ(石井信平訳)(2003), 『戦争の記憶 : 日本人とドイツ人』, ちくま学芸文庫, p.421.

83　前掲, 『「難死」の思想』, pp.59-60.

하여 일부 전범(戰犯)들만 전쟁 책임을 부가하고, 천황과 국민은 면책했던 것이다.

존 다우어가 묻듯이 만약 천황이 "대일본제국 치세하'에 어떤 공포나 재액에 책임이 없다고 생각된다면 왜 일반 일본인이 스스로의 책임을 질 생각을 가질 필요가 있겠는가'라는 것이다. 소화천황은 전후 일본의 무책임을 뚫고 나간 상징, 조장자로서, 전후 일본의 피해자의식의 중핵에 자리 잡아 왔던 것이다.[84] 그 결과 무책임의 체계도 또한 온존하게 된 것이다.

7. 나오며

한편으로 패전 후 일본에서는 천황과 자신의 전쟁책임을 추궁하여 그 '관련성'을 풀어내려고 노력한 자도 있다. 그러한 시도 중 하나가 해군지원병이었던 渡辺清(오다 마코토와 마찬가지로 전후 스스로의 전쟁 체험에 대해서 적은 작가로 유명하다)가 전지(戰地)에서 막 돌아온 1945년 9월 일기에 적은 일련의 내무성적인 기술을 살펴보기로 하자. 와타나베는 '속았다'고 하는 피해자의식을 곱씹으면서 자신과의 대화를 지속한 끝에 다음과 같은 인식에 봉착했다.

천황에게 배신당한 것은 천황을 그렇게 믿고 있던 자기 자신에 대한 것이었다. 현실 천황이 아니라 내가 내 마음대로 내부에서 만든 허실의 천황에게 배신을 당한 것이다. 말하자면 내 자신에게 배신당한 것이다. 스스로가 스스로를 기만한 것이었다.[85]

알지 못했다면 알지 못한 것에, 속았다면 속은 것에, 즉 자기 자신의 무지에

84 前掲, 『忘却のしかた、記憶のした』, p.139.
85 渡辺清(2004), 『砕かれた神 : ある復員兵の手記』, 岩波現代文庫, pp.220-221.

대한 책임이 스스로에게 있는 것이 아닌가. 모든 것을 천황 탓이라고 하거나 세상 탓이라고 하면 형편이 좋을지 모르지만, 그렇게 되면 내 자신의 실체는 공중에 떠버린다. 나는 내가 아니게 된다. [86]

와타나베는 속았다고 하는 수동적인 말을 자신에게 할당하여 위무(慰撫)하는 것이 아니라, 자신을 속이고 있던 상대의 책임을 찾아내는 과정에서 자기 자신 속에 '속임을 당한 약점'[87]에 자각하게 된 것이다. 이 약점을 응시하는 것으로서 와타나베는 '나 자신의 실체'를 되찾을 수가 있었던 것이다. 3.11이후 속았다고 느낀 사람들의 피해자의식 근저에는 원전 리스크에 대해 전혀 알지 못했다는 불만이 있음에 틀림없다. 그러나 처음부터 왜 일본사회가 그렇게 비용에 관심을 가지면서도 리스크에 대해서는 무관심했던가, 왜 계속 무지할 수밖에 없었는가를 내성적으로 힐문하는 일이 적었던 것이다. 비용에 대해 과민한 사회가 왜 리스크에 대해서는 이렇게까지 둔감하고 맹목적인가, 그 에토스 형성 과정이 추궁되지 않는 한 또 앞으로 몇 번이나 속임을 당할 것이다.

이 리스크로부터 해리(解離)하는 것이라고 말할 수 있는 에토스는 현역시대에 원전 정책을 추진한 고이즈미 준이치로(小泉純一郎) 전 수상이 탈원전으로 전향 한 후 아사히신문 기자에게 자신의 전향 이유에 대해 밝힌 다음과 같은 말에 집약된다.

전문가가 '안전하고 비용이 저렴하다', '탈석유에는 이것 밖에 없다'라고 말하면 신용한다. 몇 년이나 우리들은 거짓말을 해 왔던가. 우리 쪽은 원자력에 대한 지식이 없으니까. 3.11 이전은 그런 것에 관심도 없었다. 저런 정도로 제어가 불가능한 것인지 몰랐다.[88]

86 同上, p.212.
87 同上, p.220.
88 『朝日新聞』(2013.12.15).

332

기자가 '속았다고 생각하는가'라고 묻자, 그는 '그렇다, 그렇게 생각했다'고 답했다고 한다. 1945년 패전과 2011년의 '패전' 이후 국정의 쓴맛 단맛을 다 맛본 최고책임자(현역은 아니었지만), 속았다는 말을 동일하게 내뱉은 것이다. 천황은 군사에 무지했다고 말했고, 전 수상은 과학에 무지했다고 말했던 것처럼, 이는 거짓이 아닌 실감이었을 것이다. 문제는 거기서 왜 어떻게 속았는가를 소구(遡求)하지 않았었는가라는 점에 있다.

1946년에 마루야마 마사오(丸山眞男)가 논한 '무책임의 체계'는 와타나베 기요시(渡辺清)가 지적한「속임을 당할 정도의 약점」으로 지금도 일본 사회의 중심에 자리를 잡고 있는 것이다. 국가의 최고 책임자조차 국민 전체 목숨이 걸린 리스크의 전체상을 파악하지 못하는 시스템은 대체 누구를 위한 것일까. 따져봐야 하는 것은 과학이나 군사의 이름을 빌린 정치의 거짓말이 백일하게 드러난 날이 왔다고 하여, 속임을 당함 측에서 마찬가지로 주체성을 박탈당한 완전 피해자로 있을 수 있는가에 대한 문제이다.

과학적 권위가 실추한 저 사건이 없었던 것처럼, 지진 이전과 다름없이 일본사회의 대다수는 '괜찮다'라고 말해 주는 사람의 말만 귀를 기울여, 속이는 자에 대해 민중의 힘을 부여했다. 다수파에 속하는 것이 그대로 민주주의인 것이라고 받아들이는 전후 일본 사회의 포퓰리즘 정치의 끝에 아직도 속이는 자와 속는 자가 계속해서 공모하고 있는 것이다. 이러한 두고 속에서는 속이는 자도, 속는 자도 예정 조화적인 관계성이 재연될 것은 불 보듯 뻔한 일이다.

| 참고문헌 |

ジョン・W・ダワー(外岡秀俊訳)(2013),『忘却のしかた、記憶のしかた：日本・アメリカ・戦争』, 岩波書店.
吉田裕(1995),『日本人の戦争観：戦後史のなかの変容』, 岩波書店.
船橋洋一(2014),『原発敗戦：危機のリーダーシップとは』, 文藝春秋.

堺屋太一(2011), 『緊急警告! 第三の敗戦』, 講談社.

小田実(1991), 『「難死」の思想(同時代ライブラリー89)』, 岩波書店.

伊丹万作(1961), 「戦争責任者の問題」, 『伊丹万作全集1』, 筑摩書房.

粟屋憲太郎(1995), 「占領・被占領——東京裁判を事例に」, 『岩波講座 日本通史 第19
　　　巻近代4』, 岩波書店.

吉田満(1980), 『戦中派の死生観』, 文藝春秋.

小出裕章(2012), 『騙されたあなたにも責任がある : 脱原発の真実』, 幻冬舎.

中村仁信(2011.6), 「放射線と発がん～福島原発放射能漏れを考える」, 『癌と人』, 第38
　　　号別冊, 公益財団法人大阪癌研究会.

津田敏秀(2013), 『医学的根拠とは何か』, 岩波新書.

本間龍(2015), 「甦る原発プロパガンダ—流布する「安心」神話」, 『世界』8月号, 岩波書店.

鶴見俊輔(1992), 『鶴見俊輔集3 : 記号論集』, 筑摩書房.

東京電力福島原子力発電所事故調査委員会(2012), 『国会事故調 調査報告書【本編】』,
　　　国会.

竹熊健太郎(2011), 「『終わりなき日常』が終わった日」, 『思想地図beta』2号, contectures.

田村祐一郎(1994), 「言霊・リスク・保険」, 『国民経済雑誌』170(3).

片方善治・山本七平(1985), 「『縁起でもない』ことに本気で取組め」, 『実業の日本』, 88(4).

ルース・ベネディクト(角田安正訳)(2013), 『菊と刀』, 光文社古典新訳文庫 .

鈴木邦男ゼミin西宮編(2014), 『錯乱の時代を生き抜く思想、未来を切り拓く言葉』, 鹿
　　　砦社.

橋川文三(1985), 「日本近代史における責任の問題」, 『橋川文三著作集4』, 筑摩書房.

山田朗(2019), 『日本の戦争Ⅲ 天皇と戦争責任』, 新日本出版社.

渡辺清(2004), 『砕かれた神 : ある復員兵の手記』, 岩波現代文庫.

『南日本新聞』(2020.8.2)

『朝日新聞』(2011.4.27)

『朝日新聞』(2013.12.15)

『朝日新聞』(2014.3.5)

『朝日新聞』(1999.2.5.)

체호프의 사할린 여행의 현대성에 대한 성서적 고찰

그의 삶과 작품세계의 변화 및 사할린 섬의 개발사를 중심으로

이경완(李庚婉, Lee Kyong-Wan)

서울대학교 러시아소설(노어노문학) 전공. 문학박사. 고려대학교 러시아CIS연구소 HK연구교수, 한림대학교 러시아연구소 연구교수를 역임하고, 현재 서울대학교 노어노문학과 강사, 한림대학교 러시아연구소 연구원으로 재직 중이다.

주요 저서로는 『성서적인 문화비평: 고골의 기독교 서사시-소설 창작 기획』(저서), 『러시아 극동을 알다』 1-4(공저), 『죽은 혼』, 『시편 속으로』(역서) 등이 있다.

1. 서론: 체호프의 사회적 책임의 기원과 양태

러시아 문학에서 18세기 신고전주의 및 감상주의, 19세기 초 낭만주의 시대의 핵심 장르는 시이고, 시인에게 러시아의 민족적 정체성과 소명을 민중에게 전달하는 정신적 예언자의 역할이 주어졌다. 러시아 정교 문화의 전통 속에서 시인에게 부여된 예언자적 위상은 19세기 푸시킨(А. Пушкин), 고골(Н. Гоголь), 투르게네프(И. Тургенев), 도스토옙스키(Ф. Достоевский), 레스코프(Н. Лесков), 톨스토이(Л. Толстой), 체호프(А. Чехов) 같은 기라성 같은 작가들에게도 그대로 부여되었다. 이들의 문학작품과 비평은 당대의 독자들에게 러시아 사회의 총체적인 백과사전이자 러시아 민족이 가야할 길을 제시하는 길라잡이로서의 역할을 수행해야 하고, 이들의 삶 역시 자신들이 설파하는 메시지를 구현하는 살아있는 모델이 되어야 한다는 암묵적인 합의가 있었다.[1] 그리고 이 전통은 19세기 말 - 20세기 초 세기말의 정서와 혁명의 기류 속에서 러시아 상징주의 및 모더니즘 계열의 작가들에게로 이어져서, 이들 역시 러시아 민족의 운명과 미래에 대한 종말론적 비전을 탐색하고 민중에게 전하는 예언자적 사명을 자임하고자 하였다.

---

1 20세기 소비에트 시대의 러시아 문화기호학자 유리 로트만은 러시아 역사에서는 여러 분야의 지식인 가운데서도 작가, 특히 18세기까지는 시인이 사회의 정신적 구심점 역할을 하면서 예언자적 위상을 가졌다고 주장한 바 있다. 그는 이 현상을 비잔틴 정교에서 유래한 러시아 정교 문화의 특성과 러시아의 특수한 역사적 상황이 복합적으로 작용한 결과로 설명하였다. Ю. М. Лотман, "Русская литература после-петровской эпохи и христианская традиция," Ю. М. *Лотман и тартуско-московская семиотическая школа* (М. Гнозис, 1994), c.365-378.

336

다른 한편, 러시아 정교 문화에 토대를 둔 이러한 예언자적 소명의식은 무신론을 표방하고 서구식 사회개혁을 주장한 19세기 후반의 허무주의, 인민주의, 무정부주의, 사회주의, 그리고 20세기 초 볼셰비키 계열의 급진적인 러시아 인텔리겐치아에게도 면면이 이어졌다. 그래서 이들 역시 문학작품과 비평을 통해서, 그리고 실질적인 사회 활동을 통해서 자신들의 사상을 입으로뿐만 아니라 삶으로도 러시아 민중에게 전하고 그들을 개혁의 대열에 참여시키고자 하였다.[2] 그래서 18-20세기의 러시아 사회에 대한 총체적인 이해를 얻고자 한다면 그 시대상을 묘사한 문학작품은 물론 그것을 창작한 작가의 삶까지 함께 살펴볼 필요가 있다고 생각될 정도이다.

그런데 19세기의 기라성 같은 작가 중 안톤 체호프(1860-1904)가 그런 러시아 문학의 전통을 계승하였는지에 대해서는 의견이 분분하다. 20-21세기 근대 인문학계에서 그는 고골, 도스토옙스키, 톨스토이 계열의 로고스중심적인 창작과 작가에게 부여된 예언자적 사명을 결연히 거부하고, 푸시킨 계열의 미학 중심적이고 가벼운 창작과 어떤 거대담론도 제시하지 않는 소박한 길을 추구한 것으로 평가되어 왔다. 실제로 그는 19세기 러시아 사실주의와 20세기 모더니즘의 경계에 위치한 세기말의 과도기 작가로서,[3] 러시아 정교는 물론 가톨

2 러시아 전제정이 추진하는 혼종적인 서구식 체제 개편을 수용한 자유주의 지식인이나 관료도 마찬가지로 체제지향적인 방식으로 지식인의 사회적 책임을 수행하고자 한 면이 있다.
3 더불어 체호프가 창작 활동을 하던 1880-1904년에 19세기의 문호들은 거의 사망하고, 아직 생존하고 있던 톨스토이는 교육받은 계층을 위한 작품 창작을 중단하고 농민을 중심으로 대중을 교화시키는 사회활동에 주력하고 있었다. 그래서 1880-1890년대에 러시아 산문은 쇠락하고, 러시아 정교 중심의 기독교 문학 역시 1870-1890년대 도스토옙스키, 레스코프 등에 의해 정점에 도달한 뒤에 쇠퇴하였다는 견해도 있다. Lyudmilla Parts(2002), "Chekhov, Literature, and the Intelligentsia in Viacheslav Pietsukh's Stories," *Slavic and East European Journal,* Vol.46, No.2, pp.303-315. Ronald E. Peterson(1993), *A History of Russian Symbolism* (Amsterdam / Philadelphia: John Benjamins Publishing Company, p.2; Н. Н. Старыгина, *Русский роман в ситуации философско-религиозной полемики 1860-1870-х годов* (М.: Языки славянской культуры, 2003), с.309-338; 오원교(1996),「체호프의 시학:

릭, 개신교, 이 종교에서 파생된 기독교 사회주의와 톨스토이 사상, 자유주의적인 부르주아 이데올로기, 그리고 무신론적인 허무주의, 인민주의, 사회주의, 공산주의 등에 거리를 두는 것은 물론, 사실주의, 상징주의, 모더니즘 등 어떤 예술 유파에 대해서도 거리두기를 두었다. 그리고 20대에 평범한 소시민의 일상생활을 가벼운 아이러니와 위트로 날카롭게 풍자하는 작품으로 문명(文名)을 떨치고, 30-40대에는 세기말의 우수와 권태에 짓눌린 지식인과 지방 주민의 비속한 삶과 애환을 그리는 작품들로 세계 최고의 문호의 대열에 올라갔다. 그래서 그는 일견 러시아 작가의 예언자적 자의식과는 전혀 거리가 먼 작가로 보인 것이 사실이다.

하지만 그의 삶 전체와 1885년경 이후의 그의 작품들을 깊이 들여다보면, 그의 진지한 사회 활동과 더불어 도덕적, 종교적 의미를 내포하는 요소들을 어렵지 않게 발견하게 된다. 특히 1890-1904년의 삶과 작품들에서, 그는 인간의 자유와 존엄성을 억압하는 사회적 인습과 통념에 저항하면서[4] 가족에 대한 실질적인 가장으로서의 책임과 의사이자 유명 작가로서의 사회적인 책임을 충실하게 수행하고자 한 것을 알 수 있다. 이 시기 그의 작품들에서도 사회의 몰이해나 억압에 굴하지 않고, 자신이 추구한 이상적 모델에 미치지 못하는 자신의 나약한 모습에도 절망하지 않고, 자신의 진정한 자아를 찾아가는 소박

〈문제의 올바른 제기〉로서의 문학: 서술 방법과 양식을 중심으로」, 『슬라브 학보』제11권 제2호, pp.1-2. 그러나 당시 문학 분야만이 아니라 러시아 종교철학 분야까지 아울러 살펴보면, 19세기에 러시아 작가들이 세운 화려한 전통이 세기말에 종교철학자들에 의해서 새롭게 계승된 것으로 볼 수 있다. 단적으로 솔로비요프(В. Соловьев), 베르쟈예프(Н. Бердяев), 세르게이 불가코프(С. Булгаков) 등은 세기말의 종말론적 기류 속에서 러시아 정교에 토대를 두고 서구 및 러시아의 근대 문화를 통합하는 방식으로 러시아뿐 아니라 서구에 대해서도 더욱 종교적인 차원에서 예언자적 역할을 수행하였다.

4 단적으로 그는 프랑스에서 발생한 반유대주의적인 드레퓌스 사건(L'affaire Dreyfus)에 대해서, 반유대주의의 희생양이 된 유대인, 드레퓌스를 옹호하는 지식인들의 대열에 합류하였고, 러시아 내에서도 여성, 빈민, 죄수 등 사회적 약자의 자유와 존엄성을 인정해야 한다는 입장을 일관되게 표명하였다.

한 '작은 영웅'들을 적지 않게 만나볼 수 있다.[5] 체호프는 이러한 인물들을 통해서 당시 러시아 사회가 직면한 혼란의 도가니 속에서 인내, 노동, 사랑이라는 메시지를 주고자 한 것이다.

그런데 그가 이러한 삶을 살아가고 이런 작품세계를 형성하는 데 결정적인 분수령이 된 사건이 있다. 그것은 1890-1891년 그가 1년 6개월에 걸쳐 수행한 사할린 섬 탐사였다. 그는 이 탐사를 위하여 1889년에 사할린 섬으로의 학술탐사를 결정하고 6개월에 걸친 치밀한 사전 조사를 마친 후 1890-1891년 대장정을 밟았고, 그 이후 3년에 걸쳐 탐사여행기 저술 작업을 하고 1895년 여행기 『사할린 '섬'』을 완간하고서야 이 대장정에 종지부를 찍었다.[6]

그가 이 시기에 이 학술탐사를 기획하고 추진하게 된 계기는 내적, 외적으로 여러 가지가 있겠으나, 결정적으로는 역시 러시아 작가들의 예언자적 자의식이 작용한 것으로 추정된다. 사실 그가 이미 소시민들의 비속한 일상을 날카롭게 해부하는 가벼운 작품들을 창작하는 데서 벗어나서 톨스토이의 비폭력 평화주의와 농촌 공동체 사상을 반영하는 진지한 작품들을 창작하다가, 톨스토이 사상에 거리를 두고 개인적으로 삶의 의미와 가치를 탐색하는 작품들을 발표하고 있었던 것이 그 단적인 증거이다.[7]

그리고 그런 예언자적 자의식은 러시아 정교 문화에서 형성된 성지 순례의

---

5 단편소설로는 「결투」(Дуэль, 1891), 「아내」(Жена, 1892), 「나의 삶」(Моя жизнь, 1896), 「약혼녀」(Невеста, 1902), 드라마로는 그의 4대 드라마 『갈매기』(Чайка, 1895-1896), 『바냐 아저씨』(Дядя Ваня, 1896), 『세자매』(Три сестры, 1901), 『벚꽃 동산』(Вишневый сад, 1903)에서 그런 작은 영웅상들을 볼 수 있다. 그들은 모두 근대 문화를 수용한 점을 제외하고는 성별, 직업, 연령이 다양하며, 특히 10-20대의 여성도 작은 영웅으로 제시한 점에서 체호프의 따뜻한 인간애와 진보적인 성향을 확인할 수 있다.

6 이경완(2019), 「체호프의 여행기 『사할린 섬』에 기록된 러시아 제국의 사할린 섬 유형식민화 정책에 대한 성서적인 고찰」, 『러시아학』제19호, pp.39-40.

7 체호프의 1880년대 톨스토이 사상의 수용과 거리두기 및 1890년 이후 톨스토이 사상에 대한 보다 명확한 거리두기와 새로운 주제에 대해서는 문석우(2012), 「체홉의 사할린 여행: 기행문학으로서의 시베리아 여행기」, 『세계문학비교연구』제38호, pp.280-284 참조.

전통과 18-19세기 서구에서 들어온 기행 문학의 전통이 결합된 러시아 근대 작가들의 일종의 '순례'의 전통을 매개로 해서도 체호프에게 작용한 것으로 추정된다.[8] 러시아 근대 작가의 순례의 전통의 일례로, 도스토옙스키가 1848년 페트라솁스키 사건으로 시베리아 유형소에서 5년을 보내면서 한편으로는 성경을 읽고 다른 한편으로는 다른 죄수들과 생활하면서 러시아 사회의 민낯을 보게 된 결과 서구의 자유주의 및 기독교 사회주의 사상을 버리고 러시아 정교 신자로 개종한 것을 들 수 있다. 그의 기독교 신앙이 반영된 관념소설들은 비자발적인 유형의 양태로 이루어진 것이기는 하지만 시베리아 '순례'를 통해서 나온 것이다. 특히 도스토옙스키는 자신이 겪은 시베리아 유형 생활의 참상과 인간의 적나라한 민낯을 『죽음의 집의 기록』이라는 자전적인 소설에 생생하게 묘사함으로써 러시아 사회에 큰 반향을 일으켰고, 체호프 역시 이 소설을 읽고서 더욱 더 시베리아 유형지의 참상을 알게 되었다.

도스토옙스키의 전례 외에도 1880년대에는 시베리아 여행, 탐사, 유형 체험 등을 기록한 글들이 다수 발표되어서 유럽부 러시아 지역 독자들에게 러시아 전제정의 가혹한 유형 정책에 대한 인간적인 분노를 일으키기도 하였다. 러시아 전제 정부가 제국주의적인 식민지 확장 정책의 일환으로 학술탐사를 활용하게 되면서, 외적으로는 중립적인 것으로 보이는 학술탐사가 제국주의적 침략과 식민지화의 도구로 사용되는 경향에 대한 비판의식도 강해졌다. 체호프도 처음에는 프르줴발스키(Николай Пржевальский)의 중앙아시아와 티베트에 대한 탐사기들에서 깊은 인상을 받고 그의 방식으로 시베리아 탐사를 준비하고 대장정에 나선 면이 있다.[9]

그러나 사할린 유형지의 참상이 도스토옙스키가 서시베리아 지역의 옴스크 유형소에서 체험한 것 이상인 것을 깨닫게 되자 그 역시 프르줴발스키의 학술탐사에 대해 비판적인 시각을 갖게 되었다. 그러한 문제의식과 비판의식이 그

8　Ibid., pp.263-274.

9　이경완, op. cit., pp.53-54.

의 사할린 탐사기 전편에 녹아 있다. 그 결과 자연스럽게 이 탐사기 역시 도스토옙스키의 체험기와 마찬가지로 러시아 사회에 전제 정부의 비인간적인 유형지 정책에 대한 인도주의적 시정을 요구하는 여론을 불러일으키게 되었고, 실제로 러시아 전제 정부는 사할린 섬 유형수들의 생활환경을 개선하는 정책을 유화적인 미봉책으로나마 마련하게 되었다.

여기에서 필자는 체호프의 사할린 여행이 그의 삶과 작품세계에 미친 영향을 고찰하고, 그가 여행기에서 제안한 인도주의적 유형 정책이 그 이후 사할린 섬에 대한 120여 년에 걸친 개발 과정에서 실현된 양태와 정도를 병행하여 고찰해보고자 한다.

체호프는 1894년 이 여행기를 탈고한 이후 사할린 섬을 소재로 하는 글을 전혀 쓰지 않은 이유를 자신의 삶과 작품의 "모든 것이 사할린화"(все просахал инено)되었기 때문이라고 설명하였다.[10] 그 만큼 사할린 여행은 그의 삶과 작품세계에 지속적으로 영향을 미쳤고 그의 적극적인 사회 활동과 진지한 창작 활동의 보이지 않는 동력이 된 것이다. 그래서 본고에서 필자는 먼저 그의 사할린 여행이 그의 삶과 작품세계에 미친 영향에 대한 선행연구를 고찰하면서 그의 사할린 탐사가 인문학계에 대해 갖는 현대적 의미와 가치를 고찰해보고자 한다.

더불어 필자는 이러한 인문학적 연구를 토대로 체호프의 인도주의적 정책 제안이 러시아 전제 정부는 물론 1904년 러일 전쟁 이후 사할린 남부를 점령한 일본 군국주의 정부, 제2차 세계대전의 승전국으로서 사할린 섬 전체를 지배하게 된 소비에트 연방 정부, 그리고 1990년대에 형성된 포스트-소비에트 체제의 러시아 정부에 의해서 얼마나 실현되었는지를 살펴보면서, 체호프의 인도주의적 정책 제안이 사회과학계에 대해 갖는 현대적 의미와 가치를 고찰해보고자 한다.

그리고 필자는 이러한 인문학 중심의 학제간 연구를 그리스도중심주의와

10 문석우, 『체호프의 소설과 문학세계』 (서울: 한국학술정보, 2003), pp.13-16.

성서주의를 원칙으로 하는 복음주의적 시각에서 수행하고자 한다. 이 연구는 오늘날 서구와 러시아 인문학계에서 두드러지는 신학적, 철학적, 윤리적 회귀 현상 중 신중심적인 신학적 회귀(theological turn) 현상에 속한다고 할 수 있다.[11] 이로써 필자는 체호프의 삶과 작품세계, 그리고 사할린 섬의 개발 정책에 대한 근대 인본주의적 시각과 포스트모더니즘 계열의 '탈근대적'[12] 시각의 연구의 사각지대에 존재하던 종교적, 윤리적 영역을 더욱 깊이 조명하고자 한다.

2. 체호프의 사할린 섬 여행 이후 삶과 작품세계의 변화

1) 선행연구에 대한 성서적 고찰

체호프의 사할린 섬 여행과 『사할린 섬』 분석을 토대로 체호프에 대한 사실주의, 소비에트 사회주의, 탈근대적인 후기구조주의 비평 등을 고려해볼 때 사실주의 비평은 체호프의 균형잡힌 사고와 객관적 글쓰기, 인간에 대한 따뜻한 연민과 도덕적인 실천 활동, 계몽된 지식인으로서의 사회적 책임의식 등을 강조하고, 소비에트 사회주의 비평은 그가 러시아 전제정부의 유형식민화 정책에 대한 비판을 근거로 그를 급진적인 인텔리겐치아로 간주하였다. 이 소비에트 비평의 근거는 그가 무신론자이고, 자신은 농노 집안 출신으로서 뼈 속

---

11 필자의 복음주의적 시각에 대해서는 졸고 이경완, "현대 서구와 러시아의 신학적 회귀에 대한 성서적 고찰 – 러시아 종교 문예학을 중심으로," 『슬라브硏究』, 제36권, 제1호, 2020, p.310 참조.

12 20세기 서구 인문학계에서는 전근대의 신본위적 담론은 물론 근대 인본주의적 담론들의 존재론적 혹은 형이상학적 인식틀을 비판하고 진리의 상대성, 다원성, 문화적 구성성을 주장하는 담론들을 '탈근대성'(post-modernity) 개념으로 규정하는 경향이 있었다. 그러나 오늘날에는 이 담론들 역시 근대의 인본주의의 자장 안에 있다는 견해가 더욱 지배적이다. 필자의 성서적 관점은 이 점에서 전근대적인 신중심적 담론이기도 하지만, 보다 근본적으로는 역사적으로 형성된 기독교 문화의 자장에서 벗어나고자 한다는 점에서 '초역사성'을 지향한다.

까지 농노의 근성을 타고 났다고 자랑스러워하고, 더불어 사할린 섬 탐사를 통하여 러시아 제국주의 정책의 폐단을 드러내고, 의료봉사 등 자발적인 사회 활동으로 민중의 삶의 개선에 기여하고자 한 것 등에 있다.[13] 반면에 후기구조 주의적 시각에서는 이 여행기에 기록된 내용상의 모순과 체호프의 절제되지 않은 장황한 문체를 근거로 그가 삶의 부조리와 우연성 앞에서 인식의 한계를 드러내었다고 평가하는 경향이 있다. 체호프가 만연체식의 글쓰기 방식을 택한 이유는 자신의 관찰과 이성적 판단 사이의 간극을 메우기 위해서라는 것이다.[14] 더불어 그는 자신의 남성중심적, 러시아중심적, 서구지향적, 계몽주의적인 인식틀로 인해 러시아 제국의 오리엔탈리즘적이고 식민주의적인 유형 식민화 정책의 속성을 충분히 인식하지 못하였다는 지적도 있다.[15]

---

13 Г. Бердников, А. П. *Чехов. Идейные и творческие искания*, Издание 3-е, дор *аботанное* (М.: Художественная литература, 1984), c.239. 체호프의 사할린 섬 여행 및 여행기, 그의 이후의 변화에 대한 문학 비평에 대한 자세한 고찰은 이경완(2019), op. cit., pp.41-43

14 단적으로 폽킨은 파놉티콘(Panopticon)을 주장한 공리주의자 벤담(J. Bentham)과 근대의 재판 및 형벌 제도를 비판적으로 분석한 후기구조주의자 푸코(M. Foucault)의 시각을 수용하여 체호프의 과학적인 인식 체계의 한계를 조명하였다. Cathy Popkin, "Chekhov as Ethnographer: Epistemological Crisis on Sakhalin Island," Slavic Review, Vol. 51, No. 1, 1992, pp.38-51. 실제로 체호프는 자신의 인식체계와 글쓰기 방식으로는 감당할 수 없는 현실의 부조리와 무질서에 대해서 심리적인 혼돈을 느끼고 적합한 표현방식을 찾는 데 고심하였다. "Я долго писал и долго чувствовал, что иду не по той дороге, пока наконец не уловил фальши. 〈…〉 Но как только я стал изображать, каким чудаком я чувствовал себя на Сахалине 〈…〉, то мне стало легко, и работа моя заки пела."(나는 오랫동안 쓰고 나서, 마침내 거짓을 파악하기 전까지는 같은 길로 갈 수 없다는 것을 오랫동안 느꼈다. (중략) 그러나 내가 묘사하기 시작하자마자, 내가 사할린 섬의 어떤 괴짜라고 느끼게 되자마자, (중략) 나는 마음이 가벼워지고 내 일은 속도가 붙게 되다.) (П. V, 217). Бердников, Указ. соч., c.313-314에서 재인용. 체호프의 문체의 변화에 대해서는 문석우(2012), op. cit., p.275 참조.

15 오원교는 체호프가 서구식 교육을 받은 계몽된 지식인이지만 오리엔탈리즘에서 벗어나서 사할린 섬의 원주민인 길략족과 아이노족을 있는 그대로 편견 없이 관찰하고 기록하였다고

필자의 복음주의적 시각에서 사실주의, 소비에트 사회주의, 후기구조주의 비평 등은 모두 각각 나름의 통찰력과 설득력을 가진다. 다만 앞의 두 비평은 체호프의 인식의 양가성과 자기도 모르게 드러내는 편향성을 간과하는 반면, 후기구조주의 비평은 그것만 부각시키고 체호프가 무의식적으로 수용한 러시아 정교 문화와 의식적으로 수용한 계몽주의의 진보관에 따라서 개인적인 도덕성을 토대로 지식인으로서의 사회적 책임을 수행하고자 한 것에 대해 그 가치를 충분히 인정하지 않는 경향을 보인다.

그에 반하여 오늘날 러시아 문예학계에 새로 등장한 신중심적 신학적 회귀 현상은 한편으로는 체호프의 작품들에서 러시아 정교 문화의 요소를 발굴하고 새롭게 조명하는 반면,[16] 체호프의 복잡다단한 내면세계를 단순화하고 과대해석해서 그를 러시아 정교 작가로 재규정하고, 역시 오리엔탈리즘의 기류에 따라서 러시아의 시베리아 식민화 정책의 파괴성에 대해서는 깊이 고찰하지 않는 경향을 보인다.[17] 그리고 서구에서도 체호프의 작품세계에서 발견되는 삶의

주장한다. 오원교(2009), 「A.P. 체홉의 동양 인식 - 『사할린 섬』을 중심으로」, 『외국학연구』, 제14권 2호, pp.425-239. 하지만 후기구조주의적인 시각에서 체호프의 은닉된 오리엔탈리즘과 제국주의적 사고는 쉽게 발견된다. Edyta Bojanowska(2012), "Chekhov's *The Duel*, or How to Colonize Responsibly," in Apollonio C., Brintlinger A., eds., *Chekhov for the 21st Century*, Bloomington: Indiana Univ. Press, pp.32. 체호프가 의식적으로는 자신의 문화권의 오리엔탈리즘을 탈피해서 동양의 소수민족을 인간으로 대하고 슬라브 족과 차별 없이 대한 것과 식민화 정책의 인도주의적 개선을 주장한 것은 그의 진정한 인간애의 발로라고 할 수 있으나, 그 역시 러시아 제국주의적인 인식 틀에서 인도주의적인 시각을 제시한 것이라는 후기구조주의적인 비판은 매우 설득력이 있다.

16 이경완(2020), op. cit., pp.317-327.

17 단적으로 스포로프는 체호프에게 의식적인 정교 신앙은 없었으나 그는 정교 신앙으로 삶을 살았다고 주장하면서 그 단적인 증거로 1888년에 발표된 「지루한 이야기」를 제시한다. 이 작품에서 신앙이 없는 학자 집안의 비속성과 쇠락이 제시된 것을 근거로 체호프가 러시아 정교 신앙이 없는 삶의 비극을 보여주고자 한 것이라고 주장한다. Б.Ф. Споров, Чехов и православье, https://rodnayaladoga.ru(검색일: 2021.2.28.) 두나예프는 그보다 유연한 시각에서 체호프의 삶과 작품의 몇 가지 정교 신앙과 관련된 요소들을 근거로 신앙(духовен

의미와 영원성에 대한 그의 진지한 탐색과 러시아 정교 문화의 다양한 요소들에는 러시아 정교 문화의 무의식적 영향이 작용하고 있다는 종교학적, 문화학적, 심리학적 연구들이 나오고 있다.[18]

　이에 대해 필자는 복음주의적 시각에서 기존의 비평의 접근법과 결론을 고찰하면서 체호프의 사할린 섬 여행 이후 그의 삶과 작품세계에서 나타난 변화 양상을 개괄적으로나마 파악해보고자 한다. 필자의 방식은 러시아 정교에 토대를 두는 러시아 종교 문예학과 마찬가지로 신중심적 신학적 회귀 현상에 속하며, 다만 러시아 정교 문화의 자장 속에서가 아니라 필자의 복음주의적 시각에서 러시아 정교 문화에 대해 거리를 두고 안과 밖의 이중시선으로 고찰하는 점에서 차별성을 갖는다. 특히 체호프가 러시아 정교 문화를 기독교 문화 전체와 동일시하고 정교 문화를 기준으로 기독교 문화의 본질과 사회적 기능을 모색한 점에서, 그리고 그의 심성에도 러시아 정교 문화에서 배태된 러시아 작가의 예언자적 자의식이 작용한 점에서, 그의 삶과 작품세계를 이중시선으로 고찰하는 의미를 갖는다.

ство)에 대한 그의 태도는 공감과 존경과 고통을 같이 하는 것이었다고 주장한다. 그에 따르면, 체호프의 내면에는 신앙에 대한 갈망이 있었고 그것이 곧 신앙의 출발점이며 그의 신에 대한 회의적인 발언은 신앙의 탐색의 의미를 지닌다. 그리고 체호프가 반대한 것은 어렸을 때 아버지에 의해 강요된 교조적 신앙, 자기만족적인 부르주아 기독교 신앙, 20세기 초 종교철학자들의 지적인 신앙 등이었을 뿐이다. М.М. Дунаев, "Религиозность Чехова," Православная беседа, No.4, 2005. https://mdunaev.ru/stati/religioznost-chekhova (검색일: 2021.2.28.) 반면 카푸스틴은 위의 두 정교 학자보다 더 유연한 시각에서, 체호프가 신의 존재를 믿는 유신론과 신의 부재를 주장하는 무신론 사이의 광활한 들판에 서 있는 "들판의 사람"(человек поля)으로서, 다양한 입장 중 어느 것도 받아들이지 않았다고 주장하였다. Николай Капустин, "Чехов и религия," Православие.фм https://pravoslavie.fm/ investigation/chekhov-i-religiya/(검색일: 2021.2.28.) 필자의 시각에서는 카푸스틴의 주장이 가장 설득력이 있다.

18 Julie de Sherbinin(1997), *Chekhov and Russian Religious Culture: The Poetics of the Marian Paradigm*. Evanston, IL: Northwestern University Press; Peter Rossbacher(Oct.,1965), "Nature and the Quest for Meaning in Chekhov's Stories," *The Russian Review* Vol.24 No.4 , pp.387-392.

2) 체호프의 삶의 변화

　사할린 섬 여행 이후 체호프는 러시아 전제정의 제국주의적 유형식민화 정책 자체를 비판하기보다는 근대화와 농노해방 정책의 혜택을 받은 계몽된 인텔리겐치아로서 자신의 의사로서의 기술과 지식을 발휘하여 사회 문제의 실질적인 해결에 기여하고자 한다. 여기에는 톨스토이 사상이나 사회주의와 같은 '숭고한' 거대담론들은 사할린 섬에서 자신이 목도한 러시아 사회의 어두운 민낯을 해결하기에는 너무나 관념적이고 이상주의적이라는 인식도 깊이 작용한 것이다. 러시아 전제정부의 식민화 정책에 대한 그의 계몽주의적 시각은 1890년경에 러시아 제국이 추진하던 시베리아 철도 부설에 대한 그의 긍정적인 견해에서 단적으로 드러난다. 그는 시베리아극동 지역의 유형수나 농민들이 철도 부설 사업에 부당하게 동원되고 가혹한 환경에서 노동해야 했던 것은 비판한 반면, 톨스토이처럼 시베리아 횡단철도가 러시아 제국의 식민지 확장을 위한 군대와 군사물자의 운송수단으로 활용될 것이라는 문제의식은 거의 갖지 않고,[19] 오히려 철도 부설로 우랄 산맥 서쪽 지역 주민들의 삶의 질이 향상될 것을 기대한 것이다.

---

[19] 톨스토이는 기차를 자연과 인간성에 대한 근대 문명과 제국주의 정책의 파괴성의 상징으로 인식하였다. 『안나 카레니나』(Анна Каренина)에서 여주인공이 기차 역에서의 불행한 사건들을 계기로 그녀가 꿈꾸었던 자유롭고 열정적이고 행복한 삶이 아니라 더욱 예속적이고 무기력하고 불행한 삶을 살게 된 것이 단적인 예이다. 반면에 게리 얀은 개인과 사회의 관계에 대한 기능적인 관점에서 이 작품에서 기차가 갖는 의미를 분석한 결과, 세료자와 아이들이 기차 놀이를 한 것 등을 근거로, 이 작품에서 기차는 부정적인 기능과 더불어 긍정적인 기능도 수행한다고 주장하였다. Gary R. Jahn(1981), "The Image of the Railroad in Anna Karenina," *The Slavic and East European Journal*, Vol.25 No.2, pp.1-10. 필자의 시각에서 얀은 이 소설 전반에서 레빈이라는 주인공을 통해 드러나는 톨스토이의 반(反)제국주의적 입장을 충분히 파악하지 못하였다. 톨스토이는 시베리아횡단철도가 러시아 제국의 시베리아극동 및 아시아에 대한 제국주의 정책에서 갖는 지대한 의미를 이해하고 있었고, 실제로 이 기차는 1905년 러·일전쟁의 물리적인 촉발요인이 된 면이 있다. 야먀무로 신이치, 정재성 옮김(2010), 『러일 전쟁의 세기』, 서울: 소화, pp.63-69.

대신 그는 1892년 모스크바 근교에 가족을 위해 멜리호보 영지를 구입한 이후 그곳에 의료시설을 설치하고 인근 지역 주민들을 위한 의료활동을 펼친다. 그리고 콜레라가 창궐할 때 그는 지역 행정당국과 협력하면서 콜레라 퇴치에 헌신한다. 다만 그의 이러한 사회 활동에는 그의 도덕성을 토대로 그가 수용한 계몽주의적 진보관 이외에도 그가 어린 시절부터 접한 러시아 정교 문화와 1884-1888년에 심취한 톨스토이 운동에 내포된 기독교 윤리관이 보다 강한 영향을 미친 것으로 판단된다.[20]

그런데 흥미로운 것은 체호프가 사할린 섬의 학술조사를 수행하고 난 이후 톨스토이 사상의 비현실성을 깨닫고 톨스토이 사상을 더욱 냉철하게 비판하는 작품들을 발표하면서 그와 더욱 날카로운 대립각을 세웠음에도 불구하고, 그와의 개인적인 친분관계는 매우 두터워졌다는 것이다.

먼저 체호프는 톨스토이의 전성기 작품들을 높이 평가하였고, 톨스토이는 체호프의 후기 단편소설들에 대해서는 열광적으로 반응한 반면 그의 모더니즘적인 드라마는 셰익스피어의 드라마보다도 형편없다고 '혹평'하였다. 다만 체호프와 그의 지인들은 톨스토이의 비판에서 그가 체호프의 드라마를 읽고 그 본질을 정확하게 짚어준 것을 느끼고 매우 고무되었다.[21] 더불어 톨스토이는 체호프의 의사로서의 훈련이 그의 사상과 창작에 부정적인 영향을 미친다고 평가한 반면, 체호프 자신과 근대적인 시각의 체호프 연구가들은 그의 자연과학 교육을 통한 실증주의적 사고체계가 그의 사할린 섬의 탐사와 여행기 기록은 물론 그의 작품 활동에 긍정적인 영향을 미치는 것으로 보았다.[22]

---

20 문석우(2012), op. cit., pp.279-280. 이 점에서 체호프는 정치사상의 측면에서가 아니라 양심에 따른 윤리적인 실천과 혁신적인 문학 창작의 측면에서 사회주의 세력과 접점을 이룬다는 본다렌코의 지적은 타당성이 있다. Н. Ф. Бондаренко, "Чехов как революционер," Родина, No.3 (1057) от 29 января 2015г. http://kprf26.ru/867(검색일: 2019.5.22.)

21 К. Богаевская, "Толстой о Чехове. Неизвестные высказывания." http://old.old.imli.ru (검색일: 2019.6.2.)

22 안톤 체호프, 피에로 브루넬로 엮음, 김효정 옮김(2004), 『안톤 체호프처럼 글쓰기: 좋은

　이들의 이러한 견해 차이와 충돌에도 불구하고, 톨스토이는 체호프에게 아버지와 같은 관심과 애정의 태도를 보이고 체호프 역시 그를 존경하고 그의 관심과 애정을 겸손하게 받아들일 수 있었던 것은, 그들이 러시아 작가의 무거운 예언자적 책임을 수행하는 동지로서의 동질감을 가지고 서로의 예술적 천재성, 높은 도덕성, 열정적인 사회적 책임 활동을 높이 평가하였기 때문인 것으로 추정된다.

3) 체호프의 작품세계의 변화

　서론에서 언급하였듯이 체호프는 사할린 섬에서 목도한 러시아 현실의 문제점과 그에 대한 나름의 진지한 성찰과 탐색 결과를 삶에서는 물론 작품의 주제, 소재, 모티브, 언어, 구성 등에도 반영하게 한다. 그의 1890-1904년의 삶과 작품들을 보면, 여전히 삶의 양가성 및 우연성 그리고 세기말 동시대인들의 비속함과 우수와 권태를 예리하게 풍자하는 작품들을 창작하는 반면, 톨스토이 사상, 계몽주의적 제국주의 등 인간의 이성을 통한 유토피아 건설 사상에 대한 근본적인 의심, 자연과 인간 존재의 영원불멸성에 대한 우수어린 상념, 개인의 삶의 가치로서의 진정한 사랑, 인내, 책임에 기반을 둔 가정, 그리고 러시아 정교 문화를 토대로 실현되는 공동체 문화 등의 중요성 등이다.

　이것은 그가 사할린 섬에 대한 러시아 제국의 유형 식민지 정책의 부조리, 그것을 수행하기 위해 본토에서 파견된 교육받은 러시아 관리들의 탁상행정과 나약함, 과학적이고 객관적인 기록의 부재, 인간의 이성을 뛰어넘는 사할린 섬의 자연현상, 삶의 한계상황에 내몰린 사람들의 비인간적인 생활 방식[23] 등에서 문명화된 근대인이자 계몽된 지식인으로서의 인식의 한계와 실질적인

　신발과 노트 한 권』, 서울: 청어람미디어, pp.59-63, A. P. 추다코프, 강명수 옮김(2004), 『체호프와 그의 시대』, 서울: 소명출판, pp.438-440, pp.465-466.

23 이경완(2019), op. cit., pp.54-55, 문석우(2012), op. cit., pp.277-278.

348

나약함을 체험하였기 때문이다.

이중 톨스토이의 비폭력 평화주의에 대한 체호프의 비판의식이 뚜렷한 작품 중 하나인 「6호실」(Палата 6, 1892)을 보면, 정신과 의사 라긴은 자신이 담당한 정신병동의 부조리와 폭력에 대해서 스토아 철학으로 자신의 나약함을 정당화하다가 은퇴한 후에 자신이 정신병동에 강제로 입원이 된 뒤에 바로 그 문제로 인해 비극적인 죽음을 맞게 된다. 동시에 라긴이 의사 시절에 매료된 6호실의 젊은 환자 그로모프는 수도의 대학생이었으나 자신이 경찰에 의해 체포될지 모른다는 강박관념과 사회 체제에 대한 원한 감정으로 인해 정신병동에 입원하게 된 점에서, 당시 전제정부의 경찰 통치와 시베리아 유형에 대한 공포가 사회 전체에 만연되어 있었음을 알 수 있다. 이점에서 사할린 섬 이후에 더욱 날카로워진 체호프의 사회 비판의식을 엿볼 수 있다.

그리고 이 여행 이후 체호프는 계몽주의에 토대를 둔 근대 국가 체제와 실증주의적 과학연구를 통한 사회 진보와 행복 증진에 대한 낙관적인 기대에서 더욱 멀어지고, 서구의 진보 사상에 대해 더욱 인식적인 의심을 갖게 된다. 이것은 「결투」에서 자연과학을 신봉하는 동물학자 겸 사회적 다윈주의자인 폰 코렌이 방종한 라옙스키에 대한 가혹한 비단으로 인하여 그와 결투를 하고 난 후 중앙아시아 학술탐사를 기획하고 페테르부르크로 떠나는 것에서 암시된다. 폰 코렌은 체호프가 사할린 섬의 학술탐사에 큰 영향을 미친 프르줴발스키를 패러디한 것으로서, 체호프가 사할린 섬 여행 이후 프르줴발스키의 제국주의적 시각과 실증주의적 접근법에 대해 회의를 갖게 된 것을 시사한다.[24]

더불어 이 여행 이후에 체호프는 진정한 사랑, 인내, 책임에 기반을 둔 가정 생활의 중요성, 특히 여성, 가정, 사회에 대한 남성의 책임을 강조하는 작품을 발표한다. 그 중 한 작품인 「아내」(Жена, 1892)에서, 아내에 대한 절대적 권위

24 Bojanowska, op. cit., pp.33-34. "Дуэль. Примечания." Антон Чехов, http://chehov-lit.ru/chehov/text/duel/duel-prim.htm(검색일: 2021.2.28)

를 행사하는 부유하고 유능한 남편은 아내의 가정 내에서의 고통, 가난한 정교 수도사와 신도들과의 밀접한 교제, 사회적인 구제 활동에 대한 열정 등을 이해하지 못한다. 그러다가 결혼 생활이 파경에 이를 위기에 처한 순간 그는 가정으로 복귀하여 점차 그녀의 자유와 선한 종교적, 도덕적 열망을 존중하고, 그녀의 필요를 적극적으로 채워줌으로써 그녀와의 관계를 회복해간다. 이것은 체호프의 작품이라고 믿기지 않을 정도로 도덕적인 주제가 강한데, 그가 사할린 섬에서 가정 폭력, 가난, 불결한 위생 상태, 카드 및 알코올 중독, 성병 등으로 인해 깨어진 가정으로 인한 비극적인 결말을 간접적으로 체험하지 않았다면 생각하기 어려운 주제라고 생각된다. 특히 그는 이러한 상황에서 더욱 비참한 삶을 살아가는 가난한 여성들에 대한 연민이 강해지고, 어떤 일이 있어도 가정과 공동체문화를 유지하고 자녀를 두는 것이 삶에 진정한 만족과 기쁨을 누리는 길이라는 깨달음도 얻게 된 것으로 사료된다.

　더불어 여행 이후 그는 사할린 섬의 계몽된 관리들 대다수처럼 나약한 지식인의 기생하는 삶에서 벗어나서 밑바닥에서 민중과 함께 노동하면서 자신의 진정한 자아를 찾아가는 작은 영웅을 제시하는 작품들을 발표한다. 그중 「나의 삶」(Моя жизнь, 1896)을 보면, 주인공 미사일은 귀족 집안의 젊은 지식인이지만 아버지의 권위적이고 독선적인 정교 신앙과 귀족 의식, 그리고 부르주아적인 욕망을 거부하고 칠장이 일을 하면서 자연 속에서 검소하게 살아간다. 그는 자신을 이해하지 못하는 마을 사람들로부터 따돌림을 당하고, 자신을 이상화한 부유한 부르주아 집안의 아가씨와의 낭만적인 결혼 생활이 그의 지극한 사랑에도 불구하고 실패하고, 여동생 클레오파트라가 미혼모로서 출산하다가 사망하는 등의 악재를 겪으면서도 여동생이 남긴 조카딸을 기르면서 교회 칠장이로서의 일을 꿋꿋하게 해나가고 결국 마을 사람들의 인정도 받는다. 그런 작은 영웅의 삶에서 체호프는 모순많고 나약한 인간이 선택할 수 있는 행복의 길은 사회적 인습과 굴레, 그리고 자신의 나약함을 극복해가면서 자신의 진정한 자아를 찾아가는 것뿐이라는 메시지를 전한다.

더불어 그의 여행 이후 작품에서는 러시아 정교 문화가 수행하는 러시아 사회의 정신적 안전망으로서의 순기능이 강조되고, 한발 더 나아가서 기독교 신앙의 정신적 치유력과 악에 대한 저항력이 강조되기도 한다. 단적으로 그의 완숙기에 해당하는 1897년과 1900년에 각각 발표된 「농민들」(Мужики)과 「골짜기에서」(В овраге)에서는 당시 러시아 농촌에 보존되었던 러시아 정교의 의식 및 풍속들이 전제정, 관료주의, 부르주아 경제문화체제, 그리고 농가에 대물림되어 내려온 속악한 생활방식 등으로 인해 고통받는 소수의 가난한 농민들에게 삶의 위로와 희망이 되고 정신적인 버팀목이 되어준다.[25] 특히 「골짜기에서」는 체호프의 입장을 그대로 대변하는 듯한 화자가 러시아 정교 신앙으로 극도의 가난과 악독한 가족 및 이웃의 핍박을 이겨내고 오히려 자신을 구박했다가 무력해진 노인을 사랑으로 돌보아주는 프라스코비야와 리파 모녀를 높이 평가하고, "신의 세계"와 "진리"의 존재를 인정한다.

> 악이 아무리 극성을 부려도 밤은 고요하고 아름다우며, 그토록 조용하고 아름다운 밤처럼 신의 세계에는 진리가 있고 앞으로도 있을 것이다. 그리고 지상의 모든 것은 달빛이 밤과 하나로 결합하듯이 진리와 하나로 결합하기만을 갈망하고 있다.
>
> И как ни велико зло, все же ночь тиха и прекрасна, и все же в божьем мире правда есть и будет, такая же тихая и прекрасная, и все на земле только ждет, чтобы слиться с правдой, как лунный свет сливается с ночью.[26]

이러한 서정적이고 종교적인 자연 묘사와 더불어, 갓난아기를 잃고 절망에 잠긴 리파를 한 방랑자가 자신의 정교 신앙에 따라서 "어머니 러시아는 위대해!"(Велика матушка Россия!)라는 말로 위로하고 격려하는 장면도 있다.

---

25 문석우(2012), op. cit., p.283.

26 А.П. Чехов, "В овраге"// Чехов А.П. *Полное собрание сочинений и писем: В 30 т. Сочинения: В 18 т.* / АН СССР. Ин-т мировой лит. им. А. М. Горького (М.: Наука, 1974-1982). *Т. 10. [Рассказы, повести], 1898-1903* (М.: Наука, 1977).

그리고 프라스코비야와 리파 모녀의 순수하고 진실 된 신앙에는 상처받은 내면의 치유력과 악에 대한 저항력도 있는 것으로 그려진다. 여기에서 체호프는 러시아 정교 문화의 순기능을 인정하는 것에서 더 나아가 생명의 영원성 및 절대적인 진리의 존재까지도 인정하는 듯하다. 그리고 이것은 체호프가 사할린 섬 여행에서 러시아 정교 문화가 사라진 주민들의 기억력 상실, 가정의 와해, 자기파괴적인 무절제와 탈선으로 나아가는 것을 목도한 뒤에서야 얻게 된 결론이다.

물론 여기에서 염두에 두어야 할 것은 체호프는 의식적으로는 실증적인 사유방식에서 결코 벗어나지 않았고, 더불어 한계 상황에 내몰린 인간의 극단적인 반응과 자연의 무질서 및 파괴적인 힘을 목도한 이후 인간의 이성과 선한 양심, 그리고 자연의 질서와 신의 선한 자비에 대한 기대도 더욱 흔들린 점이 있다는 것이다.

단적으로 사할린 섬 여행 이후 자연과 인간 존재의 영원불멸성에 대한 상념에 잠기는 주인공들은 대부분 자연의 질서와 불가해한 무질서를 동시에 체험한다. 「구세프」(Гусев, 1890), 「사랑에 대하여」(О любви, 1898), 「개를 데리고 다니는 여인」(Дама с собачкой, 1899) 등에서 그런 양가적인 상념이 발견된다. 그중 「개를 데리고 다니는 여인」에서 구로프와 안나가 연인이 된 이후 얄타 해안가에서 드넓은 바다를 바라보며 사색하는 장면을 살펴보자.

> 오레안다에서 그들은 교회에서 멀지 않은 벤치에 앉아 바다를 내려다보며 아무 말도 하지 않았다. 얄타는 아침 안개 사이로 거의 보이지 않았고 흰 구름이 산 정상에 움직이지 않고 서 있었다. 나뭇잎은 나무 위에서 움직이지 않았고, 매미는 비명을 질렀고, 밑에서 들려오는 단조롭고 둔한 바다 소리는 안식에 대해, 우리를 기다리는 영원한 잠에 대해 이야기했다. 얄타도 오레안다도 없었을 때도 저 아래는 시끄러웠고, 지금도 시끄럽고, 우리가 여기에 없을 때도 여전히 무관심하고 공허하게 시끄러울 것이다. 그리고 이 변함없음 속에, 우리 각자의 삶과 죽음에 대한 완전한 무관심 속에, 아마도 우리의 영원한 구원, 지상의 삶의 지속적인 움직임, 지속적인 완전성의 보장이 있을 것이다.

352

В Ореанде сидели на скамье, недалеко от церкви, смотрели вни
з на море и молчали. Ялта была едва видна сквозь утренний тума
н, на вершинах гор неподвижно стояли белые облака. Листва не
шевелилась на деревьях, кричали цикады, и однообразный, глухо
й шум моря, доносившийся снизу, говорил о покое, о вечном сне,
какой ожидает нас. Так шумело внизу, когда еще тут не было ни
Ялты, ни Ореанды, теперь шумит и будет шуметь так же равноду
шно и глухо, когда нас не будет. И в этом постоянстве, в полном
равнодушии к жизни и смерти каждого из нас кроется, быть може
т, залог нашего вечного спасения, непрерывного движения жизни
на земле, непрерывного совершенства.[27]

이 장면에서 구로프와 안나는 삶의 영원성과 구원과 안식에 대한 상념과
자연의 무관심과 불변성에 대한 상념을 동시에 체험한다. 이것은 그들의 불륜
이 갖는 양가성을 반영한다. 수도의 성공한 자유주의 지식인인 구로프의 자기
모순적인 연애 행각과 아내의 속물근성에 대한 불만, 여기에 지방 관리의 젊은
아내인 안나의 무료하고 권태로운 삶과 남편의 노예근성에 대한 불만과 진정
한 삶에 대한 갈망이 어우러진 이들의 관계는 그만큼 양가적이고 불안한 것이
다. 체호프는 이들이 각자 자신의 삶의 터전으로 돌아간 뒤에 더욱 깊은 신뢰
와 우정을 맺으면서 영원성과 구원, 안식의 길로 같이 나아갈 것으로 설정하지
만, 그들의 염원이 이루어질 것이라는 분명한 전망은 제시하지 않고 다만 그들
이 이제 멀고 험한 길에 첫 발을 내디뎠다는 감동적인 언급으로 작품을 마친다.
여기에서 이들의 첫 걸음은 여전히 양가적이며 불안해 보인다.
　더불어 체호프가 러시아 농민들의 피폐한 삶에서 개인의 신앙이 갖는 영적
인 회복력은 인정하였으나, 이것이 교육받은 근대인에게도 똑같이 적용되는
사례는 그의 작품에서 찾아보기 어렵고, 그의 원숙기 작품에서 부각되는 긍정

---

27 А.П. Чехов, "Дама с собачкой"// Чехов А.П. *Полное собрание сочинений и писе
　м: В 30 т. Сочинения: В 18 т. / АН СССР. Ин-т мировой лит. им. А. М. Горьког
　о (М.: Наука, 1974–1982). Т. 10. [Рассказы, повести], 1898–1903 (М.: Наука, 1977).

적인 주인공은 근대적인 자의식을 가지고 진정한 자아를 찾아가는 소박한 '작은 영웅'들이다. 체호프 자신의 모습이 보다 많이 투영된 근대적인 작은 영웅들과 그가 「골짜기에서」에서 제시한 바보 성자와 같은 모녀는 외부의 폭력과 유혹에 저항할 수 있는 내적 힘을 갖고 주위에 긍정적인 영향을 줄 수 있다는 점에서는 접점을 지니지만, 이들의 세계관이나 삶의 방식은 사뭇 다르다. 이렇듯 농촌의 교육받지 못한 하층민에게는 러시아 정교 신앙 중심의 삶의 모델이 제시되고 교육받은 지식층에게 주어지는 인간중심적인 삶의 모델이 제시되는 것은 그가 어떤 거대담론도 절대적 진리로 인정하지 않고 직면한 상황에 따라서 최선의 방안을 모색하는 실용주의적인 방식을 택한 결과이다. 마찬가지로 그는 삶의 내적, 외적 굴레 속에 좌절당하고 자신의 삶의 의미를 찾지 못하고 우수와 권태에 빠져서 괴로워하는 햄릿형 지식인 인물들에 대한 비판과 더불어 연민과 공감도 보인다.[28] 이점에서 체호프의 긍정적인 인물상은 단일한 총체로 결합되기 어려운 다면성을 보인다.

　이 점에서 체호프가 1884년경에 폐결핵을 진단받고도 치료를 거부하고 사할린 섬 여행을 강행하고 그 이후에도 계속 폐결핵의 치료를 거부하고 44세의 나이에 사망하는 것은 그가 자신의 지식인 주인공들처럼 세기말의 우수와 체념의 정서를 극복하지 못하였기 때문이라는 결론에 도달하게 된다. 그나마 그는 자신은 몸뿐만 아니라 마음도 병들어있다고 고백할 정도로 자신의 인식의 한계와 삶을 살아가는 방식의 한계를 인식하고 있었고, 이 지점에서 모든 것이 사할린화되었다는 1894년 그의 말은 더 큰 울림을 가져다준다.

4) 후속연구의 방향성: 탈근대적 학제간 연구

　그런데 20-21세기 체호프의 삶과 작품세계에서 사할린 섬 탐사가 갖는 의미

---

[28] 체호프의 소(小)삼부작인 「상자 속의 사나이」(Человек в футляре, 1898), 「산딸기」(Крыжовник, 1898), 「사랑에 대하여」의 세 화자 - 주인공이 그런 햄릿형 인물에 속한다.

에 대한 고찰이 얼마나 되는지 생각해볼 때, 그런 고찰이 별로 많지 않은 것으로 추정된다. 즉, 체호프의 1890년대 사회 활동과 그의 작품세계에 대해서는 다양한 시각에서 많은 연구가 행해져 왔으나, 이 탐사가 그의 삶과 작품세계에서 전환점이자 분수령이 되었다는 견해는 쉽게 찾아보기 어렵다.

여기에는 여러 가지 원인이 작용하였을 것으로 생각된다. 무엇보다도 체호프의 세계관이나 작품 경향, 생활방식에서 이전과는 다른 뚜렷한 변화가 보이지 않았던 것이 크게 작용한 것으로 생각된다. 심지어 그는 1890년대에 모더니즘적인 드라마 창작을 통해서 세기말의 우수, 권태, 삶의 출구 없음 등을 제시하고, 그의 삶에서도 탐사 이후에도 폐결핵의 치료를 거부하고 죽음을 수용하는 양가적인 모습을 보인다.

그런데 또 다른 원인으로 20-21세기 문학비평의 탈윤리적, 탈종교적인 흐름을 들 수 있다. 모더니즘, 후기 구조주의, 포스트모더니즘 계열의 비평에서는 삶의 절대적 가치를 탐색하는 도덕, 윤리, 종교가 문화적 구성물에 불과하기 때문에, 체호프의 사할린 섬 여행을 통한 삶의 변화와 작품세계의 도덕성과 종교성의 강화가 큰 주목을 받지 못하고, 오히려 그의 원숙기에 대한 연구의 방점이 그의 세기말의 우수, 삶의 부조리에 대한 현대적 인식, 그리고 진리에 대한 회의론적 시각 등에 맞춰지는 경향이 보인다.

더불어 서구 중심의 제국주의와 식민주의, 오리엔탈리즘의 영향으로 인해 유럽부 러시아 중심의 러시아 문화 구조 속에서 사할린 섬에 대한 유럽부 러시아인들의 관심은 여전히 낮고, 자연스럽게 유럽부 러시아 중심의 인문학계에서는 시베리아 지역에 대한 관심이 낮은 편이다. 이러한 경향은 서구나 비서구권 인문학에서도 나타난다. 비록 서구의 포스트식민주의와 탈오리엔탈리즘 계열의 연구는 이런 서구중심적인 연구 경향을 탈피하는 데 기여하고 있으나, 그런 시각에서의 러시아 제국주의와 식민주의에 대한 비판적 연구 역시 다시 동일한 지평에서 중심과 주변의 이분법적인 구조에 따라서 사고하는 경향과, 자신은 이러한 조류에서 벗어나 있다고 사고하는 경향이 발견된다.

　더불어 20세기 말 이래 인문학의 주변에서 신학적, 철학적, 윤리적 회귀 현상이 나타남에 따라 서구와 러시아 문예학계의 체호프 비평에서 그의 작품의 종교적, 윤리적 요소들에 대한 연구들이 증가하고 있으나, 이런 연구에서도 체호프의 진지한 종교적 탐색이나 러시아 정교 문화의 순기능에 대한 인식의 강화가 그의 사할린 섬 탐사 이후의 현상임을 지적하는 경우는 의외로 적다.

　그리고 위에서 언급한 문학연구의 편향성의 요인들은 현실에서도 작용하여서, 사할린 섬은 여전히 러시아 역사, 사회, 문화의 주변부에 있고 여전히 러시아 정부와 기업에게는 자원 공급지로서의 이상을 갖고 있지 못하다. 그리고 이러한 편향된 시각은 오늘날 사할린 섬에 진출하고자 하는 다른 나라의 정부와 주요 기업들에서도 발견된다.

　문학 연구와 사회과학 연구에서 공통적으로 드러나는 이러한 문제점은 근대 문화에서 더욱 공고해진 동―서 대립 구조를 탈피하는 진정한 의미에서의 '탈근대적인' 사유구조와 개념체계가 형성되고 이를 토대로 하는 법제도가 정립될 때만 극복될 수 있을 것이며, 이를 위해서는 탈근대적 학제간 연구가 요구된다. 필자의 복음주의적 고찰 역시 이런 탈근대적 사유구조와 법제도를 탐색하는 학제간 연구를 지향하는 것이다.

3. 사할린 섬 개발정책에 대한 체호프의 제안의 현대성

　위에서 언급한 탈근대적 관점의 학제간 연구를 시도해보는 차원에서 여기에서는 체호프의 사할린 섬 여행과 여행기 이후 사할린 섬에 대한 러시아 제국과 그 이후 지배세력의 정책의 유사성과 차별성을 살펴보고, 그의 인도주의적인 정책 방안이 갖는 현대적 의미를 고찰해보기로 한다.

1) 러시아 제국과 일본 군국주의 정책의 유사성과 차별성

그의 여행기는 1890년대 러시아 사회에 큰 반향을 일으켰다. 당시 러시아의 많은 독자들은 이 여행기를 당대 최고의 사할린 섬 여행기, 학술탐사 보고서, 그리고 정책 자료로서 높이 평가하였다. 그리고 사할린 섬의 유형수들에 대한 러시아 전제정부의 가혹하고 무책임한 처사를 비판하는 사회적 여론도 거세어 졌다. 그 결과 러시아 전제정부와 사할린 행정당국은 체호프의 인도주의적 제안을 일부 수용하여 유형수들에 대한 체벌을 완화하고 그들의 생활환경도 일부 개선하였다. 그리고 체호프의 여행기가 완간된 지 5년 후인 1900년에 전제정부는 정치범을 제외한 일반 형사범의 시베리아 유형제도를 폐지하였다.[29]

그런데 체호프가 여행기에 기록한 사할린 섬의 현실과 그가 제안한 정책들은 그가 직접 의도하지는 않았으나, 일본이 서구 열강의 제국주의 정책을 모델로 삼아서 20세기 전반기에 남사할린에서 추진한 식민화 정책에 대하여 보다 깊은 이해와 통찰을 제공한다. 체호프가 기록한 1890년대 러시아 제국의 사할린섬 유형식민화 정책이 20세기 전반기 일본의 사할린 섬 식민화 정책에서 상당 부분 반복되고, 그 파급효과도 비슷하기 때문이다.

단적으로 앞에서 언급하였듯이 러시아의 징역유형수들이 페테르부르크에 거주하는 소수의 소유주들을 위해 노예처럼 혹사당하고, 이를 위해 병사들이 동원되고 탄광 운영비가 국고에서 충당된 것은 일본 군국주의 체제에서 일본의 국영기업들이 한국인을 광부로 징집하여 북사할린의 탄광에서 노예처럼 혹사시킨 것을 연상시킨다.[30]

---

29 한정숙(2017), 『시베리아 유형의 역사: 격리 형벌, 계몽, 자유』, 서울: 민음사, p.116.

30 일례로 일제의 1939-1945년 한인 강제이주 시기에 미쯔비시, 미쯔이 등 일본 국영기업은 한인 징용자들을 혹사시키면서 임금은 지불하지 않았고, 이 기업들은 2012년 한국 대법원의 판결에도 불구하고 1965년 합일협약을 근거로 반환을 거부하고 있다. 박승의(2015), 『사할린 한인의 운명: 역사, 현황과 특성』, 춘천: 한림대학교 러시아연구소, pp.109-120, 153-170; 「한국인의, 평화의 친구가 된 일본의 양심 변호사들」, 『한겨레21』, 1251호(2019.2.22.). 이경

현재 두에 탄광은 민간회사 "사할린"이 독점 운영하고 있으며, 회사의 대표자들은 페테르부르크에 살고 있다. (중략) 스스로 맡은 의무를 수행하고 회사의 이익을 보호하기 위하여 국고 부담으로 광산 가까이에 두에 교도소와 보에보드스카야 교도소와 연간 150,000만 루블이 소요되는 440명의 경비대가 운용되고 있다. 만약 사람들이 말하는 대로 페테르부르크에 사는 회사 대표가 단 5명이라면 이 다섯의 소득을 보호하기 위해서 매년 국고에서 30,000루블씩 부담하는 꼴이 된다. 이러한 사실은 (중략) 나아가 당국이 돈을 위해 징역유형수들을 일개 민간회사에 복무하게 만들어 당국이 형벌의 교정목적을 기업 이익에 희생시키는 것, 즉 스스로 비판해오던 오래된 폐해를 반복하고 있다는 사실 등은 제쳐놓고 한 말이다.[31]

В настоящее время дуйские копи находятся в исключительном пользовании частного общества "Сахалин", представители которого живут в Петербурге. ⋯ Чтоб исполнять принятые на себя обязательства и охранять интересы общества, казна содержит около рудников две тюрьмы, Дуйскую и Воеводскую, и военную команду в 340 человек, что ежегодно обходится ей в 150 тысяч рублей. Стало быть, если, как говорят, представителей общества, живущих в Петербурге, только пять, то охранение доходов каждого из них обходится ежегодно казне в 30 тысяч, ⋯ не говоря уже о том, что, отдавая каторжных в услужение частному обществу за деньги, администрация исправительные цели наказания приносит в жертву промышленным соображениям, то есть повторяет старую ошибку, которую сама же осудила.[32]

이러한 유사성은, 1890년경 남사할린에 일본 영사관이 있었던 것을 볼 때, 20세기 초반 일본 군국주의 정책이 러시아 제국의 사할린 식민화 정책을 답습한 것으로 볼 여지가 있다. 더불어 19세기 러시아 제국의 시베리아극동 유형화

완(2019), op. cit., p.60 재인용

31 안톤 체호프, 배대화 역(2013), 『안톤 체호프 사할린 섬』, 서울: 동북아역사재단, p.167.

32 А.П. Чехов, *Полное собрание сочинений и писем: В 30 т. Сочинения: В 18 т. / АН СССР. Ин-т мировой лит. им. А. М. Горького* (М.: Наука, 1974-1982), Т. 14-15. *[Из Сибири. Остров Сахалин], 1890-1895* (М.: Наука, 1987).

358

및 식민지 확장 정책과 20세기 일본의 사할린 식민화 정책은 모두 서구 열강들의 제국주의 정책을 모방한 결과이기도 하다. 1905년 러·일 전쟁 승리 이후 일본이 사할린 섬을 지배하게 되었을 때, 일본은 한편으로는 러시아 제국의 유형식민화 정책을 일부 계승하고, 다른 한편으로는 서구 근대국가들의 제국주의 정책을 직접 모방하는 방식으로 러시아 제국과 유사한 식민화 정책을 추진하게 된 것이다.

필자의 복음주의적 시각에서, 이러한 유사한 정책들에는 인간의 불변의 본성인 모방욕망이 작용한 것이다.[33] 그래서 체호프의 여행기 『사할린 섬』은 단지 19세기 말 사할린 섬에 대한 러시아 제국의 유형식민화 정책의 어두운 민낯을 보여주면서 19-21세기를 관통하는 근대 제국주의 체제의 이중성과 폭력성을 폭로하는 것을 뛰어넘어서, 모든 인간 사회의 악한 모방욕망과 폭력성의 문제를 일깨워준다. 러시아 전제정, 일본 군국주의 체제, 소비에트 체제, 오늘날 세계화 체제에 편입된 러시아의 포스트-소비에트 체제 각각의 사할린 섬 개발 정책에는 인간의 악한 모방욕망과 폭력성이 동일하게 작용하고 있기 때문에, 체호프가 제안한 인도주의적 정책이 오늘날까지도 충실하게 시행되지 못하고 있는 것이다. 그래서 체호프의 사할린 섬 여행과 여행기의 현재성은 사회정치 체제의 개선을 위한 것이기도 하지만, 보다 근본적으로는 인간의 변하지 않는 모방욕망과 폭력성의 올바른 처리를 위한 것이기도 하다. 즉, 체호프의 여행기는 인간과 사회의 집단 무의식을 선한 모방욕망에 따라서 선한 방향으로 형성하는 데, 제국주의 식민화 정책의 문제뿐만 아니라 인간 사회의 모든 문제의 해결방안이 있음을 일깨워주는 점에서 진정으로 시사적이다.

다만 이러한 공통의 심리적, 제도적 토대 위에 양국의 서로 다른 특수한 민족성과 사회문화, 그리고 이 정책을 수행한 개인들의 차이로 인하여 양국의 사할린 섬 유형 정책에는 현상적인 차별성이 나타난다. 이들의 민족성과 사회

---

33 르네 지라르, 김진식 옮김(2004), 『나는 사탄이 번개처럼 떨어지는 것을 본다』, 서울: 문학과 지성사, pp.10-11, 76-79.

문화의 차이를 보면, 먼저 러시아 제국은 15-16세기 러시아 정교의 사제들이 황제에게 제안한 '모스크바 - 제3로마설'을 토대로 17세기에 시베리아 정복 및 자원수탈 정책을 추진하였고, 그것이 18-19세기의 서구식 식민화 정책으로 계승되었다. 그 과정에서 러시아 제국은 17세기에 시베리아극동 지역 탐사를 하면서 소수민족을 러시아화하고 모피 교역으로 큰 수익을 거두었고, 그것이 19세기 후반부터는 에너지 및 광물자원의 개발 및 수출을 통한 부의 축적으로 변화된 것이다.[34]

　반면, 일본 정부는 16세기 도요토미 히데요시가 '가도입명'(假道入明)의 명분을 내걸고 임진왜란을 일으킨 팽창주의 전통을 토대로 19세기 후반 메이지 유신 이래 '정한론'(征韓論)과 대동아공영권을 주장하며 아시아의 식민화 정책을 추진하였다.[35] 이렇듯 러시아와 일본 각국에 형성된 자기중심적이고 팽창주의적인 집단 무의식과 정치 문화들이 서구 오리엔탈리즘과 제국주의 체제를 수용하는 과정에 작용하고, 여기에 19세기 후반에서 20세기 초의 국제정세와 다른 제반 요인들, 특히 각 위정자의 성향의 차이도 작용하여, 이 국가들의 사할린 식민화 정책에 현상적인 차별성이 나타나게 된 것으로 사료된다.

2) 소비에트 체제와 포스트-소비에트 체제의 정책의 유사성

　더불어 19-20세기 초 러시아와 일본의 제국주의적인 식민화 정책의 기본구

---

34 한정숙, op. cit., pp.25-35. 키예프 공국 시대의 비잔틴 정교 수용, 러시아 제국의 서구 근대 문화 수용, 소비에트 정부의 공산주의 체제 도입, 포스트 - 소비에트 체제에서의 서구 자본주의 도입은 모두 해당 시기의 통치자에 의해 위에서부터 갑작스럽게 추진된 반면, 그 결과 구체제와 신체제가 상호침투하고 혼종적으로 결합하면서 러시아 문화의 이중구조가 형성되었다.

35 한명기(2011), 『광해군: 탁월한 외교정책을 펼친 군주』, 서울: 역사비평사, pp.57-61; 박종성(2006), 『탈식민주의에 대한 성찰』, 서울: 살림, pp.19-25; 루스 베네딕트(2014), 『국화와 칼』, 서울: 책만드는집, pp.92-114.

조는 제2차 세계대전 이후 소비에트 체제와 포스트 - 소비에트 체제에서도 유지되고 있다. 오늘날 사할린 섬을 포함한 극동에 대한 러시아 사회의 인식과 러시아 정부의 정책은 본질적으로 1890년대 러시아 사회의 인식과 전제정의 식민화 정책과 크게 다르지 않다.

일례로, 소비에트 정부는 이 섬의 개발에 필수적인 노동력 확보를 위하여 사할린 한인의 귀향 요구를 외면하였다. 그리고 1990년대 이래 러시아 연방정부는 국영기업과 외국기업들을 매개로 사할린 섬의 석유가스 및 석탄 개발을 통한 세계열강으로의 재도약을 도모하면서, 사할린 주민의 생활환경 개선은 등한시하였다. 그리고 그런 자국중심적이고 기득권중심적인 경제구조는 사할린섬 주민들에게 과거와 거의 유사한 사회문화적인 파급효과를 일으켜왔다. 단적으로 130년 전의 사할린 주민들과 마찬가지로, 오늘날에도 사할린 섬의 주민들은 젊은이들을 중심으로 유럽부 러시아나 외국으로 이주하고자 한다.

이에 대하여 러시아 정부는 2012년경부터 극동지역 인구증가 정책을 적극적으로 추진하였으나 그것으로는 효과가 없자, 2018년 5월과 2019년 9월 혁신적인 극동개발 정책을 발표하여 사할린 섬을 포함한 극동지역의 민심을 사로잡고자 하였고,[36] 이것으로도 별 효과가 없는 상태에서 COVID-19 감염사태가 발생하자 극동지역 주민의 삶의 질 향상과 평균수명 5년 이상 증가를 핵심으로 하는 "2035 극동지역 사회경제 발전 프로그램"을 승인한 것이다.[37]

---

36 러시아 정부는 2010년대에 극동지역을 국가 차원의 새로운 성장거점으로 삼고 선도개발구역, 블라디보스토크 자유항, 극동헥타르 정책 등을 도입하여 해외투자 유치, 수입대체, 수출증대, 인구증가를 도모하였다. 그러나 러시아 극동지역은 물론 전 러시아에 걸쳐서 인구감소가 계속되자 2018년 5월 새로 출범한 푸틴 정부는 전 러시아의 인구 증가를 최우선순위로 삼고 자녀 출산 지원, 여성 고용 촉진, 고령자의 삶의 질 향상, 건강을 해치는 습관 철폐, 운동 시설 증가 등을 중점지원 사업으로 공표하였다. 김학기(2018), 「제4기 푸틴 러시아 정부의 전략과제와 한-러 협력」, KIET 산업경제분석.
37 시베리아극동지역의 중국에 대한 의존성이 심화되고 지역인구가 계속 감소하자, 2018년 집권4기를 맞이한 푸틴 정부는 주민의 삶의 질 향상을 최우선 국정과제로 제시하고, 중소기

최근 1-2년 사이에 발표된 러시아 정부의 러시아 극동지역 발전 정책은 놀랍게도 체호프가 『사할린 섬』에서 제안한 내용들과 상당히 부합한다. 즉, 인구보건 개선, 환경 개선, 러시아 정교 문화의 활성화를 통한 정신적인 교화, 사랑이 넘치는 가정과 공동체의 형성, 농업, 임업, 수산업, 광산업 등 각종 산업의 포용적인 발전, 그리고 주민 중심의 공정하고 투명한 행정 처리 등 체호프의 주장이 현재 러시아 정부가 제시한 이상적인 해결방안에 포함되어 있는 것이다.

다만 체호프의 주장이 실현되지 않은 것처럼 오늘날 러시아 정부의 극동지역 발전 정책도 구호에 그치고 실현되지 못하고 있다. 이러한 현실적인 문제에 직면하여 체호프의 삶과 작품세계의 변화에서 발견되는 양가성을 극복할 수 있는 대안적 인식틀과 법제도를 정립하기 위한 학제간 연구의 필요성이 더욱 커지고 있다.

4. 결론: 대안적인 학제간 연구를 꿈꾸며

본고에서 필자는 체호프의 사할린 섬 여행 이후 그의 삶과 작품세계의 변화 양태를 고찰하고, 그가 자신의 사할린 섬 여행기 및 학술보고서인 『사할린 섬』에 기록한 러시아 제국의 사할린 섬 개발방식이 그 이후 그 섬을 지배한 정부들에 미친 영향을 고찰해 보았다. 이 두 연구주제는 일견 무관해 보이지만 체호프의 사할린 섬 여행의 현대적 의미를 문학과 현실의 양면에서 다각적이고 포괄적으로 파악하는 의미를 갖는다.

업 육성과 일자리 창출, 보건의료, 도시환경, 문화, 교육 등에 대한 재정지원을 증대하기 위해 노력하였다. 2020년 COVID-19 감염사태에 직면하면서는 극동 지역의 삶의 질 개선 및 평균수명 5년 이상 증가를 핵심과제로 하는 "2035 극동지역사회경제발전안"을 승인하기에 이르렀다. 한국무역협회, "푸틴 대통령, 극동지역 사회경제 발전 프로그램 승인," 2020.4.20. https://www.kita.net (검색일: 2020.4.28)

1890년 러시아는 물론 유럽에서도 문명(文名)을 날리던 안톤 체호프가 서른의 나이에 자신의 고질병인 폐결핵에도 불구하고 사할린 섬 여행은 강행한 것은 거대담론을 거부하였던 그에게도 개인적인 도덕성과 러시아 지식인의 예언자적 자의식이 존재하였고, 여기에 근대 과학을 통한 무한한 발전을 확신하는 계몽주의적 낙관론도 동시에 작용하였을 것으로 추정된다.

이 시기에 새롭게 부각되는 윤리적인 주제는 톨스토이 사상, 계몽주의적 제국주의 등 인간의 이성을 통한 유토피아 건설 사상에 대한 근본적인 의심, 진정한 사랑, 인내, 책임에 기반을 둔 가정, 그리고 러시아 정교 문화를 토대로 실현되는 공동체 문화 등의 중요성 등이다. 이것은 그가 사할린 섬에 대한 러시아 제국의 유형 식민지 정책의 부조리, 그것을 수행하기 위해 본토에서 파견된 교육받은 러시아 관리들의 탁상행정과 나약함, 과학적이고 객관적인 기록의 부재, 인간의 이성을 뛰어넘는 사할린 섬의 자연현상, 삶의 한계상황에 내몰린 사람들의 비인간적인 생활 방식 등에서 문명화된 근대인이자 계몽된 지식인으로서의 인식의 한계와 실질적인 나약함을 체험하였기 때문일 것이다.

그러나 체호프의 긍정적 주인공은 가난한 하층민에게는 러시아 정교 신앙을 토대를 둔 모델이 적용되고, 근대 교육을 받은 인물에게는 근대적인 자의식에 따른 모델이 적용되는 등 기능주의적 성격이 있고, 세기말의 권태와 우수에 젖은 햄릿형 지식인의 형상 역시 아이로니컬한 비판과 더불어 연민과 공감의 대상이 되기도 한다. 그리고 그의 자연 속의 불멸과 영원성, 구원에 대한 상념에는 자연의 질서에 대한 낙관적 기대와 자연의 무질서와 인간에 대한 무관심에 대한 염세적인 인식이 공존한다. 더불어 그의 실증주의적 접근법의 외적인 중립성에서 제국주의적 편향성도 발견된다. 이런 점에서 그의 사할린 섬 이후의 도덕적, 종교적 주제의식의 강화는 일면적이지 않고 그와 모순되는 면들이 공존하는 다면성을 지닌다. 그럼에도 그에게는 개인적인 도덕성을 토대로 러시아 지식인으로서의 예언자적 자의식과 계몽된 지식인으로서 책임의식이 강하게 작용하여 그의 삶과 작품세계는 오늘날까지 문학과 정부 정책 면에서 현대성을 지닌다.

그의 여행기 『사할린 섬』에 서술된 19세기 러시아 전제정부의 사할린 섬 유형 식민화 정책은 일본 군국주의 정부는 물론 소비에트 연방과 오늘날 러시아 연방의 사할린 섬 개발정책으로 계승되고 있다. 이것은 러시아 전제정부 정책의 제국주의, 식민주의, 오리엔탈리즘의 속성이 오늘날까지 러시아는 물론 전 세계 모든 국가 정책에 반영되어 있기 때문이다. 그리고 여기에는 르네 지라르가 주장한 경쟁적인 모방욕망이 공통적으로 작용한다. 필자의 복음주의적 시각에서는 이 모방욕망의 선순환구조로의 전환이 없이는 사할린 섬의 생태계와 주민의 필요를 충족시키는 인도주의적인 섬 개발 정책은 요원할 것이다.

이 점에서 그의 사할린 섬 여행과 그 이후의 삶과 작품세계, 그리고 그가 제안한 인도주의적인 정책의 현대적 의미는 그 자체로 양가적이다. 이 양가성으로 인해 그가 제안하고 개인적으로 실천한 지식인으로서의 사회적 책임을 이 시대에 실현하는 동시에 그가 노정하는 인식의 한계는 극복하게 해주는 대안적인 인식틀과 실용적인 법제도가 마련되어야 할 필요는 더욱 절실해진다. 필자의 복음주의적 연구는 진정한 의미에서 초역사적인 사유구조와 법제도를 탐색하는 학제간 연구를 지향하는 신학적 고찰로서, 체호프의 삶과 작품세계, 그리고 그가 제안한 인도주의적인 사할린 섬 개발 정책의 현대성이 온전하게 규명되고 실현되는 데 기여할 수 있을 것이다. 더불어 여전히 대물림되는 사할린 섬의 식민화 정책이 근본적으로 변화되고, 그러한 대물림의 역사 속에서 희생양이 된 사할린 한인의 정당한 요구가 실현되는 데도 기여할 수 있을 것이다.

| 참고문헌 |

김학기(2018), 「제4기 푸틴 러시아 정부의 전략과제와 한 - 러 협력」, KIET 산업경제분석.
루스 베네딕트(2014), 『국화와 칼』, 서울: 책만드는집.

364

르네 지라르, 김진식 옮김(2004), 『나는 사탄이 번개처럼 떨어지는 것을 본다』, 서울: 문학과지성사.

문석우(2003), 『체홉의 소설과 문학세계』, 서울: 한국학술정보.

_____(2012), 「체홉의 사할린 여행: 기행문학으로서의 시베리아 여행기」, 『세계문학비교연구』38.

박승의(2015), 『사할린 한인의 운명: 역사, 현황과 특성』, 춘천: 한림대학교 러시아연구소

박종성(2006), 『탈식민주의에 대한 성찰』, 서울: 살림.

안톤 체호프, 피에로 브루넬로 엮음, 김효정 옮김(2004), 『안톤 체호프처럼 글쓰기: 좋은 신발과 노트 한 권』, 서울: 청어람미디어.

_____, 배대화 역(2013), 『안톤 체호프 사할린 섬』, 서울: 동북아역사재단.

야마무로 신이치, 정재성 옮김(2010), 『러일 전쟁의 세기』, 서울: 소화.

오원교(2009), 「A. P. 체홉의 동양 인식 - 사할린 섬」을 중심으로」, 『러시아어문학 연구논집』 31.

_____(1996), 「체홉의 시학: 〈문제의 올바른 제기〉로서의 문학: 서술 방법과 양식을 중심으로」, 『슬라브 학보』11-2.

이경완(2020), 「현대 서구와 러시아의 신학적 회귀에 대한 성서적 고찰 - 러시아 종교 문예학을 중심으로」, 『슬라브硏究』 36-1.

_____(2019), 「체호프의 여행기 『사할린 섬』에 기록된 러시아 제국의 사할린 섬 유형식 민화 정책에 대한 성서적인 고찰」, 『러시아학』 19. 추다코프(2004), A. P. 『체호프와 그의 시대』, 강명수 옮김. 서울: 소명출판.

「한국인의, 평화의 친구가 된 일본의 양심 변호사들」, 『한겨레21』1251호(2019.2.22).

한명기(2011), 『광해군: 탁월한 외교정책을 펼친 군주』, 서울: 역사비평사.

한정숙(2017), 『시베리아 유형의 역사: 격리 형벌, 계몽, 자유』. 서울: 민음사.

Бердников, Г. А. П. Чехов. *Идейные и творческие искания, Издание 3-е, доработанное.* М.: Художественная литература, 1984.

Богаевская, К. "Толстой о Чехове. Неизвестные высказывания." http://old.old.imli.ru/(검색일: 2019.6.2)

Бондаренко, Н. Ф. "Чехов как революционер." *Родина.* No.3(1057) от 29 января 2015 г. http://kprf26.ru/867(검색일: 2019.5.22.)

Дунаев, М.М, "Религиозность Чехова," *Православная беседа*, No.4, 2005. https://mdunaev.ru/stati/religioznost-chekhova(검색일: 2021.2.28.)

Капустин, Николай, "Чехов и религия," Православие.фм
https://pravoslavie.fm/investigation/chekhov-i-religiya(검색일: 2021.2.28.)

Лотман, Ю. М, "Русская литература послепетровской эпохи и христианская
традиция." *Ю. М. Лотман и тартуско-московская семиотическая шко
ла.* М.: Гнозис, 1994.

Споров, Б.Ф. "Чехов и православье," https://rodnayaladoga.ru (검색일: 2021.2.28.)

Старыгина, Н. Н. *Русский роман в ситуации философско-религиозной пол
емики 1860-1870-х годов.* М.: Языки славянской культуры, 2003.

Чехов, А.П. "Дама с собачкой," "В овраге"// А.П. Чехов, *Полное собрание
сочинений и писем: В 30 т. Сочинения: В 18 т.* / АН СССР. Ин-т
мировой лит. им. А. М. Горького (М.: Наука, 1974—1982). *Т. 10. [Рассказы,
повести]*, 1898-1903, М.: Наука, 1977.

А.П. Чехов, *Полное собрание сочинений и писем: В 30 т.* Сочинения: В
18 т. / АН СССР. Ин-т мировой лит. им. А. М. Горького (М.: Наука,
1974-1982), *Т. 14-15. [Из Сибири. Остров Сахалин]*, 1890-1995 (М.: Наука,
1987).

Bojanowska, Edyta(2012), "Chekhov's The Duel, or How to Colonize Responsibly," in
Apollonio C., Brintlinger A., eds., *Chekhov for the 21 st Century,* Bloomington,
Indiana Univ. Press.

Jahn, Gary R(1981), "The Image of the Railroad in Anna Karenina." *The Slavic and East
European Journal,* Vol.25(2).

Johnson, Ronald(1993), *Anton Chekhov: A study of Short Fiction,* New York: Twayne
Publishers.

Parts, Lyudmilla(2002), "Chekhov, Literature, and the Intelligentsia in Viacheslav Pietsukh's
Stories." *Slavic and East European Journal,* Vol.46(2).

Popkin, Cathy(1992), "Chekhov as Ethnographer: Epistemological Crisis on Sakhalin Island."
Slavic Review, Vol.51(1).

Rossbacher, Peter(1965), "Nature and the Quest for Meaning in Chekhov's Stories," *The
Russian Review,* Vol.24, No.4.

Sherbinin, Julie de(1997), *Chekhov and Russian Religious Culture: The Poetics of the Marian
Paradigm.* Evanston, IL: Northwestern University Press.

만주 '오족협화＝왕도주의'의 외침과 식민지 기억의 다성성

전성곤(全成坤, Jun Sung-Kon)

일본 오사카대학 문화형태론(일본학)전공. 문학박사. 중국 북경외국어대학 일본학연구센터 객원교수. 중국 북화대학 동아역사연구원 외국인 교수를 역임하고, 현재 한림대학교 일본학연구소 HK교수로 재직 중이다. 주요 저서로는 『일본 탈국가론』(공저), 『제국에의 길(원리 천황 전쟁)』, 『내적 오리엔탈리즘 그 비판적 검토』, 『국민국가의 지식장과 문화정치학』(역서) 등이 있다.

1. 기억의 연루와 '만주의 전후'

전후 일본에서 간행된 사집첩 형식의 만주국 기억[1]은 '환영(幻影)'이라는 단어를 빈번하게 중첩시키면서 '전전 만주국'에 기억을 소환해 냈다. 만주국에서 활동한 저명한 관동군 군부, 도시, 열차, 항일저항, 만주국 황제 등 '많은 사진들'을 제시하는 방식이었다. 동시에 만주개척단으로 이주하여 '히키아게(引き揚げ)'로 불리며 전후 일본으로 돌아온 개인적 서사[2]와 사진집도[3] 간행되면서, 공적 역사와 개인의 역사가 중첩되고 있었다. 이러한 '공적 역사'와 '사적 역사'의 링크에 대해 테사 모리스 스즈키(Tessa Morris Suzuki)는, 후자와 같은

1 太平洋戦争研究会著(1996), 『満州帝国』, 河出書房新社; 西澤泰彦(1998), 『「満洲」都市物語』, 河出書房新社; 太平洋戦争研究会(2003), 『満州国の最期』, 新人物往来社; 横尾道男編集(2012), 『満州帝国の光と闇』, 徳間書店; 金子堅太郎編集(2014), 『満州帝国』, 洋泉社; 歴史ロマンムック(2014), 『満鉄と満洲帝国の幻影』, スコラマガジン 등등을 예로 들 수 있다. 중국에서도 呂同举(1995), 『旅順口』, 辽宁人民出版社; 王洪恩(2003), 『日俄侵占大连简史』, 吉林人民出版社. 이상은 필자가 모은 자료만을 제시하는 것으로 양해를 구한다.
2 甲斐国三郎(2014), 『満州引揚げ者の告白』, 文芸社; 稲毛幸子(2014), 『かみかぜよ、何処に: 私の遺言－満州開拓団一家引き揚げ記』, ハート出版; 新井恵美子(2007), 『少年たちの満州－満蒙開拓青少年義勇軍の軌跡』, 論創社; 市川和広(2014), 『三つの願い 隠された戦後引揚げの悲劇』; 細谷亨(2019), 『日本帝国の膨張・崩壊と満蒙開拓団』, 有志舎; 趙彦民(2016), 『「満洲移民」の歴史と記憶ー開拓団内のライフヒストリーからみるその多声性』, 明石書店; 読売新聞大阪社会部(1986), 『新聞記者が語りつぐ戦争=7, 満蒙開拓団』, 角川文庫; 北國新聞社出版局編集(1997), 『赤い夕日の満州でー少年の日の引揚手記』, 新興出版社; 太田正(1984), 『満州に残留を命ず』, 草思社 등등이 있다.
3 星亮一(2000), 『満州歴史街道ーまぼろしの国を訪ねて』, 光人社, pp.1-221.

개인적 이야기가 '국민국가의 사회' 내부에서 형성되며 국가나 세상의 이야기 속에서 재구성된다.[4]

그러나 그 국민의 기억을 만들기에 동원되는 기억 속에는 배제의 프로세스가 되기도 한다. 사진이나 기록에 등장하는 각각의 풍경에 대해 해석이 달라진다는 점에서 시각자료가 가진 다양한 역사성이 하나의 기억으로 편집되어 공동체의 균질된 기억으로 연루되게 된다. 이러한 과거의 기억에 대한 연루는 전후 일본의 현재적 사회의 '의식'을 만든 역사적 산물이었던 것을 상기할 필요가 있다.

따라서 필자는 만주에 대한 기억 중 교육 기관의 하나였던 '만주건국대학'[5]의 전후에 대해 논해 보고자 한다. 잘 알려진 것처럼 만주건국대학은 이시하라 간지(石原莞爾)에 의해 제안되면서 건립이 추진되었고, 만주국의 기본 원리인 '민족협화, 오족협화'를 실행하기 위해 인재 양성 및 지도자를 육성한다[6]는 슬로건을 내걸고 있었다.

1938년 5월 2일, 부총장인 사쿠다 소이치(作田荘一), 그리고 만주국 황제 후기(溥儀)황제의 칙서[7] 반포를 시작으로 만주건국대학 입학식이 거행되었다.

4 テンサ・モーリス─スズキ(2004), 田代泰子訳, 『過去は死なない─メディア・記憶・歴史』, 岩波書店, p.123
5 山根幸夫(2003), 『建国大学の研究』, 汲古書院, pp.81-82. 1937년 4월 17일에 국무원 회의에 의해 개학이 정식으로 결정되었는데, 이때 대학명칭은 「아시아대학」에서 「건국대학」으로 변경·확정되었다. 결국, 아시아대학에서 건국대학으로 변경되고, 1937년 8월 5일, 칙령 제234호인 건국대학령(建国大学令)이 공포되었다.
6 志々田文明(1993), 「建国大学の教育と石原莞爾」, 『人間科学研究』第6卷第1号, 早稲田大学人間科学部, pp.113-115. 쓰지는 1936년 말부터 이 안을 실질적으로 작성하고 동경대교수인 히라이즈미 노보루(平泉澄)에게 대학 창설을 의뢰했다. 満州国史編纂刊行会(1970), 『満州国史』總論, 「第4編:繁栄期,第四章;新学制の制定,建国大学の創立の案」, pp.592-593. 내지(内地)의 설립위원으로 가케이 카쓰히코(筧克彦), 사쿠다 소이치(作田荘一), 니시신 이치로(西晋一朗)등 세 명의 박사를 추천하였다. 총 네 명이 설립위원으로 위촉받아 창설 활동의 중심이 되어 그 구상을 짜내어 갔다.

"도의세계(道義世界)건설의 선각적 지도자인 인재를 양성"[8]하는 것을 목적에 두고 왕도주의를 바탕에 두고 '협화철학' 혹은 '협화국가학'으로 민족의 협화를 통해 달성시키는 것을 목표로 삼았다.[9]

특히 만주국의 이상적 이데올로기인 왕도주의와 관련해서는 다치바나 시라키(橘樸)가 주된 역할을 했는데, 이는 당시 관동군 수뇌부였던 이시하라 간지(石原莞爾), 고야마 사다치(小山貞知) 그리고 노다 란조(野田蘭造)가 동료로서 『만주평론』 창간에 참여하게 되고, 고야마 사다치가 발행인이 된다. 왕도라는 표현을 처음 사용하면서, '왕도혁명'을 통해 민족적 이기주의를 극복하고, 민족협화 혹은 오족협화를 위해 중국내셔널리즘의 원리를 전제로 하면서도 그것을 극복하는 담론으로서 자리를 잡아 간 것이다.

그런데 이러한 논리는 이미 만주건국대학 창설을 주장했던 이시하라 간지와 연결되던 다치바나 시라키, 특히 고야마 사다치는[10] 일본 내에서 이미 국내개혁을 통한 동아신질서=동아협동체 논리를 기획하여 선전하고 있었다. 그리고 이시하라 간지와 만주건국대학을 창설할 때 일본 내지에서 참여했던 히라이즈미 기요이(平泉澄), 가케이 가쓰히코(筧克彦), 사쿠다 소이치(作田莊一), 니시 신이치로(西晋一郎)가 갖고 있던 사상적 배경도 함께 고려되어야 할 것이다. 왜냐하면 이 네 명이 창립위원이었고 대학 구상을 실현했기 때문이다. 그것은 바로 아시아전체 연대 결합을 위한 것이었다.[11] 다시 말해서, 만주국을 '오족협화'와 '왕도주의'를 내세운 독립국가가 아니라 일본 내지에서 발신하는 '황도주의'를 원격 조정하는 논리로서 '황도주의' 산하에 있었던 것이었다. 그렇기 때문에 패전과 함께 만주건국대학은 1945년 8월 23일 역사의 '기억 깊은'

---

7 建国大学(1940), 『建国大学要覧』, 〈勅書〉 부분.

8 湯治万蔵編, 前掲書, pp.51-52.

9 東一朗(1939), 『東亜新秩序の建設と満洲国経営論』, 満洲評論社, pp.83-87.

10 小山貞知(1938), 「第三戦争論」, 『満洲評論叢書』 第13号, 満州評論社, pp.1-102.

11 満洲国史編纂刊行会編(1970), 『満州国史: 総論』, 満蒙同胞援護会, p.592.

곳으로 사라지고 환영(幻影)의 암부(暗部)가 되어 버렸고 전후 일본의 국민국가 내부에서 '이 부분까지 현현화'하지 않으면 제국주의의 내면지도는 끝나지 않은 것일 수도 있는 것이다.

전후 만주국 연구의 붐에 영향을 받아 만주건국대학 연구를 양지(陽地)로 이끌어 낸 연구들이 있다. 미야자와 에리코(宮沢恵理子)의 『건국대학과 민족협화(建国大学と民族協和)』, 야마네 유키오(山根幸夫)의 『건국대학의 연구(建国大学の研究) - 일본제국주의의 일단면(日本帝国主義の一断面)』가 학술적인 연구서[12]로 등장했다. 그리고 만주건국대학을 연표형식으로 정리하거나[13] 만주건국대학생의 회상록 형식으로 '소환'되었다.

가장 최근 연구로는 미우라 히데유키(三浦英之)가 '만주건국대학 졸업생'의 인터뷰를 근거로 한 논픽션 작품이다. 현재에 이르는 전전의 기억 재편은, 오족협화를 실천하려는 실천 즉 '오족협화와 왕도낙토(王道樂土)의 시대를 받아들인 만주건국대학의 학생'들이 전후 국경을 넘어 교류하는 것[14]을 보여주고자 하는 경향에 있다. 한국과 중국에서도 만주건국대학 연구는 간헐적이지만 연구논문들이 나오고 있었다. 만주건국대학 설립 배경과 그 논리, 그리고 만주건국대학에서 교수를 지낸 최남선의 만몽문화론, 도의국가 건설론 등등이었는데,[15] 본 글에서 시도하고자 하는 만주건국대학의 교육 내용과 가장 관련이

12 宮沢恵理子(1997), 『建国大学と民族協和』, 風間書房, pp.1-342; 山根幸夫(2003), 『建国大学の研究 - 日本帝国主義の一断面』, 汲古書院, pp.1-465.

13 建国大学同窓会刊(1981), 『建国大学年表』(湯治万蔵編).

14 小林金三(2002), 『白塔: 満洲国建国大学』, 新人物往来社; 河田宏(2002), 『満洲建国大学物語: 時代を引き受けようとした若者たち』, 原書房; 三浦英之(2015), 『五色の虹』, 集英社.

15 정상우(2019), 「식민주의 역사학으로서 만주건국대학에서의 역사 연구」, 『동북아역사논총』 64, 동북아역사재단, pp.125-169; 정준영(2016), 「'만주 건국대학'이라는 실험과 육당 최남선」, 『사회와역사(구 한국사회사학회논문집)』 제110호, 한국사회사학회, pp.309-352; 강해수(2016), 「'도의국가(道義國家)'로서의 만주국과 건국대학 - 사쿠다 소이치·니시 신이치로·최남선의 논의를 중심으로」, 『일본공간』 20, 일본학연구소, pp.76-118; 박은숙(2008), 「"滿洲國" 建國精神과 六堂의 不咸文化論」, 『동악어문학』 51, 동악어문학회, pp.315-337; 전성곤

깊은 논고로는 이정희의 「'만주 건국대학'의 교육과 조선인 학생」[16]이다. 이러한 선행연구에 의거하면서도, 만주국 건국이념이었던 '민족협화=오족협화=왕도낙토'[17]의 논리가 하나의 공동환상에 지나지 않았고, 그 환상 자장 속에서 존재하면서 동시에 그 이데올로기로부터 탈출하려고 하는지에 대해 고찰해보고자 한다.[18]

　이미 요시모토 다카아키(吉本隆明)가『공동환상론』에서 지적하고 있듯이, 국가가 얼마나 개인의 자유 의지를 압살하는 부담 속에서 성립된다는 점을 감안한다면[19] 만주제국이 내세웠던 오족협화 → 민족협화 → 왕도정치라는 것이 얼마나 커다란 도그마(dogma)로 작용했으며, 공동환상을 만들어 버렸는지를 역설적으로 보여주고 있는 것이다. 그것은 전후 모리 마사타카(森正孝)가 논하는, 근대사의 암부를 응시하여, 국가의 환영을 재고할 필요가 있을 것이다.[20]

(2006), 「만주 건국대학 창설과 최남선의 〈건국신화론〉」, 『일어일문학연구』56(2), 한국일어일문학회, pp.165-186.

16　이정희(2016), 「'만주 건국대학'의 교육과 조선인 학생」, 『만주연구』22, 만주학회, pp.255-255. 건국대학에서 발행한『건국대학요람(建國大學要覽)(강덕〈康德〉8년)』등 1차 자료 및 졸업생 인터뷰를 통해 글을 작성한 것은 매우 시사적이다. 이정희의 본 글에서도 야마네 사치오(山根幸夫), 시시다 분메이(志々田文明), 유지만조(湯治万蔵), 미야자와 에리코(宮沢惠理子), 그리고 건국대학연구원(建國大學硏究院) 자료를 사용하고 있으며, 본 글에서도 동일한 자료를 활용하여 건국대학 교육 내용 부분을 기술하였다.

17　오족협화와 민족협화가 동일한 의미로 사용되는데, '왕도락토'의 왕도에 대해서는 사실 그 탄생부터 그 내용에 대해서는 고찰을 필요로 한다. 고마고메 다케시의 글에 의하면 다치바나 시라키(橘樸)의 논리가 중요한 역할을 했다고 설명하는데, 본 글에서는 그 생성과정을 생략하기로 한다. 駒込武(1996),『植民地帝国日本の文化統合』, 岩波書店, pp.235-291.

18　본 글은 필자가 중국 동북지방 길림시 북화대학에서 근무하면서 자료를 모아본 것도 활용하고 있다. 동북사범대학 도서관 등을 방문하여 얻은 자료이며, 위만황궁박물관(伪满皇宫博物) 내의 자료들이다. 이는 나중에 다시 황제에서 민간인으로의 삶을 산 푸이(愛新覚羅溥儀)의 일생을 정리할 수 있으면 한다.

19　吉本隆明(1968),『共同幻想論』, 河出書房新社.

본 글에서는 만주건국대학에서 시행된 '오족협화'와 실제 교육 내용이 무엇이었는가에 주목하고, 당시 건국정신이라는 것이 결국 일본제국의 '근원적 환상'과 연결되어있었다는 점을 규명하고자 한다. 그리고 만주건국대학 졸업생의 인터뷰 및 회고록 내용을 통해 오족협화라는 슬로건 속에 내장된 포섭과 배제의 이중성에 대해 고찰해 보고자 한다.

2. 내지 '왕도주의'의 형성과 만주 건국대학 창설자들

일본에서는 특히 메이지기(明治期) 서구의 근대화 이론 속에서 천황을 정점에 두면서 동시에 개인의 주체성을 발휘시킨다는 양면성을 제시했다. 중요한 것은 이 양 방향이 천황 국가를 유지하는데 유착되고 관계를 유지했다. 바로그 정신적 저류가 된 것이 신도였다. 물론 서구적 기독교를 의식한 새로운 보편적 개념의 발견을 통해서였다.

만주건국대학과 관련하여 대표적인 인물로 가케이 가쓰히코(筧克彦)가 있는데, 가케이 가쓰히고는 일본 고신도(古神道)가 일본의 근원이기도 하면서 우주의 정화라고[21] 주장하는 인물이다. 『국가의 연구(国家之研究)』를 보면 국가 자체가 이미 황국이라는 전제로 '본질주의적' 국가주의 였다.[22] 국체의 외침 [23] '신의 뜻 그대로의 길(惟神の大道)'[24]이며, 고신도(古神道)라고도 표현된다. 이 고신도는, 신을 따르는 것으로, 신을 따른 다는 것은 인간 내부에 존재

---

20 森正孝(1985), 「日本近代史の'闇'を見据える視座」, 『季刊三千里』第41号, 三千里社, p.113.

21 筧克彦(1913), 『古神道大義:皇國之根柢邦萬之精華』, 清水書店, pp.1-249.

22 筧克彦(1913), 『国家之研究』(第1巻), 清水書店, pp.1-490.

23 大日本国体会(大正5), 「今上即位御勅語の趣旨(法学博士筧克彦先生講述)」, 『国体講演護国の叫』, 厚生堂, pp.214-259.

24 筧克彦(1940), 『惟神の大道』(第9輯), 教学局, pp.1-85.

하는 생명 그 자체의 근원이라고 보았다. 활력을 갖는 그 장소의 정신, 신앙 그 원천인 것이라고 보았다. 이 내부에 존재하는 것 그것이 밖으로 나타나는 것으로 이것이 정신생명 신앙의 토양이라고 본다.[25] 즉 모든 인간의 내면에 존재하는 생명의 근원이라는 보편성을 띤 것이었다.

히라이즈미 기요시는 국민적 신앙으로서, 일본정신의 고취자로서, 국체명징을 상상계에 심어준 인물이며[26] 국사의 안목(国史の眼目)을[27] 군부에 강의하기도 했다. 히라이즈미 기요시의 특징 무사도의 부활을 논하는 무사도 유신론자였다. 요시다 쇼잉 등을 내세우며, 무혼(武魂)을 주창했다.[28]

다치바나 시라키의 왕도주의 사상에는 이노우에 데쓰지로(井上哲次郎)의 왕도주의와도 인연이 있었다.[29] 이노우에 데쓰지로는,「일본문학의 과거 및 장래(日本文学の過去及び将来)」에 문학 속에 존재하는 국민정신에 대해 논하고 있었다. 문학은 인적(人的)사상의 결과물인데, 인도사상과, 중국사상의 결함을 보충하여 일본을 만들어왔고, 서양사상이 들어오고 있지만, 일본의 고유사상은 강대하여 외국사상의 감화를 받기도하지만, 압도되는 일 없이 면면히 명맥을 이어가고 발달해 왔다고 보았다. 그러나 이노우에 데쓰지로가 말하고 싶은 것은 "우리나라 고유의 사상은 외국사상의 감화를 받기 이전부터 발달했으며,『고사기』는 일본문학의 기념비이며 최대의 것"[30]이라며 '고전을 통한 사상 방향만들기'를 시도한 것이다. 즉 고사기에 나오는 인간 심리의 심연 표현은 생(生)의 존속을 만들어 주고, 그것은 대아(大我)적인 것으로 인류의 보편

25 天野德也(1941),「筧克彦博士の古神道概観の要旨」,『日本精神の根本原理と生命哲学(中央大学文化科学原理研究会叢書』第1輯, 中央大学文化科学原理研究会, pp.10-16.

26 丸山敏雄(1939),「平泉澄博士」,『天津日を日神と仰ぎ奉る国民的信仰に就いて』, 土井永市, pp.104-105.

27 平泉澄(1938),『国史の眼目』, 帝国在郷軍人会, pp.1-37.

28 佐藤堅司(1944),「平泉澄博士の場合」,『神武の精神』, 弘学社, pp.266-267.

29 駒込武(1996),『植民地帝国日本の文化統合』, 岩波書店, p.263.

30 井上哲次郎(1901),「日本文学の過去及び将来」,『巽軒論文:初集』, 富山房, pp.83-91.

적 성질이라고 보았는데, 그것은 인류 보편으로서 '일시동인(一視同仁)'에 두었다. 인간 보편의 심성과 천황의 일시동인이 연결된다는 것이 가장 핵심적 논의였고, 이 논의가 메이지기 → 다이쇼기 → 쇼와(昭和)기를 거치면서 완성되어 가고 있었던 것이다. 이노우에는 『국민도덕개론』에서 히라타 아쓰타네(平田篤胤)의 조상숭배론을 그대로 믿는다. 즉 불교가 전해하기 이전의 일본에 존재했던 '고학'을 증명한 것이 히라타 아쓰타네인데, 바로 이점을 평가한 것이다.[31]

이노우에는 '왕도로서 일본의 국체(國體)'는 건국 이래 천황에 의한 정치가 세계에서 가장 유일한 것[32]이라고 보편화 한다. 이는 중국에서 말하는 천(天)이 모든 개인 내부에 존재한다고 보는 믿음에 의해 '역성혁명'이 발생하고 군국주의가 형성되었다가 보았다. 즉 개인 내부에 존재하는 천이 보편성을 가질 수 있다는 측면에서 『고사기』에서 보여주는 인간의 심연과 동일한 보편성으로 보일 수 있지만, 이는 다른 것이었다.

이노우에 데쓰지로는 도덕적인 보편성으로서 일본의 천황만이 변하지 않는 왕도를 이어온 것이라고 주장하게 된다.[33] 이노우에 데쓰지로는 『일본정신의 본질』의 제3편에 '일본정신문화'라고 소제목을 달고 '만주국의 왕도'에 대해 논했다. 즉 중국의 왕도로는 만주제국을 완성하지 못하고, 일본 왕도 즉 황도를 통해서만이 가능하다고 보았다. 그런데 사용하는 황도는 일본적인 것만이 아니라 중국의 왕도를 절충한 것이라고 주장했다.

중국적인 왕도를 포함한 일본의 황도는 '신의 뜻대로(神ながらの道)'를 실현하는 것[34]이라고 논한 것이다. 이는 바로 가케 가쓰히코(筧克彦)의 '신의 뜻대로'로 상통하는 것이었다.[35] 니시 신이치로(西晋一郎) 역시 '자아의 내부에

31 井上哲次郎(1912), 『国民道徳概論』, 三省堂, pp.128-136.

32 井上哲次郎(1926), 『我が国体と国民道徳』, 広文堂書店, p.12

33 井上哲次郎(1933), 『王道立国の指導原理』, 東亜民族文化協会, pp.8-12.

34 井上哲次郎(1934), 『日本精神の本質』, 大倉広文堂, 1934年, pp.321-341.

존재하는 보편성이 외부로 일체화 되는가를 본하면서, 동시에 일본 내에 존재하는 국체가 보편성을 갖는 것이라고 보고, 세계적 규모로서 국체에 복귀할 것을 주장하는 것이었다.[36] 개인을 넘어 가족이 일가(一家)의 단란함을 논하듯이 이것이 협화의 원천이 되고, 인간을 애경(愛敬)하여 군국(君國)이 되면 낙토가 되고 백성의 마음과 마음으로 연결되어 오족의 일가를 이루는 것이라고 보았다.[37]

　이러한 니시 시이치로의 사상적 배경은 이노우에 데쓰지로와 상통되고 있었다. 교육칙어에 의해 일본의 근대국가를 제도적 혹은 정신적으로 천황중심주의를 완성하려는 주관을 객관화 하고 있었다. 메이지 국가의 정신계를 지탱한 교육칙어와 천황중심주의는 다시 만주국으로 확장되어 "메이지만주국"을 도덕 = 왕도주의를 외치고 있었던 것이다.

　그리고 만주국에도 황도, 왕도, 패도의 논리는 서로 경쟁하면서 특히 황도가 왕도주의를 체현하는 것이라는 선전이 이루어지고[38] 있었다. 그것은 가케이 가쓰히코, 히라이즈미 기요시 그리고 이노우에 데쓰지는 '외래 사상이 일본에 들어오기 이전에 이미 일본에 천황이라는 국체'가 존재했다고 보는 공통된 입장을 갖고 있었다. 일본 내지에서 전개된 '국학' 이론이 만주국 성립과 더불어 중국을 상대화하고, 일본 자체를 재구성하는 의미에서 왕도주의를 합리화 할 수 있었던 것이다.

　이러한 논리들은 결국 만주건국대학의 부총장으로 실질적인 '실무 역할'을 한 사쿠다 소이치의 『국가론』에서 보이듯이 '개인은 사회의 일원으로서' 국가

35　丸山敏雄(1939),「神ながらの道　筧克彦」,『天津日を日神と仰ぎ奉る国民的信仰に就いて』, 土井永市, pp.162-164.

36　西晋一郎(1915),『倫理哲学講話』, 育英書院, pp.172-238.

37　西晋一郎(1941),『文教論』, 建国大学研究院, pp.186-189.

38　昭和青年会(1937),『皇道宣揚』, 昭和青年会; 国務院総務庁統計処編(1937),『満洲帝国国勢グラフ』, 国務院総務庁統計処; 小倉鐡爾(1937),『我国体と皇道』, ダイヤモンド社.

가 우선시 되어야 한다는 논리로 수렴된다.[39] 국가를 개인이 인생을 개화(開化)하는 장소이기도 하면서, 일본은 특별히 이에 더해 국가는 그 자체(當體, 원문)로 국체 그것 자체라고 논한다. 그 연장선상에서 황국도(皇國道)를 통해 세계적 보편으로 나아가야 할 것을 주장했다.[40]

전후 히라이즈미 기요시와 마루야마 마사오(丸山眞男)를 대척점에 있으면서 사유양식 즉 사상 형식적 공통성이 제시되기도 했다. 즉 마루야마와 히라이즈미는 서로 상반된 입장을 가졌음에도 불구하고 마루야마가 민주주의자나 사회주의자와 다른 세계관을 주창했다면, 히라이즈미 기요시도 일본주의자나 다른 논리를 주창하고 있었다는 점에서 공통적인 것이다.

그렇기 때문에 전후 일본에서 '상대주의'의 늪에서 탈출하기 위한 주체 형성을 위한 사례로 제시되었다. 즉 국민주권과 천황주권의 대립을 '재구성하기 위해' 필요한 제언이었다.[41]

3. 건국 이데올로기 주입 교육과 통제

그렇다면 만주건국대학 설립 당시 '민족협화'라는 슬로건은 어떻게 실천하고자 했던 것일까. 이 민족협화의 실천을 위해 만주건국대학에 입학하는 학생들을 다섯 민족을 골고루 모집하게 된다. 그러나 그 비율을 보면 각각의 민족에게 평등하게 분배된 것은 아니었다. 즉 아래 표에서 보는 바와 같이, 민족별 구분에 의한 입학인원의 배정이 달랐다. 일본인 주도의 입학제도였으며, 「오족협화」는 일본인 다수 중심의 제도였다.[42]

39 作田莊一(1940), 『国家論』, 弘文堂書房, pp.191-214.
40 作田莊一, 『皇国の進路』, 弘文堂書房, 1944年, pp.319-331.
41 植村和秀, 『丸山眞男と平泉澄―昭和期日本の政治主義』, 柏書房, 2004年, pp.1-6.
42 山根幸夫, 「「満洲」建国大学の一考察」, 『社会科学討究』第32卷第3号, 早稲田大学社会科学研究所, 1987年, p.821.

〈표 1〉 제1기생 150명 사례

나라별 (国系)	인원수(人数)
일본인(日本人)	65
조선인(朝鮮人)	11
대만인(台湾人)	3
한족(漢人)	59
몽고인(蒙古人)	7
백인계러시아인(白系露人)	5

〈그림 1〉 만주건국대학 외관[43]

〈그림 2〉 중국 장춘시의 장춘대학

구만주건국대학이 있었던 자리라고 일컬어지는 장소.(필자 촬영)

〈그림 3〉 민족협화를 선전하는 포스터와 홍보 사례

満洲国史編纂刊行会編, 『満州国史 総論』, 国際善隣協会, 1971年, 첫페이지.

43　三浦英之, 『五色の虹』, 集英社, 2020年, p.5

인원 배정에 차이화는 두었지만, 건국대학에 입학자 선고과정은 동일했다. 먼저 학교성적이 우수한 학생으로 학교장의 추천을 받은 자가 입학시험을 치를 수 있었다.

그와 동시에 신체검사, 사상검사를 통과한 학생이 합격되었다. 이렇게 해서 선발된 학생은 전기(前期) 3년, 후기(後期)3년으로 구성된 6년의 재학기간을 거쳐야 했다. 전기 3년은 예과(予科)에 해당했고, 후기 3년은 전문 학과였다. 그리고 건국대학의 교육 시스템의 최대의 특징은 '전원 기숙사생활(全員塾生活)'이었다.

6년 동안 기숙사에서 생활해야 했는데 "기숙사 생활을 통해 신흥국가(新興国)의 필수적 명제인 민족협화의 기초적 훈련을 쌓고 이를 기초로 하여 국가의 통합과 경영 업무를 담당하게 한다"[44]는 교육방침을 실현하기 위한 제도의 하나였던 것이다. 건국대학의 전원 기숙사 생활이외에도 이 대학의 특징은 수업료가 전액 면제되었으며 필요 소모품까지도 지급되었고 용돈까지 지급되었다. 기숙사에서의 식사는 전부 통일적으로 이루어졌고, 주식(主食)은 쌀과 보리밥을 병행하였다. 보리밥에 익숙하지 않았던 일본인과 조선인은 소화기관에 장애를 일으키는가 하면 영양실조를 일으키는 일도 있었다.[45]

'민족협화' 실천을 위해 정해진 이러한 식사교칙은 말 그대로 민족평등이었다. 그러나 풍습이 다르고 습관이 달랐던 각각의 민족 구성원들에게 어떤 교육을 위주로 하고 있었을까.

44 志々田文明(1993), 「「民族協和」と建国大学の教育」, 『社会科学討究』第39卷第2号, 早稲田大学社会科学研究所, p.368. "新興国の必須的命題である民族協和の基礎的訓練を積み,これを基礎として国の統合及び経営の事務に当らしめるという".

45 山根幸夫, 前揭論考, p.830.

1) 학교제도에 나타나는 '일본민족교육'의 논리

학교 제도상으로 본 건국대학의 학생들에게 실시된 수업 과목을 보면 먼저, 훈련과목이라는 것이 있었다. 전기 3년 동안에 이수하는 과목별 시간 수[46]는 '정신훈련 및 각종 훈련', 일반과목 그리고 어학과목으로 구분되었다. 특히 정신훈련 군사훈련, 무도(武道)훈련, 작업(作業)훈련, 정신 강화라는 수업도 3660시간 중 1195시간이 배정되었다. 그리고 어학과목이 1430시간, 일반과목이 1035시간 순서였다. 일반과목 중 역사교육을 보면 330시간이었는데, 그 내용을 보면 국가개론, 국방개론 현대사조(現代思潮)등이 포함되어있었다. 이것이 곧 만주 건국정신의 이해도를 높이기 위해 준비된 커리큘럼이었음을 짐작할 수 있을 것이다.[47]

〈표 2〉 만주건국대학의 휴일 및 기념일

휴일명[48]	날짜
설(원단, 元旦)	01월 01일
만수절(万壽節)	02월 06일
기원절(紀元節)	02월 11일
건국절(建国節)	03월 01일
천장절(天長節)	04월 29일
방일선조기념일(訪日宣詔記念日)	05월 02일
창립 및 개학기념축일(創立及開学記念祝日)	09월 02일
명치절(明治節)	11월 03일

『건국대학요람(建国大学要覧)』에서 필자선별 작성

46　이정희(2016), 「'만주 건국대학'의 교육과 조선인 학생」, 『만주연구』22, 만주학회, p.240.

47　刘世泽(1998), 「伪满新京建国大学」, 『东北论陷十四年教育史料』第三辑, 吉林教育出版社, pp.196-206.

48　建国大学(1940), 『建国大学要覧』. "建国大学学則(康德七年五月十日、院令第二十号). 第一章、通則の第三条 式日左ノ如シ"라고 적고 있다.

그리고 휴일과 기념일의 일부이지만, 만주국 자체의 기념일도 있지만, 주로 일본의 건국과 천황 관련된 휴일과 기념일로 되어 있었다.

동시에 주목할 만한 것은 어학(語学) 시간의 분배였다. 일본인 이외의 다른 민족학생들은 일본어를 충분히 습득하지 않으면 안 된다는 논리였던 것이다. 이러한 시행착오를 겪고, 이후에는 일본어에 문제가 생기는 것을 막기 위하여 일본인 이외의 민족은 일본인 보다 1년 빨리 입학시키는 방법을 도입하게 된다.[49] 즉 일본어 교육에 어느 정도 주의를 기울였는가를 알 수 있다.[50]

후기과정은, 정치학과 경제학과 문교학과(文教学科)등 3개로 나누어졌다. 문교학과 안에는 국민문화론이 있었는데, 더 세분되어 만몽문화(満蒙文化), 일본문화, 중국 및 서역문화(支那及西域文化), 인도문화 및 아시아문화, 고대 중세 및 근세서양문화가 그것이다.[51] 「국민문화론」으로 묶어진 이 과의 특성은 동아시아 문화 교육이 주축을 이루고 있었다. 후기에 진학하면, 학생들의 이수 단위는 1년에 10단위, 2년에 11단위, 3년에는 7단위를 가각 이수하고, 마지막에는 졸업논문을 제출해야 했다. 특히 「일본개국의 연구(日本肇国の研究)」, 「만엽에 있어서의 산-풍토를 중심으로 한 일본정신의 일 측면」, 「만주국의 건국 고찰」, 「일본적 세계관」, 「국가 경륜에 있어서의 제례의 의

49 山根幸夫, 前掲論考, p.823-825

50 安田敏朗(1993),「満州国」の言語計画 :「五族協和」のなかの言語」,『アジア・アフリカ言語文化研究所通信』79, 東京外国語大学アジア・アフリカ言語文化研究所, pp.1-25.『建國大學研究院要報』第一號、康徳六年(一九三九年) 참조. 第一語學ハ日語、漢語、第二語學ハ蒙古、露語、英語、佛語、獨語、伊語トシ何レモ一ヲ課ス但シ學生ノ常用語ニヨリ適宜變更ス.

51 建国大学(1940(康徳7)),『建国大学要覧』, p.36. "三,国民教育論科目 (満州国ヲ主トスル東亜ヲ対象ト為ス) 教育原論,教育心理学,教育行政論,教育方法論,学校経営論。四.国民教化論 (満州国ヲ主トスル東亜ヲ対象ト為ス) -教化原論,教化政策論,教化事業論,国民体位論,思想国防論,東亜教化論。五.世界文教論-世界文化,国際文教交渉論。六.補充科目-政治学科及経済学科中ノ一定科目ヲ共ニ学修セシム"라고 적고 있다.

의」[52] 등은 대표적으로 일본의 '국학적 성격'을 보여주는 대표적인 논고들이
었다.

4. 민족협화라는 이데올로기의 뒤틀림

민족협화라는 표면적인 학교제도와는 달리 내부적으로는 민족협화에 균열
을 일으키고 있었다. 일본인을 제일 우위에 두고 실제로 식민지국가에서 온
조선인과 중국인은 일본의 지배정책의 허구를 일본인 학생들에게 항의하기도
하였다. 실제 식민지 지배의 실태를 들을 일본인 학생들 사이에서도 아무 말도
못하는 학생과 지배를 정당화하는 논리를 더 강조한 학생들로 나누어져 논쟁
을 벌이는 일들도 있었다. 예를 들면, 중국인 학생들은 중국 땅에서 벌어지고
있는 ①중국 농민의 토지 몰수, ②같은 관료이지만 일본인과 다른 민족과의
급료의 차이, ③일본인의 중국인에 대한 폭력사건 등을 문제시하여 일본인학
생들에게 항의하기도 하였다. 그 때문에 기숙사 안에서는 일본인 학생과 식민
지지배를 받고 있었던 민족들 사이에는 갈등과 균열이 생기고 있었다.

일본 내지에서는 이상국가 만주국(理想国家満州国), 왕도락토(王道楽土)
의 만주국이라는 선전을 믿고 건국대학에 입학했는데, 실제로 식민지지배지의
학생들에게 듣는 현실은 거리가 있었던 것이다. 한 사례로 '황국청년(皇国青
年) 모리자키미나토(森崎湊)'가 결국 건국대학을 퇴학하게 되는 사건이 발생

---

52 湯治万蔵(1981), 『建国大学年表』, pp.420-421. 문교과를 졸업한 학생의 졸업논문의 제목을
　　보면 다음과 같다. ①歴史に関する哲学考察, ②支那古典の「誠」及び其の現在満人社会に
　　於ける考え方, ③東郷元帥景仰, ④詩経研究, ⑤日本肇国の研究, ⑥万葉に於ける山ー風
　　土を主とする日本精神一側面, ⑦歴史に於ける時間の考察, ⑧民族国家の哲学的考察,
　　⑨「易経」に示されたる陰陽一元の世界, ⑩願生, ⑪宗教の素描, ⑫芸文論, ⑬満州国の建
　　国を考察する, ⑭「みなみ我」日本的世界観, ⑮歴史哲学的世界観, ⑯国家経倫に於ける
　　祭礼の意義. 등등이다.

382

하게 된다.[53] 또한 기숙사 안에서는 중국인학생과 조선인 학생들 사이에는 자기 나라의 노래를 서로 가르쳐 주기도 했다고 한다. 조선인 학생은[54] 동학농민운동을 상기시키는 녹두꽃 노래를 불렀다고 한다.

일본제국주의를 비판하는 노래를 소개하고 있었던 것이다. 다음은 필자가 직적 인터뷰한 건국대학 졸업생의 사례를 소개하기로 한다. 아래는 필자가 제공받은 졸업생 명부인데, 이 졸업생들을 전부 인터뷰 할 수는 없었지만, 자료로서 제시해 두기로 한다.

〈그림 4〉 만주건국대학 졸업생 동창회 명부

만주건국대학 동창회 규약

만주건국대학 동창회 사무국

출처: 필자가 제공 받은 자료

---

53 志々田文明, 前揭論考, pp.372-379.

54 伊藤肇(1970),「はるかなる建国大学」,『諸君』, 文藝春秋, p.199. 새야새야 파랑새야(鳥よ, 鳥よ,青鳥よ), 녹두밭에 앉지 마라(綠豆の畑に降り立つな), 녹두꽃이 떨어지면(綠豆の花がほろほろ散れば), 청포장수 울고간다(青舗売り婆さん泣いて行く)는 노래였다.

사례①	오하시 히사에몬(大橋彦佐衛門)	졸업생 (5기)
주요 약력	1926(大正15)년생. 오사카 사카이시(堺市) 출생. 사카이시 중학교 졸업 후 건국대학 입학(1943년 3월 입학 - 1945년 1월까지). 학도병으로 출진(出陣). 전후에 교토대학 문학부 재입학 후 중퇴, 1956년부터 자영업.	
인터뷰 내용	중국인들은 이런 노래를 가르쳐 주었다. "簾外雨潺々 春意蘭珊 羅衾難耐 五更寒 夢裡不知身是客 一餉貪歡""独自莫憑欄 無限江山 別時容易時難 流水落花春去也 天上人間" 이것은 남쪽 당나라의 마지막 군주인 이후주(李後主)의 양도사령(浪淘沙令)이라는 노래라 한다. 군주가 송이 멸망하고 포로가 되어 송의 수도로 끌려가 유폐되었을 때 만든 노래로, 일본의 침략을 받고 있는 자국의 슬픈 운명을 중첩시켜서 부른 노래였다.[55]	

기숙사 생활 속에서는 민족협화라는 슬로건아래에서 각각의 민족에 대한 애환을 은유적으로 타민족학생에게 소개한 현상으로 나타나고 있었다.

5. 오족협화 논리의 한계와 붕괴

1) 중국인 학생의 반일운동

민족협화라는 논리 속에서는, 반대로 각각의 민족적 내셔널리즘이 부상되고

---

55 大橋彦佐衛門(2000), 『虹の巡礼』, まろうど社, pp.284-285. すだれの外にしとど降りしきる雨,その雨の音の中に,春のけはいはやるせなく衰えていくのを感じる。うすぎぬのふとんには耐えがたい夜明け方の寒さ,今しがたまどろんだ夢には,さすらいのわが身を忘れはてて,しばしの喜びにひたったものを,-覚めてのちこの侘びしさ) ただひとり欄干によりかかって眺めわたすのはよそう。はるかにはてしなくつらなる山や川にいよいよ悲しみをそそられるばかりだから。人生の中に,別れねばならぬ時は,しばしば訪れるが,めぐりあう時はめったにないという,-その優しい故郷の山川を目にすることは二度とないであろう。目の前を,水が流れ去り,花は散っていきそして春は過ぎていってしまった。-歓びの日々とともに。天上の世界とこの世の隔たり-そのように,私の手のとどかないはるか彼方へ-中国詩人選集『李煜』村上哲見訳.

있었으며, 자민족의 색채를 선전하려고 하는 움직임이 나타나고 있었다. 즉 건국대학의 오족협화를 '실천적으로' 행동하기 위한 노력과 창건을 위해 진력하지 않으면 안 된다고 생각하면 할수록 그와는 반대로 내셔널리즘의 충돌로 이어지는 것이다. 특히 식민지지배를 받고 있던 조선인, 반식민지하에 놓인 중국, 그들의 민족 가시화를 위한 노력이 나타나는 경쟁과 함께, 건국대학은 일본인에 의한 일본어 교육과 관리체제아래라는 일본내셔널리즘과의 충돌이었다.

결국 중국인 학생은 후기(後期)에 진학하자마자 사건을 일으킨다. 전기 3년 과정의 가을, 즉 1940년 11월, 일본으로 수학여행을 간다. 그해는 일본의 기원 2600년 기념행사 때문에 건국대학 학생들도 도쿄(東京)에 불러 축하행사에 참가시키기 위해서였다. 그때 건국대학에서 온 중국인학생 숙소에 일본에 유학중인 중국학생들이 방문하여, '만주국을 일본제국주의의 침략에 의해 만들어진 괴뢰국가'라고 호소하고 반일운동에 협력할 것과 상호간의 연락방법을 타협했다. 그 후 만주로 돌아온 건국대학 중국 학생들과 일본 내지의 중국 유학생들 사이에 주고받았던 우편물이 관동군에 발견되어 체포되기에 이른다. 1941년 6월, 중국인 학생17명이 체포되고, 구속된다. 대학 측에서는 중앙관청에 체포학생들의 석방을 요구했지만, 응해주지 않았다. 그 후 제2차 검거가 실시된다는 소문이 돌고, 검거를 피하기 위해 중국인 학생들 중에 도망하는 학생도 생겼다.[56]

연표를 확인해보면, 1941년 11월 14일에 항일 정치범 용의로 중국계 학생 18명이 헌병대에 연행되었음을 적고 있다. 그리고 항일운동의 공모로 학교를 떠나는 일도 생겨났다. 이 사건으로 사쿠다 소이치(作田莊一) 부총장이 사의를 표명하는데[57] 1942년 6월 퇴임발령을 받게 된다. 그 후임은 예비역 중장 스에다카 카메조(尾高亀蔵)가 취임한다. 항일운동의 표면화 문제는 건국대학

---

56 山根幸夫, 前揭論考, p.832.
57 湯治万蔵, 前揭書, p.319.

의 '성격' 변화를 만들었다.[58] 그 근거가 될 수 있는 것이 다음과 같은 〈인터뷰〉에서도 알 수 있다.

사례②	아라시다 마즈오(嵐田万寿夫)	2기생
인터뷰 내용	사쿠다 소이치가 있었을 때는 그래도 자유스러운 분위기가 있었지만, 후임으로 온 스에다카 카메조(尾高亀蔵) 때 부터는 자유가 제한이 되었다. 그는 군인이었기 때문에 좀 달랐다. 학생들도 별로 좋게 생각하지 않았다. 악명 높은 군인이었다. 이 시기에 건국대학을 떠난 선생님들도 있다. 독일어를 담당했던 도바리치 쿠후(ドバリチクフ)라는 독일어 선생이 있었는데, 문학자로 유명하셨는데 그때 사표를 내고 귀국했다. 내가 군대에 입대한 것이 1943년이니까, 그 이전 해니까 내 기억이 맞다.	

　여기서 주목하고 싶은 것은 역시 중국인학생에 의한 반일운동이 있었던 것, 그리고 일본인학생과 중국인 학생들 사이에는 갈등이 존재하고 있었다는 것이다. 그리고 1942년 이후 건국대학도 군의 간섭으로 그 체제에도 변화가 일어났다는 것이다. 그렇다면 이러한 과정 속에서 과연 조선인의 위치는 어떠했을까.
　지금까지 건국대학의 논고 중에서도 나타나지 않았던 조선인의 위치는 생각해보필요가 있을 것이다. 과연 오족협화의 논리 속에서 조선인의 어떻게 존재하고 있었던가를 살펴보는 것은, 만주 건국대학을 좀 더 총체적으로 다루고 건국대학의 모습을 그려낼 수 있기 때문이다. 현재 남아있는 자료 중에서 학생 수가 확인이 되는 것이 1941년도의 것이다.

〈표 3〉 1941년에는 후기 1기생까지 재학했다.

민족	일본인	중국인	몽고인	조선인	백인계러시아	대만	계
합계 (%)	277 47	217 37	24 4	40 7	17 3	12 2	587 100

58　山根幸夫, 前揭論考, p.833.

386

1941년 봄 시점에서 건국대학의 민족별 학생 수는 〈표 3〉에서 알 수 있듯이
조선인의 숫자가 중국인에 비하면 많은 편은 아니었다. 다시 말하면, 일본인이
다수를 차지한다는 입학 규정에 의한 인원배치였다는 것을 감안하더라도, 중
국인에 비하면 조선인은 그 숫자가 많은 것은 아니라는 것이다.

중국인 학생들이 반일적인 성향을 많이 가지고 있었고, 문제까지 발생시킬
정도였다는 것으로 '민족주의'적인 색채를 가진 것으로 보는 것도 거의 비슷한
숫자였기 때문에 가능 했었는지도 모를 것이다. 조선인 학생은 참으로 미묘한
입장에 놓여 있었다. 일본인과 중국인의 사이에 끼어서, 어느 편에 속하느냐가
미묘했던 것이다. 즉 중국인들의 반일적 태도에 동조적이냐, 일본 학생들 편으
로 속하는 친일적이냐 포지션이 애매한 문제를 내포하고 있었다.

2) 조선인의 위치-반일인가 친일인가

이도 하지메(伊藤肇)의 「아득히 멀어진 건국대학(はるかなる建国大
学)」을 보면, 조선인은 극단적으로 친일인가 반일로 나누어져 있었다고 지
적한다.

　　같은 숙사를 사용하던 야마다(山田: 창씨명)와 나카하라(仲原: 창씨명)가 있었
　　는데, 야마다가 반일적이고 나카하라가 친일적이었기 때문에, 나는 나카하라와
　　사이가 좋았다. 그렇지만 사이가 좋아지면 좋아질수록 "조선에 있는 일본인은
　　잔혹하다, 조선인 탄압이 너무 처참하다"라며 일본인을 비판하는 발언을 했다.[59]

친일적 조선인 학생이었지만, 식민지지배하의 일본인의 조선인 박해에 대해
힐문했다는 것이다. 그럼 다시 필자가 조사한 사례를 예로 들어보기로 한다.

---

59 伊藤肇, 前揭論考, p.199.

사례 ③	오하시 히코사에몬(大橋彦左衛門)	기숙사는 30명이 사용
인터뷰 내용	일본인 15인, 대만 1명, 조선인 2, 그 외 12명 이었다. 논쟁을 벌이면 조선인계는 일본인계에 동조해 주었다. 동기 중에 T씨가 있었는데, 부산의 일본인 중학교에서 건국대학에 진학해 왔는데, 너무 일본인과 똑같이 행동했기 때문에 조선인계 학생들에게 따돌림을 당했다. 그러나 김 씨 같은 사람은 일본인을 무시하고 중국인편을 들었다.	

중국인들의 입장이 한결같이 반일적이라는 표현에도 생각해 보아야 할 측면이 있지만, 조선인의 입장은, 중국인들과 함께 반일운동에 가담하는 측면도 없지 않아 있었고 중국보다는 일본이쪽에 서 있었던 입장이 친일적이라고 볼 수도 있지만, 반드시 식민지지배를 긍정적으로 인정한다는 입장은 또 아니었다는 것이다.

이러한 태도를 취할 수밖에 없었던 것은, 역시 그 당시의 조선에서 내걸고 있었던 내선일체의 이데올로기를 반영하고 있다고 볼 수 있을 것이다. 그러나 만주에서는 민족협화라는 슬로건아래 건국대학에 몸을 담은 학생들의 입장은, 상반된 이중의 이데올로기에 좌지우지되는 모순을 느끼고 있었던 것이다. 그 의미에서 본다면, 중간자적 위치라는 것은 지극히 당연한 것이었는지도 모를 것이다.

너무 단순하게 중국인과 일본이의 대립, 그 구조 속에서 조선인의 중간자적 위치라는 논리로는 설명되지 못하는 부분이다. 건국대학에서 발생한 '마굿간 사건(馬小屋事件)'[60] 같은 사건에서 그 일면을 읽어낼 수 있을 것이다. 일본인 학생이 학교 측의 방식에 반대하여, 행동한 사건인 것이다. 그리고 모리자키 미나토(森崎湊)의 일기에서 나타나듯이 이상과 현실의 갭 속에서 일본인들 학생의 고뇌도 자퇴형태로 나타나기도 한 것이다.[61]

---

60 河田宏(2002), 『滿州建国大学物語り』, 原書房, pp.180-183.
61 志々田文明, 前揭論考, pp.372-379.

사례④	A씨
내용	1기생과 2기생은 성격이 전혀 달랐다. 1기생은 어느 쪽이냐 하면 C 씨처럼 학자가 된 사람도 있었지만, 학자 타입보다는 웅대한 이상을 가진 이상가의 분위기가 있었지. 입학당시 왠지 그런 경향을 가진 사람을 뽑지 않았는가 하는 생각이 드는군. 그러니까 학교 성적이 별로 안 좋아도 상당히 독특한 품격을 가지고 있었다고 보네. 아마 그런 사람들을 선별한 것 같아. 예를 들면, 무지개 색 토로츠키(虹色のトロツキ)에서 나오는 다카하시 다케오(高橋武雄)는 유도선수이며, 아주 체구가 컸었지. 유도선수였던 것으로 알고 있지. 이에 비해 2기생은 매우 이성적이고 학교 성적이 우수한 이들을 선별했던 것 같다. 그러니까 1기생과 2기생은 전여 성격이 달랐지. 그러나 공통된 것은 새로운 국가를 창출하기 위한 인재로 자란다는 대학의 이상을 가지고 생활했던 분위기는 가졌었는데... 그리고 식사 때는, 졸업하면 지도자가 될 지위에 서기 위해서는 가장 밑바닥 밥도 맛보아야한다는 것을 강조하기도 했지. 쌀밥도 나오기도 했지만, 죽도 먹고 좁쌀 밥도 먹기도 했지. 그러나 전부 같이 그런 밥을 먹었지. 그런데 3기, 4기, 5기로 내려가면, 일본인 학생이 왜 이런 식사를 해야만 하는가 라며 반발하기도 했지. 군국주의에 물들어서 학생들 사이에서도 차별화를 호소하기도 했지. 우리 때는 안 그랬는데…

입학 시기가 달라짐에 따라 학생들의 분위기도 달라졌다는 의미로 해석해도 좋을 것 같다. 즉 일본인들 사이에서도 기수가 다르면 다른 분위기를 가지고 있었고, 일본인 학생들 사이에서도 의견차이가 발생하고 있었다는 것이다.

만주국에서 몽고인은 80만명 정도의 인구로, 전체인구의 2.3%에 지나지 않았다. 그러나 생활공간은 만주국의 3분의 1이상을 차지하고 있었다. '만몽(滿蒙)'이라는 말에서도 비추어지듯이 일본인은 몽고인들과 만주인, 중국인들과 사이좋게 지내고 있었다는 듯한 이미지를 갖게 한다. 그렇지만, 몽고인은 중국인들이 목초지(牧草地)에 이주해 온 것을 환영하지 않았다. 즉 만주국의 민족문제는 지배자＝일본인, 피지배자 중국인＝조선인＝몽고인＝만주인등의 이원적 대립구조가 아니었던 것이다.[62]

이것이 바로 말 그대로 '오족협화(五族協和)'라는 도가니 속에서 가각의 민

---

62 塚瀬進(1999), 『満州国「民族協和」の実像』, 吉川弘文官, p.110.

족이 자신들의 민족적 이해관계에 따라 갈등을 일으키고 있었던 것이다. 그 갈등의 구체적인 양상의 하나가 조선인이 내포한 내선일제와 오족협화라는 슬로건 사이에서 불안정한 위치를 차지하고 있었던 것이다.

실제로 재만조선인 문제의 국적문제에 대한 갈등이 이미 만주국에서는 표면화되고 있었던 것이다. 즉 1899년에 제정된 일본 국적법에 의하면 [자신의 지망에 의해 외국 국적을 취득한 자는 일본국적을 상실한다]라는 규정이 있었다. 그러나 한일합방 후에, 조선인에게 일본국적을 강제적으로 부여했지만, 일본 국적법은, 조선인에게는 적용되지는 않았다. 다시 말하면 조선인은 외국 국적으로 귀화해도 일본국적을 이탈할 수는 없었다. 그리고 중국 국적법이 1929년에 개정되어 조선인은 중국 국적을 취할 수가 있었다. 여기서 재만조선인의 이중국적문제가 현실적인 문제로 나타나게 된다. 1937년에 실시된 일본에 의한 「만주국」치외법 철폐에 의해 재만조선인 교육행정위양문제에 대해 조선총독부와 갈등을 일으키게 된 것이다.[63]

조선의 미나미 지로(南次郎)는 1939년 5월, 재만조선인은 일본인과 마찬가지로 '만주국의 인민(満州国の人民)'이기는 하지만, 만주국의 신민일 뿐 만 아니라 '일본제국의 신민(日本帝国の臣民)'이라고 발언했다.[64] 즉 만주국과 조선 총독부와의 정책에는 모순을 내포하고 있었으며, 두 개의 모순된 이데올로기가 '공존하는 언설'로 존재했던 것이다.

조선인은 국경을 경계로 조선반도에서는 「황민화(皇民化)」가 요구되어지고, 한편인 만주에서는 「오족협화의 만주국 국민」이 요구되어진, 정치적 상황의 위치에 놓인 것이었다. 다시 표현을 바꾸자면, 일본인에게는 망국자=피식민자라고 차별을 받고, 중국인들에게는 일본인의 꼭두각시라는 놀림을 받는 존재였던 것이다. 다시 인터뷰의 내용을 확인해 두자.

63　田中隆一(1996),「対立と統合の「鮮満」関係―「内鮮一体」・「五族協和」・「鮮満一如」の諸相」, 『ヒストリア』第152号, 大阪歴史学会, pp.106-107.

64　塚瀬進, 前掲書, p.103.

사례⑤	아라시다 마주오(嵐田万寿夫)
글 내용	조선인들은 상당히 어려운 입장에 놓여 있었던 것 같다. 일본인편에 설 것인가, 반일운동을 중국인들과 같이 행동할 것인가. 참 어려운 입장이었다고 생각하지. 당시 조선은 일본이었으니까. 일본이 지배하는 조선에서보다는 새로운 무엇인가를 할 수 있을 것이라고 생각해서 만주로 왔겠지. 우선 만주는 그래도 오족협화라고 했으니까. 그러나 중국인들에게 "너희 나라는 일본의 식민지가 되지 않았느냐. 같이 일본과 싸우자"라며 권유를 받기도 했다고 하지. 참 어려운 입장이었다고 생각해.

그렇다면 실제로 조선인 당사자는 어떠한 심정에 있었을까. H씨의 회고록에서 건국대학의 회고담을 인용해 보기로 하자.

사례⑥	H씨
글 내용	「기숙사에서의 중국인학생과의 생활은 나에게는 충격이었다. 첫해 1년은 '탐색'이었는데, 2년째가 되어서는 아주 노골적으로 나왔다. 나의 일본인과 같은 언동에 그들이 나에게 여러 가지 방법으로 접근했다. 어떤 자는 중국에서의 조선독립운동가들의 상황을 몰래 전해주기도 하였다. 또 어떤 자는 「너희들은 중국의 속국이다. 너무 일본인처럼 굴지마」라며 모멸적인 발언을 하기도 하였다. 이런 점에서 건국대학에서의 생활은 나에게는 심적으로 많은 고통이었다. 나는 정신적 방랑에 빠지게 되었다. 어느 날 일본인 학생 4·5명이 회의를 하고 있었는데, 내가 우연히 그 자리에 있게 되었다. 그때 대표적인 일본인 학생은 내 존재에 눈치를 채고 신경이 쓰였는지 쳐다보았다. 그렇지만 나에게 나가라고는 하지는 않았다. 반대로 「너도 일본인이면 들어도 좋다」라고 말했다. 나는 참 편하지 않은 마음으로 있었던 기억이다. 건국대학의 5년의 공동생활은 나에게 나라를 잃어버린 국민의 서글픔을 통절하게 맛보게 했던 것이다.[65]

65 H(1999), 『旧満州 建国大学出身の韓国人 Hが語る―ハンギョレ(はらから)の世界, ああ日本』, 本人発行, 非売品, pp.28-29.

오족협화 이데올로기의 실천을 위해 만들어진 건국대학에서의 조선인의 위치는 이와 같이 '식민지화된 국민'의 레테르를 쉽게 떼어 낼 수는 없었던 것이다. 다시 말하면, 오족협화 이데올로기 안에서 조선인은 일본인이 되기도 하고 만주국의 만주국국민민족인 조선인이기고 했던 것이다.

그것은 중국인과 일본인과의 대립관계, 그리고 몽고인과 중국인과의 대립관계, 중국인과 조선인과의 대립관계, 그리고 조선인과 일본인과의 대립관계라는 '오족불협화'는 오족협화라는 논리 속에서 '대립적 차이'를 만들어내고 있었던 것이다. 오족협화라는 슬로건 아래 민족의 내셔널리티를 넘으려 하면 할수록, 내셔널리즘을 더 증폭시키는 민족 간의 첨예한 대립은 굴절되어 증폭되고 있었던 것이다.

'오족협화 = 민족협화' ―― 〈왕도낙토〉							
일본 내지 준비위원			만주건국대학				
이론	히라이즈미 기요이(平泉澄), 가케이 가쓰히코(筧克彦), 사쿠다 소이치(作田莊一), 니시신이치로(西晋一郎)	⇒	사쿠다 소이치 부총장	교육내용 모순들			
				수업과목 및 기념일		기숙사 공동생활	
	왕도=황도-패도의 논리		〈왕도=황도 =건국원리〉	정신	건국이념 = 협화국가학	⇒	일본인 내부의 차이
	다치바나 시라키, 이노우에 데쓰지로,			무도			만주국과 조선의 모순
관동군	이시하라 간지, 이타카키 세이시로, 쓰지 마사노부, 가타쿠라 다다시(片倉衷)	⇒	도조 히데키	반일/항일 중국인			항일운동
				조선인, 일본인			내선일체와 오족협화 사이

6. 나오며

이상으로 본 글에서는 오족협화와 민족협화의 슬로건아래 왕도낙토를 건설하는 논리, 만주건국대학을 창설 건국정신을 실현할 인재육성을 목표로 하던 최고 기관이었다. 이를 위해 내지에서 히라이즈미 기요이, 가케이 가쓰히코, 사쿠다 소이치, 니시 신이치로가 설립위원으로 위촉되어, 실질적인 방침을 만들어냈던 것이다. 또한 왕도의 논리를 만들어 내던 다치바나 시라키에게 영향을 준 이노우에 데쓰지로의 '국체' 논리는 일본의 『고사기』를 근거에 둔 천황주의의 재편이 이루어지고 있었다. 그것은 일본의 특수성과 보편성의 결합이었다. 즉 서구를 상대화 하고 동시에 중국의 '유교'를 일본의 신도를 통해 재해석함으로서 중국을 흡수하는 왕도낙토의 논리를 만들고 있었다.

특히 본지(本地) = 내지에서 확장되는 '일본정신 = 도덕 = 황도'는 만주건국대학으로 이식되었고, 이를 건국정신으로 삼아 그 원리를 교화시키는 프로그램으로서 교과목에도 반영된 것이었다. 이는 인터뷰를 통해 증명되듯이 기숙사생활 속에서의 차이를 역설적으로 부각시켰다. 일본인 학생들과의 차이가 발생한 것이다. 중국인과 조선인의 차이, 조선인과 일본인의 차이, 조선반도의 내선일체, 만주국에서의 오족협화라는 모순의 자장들이 존재했다. 그 시대 속에서 만주국의 오족협화와 민족협화를 만들기 위한 왕도주의, 그리고 만주건국대학에서의 실질적인 실험은 '일본 국민국가'의 모태를 원거리에 이식하려는 모순들이 충돌하고 있었다. 시대적 논리로서 내건 오족협화, 민족협화, 왕도주의는 '시대적 파퓰로 메모리'로 외쳐졌지만, 그것이 일본중심주의를 통한 일시동인의 이름으로 강요하는 충성과 복종은 '비균질함'을 요구하는 내면의 자유를 억압하지는 못했던 것이다.

전후 일본 국민국가의 '경험'에 깊게 심어버린 암부의 기억을 응시하여, 국민국가가 제국주의로 변용하는 논리들을 해체하는 계기로서 '전전의 기억'에 연루되어야 할 것이다.

| 참고문헌 |

강해수(2016), 「'도의국가(道義國家)'로서의 만주국과 건국대학－사쿠다 소이치・니시
　　　신이치로・최남선의 논의를 중심으로」, 『일본공간』20, 일본학연구소, pp.76-118.
박은숙(2008), 「"滿洲國" 建國精神과 六堂의 不咸文化論」, 『동악어문학』51, 동악어문
　　　학회, pp.315-337.
이정희(2016), 「'만주 건국대학'의 교육과 조선인 학생」, 『만주연구』22, 만주학회,
　　　pp.255-255.
전성곤(2006), 「만주 건국대학 창설과 최남선의 〈건국신화론〉」, 『일어일문학연구』56(2),
　　　한국일어일문학회, pp.165-186.
정상우(2019), 「식민주의 역사학으로서 만주건국대학에서의 역사 연구」, 『동북아역사논
　　　총』64, 동북아역사재단, pp.125-169.
정준영(2016), 「'만주 건국대학'이라는 실험과 육당 최남선」, 『사회와역사(구 한국사회
　　　사학회논문집)』제110호, 한국사회사학회, pp.309-352.

太平洋戦争研究会著(1996), 『満州帝国』, 河出書房新社.
西澤泰彦(1998), 『「満洲」都市物語』, 河出書房新社.
太平洋戦争研究会(2003), 『満州国の最期』, 新人物往来社.
横尾道男編集(2012), 『満州帝国の光と闇』, 徳間書店.
金子堅太郎編集(2014), 『満州帝国』, 洋泉社.
歴史ロマンムック(2014), 『満鉄と満洲帝国の幻影』, スコラマガジン.
甲斐国三郎(2014), 『満州引揚げ者の告白』, 文芸社.
稲毛幸子(2014), 『かみかぜよ、何処に: 私の遺言』, ハート出版.
新井恵美子(2007), 『少年たちの満州－満蒙開拓青少年義勇軍の軌跡』, 論創社.
市川和広(2014), 『三つの願い 隠された戦後引揚げの悲劇』.
細谷亨(2019), 『日本帝国の膨張・崩壊と満蒙開拓団』, 有志舎.
趙彦民(2016), 『「満洲移民」の歴史と記憶』, 明石書店.
読売新聞大阪社会部(1986), 『新聞記者が語りつぐ戦争(7)』, 角川文庫.
北國新聞社出版局編集(1997), 『赤い夕日の満州で』, 新興出版社.
太田正(1984), 『満州に残留を命ず』, 草思社.
星亮一(2000), 『満州歴史街道－まぼろしの国を訪ねて』, 光人社.

テンサ・モーリス=スズキ(2004), 田代泰子訳, 『過去は死なない』, 岩波書店.

山根幸夫(2003), 『建国大学の研究』, 汲古書院.

三浦英之(2017), 『五色の虹』, 集英社.

(著)

志々田文明(1993), 「建国大学の教育と石原莞爾」, 『人間科学研究』第6巻第1号, 早稲田大学人間科学部.

建国大学(1940), 『建国大学要覧』.

宮沢恵理子(1997), 『建国大学と民族協和』, 風間書房.

山根幸夫(2003), 『建国大学の研究-日本帝国主義の一断面』, 汲古書院.

建国大学同窓会刊(1981), 『建国大学年表』(湯治万蔵編).

小林金三(2002), 『白塔: 満洲国建国大学』, 新人物往来社.

河田宏(2002), 『満洲建国大学物語』, 原書房.

三浦英之(2015), 『五色の虹』, 集英社.

駒込武(1996), 『植民地帝国日本の文化統合』, 岩波書店.

吉本隆明(1968), 『共同幻想論』, 河出書房新社.

森正孝(1985), 「日本近代史の'闇'を見据える視座」, 『季刊三千里』第41号, 三千里社.

山根幸夫(1987), 「「満洲」建国大学の一考察」, 『社会科学討究』第32巻第3号, 早稲田大学社会科学研究所.

伊藤肇(1970), 「はるかなる建国大学」, 『諸君』, 文藝春秋.

大橋彦佐衛門(2000), 『虹の巡礼』, まろうど社.

塚瀬進(1999), 『満州国「民族協和」の実像』, 吉川弘文官.

田中隆一(1996), 「対立と統合の「鮮満」関係—「内鮮一体」・「五族協和」・「鮮満一如」の諸相」, 『ヒストリア』第152号, 大阪歴史学会.

H(1999), 『旧満州 建国大学出身の韓国人 Hが語る—ハンギョレ(はらから)の世界, ああ日本』, 本人発行, 非売品.

西晋一郎(1941), 『文教論』, 建国大学研究院.

清水亮太郎(2014), 「満洲国統治機構における宣伝・宣撫工作」, 『戦史研究年報』17, 防衛省防衛研究所.

中村三郎(1926), 『皇道』, 稜威会出版部.

井上哲次郎(1926), 『我が国体と国民道徳』, 広文堂書店.

井上哲次郎(1933),『王道立国の指導原理』, 東亜民族文化協会.

加藤玄智(1922),『神道の宗教学的新研究』, 大鐙閣.

新渡戸稲造(1933),『内観外望』, 実業之日本社.

昭和青年会(1934),『皇道宣揚』, 昭和青年会.

井上哲次郎(1934),『日本精神の本質』, 大倉広文堂.

井上哲次郎(1935),『日本の皇道と満洲の王道』(第5篇), 東亜民族文化協会.

呂同挙(1995),『旅順口』, 辽宁人民出版社.

王洪恩(2003),『日俄侵占大连简史』, 吉林人民出版社.

刘世泽(1998),「伪满新京建国大学」,『东北论陷十四年教育史料』第三辑, 吉林教育出
　　版社.

위만주국 시기 조선인 이민자 사회 계층과 정치적 선택

'만주 기억'의 관점으로

정이(鄭毅, Zheng Yi)

중국 길림(吉林)대학 대학원에서 법학 연구, 법학박사. 일본 호세이(法政)대학, 야마가타(山形)대학, 오사카(大阪)대학 등에서 객원교수를 지냈고, 국제일본문화연구센터 외국인 연구원을 지냈다. 그리고 연변(延邊)대학 조선반도연구협동창조센터의 특별연구원, 현재 북화(北華)대학 교수. 주요 저서로는 『미국의 대일 점령사(美國對日占領史)』(2016), 『『간도문제』와 중일교섭』(공저, 2016), 『제국에의 길』(공저, 2015), 『요시다 시게루(吉田茂)의 제국의식과 대(對)중국 정책 연구』(2013) 외 다수.

1. 서론[1]

소위 '만주 기억'이라는 것은 특정 시대의 정치적 의미를 지닌 어휘로, 이른바 '만주'라는 지역 공간으로 인해 생겨난 집단적 체험이나 기억으로 이해될 수 있다. 만주 기억의 복잡성은 동일한 시공(時空)의 배경 하에 다른 민족 집단, 심지어 동일 민족 집단 중에도 또 다른 집단이 완전히 다른 집단 기억을 형성할 수 있다는 데 있다. 기억의 '장(場)'는 같을지라도, 기억의 내용은 기억 주체의 차이에 따라 다를 수 있다. 일본인 이민은 '식민 통치자'의 신분으로 중국 동북 지역(즉, 소위 '만주')에 진입한 것이고, 이로 인해 상당히 많은 일본 이민자들이 각종 신분으로 이미 중국 동북에서 '만주 체험'을 하였으며, 전후 일본에는 여전히 소위 '만주 콤플렉스/노스탤지어'라는 것이 존재한다.

이곳에서 생활한 중국 인민들의 다수는 일종의 '국가 함락, 산하 파괴'로 이 시기의 역사를 기억하고 있고, 개혁개방 이후 이를 '동북윤함시기(東北淪陷時期)'라 칭했다. 한반도 출신의 이민 집단은 이입 역사가 짧지 않은 편이고, 이민의 원인과 배경도 시대에 따라 큰 차이가 있으며, 위만주국 시기 조선인 이민 집단의 사회·정치적 위치도 비교적 특수한 상황에 놓여 있어, 그 정치적 선택도 상당히 복잡했기에, '만주 기억' 연구에 있어 상당히 주목할 만하다.

위만주국시기 한반도에서 중국 동북 지역으로 이주한 집단 중 정치적 선택

1 본 논문은 중국국가사과(社科)기금 중대항목 : 근현대 일본의 만몽(滿夢) 사회조사서 및 문화식민사료 정리연구(1905~1945)[19ZA217] 수행연구 성과임

에 있어 서로 용인될 수 없는 두 가지 선택이 나타났는데, 한쪽은 하층 이민 집단과 일본 식민 통치를 인정하지 않는 반일지사들이, 동북 지역으로 이입 후 중국 공산당 지도자의 반일 운동에 참가하는 선택으로, 반석(盘[磐]石)과 같은 동북 지역은 1931년 조선 농민이 조직한 반일 농민 협회가 등장했으며, 저명한 '반석유격대(磐石游击队)' 및 양정우(楊靖宇) 지도자의 동북 항일 연합군 중 조선 관병의 비율이 상당히 높았는데, 이들 이민 집단의 '만주 기억'은 더 많은 부분 중국 군민의 항전 기억과 일체가 되었다. 다른 한쪽은 소수 위만 국 식민 통치에 예속되어 일정한 사회·정치적 지위를 획득한 이민자 집단으 로, 그 사회적 지위와 생활 체험이 일본 식민 지배자와 중조(中朝) 일반 민중 사이에 있는 '중간층/끼인 계층'이었으므로, '만주 기억'은 그 자체가 역설이라 할 수 있다. 전후 한반도로 귀환한 이주민들의 이야기는 다양한 정치적 의미로 표현되었고, 그 특정 경험은 숙명적으로 이 집단의 기억이 가장 복잡한 연구 대상이 되도록 하였다.

2. 근대 중국 동북 지역 조선인 이민의 유래

한반도 민중이 국경을 넘어 중국 동북 지역으로 이동 진입한 역사는 상당히 오래된 것으로, 동북 지역과 조선 반도는 산수(山水)가 이어진 밀접한 관계에 있어, 민족 집단의 이동은 일종의 보편적인 역사 현상이었다. 19세기 60-70년 대, 한반도 북부에 여러 해 동안 이어진 자연 재해는 대량 민중이 생존을 위해 중국 동북으로 이주하는 결과를 낳았다.[1] 러일 전쟁을 전후하여, 두만강 북연 안의 조선인 이민자는 5만 여명이나 증가했다.[2] 1905년 일본의 한반도 병탄

---

[1] 《中国旧约章汇編》第一册, p.403. 1879년 통화(通化), 회인(懷仁), 관전(寬甸), 흥경(興京) 등지의 조선 이민자가 이미 8,722가구, 37,000여 명에 달했으며, 조선 이민자들이 거주하는 28개 '면(面)'(향(鄉)에 해당)을 설치함.

후 일본 식민 통치에 반항하는 정치상의 이유로 대량의 조선 민중이 중국 동북 지역으로 이주했는데, 일본 탁무성(拓務省) 통계에 의하면, 1910-1920년 남만 주 지역으로 이주한 조선인 이민자는 98,657명이며, 동만주, 북만주로 이주한 조선인 이민자는 93,883명으로, 총 192,540명이었으며, 1920년에 이르러 동북 지역의 조선족 인구는 457,400명을 초과했다.[3] 일본이 한반도에서 실시한 '토지 조사 사업'(1910-1918) 및 '산미 증식 계획'(1920-1934)은 한반도의 농민들에게 뚜렷한 '구축효과'를 발생시켰고, 대량의 조선 농촌 과잉 인구가 중국 동북 지 역으로 이주하였다. 위만주국 성립 후 일본 제국은 중국 동북 지역을 한반도 내 사회적 안정을 처리하는 인구 분산 구역으로 삼아, 계획적으로 조선인들을 중국 동북으로 이주시켰으며, 일본 제국주의가 식민 통치상 필요에 의해 '통제 이주'(controlled migration)를 실시함으로 인해, 1931-1945년 사이 이주민들 수 는 이전 시기 이민자 총 수의 3배에 달했다.[4]

만주국은 일본 제국의 식민지 중 하나인 동시에, 동아시아 지역 중 이민 성 분이 가장 복잡한 지역으로, 일본인 이민자, 조선인 이민자, 러시아인 이민자, 유태인 이민자, 한족 이민자, 회족 이민자 등 모두 이곳에 집결해 있었다. 동북 지역에 모인 많은 이민족 집단의 이민 동기, 배경, 유형은 각기 달랐으나, 한족 이민은 동일 국경 내 국내 인구의 자연 유동이었다.; 미국 학자 Henry Pratt Fairchild 의 세계 근대 이민 문제에 대한 연구 분류에 의하면, 조선인 이민은 '생존형 이민'에 속하는 반면, 일본 농업 이민은 '침략형 이민'에 속한다.[5] 일본 제국 정부와 관동군은 소위 '신국가(新國家)'를 건설함에 있어, 형식상으로는 '다섯 민족의 화합'을 표방하였으나, 실제적으로는 통치 운영 과정 중 각 민족

2 《延边地区历史档案史料选编》(一), p.11.
3 日本拓务大臣官方文书课：《满洲与朝鲜人》, 1928, p.103.
4 黄有福主编：《中国朝鲜族史研究2008》, 民族出版社, 2009, p.11.
5 Henry Pratt Fairchild：《Immigration: A World Movement and Its American Significance》, New York: Macmillan, 1913, pp.4-20.

의 정치적 지위에 다소 차이가 있었다. 일본인은 통치 민족으로서, 우월한 정치 및 사회적 지위를 누렸고, 조선인은 형식상으로는 일본인 다음 순위의 민족으로서 대우 받았으며, 형식상의 정치, 사회적 지위는 중국인 및 기타 민족보다 높았다. 이로 인해, 만주국 시기의 조선인은 '2등 민족' 또는 '중간 계층/끼인 계층'으로 칭해졌다.

1940년 위만주국의 인구 통계는 43,202,880명으로 집계되었다. 그 중 한족 인구는 36,870,978명으로, 전체 인구의 85.3%를 차지했다. 만주족은 2,677,288명으로 6.2%를 차지했으며, 몽고족은 1,065,792명으로 2.5%를 차지했다. 회족은 194,473명으로 0.5%, 일본인은 819,614명으로 1.9%, 조선인은 1,450,384명으로 3.4% 등이었다.[6] 불과 5년 후인 1945년 6월, 중국 동북 지역에 거주하는 조선인은 2,163,115명에 달했다.[7] 상기 조선인 이민 역사 상황의 정리 결과로부터, 위만주국 시기에 증가한 이민자 수량은 이전 각 역사 단계에서의 이민자 총 수의 배에 해당되며, 절대 다수의 조선 이민자는 역사적으로 이 시기에 중국 동북 지역으로 이주한 것임을 알 수 있다. 또 하나의 특수 현상은 : 일본 제국의 붕괴 후, 만주국 시기에 이미 동북으로 이주했던 대규모 조선인 이민자들의 상당수가 동북 지역을 떠나 한반도로의 귀환을 택한 것으로, 그 수가 일본을 제외한 모든 민족 중 가장 높은 비율이었다. 그러한 위만주국의 특수한 정치 체제 하에, 조선인 이민자의 사회적 지위와 민족의식은 마찬가지로 비교적 특수한 사회·정치적 문제가 되었다.

3. 일본 침략 확장 배경 하의 조선 이민 사회

9·18 사변 후, 특히 일본 제국이 중국 동북 지역에 위만 정권을 전면 수립

---

6 1940年度统计是伪满国务院总务厅临时国势调查事务局编 :《1940年度临时国势调查报告》第一卷·全国篇(1945年5月25日), pp.174-199.

7 《朝鲜年鉴》, 1948.

후, 일본은 중국 동북 지역을 한반도와 동일한 식민지로 취급하였다. 한반도는 일본 제국의 구(舊)식민지(실제상 이미 일본의 영토로 간주)로, 위만주국은 신(新)개척 식민지로 간주했다(일본의 준영토). 두 개 지역이 서로 연결되어 있기 때문에, 일본 제국은 이 둘을 상통하는 지역으로 간주하고 침략 개발과 식민 통치를 진행하였다. 이 후 동북 지역은 일본 제국이 한반도 내 갈등과 난국을 해결 시 우선적으로 선택하는 지역이 되었다. 이 '만주'라는 어휘는 한 민족의 명칭에서 한 지역의 명칭으로 변화되었고, 다시 특정한 정치적 함의가 부여되어 특수한 정치색을 띠거나 혹은 식민주의 색채를 띠게 되었으며, 그 변천 과정이야말로 상당한 연구 가치가 있는 역사 현상이다.

일본의 한반도 식민 통치 기간, 반도 내부 인구의 국외 유출 동력에는 다음과 같은 몇 가지 경우가 있었다.

첫째, 조선 총독부에 의해 직접 이민 척식 계획이 추진된 것. 둘째, 조선총독부가 실행한 '만주 – 조선 일체화'의 국책(國策)으로, 만주국 정부에 계획적으로 관리(官吏), 경찰을 보낸 것. ; 셋째, 토지를 상실한 조선 농민들이 중국 동북 지역으로 강제 이주된 것. 넷째, 조선 총독부의 식민 통치를 반대하여 주동적으로 고향을 떠난 것. 다섯째, 동북 지역을 반일 근거지와 도피처로 삼은 반일 조선 민중이 주동적으로 중국 동북 지역으로 이동한 것.

일본의 중국으로의 대규모 이민 활동은 1936년 2·26 사건이 계기로, 군부의 정치 주도권이 날로 강경해지던 역사적 배경 하에 추진된 것이다. 관동군은 1936년 5월에 20년 내 100만 가구, 500만 명의 일본 농민이라는 '척식' 계획을 제정, 같은 해 8월, 히로타고키(广田弘毅) 내각이 이를 7대 국책 중 하나로 확정하였다. 만주국 측도 이에 동조하여 일본인 농업 이민 정책과 산업 개발 5개년 계획을 북변 진흥 계획이자 3대 국책으로 내걸었다.

한반도의 농업 이민은 일본인 이민의 인력 자원을 보충하는 것으로, 원칙상 조선 농민의 동북 지역 이민을 장려하는 것이었다. 이와 동시에, 조선 총독부는 한반도에서의 토지 약탈로 인해 발생한, 조선 농민의 분노와 반항 활동을 완화시키기 위해 의도적으로 토지를 상실한 조선인을 중국 동부로 이주시키는 계획을 세웠는데, 이는 한편으로는 조선 사회 내의 민족 갈등을 경감하고 다른 한편으로는 부족한 일본 이민자 수를 메우기 위한 것이었다. 이로 인해 조선 이민자들은 일본 농업 이민 정책의 보충 역할로서 중국 동북 지역으로 이주하게 된 것이며, 일본 농업 이민자들과 함께 동북 지역 개발과 동북 지역 인구 중 민족 수 희석에 중요 카드가 되었다. 이에 따라, 일본 관동군과 만주국 정부가 이러한 조선 이민자에 대해 채택한 정책은 주로 이용과 적절한 보호였다. ('만보산 사건(萬寶山事件)'은 바로 이러한 배경 하에 발생된 것.) 이러한 조선 농민 이민자들의 동북 지역 전입 이전에, 동북 지역에는 이미 백 만여 조선 이민자들이 있었고, 이 조선인들은 대부분 중국의 법률과 정책에 의거하여 중국 국적을 취득했다. 조선 민족은 일반적으로 민족 간 결혼을 실행하였기 때문에, 그 문화 전통과 민족 특성은 가족 안에서 잘 전승 보존되었으며, 이것이 조선 이민 사회를 주변 기타 민족과 뚜렷이 구분되게 했다는 점을 거론할 필요가 있다.

만주국 성립 후, 일본 정부와 만주국은 이 부분에 대해 조선 민중이 채택한 것은 두 가지 정책, 즉 통제와 안정 정책이라고 하였다. 통제 정책은 무력을 통해 엄격히 조선 민중을 관리하는 것으로, 조선인이 상대적으로 집중되어 있는 남만주와 북만주 지역의 33개 마을에 영사 분관 및 경찰서를 설립한 바 있으며, 경찰과 자위단 배치 수를 늘렸다. "동만주 지역에서 위만 경찰서는 1933년 628명, 1935년에는 1,450명까지 증가했고, 자위단은 1935년 241개, 7246명, 1936년 319개, 18,131명까지 늘렸다."[8] "1932년 4월, 출병하여 동만주를 침입한 일본군의 '간도 파견대(間島派遣隊)'는 일 년도 채 안 되어, 조선족 거주 지역에 381차례 '토벌'을 진행하였으며, 무고한 백성 4,000여 명을 살해했다.[9]

---

8 吉林铁路局,《在间岛的朝鲜人概况》(14)
9 《东北抗日联军史料》(下)(1987), 中共党史资料出版社, p.675.

　소위 '안정 정책'이란, 조선 민중을 집중 관리하여, 일정한 구역 내에 고정시켜 농업 생산에 종사하도록 (일본은 이를 '집단 부락(集団部落)'이라고 칭한다.) 하는 것으로, '안정 농촌'은 바로 그 중요 정책 중 하나였다. 1932년부터 1937년까지, 일본 침략자들은 남만주와 북만주의 조선 민중을 영구현(營口縣) 전장대(田莊臺), 철령현(鐵岭縣) 난석산(亂石山), 유하현(柳河縣) 삼원포(三源浦), 흑룡강성(黑龍江省) 주하현(珠河縣) 하동(河東)과 수화현(綏化縣) 수화(綏化) 일대에 '안정 농촌'을 집중 건립하여 관리하였다. 동시에 일본 동아권업 회사(東亞勸業會社)는 9,850여 정보(町步)의 토지를 투자 '구매' 하여, 수용 중인 조선 민중 3,546 가구에 수전을 개간하도록 하였는데, 이는 조선 농민에 대한 집중 통치를 강화하고, 지정 지역 내에서 지내면서 이른바 '안정'된 생활을 하도록 하는 의도가 있었다. '안정' 정책도 정치상 조선족 인민을 '통제' 하는 것이었으며, 경제상으로는 조선족 빈곤 농민을 지정된 지역에 안착하게 하여, 조선 농민에게 최저 생활 조건을 제공한 후, 일본 식민 회사의 소작농으로 변모시켜 그들을 영원히 일본 독점 자본주의의 마수에 속박하려던 것이었다.[10]

　조선인 이민자들 중, 주동적으로 일본 제국에 예속되어, 만주국 정권 통치 이용 도구로 충당된 집단도 소수가 아니었는데, 이는 즉, 소위 '친일파'였다. 이들 조선인 이민자는 안동(安東), 영구(營口), 봉천(奉天), 철령(鐵岭), 장춘(長春), 백성(白城), 진뢰(鎭賚), 그리고 쌍하진(雙河鎭) 등지에서 '조선인회(朝鮮人會)'를 조직하였으며, 일본 제국이 제창한 '민족협화(民族協和)', '일심일덕(一德一心)'을 고취하며, 조선족 이민 집단이 일본 제국의 식민 통치에 굴복하도록 유도하였다.

　1932년 2월, 조선 '갑자구락부(甲子俱樂部)' 이사 조병담과 《매일신보》부사장 박석윤 등 친일 분자들이 연변 용정에서 '박두영'을 단장으로 '민생단(民生

10　金春善主編(2013), 《中国朝鮮族通史》(上), 延边人民出版社, p.482.

團)'을 조직하였고, '재만 한인 자치(在滿韓人自治)'를 외치며 항일 파괴 활동을 진행하였다. 일본 침략자들은 다시 김동한 등의 반동분자를 규합하여 일본 관동군 헌병 사령부 연길 헌병대를 조직하였고, 외곽에는 '간도협조회(間島協助會)'를 조직하여 동만 5현(東滿五縣)과 길림, 하얼빈에 지부를 설립하였다. 1934년 7월에는 길림성 훈춘(琿春) 지역에서 1933년 건립된 '훈춘상조회(琿春相助會)'를 기반으로 '훈춘정의단(琿春正義團)'을 결성하였다. 이들 친일 단체는 반공 친일을 고취하고, 항일 투쟁 근절을 부르짖으며, 일위군헌(日僞軍憲)의 수하인을 충당하고, 항일 조직을 파괴하였으며, 일위(日僞)'토벌대'를 이끌고 항일 유격 지구에 대해 광란의 포위 토벌을 진행하였다.

4. 계층별 조선인 이민자의 정치적 선택

개인이나 집단의 정치적 선택은 자신의 정치적 입장에 기초하는, 생활 범주의 사회 환경에 대한 일종의 정치적 태도와 입장으로, 통치자에 대해 취하는 어떠한 행위, 순종, 반항, 또는 도피, 이러한 행위들 자체가 일종의 정치적 선택을 의미한다.

1895년 중일 갑오전쟁이 끝난 후, 반일 운동의 해외 근거지 및 활동 중심지는 주로 중국이었고, 김구, 윤봉길, 김약산 등의 인물이 그 주축이었다. 중국 동북 지역의 특수한 지리적 환경과 편리한 교통 및 북소련 지역의 특정 지연(地緣)이 요인이 되어, 중국 동북 지역은 한반도 이민자의 외부 유출의 우선 지역이 된 동시에, 안중근, 김일성과 같은 조선 반일 운동의 중심이자 영웅 집단도 이 지역에 집중하였다. 일본 식민 통치에의 반항은 조선 반도가 일본 제국에 강제 합병된 후, 일부 강렬한 애국심과 민족주의 감정을 가진 민중의 정치적 선택이었다.

일본 제국의 조선 반도 식민 통치는 3단계로 나눌 수 있다. 제1단계는 1910

년 한일합병부터 1919년 조선의 3·1운동 시기까지이고, 제2단계는 1919년부터 1931년 9·18사변까지, 제3단계는 1931년부터 1945년 일본의 패망까지이다. 일본의 36년에 걸친 조선 반도 식민 통치는 시기별 각각의 특징이 있다. 제1단계 식민 통치의 특징은 무단 통치였으며, 제2단계는 이른바 '문화정치'였고, 제3단계에 실행한 것은 철두철미한 파시즘 통치였다.

　1910년, 일본은 조선을 합병하여 일본 제국의 한 지역으로 변모시켜 이를 '조선'이라 칭했고, 이로부터 조선에서 식민 통치가 시작되었다. 일본은 조선의 중앙통치기관을 '총독부'라 칭했으며, 일본 천황 직속으로 두었다. 총독의 직접 통치 하에, 조선 전역에 걸쳐 엄격한 군사 헌병 경찰 제도를 실행하였다. 육해군이 조선에 주둔하면서, 북쪽으로는 회녕(會寧), 함흥(咸興), 남쪽으로는 대전(大田), 마산(馬山) 등에 군사 요지를 두었고, 헌병과 경찰이 조선 도처에 상주하게 되었다. "1910년, 헌병대 본부에서 헌병대 파출소까지, 전국 총 653개 기관, 2,019명이었던 병력은 1911년에 이르러 953개 기관, 병력 7,749명으로 불과 일 년 만에 병력이 3배 이상 증가하였다. 경찰은 경무총감부(警務總監部)에서 순찰 파출소까지, 1910년 전국 총 경찰 관청 481개, 경원 881명이었던 것을 1911년 관서 678개, 경원 6,222명으로 늘렸다."[11] 전국에 걸쳐 있는 헌병과 경찰은 '즉결권' '강제집행권' 등 87개의 권리가 있었으며, 조선 인민들은 헌병과 경찰의 엄중한 감시 하에 있었다. 그뿐 아니라 재향군인회, 소방대 등 헌병경찰의 별동대가 조선 인민에 대한 식민 통치에 가담하였다. 1917년까지 한반도 곳곳에 무려 160여 개의 감옥이 있었다.[12] 이와 같이 극도로 공포적인 식민지 통치 상황 하에서 조선 국경 내에서의 반일 활동은 살아남기 어려운 것이었다. 이에, 일본 식민 통치에 반항하는 절대 다수의 민중은 중국 동북 지역으로의 이주를 선택, 반일 독립 운동을 진행하였고, 중국 동북 지역의 중국 반일 운동

11　姜万吉(1997), 《韩国现代史》(중역본) ; 社会科学文献出版社 1997, p.8.

12　王东福(2002), 《朝鲜半岛与东北亚国际关系史研究》, 延边大学出版社, p.137.

세력과 연합하여, 조중(朝中) 공동으로 일본 식민 통치에 반항하는 혁명 운동을 조직하였다.

조선의 붕괴 후, 압록강과 두만강을 건너 중국 동북부에 온 조선 애국지사와 의병 투사는 이곳을 '조국 광복의 근원지'로 보았다. 중조(中朝)를 인접 동종 관계로 생각하며, "중토(中土)를 고향으로 여기고, 도강(渡江)을 계속한다"고 하였다.[13] 3·1운동 이후, 중국 동북 조선 민족의 반일 세력은 동북 지역을 기지로 하여, 중조(中朝) 국경 지대에서 무장 항일 투쟁을 전개하였으며, 일본군에게 심각한 타격을 가했다. 1920년 6월 봉오동 전투와 10월 청산리 전투에서 수백 명의 일본군을 섬멸하였으며, 동북 각 민족 인민들에게 항일 무장 투쟁에 대한 필승의 신념을 한껏 고무하였다.[14]

다수 조선 평민 민중의 생계 문제에서 비롯된, 일본 식민 통치에 대한 반항 방식은 조선 반도를 이탈하여, 중국 동북 지역으로 이주, 정착하는 것이었다. "1910년 한일합병 이래, 그 수는 매년 5,6천 명~백만 명까지 급증하였다. 현재 (1930)는 길림성뿐만 아니라, 봉천(奉天)에까지 분포한다. 흑룡강성은, 도처에 고려인의 고향을 조성하였고, 총 이주민 수가 이미 백만 명 이상을 초과한다.[15]" 동북 지역의 조선인은 80%의 농민 이외에, "공산주의자에 속하는 애국지사 및 기타 혁명 분자가 15%를 차지한다."[16](각주 참고.)

중국 동북 지역 내로 이주한 일반 조선 민중은 다수가 현실에 안주하듯 현지 사회에 융화되었으며, 특히 비교적 초기에 동북 지역으로 이주한 민중들은 다수가 중국 국적 취득을 선택하였다.

13 中央档案馆等编(1991),《东北地区革命历史文件汇集》乙部第2集, p.2.

14 王东福(2002),《朝鲜半岛与东北亚国际关系史研究》, 延边大学出版社, p.153.

15 《中共满洲省委关于在满洲高丽人问题的提案》, 载于《동만지구혁명문건회편》下册, 中共延边州党党史研究室编印(2000), p.925.

16 《中共满洲省委关于在满洲高丽人问题的提案》, 载于《东满地区革命文件汇编》下册, 中共延边州党党史研究室编印(2000), p.26.

　　반일주의자, 도피자 다음의, 중국 동북 지역 조선인 세 번째 유형은 일본 식민 통치에 순종하고, 일본의 중국 동북 지역 식민 통치의 추종자이자 하수인이 되는 것이었다.

　　일제는 만주국 성립 후《건국 선언(建國宣言)》에서 '민족협화(民族協和)', '왕도주의(王道主義)', '일만일덕(日满一德)'을 건국 정신으로 내세우며, "무릇 신(新)국가 거주자들은 그 어떤 민족도 차별을 받지 않을 것이다."라고 하였다. 그러나 실제상 소위 '5족 공화(五族共和)'는 명확한 등급제가 존재하였다. 야마토 민족(大和民族)은 고등 민족으로 분류되어 다섯 민족 중의 핵심 지도자가 되었고, 조선인은 준고등민족으로 간주되어 일본인과 협력하고 동북 기타 민족을 부리는 위치에 있었다. 조선 총독 미나미지로(南次郎)는 '내선일체(内鮮一体)'는 간단히 서로 악수 또는 융합하는 것이 아니며, 조일(朝日) 민족의 형(形), 심(心), 혈(血), 육(肉) 모두를 일체화하는 것이라 표명하였다.[17]

　　만주국 각급 정부 부처 현급 이상의 일본 문무 관리들은, 모두 관동군 사령부가 공포한《일본인 복무 수칙, 日本人服務須知》을 한 권씩 소장하고 있었으며, 그 중 동북 통치, 동북 인민들의 노예화 방법 또는 수단이 30여 조항 올라 있었다. 그 중 한 조항에, "조선민족은 … 한민족과 혈연관계일 뿐 아니라 숙적이기도 하므로, 그것을 이용, 회유하여 '황민화(皇民化)'시킨다. 한족과 소원하도록 할 뿐, 친밀한 관계가 되게 하면 안 된다. 한선(漢鮮) 양 민족 충돌 시, 동등이 아니라, 양선억한(揚鮮抑鮮)해야 하며; 조선인이 이곡(理曲) 시, 한인(漢人)은 곡직(曲直)하도록 해야 한다."고 쓰여 있었다.[18]

　　만주국은 괴뢰정권으로서, 그 내부의 민족 관계는 일종의 착종, 복잡다단한 구조였다. 조선인은 형식상 '2등 시민'으로 확정되어, 통치 민족인 야마토 민족(大和民族, 일본인)과 피지배 민족인 중국인 사이의 '중간 위치/끼인 위치'에

17　南次郎(1985), "国民精神总动员朝鲜联盟役员总会席上总督致辞", 出自宫内节子,《朝鲜民众与皇民化政策》, 未来社, p.155.

18　王子衡,《伪满日本官吏的秘密手册》, 载《文史资料选辑》第三十九辑, p.57.

처하였으나, 사회 경제적 지위와 정치적 입장은 다른 것이어서, 조선 이민자들은 '만주국'에서의 생존 환경과 정치 선택도 다원화의 특징을 보였다. 일본 통치에 반항하는 집단과 일본 통치 추종 집단은 대립 상태였으며, 절대다수의 조선 이민자들이 하층 '개척민'으로서, 노동 등의 형식으로 생존 유지에 애썼다. 그러므로 어떤 역사적 시공(時空)의 상황에서, 같은 민족 내부의 '만주 기억'과 '만주 체험'은 완전히 같을 수 없었다. 한국 학자 윤휘탁은 '위만주국 노동계의 민족 구조와 민족 간의 위치 관계'[19]라는 글에서, "노동자 분포와 민족 구성, 민족별 노동 조건과 실태 등을 분석한 결과, '재만 조선인은 위만주국의 2등 공민'이라는 주장은 설득력이 부족하며, 이것은 위만주국 시기 조선인의 사회적 지위를 게시하는 하나의 관찰 시각임에는 틀림없지만, 만일 위만주국의 민족별 지도성 문건 및 공무원, 경찰, 군대 등의 영역에서 분석해 본다면, 그 시기 역사 속 한 민족의 사회적 지위와 정치적 선택을 명시하는 데 보다 객관적이고 이성적일 것이다."라고 하였다.[20]

5. 맺음말

망국의 조선인이 중국 동북 지역으로 강제 이주된 것, 그 사회 계층과 정치적 선택 사이에는 불가분의 관계가 있다. 요컨대, 정치적 선택에는 현실 안주,

---

19 该文由权赫秀译成中文(2004), 发表于《抗日战争研究》, 第1期.

20 이전에 국내 몇몇 중국학자들이 이 연구를 진행하여, 위만의 조선인 공무원이 주로 간도에 있었으며, 기타 지역 조선인 공무원 인원수는 비교적 적었다고 주장한 바 있다. 우리는 일본 측의 연감 자료와 대조해 보면서, 이전의 연구에서 간혹 '창씨개명'의 영향을 소홀히 했다는 것을 발견하였다. 요컨대, 당시 위만정부를 위해 일하던 조선인은 이미 일본 성명으로 개명하였고, '창씨개명'은 간도 이외 지역에서 특히 철저히 집행했는데, 이로 인해, 이전 연구는 조선인 공무원의 인원수를 일본인에 합산하였을 것이다. 사실상, 위만시기의 조선인 공무원 수는 이전 생각보다 훨씬 많았다.

반일 독립과 대일(對日) 추종의 세 가지 유형이 있는데, 그 중 현실 안주형이 다수를 차지한다. 사회 계층에 있어서도 현실 안주형이 다수로, 그들은 무고한 백성으로서 단지 안온한 삶을 추구했다. 일본 제국과 위만주국 당국의 박해를 받은 반일 독립 운동자는 그 수가 다소 많았다. 공산당원을 예로 들면, 동북지역 중국공산당 조직 구성원 중, 조선인 구성원 비중이 상당히 높았다. 1930년 10월, 동북 지역 공산당 인원수는 총 1,000여 명으로, 그 중 90%이상이 조선인 이었다.[21] 항일전쟁 기간에 조선 반도에서 온 민중은 일본 제국주의의 식민 통치에 반항하여 막대한 희생을 치렀는데, 연변 지역에서만 해도, 희생된 2,726 명의 혁명 열사 중, 조선 관병이 2,560명으로 전체 희생자 수의 94%를 차지했다.[22] 반면, 대일 추종자 수는 비교적 적었는데, 생활이 풍요롭고 일본인의 보호를 받았지만 동시에 중국 민중과 조선인 동포로부터 혐오와 경멸의 대상이 되기도 하였다.

　제2차 세계 대전 종전 이후, 유엔 지정으로 조성된 국제군사법정 조례 중 '반(反)평화죄'는 A급 전범으로 확정되었고, 일반 전쟁 범죄는 B급 전범, 반인 도주의적 행위는 C급 전범으로 간주되었다. 구 대동아공영권 내 총 49개의 군사 법정이 설립되어, 일본의 전범에 대한 심판이 진행되었고, 그 중 B급 전범 가운데 살해 혐의, 전쟁포로와 민간인 학대의 전쟁 범죄 행위에 대한 심판을 진행하여 전범 혐의자 이만여 명 중 5,700명(구 식민지인 조선, 대만인 포함)이 유죄로 판결, 943명을 사형에 처했다.[23] 조선인은 B급 전범 중 129명이 유죄 판결을 받았고, 그 중 14명이 사형 판결을 언도받았다. 그 외 유죄 판결을 받지 않은 조선인 전범 혐의자들은 석방 후, 일본 정부에 의해 일본 국적을 말소 당했으며, 일본 정부의 '은급(恩級)'을 누리지 못하고, 매우 비참한 생활에 처

21　朴昌昱(1995),《中国朝鲜族历史研究》, 延边大学出版社, p.268.

22　치会清(2016), "中国朝鲜族在抗日战争中的作用－－兼论中国朝鲜族的形成",《第十五 届中国韩国学国际研讨会论文集·历史卷》, 陈辉主编, 民族出版社, p.271.

23　朝日新闻周刊百科版(1988.7),《日本的历史119·大东亚共荣圈》, 朝日新闻社, p.281.

하였다.

　위만주국 시기 조선 일부 친일 집단의 정치적 신분은 일본 식민 통치 체제에 예속된 권력 추종자로, 일본의 식민 통치 체제 중 일부 정치적 권리를 누렸는 데, 경찰, 정부 공무원, 언론계 인사 등이 그 예였다. 이 일부 집단의 사회·정치적 위치는 동북 지역 민중과 조선 이민자의 중상위층 일부로, 중국 동북 지역 민중과 조선 이민자 집단 중, 하층 민중과 정치적으로 대립 구도를 이루었고, 종전 후 중국 사회는 이 집단에 대해 응당한 징벌과 추방을 진행, 이들 중 대다수는 한반도로 귀환하였다. 이에, 이 집단의 만주 체험과 만주 기억은 자연적으로 특정 정치색을 띠게 되었다. 따라서 한국 사회의 전후 '만주 기억' 문제의 분석 파악 시 기억 주체의 정치 성향 문제 분석에 특히 주의하지 않으면, 어떤 일부 집단의 기억이, 강한 언어 공간 통제력으로 인해 언어 공간 통제권이 없는 보다 많은 집단의 기억을 은폐하는 일이 나타날 수 있을 것이다.

　전반적으로, 위만주시기 중국 동북지역으로 이주한 대규모 조선 이민자들은 절대 다수가 '생존형' 이주에 속했고, 위만주라는 사회적 틀에서는 중국 민중과 같은 피지배 위치에 있었으며, 그들의 삶과 운명, 역사의 기억은 현지 중국 민중의 그것과 기본적으로 유사할 뿐만 아니라 상호 혼합된 것으로, 위만이 붕괴된 후 상당수의 조선 이민자가 중국 동북으로 이주하여 중국 조선족의 중요 구성원이 되었다. 반만(反滿) 항일 운동에 몸담았던 조선 이민자 집단은 조선 독립 정치 운동의 조류를 따라 한반도로 돌아갔으며, 일제를 추종했던 극소수 조선인은 일본이 패전함에 따라 강제 송환되었다. 동일 민족 집단의 소위 '만주 기억'은, 서로 다른 정치적 위치와 입장으로 인해 각기 완전히 다른 역사 기억을 형성하였고, 각 개인 또는 집단의 역사 기억은 모두 특정 시대의 기억 중 하나의 측면이므로, 각기 다른 집단의 정치적 정서와 역사 기억을 통합함으로써만이 비로소 한 특정 민족 집단의 비교적 완전한 '만주 기억'을 형성하거나 재구성할 수 있을 것이다.

| 참고문헌 |

《中国旧约章汇编》第一册，第403页(1879).

《延边地区历史档案史料选编》(一).

日本拓务大臣官方文书课(1928)，《满洲与朝鲜人》.

黄有福主编(2009)，《中国朝鲜族史研究2008》，民族出版社.

亨利·普拉特·菲尔柴尔德(1913)，《外来移民：一场世界性的运动及其对美国的重要
性》，纽约：麦克米伦公司.

1940年度统计是伪满国务院总务厅临时国势调查事务局编(1945.5.25)，《1940年度临时
国势调查报告》第一卷·全国篇.

《朝鲜年鉴》(1948).

吉林铁路局，《在间岛的朝鲜人概况》(14)

《东北抗日联军史料》(下)(1987)，中共党史资料出版社.

金春善主编(2013)，《中国朝鲜族通史》(上)，延边人民出版社.

姜万吉(1997)，《韩国现代史》(中译本)；社会科学文献出版社.

王东福(2002)，《朝鲜半岛与东北亚国际关系史研究》，延边大学出版社.

中央档案馆等编(1991)，《东北地区革命历史文件汇集》乙部第2集.

王东福(2002)，《朝鲜半岛与东北亚国际关系史研究》，延边大学出版社.

《中共满洲省委关于在满洲高丽人问题的提案》，载于《东满地区革命文件汇编》下册，
中共延边州党委党史研究室编印(2000).

南次郎(1985)，"国民精神总动员朝鲜联盟役员总会席上总督致辞"，出自宫内节子，《朝
鲜民众与皇民化政策》，未来社.

王子衡，《伪满日本官吏的秘密手册》，载《文史资料选辑》第三十九辑.

朴昌昱(1995)，《中国朝鲜族历史研究》，延边大学出版社.

刘会清(2016)，"中国朝鲜族在抗日战争中的作用――兼论中国朝鲜族的形成"，《第十
五届中国韩国学国际研讨会论文集·历史卷》，陈辉主编，民族出版社.

朝日新闻周刊百科版《日本的历史119·大东亚共荣圈》，朝日新闻社(1988.7).

제3부

이동의 영유와
구조의 변이
그리고
'동아시아'

일본 제국의 네트워크 구상과 동아시아 국제관계

김영근(金暎根, Kim Young-Geun)

도쿄대학 박사 (국제관계학 전공). 미국 예일대학 국제지역연구센터(YCIAS) 파견연구원, 일본 아오야마가쿠인대학 국제정치경제학부 협력연구원, 현대경제연구원 동북아연구센터 연구위원, 무역투자연구원(ITI) 무역정책실 연구실장, 계명대학교 국제대학 일본학과 조교수를 역임하고 현재 고려대학교 글로벌일본연구원 교수로 있으며, 사회재난안전연구센터 소장을 맡고 있다. 주요 저서로는 『일본, 야스쿠니』(공저, 2019), 『일본 재해학과 지방부흥』(공편, 2016), 『한일관계사 1965-2015 경제』(공저, 2015), 『동일본대지진과 일본의 진로』(공저, 2013), 『재해 리질리언스』(공편, 2018), 『3·11 동일본대지진을 새로이 검증하다』(번역서, 2021) 등이 있다.

1. 서론: 제국 건설을 위한 설계도

　본 논문의 목적은 일본의 근대화 구상 및 제국 건설을 위한 설계도를 해부하고 '근대적 네트워크와 동아시아의 논리'에 내재된 지정학적 논리를 재검토하는 데 있다. 아울러 일본의 철도 근대화 과정에서 지정학(地政學)적 환경의 급격한 변화와 더불어 근대성을 어떻게 받아들였는지 또한 근대화가 어떻게 전개되었는지를 분석하는 것이다[1].

　본 논고에서 다루고자 하는 것은 '근대·근대성·근대화'란 무엇인가라는 근본적인 물음에 대한 답이기도 하다. 일본의 근대 형성에 철도가 수행한 역할에 관한 선행연구는 많다[2]. 예를 들어, 「철은 국가의 버팀목(鉄は国家なり)」라는 말은 독일 비스마르크(1815-1898)의 연설에서 비롯되어, 일본 명치정부가 부국강병정책을 추진하는 데 있어서 슬로건으로 1980년대까지도 일반 시민들에까지도 각인되어 왔다. 제철업(製鉄業)이야말로 근대국가의 기반, 즉 '철이 국가를 탄생시킨다'라는 정책적 기반으로 활용한 것은 널리 알려진 사실이다[3].

　일본은 제국주의 건설을 위해 철도를 깔았으며, 전후부흥 과정에서의 주역

＊ 이 논문은 2020년도 정부(교육과학기술부)의 재원으로 한국연구재단의 지원을 받아 수행된 연구임(No. NRF-2020S1A5A2A01047120).

1　일본의 근대화 및 제국주의, 그리고 철도에 관한 논문은 역사학, 사상학, 정치학적 관점이 주를 이룬다. 대표적 논문은 다음과 같다. 정재정(2018), 『철도와 근대 서울』, 국학기록원.
2　정재정(2018), 『철도와 근대 서울』, 국학기록원.
3　『日本の近代化遺産: 鉄は国家なり~九州の近代化遺産』DVD(発売·販売元 / 紀伊國屋書店)

도 '철'이었다. 도시재생을 위한 교통망의 정비, 건축자재, 건설기계 등 산업기
계의 수요의 증대에 가장 먼저 대응해야하는 중요한 소재(素材)였다. 또한 세
계 무역체제로의 성공적인 복귀에 힘입어 일본의 주요 수출품목이라 할 수
있는 자동차 및 전자제품의 소재로 철강이 대량 소비되며 경제대국의 길에
접어들 수 있었다.

일본의 '근대'는 국민국가(nation-state)의 탄생과 더불어 시작되었다. 이 때
국민을 통합하기 위한 과제로 강력한 '이데올로기적 장치' 마련이 관건이었다.
일본의 경우, 메이지유신(1868)을 계기로 '근대개혁'[4]에 박차를 가했다. 특히
근대적 공간의 창출에 '철도' 시스템을 도입하고 교통망의 확충에 힘썼다. 예
를 들어, 도쿄 신바시(新橋) - 요코하마(橫浜: 1872), 오사카 - 고베(1874), 교토
- 오사카(1877), 도쿄 우에노(上野) - 아오모리(靑森: 1891) 철도가 개통되었다.

본 논문에서 다루고자 하는 '근대·근대성·근대화'란 무엇인가? 근대화의
개념을 규정할 때 두 가지로 나눌 수 있다. 하나는 '절대적 규정'이라고 할
수 있는 근대화의 '근대성'을 중시하고 지구 전체를 하나의 '무대(stage)'로 인
류(인간)가 활동하는 것을 전제로 하는 개념이다. 이를 전제로 할 경우, 근대화
과정은 '자본주의 확산(확대)' 과정으로 파악된다. '세계화(글로벌화)'와 마찬
가지로 18-19세기에 유럽이 세계를 식민지화하는 과정에서 처음으로 근대화를
위한 전제 조건이 태어난 것이다[5]. 또 다른 정의는 '상대적 규정'에 해당된다.
'근대성' 개념에 더하여 주체들(국민국가 체제에서는 국가 또는 트랜스내셔널
리즘 / 탈(脫)국경의 트랜스로컬라이제이션) 사이의 상호작용에 주목하는 시각

---

4 '판적봉환(版籍奉還): 영지와 영민의 천황으로 봉환', '폐번치현(廢藩置縣): 통일된 영토 개
  념의 출발', '사민평등책(四民平等策): 봉건적 신분제의 폐지', '학제제정(學制制定): 국민
  으로의 통합', '식산흥업(殖産興業): 통일된 화폐의 유통'이라는 다음 5가지 사항에 주안을
  두었다.

5 Randall D. Germain(2000), "Globalization in Histrical Perspective," in Randall D. Germain ed.,
  Globalization and Its Critics, NY: St. Martin's Press, p.72.

이다. 즉, 일부 국가 혹은 지역·커뮤니티가 결합하여 상호의존적 네트워크가 형성되는 것을 근대화로 파악한다[6].

일반적으로 근대화의 하위 시스템 중에서도 경제적 영역이 가장 전파 가능성이 높고, 다음으로 정치적 영역, 사회적·문명적 영역으로 확대된다. 왜냐하면 근대화 과정에서 '경제(산업) 근대화'가 '위로부터'(=정부 등) 진행되는 것에 비해, 정치적 근대화 및 사회·문화적 근대화는 '아래로부터'(=민중 등) 프로세스가 작동되기 쉬운 구조이기 때문이다.[7] 다만 비(非)서양의 근대화 과정에서 하부시스템 간 순기능(효율성) 및 불균형에 의한 기능장애가 나타날 수도 있다.

야마무로 신이치(山室信一)는 "「근대세계」의 경험은 전 지구적 규모에서 움직이는 시간적 의미의 위상 속에서 고찰해야 함을 논하고, 국민국가 형성이라는 논리 속에 국민의 평준화, 고유화의 발견을 찾으려 했다는 점에서 '문명국 표준'에 적응하려고 시도한다"는 의미로 사용하고 있다. 국민의 균질화라는 논리로 이해하여, 국민국가 만들기의 한 형태로 보아 국민의 상(像)이라는 표현을 사용하였다[8].

근대란 역사학에서 말하는 근세 이후 현대 이전까지를 지칭하는 역사적 시대구분의 하나이다. 즉 일본에서의 근대란 메이지유신(明治維新, 1868)에서 패전(敗戰, 1945)까지의 77년간을 말한다. 보통 근대 이전을 전근대(前近代), 그 이후를 전후(戰後) 칭한다. 메이지유신의 기본정신이라 할 수 있는 화혼양재(和魂洋才)에 입각해 '근대 일본문학'이 성립되고 발전해나갔다고 말할 수 있듯이[9], 일본은 근대화의 표상이라 할 수 있는 철도 시스템을 도입함으로써 일

---

6 Robert O. Keohane and Joseph S. Nye(2001), *Power and Interdependence*, NY: Longman, p.229.
7 富永健一(1990), 『日本の近代化と社会変動』, 講談社.
8 山室信一(2001), 『思想課題としてのアジア』, 岩波書店.
9 문학의 본질이 인간의 정신, 생각, 느낌 등을 글로 표현하는 것이라고 한다면, 근대일본문학의 기본적 입장은 서구의 표현수법을 적극 받아들여 그것으로 일본인의 정신, 생각, 느낌 등을 표현해간다고 하는 것이다. 吉田精一(1975), 『現代日本文學史』, 筑摩書房, pp.5-6; 김채수(2013), "근대 일본문학의 성립과 전개양상에 대한 고찰" 동아시아일본학회 발표(11.2)자료

본형 지배 권력구조의 일환으로 활용하였다.

이와 관련하여 다양한 선행연구가 있다. 예를 들어 한반도와 러시아, 중국을 연결하는 동아시아 철도네트워크의 역사와 현재 그리고 미래 가능성을 종합적 분석[10], 메이지유신 이래 일본의 근대화 과정에서 일본이 서양, 특히 영국을 어떻게 인식했는지에 관한 분석[11], 철도가 도입된 이후 중국사회가 어떠한 변화를 겪게 됐는지, 또한 중국을 둘러싸고 제국주의 열강의 세력관계에 어떠한 부침이 있었는지를 역사적으로 고찰한 김지환 연구 등이 시사하는 바는 크다[12]. 본 논문의 분석대상이라 할 수 있는 일본인들의 철도에 관한 자기인식 혹은 상대적 인식의 문제는 당시 근대성을 어떻게 받아들였는가, 그리고 근대화·서구화 과정에서 수용자 스스로의 정체성을 어떻게 정의하였는가라는 문제의식과 맞닿아 있다. '근대성'은 보통 구체적으로 개인주의, 합리주의적 정신 및 기술발전, 국민국가, 그리고 자본주의 등으로 구현된다[13]. 그러나 근대성은 무엇보다도 시간(역사)의 흐름 속에 마주한 특수한 경험과 역사의식을 주목한다. 다시 말해 근대성은 새로운 시대에 대한 의식이며 자신들의 시대가 지나간 시간과는 전적으로 다른, 그리고 더 나은 것이라는 자각을 말한다. 근대성은 따라서 질적인 초월을 포함하는 역사의식을 의미하는 것이다.

한 국가나 개인이 다양한 '근대·근대성·근대화'를 어떻게 이해하고 받아들이려고 노력해왔는지, 그 프로세스를 규명하기 위해 근대화의 유형과 실천요소를 점검해 보자([표 1] 참조). 우선 정치(민주화), 경제(산업화), 사회문화(자

---

10 조진구 편(2008), 『동아시아 철도네트워크의 역사와 정치경제학 I: 근대화와 제국주의의 명암』, 리북 ; 이웅현 편(2008), 『동아시아 철도네트워크의 역사와 정치경제학 II: 세계화 시대의 철의 실크로드』, 리북.

11 박지향(2013), "근대에서 반(反)근대로: 일본의 대영(對英) 인식의 변화"『영국연구』제9호, pp.135-164.

12 김지환(2014), 『철도로 보는 중국역사』, 학고방.

13 Peter Osborne(1992), "Modernity is a Qualitative, Not a Chronological, Category," *New Left Review*, 192, pp.69-70, p.78.

유화·합리화), 역사인식(평화사상), 과학기술(공학·의학), 공동체(공유) 등 다양한 영역으로 나눌 수 있다. 아울러 분야별 행동주체 및 대립 메커니즘의 변화가 초래하는 복잡한 화해의 프로세스도 염두에 둬야 할 것이다. 전쟁과 평화 논의가 일본이나 한국, 중국 등의 국내문제만이 아니라 동아시아를 아우르는 초국가적 재해이며, 세계 여러 나라가 지속적으로 관심을 가지고 평화의 길로 이끌며 해결해 나가야 하는 사안이라는 점에 주목할 필요가 있다. 이는 곧 전쟁과 평화가 초래하는 정치, 경제, 사회, 문화, 사상, 언어적 측면 등 이를 교차(cross)시키는 융복합적 분석시각을 바탕으로 한 학제적(inter-disciplinary) 접근이 절실하다는 의미이다.

　이 글의 분석대상인 '근대화' 거버넌스는 위(국가)로부터의 '통치(統治)'와 아래(지역 레벨)에서「자치(自治)」의 개념을 통합한 것이다[14]. 토미나가(富永健一)는 "근대화라는 사회 시스템에 대해서 16-19세기 유럽의 종교개혁, 시민혁명과 산업혁명 이후의 역사과정"이라고 정의한다. 비(非)서양 국가들의 근대화가 16-19 세기 서구의 근대화에 어떻게 다가갔는지, 특히 일본의 사회 구조·역사적 관점에서 분석하고 있다[15]. 그는 '근대적인 것'의 구성 요소를 정치(민주화), 경제(산업화), 사회문화(자유화·합리화), 역사인식(평화 사상), 네 분야로 나누어 파악하고 있다. 경제적 영역에 비해 다른 유형에서는 문화 전파가 어렵다는 가설을 제시하고, 후진국들의 파행적 근대화, 그로 인하여 야기된 갈등 프로세스 및 메커니즘을 검증하고 있다[16]. 본 논문에서는 '근대화'라는 사회 시스템에 관해 '과학기술(공학·의학)' 및 '공동체(공유)' 아젠다(영역)를 추가하여 6개의 서브시스템 (하위 유형)을 구성하는 근대성에 관해 분석하기로 한다(〈표 1〉 참조).

14 松下和夫(2002),『環境ガバナンス』, 岩波書店, pp.9-23.

15 富永健一(1990),『日本の近代化と社会変動』, 講談社.

16 明治維新が「上からの産業化」であり、政治的·社会的·文化的近代化は逆に上から抑圧されたもので有ったが為、昭和のファシズムにつながっていることと究明している.

6개 영역에서 근대화 및 관련 시스템의 변화를 관찰할 때 주목해야 할 추세의 변화는 '네트워크' 개념을 가미한 지리적 확장 즉 '지정학'적 관점(관련성)이다[17]. 여기에서 '지정학(Geopolitics)'이란 구체적으로 지리적 환경이 국가에 미치는 정치적, 군사적, 경제적 영향을 거시적 관점에서 연구하는 학문이다.

〈표 1〉 근대화의 유형과 실천요소

영역	사회변화	관리 요소 및 부(負)의 유산
정치	정치적 근대화 =【민주주의 이념의 확립과 공유】 ⇒ 지정학적 대립(국경 및 사람의 이동 제한 등)	정권교체의 정치: 이데올로기 영토팽창, 패권경쟁, 현상유지, 전후체제, 재해부흥
경제	경제적 근대화 =【산업화 및 협력구도】 ⇒ 지경(地經)학적 대립	산업정책과 경제성장론 자국우선주의, 수평적/수직적 분업구조, 경쟁·공생관계, 탈(脫)상호의존성, 자생적(自生的)·협력적 발전모델
인문·사회문화	인문사회적·문화적 근대화 =【자유·평등·합리주의의 실현】 ⇒ 지사(地社)학/지문(地文)학적 대립	근대문명론: 사회변화, 다문화공생(이민·난민 등), 재난인문학, 테러(안전사회), 문화충돌·수용
역사인식·사상	역사·인식적 근대화 =【평화사상 및 언론의 자유 실현】 ⇒ 지사(地史)학/지지(地智)학적 대립	전쟁에서 평화체제로의 전환사 '인류애'적 연대(유대감), 철학, 인식(心理), 언론, 이데올로기, 학지(学知)
과학기술	과학기술·공학적 근대화 =【인류복지 및 생명의 과학화】 ⇒ 지과(地科)학/지공(地工)학적 대립	융복합공학 안전혁명. 과학기술(Science Technology), 복합문화기술
공동체	트랜스로컬 협력의 관리 =【휴마트(Humanity+Smart) 구현】⇒ 지공(地公)학/지공(地共)학적 대립	공공외교(Public Diplomacy) 국제협력, 인간의 안전보장(human security), 지역질서, 공유사회, 사회안전망(라이프라인)

참조: 필자작성, 도미나가 교수[富永健一(1990), 『日本の近代化と社会変動』, 講談社]의 분석내용을 원용한 김영근(2020), p.37 〈표 3〉을 대폭 수정·보완

이상의 논의를 정리하면 '근대화'는 경제에서 자본주의와 산업화, 정치에서

---

17 田中明彦(1989), 『世界システム』, 東京大学出版部, pp.128-130.

는 민주주의와 '안전국가론', 법(제도)에서는 인권주의와 평등주의, 교육에서는 학교주의, 학문에서는 과학기술주의, 사상에서 언론의 자유, 종교에서는 종교의 자유, 대인 관계 스타일은 개인주의, 군사 외교는 평화주의, 가족에서는 핵가족주의, 공유에 관해서는 공동체를 구축하는 것을 말한다.

　이 글의 구성은 다음과 같다. 우선, 제국 건설을 위한 설계도를 검토하고, 제2절에서는 일본의 근대화 구상을 '하드파워' 및 '소프트파워'로 나눠 분석하고 있다. 제3절은 메이지 유신의 시대적 배경과 교통의 근대화가 일본에 미친 영향을 고찰하고, 제4절은 동아시아 철도 네트워크에 관해 그 기원과 전개를 살펴보고 있다. 결론적으로 철도공동체 구축을 위한 탈지정학적 과제를 제시한다.

2. 근대화: '하드파워' vs. '소프트파워'

　국민국가(nation-state)의 탄생과 더불어 시작된 일본의 '근대' 과정은 국민을 통합하기 위한 과제로 강력한 '이데올로기적 장치(소프트파워)' 마련이 관건이었다. 1868년 메이지유신을 계기로 '근대개혁'에 박차를 가했다. 특히 근대적 공간의 창출에 '철도' 시스템을 도입하고 교통망의 확충(하드파워)에 힘썼다. 여기서는 일본의 근대화 기제로 활용한 '하드파워' 및 '소프트파워'에 관해 살펴보기로 하자.

1) '하드파워'의 유산과 근대화의 도구들

　'하드파워(Hard Power)' 혹은 '경성권력(硬性權力)'이란 군사력이나 경제력 등과 같이 물리적 힘으로 상대방의 행동을 바꾸게 하거나 저지할 수 있는 힘을 뜻한다. 다만 행위자간 '파워게임'이 벌어지게 되면 결과적으로는 대립 프로세스로 연계될 가능성이 매우 높다. 따라서 '하드파워'가 초래하는 '부(負)의 유산'이나 리스크를 어떻게 조정하고 관리할 것인가가 관건이다. 이 때 '소프트파워'도 가치·사상적 마찰을 빚어낼 여지는 있지만 '하드파워'의 위험성보다는 낮다고 가정한다.

한 국가나 개인이 위험사회를 살아가며 내재(embedded)하고 있는 다양한 '리스크' 혹은 '분쟁' 요인들을 어떻게 받아들였는지, 어떻게 '극복'하거나 '근대화'하려고 노력해왔는지, 아울러 분쟁(갈등)에 관한 교차점과 그 원인을 규명하기 위해 소프트파워의 유형 및 관리요소를 점검해 보자. 우선 '분쟁'이나 '갈등'이란 정치적 근대화, 경제 근대화, 사회문화적 근대화, 역사인식(사상)적 근대화 등 각 영역별 구성요소가 대립한다는 의미이다. 아울러 분야별 행동주체 및 대립 메커니즘의 변화가 초래하는 복잡한 근대화의 프로세스도 염두에 둬야 할 것이다. 예를 들어, 전통적으로 하드파워의 이미지가 강한 '전쟁' 상태에서 벗어나 평화 혹은 안전의 길로 이끌며 해결해 나가기 위해서는 '소프트파워' 혹은 뒤에서 설명하는 '스마트파워'가 관여할 사안이라는 점에 주목할 필요가 있다. 이는 곧 소프트파워를 동반하는 정치, 경제, 사회, 문화, 사상, 어문학 등 다양한 영역과 행위가 교차(cross)하는 융복합적 분석시각을 바탕으로, 나아가 학제적(inter-disciplinary)이고 초(超)하드·소프트파워적 접근이 절실하다는 의미이다.

2. '소프트파워'의 유형 및 관리요소

소프트파워에 관해서는 정치 - 외교 - 경제 - 산업 - 사회 - 문화 - 사상 - 과학 - 기술 등으로 유형화 할 수 있으며, 각 영역을 넘어서 융합한 분야도 중요성이 더해지고 있다. 한편 '소프트파워'의 분야별 적용사례는 각양각색으로 지금까지의 상식을 벗어나 예상밖(想定外)의 전개가 진행되고 있다(〈표 2〉 참조)[18].

〈표 2〉 4차산업혁명과 근대화, 그리고 철도공동체

분야	사례	갈등과 화합 요인
정치 경제 (경영)	탈(脫)지정학, 탈(脫)지경학: 디지털국경, 무역영토	인간의 안전보장
	4차 산업혁명: 무인자동차, 로봇사회, 고토 즈쿠리	신성장동력, 기술이전
	경제사회: 회복경제 vs. 성장경제	지속가능성
산업 과학 기술	국방(방위)산업	안전공학: IST(안전정보기술)
	AI벤처(Venture): VR(가상현실) / AR(증강 현실), 사물인터넷(IoT), 블록체인 기술	파괴적 기술(Disruptive Technology) 융합모델의 도입
	디지털 전환 소사이어티	Society 5.0: 아날로그 사회와의 융복합
	휴마트(humanity smart) 산업(과학): 유비 쿼터스	'인간소외'문제의 극복
융합 공동체	문화비지니스: 한류(문화), 일류(日流)	'문명의 충돌', 디아스포라경제
	스마트그리드, 스마트시티	휴마트경제학
	빅데이터(기계학습분석), 사이버 물리 시 스템	사이버 및 정보의 불신
	경제 공동화, 탈(脫)중앙	국가 및 전통적 경제학의 역할 탈피
안전혁명: 공유경제 및 경제공동체의 모색		

출처: 필자작성

　첫째, 정치·경제(경영) 분야는 우선 탈(脫)지정학 및 탈(脫)지경학적 관점에서 인간의 안전보장(Human Security)[19] 등과 연계된 정치 근대화 과정에 주목

---

18 근대화 프로세스를 4차산업혁명과 비교하여 소프트파워의 역할에 관한 논의는 다음을 참조할 것. 김영근(2018) "재난과 안전혁명 이론: '휴마트파워' 기반의 위기관리 거버넌스 모델과 일본의 교훈" 『일본연구』제30집, 글로벌일본연구원, pp.311-333.

19 김도형·아베마코토 편(2015) 『한일관계사 1965-2015. 2:경제』역사공간; 류시현(2015)「일본의 ODA 정책과 인간안보: 일본 국내담론과 국제규범 형성과의 관계를 중심으로」『일본연구논총』제41호 p.33-52.

할 필요가 있다. 또한 AI(인공지능), 무인자동차, 로봇사회 등으로 대변되는 4차 산업혁명의 일환으로 지속발전가능한 경제시스템의 구축도 포함한다. 여기서 인간의 안전보장(인간안보)이란 흔히들 말하는 '인권(human rights)'이나 '인간개발'(human development) 등의 용어와도 밀접한 관련이 있다. 특히 나라의 발전을 국가 주도가 아닌 사람 한 사람 한 사람의 입장에서 생각하고 테러, 국가폭력(정부의 탄압), 도상국을 염두에 둔 빈곤에 의한 아사(餓死) 등으로부터 해방되어 개개인의 안전·안심생활을 영위하고 능력이 발휘될 수 있도록 보장하는 일련의 프로세스를 뜻하는 말이다. 한 국가의 외교적 영역(아젠다)이 정치, 경제, 사회, 문화, 외교, 교육, 인적교류, 스포츠교류(올림픽·월드컵 포함), 투자 등 다양화된 것은 이미 오래전의 일이다. 일련의 과정에서 국가의 이익(國益)만을 추구하는 외교에서 탈피하여 인간 혹은 인간의 안전보장(휴먼 시큐리티) 섹터에 주목하는 사례가 증가하고 있다.

둘째, 산업기술 및 과학기술 분야로는 국방(방위)산업과 IST(안전정보기술) 등 안전공학적 접근이다. VR(가상현실) / AR(증강현실), 사물인터넷(IoT) 등 AI(인공지능) 활용산업이 활성화되는 과정에서 파괴적 융합기술(Disruptive Technology) 모델의 도입도 예견된다. 예를 들어, 일본이 4차산업혁명이라는 용어 대신에 사용하고 있는 '소사이어티(Society) 5.0'이 지향하는 바는 아날로그 사회와의 융복합적인 '디지털 전환' 사회도 주목할 만 하다. 빅데이터, '블록체인(block chain) 기술'[20], 스마트그리드, 스마트시티 등 위험사회에서 살아남기 위한 '신뢰전환 기술' 혹은 '인간의 안전보장 기술'이 주목받고 있다.

한편, 사회·문화·사상적 관점에서 똑똑함(smart)만을 지닌 인재 혹은 사물보다는 인성(humanity)이 가미된 '휴마트(humanity+smart)'[21] 개념의 도입도 중요하다. 이는 문화라는 소프트파워(권력)의 영향력이 국가 이미지까지에도 미

---

20 박수용 교수 강연 "블록체인과 거래혁명", 수원상공회의소 조찬강연회(2018년 4월 12일)
21 윤석만(2017), 『휴마트 씽킹: 4차 시대를 이끄는 리더들의 생각법』, 시공미디어.

치고 있다는 점을 감안한 것이다. 결과적으로 일본이 철도 근대화 과정에서
사회·문화·사상적 교류의 다양한 정(正)·부(負)의 영향 계수를 어떻게 고려
하고 있었던가 주목해야 한다는 뜻이다.

셋째, 융합하드·소프트파워 즉 '스마트파워' 분야에 관해서는 탈(脫)국가적
시각에서 인간 중심의 접근 및 하드파워에 소프트파워를 곁들인 통합적인
(comprehensive) 구도가 중요하다. 예를 들어, 정치·경제(경영)·산업·과학기
술·공동체 등 분과별(discipline) 아젠다가 아우러져 나타나는 것이다. 특히,
정치·경제(경영) 분야에서 제시한 '고토즈쿠리' 개념이 다른 영역과 경계를
넘어 초국가적 협력으로 이어질 경우 그 기대효과는 클 것으로 보인다. 이는
국민이 원하는 신산업을 창출하거나, 소비자가 원하는 기능의 제품을 만들어
고부가가치를 체험하게 하는 것으로, 대표적인 '스마트파워'의 사례라 할 수
있다.

3. 일본의 교통 근대화와 철도

1) 일본 교통의 근대화

일본 교통의 근대화는 4차산업혁명에 이르는 진화과정을 철도의 발전 프로
세스 및 단계별 특징을 살펴봄으로써 파악할 수 있다([표 3] 참조). 과학적 지식
이나 전문적 기술을 지닌 기술 관료를 의미하는 '테크노크라트'[22]와 밀접하게
연관되어 있다. 이들은 전문적 기술이나 지식을 보유하고 있는 전문가 집단으
로, 사회나 조직의 정책결정 및 의사결정에 중요한 영향력을 행사한다.

---

22 '테크노크라시(technocracy)'는 기술(technology)과 관료(bureaucracy)의 합성어로, 전문적 지
   식이나 과학기술 등에 의한 지배를 말한다.

426

〈표 3〉 철도 근대화: 발전 프로세스 및 단계별 특징

단계	특징				안전혁명의 한계 및 과제
		속도	범주(B&D)	영향력(SI)	
제1차 산업혁명 (18C)	동력 혁명	기계 속도	수력 및 증기기관	생산설비의 기계화	안전 이슈의 탄생: 기계 대응력 초기 근대화
제2차 산업혁명 (19~20C)	자동화 혁명	생산 속도	전기, 노동	대량생산, 분업화	작업 안전: 생산 프로세스의 리스크 관리 동력(動力) 근대화
제3차 산업혁명 (20C후반)	정보혁명 +디지털	정보 속도	전자기기, IT	자동화 생산	정보(미디어)의 신뢰성 및 안전한 활용 글로벌화 / 민영화 근대화
제4차 산업혁명 (2015~)	안전혁명 + 융합	안전 속도	정보통신기술 (ICT) 정보안전기술 (IST)	공간확대: 사이버 물리 시스템	테크노크라트 역할: 획기적 기술 진보에 부합된 안전의 확보 공동체 근대화
	국제협력을 통한 철도공동체 구상: 융복합적 안전관리 확립 정보공유				

출처: 필자 작성, *World Economic Forum* 및 현대경제연구원(2016), "4차 산업혁명의 등장과 시사점"『경제주평』통권705호, pp.1-13(p.3 표)을 바탕으로 재구성하고 대폭 수정(보완)·가필

매튜 페리(Matthew Calbraith Perry) 제독이 미일화친조약 체결 과정에서 선물로 제공한 1/4 사이즈의 모형 증기기관 열차가 일본 철도 근대화의 디딤돌이 되었다. 이 모형에 관심을 가진 관리들이 이후 메이지 정권 수립 후 이와쿠라 사절단 파견, 거상을 중심으로 독자 유학 추진이 이루어지게 되었다. 이와쿠라 사절단의 경우 미국과 유럽 등 주요 서양 국가를 방문해 증기기관을 기반으로 한 산업 장비와 철강 등 근대 산업화를 위해 필요한 지식과 기술, 장비를 구입해 온다. 특히 미국 철도 시스템에 깊은 감명을 받은 이와쿠라 도모미(岩倉具視)는 귀국 후 일본 내 철도 건설에 주력한다[23].

23 박진빈(2013), "자연, 도시, 국가: 이와쿠라 사절단의 미국 체험", 『사총』80권, pp.3-26.

구체적으로 열도 국가이며, 산간 지역이 많은 지형적 한계를 극복하기 위해 일본은 초기 근대화 단계에 있었던 일본에게 가장 효율적인 대량 물류 이동 방법으로 항만과 철도를 중심으로 주요 교통 간선 건설에 주목한다[24]. 항만은 개항 당시부터 사용되던 포구를 확장하고 개량했으며, 고베항과 오사카를 연계한 한신선, 시부야-요코하마를 연계하는 케이힌선이 건설된다. 한편 민간의 제안을 받고 홋카이도에 대한 지배력 강화와 경제 부흥을 위해 테미야부터 삿포로를 잇는 철도 건설도 추진된다[25].

지방자치제도와 도심 형성이 이루어지는 1890년대 메이지유신 후반기에는 도쿄, 오사카, 교토 등 주요 도시를 중심으로 노면전차 건설이 이루어진다. 이 중 도쿄와 오사카는 노면전차를 빠르게 퇴역시키고, 인구증가와 광역화, 근교화 추진을 위해 도쿄지하철(긴자선, 1927), 오사카 지하철(미도스지선, 1933) 등 민영 또는 공영 지하철 형태가 나타난다. 일반 철도로는 야마노테선과 츄오선이 개통되어 도심 이동의 목적[26]으로 국영철도가 운영되었으며, 오사카에서 일반 철도는 오사카환상선을 중심으로 광역교통 간선의 역할을 한다.

2) 교통망의 근대화 사례와 영향

(1) 동력(動力) 근대화

메이지 시대부터 쇼와 초기에 걸쳐 건설 된 철도노선은 대부분 증기 운전(기관차)이었다. 이것은 철도의 전기화(電化) 전환 과정에는 당시 육군 간부들의 "변전소 피해와 기차가 달릴 수 없게 된다"는 인식으로 뿌리 깊은 반대가 존재

---

24 20세기 전면 국영화와 민영화를 통해 테미야선과 하코다테 본선으로 분리된다.

25 에밀리 S. 로젠버그 지음, 조행복·이순호 옮김(2018), 『하버드-C.H.베크 세계사: 1870~1945』, 서울: 민음사, p.61-70.

26 최현수·박준태·박성호·강팔문(2014), "일본 동경권 광역철도구축 과정과 현황 조사(2): 광역철도서비스 향상과 과제", 『교통기술과 정책』11권5호, pp.20-27.

했다. 전후 뿌리 깊은 반대가 있었다.(변전소 피해와 기차가 달릴 수 없게 된다)
때문 전후 1958(쇼와33)년 전체 철도 거리 약 2만km 중에서 전기 기관차 사용
구간은 2,237km에 불과하며, 증기기관차(4,514량)가 주력이었다[27]. 1950년대 증
기기관차의 열효율은 전기기관차나 디젤기관차에 비해 훨씬 낮은 수준이었
다[28]. 따라서 대량의 석탄을 소비하거나 낮은 일일 주행 거리 등 여러 제약요건
들은 일본의 철도 경영에 마이너스 요인으로 작동되고 있었다. 결과적으로 경
제적 비용 측면에서 새로운 동력을 도입하는 과정이야말로 철도 근대화와 맞
물려 진행되게 된 것이다.

(2) 철도 시스템 vs. 항만 통합전략

한편, 항만의 경우 각 지방별 주요 항만을 전면 개항하는 방식으로 개국 방
향이 전환된 메이지유신 이후, 일본 경제의 성장과 물동량 증가, 사회 구조
변화에 따라 운영 방식이 전환되어 왔다. 주요한 전환 방식으로 통합 전략과
확장 전략이 제시된다. 통합 전략은 2014년 간사이권역에서 선도적으로 이루
어졌다. 이는 고베항 개항 150주년을 맞이하는 2019년에 고베항과 오사카항의
경쟁력과 가시적인 경제 효과 및 규모의 경제를 성립시키기 위해 이루어진다.
이 지역은 철도망의 전철화와 현대화로 소요시간 단축이 이루어져, 각 지방별
항만이 분리될 필요 없어, 수도권으로 집중되는 물류를 분산하기 위해서 이
전략을 선택했다. 특히, 항만 통합 전략은 2014년 간사이 권역에서 선도적으로
이루어졌다. 고베항의 경우, 물류 집중 현상뿐만 아니라 '1995년 한신아와지대
지진' 이후 컨테이너선 유치에 있어 재난이라는 위협 요인이 더해져 부진한
실적으로 이어지자 이에 대응하는 신속한 전략이 필요했다. 경제적 효과와 물
류 분산의 두 요인을 위해서라도, 고베항과 오사카항을 통합한 한신항을 운영

27 久保田博(2005), 『日本の鉄道史セミナー』, グランプリ出版, p.171.
28 川辺謙一(2007), 『鉄道車両を知りつくす』, 学習研究社, p.76.

해 동북아 물류허브항의 지위를 회복하고, 규모의 경제를 이루는 것이 한신항 통합 운영 전략의 목적이다[29]. 이 전략에 따라 2019년 고베항 개항 150주년에 대비해 절반 수준에 가까운 비용 절감과 세계 물동량 순위 상승을 목적으로 추가 증축 투자를 진행하고 있다. 한편 확장 전략의 경우 요코하마항에서 나타난다. 요코하마항은 개항 100주년을 맞이한 1964년부터 지속적인 물동량 증가, 인근 인구 증가와 상업 수요에 대응해야하는 문제를 갖고 있었다. 따라서 제2 항만을 개축하고, 기존 항만 지역을 '미나토미라이 21' 프로젝트를 통해 재개발하고 주요 상업 구역으로 탈바꿈시키는 전략을 채택했다. 이는 항만과 도시기능의 지표를 연계해 설계한 이 프로젝트는 광역화와 도심 개발로 인한 수요에 대응할 도시 공간 부족현상을 완화하고, 항만의 확장을 통해 물동량 증가에도 대응할 수 있도록 한 성공적인 정책사례로 뽑힌다.[30] 근대화 이후 일본이 제조업 강국으로 성장하면서 항만을 통한 해상 무역은 지속적으로 증가 하고 있으나, 인구 감소와 성장세 둔화로 각 항만만의 경쟁력 확보를 위해 통합과 확장의 전략을 활용하고 있음을 알 수 있다. 2019년 고베와 니가타항의 개항 150주년으로 근대화 과정에서 보여준 여러 문제 해결 방법을 제시하고, 일본 근대화의 성공 사례로 보여주기 위한 다양한 노력들을 경주하고 있다.

3) 국가 vs. 탈(脫)국가 정책: 투자방식(국영·민영·공영)과 운영

일본은 교통망 구축에 있어서 정책의 전개과정에서 근대화 혹은 제국의 건설 의도에 따라 국영, 민영 그리고 공영이라는 방식을 조합하는 형태로 운영하였다. 물론 일본이 주장하는 명목상의 민영화 전환 혹은 도입의 배경으로는, 정부

---

29 한능호·박철주·정태석(2011), "일본의 항만운영정책에 관한 연구", 『해양비즈니스』19, pp.135-154.

30 이태휘·여기태(2012), "항만과 도시기능의 연계 방안에 관한 연구", 『한국항해항만학회지』 36권1호, pp.75-80.

중심으로 한 모든 노선을 구축하는 것은 예산의 한계에 부딪혔다. 이 때 중추 부분은 국가가 건설하고, 각 지방내 교통은 민영 자본으로, 도심내 이동은 공영 체계를 도입해 건설하도록 정책적 지원을 한다는 취지의 정책이 제시되었다.

초기에는 국영 방식의 건설이 이루어졌다. 도카이도 본선(1872)은 케이힌선 과 한신선을 연결한 국영 노선이며, 지속적으로 연장할 계획을 갖고 있었다. 그러나, 1877년 메이지 유신에 반발한 사족에 의해 일어난 세이난 전쟁(西南戰 爭)으로 국가 재정이 악화되자, 1880년대 이후에 민영 자본을 유치하게 되었다. 민영 노선 중 주요 노선은 일본 철도에 의해 건설된 토후쿠 본선이다. 토후쿠 신칸센(1988)과 세이칸터널(1988)이 개통되기 전까지 홋카이도 테미야-삿포 로 노선과 연락선을 통해 혼슈를 연결하는 유일한 노선이었다. 1883년 개통된 도후쿠 본선은 1906년 철도 국유화 당시 국유철도 노선 총 연장 4800여 km 중 10%가 넘는 520km을 차지했다.

전쟁 물자의 이동과 경영이 악화된 '사철(私鐵)의 보전(補塡)이라는 명목하 에 국유화된 일반 철도를 제외한 지하철과 노면전차 등 도심 교통망은 근대화 이후 민영 또는 공영 방식으로 착공된다. 민영 노선으로는 다이시전기철도[31] (요코하마, 1899), 한신전기철도[32](오사카, 1905), 미노오아리마전기철도[33](교 토, 1910) 등이 설립되고 노선을 운영한다. 공영 노선으로는 오사카부 미도스지 선(1933)와 나고야시 히가시야마선(1957), 도쿄도 아사쿠사선(1967)을 시작으 로 각 지방자치정부의 지하철 노선이 건설된다.[34]

---

31 케이힌급행철도 공식사이트 [케이큐 120주년] http://www.keikyu.co.jp/120th/index.html (검 색일 : 2020.11.21)

32 한신전기철도 공식사이트 [한신전기철도의 연혁] https://www.hanshin.co.jp/company/history/ (검색일 2020.11.21)

33 한큐전철 공식사이트 [Features of the Hankyu Railways] http://www.hankyu.co.jp/global/en/characteristic/index.html (검색일 2020.11.21.)

34 "공영 투자 방식은 근대화 시기(1868년 메이지유신부터 1889년 헌법 제정까지의 기간)에 이루어진 투자는 아니나, 초기 국영 투자 이후 전쟁과 예산 문제로 민자 투자가 이루어지게

1980년대 들어서 OECD 국가를 중심으로 공기업의 민영화가 대거 진행된 이후 세계적인 조류로 정착되기 시작하자 일본도 제1기 민영화(1975-1987)를 진행했다. 1980년대 후반 나카소네 정권하에서 당시 거대 국유기업인 전신전화공사(NTT), 전매공사(JT), 국철(JR) 등 3공사의 민영화를 성공적으로 마무리하기 위해 노력한 바 있다. 특히 국철(JR)은 1987년에 특수법인 형태로 민영화되었고, 실질적으로 2001년에 완전 민간 형태인 주식회사로 전환되었다. 이때 민영화 추진 방식은 여객부문을 6개 지역별로 분할해 지역특성에 맞는 운영방식을 유도하고 수익성이 없는 특정 지방노선에 대해서는 버스 등으로 대체한다는 내용이다.

일본의 민영화는 대부분의 경우 관료나 공기업 임원 등 이해관계자와의 대립을 수반하기 때문에 이를 극복하기 위한 정치적 합의가 필수적이었다. 민영화의 기본원칙과 목적에 대해 상세한 부분까지 공개하고, 민영화 과정 내에 이해관계자나 업계가 참여하는 상시적인 의견교환의 장을 마련하며, 관련사항을 결정하기 전에 반드시 통보한다는 입장이다. 이는 곧 일본이 민영화를 추진하는 과정에서 '소프트파워'를 중시하는 것으로, 광범위한 국민의 이해와 이해관계단체의 적극적 지원을 얻기 위한 긴밀하고 효율적인 '리스크 커뮤니케이션' 전략으로 평가할 수 있다.

4. 동아시아 철도 네트워크: 기원과 전개

1) 일본의 철도 근대화 구상과 대립(저항): 일본 제국의 리스크 관리

일본 근대화 과정에서 특히 교통 분야는 경제발전과 국민 통합이라는 긍정

되었고, 1906년 일반 철도 국유화 이후 감소한 사철의 철도 투자에 대응해 추가 철로 건설을 위한 방식으로 공영 방식을 도입했기에 150년 후 현시점에서 근대화와 이후 과정에서의 영향 분석을 위해 포함한다."

적인 효과를 가지고 왔다. 반면에 전쟁 수행을 위한 군사보급로 역할이나 인플레이션 유발 등 극단적 생활상의 혼란이나 피해를 유발하는 부정적 영향력(효과)도 동시에 내포하고 있었다.

메이지 정권 시기, '국민 통합'과 '국민생활의 근대화'라는 목표(과제)하에 시작된 교통의 근대화는 주민의 행동권의 확대와 지역 내 독자적인 문화 전통의 상실로 이어졌다[35]. 즉, 독자 문화를 중심으로 한 지방 사족의 영향력이 감소하고 중앙집권체계로 돌아갈 수 있는 계기가 되었다. 또한 서양 문물을 빠르게 수용하고 전국적 확산에 영향을 주어 일본 근대화가 빠른 시간 내에 이루어질 수 있었던 것으로 평가된다. 물론 빠른 물자이동으로 인한 인플레이션 등 서민 경제에 악영향을 주는 상황(요소) 또한 발생한다. 일본은 신속한 물자이동을 전쟁에 활용해 청일전쟁(1894-1895)과 러일전쟁(1904)에서 필요한 군사보급을 효과적으로 달성했다. 특히 일본은 '전쟁배상금'을 교통 근대화와 동시에 군비 확장에 활용해 조선과 만주지방, 동남아시아 지역까지 식민지 정책을 확장시켜, 결과적으로 2차세계대전에 이르기까지 '일본 제국'의 건설에 힘쓰게 된 것이다. 이러한 일본의 구상은 결과적으로 주변국과의 대립과 저항으로 이어졌으며, 일본 제국의 리스크 관리는 중요한 아젠다로 부상하게 되었다.

2) 동아시아 철도 네트워크와 국제관계

일본 근대화 과정과 메커니즘에 관한 이해를 더하기 위해 메이지유신 전후 일본이 국가정체성을 확립하는 과정에서 행한 대외정책 즉 국제관계의 변화에 주목해 보자. 일본 제국주의의 팽창과 충돌하며 나타나는 세력균형과 현상유

---

35 이토 아비토 저, 임경택 옮김(2009), 『일본 사회 일본 문화: 동경대 특별 강좌』서울: 소와당, p.89.

지 과정에서 발생하는 국가별 정책이나 제도 선택과 밀접하게 관련되어 있기
때문이다.

(1) 국가의 정책 및 제도(체제) 선택 모델

근대화를 둘러싼 대립과 협력 프로세스(메커니즘)에 관해서, 국제관계학의
선행 연구는 4가지 관점에서 분석하고 있다[36]. 첫째, 국제시스템론(패권안정론,
국제제도론), 둘째, 이익집단, 의회, 행정부를 둘러싼 국내정치과정을 중시하고
있는 제2 이미지론(국내 정치 결정론), 셋째, 역제2이미지론(국제 시스템의 요
인의 국내 정치에 미친 영향)[37], 넷째, 국가간 상호작용론 이라는 네 개의 분석
틀을 바탕으로 설명하고 있다. 물론 각 가설은 융복합적인 구도로 상호작용하
고 있다. 결론적으로 국제시스템 레벨에서 패권의 정도 및 법제도화의 진전이
국내 정치의 정책 과정에 영향을 미치고 그것이 '근대화'와 연동되어 있다는
점을 규명하고자 한다[38].

국제 시스템과 한 국가의 행동(근대화)를 양 축으로 하고 그 사이에서 전개
되는 국내 시스템(정치경제)를 관찰하려는 시각을 바탕으로 할 경우, 근대화
과정에 대해 몇 가지 설명 패턴이 존재한다. 하나는 국제 시스템의 요소가 직
접적으로 근대화·근대성을 결정한다는 것이며, '패권안정이론'이 이에 해당된
다[39]. 국제레짐이 근대화의 모습을 외생적으로 결정한다는 논의로 패권적 지위

---

36 근대화의 경로에 관해 양자주의(Bilateralism) 물론 시각이나 국제제도와의 관계성도 포함한
    분석도 있다. 통상정책에 관한 국제제도의 진화를 강조하는 다음 논문을 참조할 것. Keisuke
    Iida(2006), *Legalization and Japan: The Politics of WTO Dispute Settlement*, Cameron May.;
    Amy E. Searight(1999), *MITI and Multilateralism: The Evolution of Japan's Trade Policy in
    the GATT Regime*, Ph.D. Dissertations, Stanford University.

37 古城佳子, "逆第二イメージ論"河野勝·竹中治堅編(2002), 『アクセス比較政治学』, 日本
    経済評論社.

38 河野勝(2001), "『逆第2イメージ論』から『第2イメージ論』への再逆転？", 『国際政治』第128
    号, p.15.

(또는 감소)가 근대화의 방향을 결정한다는 주장이다. 두 번째 설명 패턴은
국내의 정치 시스템이 일국의 행동(근대화)를 결정한다는 것이며, 이른바 제2
이미지론이다. 대지진(대참사) 발생 후 일본에서는 자연재해뿐만 아니라 국민
의 사상(인문학적 재해)과 사회구조(사회적 재해), 나아가서는 경제 구조와 경
제정책에 큰 변화를 초래하였다. 물론 원인은 대지진에 한정되는 것이 아니고,
엔고와 글로벌 정치경제적 상황 등에 따라서도 영향을 받는다. 세 번째 설명의
패턴은 국제시스템 요인이 국내 정치에 영향을 주고 결과적으로 국제 요인(변
수)의 영향을 받은 국내 정치가 근대화를 결정하는 〈역(逆)제2이미지론〉이다.
이는 기존의 문제의식에서 벗어나 반대(逆) 이미지(프로세스)의 분석 어프로
치, 즉 근대화를 둘러싼 외부적 현상이나 제도가 정부(혹은 내부)의 근대화
지배 구조에 영향을 미치고 있다는 것을 검증(이론 제시)하려는 시도이다.

이상과 같은 〈근대화 과정의 국제관계론 혹은 정치경제학〉에 관한 분석틀을
바탕으로 우선 전쟁 시대(식민지 시대를 포함) '근대화' 과정의 충돌에 관해
살펴보고, 근대성의 변화를 설명하기 위해 가설로 '근대화 레짐의 변화'를 검증
할 필요가 있다.

각 국가가 근대화 혹은 세계화라는 국제 레짐 혹은 거버넌스 변화에 대응하
여 선택한 제도(체제)는 과연 어떠한 경로의존성을 나타내는지에 관해서는 다
양한 유형이 예상된다. 근대성의 변용에 대한 저항 및 '근대화 현상유지'이라는
두 가지 요소를 조합한 4가지 제도변화 분석틀을 바탕으로 고찰한 결과를 요약
하면 다음과 같다([표 4] 참조).

일본은 표류(A)하고 있던 근대화 구상 및 제국 건설이라는 목표를 달성하기
위해 '근대화의 중층화(C)' 전략이나 철도의 민영화 등 탈(脫)국가론에 입각한
'근대화의 전용(B) 프로세스'를 거쳐 근대화의 진화(D)를 시도하고 있다. 특히

39 Robert Gilpin(2000), The Challenge of Global Capitalism, Princeton University Press.; スティー
ブン・クラズナー(Steven D. Krasner),「グローバリゼーション論批判」渡辺昭夫・土山實男
編(2001),『グローバル・ガヴァナンス—政府なき秩序の模索—』,東京大学出版会.

'근대적 네트워크와 동아시아의 논리'에 내재된 지정학적 논리에서 벗어나 '동
북아철도공동체'라는 명목하에 철도 근대화 과정을 전개하였다.

〈표 4〉 근대화와 국가의 변용: 정책 및 제도(체제)의 선택

		근대성의 변용에 대한 저항	
		강	약
근대화 현상유지	강	A. 근대화의 표류(drift) 환경변화에 대한 미대응으로 기존(既定) 정책의 비효율적 대응 ☞ 체제(레짐) 및 거버넌스 미흡 예: 쇄국주의, 별도규격 철로	B. 근대화의 전용(conversion) 기존 정책의 전략적 전용 혹은 再규정(정의) 예: 개방주의(開國), 탈(脫)국가주의, 철도의 민영화 등 탈(脫)국가론→정부 주도에서 벗어나 비정부행위자 주도의 산업경쟁력 확보 전략
	약	C. 근대화의 중층화(layering) 기존 정책을 유지하며 새로운 정책의 수립 예: TCR / TSR / TKR(중국 / 시베리아 / 한반도횡단철도), 한일해저터널, 한중해저터널 등 다각적 정책 전개	D. 근대화의 진화(legalization) 제도 치환(displacement), 레짐 자체의 변화 세계화(globalization)의 국내적 수용 ☞ 새로운 국제제도의 도입: 체제 전환이 용이한 국내 정치과정을 활용하여 새로운 체제 도입 및 대응 원활, 예: 동북아철도공동체

자료: 필자 작성, 김영근(2017), "아시아·태평양지역의 중층적 경제협력 구도와 일본의 경제
적 리스크 관리"『한일경상논집』제74권, 한일경상학회, [표 3](p.73)을 바탕으로 재구성하고
대폭 수정·가필

(2) 철도 네트워크(공동체) 구축을 위한 조건

동아시아 국제관계의 대립구도에서 벗어나 철도 네트워크를 구축하기 위
해서는 무엇보다도 융복합적 리스크 관리 및 안전혁명을 바탕으로 한 '안전
생태계'의 구축이 필요하다. 다만 안전사회 구축을 위한 다양한 정부 차원의
노력에도 불구하고 일본의 철도 근대화 과정에서 보여준 자국우선주의적 외
교(행정) 전략은 주변국과의 충돌(대립)으로 이어졌다. 이를 어떻게 횡단(트
랜스)하고 융복합적으로 대응해 나갈 것인가 고민하고 있는 현재 '소프트파

워'의 활용은 중요하다. 특히 〈리스크 커뮤니케이션(Risk communication)〉[40] 등의 시각의 도입(선행연구)도 시도되고 있다. 여기서 '리스크 커뮤니케이션 (Risk Communication)'이란 무엇인가? 출발점은 사회적 불확실성이나 위험요소를 둘러싼 소통의 한 방식으로, 정확한 정보공개에서 비롯된다. "정치경제적, 사회문화적, 생활환경적, 과학기술적 위험성에 관한 정보나 의견을 위험 관리자, 위험 평가자, 이해관계자, 시민들 사이에서 주고받는 일련의 프로세스"를 의미한다. 과장되게 표현하자면 인간의 안전보장을 위한 모든 이슈가 '재난·안전'과 연관되어 있어 '리스크 커뮤니케이션'이 중요하다. 무엇보다도 재해·위험(危害)사안의 특성과 상대국(국민)의 위험인지도 등을 면밀히 고려하여, '위기 커뮤니케이션(Crisis communication)', '합의 커뮤니케이션(Consensus communication)' 등 각 유형별 커뮤니케이션 전략을 활용해야 할 것이다. 이는 동아시아 철도공동체 구상의 첫걸음이라 할 수 있는 안전 시스템 혹은 생태계의 구축에도 매우 유용하다. 단 효과적인 '리스크 커뮤니케이션'을 위해서는 사회적 수용자들의 정서와 감정적인 측면까지 고려하고 통합하여 의사소통할 필요가 있다. '리스크 커뮤니케이션'의 방법론은 성공적인 철도공동체 구축을 위해서도 필수불가결인 요소하 할 수 있다. 특히 전통적 안보 개념에서 벗어나 비전통적 시각에서 인간의 안전보장(Human Security)과 관련된 '리스크 관리(Risk Management)' 시각은 아무리 강조해도 지나치지 않는다.

5. 결론: 철도공동체 구축을 위한 탈지정학적 과제

일본 근대화의 선도자 역할을 해 왔던 철도 구상을 살펴보고, 국민을 통합하

---

40 대표적 연구로는 다음 논문을 참조할 것. Kim, Kyungwoo, Yoon, Hoyoung & Jung, Kyujin(2017), "Resilience in Risk Communication Networks: South Korea's 2015 MERS Response." *Journal of Contingencies and Crisis Management*, Vol. 25, Issue 3, pp.148-159.

기 위한 과제로 강력한 '이데올로기적 장치(소프트파워)' 및 근대적 공간을 창출하기 위한 '철도' 시스템 정비 등 교통망의 확충(하드파워) 메커니즘을 분석하였다. 트랜스내셔널 시대의 근대화는 다양한 범주와 예상하기 어려운 영향력을 끼치고 있다. 비록 제1차산업혁명과 더불어 막 시작된 근대화 초기의 국가간 혹은 국내 지역간 대립 양상은 점차 약화되고 있으나 아직까지도 해결해야 할 과제는 적지 않다. 이러한 대내외적 환경변화에 대응하고 미래지향적인 철도공동체 구축을 위해 몇 가지 제언하고자 한다.

첫째, 동아시아 '철도공동체' 구축을 위해서는 국가간 협력의 토대를 마련해야 한다. 2018년 4·18 남북정상회담(1차), 5.26(2차), 9.18-20(3차)에 이는 6·12 북미정상회담 이후 한반도 나아가 글로벌 평화에 대한 기대가 높아지고 있다. 이와 맞물려 한국이 제시한 '동아시아철도공동체' 제안은 향후 동아시아 국가들의 유대감을 형성하는 계기로 작용할 것이다. 동북아 6개국과 미국이 참여하게 될 '동아시아철도공동체'는 한국의 경제지평을 북방대륙까지 넓히고 동북아 상생번영의 대동맥이 되어 동아시아 에너지공동체와 경제공동체를 이루기 위한 초석으로 삼아야 한다. '국제협력'의 중요성에 관해 공감할 경우, 자연스럽게 근대화 과정에서 발생하는 대립과 갈등을 넘어 화해와 협력 구도를 강화할 수 있다. 다만 북한의 비핵화를 둘러싼 여러 가능성이 논의되고 있는 과정에서 한반도 운전자론 등 다양한 시나리오가 전개되고 있다. 무엇보다도 한중일 3국은 상호 경제의존도가 높고 GDP(국내총생산) 기준으로 20%를 차지할 정로로 글로벌 경제의 흐름을 주도하는 나라가 되었지만, 영토분쟁, 군사적 위협 등 리스크 관리 문제 또한 동시에 안고 있는 '아시아 패러독스'의 상황을 부정하기는 어려운 실정이다. 그렇다면 글로벌 시각에서 철도공동체를 실현하기 위한 구체적인 과제는 무엇인가? 무엇보다도 탈(脫)지정학적 스탠스, 즉 '트랜스내셔널리즘'이 고양되어야 한다.

둘째, 산업혁명의 진화와 맞닿아 있는 철도의 근대화 과정에서 무엇보다도 중요한 것은 '안전혁명'에 주안을 두어야 한다. 아울러 안전혁명을 위한 관련

행위자들의 '문화적 인식'이나 '의식(意識)' 역할이 중요하다. 인간과 AI(인공지능), 하드웨어와 소프트웨어의 충돌(마찰) 등 안전 문제가 가장 관건이 될 수 있다. 디지털국경, 무역영토 등 '탈(脫)지정학'이나 '탈(脫)지경학'적 관점의 도입, 인간의 안전보장, 4차 산업혁명의 혁신적 요소라 할 수 있는 무인화(dehumanizing), 고토즈쿠리 등을 포함한 소사이어티(Society) 5.0, 성장경제에 대비되는 회복경제(Recovery Economy), 지속가능성, 경제 공동화, 공유경제 및 경제공동체의 모색 등 탈(脫)중앙경제의 대두, 국가 및 전통적 경제학의 역할의 감소, VR(가상현실) / AR(증강현실), 사물인터넷(IoT) 등 AI벤처(Venture), 실업문제, 공급과잉산업(Excess supply industry), 신성장동력, 젊은 산업(Young industry), 실버산업 등 기존분야융합모델의 도입, 파괴적 기술(Disruptive Technology), 블록체인 기술, IST(안전정보기술), 디지털 소사이어티, 아날로그 사회와의 융복합, 수소경제사회, 안전공학, 웨어러블기기, 유비쿼터스 등 휴마트(humanity smart) 전자제품의 확산, '인간소외' 문제의 극복, 한류(문화) - 일류(日流) - 환류(環流) 등 문화비지니스, '문명의 충돌', 디아스포라경제, 스마트그리드, 스마트시티, 스마트팜, 스마트픽 등을 아우르는 휴마트경제학, 빅데이터(기계학습분석), 사이버 물리 시스템(Cyber-physical system), 사이버 및 정보의 불신 등 여러 근대성의 충돌(대립)을 어떻게 관리할 것인가가 관건이다.

셋째, 동아시아의 화해(평화)와 관련된 '역사·문화적 교훈'을 살려야 한다. 한일간의 역사적 경험으로 살펴보더라도 한일교류는 고대사까지 이어진다. 백제문화의 전수, 임진왜란 후 한일 양국의 국교회복과 교류의 진전계기가 되었던 조선통신사, 대일관계 개선과 관련된 다양한 조선과 일본과의 약조 등은 한일관계 개선에 큰 역할을 수행했다고 평가받고 있다. 아울러 진정한 화해와 협력 프로세스를 위해서는 화해의 당사자라 할 수 있는 '새로운 행위자 및 협력 아젠다'에 주목해야 한다. 특히, '철도공동체', '재난과 안전에 관한 협력 네트워크의 구축'이나 '아시아 재난·안전공동체 구상' 등 동아시아 교류 분야의 확대 및 진전은 매우 중요하다. 아울러 일본의 철도 근대화 과정에서 유발되는 갈등에서 벗어나 화해의 길로 들어서기 위해서는 인간의 안전보장에 어긋나는 역주행(逆走行)을 예방(관리)하고, 나아가 목표에 도달하기 위한 로드맵을 만들어 그 비전과 전략을 공유해야 할 것이다.

| 참고문헌 |

김도형·아베마코토 편(2015), 『한일관계사 1965-2015. 2:경제』, 역사공간.

김영근(2020), "포스트 코로나 시대의 안전국가 이론: 패러다임의 변용에 따른 리질리언스 관리방법론을 중심으로", 『비교일본학』제48집, pp.21-40.

김영근(2018), "재난과 안전혁명 이론: '휴마트파워' 기반의 위기관리 거버넌스 모델과 일본의 교훈" 『일본연구』제30집, 글로벌일본연구원, pp.311-333.

김영근(2017), "아시아·태평양지역의 중층적 경제협력 구도와 일본의 경제적 리스크 관리" 『한일경상논집』제74권, 한일경상학회, pp.55-81.

김지환(2014), 『철도로 보는 중국역사』, 학고방.

김채수(2013), "근대일본문학의 성립과 전개양상에 대한 고찰", 동아시아일본학회 발표(11.2)자료.

류시현(2015), "일본의 ODA 정책과 인간안보: 일본 국내담론과 국제규범 형성과의 관계를 중심으로", 『일본연구논총』제41호 p.33-52.

박지향(2013), "근대에서 반(反)근대로: 일본의 대영(對英) 인식의 변화" 『영국연구』제9호, pp.135-164.

박진빈(2013), "자연, 도시, 국가: 이와쿠라 사절단의 미국 체험", 『사총』80권,

에밀리 S. 로젠버그, 조행복, 이순호 역(2018), 『하버드-C.H.베크 세계사: 1870-1945』, 서울: 믿음사.

윤석만(2017), 『휴마트 씽킹: 4차 시대를 이끄는 리더들의 생각법』, 시공미디어.

이태휘·여기태(2012), "항만과 도시기능의 연계 방안에 관한 연구" 『한국항해항만학회지』36(1), pp.75-80.

이토 아비토 저, 임경택 옮김. 2009. 『일본 사회 일본 문화: 동경대 특별 강좌』소와당

정재정(2018), 『철도와 근대 서울』, 국학기록원.

조진구 편(2008),『동아시아 철도네트워크의 역사와 정치경제학 I: 근대화와 제국주의의
　　명암』, 리북.
이웅현 편(2008),『동아시아 철도네트워크의 역사와 정치경제학 II: 세계화 시대의 철의
　　실크로드』, 리북.
최현수·박준태·박성호·강팔문(2014), "일본 동경권 광역철도구축 과정과 현황 조사
　　(2): 광역철도서비스 향상과 과제"『교통기술과정책』11(5), pp.20-27.
한능호·박철주·정태석(2011), "일본의 항만운영정책에 관한 연구"『해양비즈니스』19,
　　pp.135-154.

富永健一(1990),『日本の近代化と社会変動』, 講談社.
山室信一(2001),『思想課題としてのアジア』, 岩波書店.
吉田精一(1975),『現代日本文學史』, 筑摩書房.
松下和夫(2002),『環境ガバナンス』, 岩波書店.
田中明彦(1989),『世界システム』, 東京大学出版部.
久保田博(2005),『日本の鉄道史セミナー』, グランプリ出版.
川辺謙一(2007),『鉄道車両を知りつくす』, 学習研究社.
古城佳子"逆第二イメージ論"河野勝·竹中治堅編(2002),『アクセス比較政治学』, 日
　　本経済評論社.
河野勝(2001), "『逆第2イメージ論』から『第2イメージ論』への再逆転？",『国際政治』
　　第128号.
スティーブン·クラズナー(Steven D. Krasner),「グローバリゼーション論批判」, 渡辺
　　昭夫·土山實男編(2001), 『グローバル·ガヴァナンス－政府なき秩序の模
　　索－』, 東京大学出版会.

I.M. Destler(2005), *American Trade Politics*, Fourth Edition, Institute for International
　　Economics.
Judith Goldstein, Miles Kahler, Robert O. Keohane, and Ann－Marie Slaughter(2001), eds.,
　　Legalization and World Politics, Cambridge, MA: MIT Press.
Kyungwoo Kim, Hoyoung Yoon& Kyujin Jung(2017), "Resilience in Risk Communication
　　Networks: South Korea's 2015 MERS Response." *Journal of Contingencies and Crisis
　　Management*, Vol.25, Issue 3, pp.148-159.

Peter Osborne(1992), "Modernity is a Qualitative, Not a Chronological, Category," *New Left Review*, 192.

Randall D. Germain(2000), "Globalization in Histrical Perspective," in Randall D. Germain ed., *Globalization and Its Critics*, NY: St. Martin's Press.

Robert Gilpin(2000), *The Challenge of Global Capitalism*, Princeton University Press.

Robert O. Keohane and Joseph S. Nye(2001), *Power and Interdependence*, NY: Longman.

21세기 정치학대사전

일본 외무성 http://www.mofa.go.jp

케이힌급행철도 공식사이트 http://www.keikyu.co.jp/120th/index.html

한신전기철도 공식사이트 https://www.hanshin.co.jp/company/history/

한큐전철 공식사이트 http://www.hankyu.co.jp/global/en/characteristic/index.html

식민지 가라후토

일본인 이주와 신사의 창립

김현아(金炫我, Kim Hyun Ah)
쓰쿠바대학(筑波大学) 문학박사. 일본근현대사 전공. 한림대학교 일본학연구소 HK연구교수. 식민
정책과 동화정책, 야스쿠니신사와 호국신사, 지배와 동원 및 일상 등에 관한 연구를 진행하고 있다.
주요 논문으로는 「전시기 경성호국신사의 건립과 전몰자 위령·현창」(2018), 「전시체제기 식민지조
선의 군사원호와 전몰자유가족」(2020), 「샌프란시스코 강화조약 직후 국가와 야스쿠니신사의 연속
성」(2020), 「패전 후 전쟁미망인의 실상과 유족운동 그리고 국가」(2021) 등이 있다.

1. 들어가며

일본인의 가정생활은 전통적으로 신기숭경(神祇崇敬)이 중심이 되고, 집단생활에서는 신사가 그 중심적인 역할을 하고 있어서 일본인의 향토관념이 신사를 주체로 하는 데에는 조금도 이상하지 않다. 따라서 일본민족에게는 신사가 없으면 그 생활의 공허함을 견디기 어렵다. 특히 멀리 조국을 떠나 해외에 거주하는 사람들에게 신사는 정신적 향토이다. 그러므로 당연히 해외에 일본인이 모이는 곳에는 반드시 신사가 세워지고 일본인이 가는 곳에는 신기를 모셔두고 제사를 지낸다.[1]

이른 시기부터 일본인의 해외진출과 더불어 일본의 식민지지배 및 '세력권'의 확대에 따라 '일본인이 있는 곳에는 모두 신사가 있었다'고 할 정도로 해외에 많은 신사가 건립되었다.[2] 그 가운데 가라후토(樺太)[3]의 신사는 일본(=내지)의 식민지(=외지)에 건립된 해외신사[4]로 '협의의 신사'에 포함된다. 또한 가

1 嵯峨井 建(2005), 『大陸神社大観』, ゆまに書房, p.5.
2 中島三千男(2000.6), 「'海外神社'の研究序説」, 『歴史評論』 602, p.45.
3 '가라후토'는 1905년부터 1945년까지 일본이 통치한 시기의 남가라후토를 가리킨다. 섬 전체를 가리킬 때는 사할린섬, 그리고 제정러시아, 소비에트연방, 러시아연방 등의 통치범위와 통치시기를 가리키는 경우는 사할린으로 한다(三木理史(2006), 『国境の植民地・樺太』, 塙書房, p.2).
4 「해외신사」는 (1) '외지'로서의 성격을 갖는 타이완, 가라후토, 조선, 남양제도에 건립된 신사, (2) '점령지'로서의 성격을 갖는 중화민국과 동남아시아, 만주 등에 건립된 신사, (3) 어떠한 의미에서도 일본의 시정권(施政權)이 미치지 않았던 하와이, 남북미 등에 건립된 신사 등 3종류로 분류할 수 있다. (1)과 (2)를 '협의의 해외신사', (3)을 포함한 경우를 '광의

라후토신사는 해외이주자 또는 거류민이 건립한 '거류민 설치 신사'라 할 수 있다. 그 이유는 러일전쟁 후 1905년에 체결된 포츠머스조약에 의해 사할린 섬의 북위 50도 이남, 즉 가라후토가 일본의 영토가 되기 전부터 일본인이 거주한 곳에 신사가 건립되었기 때문이다.

『가라후토연혁·행정사(樺太沿革·行政史)』(全国樺太連盟, 1978)를 보면 "1875년에 체결된 가라후토·지도리(千鳥) 교환조약에 의해 가라후토가 러시아 영토가 되고 나서 1905년에 다시 일본영토가 되기 전까지 일본인이 관리한 어장은 192곳이며 1,967명의 어민이 거주하고 있었다"고 적혀 있다.[5] 1875년부터 1905년까지 31년이라는 오랜 기간 일본인 어민이 남가라후토에서 거주하며 어업 생활을 하고 있었다는 사실은 분명히 신사가 존재했다는 것을 말해준다. 이를 뒷받침하는 자료에서 "가라후토에서 에도시대 후기 및 메이지 초기에 일본인이 건립한 신사가 노후되어 없어지는 일도 있었지만, 어업관계자가 신사를 계속 숭경하며 새로이 신사를 창건하고 조영하였다"는 내용을 찾아볼 수 있다.[6]

이러한 사실에 근거하여 본 연구에서는 일본인의 해외 이주와 신사의 건립이라는 등식 아래 사할린 섬과 가라후토에 초점을 맞추고, 일본이 영유하기 이전의 사할린 섬에 일본인이 언제부터 무엇 때문에 이주하였는지에 대한 배경을 살펴본다. 그리고 에도시대부터 1910년대까지 '일본인이 모이는 곳에는 반드시 신사가 세워지고 일본인이 가는 곳에는 신기를 모셔두고 제사를 지낸다'는 점에 주목하여 이주와 관련하여 신사가 언제, 어느 곳에 건립되었는지를 논해보고자 한다.

의 해외신사'라고 한다(中島三千男(2000.6), 「海外神社」の硏究序説, 『歷史評論』 602, 각주1 참조).

5 『樺太の神社』, 北海道神社庁(2012), p.59.

6 위의 책, 『樺太の神社』, p.59.

2. 일본인 이주의 배경과 취락 형성

가라후토(=사할린)는 홋카이도(北海道)의 소야해협(宗谷海峽)을 사이에 두고 북쪽으로 위치한 섬이다. 가라후토는 북위 50도를 경계로 하여 북쪽이 북가라후토(北樺太=북사할린)이고, 남쪽이 남가라후토(南樺太=남사할린)이다. 가라후토의 전체 섬 면적은 홋카이도와 비슷하고 남가라후토는 홋카이도의 절반 정도의 크기이다. 가라후토의 주요 산업은 어업, 임업과 펄프, 탄광업이었다. 가라후토 전체 인구의 5할 이상이 펄프 공장이 있는 마을에서 생활하였다. 그리고 1934년 이후에는 석탄산업의 개발이 활발히 추진되었다.[7]

그렇다면 일본인은 언제부터 가라후토에서 생활하며 살았던 것일까. 일본이 가라후토를 영유하기 이전부터 일본인은 가라후토를 왕래하고 있었다. 그 계기는 1751년에 마쓰마에번(松前藩)이 구슌코탄=오도마리(大泊)에 어장을 개장하고부터이다. 그리고 1759년에 처음으로 일본인 어민이 어장을 맡아 관리하게 되었고, 이들 어장은 모두 아니와(亜庭) 만(湾)의 안쪽에 위치하여 남부를 중심으로 운영되었다.[8] 1867년에 일본과 러시아가 '가라후토섬 가(仮)규칙'에 조인함으로써 사할린 섬은 양국의 잡거지가 되었다. 일본 정부는 1869년에 사할린 섬을 에조치(蝦夷地, 메이지시대 이전의 홋카이도)를 관할하는 개척사가 맡아 관리하도록 하였다. 1870년에는 홋카이도에서 분리하여 가라후토 개척사를 새로이 설치하였다.[9] 그러나 1875년 5월에 러일 양국은 가라후토·지도리 교환조약을 체결하게 되고 사할린 섬은 러시아 영토가 되었다.

가라후토·지도리 교환조약을 보면 가라후토에 거주하고 어업관계자인 일본인 주민은 국적을 유지하면서 거주권과 재산권 그리고 영업권이 인정되었다. 그러함에도 불구하고 일본 정부는 어업관계자들을 본국으로 귀환시켰다.

---

7 위의 책, 『樺太の神社』, p.13.
8 위의 책, 『樺太の神社』, p.59.
9 三木理史(2006), 『国境の植民地·樺太』, 塙書房, p.18.

이에 대해 일본인 어업관계자는 사할린에서 어업를 다시 할 수 있도록 일본정부에 청원을 하였고 승인을 받게 되었다. 사할린 섬에서 어업에 종사하는 일본인들은 이른 봄부터 가을까지 고기잡이가 한창일 때는 가라후토에 머물고 겨울철 비수기에는 대부분이 일본으로 귀국하였다. 1900년 전후의 시기에 사할린에서 어업에 종사하는 일본인은 년 간 7천명 이상이었다.[10] 이러한 사실에서 사할린으로 일본인이 이주를 시작한 동기는 어업이었고, 그 어업종사자가 대분분을 차지하고 있음을 알 수 있다.

러일전쟁에서 승리한 일본군이 가라후토를 점령하게 되면서 1905년 8월 1일부터 가라후토에서 일본에 의한 군정(軍政)이 실시되었다. 8월 19일에는 군정을 해제하고 내무성 하에 가라후토민정서(樺太民政署)[11]를 북가라후토에 설치하였다. 하지만 8월 29일에 체결된 포츠머스강화조약에 의해 일본 정부는 북가라후토를 러시아에 양도함으로써 가라후토민정서의 본청을 남가라후토의 오도마리에 설치하게 되었다.[12]

이러한 일련의 과정을 거쳐 1905년부터 가라후토에 일본인의 이주가 본격적으로 추진되었다. 일본 정부는 1906년 봄부터 가라후토에 농민의 이주를 실시하였다. 그리고 우선적으로 경제적 기능을 보완하기 위해 각 취락이 오도마리와 도요하라(豊原)를 중심부로 하여 연결되도록 교통도로를 건설하는 계획을 세웠다.[13]

그리고 가라후토의 삼림자원은 영유 이전부터 석탄과 함께 주목을 받았는데, 경제·산업발전을 목적으로 가라후토민정서가 조사에 착수하여 제지자본

---

10 神長英輔(2019), 『「北洋」の誕生 : 場と人と物語』, 成文社, 2014, pp.48~51; 中山大将, 『サハリン残留日本人と戦後日本』, 国際書院, p.82.

11 가라후토민정서는 1905년 8월 19일부터 1907년 3월 14일까지 가라후토 개척을 위해서 설치된 행정조직이며, 1907년 3월 14일에 가라후토청(樺太廳)으로 개칭되었다.

12 社団法人全国樺太連盟編(1978), 『樺太沿革·行政史』, pp.344~353.

13 앞의 책, 『国境の植民地·樺太』, p.65.

의 투자를 적극적으로 권유하였다. 이렇게 1910년대 중반부터 급속하게 삼림 자원 개발이 추진되고, 1916년 이후 펄프공업이 급속하게 발전하게 되었다. 1920년에 들어서는 공업생산량이 어업생산량을 큰폭으로 증가하였다. 이에 따라 가라후토에 생활 터전이 마련되어 이주자가 증가하였다. 어업에 의존했던 초기의 가라후토는 인구의 계절변동이 크고 정착인구가 적었다고 한다면 이와 달리 제지자본의 진출에 의한 목재 펄프 공업의 성장은 정착인구의 증가에도 큰 영향을 미쳤다고 볼 수 있다.[14]

이상과 같이 살펴볼 때 가라후토에 일본인이 이주하기 시작한 것은 첫째는 1751년에 마쓰마에번이 오도마리에 어장을 개장한 이후이다. 그리고 1759년에 일본인이 어장관리를 맡으면서 어장이 위치한 아니와 지역에 일본인 거주지가 형성되었다. 둘째는 1905년에 일본이 가라후토를 영유하면서 이주자 정착을 위한 농촌계획의 일환으로 도요하라에 신시가지를 건설하였기 때문이다. 셋째는 1905년 이전부터 "도야마현(富山縣)과 아키타현(秋田縣)에서 가라후토 서해안으로 출어하는 자가 적지 않았으며 일부는 월동을 위해 거주하면서 어촌마을을 이루었다"[15]는 점에서 서해안에 위치하는 마오카(真岡)에 일본인이 이주하여 살면서 어촌이 형성되었음을 알 수 있다.

이러한 사실은 일본인이 가라후토에 이주한 가장 큰 배경은 일본이 영유하기 전부터 생활의 수단이었던 어업과 밀접한 관계가 있음을 알 수 있다. 그리고 또 하나는 농촌척식사업의 전제로서 도요하라에 시가지를 형성하여 적극적으로 이주자를 유치하였다는 점을 제시한다. 다음 장에서는 일본이 가라후토를 통치한 초기에 3대 주요 도시라 할 수 있는 도요하라, 오도마리, 마오카 지역을 중심으로 신사의 건립이 어떻게 이루어졌는지를 살펴보고자 한다.

---

14 三木理史(2012), 『移住型植民地樺太の形成』, 塙書房, p.201.

15 앞의 책, 『国境の植民地・樺太』, p.61.

3. 가라후토 초기의 신사 창립과 그 특색

1) 에도시대부터 1910년대의 신사의 창립

1869년의 신사에 관한 사료로서 니시쓰르 사다카(西鶴定嘉)가 저술한『신찬오도마리사(新撰大泊史)』(1939)에는 다음과 같은 내용이 기록되어 있다. 개척사(開拓使: 메이지 초기에 홋카이도와 그 부속 도서의 행정·개척을 관장하였던 관청) 판사인 오카모토 겐스케(岡本監輔)와 외무대승(外務大丞) 마루야마 사쿠라(丸山作楽), 외무권대승(外務權大丞) 다니미치 노(谷道之) 등 세 관리가 '오도마리에서 새해를 맞은 관리, 농공민 40여 명의 민심을 달래기 위해서 오도마리에 있는 다무라신사(田村神社), 이시노신사(石の神社), 벤텐샤(弁天社)신사, 이나리샤(稲荷社)신사 등에서 제례를 집행하였다'고 한다.[16] 이와 같은 사실은 1853년에 러시아 영토가 되기 이전부터 가라후토에 "신사가 존재하고 신앙되었다는 증거"라는 것을 말해준다.[17]

또한 러시아가 사할린을 영유하고 있던 시기에 마오카 지역에 창건된 란도마리신사(蘭泊神社)가 있다. 란도마리신사는 1907년에 새로 조영되었다. 1910년에 간행된『대일본신사대감(大日本神社大鑑)』에 쓰여 있는 란도마리신사의 유서에는 다음과 같이 기록되어 있다.

본 신사의 첫 제사는 문헌으로 증명할 수 없어 분명하지 않지만 멀리 러시아 영토였을 때 출어한 자인데 현재 란도마리 어장 내에 오모노누시노가미(大物主乃大神)를 모셔두고 제사하는 것을 보고 경영자인 야마다 다케지로(山田竹次郎)가 촌민숭경의 마음을 금할 수 없어 1907년 6월 16일에 봉사자로부터 물려받아 신전을 현재의 위치에 새롭게 조영하여 그 정성을 바친 것에서 시작된다.

---

16 앞의 책,『樺太の神社』, p.59.
17 위의 책,『樺太の神社』, p.60.

　이러한 내용에서 볼 때 가라후토에서의 "신사의 시초는 러시아가 영유한 시기에 어장개척자가 처음으로 신사를 세웠다"고 할 수 있다. 요컨대 "가라후토에서의 신사의 창건은 에도 후기에 어장을 개척한 일본인에 의해 이루어졌고, 신사는 러시아 영토였던 시대에도 일본인 어민에 의해 신앙되고 다시 일본 영유가 되어도 그 대부분이 계속 신앙되었다"는 사실을 말해주고 있다.[18] 앞서 인용한 글에서 사가이 다쓰르(嵯峨井 建)가 언급한 '일본인이 모이는 곳에는 반드시 신사가 세워지고 일본인이 가는 곳에는 신기를 모셔두고 제사를 지낸다'는 말을 증명하고 있는 셈이다. 에도시대에 가라후토에 신사가 건립된 곳은 일본인 어업관계자가 많이 거주하고 있는 어촌 지역이었다. 그렇다면 1905년 이후 일본통치가 시작된 이후에는 가라후토의 어느 곳에 신사가 설립되었을까.

　1905년에 일본이 남가라후토를 다시 영유하게 되고 가라후토의 개발은 적극적으로 추진되었다. 이에 따라 일본인들이 개발에 종사하기 위해 가라후토로 이주해왔다. 일본인들이 거주하는 지역에는 이전에 세워졌던 신사를 그대로 이어 받아서 신사를 수리하여 숭경생활을 하기도 하고 새로운 신사들이 창건되기도 하였다. 〈표 1〉을 보면 가라후토에 1906년에서 1910년 사이에 3개의 신사가 창건되었음을 알 수 있는데, 1907년을 전후로 하여 일본인의 취락지역인 도요하라와 마오카 등에 신사가 건립되기 시작하였다. 1910년부터 가라후토에서 신사를 창립하려면 가라후토청으로부터 정식허가가 필요했다. 1910년에 신사창립의 허가를 받아 가라후토신사(樺太神社), 도요하라신사(豊原神社), 마오카신사(真岡神社) 등 3개의 신사가 창립되었다. 아래에서는 관폐대사 가라후토신사의 창립 배경과 조영과정을 서술하고자 한다.

―――――――――
18 위의 책,『樺太の神社』, p.60.

〈표 1〉 지역별·연대별 해외신사 수(창립연도)

	신사								사(社)·신사(神祠)		계
	대만	가라후토	관동주	조선	남양군도	만주	중화민국	(소계)	대만	조선	
1900년까지	2	-	-	-	-	-	-	2	3	-	5
1901~1905	0	-	-	-	-	1	-	1	0	-	1
1906~1910	1	3	2	-	-	5	-	11	2	-	13
1911~1915	7	2	1	0	1	16	2	29	3	2	34
1916~1920	6	3	2	35	2	9	3	60	6	41	107
1921~1925	2	61	3	7	1	3	0	77	16	57	150
1926~1930	3	24	1	7	2	0	1	38	31	78	147
1931~1935	7	18	2	2	2	32	4	67	38	86	191
1936~1940	30	11	1	9	15	110	26	202	17	353	572
1941~1945	3	0	0	20	0	67	14	104	0	296	400
(불명)	7	6	0	2	4	0	1	20	0	0	20
계	68	128	12	82	27	243	51	611	116	913	1,640

주1 : 佐藤弘毅, 「資料紹介 戦前の海外神社一覧」, 「同 Ⅱ」 및 「同 Ⅱ」의 부록② 「戦前の海外神社創立年代表」, 부록③ 「神祠創立年筑別一覧」(佐藤弘毅, 「戦前の海外神社一覧Ⅱ— 朝鮮·関東州·満州国·中華民国—」, 『神社本廳教学研究所紀要』 3, 1998.2)에서 작성. 다만 만주 만은 사가이 다쓰르(嵯峨井建)의 『満州の神社興亡史』(美蓉書房出版, 1998)의 권말 자료 「関東州·満州国神社一覧」에서 창립연대를 확정하고 있는 243신사를 인용하였다. 조영, 조영 예정, 창립 예정 등은 생략했지만 그것을 포함하면 332신사가 된다.
주2 : 신사 수 산출의 최종 현재 년도
　　가라후토 1937년 3월 1일 현재에 1945년까지의 신사를 추가
　　대만　　 1942년 12월 말 현재
　　남양　　 1941년 6월 말 현재
　　조선　　 1945년 현재
　　관동주　 1941년 1월 현재
　　만주　　 1941년 8월 1일 현재에 1945년까지의 신사를 추가
　　중화민국 1942년 6월 30일 현재

中島三千男, 「海外神社」の研究序説, 『歷史評論』 602, 2000.6, 50쪽의 表2地域別·年代別海外神社数(創立年)에서 인용함

2) 관폐대사 가라후토신사의 창립

관폐대사 가라후토신사는 1907년 8월 17일에 내각고시 제7호로 관폐대사 가라후토신사를 가라후토 도요하라에 창립하는 것을 공포하고, 제신은 오쿠니 타마노미코토(大国魂命), 오호나무치노미코토(大己貴命), 스쿠나히코나노미 코토(少彦名命) 세 신을 함께 모시기로 하였다.

『관폐대사 가라후토신사지요』에는 관폐대사 가라후토신사의 창립의 이유 를 다음과 같이 서술하고 있다.

> 이전부터 가라후토 섬의 영유 이래 이주민이 증가함에 따라 각지에서 신사의 창립을 기획하는 자가 잇달았다. 가라후토토청에서도 인심의 귀향을 헤아려 더욱 경신사상을 함양하고 숭조의 신념을 진작하여서 안도 영주의 기반을 굳건히 하기 위해 가라후토 섬 전체의 진호의 대사(大祀)를 창립하려고 한다.[19]

〈그림 1〉 관폐대사 가라후토신사(森厳なる官幣大社樺太神社)
(京都大学付属図書館所蔵)

---

19 위의 책, 『樺太の神社』, p.373.

　내용을 보면 '이주민이 증가'와 함께 '신사의 창립'도 증가했음을 알 수 있다. 그리고 '인심의 귀향'을 헤아려서 '경신사상을 함양하고 숭조의 신념'을 붙돋아서 '안도 영주의 기반을 굳건히'하고자 하였다는 점에서 타지에서 이주자의 편안하고 안정된 정착 생활이 중요시되었음을 엿볼 수 있다.

　가라후토신사의 조영이 어떻게 진행되었는지를 살펴보도록 하자. 1907년에 가라후토신사를 창립한다는 뜻을 선언하고 2년 후인 1909년에 가라후토신사를 조영하는 계획이 세워졌다. 가라후토신사 조영 과정을 보면 ①이듬해 1910년에 신사 터는 가라후토 도요하라의 동쪽 아사히가오카(旭ヶ岡)의 중턱에 조영하기로 결정하고, ②19010년도 가라후토청 토목비 예산안에 조영비용을 계상하였다. ③먼저 풍수를 살펴보고 무성하게 우거진 수풀을 제거하여 도로를 조성하였다. ④그리고 수목을 벌채하고 지반을 다지는 기초공사를 하였다. ⑤설계는 이토 주타(伊東忠太) 공학박사에게 촉탁하였다. ⑥본전(本殿)의 공사 하청을 명령하고, 목재 및 석재 일체는 가라후토에서 생산되는 것을 사용하기로 방침을 정하였다.[20] 이러한 조영 과정을 거쳐 공사에 착수한 지 1년이 되는 1911년 8월 22일에 가라후토신사가 창건되었다.

　그리고 가라후토신사 진좌제는 8월 22일에 거행되었다. 진좌제에 참석하기 위해 칙사로서 황실의 제사를 관장하는 쇼텐(掌典) 소노이케 사네야스(園池実康)와 궁내성 및 궁중 의전관 등 6명이 가라후토신사에서 제사지내게 될 미타마시로(御霊代)를 모시고 8월 18일에 도요하라에 도착했다. 미타마시로는 가라후토청 임시 봉안소에 안치해 두었다. 8월 22일 오전 9시에 칙사가 미타마시로를 모시고 가라후토신사 사무소에 도착하였다. 가라후토장관을 비롯하여 수비대사령부, 가라후토청 재판소의 각 고등관 등이 사무소 앞 광장에서 미타마시로를 맞이하였다. 진좌제는 오전 10시에 엄숙하게 거행되었다.[21]

20　위의 책, 『樺太の神社』, pp.376~377.
21　위의 책, 『樺太の神社』, p.375.

가라후토신사에서 거행하는 3대 연례 제사에는 예제(例祭), 기년제(祈年祭), 니이나메사이(新嘗祭)가 있다. 이 3대 제사에는 지방장관이 헤이하쿠교신시(幣帛供進使: 신전에 공물을 바치는 사람)로서 참석하고 의식을 거행한다. 그리고 매년 8월 23일 예제일은 가라후토청 시정기념일이기도 하다. 이 날은 집집 마다 국기를 게양하고 모든 관청과 학교는 휴일이고 집집 마다 국기를 게양한다. 각 마을 부락에서 남녀노소가 도요하라신사를 참배한다. 제사를 지낸 후에는 미코시(神輿)의 행차가 있는데 엄숙한 분위기에서 참관을 한다.

3) 신사 이름과 제신의 특색

가라후토 초기의 신사의 이름은 전통적인 일본의 신사 이름이 그대로 사용되고 있다. 19세기 중반에 남사할린에 세워진 신사의 이름의 경우는 일본인의 생활과 사회 구조를 반영하고 있다고 할 수 있다. 그 예로 야하타신사(八幡神社)와 이나리신사(稻荷神社)를 들 수 있다. 야하타신사는 군신, 수호신으로 전설 속의 오진천황(應神天皇)을 모시고 있다. 그 이유는 그에 대한 감사와 공물을 바침으로써 장수할 수 있다고 믿고 있기 때문이다. 야하타신은 바다의 신으로서의 특질을 갖고 있지만, 육지의 신, 대장간의 신 또는 오곡풍요의 신으로 모셔지고 있다.[22] 즉, 자신들의 일상생활과 관련된 신들을 모시고 있는 것을 엿볼 수 있다.

남사할린의 통치권이 1875년에 러시아로 넘어갔을 때 구슌코탄에 있는 벤텐샤를 보고 어느 러시아 저자는 자신의 저서에 '일본 본토에서 온 어린이들의 용기를 북돋우고, 파도와 바람의 위험 그리고 자연과 혹독한 추위, 눈, 얼음을

---

22 위의 책, 『樺太の神社』, p.474.

454

극복할 수 있도록 이 작은 신사를 세운 것은 자신들을 둘러싼 불행한 운명 속에서 자신들의 정신적인 지주를 발견하도록 하는 것은 아니었을까'라고 서술하고 있다.[23] 가라후토에서 초기에 신사가 창립된 배경은 혹독한 자연환경 속에서 이주자 자신들의 평안을 기원하는 정신적인 지주로서 신들을 모셨다는 데에 있었다고 할 수 있다.

스스로의 신앙과 관련하여 본다면 루타카군(留多加郡)의 루타가하치만신사(留多加八幡神社)는 1908년에 창건(小祠=작은 사당의 창건, 1926년 창립 허가), 노다군(野田郡)의 구라시이나리신사(久良志稲荷神社)는 1908년에 창건(小祠=작은 사당의 창건, 1906년에는 이미 푯말에 의한 요배를 실시, 1930년 창립허가), 나요시군(名好郡)의 나요시신사(名好神社)는 1910년에 창건(신궁 요배소의 푯말을 건립, 1921년 창립허가) 등의 신사들을 들 수 있다. 이들 신사는 국가가 공인하기 이전에 이주자 스스로의 신앙으로서 스스로의 의지로 제사를 지내고 있었다.[24]

1910년대 중반 무렵까지 가라후토의 신사는 정부 설치신사와 거류민 설치신사가 병행해서 건립되어가는 시기였다. 가라후토신사는 창립 당초부터 그 지역의 총진수(總鎭守)로서 재류 일본인뿐만 아니라 현지 주민의 교화를 목적으로 설립되었다. 그런데 이시기는 다분히 상징적인 존재로 그 기능은 충분히 발휘되지 못했다. 가라후토는 청나라와 러시아의 '변경'으로 생각되어 일본에서는 문자대로 '개척'이라는 측면이 강했다. 그래서 제사로서의 신사신도=국가신도의 논리가 확립되지 않았던 단계의 신도 교의를 반영하여 정부 설치 신사의 제신에는 '개척삼신(開拓三神)'이 포함되었다.[25] 그 예를 들자면 1911년에 창건된 관폐대사 가라후토신사의 제신은 '개척삼신'이다.

23 위의 책, 『樺太の神社』, p.475.
24 前田孝和(1994), 「樺太神社資料」, 『皇學館大學神道研究所紀要』10, pp.176~177.
25 앞의 논문, 中島三千男, 「'海外神社'の硏究序説」, p.56.

이 장에서는 가라후토의 초기의 신사, 즉 에도시대부터 1910년까지의 신사를 중심으로 살펴보았다. 가라후토청은 1920년 12월에 가라후토청령 제48호로 '신사규칙'(1921년 1월 1일 시행)을 공포하였다. 이 신사규칙이 공포되고 나서 가라후토에서는 신사의 창건이 증가했다. 〈표 1〉에서 알 수 있듯이 가라후토에서 1906년부터 1945년까지 약 40년간 창립된 전체 신사 수는 128개이다. 이 중에 1921년에서 1930년까지 10년 동안에 창건된 신사 수는 85개로 전체 신사 수의 66%를 차지하고 있다. 1920년 이후의 신사와 신사정책에 관해서는 추후 연구과제로 살펴보고자 한다.

4. 나오며

에도시대부터 1910년대에 걸쳐 가라후토에 일본인이 언제부터 이주하여 살았는지를 알아보고 어느 곳에 신사가 창립되었는지를 살펴보았다.

일본인이 가라후토에 거주하기 시작한 것은 1751년에 마쓰마에번이 오도마리에 어장을 설치한 이후이며, 1759년에 일본인이 어장관리자가 되면서 이주자가 늘어나게 되었다. 가라후토에서 어업에 종사하는 일본인들의 대부분은 성수기인 봄부터 가을까지는 가라후토에서 지내지만 겨울철 비수기에 접어들면 일본으로 귀국하였다. 이러한 점에서 볼 때 에도 후기에 가라후토로 일본인이 이주하게 된 주된 이유는 생계와 관련한 직업으로서 어업 생활에 종사하기 위해서라고 볼 수 있다. 그리고 또 하나의 이유는 가라후토가 일본 영유가 되었던 1905년부터 본국으로부터 이주자를 유치하기 위한 계획이 본격적으로 추진되었기 때문이다.

일본인 이주자가 생겨나면서 신사도 건립되었다. 가라후토에서 신사의 시초는 러시아 영토였을 때 어장개척자인 일본인에 의해 세웠졌다. 즉 '일본인이 모이는 곳에는 반드시 신사가 세워지고 일본인이 가는 곳에는 신기를 모셔두고 제사를 지낸다'고 앞서 언급했듯이 에도시대 때 가라후토에 신사가 창립된 곳은 일본인 어업관계자가 많이 거주하고 있는 어촌 지역이었다.

그리고 가라후토에 세워진 신사를 보면 일본인의 생활과 사회 구조를 반영하고 있음을 알 수 있다. 그들이 모시는 신들은 자신들의 일상생활, 즉 삶의 터전과 연관되는 신들을 모시고 있었다. 가라후토에서 초기에 신사가 창립된 배경에는 사할린 섬의 혹독한 자연환경 속에서 이주자 자신들의 평안을 기원하는 정신적인 의지의 대상으로서 신들을 모셨다고 할 수 있다.

이처럼 가라후토로의 초기의 일본인 이주는 생계수단인 어업과 관련하여 시작되었고, 신사의 창립은 사할린이라는 혹독한 자연환경 속에서 생활의 안정과 번영을 기원하는 데에서 기인하고 있다.

| 참고문헌 |

『樺太の神社』(2012), 北海道神社庁.

西鶴定嘉(1939), 『新撰大泊史』, 大泊町役場.

社団法人全国樺太連盟編(1978), 『樺太沿革・行政史』.

神長英輔(2014), 『「北洋」の誕生: 場と人と物語』, 成文社.

嵯峨井建(1998), 『満州の神社興亡史』, 美蓉書房出版.

_____(2005), 『大陸神社大観』, ゆまに書房.

辻子実(2003), 『侵略神社』, 新幹社.

中山大将(2019), 『サハリン残留日本人と戦後日本』, 国際書院.

三木理史(2006), 『国境の植民地・樺太』, 塙書房.

_____(2012), 『移住型植民地樺太の形成』, 塙書房.

佐藤弘毅(1997.3), 「戦前の海外神社一覧 I —樺太・千鳥・台湾・南洋—」, 『神社本廳教学研究所紀要』 2.

_____(1998.2), 「戦前の海外神社一覧 II —朝鮮・関東州・満州国・中華民国—」, 『神社本廳教学研究所紀要』 3.

中島三千男(2000.6), 「海外神社」の研究序説, 『歴史評論』 602.

前田孝和(1994.3),「樺太神社資料」,『皇學館大學神道研究所紀要』10.

_____(2015.3),「旧樺太時代の神社について―併せて北方領土の神社について―」,
『年報非文学資料研究』神奈川大学日本常民文化研究所非文学資料センター
編（Ⅱ）.

사할린 한인 문제

전후 처리와 난문제들

박승의(朴勝義,Sung Ui)

사할린 사범 대학교 한국어과 교수로 취직하여 2011년까지 18년이나 대학생들에게 한국어, 한국사
와 문화를 가르쳤다. 2006-2009 년간 사할린주 한국어 교사 협의희 회장, 2005-2011년간 사할린주
한인협회 이사, 1995-2011년간 유즈노-사할린스크시 한인협회 감사위원장, 2003-2009년간 유즈
노-사할린스크시, 사할린주 한국어경시대회 심사위원장, 2003-2011년간 사할린주 교육부 한국어
심사위원으로 활동. 주요 저서 및 논문으로는 『사할린 한인 교포들의 운명』(1993), 『사할린에서의
한국어 교육 현황』(2007). 『사할린 한인 동포의 정체성』(2008). 「사할린에서 한인의 디아스포라:
형성의 역사」(일본 규슈대학교, 2011) 등이 있다.

1. 머리말

제2차 대전이 종결된 이후 75년이 되었지만 아직도 여전히 해결되지 않고 있는 사할린 한인 문제가 있다. 일본이 사할린을 점령한 기간은 물론 일본으로부터 해방이 된 이후에도 사할린한인에 대한 학대와 차별 그리고 책임과 의무를 이행하지 않아 발생된 것이다.

이런 문제를 유발시킨 근본원인은 일본이 러·일전쟁(1904-1905)을 이르켜 1905년 포츠머스 평화조약에서 러시아로 부터 사할린을 북위 50도로 분할을 강요하여 남사할린을 빼앗은 탓이다. 일본은 바로 남사할린을 점령한 후 병합시키고 지명도 일본식으로 가라후토로 개명하였다.

이 사할린에 한인은 1880년에 이미 마우까(현 홈스크)에서 수명이 미역를 수거하기 위해 연해주 지방으로부터 이주하면서 점차적으로 한인 어민이 증가하였다. 그러나 남북으로 분할되면서 소련영토의 북사할린에 거주하던 한인은 1937년에 소련이 극동영토에 거주하던 한인을 중앙아시아로 집단 추방시켜 없앴다.

그러므로 우리가 흔히 말하는 사할린한인 문제는 남사할린(가라후토)으로 일본이 전쟁기간에 강제로 동원해 노동을 시킨 한인 (조선인)을 말하며 출신별로 보면 남한출신이 95%, 북한출신이 5%였다. 북한 출신이 적은 것은 일본이 중국과 전쟁을 하기 위해 북한에 군수공장을 많이 건설하여 북한에도 노동력 부족현상이 발생하였기 때문이다.

사실 일본은 1904년 2월 8일 인천에서 한국의 독립과 중립을 지지한 러시아 함대를 선전포고도 없이 공격하면서 시작한 러·일전쟁(1904-1905)으로 중립국

한국을 무력으로 점령하고 한국의 독립을 약탈하여 1910년 병합을 선언했다.

그리고 1937년에는 중일(中日)전쟁을 일으키고 전쟁을 확대하면서 1938년에 국민총동원령을 발표하고 남사할린(가라후토)의 탄광, 비행장 등에 청년들을 강제로 끌어가기 시작하였다.

그러나 1945년 제 2차 대전에서 일본이 항복하자, 소련은 러·일전쟁 이전의 남사할린의 영토를 회복하였으나 패전한 일본은 전쟁기간에 노동을 시키려고 동원한 약 43,000명의 사할린 한인을 버려두고 일본인만 송환시켰다.

사실 일본인의 남 사할린 탈출은 소련의 참전이 알려지자마자 벌써 가라후토 청장의 지시로 일본인만을 긴급히 본토로 이주시키기 시작하였다. 그리고 1946년 11월 27일 소련 동경연합국위원회 대표와 연합국 최고사령관 대표 간에 소련지구 일본인 송환 잠정협정을 체결하고 곧 12월 9일에는 정식협정으로 전환하여 연합국 사령부의 책임하에 실시하였으나 한인은 제외시켰다. 또 샌프란시스코 평화조약 이후 1956년 10월 소·일 모스크바 공동선언으로 일본은 사할린에서 일본인을 철수시킬 당시에도 한인을 배제시켰다.

사할린 한인은 2차 대전에서 연합국의 승전으로 포츠담 선언에 의해 독립을 약속 받은 한반도 이외 지역의 해외에 거주한 일본증명을 가진 한인계로 엄연히 법적으로 일본국적 소유자였다. 그러나 일본은 일본인이 아니라고 주장해 동경 연합국사령부에서는 물론 미국이 주도한 1951년 샌프란시스코 평화조약 "2조 (a)에서 일본은 한국의 독립을 승인하며 한국(울릉도, 거제도, 제주도를 포함하는 한반도)에서 모든 권리, 권한 그리고 청구권을 포기한다"는 규정을 적용하여 송환회피 구실로 삼아 사실상 국적을 상실한 국제적인 미아가 되게 했다.

그러나 조약문은 한반도의 영토에 대해 독립을 승인한 것이지 해외에 거주하는 한인의 국적에 관해서는 조문 어디에도 규정은 없었던 것이다. 더욱이 일본이 사할린 한인에게 강제적으로 예치시킨 우편예금 및 각종 예금 증권을 지금까지 수십 년간 보상을 미루고 있다.

이와 같이 사할린 한인 문제는 2차 대전 이후 소련, 일본, 한국, 미국 그리고 북한이 얽혀있는 국제적인 문제다.

2. 사할린과 러일관계

러시아는 1860년 러.청 북경조약으로 두만강 넘어 우수리를 포함하는 연해주의 영토를 청국으로부터 양도받았다. 그 후 아무르(흑룡강)강 하구에 위치한 사할린을 중요시하게 되었다. 그리고 러시아는 1875년 5월 7일 페체르부르그에서 일본과 조약을 체결하고 전 사할린 영토를 소유하는 대신 전 꾸릴열도를 일본에 양도하기로 합의하였다.

그러나 앞서 말한 바와 같이 1905년 포츠머스 러.일 평화조약에서 일본이 남사할린을 양도받으면서 1945년 무조건 항복을 할 때까지 남사할린은 일본의 영토로 합병되어 있었다.

남사할린은 이렇게 40년간 일본의 지배하에 있었으나 1945년 2월에 크림반도 얄타에서 미국, 영국, 소련 삼국 수뇌가 회동하고 독일을 항복시킨 후 2, 3개월 안에 극동에서 소련이 대일 전에 참전하는 조건으로 연합국이 승리한 이후에 러.일 전쟁으로 일본에 빼앗긴 남사할린과 부속도서 그리고 쿠릴열도를 소련이 양도 받기로 협정을 체결하였다.

합의문
제2조 1904년 일본의 침략으로 상실한 러시아 영토주권의 회복.
　　　a) 남사할린과 그 부속 도서는 구 소련에 반환한다.
제3조 쿠릴열도를 소련에 양도한다. 일본이 패전한 후에는 소련의 상기 요청을 무조건 수용한다고 한 것이다.

협정에 따라 독일이 1945년 5월 9일 항복하자 소련은 3개월이 되는 8월 9일에 대일 선전포고를 하였다. 그리고 일본이 1945년 8월 14일 무조건 항복하면서 1945년 9월 2일 동경만 미주리 함정에서 미국을 대표한 맥아더 장군과 소련을 대표한 제레비얀코 준장 등이 항복문서를 받았다. 그리고 소련대표 제레비얀코는 1946년 1월 3일 동경 연합국회의의 소련대표로 임명을 받았다.

동경 맥아더 사령부 보도국에서는 제레비얀코가 동경 연합국회의에 부임한 이후에 1945년 포츠담 선언에 따라 1946년 1월 29일에 연합국 최고사령부 지령서 SCAP No.677에서 일본영토를 홋가이도, 혼슈, 시코구, 규수 및 지정한 도서로 제한하면서 종전에 일본이 점유하고 있던 영토에서 다음 영토를 제외시켰었다.

> 지령서
> 제3조 일본영토에서 다음 영토를 제외한다.
> 　울릉도, 리안쿠르 (독도), 제주도
> 　류큐 (오키나와)
> 　지시마 (쿠릴열도)
> 제4조 일본정부의 사법 및 사법관활권에서 제외한다.
> 　1914년 제 1차 세계 대전 이후 일본이 침략하였거나 보호통치, 그리고
> 　지배 혹은 여타 방법으로 소유한 태평양의 모든 도서
> 　만주, 대마도, 팽호군도
> 　한국
> 　가라후토 (남사할린)
> 제5조 본 지령서 내용에 담은 영토에 대한 규정은 앞으로 어떤 방법으로 확인
> 　이 될 때까지 일본정부에 보내는 사령부의 모든 지령서, 각서 및 명령에
> 　적용을 받는다.

그러나 1951년 9월 8일 샌프란시스코의 평화조약에서는 한국전쟁 등으로 미·소의 냉전이 절정기였으므로 미국은 평화조약 초안을 전승국 외상이 작성하기로 한 합의를 깨고 영미간에만 작성하여 소련, 인도, 중국(현) 및 기타 사회주의 국가는 불공정 조약이라고 서명을 거부하여 실제 전쟁에 참가하지 않은 국가를 포함해 49개국과 체결하였다. (한국문제는 제2조 (a)항에 앞서 연합국 사령부에서 1946년 1월 29일 일본정부에 보낸 지령서에서 규정한 독도를 제외

하고는 거의 동일했다. 이 조약에서는 맥아더 사령부에서 일본 영토가 아니라고 규정한바 있는 울릉도, 독도 그리고 제주도를 슬그머니 독도를 거문도로 바꾸고 울릉도, 거문도, 제주도를 포함한 한반도의 독립을 승인하며 모든 권리 권한의 청구권을 포기한다고 했던 것이다. 이때 일본 수상이 평화조약 체결 15일 전에 미국에 가 로비활동을 하면서 일본에 유리하도록 교섭을 하고 동시에 평화조약을 체결한 그날 미·일 방위조약도 체결하였던 것이다. 그리고 초안에서 현 러시아의 꾸릴과 남사할린을 일본에 반환하는 것으로 작성했으나 당시 소련 부 외상 그로믜코가 이에 반발하자 다시 소련에 양도하는 것으로 했으나 소련이 서명을 거부해 현재 일본이 다시 남부 꾸릴과 한국의 독도 등을 요구하고 있다. 그리고 이 평화조약이 상위 법에 해당되어 종전의 맥아더 사령부의 지령은 소멸되었다. 맥아더 사령부는 이 지령서를 발표하기 전에 워싱턴과 사전에 협의했었다. 그러나 샌프란시스코 평화조약체결 전후에 미소냉전으로 미국의 정책이 변했다.

　한편 소련은 최고회의 간부회의 명령으로 1946년 2월 2일 전 남사할린 을 1945년 9월 20일로 소급해 하바롭스크 변강에 편입시켰다. 그 후 현재는 러시아 연방 사할린 주로 꾸릴열도 까지 소속되어 있다.

3. 전후 남사할린의 한인실정

　일본이 1938년 전시총동원령으로 남사할린의 여러 탄광, 도로개설 및 비행장 시설 등에 강제로 동원되었던 한인은 대략 6-8만 명이었다. 이 남사할린에서 일본이 무조건 항복한 직후 1945년 8월 17일부터 8월 25일까지 일본 경찰에 의해 소련적군에 협력할 것이라고 남 사할린의 최북단에 위치한 가미시스카 (현재 레오니도보)와 미즈호 (현재 포자르스코예)에서 한인을 대량 학살했다. 가미시스카에서는 일본경찰이 18명을 학살하고 증거를 인멸하려고 방화한 후 도주했으며, 또 미즈호에서는 어린이 6명과 여자 3명을 포함하여 총칼로 잔혹

464

하게 한인 27명을 학살했다. 그 중에는 처참하게 머리가 없는 시신도 발견됐다.

일본경찰, 군인 그리고 일본민간인이 합세하여 무차별 한인을 학살하였던 것이다. 그 이유는

1) 한인(조선인)이 폭동을 일으킬 수 있다.

2) 한인은 소련 적군을 도울 것이다.

3) 한인은 소련의 스파이다.

이런 한인의 살해사건은 일본이 한인에 대한 인식의 발로이며 또한 일본 민족이야 말로 잔인한 침략자로 부르기에 충분한 증거가 되는 것이다. 실제로 일본은 북해도 (전에 아이누족이 거주), 류뀨(오끼나와), 대만, 사할린, 한국, 만주 등을 무력으로 합병하고 중국, 아세안국가 그리고 러시아도 침공한 극동 평화의 잔악한 파괴자며 침략자였다.

남사할린에 종전 직후에 거주한 한인은 일본이 전쟁물자 수급을 위해 노동력 부족 현상을 타개하려고 강제적으로 동원해 보낸 사람들이다. 동원 양상을 보면 소위 군수품을 생산하는 회사가 필요한 노동자 인원을 일본정부에 요청해 이른바 1)모집, 2) 관공서의 취업 알선, 3) 징용에 의한 동원 등으로 되어있다.

그러나 모집방식으로 사할린에 간 한인도 말단 면사무소와 경찰 지서에서 할당 받은 인원을 채우려고 거의 강제적으로 차출하여 보냈다. 그리고 관공서의 취업 알선도 1942년 2월 조선인 내지 이입시행 요강이 발표되면서 한층 강제성이 강화 되어 1944년 9월부터 시행된 국민징용령이 실시되면서부터 이전의 강제에다가 법적인 강제성이 첨가된 방식으로 길에서 또는 논과 밭에서까지 청년들을 무차별 연행했다.

일본은 이런 방식으로 연행한 일부, (총 동원된 조선인 노무자는 85만 명) 약 6-8만 명을 남사할린의 토요하라 (현 유즈노사할린스크), 오오도마리 (현 코르사코프), 마오카(현 홈스크), 애스토루(현 우글레고르스크), 시수카(현 포로나이스크) 등 지의 탄광에서 참혹한 노동조건하에 작업을 시켰다. 게다가 약속한 노임의 일부는 강제적으로 저축을 시켰을 뿐 아니라 일본인과의 노임

도 차별해 지급했다.

1945년 8월 9일 소련의 대일 참전이 알려지자 일본 화태청장(가라후토)은 일본인 노인, 어린이 부녀자들을 홋가이도로 긴급 이주시켰다. 그러나 소련군이 진주하면서 1945년 8월 23일부터는 일본인의 출국을 금지시켰다. 하지만 일본인은 항만을 폐쇄할 때까지 소형선박을 타고 1946년 봄까지 소련군의 감시를 피해 일본본토로 탈출했다고 한다.

일본 가라후토 경찰청장은 일본인을 긴급 이주시킬 때 한인을 제외시키라는 지시를 내렸다. 북해도로 긴급 소개시킨 일본인은 76,000명이며 그 중에 1,500명의 한인이 포함되었다고 한다. 또 소형선박으로 탈출한 일본인은 24,000명이었는데 그 중에 500명이 한인이라고 한다. 당시 가라후토에 거주한 일본인은 39만 명에 달했다. 그래도 탈출자 속에는 일본 부인을 둔 한인이 소수 포함되었다.

1946년 봄까지도 사할린에 남아있는 한인은 43,000이었다. 당시 한인은 일본 국적이었으므로 소련군 당국의 신분조사서에는 일본이 사할린 한인은 일본인이 아니라고 부정해 소련당국은 한인에 대해서는 무국적자로 처리하고 신분증명서 뒷면에 최종국적을 일본으로 기재해 주었다. 소련군부에서는 물론 사할린 한인은 일본인이 아니라는 것을 인지하고 있었으나 한반도가 아닌 해외 영토에서 일본국적을 갖고 있었기 때문에 최종국적을 일본으로 명기했던 것 같다. 샌프란시스코 평화조약에서는 한반도의 독립에 관한 규정이지 해외 한인의 국적에 대한 언급은 어느 조문에도 없었기 때문이다.

한편 사할린에서의 러시아인과 한인과의 관계는 얼마 전 사할린에서 영구 귀국한 한인들의 말을 들어보면 이구동성으로 1945년 처음으로 소련군을 보았을 때는 무섭고 두려웠으나 차츰 알게 된 후부터는 한인에 대해 친밀하고 평등하게 대해주어 차별적이며 악독한 일본인과는 다르다고 평한다. 그리고 대체적으로 러시아인은 선하고 순한 민족이라고 좋게 보고 있다[1].

---

1 이순형(2004), 『사할린귀환자』, 서울대학교 출판부, 서울, pp.111-112.

4. 소련 사할린 한인 출국금지

앞서 밝힌 바와 같이 1946년 2월 3일 스탈린의 명령으로 남사할린이 꾸릴열도와 함께 소련영토로 편입되는 조치가 취해져 소련최고회의 간부회의는 동조치를 1945년 9월 20일로 소급하여 발효됨을 공포하였다.

그 후 사할린거주 일본인의 공식적인 귀환문제는 1946년 봄부터 추진되었다. 즉 3월 26일 연합국 최고사령관 맥아더가 일본정부에 보낸 "송환에 관한 기본지령서"를 토대로 이루어졌다. 이 기본지령은 포츠담 선언에 근거하여 소련 극동군 총사령관 지배하에 실시하는 군정지역의 일본인 귀환은 적절한 협정을 체결하여 실시할 것을 지시 하였던 것이다.

그러나 연합국 사령부는 한국을 독립국으로 규정을 해놓고도 사할린 한인의 귀환문제는 일본이 사할린 한인을 일본인이 아니라고 부정한 이후에 특별한 지시가 없었다. 당시 한국은 동경 맥아더 사령부의 휘하 미 24군 군정하에 있었으며 미·소공동위원회 회담에서 신탁통치 문제를 논의하고 있던 때였다.

마침내 사할린 일본인은 1946년 11월 27일 소련 동경 연합국위원회 대표와 연합국최고사령관대표간에 "소련지구 일본인 송환 잠정협정을 체결하였다. 그리고 곧 신속하게 12월 5일부터 사할린거주 일본인의 송환이 시작되고 12월 9일에는 정식협정으로 전환하였다.

이 협정 1절에서 소련 및 소련 지배로부터 송환대상자를

a) 일본인 군포로 및 군속

b)일반 일본인 (단 본인의 희망에 의함)으로 규정하였다.

이 협정에 따라 일본은 1946년 12월 5일부터 1949년 7월 22일까지 총 292,590명이 귀환하였다.

그리고 또 1956년 10월 19일에 체결한 소.일 모스크바 공동선언에 따라 1957년 8월 1일부터 1959년 9월 28일 사이에 7차에 걸쳐 도합 일본인 38만 명을 귀국시켰다. 이 인원은 사할린 이외 지역에서의 송환자도 일부 포함되어 있다.

  그 당시 대부분의 사할린 한인은 고국에 독립정부가 아직 수립되지 않았고 또 소련과 한국이 외교관계가 없던 때였으므로 일본으로 사할린 한인도 송환을 원하였으나 일본정부에 의해 수락되지 않았다. 일본정부는 일본호적에 입적되어 있는 일본인만을 귀환하도록 하고 일본이 전쟁수행을 위해 동원한 한인에 대해서는 별도의 대책과 조치를 취하지 않았던 것이다.

  다만 1957년에 집단적으로 일본여성과 결혼한 한인 남성과 그 가족 1,541명이 귀환하고 그 후에는 개별적으로 일본여성과 결혼한 한인 남성과 그 자녀 300명이 일본으로 갈 수 있었다. 그리고 일본 여성과 가족관계에 있지 않은 한인은 사할린에 방치되고 말았다.

5. 동경연합국 사령부와 사할린 한인

  동경연합국 최고사령부는 1946년 12월 19일 일본인의 송환에 대해 소련측 연합국회의 대표와 체결한 협정에서 사할린 한인에 대해서는 일체 언급이 없었다. 다만 일본인이 귀국할 때 같이 온 한인 18명이 사할린에 남기고 온 가족이 소식이 없으니 그들에 대해 소련 동경 연합국위원회 대표 제레비얀코에게 그들의 가족을 송환시켜 줄 것을 요청했었다.

  이즈음 고립무원이 된 한인들은 스스로 소련군 당국에 고국귀환을 요청하였으나 정부가 수립되지 않아 협의 할 주체가 없다고 거절당했다. 그러나 남한에서 1847년 10월 26일 민간단체인 사할린 한인 "귀환조기실현협회"가 맥아더 사령관에게 4만여 명의 사할린 동포는 해방국민인데도 이유 없이 사할린에서 소련군에 의해 출국이 금지 되었으니 연합군총사령부가 소련측과 교섭해 송환을 조속히 실현해 달라는 진정서를 보냈다.

  연합군총사령부에서는 이 진정서를 접수하고 사령부 외교부를 시켜 1947년 12월 9일 남한 점령군 미국 24군 사령관 하지에게 다음과 같은 공문을 하달했다. "연합국최고사령부는 사할린 〈한인조기송환협회의 진정서〉를 수리한다.

1) 남한출신 사할린 잔류한인 귀국에 대하여 적극적으로 고려할 것을 소련 대표에게 서면으로 전달한다.

2) 사할린 잔류한인의 귀국은 일본인과 같은 방법으로 한다.

3) 소련측에 한인송환 문제를 제기하기에 앞서 한국 주둔군 사령관의 의견을 듣는다.

이렇게 연합군사령부에서는 동경 소련 연합국회의 대표와 협의에 앞서 하지의 의견을 물었던 것이다.

그러나 하지는 종전 후 남한에는 일본에 의해 강제로 만주, 중국 등지에 동원 되었다가 광복이 되어 귀국한 자가 280만 (북한에서 월남한 사람을 포함)명에 달해 식량, 의복 그리고 주택에 공급능력을 초과하고 있다고 송환에 난색을 표하고 현재로서는 바람직하지 않다고 회답했다. 다만 사할린과 꾸릴열도의 한인에 대한 인원을 알려 달라고 요청하였다. 이 하지의 회신을 연합국사령부에서는 많이 참고하였던 것 같다. 연합국사령부에서는 더 이상 사할린 한인의 송환문제를 논의하지 않았다.

그러므로 송환문제를 소련측에 제기하지 않은 책임은 당시 남한의 주한 미군정 사령관 하지와 미 군정에 참여한 한국의 정치지도자에게도 없다고 말할 수 없게 되었다. 미군정은 연합국사령부에 일본정부에 사할린 한인의 송환에 대한 모든 책임이 있음을 상기시키고 소련측과 협의를 요청했어야 했었다.

그 후 연합국사령부는 다만 하지가 관심을 갖은 사할린 한인 인원에 대해 회신하였을 뿐이다. 사할린 한인은 약 15,000명이라고 통보했으나 이 숫자는 확신이 없다고 하였다.

〈참조〉
당시 사할린 한인에 대한 인원 조사와 기관은 다음과 같다.
1946년 12월 : 43.000명, 조사기관 한인단체 (조선거류민단) 조사
1947년 2월 : 22.777명, 소련 극동군관구 송환과

1947년 11월 : 15.000명, GHQ / SCAP에서 하지 주한 미 24 군 사령관의 질의에
　　　　　　　게 회답
1989년 12월 : 35.191명(남성 17.606, 여성 17.585명), 소련인구조사 통계청
2002년 2월 : 29.592명, 소련인구조사 통계청
2009년 12월 : 29.500명, 사할린 한인 정의 복권재단 제공

이렇게 사할린 동포의 숫자가 차이가 나는 것은 북한에서 소련에 계약노동
자로 온 한인이 포함되어 있었다. 그러나 후에 대륙으로 이주한 자, 사망한
자, 귀국한 자가 있어 사할린 한인의 인원은 감소하였다.

이런 논의가 있은 후 1948년 한국정부가 수립되면서 동경주재 한국대표부에
서 1949년 4월 4일 맥아더 사령부 외교부에 사할린 한인의 조속한 송환협조를
요청하였으나 사할린 한인의 어려운 생활상에 우려만 표명하고 그 역시 인원
에 대해서만 큰 관심을 보였었다. 연합국 총사령부(GHQ / SCAP) 외교부에서
는 회답에서 한인의 송환문제에 대해서는 공식적인 정보를 보유하고 있지 않
다고 밝히고 정보원에 의한 인원은 약 2만 명이 사할린에 잔류하고 있다고
했다. 이렇게 당시 미군정이나 한국정치지도자들은 남북한의 이념분쟁과 미
·소의 정치적인 관계 그리고 사회혼란 등으로 사할린 한인 송환문제에 대해서
는 적극적인 대책을 수립하지 못하고 있었다.

사할린의 일본인 송환시기에 소련측에서도 한인의 송환에 대해 큰 관심을
갖고 있었다. 사할린 한인들이 일본인의 송환을 목격하고 수차 본국송환을 진
정하였으나 일본이 송환을 거부해 지연되고 있어 한탄하고 있다는 보고가 소
련방 내각 송환문제 전권위원회에 전달되었다.

전권위원회에서는 1947년 12월 말리크 소련 부외상에게 한인의 본국송환문
제를 제기했었다. 그리고 전원 북한으로 송환시킬 것을 검토하도록 요청하였
다. 이런 점으로 보아 소련은 한인을 억류하고 있을 생각은 없었던 걸로 보여
지며 정치적인 관계로 북한으로 송환을 고려했던 것 같다.

위와 같은 요청에 말리크는 사할린 한인의 일부는 남반부 출신이므로 남한

으로 송환되기를 원한다. 조선인 23,000명이 전원 북조선으로 가기를 원하고 있다고 볼 수 없다. 따라서 일본인의 송환이 완료된 이후 조선인의 강제송환여부를 결정할 문제다. 특히 남사할린의 어업 및 산업노동력에 타격을 줄 수 있으므로 1948년에는 조선인들의 집단 송환은 없을 것이다라고 했다.

실제적으로 소련에서는 일본인이 본국으로 송환된 후 일본인이 하던 빈 자리를 채우기 위해서는 사할린에 노동력이 필요했었다. 그래서 1949년까지 북한에서 주로 어부를 모집계약으로 20,891명이 5174명의 가족과 함께 사할린에 보내졌다. 후에 12,386명이 가족 2,009과 함께 귀국하고 남은 사람은 캄차트카, 쿠릴 및 사할린에 현재 살고 있다.

이런 정치 및 현실적인 상황으로 북한출신이 아닌 남한출신의 사할린 한인은 무국적자가 되어 한국 송환에 대한 기대는 멀어져 갔다. 게다가 미·소 냉전과 1950년 한국전쟁이 발생해 수난은 가중되고 서로 이념의 장벽으로 고국과의 소식마저 끊기고 말았다.

6. 무국적자로 전락한 한인

소련은 국적법 제8조에 의해 즉 "소련 영토 내에 거주하는 자가 소련공민이 아니면서 자신과 외국국적과의 관계에 대한 증명을 가지고 있지 않는 자는 무국적자로 간주된다"라고 하였다.

위 규정에 의하여 소련은 처음에 사할린 한인을 모두 무국적자로 처리하고 말았다. 사할린 한인에게 법적으로 광복 이후 한반도에 정부수립이 되지 않은 상태였으므로 일본, 소련 혹은 한국국적에 대한 선택권을 주지 않고 일률적으로 무국적자로 처리하였다.

소련은 카이로 선언과 포츠담 선언이 있은 다음에 다 동참을 선언했기 때문에 사할린 한인들이 처한 실정을 감안해 한국국적을 받도록 할 수 있었을 것이나 한국이 남·북으로 분단되어 소련은 북한의 배후 후견국가로 있어 정치적으로 북한을 지원하였던 것이다.

특히 미·소 냉전기간 동안에는 정치적인 이유로 남사할린 해안지방에 살던 한인 무국적자는 중부로 이주시키고 경찰과 국가안전기획부(KGB)의 허가가 있어야 다른 지방으로 이주를 하고 해상에 나갈 수 있었다.

또 한인무국적자에게는 주택 건축, 수리 및 주거 부속시설에 대한 융자를 금하였다. 또 공산주의 청년동맹의 가입과 작업장에서 책임자가 되지 못하게 하였다. 한인무국적 자의 청년과 처녀에게는 남사할린 교육대학에 입학을 허가하지 않았으며 사할린주의 직업기술학교의 입학도 허용하지 않았다. 그리고 우편물 발송과 배달도 제한했었다. 또 생명보험도 가입할 수 없었으며 노후 혹은 상해시에 국가에서 주는 연금이나 생활보조금의 혜택도 받지 못하게 했다. 혈육이 없어 의지할 곳 없는 노인들도 양노원에 입소가 어려웠다.

그리고 다산모 혹은 미혼모에게 주는 정부 보조금을 금하고 한국 이름을 갖지 못하게 하고 해외로 출국도 금하였다.

이런 상황에서 1948년 북한정권이 성립된 후 1950년 대에 들어서 북한에서 파견된 선전요원들이 사할린 한인에게 북한국적을 취득할 것을 집요하게 권유하기 시작하였다. 이와 함께 소련측에서도 무국적자인 한인들에게 소련국적의 취득을 허가하기 시작하였다. 그래서 사할린 한인은 1960년대에는 북한국적 60%, 소련국적 25%, 무국적 10%의 비율이 되었다. 1970년대에도 이런 실정은 비슷하게 유지되었으나 1988년 1월에 나온 국적통계에는 사할린한인 약 35,000 중에서 32,000명이 소련국적(91%), 북한국적이 556명(1.3%) 그리고 무국적자가 2,621(7.5%)명으로 구성되어 있었다.

이렇게 북한국적자가 격감하고 소련국적자가 격증한 일부 북한국적을 갖게 된 한인이 북한으로 송환되어 북한의 실정이 외부에 알려졌기 때문이며 소련국적의 증가는 남북한의 적대적인 관계와 한국과 소련이 외교관계가 없어 귀환의 희망이 사라져 성장하는 청소년들의 장래를 위해 소련국적을 얻어 취업

이나 교육 등의 혜택을 받고 영주에 적응하려는 의도였다.

한국에서도 한국전쟁에서 소련의 역할과 정치 이념적인 적대관계로 오랫동안 소련영토 사할린에 남은 한인을 잊고 있었다. 그러나 1972년부터 시작한 KBS 국제방송국을 듣고 그 동안 잊고 있던 사할린 한인으로부터 고국으로 송환을 호소하는 애절한 편지가 제3국 우체통을 통해 오기 시작했다.

한편 이즈음 1972년 9월 19일 대한적십자사 총재가 소련적십자사 위원장에서 사할린 한인 송환문제를 해결하는데 협조를 요청하는 소련측에 최초의 공식적인 편지를 보냈다. 그 내용을 보면 "장기간 대한적십자사가 받은 정보로는 많은 사할린 거주 한인이 고국으로 귀환하기를 바라고 있다고 한다. 그러나 이 정보를 확인하기란 외교관계가 없어 불가능했다. 마침 사할린 근해에서 어로작업을 하던 한 한국어선이 소련 영해를 침범해 억류되어 있었는데 귀 적십자의 도움으로 귀국했다. 이 어선 선장은 사할린에서 한인동포들을 직접 만났는데 고국으로 애타게 귀환하고 싶어 한다는 말을 전해 듣고 이제 최선을 다해 동포 귀환문제를 해결하려고 한다. 소련적십자사의 숭고한 인도주의 정신으로 한인 송환문제 해결에 협조하여 주기를 바란다."

그러나 소련적십자가 소련외무성에 회답에 대한 가부를 물었을 때 외무성 극동과장 카피차는 북한의 입장을 고려하고 회답을 하지 말라고 지시하여 무위로 끝나고 말았다. 당시 소련 공산당 중앙위원회는 북한측의 요청으로 한국의 외교관을 비롯한 모든 기관과 접촉을 금하였다.

7. 사할린한인 일본법원에 제소

1958년 일본인 부인과 함께 1958년 1월 14일에 일본으로 송환된 박노학 등은 바로 2월 6일 일본으로 송환된 한인 약 20여명이 모여 가라후토 억류 귀환자동맹본부 (후에 화태귀환 재일한인회로 개칭)를 결성하고 한국 주일대표부에 탄원서를 제출하였다. 그들은 날 품팔이 노동으로 생활을 하면서도 사할린에 남겨진 동료들의 실정을 잘 알고 있어 귀환을 호소하는 활동을 계속했다. 일본 외무성과 후생성, 일본적십자사, 국제적십자사 그리고 소련정부와 UN등에도 거듭 진정서를 보냈다[2]

이들의 가장 큰 기대는 한국정부와 재일 한국거류민단이었다. 그러나 한국 정부와 민단에서는 1959년 일본에 대해 사할린 한인의 귀환문제에 일본정부가 노력해 줄 것을 요청하는 선에서 끝났다. 그래서 화태귀환 재일한인회는 한국 정부에 1965년 한.일회담에서 사할린한인 문제를 의제로 채택해 주도록 거듭 청원을 하였으나 일본정부의 책임이라고 이를 받아들이지 않았다.

결국 보다 못한 일본부인들이 "부인회"를 결성하고 1975년 5월에 "사할린 잔류한인 귀환청구재판 실행위원회"를 발족하는 준비위원회를 개최하였다. 그 준비위원회에 참석한 일본인 변호사는 즉석에서 문제의 중요성을 파악하고 7월에 당시 일본변호사 연합회장 가시와끼 히로시를 비롯해 변호인단을 결성 하였다. 그리고 일본정부를 피고로 사할린 잔류자 귀환청구 소송을 1975년 12 월에 동경지방재판소에서 시작하였다.

일본 정부가 전쟁 수행 목적으로 한인을 강제로 연행하여 노동을 시켰기 때문에 일본인과 같이 귀환시켜야 될 의무가 있다는 것과 일본이 비준한 국제 인권 규약에서 "자국에 되돌아 갈 권리"에 해당하다고 주장하였다. 또한 현재 무국적자는 소련과 한국이 외교관계가 없기 때문에 일본국적 소유자와 같은 지위에 있다고 보고 귀환시키는 방법으로 현재 유일한 귀한 실현의 방법으로 본 기소의 목적이라고 하였다.

이런 공방을 일본재판정에서 14년 간 하는 동안 이 문제를 둘러싼 환경은 차츰 변화되어 갔다. 소련의 페레스트로이카, 1983년의 출입국 규칙 개정, 88서 울올림픽 등이 있었다. 이때부터 사할린으로부터의 일시 재회를 위한 방일도

---

2 오오누마 야스아끼, 이종원 번역(1993), 『사할린에 버려진 사람들』, 서울, 1993, pp.46-57.

474

증가하였다. 1988년부터는 오랜 염원이었던 고향(한국) 방문, 1989년에는 한국
가족의 사할린 방문도 실현되었다. 그리고 일본 정부는 1988년부터 일시재회
지원비 예산을 편성하고 1989년 7월에는 한일 양 적십자사가 친족 재회를 지원
하기 위한 공동사업체를 발족하여 여비 등을 일본정부의 예산에 반영시켜 이
문제를 전향적으로 보게 되었다.

이러한 과정에서 귀환청구 재판은 실질적으로 해결되었다고 보고 14년간의
긴 재판에 구두변론을 총 64회를 하고서 취하하였다.

그러나 귀환실현을 위한 소송은 끝났으나 그 후 "대한변호사협회의 사할린
동포 법률구조회"의 후원으로 1990년 8월을 기해 사할린 한인 21명은 일본정
부를 피고로 하여 동경지법에 "사할린동포에 대한 배상청구"소송을 일본정부
에 제기하였다.

1975년의 소송이 귀환실현 자체를 청구하는 것이었다면 1990년의 소송은
귀환의무 불이행에 대한 위자료청구 소송으로서 청구액은 1인당 1 000만엔
씩이며, 총 43 000명에 대한 대표적 소송이었다. 일본이 귀환에 대한 법률적인
책임을 묻는 것으로 일본은 43,000명에게 모두 1,000만 엔의 배상을 요구한
것이다.

이런 소송을 하는 동안 사할린 한인의 귀환문제에 대해 또 책임 있는 일본정
부의 조치가 늦어지자 한국의 김영삼 대통령과 일본 수상 호소까와 모리하스
가 1993년 경주에서 회동하고 한국적십자사 대표와 일본외무성 대표가 사할린
을 방문하여 공동으로 실정을 조사하기로 합의하였다.

그 후 3년간 러시아는 일본과 사할린 한인에 대해 협의를 하면서 러.일 양국
은 앞으로 한인들의 거주지 선택권에 합의하여 원하는 자는 한국으로 귀환이
시작되었다. 일본이 귀환자 주택건축 자금을 지원하고 한국이 대지를 제공하
기로 하였다. 다만 1945년 8월 15일 이전에 출생한 사할린한인의 귀국희망자로
정했으나 매년 귀국자가 늘어 비록 이산가족의 발생이 불가피하였지만 현재까
지 4300명 이상이 귀국하였다. 비록 이렇게 송환은 진행이 되었으나, 사할린한

인의 우편저금을 비롯한 각종 개인재산의 상환문제는 전혀 미해결인 상태로 남아 있다.

그래서 2007년 9월 25일 일본 동경지방재판소에 사할린 잔류 한인 우편 저금, 은행예금 등 보상청구재판이 제기되었다. 이는 사할린 한인 11명을 원고로 하고, 일본 우정공사를 피고로 하여 합계 28,048,720엔을 지급할 것을 청구해 지금도 재판이 진행되고 있다.

사할린 한인은 종전 전까지 일본이 각종 형태로 지불하지 않은 채권을 일본의 우체국이나 은행등이 사할린이 소련의 영토로 편입되면서 모두 폐쇄되거나 철수하여 사할린에 억류된 한인들로서는 자신들의 채권에 대한 권리를 행사할 기회를 갖지 못하였다. 환언하면 일본이 강제로 시킨 우편저금 등을 상환하지 않은 것이다.

이에 대하여 구 우정성의 담당관은 처음에는 이 문제는 1965년 한일 청구권 협정으로 해결이 끝났다는 답변을 하였다가, 나중에는 확정채무로 지불의무가 있다는 것을 인정했지만 가라후토 (화태)의 외국인 예입 분 지불에 대해서는 "보류"로 하고 있다고 답변하였다. 그리고 현재는 우정공사가 저금원부가 없기 때문에 저금통장 또는 저금증서가 있는 사람에 한해 파렴치 하게도 우편저금 법이 정한 복리 계산한 금액 약 5배를 지불한다는 방침을 제시하고 있다 (당시와 물가상승률은 현재 2,000배에 달해있다). 특히 저금통장을 소지한 사람에 한정하고 있다고 한 것은 일본도 저금 원부를 사할린에서 소각하였는데 더욱이 러시아 영토 사할린 한인은 귀환의 희망도 없는데 70 여년이 지난 지금 통장을 요구하는 것은 부당하다고 생각된다.

저금원부는 일본도 소련이 참전직전에 가라후토 지사 오추 도시오의 지시로 중요문서를 소각하면서 한인의 우편저금, 은행저금 원부도 사라졌다. 때문에 이제는 개인별보다는 당시 사할린 한인 노동자의 인원과 미지불로 보류되어 있는 총액을 일괄적으로 사할린 한인에게 물가상승률에 해당하는 이율로 보상해야 한다.

일본 우정성 (동 소송의 피고인 지금의 우정공사) 저금국에 의하면 당시의 체신성 풍원(지금의 유즈노사할린스크시) 저금지국에서 취급한 것으로 미지불 된 우편저금은 약 59만 구좌의 원리금 합계 1억8천6백만엔이 넘는다고 한다. 여기에는 일본인의 구좌도 포함되어 있으나 일본인은 귀환된 후 지불되어, 대부분이 사할린잔류한인의 우편저금인 것이다.

1951년 체결된 샌프란시스코 평화조약 제2조에서 일본국은 쿠릴(지시마), 사할린(가라후토) 영유권을 포기하고, 제4조에서 일본이 영유권을 포기한 지역에 관련한 재산처리는 일본과 그 지역 당국, 즉 소련과의 특별계약의 주제로 한다고 규정하고 있다. 즉 샌프란시스코평화조약에 의해 일본국은 사할린한인의 우편저금 지불의무를 지며, 〈당국〉에 해당하는 소련(현재의 러시아)과 특별계약을 체결하고 해결에 힘을 쓰지 않으면 안 되게 되어있다. 그러나 일본정부가 이 특별계약을 체결하려고 해 왔던 흔적은 전혀 없다. (샌프란시스코 평화조약에 의해 이와 같이 '특별계약' 의로서 50년 간 '보류'로 되어 있던 대만(臺灣)의 확정채무에 대해서는 1995년에 일본정부가 120배의 지불을 결정하고 실행한 전례가 있다. 그러나 일본은 평화조약에 소련이 서명을 하지 않아 개별적으로 평화조약을 체결하게 되어 있어 러시아와 평화조약을 체결하지 않고 남쿠릴열도 등도 반환을 요구하고 있다.)

요컨대 이 소송은 지금까지 전혀 해결의 실마리를 찾지 못하고 70여 년이란 세월이 경과해 당사자의 사망이나 증거의 소멸로 없었던 일로 되어 버릴 수도 있다. 그러나 사할린 한인의 개인재산 상환을 위한 것으로 소송은 의의가 있으며, 사할린 한인의 우편저금 등의 개인재산의 상환문제가 통장을 분실한 사람을 포함해 일괄적으로 타결할 수 있는 계기가 되어야 할 것이다.

8. 사할린 한인의 난문제들

역사를 보면 어느 국가나 잘못이 있다. 자국의 잘못에 어떻게 대하며 또 대

항 하는가에 따라 그 나라의 품위를 보이게 된다. 그런 의미에서 사할린잔류
한국·조선인문제는 일본사회의 과제의 하나다. 원상회복, 가족재회 - 이 소원
을 달성하기 위하여 일본은 무엇을 할 수 있었으며 또 무엇을 해왔는가를 정리
해 놓을 필요가 있다.

　1958년에 일본인 부인과 일본으로 귀환한 박노학 씨들이 결성한 사할린귀환
재일한국인회(설립 당시에는 사할린억류귀환동맹)의 활동이 있었다. 동 회는
동포의 귀환촉진을 관계기관 및 일본사회에 호소했다. 편지를 주고받는 것 조
차 곤란했던, 사할린과 한국의 가족을 연결하는 역할을 계속하였다. 일본사회
는 이 호소에 무관심했으며 매스컴에도 거의나 오르지 않았다.

　1975년, 일본변호사연합회에 인권구제를 주장했으며, 그리고 재판 (사할린
잔류자 귀환청구소송)이 제기 되어 겨우 사할린잔류자문제가 일본사회에서 보
도되기 시작했다. 이후 사할린문제는 일본국회에서도 타부치 테츠야씨, 보노
야스지씨, 쿠사카와 쇼조씨 등 많은 국회의원이 문제해결을 열심히 호소했다.
1978년에 당시의 소노다 스나오 외무대신은 "이것을 행정당국은 인도적 문제
라고 하지만, 우리들한테는 인도적 이상의 도의적, 정치적 책임이 있다"고 단
언했다. 다른 전후 보상문제와 크게 다른 것이 바로 이 점이다.

　1976년쯤부터 소일관계 악화의 영향으로 소련정부도 호의적이 아니었다. 소
련출국은 엄중해지고 친족재회를 위한 도항은 곤란해졌다. 앞에서 말한 "사할
린잔류자 귀환청구" 재판이 진척되는 중에서 "아세아에 대한 전후 책임을 생
각하는 회" (대표는 오오누마 야스아키 도쿄대학 교수)가 발족했다. 사할린잔
류자 문제를 일본의 전후 책임문제로 하는 시민단체를 일어서게 하여 여론환
기와 책임문제의 추궁, 그리고 문제해결의 방도를 찾으려고 했다.

　그리하여 1987년 7월에 초당파의 "사할린잔류 한국·조선인문제 의원간담
회"가 설립되었다. 155명의 국회의원이 참가한 개회식에는 98명의 의원 본인
혹은 비서가 출석하였다. 회장으로는 자민당의 하라 분베이 의원, 사무국장으
로는 사회당의 이가라시 코조 의원, 그리고 전부터 열심히 활동해오고 있는

공명당의 쿠사카와 쇼조 의원과 자민당의 시라카와 카츠히코 의원도 사무국 차장으로 선출되었다. 재판으로의 일본정부에 대한 추궁과 여론제기로부터 의원간담회를 통한 일본 정부에 의한 구체적 전진으로 운동의 범위는 크게 늘어나갔다.

이 간담회는 발족 직후부터 활발히 활동하였다. 우선 소련측과 빈번히 접촉하여 출국완화사업을 하였다. 운동의 초기에는 반소, 반공산주의 운동이라는 딱지가 붙여진 적도 있었지만 가족 재결합이라는 인도상의 기본문제라고 성실히 인도적 해결을 요구한 것으로 소련정부의 이해를 얻게 되었다. 또한 한반도의 남과 북의 각 정부에 사할린잔류자 문제에 대한 이해를 구하는 활동도 하였다. 일본정부의 지원도 시작되었다.

1988년의 서울올림픽개최, 소련의 개혁등 국제정세의 변화가 순풍이 되어 일본경유로의 한국일시귀국이 실현되었다. 일한적십자사에 의한 "재사할린한인 지원공동사업체"가 발족하고 일본정부의 자금제공에 의해 유즈노사할린스크 - 서울 간에 직행전세기편이 취항했다. 이 공동사업체에 의한 "집단도항"이 월 1회 정도로 시작된 것이 1990년이었다.

여기까지 오게 된 일련의 진전에는 의원간담회의 활동역할이 큰 기여로 되었다. 재회, 일시귀국에 관해서 말하면 현재까지 1만5000명 이상이 전세기로 고향방문을 했으니 일시귀국의 목표는 거의나 달성되었다.

다음, 사할린잔류자들이 당초부터 희망하고 있었던 영주귀국은 1980년대 말부터 친족과 한국의 종교단체가 받아줌에 따라 200여명의 영주귀국이 실현되었지만 보다 더 많은 영주귀국희망자를 받아들일 체재가 한국에는 없었다. 특히 고령자들인 1세에 한해서는 긴급한 요망이었으며 영주귀국사업의 조급한 해결과 지원이 필요했다. 사할린주 한인노인회, 당사자들과 지원자들에 의한 필사적 활동이 전개되었다. 그리하여 이가라시 의원이 관방장관으로 있은 1994년 일본정부의 보정예산에서 한국에 영주귀국자용 요양원과 아파트건설 비용으로 32억 엔이 갹출되었다.

한국정부가 제공하게 되어 있은 부지선정에 시간이 걸려 결국 인천시에 100명 수용의 요양원이 완공된 것이 1999년 3월, 안산시에 500세대 (1000명)의 아파트 "고향마을"이 완성된 것은 2000년 2월이었다. 6년의 세월이 소비되었다. 그 후 안산시내에 50명분의 요양원이 건설되었고, 2007년부터 한국정부가 차용하는 아파트에 영주귀국하게 되어 영주귀국자는 도합 약 4300명에 달하고 있다. 그런데 1세 고령자뿐 아니라 2세, 3세도 포함하여 가족이 이주할 수 있도록 해달라는 희망도 강하다. 받을 수 있는 것은 2명뿐이라는 원칙은 다시 이산가족을 만든다는 점에서 이것도 문제로 된다.

영주귀국자가 지금 가장 절실히 요망하고 있는 것은 사할린에 남은 가족과의 재회를 위한 사할린으로의 일시귀국(역방문)이다. 일본정부의 도항비와 체재비의 부담으로 2001년에 처음으로 실시되었지만 정기적인 사업화가 바람직하다. 또한 귀국자 거의나 모두 고령임으로 의료, 간호에 관한 불안이 크다. 때문에 요양원과 같은 시설의 확충도 필요하다.

사할린에 남은 사람들에 대해서는 1998년에 일본 외무성이 사할린한인문화센터 건설비용으로 약 6억 엔의 예산을 계산하여 공동사업체에 갹출하였다. 이것은 1994년 2월 "사할린잔류 한국·조선인 문제와 일본의 정치"(의원 간담회 / 편)라는 책 출판기념파티장에서 당시 아시아국장이었던 카와시마씨가 "한국내에 영주귀국자시설을 만들 것은 결정되었지만 사할린잔류자에 대해서도 동등한 수준의 지원대책을 일본정부는 생각하고 있다"고 발언한 것으로 실현된 것이다. 그 때로부터 6년이 지나 2005년 사할린한인문화센터가 건설되었다.

그러나, 전쟁 말기에 일본본토로 전환된 조선인 광부의 이중징용자 문제는 아무런 해결도 되지 않고 있다. 이것은 사할린에 남겨진 처자식들에 대한 보상문제인 것이다.

그리고 임금과 저금의 미불금문제가 있다. 전시 때 많은 조선인 노동자에게는 임금을 지불하지 않았다. 기업은 강제적으로 저금시키고는 통장은 기업이 보관하고 있었으며 전후 청산도 하지 않고 일본으로 가버렸다. 우편저금에 관해서는 우정성의 조사로 하여 최근에도 59만의 구좌, 총액 1억8000만 엔이 현재 그대로 보관되어있다는 것을 알게 되었다. 대만의 전 군인·군속의 군사우편저금에 관해서는 미야자와 수상이 "현재의 가치에 의한 해결"을 약속하고 무라야마 내각시대에 120배의 지불로서 일단 결착되었다. 120배도 충분한 숫자가 아닌데 사할린잔류자의 지불청구에 대한 우정사업청의 "법정이자를 붙인 액 4~5배"라는 회답은 너무도 엉터리다. 2007년 9월 다카키 켄이치는 통장 소유자 11명을 원고로 하여 일본정부와 우정성의 민영화 한 후의 회사에 대하여 2000배의 지불을 요구하여 재판을 제기했는데 현재 심리 중에 있다.

이상의 남은 문제는 바로 정치과제인 것이다. 당시 일본정부의 관방장관으로 있는 센고쿠 의원은 1991년 3월 중의원 예산위원회에서 다음과 같이 언급하였다. "나는 아무래도 전후 책임문제를 다시 한 번 고쳐 생각하여 결착을 짓는다 할까, 청산을 하지 않는 이상 일본에 대한 아시아의 경계와 불심은 계속되지 않겠느냐고 생각한다. 전쟁으로 저지른 사항으로 아직 미해결로 남아있는 문제들에 대해서는 성의를 가지고 이것을 해결하지 않으면 안 된다." 이에 대하여 외무성 타니노 아시아국장은 해결을 위한 "큰 기금을 만들어보면 어떨까하는 생각도 있다"고 말했다. 이에 대하여 센고쿠 의원은 사할린 한인문제에 대하여 "우리는 아마 100억 엔 정도의 예산 조치를 하면 온갖 의미로서의 기금이나, 양로원이나, 혹은 기념관이라는 것 등 조치를 할 수 있지 않은가"하는 의견을 진술했으며, 당시의 나카야마 외무대신은 "의원님의 지적, 의견을 저희들은 충분히 검토 하겠습니다"라고 답변하였다. 이와 같이 약 20년 전에 기금, 또는 재단에 의한 해결방법에 대하여 논의되었었다. 이에 대하여 현 일본정부 관방장관은 명확한 문제 의식을 가지고 처리해야 한다는 의사를 표명하고 있다. 현재 〈기금〉 또는〈재단〉을 현실화하는 논의가 한국서 시작되고 있는 것은 큰 전환점일 것이다. 일본은 불충분하지만 사할린문제, 재한 피폭자문제, 더욱 종군 위안부문제에 대해 아시아 여성기금에 의한 사업을 시작했다. 모든 가해 국가의 책임에 대한 보상인 것이다. 이 점에서 설립될 재단은 피해 측인 한국

사회가 동포피해자를 위해 설립하게 되는 것으로 사상 처음인 사례라고 말할 수 있다. 1965년의 일본과 한국간의 청구권 및 경제협력 협정에 의한 해결은 끝났다는 문제가 있었다고 하지만 일본에 의한 한국인 피해자를 한국사회가 구제하기 시작하는 것은 획기적인 것으로 여긴다.

일본과의 공동사업으로 이번의 재단설립을 위한 특별법안에도 있지만, 이 재단은 한국정부 및 한국기업뿐 아니라 일본정부와 일본 기업의 공동 출자를 전제로 하고 있다. 1965년의 한일협정으로 해결이 끝이라고 하면서도 일본정부는 앞에 말한 바와 같이 몇 가지의 문제로 자금을 제공한 경과도 있어서 이번에도 한국측이 지도적 역할을 하면서 일본측에 영향을 가하면 일본측에서도 무시하지 못할 것이다.

이와 같이 전후 처리문제가 일본과 한국의 공동사업으로 되면 일본과 한국의 평화우호를 위해 얼마나 큰 의미로 되겠는지 헤아릴 수 없으며 또한 세계사적으로도 특필할 가치가 있는 사례로 될 것이다. 중요한 것은 이 재단의 설립과 활동으로 사할린한인문제의 모든 것을 깨끗이 하겠다는 일본의 자세가 일본사회에 설득력을 가지게 할 것이다.

9. 맺는 말

이상에서 살펴본 바와 같이 세계 2차 대전은 종결되었으나 아직 해결되지 않은 문제가 남아있다. 특히 일본은 사할린에 버려둔 한인들에 대하여 법적인 책임과 도의적인 책임을 회피하고 인도적인 문제라고만 되풀이 말하고 있다.

죄 없는 사할린 한인을 일본은 항복선언 직후에도 소련 적군의 간첩이라고 집단 살해는 물론 송환에 책임을 지지 않고 사할린에 한인을 방치한 것은 일본이 전적으로 책임져야 할 전쟁범죄행위에 해당한다. 일본은 연합국회의 소련 대표와 연합국총사령부간에 체결한 일본인 철수 협정에 일본국적이 있는 자만을 사할린에서 철수 대상자로 하여 한인을 남겨놓았다고 변명하나 일본은 그 이전에 1945년 8월 9일부터 소련 군정당국이 8월 23일 출국금지를 공포할 때까지 15일간 사할린 경찰청장 지시로 일본인만을 홋가이도로 약 7만 명을 이송시켰던 것이다. 또한 1956년 소일 공동 선언에 기초한 철수 시에도 일본인은 모두 철수 대상으로 삼았으나 조선인의 송환은 일본인 배우자를 가진 자와 그 자식으로 한정하였던 것이다.

또 일본인 처를 둔 한인이 생활능력이 없는 60세가 넘은 노부모와 동반 귀환을 거부한 것은 일본의 반인륜적 행위였다. 일본 부인과 함께 귀환하는 자라도 귀환 선이나 기차에서 한인에게는 도시락을 주지 않았으며 일본인과 같이 송환자 수당도 여비도 주택배정도 하지 않았다. 또 소련 정부가 일본인 귀환 허가에 의해 조선인의 출국을 인정했음에도 일본은 입국을 허가하지 않았다.

일본이 사할린한인의 귀환에 대해서는 전쟁책임의 일환으로서 실현되어야 하는 것은 단순히 일제시대에 한인이 사할린으로 가게 되었기 때문이 아니라, 일본이 이를 강제적으로 집행하였기 때문이다. 이런 행태들은 일본의 전쟁 관과 전후 관을 그대로 드러내고 있다. 일본의 전쟁책임은 일본의 전쟁정책에서의 죄과에 대한 책임으로 일본은 과거의 역사적 죄과에의 자각과 반성이라는 측면에서 성실히 이행하지 않고 있다.

일본은 1951년 샌프란시스코 평화조약에서 한국의 독립을 승인하고 모든 권한, 권리의 청구를 포기한다는 조문을 들어 사할린 한인도 한인이기 때문에 일본 국적을 상실하였다고 변명하고 있으나 이 조문은 울릉도, 거문도, 제주도를 포함하는 한반도 영토에 대한 독립을 말하는 것이지 그 어느 조항에도 해외동포에 대한 국적과 재산에 대한 언급은 없는 것이다.

일본의 논리라면 소련국적, 중국국적, 미국국적의 한인계는 다 한국인이라는 해석과 다름없다. 당시 사할린은 평화조약에 명시된 한국영토가 아니기 때문에 소련에서도 최종국적을 일본으로 기재하였던 것이다. 따라서 일본이 사할린 한인에 대한 일본국적 박탈은 국제법과 세계인권선언에도 위배되는 행위인 것이다.

　사할린 한인의 우편저금은 18,000,000엔이 예치되어 있으나 지금까지 지불해주지 않고 있다. 당시 한인을 고용했던 일본회사 경리장부에 기록되어 보관 중에 있다. 그러나 일본은 증명을 제시한 자에게만 지불하겠다고 말하고 있으나 한인들은 소련영토에서 60여년간 살면서 저금수령에 대한 희망을 잃고 대다수가 휴지처럼 통장을 버렸다. 때문에 보관하고 있는 금액은 사할린 한인에게 일괄적으로 전액 보상해야 할 것이다. 일본으로 귀환한 일본인에게는 이미 다 지불한 전 예가 있다. 그 밖에 사할린 한인 광부로 일하고 미 수령한 노임도 일본은 지불해야 한다.

　이런 사할린 한인문제는 제2차 대전의 유산이므로 일본에서 소송에만 의존할 것이 아니라 전후 문제를 해결한다는 관점에서 관련국인 러시아, 한국 그리고 일본정부도 해결에 적극적인 관심을 갖고 억울한 피해자가 나오지 않도록 노력해야 할 것으로 본다.

| 참고문헌 |

박수호(1993), 「사할린의 한인들」, 유즈노 - 사할린스크: 사할린 현대사 문서 보관소.

뷔소코브 므(1995), 「사할린의 역사: 고대부터 현대까지」, 유즈노 - 사할린스크: 사할린 현대사 문서 센터.

가포넨코 크(1989), 「미주호 촌의 비극」, {우리에게 삶을 주었다}. 유즈노 - 사할린스크: 극동 서적 출판사.

쿠진 아.트(1993), 「극동 지역 한인들: 삶과 비극적 운명」, 유즈노 - 사할린스크: 극동 서적 출판사.

이병주(1975), 「일본 지배(1905-1945년)시기 남사할린과 쿠릴 열도」, 역사학 박사 논문 요약본, 모스크바: 러시아 과학 아카데미 동반학 연구소.

박승의(1999.6.14), 「사할린 한인들: 영주 귀국 문제」, 국제 학술 대회 자료, 유즈노 - 사할린스크: 박승의 개인 문고서.

연방 국가 통계부(2004), 「민족 구성과 언어, 국적」, 『러시아통계: 2002년 전러시아 인구

484

조사 결과』총14권 4권, 1책, 모스크바: 정보 연구 센터 러시아통계.

아.찌. 쿠진 편찬(2006), 「사할린 한인들; 과거와 현재: 문서와 자료 선집, 1880-2005」, 유즈노 - 사할린스크: 사할린 서적 출판사.

스테판 데(1992), 「사할린, 역사」, 『변방연보』, 1992, No.4.

하경수(2002), 「일본은 손해 배상을 꼭 해야 한다」, 『사할린 주 한인 이중 징용 광부 피해자 유가족 회보』, 부산: 크레만.

기아소. 프.171. 오뻐.1. 드.68. 르.102,105,106

이순형(2004), 『사할린귀환자』, 서울대출판부.

이은숙·김일림(2008), 「사할린 한인의 이주와 사회문화적정체성: 구술자료를 중심으로」, 『역사문화지리』제20-1권.

이재혁(2010), 『러시아 사할린 한인 이주의 특성과 인구발달』.

최길성(2003), 『사할린: 流刑과 棄民의 땅』(민속원).

http://www.perepis2002.ru/index.html?id=87 2002년 사할린 주 민족구성분포도(검색일: 2012.10.31.).

Кузин А.Т(2006), 『Сахалинские корейцы: история и современность』, Южно-Сахалинск: Сахалинское областное книжное издательство. (쿠진, (2006), 『사할린의 코레이츠들: 사회와 시대성』, 유즈노 - 사할린스크: 사할린주도 서출판사.

_____(2009), 『Исторические судьбы сахалинских корейцев』Кн.1, Южно-Сахалинск: Сахалинское книжное издательство』. (쿠진(2009), 『사할린 코레이츠들의 역사적인 운명』제1편, 유즈노 - 사할린스크: 사할린주도 서출판사.

_____(2010), 『Исторические судьбы сахалинских корейцев』Кн.2, Южно-Сахалинск: Сахалинское книжное издательство. (쿠진(2010), 『사할린 코레이츠들의 역사적인 운명』제2편, 유즈노 - 사할린스크: 사할린주도 서출판사.

_____(2010), 『Исторические судьбы сахалинских корейцев』Кн.3, Южно-Сахалинск: Сахалинское книжное издательство. (쿠진(2010), 『사할린 코레이츠들의 역사적인 운명』제3편, 유즈노 - 사할린스크: 사할린주도 서출판사).

Пак Хен Чжу(2004), 『Репортаж с Сахалина: документально-историческое эссе』, Южно-Сахалинск: Фан Дизан. (박형주(2004), 『사할린 리포트』, 유즈노 - 사할린스크: 판디자인)

가포넨코 크(1989), 「미주호 촌의 비극」, 『우리에게 삶을 주었다』, 유즈노사할린 스크: 극동 서적 출판사.

김환숭(1992), 「한민족의 이산 가족 문제에 대한 역사적 재조명, 사할린 동포 강제 징용 50주년 계기」, 『새로운 국제 한경 속의 한반도: 국제 학술 대회 자료집 1992. 8.18-8.19』, 유즈노 - 사할린스크 - 서울: 한국 통일 연합.

다카키. 「겐이치 사할린 한인과 일본의 전후책임」, www.minjog 21.com /news/article

박승의(1999.6.14), 「사할린 하인들: 영주 귀국 문제」, 국제 학술 대회 자료, 유즈노 - 사할린스크.

박승의, 「사할린 한인들의 잔인한 운명; 누구의 잘못인가?」, httr://www.yuzno-sakhalinsk. net/objekt.php?=2&id103025&type=143&page=320.(검색일: 2013.11.1].

일제강점하강제동원피해진상규명위원회(2006), 「검은 대륙으로 끌려간 조선인들」.

조원준(2006), 「일본 강점기하의 조선인 노동력 강제동원에 관한 실태연구: 일제말기 노동력 동원을 중심으로」, 부경대학교 석사학위논문.

KIN(지구촌 동포연대)(2010), 「사할린, 사할린 한인」.

KIN(지구촌 동포연대)(2012), 「제8회 재외동포 NGO대회 in 사할린 자료집」.

한명숙(2005), 「사할린동포 영주귀국과 정착지원방안 모색을 위한 정책자료집」.

한혜인(2011), 「사할린 한인 귀환을 둘러싼 배제와 포섭의 정치」, 한국사학회.

방일권(2014.3.18), 「기록 속의 사할린 한인」, www.archives.go.kr/.../1372744106281.pdf

오오누마 야스아키, 이종원 옮김(1993), 「사할린에서 버려진 사람들」, 청계연구소.

노연동(1995), 「재러시아 한인들의 문제: 역사와 해결 전망」, 모스크바.

〈사할린주 한인이중징용광부 피해자 유가족회보〉, 유즈노 - 사할린스크(2002)

박승의(2011), 「사할린에서 한인의 디아스포라: 형성의 역사〉, 제국"일본"에 의한 피지 배민족 교육의 비교연구, 일본, 규슈대학 한국연구센터.

진 유.이(2015), 「사할린 한인 디아스포라: 귀환 문제와 소련과 러시아 사회에 통합〉, 유즈노 - 사할린스크.

박승의(2015), 「사할린 한인의 운명: 역사, 현황과 특성〉 금강P&B한림대학교 러시아연구소

Пак Сын Ы(2019), 『Сахалинские корейцы в поисках идентификации』. Монография. Москва. (박승의 2019사할린 한인 정체성을 찾아서 모스크바 페로 출판사.

경계의 민족 공간

전후 사할린 조선학교의 발전

방일권(邦一權, Bang Il-Kwon)
러시아 학술원 역사연구소 러시아근대사(제정사)전공. 문학박사. 한국외국어대학교 외국학연구소, 인문과학연구소 전임연구원, 국무총리소속 일제강점하강제동원피해진상규명위원회 전문위원을 역임하고, 현재 한국외국어대학교 중앙아시아연구소 연구교수로 있다. 사할린과 관련된 주요 저서로 『책임과 변명의 인질극』(공저), 『오호츠크해의 바람: 산중반월기』(편), 『강제동원을 말한다-명부편(2) '제국'의 끝자락까지』(공저)와 구술자료집인 『검은 대륙으로 끌려간 조선인들』, 『사할린 한인의 동원억류·귀환 경험』이 있고, 공역서로 로트만의 『러시아문화에 관한 담론: 18-19세기 러시아 귀족의 일상생활과 문화 1-2』, 『태평양전쟁사 1-2』, 『한국전쟁의 거짓말: 스탈린, 마오쩌둥, 김일성의 불편한 동맹』 등이 있다.

1. 들어가며

고향에 대한 소속감을 가지나 타향에 있는 존재인 디아스포라는 고향과 타향의 경계에 머무르고 있는 집단으로 여겨진다는 점에서 학자들은 디아스포라의 개념은 그 자체로 국민국가 체제에 대한 성찰을 요구한다고 지적한다.[1] 사할린한인은 항상 고향 귀환을 염원한 '단절적 이산(Diaspora)' 집단이며[2], 유대인에서 드러나는 바와 같은 비극적인 경험과 거주국에서의 배제와 차별, 상상의 모국과 그에 대한 충성심을 특징으로 하는 '한민족 디아스포라의 원형을 비교적 온건히 간직한 역사적 실체'[3]이다. 따라서 그들이 그토록 돌아가고 싶어 한 모국은 미주나 유럽의 동포보다 '코리언 디아스포라'에 더 가까운 이들을 받아주고 보듬어주어야 한다는 개념이 재외한인으로 사할린한인을 보는 한국의 시각에 저류를 형성하는 바 이는 원격지 내셔널리즘의 아이디어에 가까웠다.[4] 최근 국내의 사할린한인 연구는 전통적인 귀환의 문제에서 벗어나며 귀환한 한인에 초점을 둔 사할린한인 디아스포라의 특수성 규명으로 이동하는 경향이 두드러진다.[5]

---

1 문현아·Park(2016), p.139.

2 정근식·염미경(2000), p.14.

3 전형권·이소영(2012), p.137.

4 이상록(2015), p.13.

5 강제동원피해의 직계 후속 세대에 주목하며 영주귀국 한인들의 정착과 생애사 연구에 초점을 둔 전형권·이소영(2012)이나 박경용(2013), 그리고 문현아·Park(2016)를 그 예로 볼 수 있다. Hyun·Paichadze(2015)는 사할린에 잔류했던 일본인의 경험에 초점을 두고 있음에도

디아스포라의 경험을 고국과 거주국의 이분법으로 규정하려는 것을 비판하며 새로운 정체성을 만들어내는 초국적 경험에 주목해 경계의 변화가 갖는 의미를 읽어내는 것과 사할린한인 디아스포라의 형성과 성격을 규정함에 있어 소련 시대는 재론의 여지가 없을 만큼 중요하지만 국내에서 이 시대 연구는 상대적으로 사각 지대로 머물러 있다. 특별히 '제국'간의 국경 이동이 있었던 1945년 8월을 전후한 시기부터 일본 민간인의 완전 철수로 한인들에게 디아스포라로서의 장기적 생존 모색이 피할 수 없는 과제로 제기된 1958년 무렵까지 약 15년은 여전히 규명해야 할 문제들이 중첩된 기간이다. 당시 억류 상태에 놓인 한인들은 변화된 소련의 정치 경제 사회 정책, 그리고 특히 민족정책에 대해 어떻게 대응하였는가? 민족의식은 어떻게 발현되고 자리 잡았으며 귀환의 염원은 소련 체제 초기에 한인들의 삶에 어떻게 구체적인 영향을 발휘하는가?

한 세대를 넘어서고 있는 한러수교의 기간은 이데올로기적 분단 논리의 위험과 자료 접근의 불가능이라는 저간의 어려움을 대폭 경감시키기에 충분한 시간이었다. 그럼에도 남사할린의 초기 소련 체제 형성기에 대한 연구적 관심이 두드러지지 못한 원인은 해방 직후가 강제동원과 미귀환이라는 사할린한인에 대한 중첩적인 비극의 이미지에 후반부를 형성한 시기로 이미 우리 상상 속에 자리하고 있기 때문으로 보인다. 한인들은 돌아오고 싶어 했으나 현실적으로 갈 수 없게 된 조국은 그리운 먼 곳에 위치하는 일종의 이상향으로 자리 잡게 되고, 개인은 자신들이 기억하고 기대하는 고향의 판타지 속으로 점점 들어갔을 것이라는 단일화된 이미지로 상상된다.

1945년 8월 15일 이전 출생자를 의미하는 1세대의 귀향이 현실화된 상황에서 고령의 강제동원피해자보다 그 자제들에 해당하는 사할린한인의 목소리가

한인 커뮤니티와의 관계에 대한 조명이기도 하다는 점에서 유사한 시각의 성과로 포함이 가능하다.

공식자료의 한계를 보완하는 것으로 여겨지면서 생존 사할린한인의 목소리를 기록하고 이를 통해 사할린한인사를 조명하려는 시도들이 주류를 형성하고 있다. 이는 한편으로 그 내면과 갈등을 연구의 영역으로 끌어내는데 도움이 되나 채록된 목소리들이 러시아 사회에 대한 동화와 밀접히 관련되어 있기에 자칫하면 문제의 역사적 분석이 부족하기 쉽다. 사할린한인의 문제가 역사의 한 장이 된 지금 필요한 자세는 자료를 폭넓게 섭렵하고 문제를 위로부터의 공식적인 입장이 담긴 자료의 시각으로만 아니라 아래로부터 그리고 내부의 염원과 논리로 가름하며 체계적으로 분석하는 것이다. 그 같은 맥락에서 본 글은 해방 초기 사할린한인 사회의 조선학교 발전을 살펴보고자 한다.

식민 체제에서는 요시찰(要視察)과 탄압의 대상이었던 민족이 '해방자' 소련의 체제가 구축되는 과정에서 잠재적 귀환의 대상으로서 공개적으로 민족의식을 발현할 수 있게 되었다. 이 시점에서 해방의 기쁨이자 당장의 집단적 과제로서 사할린한인 민단이나 거류민회, '인민위원회' 등으로 불린 초기 한인 조직을 결성하려는 움직임이 있었다는 전언이 존재하나 그 결성과 활동의 실체는 명확하지 않다. 실체적인 사료의 뒷받침이 필요한 조선인 민단 결성 시도에 비해 그와 거의 동시에 나타난 조선학교의 설립은 뚜렷한 자료와 증언들로 존재한다. 학교 설립 노력과 그를 둘러싼 활동은 초기 한인사회의 정향과 사회조직을 연관시켜 살필 수 있도록 할 뿐 아니라 사할린한인과 관련해 지속적으로 제기되는 세대간의 정체성과 고국 의식의 설명에서도 유용할 것으로 여겨진다.

소련 제제 아래의 사할린 한인학교는 러시아 연구자들이 먼저 주목했다.[6] 연구자들은 당대의 공식사료를 통해 학교와 학생 수의 변화, 교사와 수업의

---

6 러시아 학자의 주요 연구로 조선학교를 처음 다룬 Костанов·Подлубная(1994)를 비롯해 Кузин(2011), Дин·Пайчадзе(2018) 등을 꼽을 수 있다. 짧지만 사할린한인 출신 연구자인 Пак Сын Ы(2010) 및 임엘비라(2010) 역시 해방 이후 시기 조선학교를 살피고 있으나 대체로 앞의 연구들을 활용하고 있다.

모습과 한계, 그리고 소비에트 교육 체제로의 통합과 1963년도 한인학교 폐지 방침 확정의 배경까지 규명하는 성과를 거두었다. 남사할린 지역사의 한 페이지로 한인학교를 부각시킨 선행 연구들의 두드러진 성과에도 불구하고 기본적으로 연구들은 학교(조선학교)를 '인민 교육' 기관으로 규정하면서 조선인의 장기적 러시아 사회 통합의 과정에 한정하여 학교의 역할을 평가한다.

초기 한인사회의 조선학교를 민족 학교 운동의 일환으로 파악할 수 있다면 학교는 교육의 기능적 의미를 넘어서야 한다. 식민 지배 상태를 벗은 한인에게 민족어 교육을 행하는 학교에 내포된 민족적 자의식과 계몽의 역할에 대한 지적이 기존 연구에서도 부분적으로 나타난다.[7] 하지만 풍부한 객관적 수치와 그 의미에 대한 분석에 비하면 이 부분은 왜소한데 이는 대개 보고서나 정책 결정서들을 중심으로 한 사료들이 조선학교 내부의 분위기를 반영하지 못하는 한계에서 기인된 자연스러운 결과로 보인다. 내부 시각의 체계적 분석까지 이르기에는 한계가 있다 할지라도 공식 사료를 보완할 문헌 외의 자료를 활용하여 경계의 변화기에 민족문화 공간으로서 조선학교의 다층적 의미에 접근해 나가야 한다. 초기 조선인 사회의 공식적이고 체계화된 조직의 결성은 끝내 실현되지 못하고 곧바로 조선학교의 개교와 연결되는바, 소비에트의 공식적인 정책 공간에서 조선학교들이 민족 공간을 형성하는 모습에 초점을 둔다면 경계의 내면을 살펴볼 수 있을 것으로 기대된다.

장기적으로 조선학교는 후대 사할린 한인사회 엘리트 양성의 모판이었다는 점에서 디아스포라의 발전에 중요한 영향을 주었다. 사할린한인의 생애사 진술에서 조선학교 경험은 거의 빠짐없이 등장하기도 하거니와 민족의식과 문화 생활, 교육을 기반으로 한 개인적 성공 등과 얽히며 긍·부정적인 평가가 혼재하고 있다. 초기 조선학교의 발전에 영향을 끼친 요소들도 중요하다. 학교와 교육 정책이 소련의 영향과 분리될 수 없었고, 민족적 색채의 강조가 초민족적

---

7 Кузин(2011), 진 율리야(2020).

인 소비에트형 인간 형성 정책 및 개인의 성공 수단인 주류언어와 충돌하는
현실의 부대낌 속에서 한인의 민족 감정은 그 특성을 형성해 나갔을 것이다.
그것은 바로 이동하는 국민국가의 경계를 배경으로 부각되거나 대비되는 독특
한 민족적 색채이며 세대별로 다른 염원과 기대로 인한 디아스포라 내의 갈등
이나 다중적 정체성이 자리 잡게 되는 요인이기도 하다.

2. 사할린 조선학교의 출발

1) 조선인 조직 결성 시도와 학교

식민지 화태의 공간에서 조선인은 민족적 자의식을 형성할 여지를 교육에서
제공받지 못한 채 제국 신민으로의 동화 정책 속에 살았다. 1945년 8월 1일
당시 남사할린에는 71,716명이 소속된 273개의 소학교가 있었고, 14개의 남녀
중학교, 의과전문, 사범학교, 10개의 특수 기술 및 농업 전문학교에 총 6013명
이 재학 중이었다. 이 시기에는 일본 학교 일색이어서 조선인이나 타국적인을
위한 학교가 존재하지 않았다.[8]

당시 조선인과 일본인은 강제동원의 지배와 피지배라는 갈등과 착취의 구도
만 아니라 특히 농촌을 중심으로 나타났던 이웃 혹은 평민적 유대감을 바탕으
로 대립보다 선린 관계를 형성하기도 했다. 하지만 다음의 구술에서 나타나듯
일본 국민으로 살아가는 학령기 아동에게도 일제의 교육 현장은 민족적 차별
을 감출 수 없었으며 이는 조선인의 정체성을 감각하고 형성시키는 계기로
작용했다.

　　학교 들어가 한 10살이나 돼서, 뭣인가 조금 알기 시작했을까? 그 당시 10살까

---

8 ГИАСО, Ф. Р-171, Оп. 3, Д. 5, Л. 115.

지는 … '왜 일본 사람들 속에서 우리 한국 사람들이' 그 당시에는 조선, 조선 사람이라 했는데, '섞여서 살고 있는가?' 그것도 생각조차 바로 해보지 못하고 '이게 보통인갑다. 보통 이런 생활인가?' 그렇게 이해하고 있었습니다. 그래서 그 저 한 10살이 넘어서 '왜 우리 조선 사람들이 여기 일본 땅에 와서 살게 됐는가?' 해서 아버님한테 물어본 일도 있어요. … 그러니까 아버님 말씀이 '내가 여기 돈 벌이 하러 왔다. 와가지고 … 이렇게 살고 있는데, 언젠가는 우리 고향으로 … 돌아가야 된다. … 때가 오면 고향에 돌아갈끼다' 그런 대화를 (했다 - 필자).[9]

강제모집 온 사람들 많이 일했는데 아마 거기서는 … 관계가 아주 나빴던 모양이에요. 그런데 가족끼리 농촌에 같이 살면서 그런 느낌 없어요. … 우리는 이제 일본말로 다 말하고 뭐, 의사소통도 다 했잖아요… 일본 사람들 평인(平人)은… 조선 사람한테 나쁜 관계, 대우는 안했다고 생각해요… 하지만 그 일본사람하고 민족 같은 거 그럴 때, 아이들 있죠, 뭐, 우리한테 조선, 조센징하고 … 일본말 해도 이지메 같은 거 하잖아요.[10]

그래 일본학교에서 뭘 배웠는가 하니, 역사 배우지 않습니까? … 그거는 일본 식 역사지요. 5학년 때 내가 뭘 배웠는가 하니까, … 그때는 조선 토벌이라고 했어요. '조선 세바스(朝鮮 征伐) … 그거를 배웠는데 형편없이 말하는 거에요. 아주 대승리를 하고… 가토 기요마사(加藤清井) 그의 뭐 전공담을 가르치고 그런단 말이에요. … 그런데 그 반에는 나밖에 없었거든요. 조선 애란게. 일제히 조선정벌… 그 과목을 지나갈 때만 일제히 내 쪽을 돌아보는 거에요. 그래 내가… 표현을 잘 안했어요. 그저 가만히 있지. … 내가 너무 분해서 집에 와서 "어머니! 조선 사람하고 일본 사람하고 전쟁해서 일본이 이기고 조선이 패하고 막 그랬다는데 정말인가?" 일본학교에서 그렇게 말하더라, 물어보니까, (어머니가-필자) 그때 이순신 장군 이야기를 해요. "아니다. 그거 아니다. 이순신 장군이라는 분이 계셔서 그때는 거북선이라는 게 있었다." … 그래서 일본 놈들이 다~ 쳐들어오다가 다 가라앉고 어떡하고… 그런 얘기도 가르쳐주면서 그렇게 하니까 그때는 내가 안심

9 성점모 구술, 국사편찬위원회(2015), p.115.
10 박승의 구술, 국사편찬위원회(2015), pp.62-63.

했죠. 학교 가서는… 말하면 안되죠. 그래서 말은 안했지만은 속으로 '너들 암만 나대도 우리가 이겼다. 우리가 이겼다'고.[11]

국제 협정에 따라 전후 남 사할린과 쿠릴 열도에 대한 통치권을 갖게 된 소련은 1945년 8월 말부터 9월 초까지 사할린 각지의 군사적 활동을 마무리한 후 9월 23일 남사할린 및 쿠릴 열도의 대민행정을 위해 제 2극동군 군사위원회 산하에 민정국(Гражданское управление)을 설립하여 질서의 회복과 관리에 나섰다. 소련의 신규 획득한 영토에는 일본의 패전 이전부터 보여주던 다민족적 특징이 그대로 이어지고 있었다. 일본인을 비롯해 한인과 중국인, 토착민인 아이누 등 북방민족들과 소수의 러시아 정착민들까지 모두 40만 명 이상이 살고 있는 곳에서[12] 민정국은 산업의 재개, 당면한 추수, 민간인과의 상호 작용이라는 긴급한 문제에 직면했다.

일본의 항복과 소련군의 남사할린 진주로 해방이 찾아왔을 때 사할린에 남은 약 2만 3천명의 한인들은 처음으로 일본인과 대등하게 설 수 있었고 동시에 모든 관심을 귀환의 문제에 집중하게 되었다. 소련 정부는 이미 밝혀진 것처럼 1947년에 사할린의 '조선인(Корейцы)'을 북한으로 귀환시키려는 계획안을 진행했으나 일본인의 송환이 시작된 시점에서 급격한 노동력 부족을 우려하는 지역 당국자 등의 목소리에 힘이 실리면서 한인의 송환이 연기되었고 결국 1950년 한국전쟁 앞에서 취소로 귀결되고 말았다.[13] 1953년 이후의 강고화된

11 김영빈 구술, 국사편찬위원회(2015), pp.16-17.
12 일본인 358,568명(이 중 남성이 18만 1151명, 여성이 17만 8453명)에 이어 조선인이 23498명 (이중 남성 15356명, 여성 8142명)으로 두 번째 다수 민족을 차지했다. 또한 북부(토착민) (812명)과 슬라브계 정착민은 수적 비중이 낮았다. 민정국이 집계한 위의 민족별 수는 화태청의 1944년 말 자료에 근거한 것으로서 여기에는 1945년 8월 홋카이도로 피한 이들이나 난민은 포함되지 않는다. РГАСПИ, Ф. 17, Оп. 122, Д. 92, Л. 2.
13 이에 대한 보다 상세한 내용은 진 율리야(2020), 제 3장 및 이연식·방일권·오일환(2018), 제2장을 참조.

냉전 구도에서 한인들의 한국 송환은 재고될 수도 없게 되어 결과적으로 70년이 넘는 이산의 상태가 지속되었음은 익히 알려져 있는 바와 같다.

일본인 송환의 개시를 목도하면서 지난하게 이어졌던 한인들의 귀환 요구는 가히 본격화된 사회운동을 연상시킬만큼 개인적인 차원에서부터 집단적 태업의 감행까지 적극적이고도 강력하였으며 다양한 조직적 형태를 띠고 나타났다. 한인 김정연(Ким Ден Ен)처럼 스탈린에게 직접 청원서를 올린 경우부터[14], 민정서에 단체 청원서를 제출하거나[15] 공공연한 태업을 벌이고 '두 차례의 군중집회를 통해' 고국 귀환을 공공연히 요구[16]할 정도여서, 전후 송환 업무 총책임자였던 골리코프(Ф.И. Голиков)의 눈에도 한인의 귀환 요구는 충분히 강력하였다.[17]

송환을 둘러싼 요구가 어떻게 이와 같이 강력하고도 조직적인 외연으로 나타날 수 있었는가 의문과 놀라움이 있다. 당시 조선인 사회에 조직화된 단체의 결성은 사료상으로 확인되지 않고 있기 때문이다. 이와 관련된 다음 증언은 조심스러우나 바로 이 시기에 조선인 사회 조직의 시도가 각처에서 본격 전개되었음을 짐작케 한다.

> 모집 오는 사람들은… 대개 오도마리(大泊, 현재의 코르사코프-필자)로 해서 들어왔거든요? … 그래서 (해방이 되었을 때 사람들이 오도마리로-필자) 모였는데, 참 열성이 대단했어요. 오도마라라는데 사람들이… 조선에 대한 애국심, 대단한 사람들이야. 그러니까 거기는 민단(民團)이라는 게 됐어요. … 45년도에 벌써 됐을 겁니다. … 민단이 돼 가지고, 민단 하에 축구단도 있었고 뭐 복서하는 사람들도 있었고… 아주 열성이 대단했어요. … 내가 아는 분 중에 김창조라는 분이 있었어요. … 이분은 축구를 잘 했어. … 클럽에서 지도를 하고, 하여튼 그렇게

---

14 РГАСПИ, Ф. 82, Оп. 2, Д. 1264, ЛЛ. 1-2.

15 ГИАСО, Ф. Р-171, Оп. 3, Д. 7, Л. 5.

16 ГИАСО, Ф. Р-171, Оп. 3, Д. 7, Л. 122.

17 ГАРФ, Ф. Р-9526, Оп. 5, Д. 53, Л. 13.

일종의 취미생활처럼 하면서, 소위 조선인들의 존재를 알렸죠.[18]

당시 직접 지역 조선인 조직 결성에 나섰던 이철현 등을 만났던 미타 히데아키(三田英彬)는 1945년 말부터 '도요하라(豊原, 이후 유즈노사할린스크로 개칭 – 필자)를 필두로 조그마한 마을에 이르기까지 조선거류민회가 결성되었다'고 밝히면서 그의 방문 활동을 목격한 여정렬의 증언을 빌어 당시 조직 사정을 정리하였다. '해방 직후에 토로(塔路)의 탄광동료 4-5명과 의논하여 조선인민위원회를 조직한' 이철현은 9월 17일에 도요하라의 소련군 사령부를 찾아가 상급자와 귀환교섭을 벌이면서 '귀환을 위한 조선인민위원회를 만들어 줄 것'과 '조선인들에게 자유를 달라'고 요청하였다. 이에 대해 소련 사령관은 사할린은 아직 피점령지이므로 귀환은 허락되지 않는다고 밝히고, 조선인민위원회는 모스크바의 허가가 필요한바 시간이 걸리므로 '그보다는 민족의 존엄을 유지하는 것이 우선일터이니 민족학교를 설립하지 않겠소'라고 권유하며 이를 위한 지역의 인원수 조사를 그에게 부탁했다는 것이다. 자신이 머물던 가와카미(川上) 탄광촌을 방문한 이철현으로부터 여정렬이 들었던 첫 말도 "조선인 학교를 설립할 겁니다. 그래서 동포의 수를 조사하고 있습니다"였다.[19]

공산당 외에는 단체를 인정하지 않던 소련에서 조선인 '민단'을 허용한 이유와 관련하여 당시 민정국이 한인 거류민회를 일종의 '애국운동'으로 좋게 보아준 것이 아닌가 생각한다고 밝힌 김영빈은 곧바로 민단 결성과 학교의 출발을 직결시킨다. "그래서 결국은 학교들이 사방에 조직되게 됐죠."[20]

---

18 김영빈 구술, 국사편찬위원회(2015), pp.14-15.

19 三田英彬(1982), pp.68-71.

20 김영빈 구술, 국사편찬위원회(2015), p.15. 그러나 김영빈은 각 지역의 민단 조직과 이를 통한 지역 조선인 인구 조사활동에 대해서는 다른 기억을 드러냈다. 즉 민단이 조직된 코르사코프는 인구 조사도 '아마 했을 것'이나 돌린스크와 같은 주요 지역에도 '민단이라는 것이 아예 없었고' 인구조사는 아마도 사할린 각처에서 귀환을 목적으로 조선인들이 몰려들었던 코르사코프에서 '토로에는 몇 명이나 있더냐? … 오치아이(知取)에 200명이 있었다'는

496

일본 패전 국면에 조성된 무정부적 상황과 불안이 자발적인 조선인의 단결
로 이어지면서 민단과 같은 조직의 자연스러운 발전에 일조한 부분이 있었음
을 암시하는 견해도 나타난다.

> (19)45년 8월 15일에 해방됐는데 한 7월인가 됐을 겝니다. 그때 전 사할린에
> 그렇게 했지만 … 조선인을 갖다가, 일본 사람들이 원수를 갚는다는 식으로 해가
> 지고 학살을 하라고 했어요. … 그래서 우리 어르신들이 모여서 "다 하나씩 하나
> 씩 있게 되면 무리죽음 할 수 있으니까 우리 한 데 모이자" 그래서 큰 집에 다
> 모이게 됐어요. 토마리 (조선 사람들이-필자) 모여서 뭉쳐 살았습니다. … 그때
> 아버님… 해방되고 두 달 후엔가 학교를 열었습니다. 조선학교를 열었어요. 학생
> 들을 가르치기 시작했죠.21

증언에서 나타나는 조선학교의 시작은 각지의 조선인민회로 불리는 민단조
직의 결성 시도와 밀접히 연결되어 있었다. 조선민회는 사할린에서 최초로 조
선 사람 스스로가 설립한 단체의 외형을 띠었으나 '모스크바'로부터의 승인이
없이는 공식적인 활동 공간을 확보할 수 없었다. 소련의 입장에서는 귀환 대상
자로 임시거주자 신분을 가진 한인에게 일정한 정치적 입지를 부여하는 조치
를 취할 이유가 없었다. 다만 사할린의 노동력을 대체할 소비에트 주민이 정착
할 때까지 편입된 영토의 생산 부흥 및 정치경제적 안정의 도모라는 급선무를
구일본 제국의 남겨진 주민들의 생산활동을 통해 이루어 나갈 수밖에 없었다.
이는 소련 점령하의 사할린에서 소련인과 일본인 및 조선인이 공존하게 됨을
의미했다.22

여기서 학교는 조선인의 언어 민족적 재생 필요성과 새로운 정치 체제가
획득된 영토에서 당장 해결해야 했던 현지 주민들과의 상호작용 및 경제·사회

식으로 조사가 수행되었을 것으로 추정하고 있다.(같은 글, p.19)
21 허남훈 구술, 국사편찬위원회(2015), pp.229, 231.
22 현무암, 파이차제(2019), p.273.

생활의 정상화와 관련된 접점 중 하나였다. 소련지도부의 입장에서 민족학교
들의 개교는 소비에트 민족정책의 도정에서 일본인과 한인 주민을 정치적으로
계몽하고 학령 아동과 문맹자에 대한 교육 필요성을 충족시키는 일이었다. 구
술 증언 중 토마리의 조선학교 개교를 주도한 이는 현지 조선인의 한글 교육과
귀환운동에 헌신한 허조(許照)로 민단 조직에 대한 소련의 부정적인 분위기를
알고 도마리오루(迫居, 현 토마리)에 1946년 10월에 조선학교를 개교하게 되었
다고 자신의 편지에서 밝히고 있다.[23]

2) 초기 발전과 교육 상황

1945년 가을에 사할린 민정의 첫 조치로서 학교 체제의 재개를 위한 조치가
취해졌다.[24] 옛 일본 주민(한인과 일본인) 아동을 위한 교육 체제는 교과 중에
서 수신(修身), 정치, 경제, 군사와 지리를 제외하고 일본 학제를 기반으로 복
원되었다. 사할린에는 1945년 10월 25일까지 195개의 학교가 운영되고 있었고
이들은 모두 224개의 건물을 차지하고 있었다. 학생은 34832명으로 그중 32062
명이 소학교 학생, 2770명이 중학생이었다. 전전에 비하면 많은 아이들이 교육
에서 벗어나 학생 수는 거의 절반으로 줄었고 일부 특수학교는 존재하지 않게
되었다.[25] 일반교육 체제는 1946년에 쿠릴 열도까지 교육구역이 복원되는 등
점차 개선이 이루어지면서 동년 7월 1일까지 남사할린 지역에 60301명의 학생
이 출입했다.[26] 일본인을 위한 소학교가 367개(49,240명), 중학교가 20개(5,462

---

23 三田英彬(1982), pp.71-72 참조. 토마리 조선학교의 개교 시점은 구술과 편지 내용 1년 가량
　차이가 나나 1946년이 더 신뢰할만하다.
24 초기 학교 발전 상황에 대한 본 부분은 Дин·Пайчадзе(2018), C. 70에 기초한다.
25 Справки начальника Гражданского управления Южного Сахалина о продел
　анной работе с 18 сентября 1945 г. // *Исторические чтения*. 1995. No.2. C. 49.
26 도요하라를 중심으로 한 남사할린 지방은 1946년 2월 2일에서 1947년 1월 2일까지 11개월

498

명)였고, 추가적으로 26개 조선 소학교(2,852명)가 문을 열었다. 그간에 이주가 시작된 소비에트 시민들을 위한 러시아 학교도 개교하여 36개(초등 28개, 7년제 학교 5개 및 중학교 3개) 학교에 2,747명이 다니게 되었다.[27]

초기학교들의 발전이 순탄할 수는 없었다. 무엇보다 학교를 복원하려는 노력에도 불구하고 학교가 부족했다. 군대가 학교를 활용하는 경우가 40여 곳이고 일본인 민간인의 귀환을 위해 차려진 마오카(홈스크)의 379호 수용시설도 학교 건물이었다. 거의 모든 학교가 유지 보수, 대대적인 수리를 필요로 했다.[28] 3개 학교는 200-300명의 학생을 수용할 수 있는 건물에 600-1200명이 소속되어 있었다. 민정국은 1946년 5월 29일에 토요하라(유즈노사할린스크)에 400개, 류다카(아니바) 지역에 280개를 건설하고 이를 1946년 8월 20일에 완공한다는 명령을 내놓았다.[29]

조선학교에 한정하여 좀 더 살펴보면, 공식적인 사할린 최초의 조선 한인학교는 1945년 11월 15일에 개교한 에스토루(우글레고르스크) 학교였다. 같은 달 30일에 곧바로 그 뒤를 이어 개교한 시리토루(마카로프) 학교 등 1945년 12월까지 모두 7개의 조선학교가 생겨났다.[30] 개교에 대한 요구가 각처에서 제기되자 민정국은 1946년 8월 28일에 '조선인 학생들을 고려하여 한국어로 가르치는 초등학교를 개설해 달라는 현지 한인의 요청과 관련하여' 추가적인 조선학교의 개교에 관한 명령 360호를 내놓았고 이에 따라 9월 1일부터 추가 개교했다.[31] 1946년까지 28개 조선 소학교와 8개 7년제 학교가 운영되고 3천명의 학생이 재적중으로 보고된다.[32]

간만 행정 및 지역 단위로 존재했으며 그의 폐지와 더불어 남북 사할린을 합한 사할린주가 성립되어 현재에 이른다.

27 ГИАСО, Ф. Р-171, Оп. 3, Д. 5, Л. 116.
28 ГИАСО, Ф. Р-171, Оп. 3, Д. 5, Л. 117.
29 ГИАСО, Ф. Р-171, Оп. 1, Д. 31, Л. 41.
30 Пак Сын Ы(2019), С. 124.
31 ГИАСО, Ф. Р-171, Оп. 1, Д. 31, Л. 41.

7년제의 한인학교들이 다음 도시에 설립되었다. 혼토(네벨스크)에 1개교 (학생 수 151명), 도요하라(유즈노사할린스크)에 1개교(학기 초에 학생 수는 183명, 학년 말에 196명), 오치아이(돌린스크)에 2개교(학년 초의 학생 수 - 390명, 학년 말에 - 280명), 시리토루(마카로프)에 2개교(학년 초의 학생 수-465명, 학년 말에 376명, 다음 학년으로 진학한 이가 348명이고 유급자는 28명), 시쿠카(포로나이스크)에 4개교(학년 초의 학생 수 56명, 학년 말에 104명), 레소고르스크 지역에 4개의 조선학교에 학년 초에 학생 수는 296명, 학년 말에 288명 등이었다.[33]

사료를 기초로 한 이상의 조선학교 및 학생 수는 동일한 주제를 살핀 코스타노프와 포들루브나야의 연구에서는 다음 표와 같이 다른 수치로 나타난다.

사할린주 한인학교의 발전(1945-1963)

연도	1945	1946	1947	1949	1950	1955	1958	1963
소학교(4년)	27	28	28	55	57	32	17	10
7년제학교(속성반)	-	8	11	13	15	22	13	11
10년제 학교	-	-	-	-	-	-	11	11
총 학교 수	27	36	39	68	72	54	41	32
총 학생 수	2,300	3,000	3,137	4,692	5,308	5,950	7,214	7,239

출처: Костанов·Подлубная(1994), С. 8.

수치상 차이는 당시 학교들의 불안정한 상황과 관련이 있다고 여겨진다. 앞의 보고 자료들에서 나타났듯 학년 초와 말의 학생 수가 다른데, 당시에 한인들의 지역간 이동이 심했고 학교에 들어갔다가 가정의 사회경제적 불안정으로 학업을 포기하거나 다른 곳으로 전학하는 경우가 빈번했기 때문에 보고 시점에 따라 자료의 수치에 상당한 차이가 나타날 수밖에 없었던 것이다. 예를 들

---

32 Пак Сын Ы(2019), С. 124.
33 ГИАСО, Ф. Р-143, Оп. 1, Д. 3, ЛЛ. 48-60 об.

500

어 당시의 도요하라와 돌린스크 조선학교의 학생 중 하나로 기록되었을 김영빈은 1946년 초에 '돌린스크에 살았으니까 돌린스크 학교를 먼저 들어갔는데, 두 달 반 쯤 다니다가' 아버지가 이동하게 되어 '유즈노(사할린스크) 학교에' 들어갔다. 그곳에서도 '원래 6학년에 가야 하는데, … 너는 조선말 그만치 알면 거기 가서 따라갈 수 있다, 그래가지고 … 나를 우리 작은아버지가 집어넣어 버렸어. (그래서) 속성과에' 들어갔다.[34]

농촌에서 조선학교에 들어갔던 성점모는 조선학교를 금방 그만 둔 경우였다.

> (1945년 3월에 - 필자) 고등과 2학년, 8년제를 졸업했지. … 전쟁이 끝나다 보니깐, 대학이고 뭐이고 없지요, 그렇게 하고 있는데 1946년도에 조선학교가 … 곳곳에 한인들이 사는 데는 다 조선학교가 설립됐죠. … 유다까에도 조선학교가 설립됐는데, 1학년에서 4학년까지 생도 수가 얼마 안 되기 때문에… 그러니 저희들을 4학년에 넣어주더만요. 일본학교 8년제 졸업했다 하니까, 그래서 4학년에 들어가서 배우는데, 한글은 거기서 배울 수 … 있지만은 이거 뭐 수학이나 다른 과목은 거기서 배울 게 아무 것도 없단 말입니다. 그래서 '이래가지고 이거 뭐 학교 다니겠느냐?' 한 달 학교 다니다 치워버렸어요.[35]

처음에 조선학교는 '일제시대에 공부하던 학교를 갖다가 그 교사(校舍)를 절반으로 나눠서 한쪽에는 일본학교, 절반은 조선학교를 열었[36]기에 일본 학교와 공존했다. 이 단계에서는 일본 학교에서 일반 과목을 공부하는 조선 아이들을 위해 한국어를 추가적으로 가르치는 곳으로 인식되었다.

> (일본학교 - 필자) 자리에다가, 두 교실을 열어가지고 한국어 교육을 시작했죠. 학생들은 오전에는 일본학교 갔다가 오후에는 또 조선학교 오고 … 두 선생님이

34 김영빈 구술(2015), 국사편찬위원회, pp.15-17.
35 성점모 구술(2015), 국사편찬위원회, p.113.
36 전학문 구술(2015), 국사편찬위원회, p.154.

계셨어요. 우리 아버님이 교장으로 계셨고, 그 다음에 또 한 분이. 한글 아는 분이
계셨는데 조권식이란 분이 학교에서 일하게 됐어요. … (구술자 역시 – 필자) 오전
에는 일본학교 댕기다가 오후에는 조선학교 댕기고 그렇게 했죠. 그 조선학교에
서는 조선어만 하거든요. 수학이나 이런 거는 안하거든요.[37]

학제 역시 일본식을 따랐다. 1946 학년도 당시 110명의 교사진 모두가 옛
일본학교 출신이었던 것이 영향을 주었다.[38] 앞의 토마리 학교에서처럼 대개
학교들은 교장과 교사의 단 두 명으로 직원을 구성하고 있었으며, 5-6명의 교
사를 가진 학교는 아예 하나도 없었다.[39] 상황은 대도시라해도 다르지 않았다.

조선학교에 들어가니까 선생님은… 교장 선생님은 김용원이라고, 그 담에 부교
장 선생님은… 그 선생은 김이섭 선생이라고 합니다. … 그래 근본적으로 그 선생
님 둘이, 두 분이서 가르쳤는데… (유즈노사할린스크의) 학교 선생님은, … 김낙기
라고, … 그 선생님이 와서 우리 교장 선생님이 되고, 그 다음에 부교장은 누구던
가?… 이 선생님 때문에 내가 한글을 잘 배웠어요, … 그래 유일하게 일본시대에
사범학교 졸업한 선생이 있었어요. 이남진이란 선생인데, 제주도 분인데.[40]

다음의 경우들은 각 지역 조선학교의 상황을 가늠하게 한다.

물론 교사들은 전문 교사는 없었죠. 그런데 … 재밌는 게 뭔가 하면 반, 건물
따로 없고, …방이 이렇게 있으면 한 몇 명 데리고 하는데, 1학년 2학년 3학년
없고 그냥 이제 나이 여럿 같이 앉아서, 여긴 1학년 한 세 명, 저긴 2학년 저,
몇 명, 이렇게 같이 막 수업했어요. 거기다 제 기억에는 어른신 두 명, 부부가
우릴 처음 가르치기 시작했어요. 이름은 지금 기억 안 나지만서도[41]

---

37 허남훈 구술(2015), 국사편찬위원회, pp.231-233.
38 Пак Сын Ы(2019), С. 124.
39 ГИАСО, Ф. Р-240, Оп. 1, Д. 1, Л. 7.
40 김영빈 구술(2015), 국사편찬위원회, pp.17-28.

우글레고르스크 지역의 호로키치(幌岸) 마을 조선학교도

　소학교에 교사가 딱 두 명 있었어요. 두 명 중 한 명은 1,3학년 담당하고, 다른 분은 이제 2,4학년을 담당하고. 그런데 학생 수가 적고 하니까 1학년 따로, 2학년 따로, 3학년 따로 이렇게 있는 것이 아니라, 한 반에다가 1,3학년 동시에 같이 가르칩니다. … 그러니까 보통 1학년이 아마 대여섯명, 3학년이 다 해봐야 10명 그거 밖에 안됐거든요. 3학년 학생들에게 이걸 써라 과제를 주고는 그거 쓰는 동안에 1학년 학생들하고 수업을 하고, 이런 식으로 했어요. 그래 (교사가 - 필자) 딱 두 명이 됐었는데… 그분들은 당시만 해도 교육 전문가는 아니었죠.[42]

당장 자격을 갖춘 교사는 찾을 수 없었거니와 기본적으로 교사가 부족했다. 그리하여 처음에는 무국적 일본학교 졸업생들이 조선어를 가르쳤다. 1946년의 예를 보면, 조선학교 교사 110명 중 73명이 중학교도 졸업하지 못했고, 24명은 일본 소학교만 졸업한 교사들이었다. 교사의 부족을 해결하고자 조선학교 7학년을 마친 이들 중에 방학 기간을 이용한 단기간 교원 강습을 실시하고 여기서 양성된 교사를 지방 학교들에 대용교원으로 파견했다.[43]

　그 당시에 우리 조선학교에서 … 교사들이 부족했지요. 한국말 잘 아는 우리 형님이 일제시대에 중학교 졸업했거든요. … 우리 형님이 … 교사를 양성하기 위해서 단기 한글 강습이라고 있었습니다. 거기 그 2년 마치고 교편을 잡게 됐거든요.[44]

　해방 후에 교원들 없을 때, 그러니까 대용교원이라는 거 있었어요. … 그 사람도 7학년 졸업하고 교원하게 됐지요. 소학교 교원.[45]

41　니토이 촌의 사례. 박승의 구술(2015), 국사편찬위원회, p.75.

42　정장길 구술(2015), 국사편찬위원회, pp.183-184.

43　임엘비라(2010), p.107.

44　전학문 구술(2015), 국사편찬위원회, p.155.

제대로 갖추어지지 않은 교사(校舍)에서 숙련도가 낮은 교사들이 지도하기는 했지만 소련 초기 사할린에 남겨진 한인들은 조선어와 문화, 역사를 스스로 가르치고 배워나갔다. 특히 조선어 회복에 대한 의지는 어디서나 남달랐던 것으로 보인다. '4년제 조선소학교'는 '다시 말하면 한국 말로, 한글로 모든 것을 가르치는 학교'[46]로 기억될 만큼 조선어가 강조되었다. 교육어가 조선어였던 것은 물론, 식민지 시대에 경험했던 방식을 바꾸어 조선학교에서는 절대 일본말을 못하도록 하였으며, 일본어 사용시 벌금을 내도록 할 정도였다.

> (조선)학교에서는 일본말 못하게 한 적이 있었어요. "한국말 해야 된다." 일본말은 이제 소용없거든요. … 그래서 학교에서는 일본말 하는 사람은 벌금 무니 뭐 이렇게까지 했어요.[47]

7학년으로 임의 월반을 했던 김영빈은 한국어 구사력의 위력을 활용해 개인적 불리도 극복해 나갈 수 있었다.

> 우리 반 학생들도 내 보다 다 네 살, 다섯 살 이상 사람들, 내가 제일 어렸어요, 우리 반에서는. 그러니까 나는 여자아이 취급도 당하지 못했어요… (그래도) 싸움하면 이기죠… 그럼 어떻게 이기는가하면 내가 조선말 잘하거든요. … 중학교 나온 아이들은 일본말밖에 모른단 말입니다. 학교에선 절대 … 일본말 못하게, 그 사람늘은 말하면 벌금내야 되고, (그러니) 말을 못하는 거에요. … 선생한테 일러바치겠다 하면 뭐 꼼짝 못했죠.[48]

공부를 잘 했음에도 엄격한 한국어 기준이 적용되어 조선학교에서 낙제를

45 김영빈 구술(2015), 국사편찬위원회, p.45.
46 정장길 구술(2015), 국사편찬위원회, p.181.
47 허남훈 구술(2015), 국사편찬위원회, p.232.
48 김영빈 구술(2015), 국사편찬위원회, pp.29-30.

504

경험하는 경우가 다반사였다. 1947년까지 에스토루(우글레고르스크)에서 일본 학교를 다녔던 전학문은

> 내가 키도 작고, 그러나 공부는 잘했습니다…. 1947년도에 일본 학생들 귀환했잖아요. 1947년도에 일본학교가 폐교됐습니다. 조선학교 6학년 다니다가 4학년으로 또 낙제했습니다. 한국말 때문에.[49]

조선학교 교사들은 학생들에게 집에서도 한국어를 쓰도록 누차 강조하곤 했다. 일본인들이 귀환하면서 점차 일본학교가 청산되고 조선학교와 러시아 학교로 전환되면서 사할린에 남기로 한 일본인의 자녀나 한국인에게 입양된 일-한 혼혈 가정의 아이들이 조선학교로 편입되는데 이들에게도 학교에서는 예외 없이 조선식 이름과 한국어 사용이 요구되었으므로 곤란한 상황에 처하게 되는 경우가 많았다.[50]

학교에 부족한 부분들은 대개 교사 스스로의 창의와 노력에 의존할 수밖에 없었다. 특히 이 시기에는 한국어로 된 교과서가 전혀 없었기에[51] 교사들은 등사판 등을 활용하는 임의의 교재를 개발하며 '밤마다 늦도록 교재를 끊는 것을 일과로 삼으면서'[52] 한국어를 핵심으로 한국 문화, 지리, 역사, 한국 문학과 신화 등을 교육했다.

---

49 전학문 구술(2015), 국사편찬위원회, pp.153-154.
50 Hyun·Paichadze(2015), pp.195-211. 구체적인 개인의 사례에 대해서는 현무암·파이차제(2019)를 참조.
51 1947년에 나온 류춘계의 철필본 국어문법서 『朝鮮文典』이 보여주듯이 조선학교 교사들을 위한 교수용 자료 발간이 1946년부터 내부적으로 추진되고 있었음이 확인되나 코스타노프 등의 연구에 따르면 이 시기에는 한국어 교재가 전혀 없었다. 1946-48년에 일부 '수학(4-5학년)' '국어(1-2학년)', '지리(4학년)' 교과서 등의 한국어 번역이 시도되었지만 인쇄용 한글 활자가 없어서 출판되지 못했다. 류춘계(1994), 『朝鮮文典』, 역락, 2006; Костанов, Подлубная(1994)
52 류춘계 작성 개인 노트, 필자 수집 자료, p.22,

교과서는 없었죠. 그 전에요, 등사판이라고 있었습니다. 이렇게 해 놓고 쭉 밀고, 이렇게 찍어내고 또 찍어내고…[53]

한국문화는 어느 정도 그 조선학교에서 좀 배웠잖아요. … 우리 조선 사람이니까 조선, 조선어 할 때는 조선문화, 역사 같은 거 배웠잖아요. … 조선 지리도 배우고, 문학도. 이야기 같은 거, 신화 같은 거 배운 것 같아요. 그래서 좀 어느 정도 알았죠.[54]

전후 돌아가지 않고 남아 있던 일본 사람의 자녀 중에 한인 학교에서 같이 공부하며 조선인 커뮤니티에 편입된 이는 '부채를 이용한 전통 춤 대회 같은 것이 있었다'며 치마저고리를 입고 퍼레이드에 참가하기도 했던 마오카(홈스크)의 조선학교를 자못 즐거운 민족교육 프로그램으로 기억하고 있다.[55]
초기 조선학교에서 민족적 성격이 농후한 교육활동만 진행한 것은 아니었다. 귀환의 염원을 담은 조선인 사회의 활동이나 고국에 대한 정보교환, 조선문화 부흥 활동이 학교를 통해 진행되기도 하였다. 학교는 조선 사람의 기쁨이 모이는 곳의 하나가 되어 간 것이다.
조선학교의 교사는 대체로 '일반이나 학생들에게 모범이 되기 위하여 행동에 최선의 주의를 하고' 있었고, 문맹자가 다수였던 해방 직후 사할린한인사회에서 식자층은 존경어린 눈길로 관심을 받았다. 조선에서 교육을 받았거나 일본 사람도 어렵다고 여겨지던 중등정도의 교육을 접한 이들이 지역에 거주하며 학교를 거점으로 활동함에 따라 지식과 정보, 사람들이 함께 모여들었다.
에스토루로 돌아와 학교 교실 하나를 빌릴 수 있도록 허가받아 10년간 교사 생활을 했던 이철현은 '학교라는 거점이 있으니까 거기로 동포들이 모여들었다'고 회고했다. 학습의욕이 왕성한 사람들만은 아니었다. 우선 모이고 싶고

---

53 허남훈 구술(2015), 국사편찬위원회, p.232.
54 박승의 구술(2015), 국사편찬위원회, p.77.
55 현무암·파이차제(2019), p.53.

506

정보교환을 하고 싶어 온 것이었으며, 모여서 하는 이야기는 모두 비슷하여 고향에 돌아갈 수 있을까 하는 이야기뿐이었다.[56] 돌린스크 탄광촌에서 학교교사(부교장)로 일하며 1947년에 조선어 문법 교재를 집필하였던 류춘계는 개인기록에서 단오와 추석 등 전통 명절에 학교에서 문화행사를 조직하고 '학부형회 회장 리병덕 동무'와 협력해 조선인 주민들에게 민족적 계몽을 실행하고자 애썼음을 밝히고 있다.[57]

토마리에 학교를 열었던 허조 교장은 학교에서 조선식 문화활동을 자주 실행하고자 했으며, '교육을 한국식으로… 애국가… 동해물과 백두산이 그것도 부르고, 그걸 (학생들에게) 가르치고' 했다. 교실에 '태극기도 막 그려놓고' 독립정신으로 작문도 하게 하여 부모들을 불러 발표회도 가졌다.[58] 허조는 1946년 4월 토마리 지역 당국자에게 도일청원서를 처음 제출한 후 매년 1-2회씩 이를 계속 청원하는 것으로 귀환운동에 본격 가담하기 시작하는데 그에게 있어 학교와 관련된 활동은 교원들 사이에 귀환운동을 촉발시켜 보려는 모색의 기회로 활용되기도 한다. 임종하기 약 6개월 전 개인 인생을 회고하는 성격의 편지에서 그는 다음과 같이 적고 있다. '(19)47년 8월에는 유즈노사할린스크 교원강습회 자리에서 도일청원의 집단제출을 주장했지만 묵살되고 말았습니다. 다음 해인 1948년 교직을 사임하고 나는 도일청원에 전념했었지만 몇 십년이 지나도록 아직까지 아무런 방법도 얻지 못했습니다.'[59]

이철현과 허조는 학교를 허가해 준 소련 당국은 사람들이 모이는 것과 학교에서의 활동에 대해 경계한다고 느꼈고 실제로 곧바로 조선학교의 변화를 가져오는 정책들이 구체화되었다.

---

56 三田英彬(1982), p.71.

57 류춘계 작성 개인 노트, 필자 수집 자료, pp.22, 130 등.

58 허남훈 구술(2015), 국사편찬위원회, p.233 및 개인 진술.

59 허조가 박노학에게 보낸 1975년 12월 14일자 편지에서. 三田英彬(1982), p.72에서 재인용.

3. 사회통합 기구로의 요구 강화와 조선학교의 변화

1) 조선학교의 변화 촉진 요인

1947년~49년 시기를 지나며 남사할린의 조선학교들은 특히 4년제 소학교의 급격한 증가를 목도하게 된다. 1948-49학년도에 조선 소학교는 62개였고 7년제 학교는 12개였다. 그 후 조선학교가 계속 확장 발전하여 1950년에 최대 87개(소학교 50개, 7년제 37개)가 운영되었으며 학생 수는 최대 7,000명에 달하게 된다.[60]

학교 수의 증가 배경에는 한인 인구의 증가가 자리하고 있다. 1945년에 2만 3천명을 넘어서던 사할린의 한인 인구가 일본인이 사실상 거의 철수한 1959년에 거의 4만 3천명으로 늘어났던 것이다. 그 증가의 결정적 계기는 1940년대 후반에 입도해 현지에 남게 된 북한 출신의 '파견노무자' 약 1만 1500명과 대륙에서 들어온 고려인(큰땅배기)의 합류였다.[61]

무엇보다 이 시기에 조선학교는 북한 파견노무자 자제들의 편입으로 변화를 경험할 수밖에 없었다. 1946~49년 사이에 90% 이상이 빠져나간 일본인 어업 노동력을 충원하기 위해 기획된 북한노무자 모집 사업으로 1946년 5월경 약 2천명을 필두로 1949년까지 약 2만 1천명의 노동자와 5천여 명의 동반가족이

---

60 ГИАСО, Ф. П-4, Оп. 1, Д. 639, Л. 41. 이상 진 율리아(2020), pp.43-44.

61 1946-1949년 북한에서 소련으로 모집된 노동자들이 가족과 함께 사할린과 쿠릴 열도에 도착했으며 한국전쟁 이후 상당수가 귀국했다. '큰땅배기'란 1937년 소련 정부가 극동의 한인 인구를 중앙아시아 영토로 강제이주시킨 극동의 한인들을 말하며 중앙아시아 한인(고려인)으로 불린다. 2차대전 종결 후 그들 중 일부가 통역, 농업 경제학자, 학교 장학관, 조선학교의 관리 및 교사, 사할린 기업 책임자 등으로 파견되어 사할린과 쿠릴 열도에 들어왔다. 예를 들어 세계적인 한인 러시아 작가 아나톨리 김의 아버지도 당시 고려인의 하나로 사할린에 도착했다. 이 범주에 들어가는 한인의 수를 계산하는 것은 어렵다. 그들은 소련 시민이었고 당시 남 사할린과 쿠릴 열도에 활발하게 거주했다. 쿠진은 자신의 책에서 이들의 수를 2천 명으로 추산했다. Кузин(2006), C. 273.

사할린에 유입되었다.[62] 첫 해인 1946년에는 노동자 본인만 모집되었으나 이듬해부터 가족을 동반할 수 있게 됨에 따라 1947년에 1391명과 1948년도에 3789명의 노동자 동반가족이 사할린 땅을 밟았고, 이들은 노동 거점이 위치한 지역의 조선학교들로 밀려들었다.

> 1948년도에 북한에서도 많이 왔어요. … 고기잡는 어장으로 해가지고. 토마리도 그 때 인구수가, 우리 한인들이 한 세 배는 불어났습니다. … 그래서 학교가 아주 크게 됐어요. 그러니까 우리 아버님은 학교에서 나오시고 그때부터 좀 갈등이 생겼어요.[63]

토마리에서 인구 증가로 인한 학교의 확대가 갈등이 된 것은 새로 유입된 이들과 교육 감독 주체가 기존의 조선학교에서 진행되고 있던 한국식 교육에 대해 비판적인 입장을 드러냈기 때문이었다. '시학관이 나와 그거 못하게 하였고, 이제는 김일성을 갖다가 막 찬양하고, 스탈린을 갖다가 막 하고, 이렇게 학교에서 교육을 하기 시작'했다.[64]

같은 시기에 소비에트 제제 적응을 위한 정책의 일환으로 조선학교를 설립하게 허락하고 이를 지원했던 당국은 소비에트식 교육체제의 전환에 나서게 되었다. 1947년 1월부터 한인학교의 교육 체계가 일본식에서 소비에트식으로 변경되기 시작해, 조선학교에서 한국어만 아니라 러시아어를 제1 외국어로 가르치도록 요구하게 되었다. 러시아어 교육은 1-3학년에게는 주당 12시간, 7-8학년 학생들에게는 매일 2-3시간씩 진행하도록 했는데, 이를 실행하기 위해서는 기존의 조선학교 운영 방식과 교사진의 변화가 불가피해졌다.

---

62 사할린에 유입된 북한 출신 파견노무자 통계는 ГИАСО, Ф. 53, Оп. 7, Д. 105, Л. 27에 근거한다.
63 허남훈 구술(2015), 국사편찬위원회, p.233.
64 허남훈 구술(2015), 국사편찬위원회, p.233.

선주민 교사들이 과거 일본학교에서 교육을 받아 숙련도가 낮고 소비에트 교육 체제를 생경하게 느끼고 있음을 인지하던 당국은 조선학교의 소비에트 교육 체제로 전환을 추진하면서 교사 교체에 나섰다. 인구증가로 조선학교의 확대가 불가피한 상황에서 가뜩이나 부족한 교사의 확충을 해결해야 했고, 새로 도입된 러시아어 교육을 한국어로 진행할 수 있는 인력도 필요했다. 이를 위해 소련 공산당 주당위원회는 우즈베키스탄과 카자흐스탄에서 소비에트 고려인을 초청해[65] 기존 교사 상당수를 교체해 나간다.

> (19)47년도에 무슨 괴변이 있었는가 하면… 자격증이 없는 사람, 교원들은 다 내보냈거든요. 그러니까 일본 소학교 다닌 사람… 무슨 뭐 … 다, 다 나갔죠. 그럭 하고 누가 왔는가 하면 대륙에서 왔었어요. … 그러니까… 조선서 사범학교 나온 선생, 그 이남진 선생이 담임하고, … 또 한 사람은 … 러시아어 가르치는 선생하고 교장 선생님이 바뀌었잖아요. 강 꼰스탄찐이라고 대륙에서 온 사람.[66]

유즈노사할린스크 조선학교의 경우처럼 사범학교를 졸업하는 등 자격을 갖춘 소수의 교사들은 잔류할 수 있었지만 학교를 보다 적극적으로 주도해 왔던 기존의 교장(김낙기 선생)은 물러나야 했던 것이다. 토마리 학교의 허조도 1948년 가을에 학교에서 나왔고 그 자리에는 대륙 출신의 고려인이 부임해 러시아어를 담당하게 되었다.

> 아버님이… 학교에서 나오셨어요. (19)48년 아마 9월인가, 10월에 나오시고, 이제 거기 새로… 큰땅에서 오신 분이 교장으로 나오시게 됐어요. 남인철이란 분이 계셨는데 그분이 우리한테 노어를 가르치고… 이제 교장으로 해가지고 다른 과목들도 다 가르치기 시작하고.[67]

---

65 ГИАСО, Ф. П-4, Оп. 1, Д. 639, Л. 41.
66 김영빈 구술(2015), 국사편찬위원회, p.31.
67 허남훈 구술(2015), 국사편찬위원회, p.233.

북한 노동자들이 들어온 지역에서는 모집된 북한 출신의 파견노무자가 학교에서 일하는 경우도 생겼다.[68]

> 제일 처음에 (조선학교-필자) 교사들은 우리하고 일제 시기에 같이 들어 온 사람들로 지식이 모자라서, 그 북한에서 온 사람, 좀 지식이 더 많은 사람으로 바뀌잖아요. 그것도 자기가 바꾸고 싶어서 바뀐 게 아니라, 저 뭐랄까, 교육청에서 이렇게 해라, 지시해가지고.[69]

당시 허조와 함께 토마리 조선학교에서 일했던 조권석 선생도 자리를 옮겨야 했다. 그 자리는 북한 출신 교사가 부임했다.

> 아버님은… 크라스노코르스크 거기 학교도 세우셨고, 거기 벨린스코이란 촌이 있었습니다. 조권식 선생님을 그리로 보내셨어요. 그리고 우리 토마리 학교는 다른 선생님을 받으시고, 북한에서 오신 선생님 한 분을 받으시고.[70]

이렇게 초기 조선학교의 설립과 운영을 주도하던 여러 사람들이 학교와 멀어지고 새로 유입된 한인들이 학교에 자리를 잡는 현상은 일부 조선학생들에게 '괴변'으로 보였다.

2) 교육의 변화: 민족교육의 후퇴

학교 구성원의 변화와 더불어 그간 한글 교육에 치중되었던 조선학교의 교

---

68 어업 부문에서만 채용이 이루어졌기에 북한인은 어업 분야 외에서는 거의 일하지 않았으나 예외도 있었다. 교육을 받은 북한인은 학교나 조선 순회극단 및 그 외 기관들에서 일할 수 있었다. 이러한 예는 ГИАСО, Ф. Р-132, Оп. 2, Д. 193, Л. 6에 나타난다.
69 박승의 구술(2015), 국사편찬위원회, p.76.
70 허남훈 구술(2015), 국사편찬위원회, p.234.

과와 내용, 교수법 등 전반에 걸친 변화가 구체화되었다.

　　일본사람들 48년도에 가니까 조선학교에서 모든 과목을 다 가르치게 됐어요. 그 큰땅에서 오신 선생님들이 러시아말을, 그때도 교과서 없었거든요, 한국말로 번역해서 가르치기 시작했어요.[71]

　　조선학교라 하지만, 모든 과목 같은 거, 프로그램 같은 거 러시아식으로 했잖아 요. 그래서 역사 같은 거는 러시아 역사 배우고, 세계 역사 … 지리 같은 거 배우고. 그런데 한국말도 … 북한말. … 그 사람들이… (북)조선말을 배워줬죠. 그래서 주로 우리 배운 것은, 조선학교서 북한말이에요.[72]

　학교가 러시아식으로 변화해 가며 고국에 대한 내용이 옅어져간 만큼 수업 의 질이 향상된 것은 아니었다. 고려인과 북한에서 들어온 이후 교과서와 교재 가 좀 좋아질 것으로 기대되었지만 현장 학교에서 이렇다 할 변화가 없었다.

　　교과서는 충분하지 못했죠. … 종이도 귀해가지고 일본책 가져가지고, … 여기 일본 글 있으면 이 사이에다가 한글로 이렇게 썼어요.[73]

　교과서 없는 수업의 진행은 1960년대까지도 지속되었다. 관련 연구에 따르 면 1962-63년까지 한글 교과서가 없었고, 이후로 4학년부터 러시아 교과서를 한글로 바꾸어 사용했으나, 8학년-10학년 교과서는 러시아어 뿐이었다.[74]. 이런 상황에서 수업의 질에 결정적 영향을 미치는 것은 교사였다.
　대륙 출신의 한인들을 교사로 임용한 조치는 교육사업을 통한 사상과 정치

---

71 허남훈 구술.(2015) 국사편찬위원회, p.233.
72 박승의 구술(2015), 국사편찬위원회, p.76.
73 허남훈 구술(2015), 국사편찬위원회, p.234.
74 임엘비라(2010), p.107.

적 통제에 관한 당국의 염려와 긴밀히 연관이 있었다. 당기관으로서는 교육의 이념적 구성 요소에 각별한 관심을 기울일 수밖에 없었는데 학교의 기능은 아동에 대한 지식 제공은 물론 이를 통한 소비에트형 인간으로의 개조에 있는 만큼 소련이 공식 승인하는 가치와 신념만을 가르쳐야 했기 때문이다.[75] 소련 공산당중앙위원회가 사할린으로 파견해 '사람들에게 우선 글을 가르치게 하고, 또 다른 한편으로 정치 사상적으로 교육을 시키는 임무를 맡겨' 민족적 요소와 민족적 소통의 중심이던 초기 조선학교의 핵심활동가 교사들을 대체하고 새로이 조선학교를 좌우하게 된 '지식인 고려인'[76]에 대한 당시 선주민 학생들의 평가는 대체로 다음과 같은 요인으로 인해 부정적이었다.

> 교장선생님… 대륙에서 온 사람. 그런데 그 사람은 어느 나라 말을 잘 하는가 하나도 못 들어봤어. 러시아말도 그저 뭐 겨우겨우 하는 형편이고 한국어는 전혀 못하기는 하지만은…[77]

> 학교 선생들은 다 대륙에서 온 사람들이었죠. 조선학교 선생들은 다 대륙에서 온 사람들이고 그런데 이상하게도 그 사람들이 소련 땅에서 … 한 30년 살았겠는데, 그런데 다수가 말이에요. 러시아말이 아주 서툴러요. 그런데 그 사람들은 … 자기들은 조선말이라고 하는데 영 저희들하고 다른 말이에요. … 이북말도 아니고, … 큰땅배기 말이 저희들이 알아듣기 아주 어려운 그런…, 그분들도 저희들 말을 잘 못 알아듣고, 이런 같은 민족인데 언어가 연고가 차이 나가지고 이런 것도 있고.[78]

고려인 교사에 대한 부정적 구술의 내용을 모든 대륙 출신자에 적용하고 일반화시키기는 어려울 것이나 이상의 증언은 신뢰받기 어려운 러시아어 실력

75 진 율리야(2020), p.146.
76 정장길 구술(2015), 국사편찬위원회, p.188.
77 김영빈 구술(2015), 국사편찬위원회, p.31.
78 성점모 구술(2015), 국사편찬위원회, p.123.

에 부족한 한국어로 인해 발생한 의사소통의 문제가 겹치면서 대륙출신자들이
가진 지식의 전수조차 어렵게 만들었음을 알게 한다.

> 대륙에서 파견되어 온 사람들은 그래도 지식은 있는 사람들이었지만은 고려사
> 람들로서 한국말이 짧았어요. 그래서 제대로 자기 기능을 발휘할 수가 없었고
> 자기 임무를 수행할 수가 없었어요.[79]

자신들을 정치적으로 교양시키는 책임을 맡고 있던 대륙 출신 고려인에 대
해 선주민 사회에서 형성된 일종의 심리적 위계와 거리감도 더해졌다. 국가기
관이나 정보 관련 업무에 종사하고 기업소에서 정치·사상 교육을 주로 담당했
던 대륙 출신자들은 선주민에 대해 우월한 지위와 지식을 공공연히 과시하며,
고향과 염원하는 고국 귀환에 대해 부정적으로 교양할 뿐 아니라 관련된 소식
을 차단시키고자 하던 이들로 비쳤다. 학교에 부임한 교사들 역시 이들의 일부
였던 것이다.

> 남한출신자들을 이제는 소비에트 사상으로 교양시키는 그 책임을 맡은 사람들
> 입니다. 그래서 그 사람들하고 저희들하고는, … 그 대륙에서 온 사람들 하고는
> 전혀 교섭이 잘 안돼요. 그리고 그 사람들은 자기들을 아주 높은 사람으로 그렇게
> 여기고 우리들을 하대하고, 그 중에는 아주 좋은 사람도 있었어요. … 있었지만
> 그 중에서는 하내하는 그렇게 (선주민 한인을-필자) 낮춰보는 사람들도 있었고….
> 저희들은 하여간 자본주의 사상으로 골 속에는 그거 밖에는 없다. … 공산주의,
> 민주주의라는 건 전혀 모르는 사람들이다. 그러니 교양을 해야 한다, 소비에트국
> 가가 어떤 나라라는 거, … 그 정치 정책이 제일 인도주의적이고 제일 인간적으로
> 봐서 좋은 정치다, … 그러니 한국 라디오 이거는 절대로 안 되고, … 신문·잡지
> 이거는 말할 것도 없고, 일본 것도 안되고, 들어서는 안 되고, 러시아 것만 들어라
> … 이런 식으로 교양하는 거에요.[80]

79 정장길 구술(2015), 국사편찬위원회, p.188.

80 성점모 구술(2015), 국사편찬위원회, pp.123-124.

514

원주민하고 북한에서 들어온 파견노무자들하고 대륙에서 파견되어 나온 사람들, 이 세 종류죠. 어떤지 차이점이 보이는 거예요. 뭉쳐도 똘똘 자기네들끼리만 뭉치지 같이 뭉칠 수가 없는 거예요. 왜냐하면 문화·심리, 여러 가지 지식수준을 봐서 차이점이 항상 있었으니까요. 대륙에서 파견을 받아서 온 사람들은 지식인들이니까, 여기서 살고 있는 원주민들은 거의 99%가 다 무식자들이거든요. 그러니까 지식인으로서 벌써 내려 보기 시작하고, 이분(선주민-필자)들은 그걸 눈치를 챘거든요. … 거기서는 대륙이 아니라 '큰땅'이라고 했거든요, 큰땅에서 온 사람들은 껍데기만 한국 사람이지 벌써 완전히 러시아화가 다 된 사람들이에요. … 러시아 교육을 받고, 러시아말만 하고 이런 사람들이거든요. 그러니까 차이가 북한에서 들어온 사람들보다 더 많았다는 거예요. 그래서 북한에서 들어온 사람들하고 어울리면 어울렸지, (대륙 출신자들과는-필자) 어울릴 수가 없는 거예요.[81]

큰땅에서 온 사람들을 선주(先住) 동포랄까, 동포를 교양시키는 그런 역할을 시킨 것은 소련 민족정책의 실수가 아니었던가 생각합니다. … 같은 민족이 민족을 … 사상적으로 재교양을 시킨다는 그런 역할을 시킨 것은 이건 민족정책의 실수가 아닌가 생각합니다.[82]

새로운 교사진에 대해 당국도 만족하지 못했다. 1952년 소련 공산당 중앙위원회 서기 말렌코프(Г.М. Маленков) 앞으로 조선학교 감독관의 추가 임명에 관한 사할린 주당위원회의 진정서가 발송되었는데 그에 따르면 조선학교에는 '필수불가결한 교육학 및 정치적 훈련을 받지 못한 교사들의 수가 대단히 많으므로' 이러한 조치가 필요하다고 역설한다.[83] 관리감독이 강화되고 현직에 있던 교사들 중 일을 그만두어야 하는 사람도 다시 생겨났다.[84] 1958년에 교육

81 정장길 구술(2015), 국사편찬위원회, pp.189-190.
82 성점모 구술(2015), 국사편찬위원회, p.124.
83 ГАРФ, Ф. Р-5446, Оп. 86а, Д. 10325, Л. 9.
84 그 한 예는 류시욱(류춘계)이었다. 그는 1952년에 무국적이라는 이유로 '교원의 직책에서도,… 예술부장의 직책도 소멸되었다'고 적었다. 류춘계 작성 개인 노트, 필자 수집 자료, pp.8-9.

청이 사할린 조선학교에서의 러시아어 수업 진행 상황을 점검했을 때 러시아어 교과서와 교사용 참고서조차 심각하게 부족했고 교육 프로그램의 미개발 상태도 지속되고 있음이 드러났다.[85] 러시아어가 이러할 정도였으니 이외 과목의 필수적인 교과서나 교사용 참고서 부족은 더욱 심했고, 옛 일본 학교로 쓰이던 낡은 건물에 배치된 교사의 개선도 필요했다.[86]

　조선학교와 학생 수의 수적 확대라는 외형적 성장과 당국이 주도한 내부적 변화에도 불구하고 한인 학교는 많은 문제를 안고 있었다. 그 영향은 고학년으로 갈수록 상대적으로 높았다. 학교가 여전히 부족해 110명의 아동이 5학년 이상의 교육 기회를 박탈당했고, 수업이 교대로 여러 차례에 걸쳐 진행되면서 질이 좋지 않았던 결과 졸업자 비율은 80%에 미치지 못했으며 7-8학년 학생 전체가 유급을 당하고, 6명 중 1명은 학업을 포기한 채 등교하지 않고 있었다.[87] 그리된 요인을 대륙에서 온 교사가 진행했던 학교 내 러시아어 수업을 묘사한 다음 구술에서 얼마간 짐작할 수 있다.

　　러시아말은 내가… 마지막 학기에 그 러시아서 왔다는 선생님한테서 배웠어요. 그런데 그거를 알파베트도 안 배워주고 2학년짜리 책을, 우리 졸업시켜야 하니까, … 독서 책 그거를 가져다주면서 하라 하니까 … 애들은 못 읽었죠. 그러니까 밑에다가 한국말로 요렇게 썼는데, 그러니까 그거 발음이 뭐가 됐겠어요? … 여자아이들이 한 열 댓 명 있었는데, 다- 그만두고 7학년으로 올라올 때, 다 그만두고 세 명 남있어요, 우리 반이.[88]

　조선학교의 새로운 환경은 초기 민족학교의 성격을 크게 바꾸어놓았다. 당국의 정책과 그 추진자였던 새 교사진은 소비에트 체제로의 통합 기구로서

85 ГИАСО, Ф. 143, Оп. 1, Д. 218, ЛЛ. 1-3.
86 Костанов·Подлубная(1994), С. 9-10.
87 Кузин(2011), С. 253. 7-8학년을 두 번 다니거나 6학년으로 마치는 이들이 많았다.
88 김영빈 구술(2015), 국사편찬위원회, p.33.

조선학교의 기능을 강조했다. 학교의 물질적, 교육적 환경이 크게 개선되지 않은 상태에서 학년이 올라갈수록 학생들은 학습에 어려움을 겪게 된다. 초기 조선학교 설립을 주도했던 이들이 배제되고 한국어로 가르쳐지기는 하였으나 러시아식 프로그램으로 전환되는 교과에 더해 고등교육의 기회로 시선이 향할 수밖에 없었던 학생들에게 시간이 흐를수록 사회화의 도구로서 조선학교에서 실행되는 교육의 역할과 의미에 대한 의문이 내면으로부터 제기되는 것은 당연했다. 바로 이 무렵인 1950년에 발발한 한반도에서의 전쟁은 사할린한인의 민족교육사에서도 영향을 주었다. 동족상잔의 전쟁 소식은 귀환의 준비 조직으로서 출범한 조선학교와 그 교육의 의미를 재고하는 계기가 되었다. 곧 돌아가야 할 곳이었던 조국이 현실적으로 돌아갈 수 없는 낯선 세계로 인식되었을 때, 국경지대인 사할린에서 그 어느 곳의 국민도 아닌 무국적자로서 이동 제한과 차별 속에 있던 선주한인에게 1952년 5월 이래 소련 국적 취득의 가능성이 열리게 되었다. 국경의 형성과 재형성, 소속감의 고민 속에 가능성의 방향을 가늠해 가는 과정이 본격적으로 열린 것이다.

그로부터 10년 뒤인 1962년 사할린주 인민교육과는 러시아 공화국 교육부에 사할린 주 조선학교의 교육을 러시아어로 실행하자는 제안서를 제출하였다. 교육부가 이 제안의 현지 해결을 권고하자 사할린 주당위원회는 1963년 5월 13일자 결정 169호에 의거해 조선 중학교를 일반 8년제 학교로 재조직하기로 하고, 8년에 조선학교와 초등학교 모두에서 러시아어로 교육을 진행하도록 결정했다.[89] 이는 1964년 조선학교들의 폐교를 의미하는 조치였다.

충분히 준비되지 못한 교원, 교과서와 참고서 및 한국어 교재의 부족, 조선학교를 졸업한 한인 청년들의 고등교육기관 진학 불가, 러시아어 미숙으로 인한 중급 이상의 특수 교육 이수 불가 등이 확인[90]되는 조선학교의 폐교는 지역

---

89 Костанов·Подлубная(1994), С. 18.

90 Кузин(2010), С. 183-184.

당이나 행정가들의 시선으로 당연한 조치였다. 소련 사회에서 한인의 성공에 교육의 중요성이 얼마나 큰지를 알았던 당시의 한인 교사 일부도 조선학교의 폐교에 전적인 찬성을 표시할 정도였다. '조선학교를 마친 학생들은 대학에 진학할 수 없었기 때문'이었는데, '러시아어를 제대로 구사하지 못한 학생들은 … 시험에서 작문이 아니라 구술하듯 썼고, 결국 진학자는 5%에 불과'했다.[91] 당대인의 눈에 조선학교로 인해 제한된 교육밖에 받을 수 없던 한인에게 부족한 교육은 개인적 삶의 결정에도 적지 않은 영향을 미치는 것으로 보였다. 1951년생인 한 증언자는 '조선학교를 졸업한 젊은이들은 좋은 직장을 구하거나 대학에 진학할 수 없었다. 그래서 이후 많은 사할린한인들이 북한으로 간 것이다'고 말한다.[92]

4. 나가며

1945년 일본이 물러난 해방 공간에 아직 소련 당국이 남사할린을 완전히 관리하기 전부터 사할린한인은 한국어로 교육하는 자치적 학교를 만들었다. 본토의 슬라브인들을 이주시키고자 했던 소련 당국은 당장 교육시설을 필요로 하고 있었고 기존의 일본 학교들을 현지민 학교로 바꾸는 것이 그 대안이 되었다. 당초 민단 등 사회적 조직을 형성히고자 했던 선주 한인늘 역시 귀환까지 민족어와 민족 교육의 시급함을 깨닫고 일종의 대체적인 민족 활동으로서 학교의 우선적 설립을 수용하였다. 사할린한인들은 고대하던 조국 귀환을 준비하면서 민족 정체성 함양을 도모할 수 있는 교육에 힘을 쏟았던 것이다.

---

91 진 율리야(2020), p.147의 인터뷰 재인용. 구술자는 1970년대에 들어 얼마나 많은 학생이 진학했는가며 '만약 조선학교가 남아 있었다면 그런 결과가 나올 수 없었을 것'이라고 덧붙였다. 같은 곳.

92 진 율리야(2020), p.148의 인터뷰 재인용

소비에트 초기 사할린의 조선학교는 민족적 성격의 문화가 전파되는 통로이면서 한인간 소모임의 성격도 지녔다. 당국은 이들 학교에서 민족활동을 금지하지 않은 분위기였기에 조선학교는 공식적인 교육 공간이면서 민족적 성격의 발현이 허락되는 영역을 구성했다. 한인 사회에서 지식인으로 공대 받는 이들이 교사로 일하고 있던 학교로 한인과 고국에 대한 정보가 모였고 이는 뚜렷한 정치, 사회 기관을 갖지 못한 한인사회에 전파되며 파급력을 가졌다.

1945년 8월 이후의 해방공간에서 사할린한인사회의 조선학교는 새로운 소련 사회로의 통합이나 그곳에서의 사적 성공을 목적하는 기구가 아니었다. 조선학교 설립과 활동을 주도한 이들에게 그 학교는 현지 조선인 민단의 대체적 성격을 지녔고 민족과 그 정체성의 회복을 통한 일종의 귀환 준비 기구로 비쳤다. 소련 체제 확립 초기에 한인 학교의 결성은 두 제국의 틈에서 곧 귀환할 것을 믿어 의심치 않았던 한인들이 주체적으로 판단하고 현실에 적응하며 민족공간을 형성하는 과정이었다. 민족어로 이루어지는 기초적 교육은 교차하는 세계 속에서 혼란과 박탈, 배제와 같은 부정적 요소를 극복하고 낙관적 민족정체성을 구성하려는 회복의 과정이었다. 동원 이후 세대는 일차적으로 가정에서 그리고 공식적인 공간인 조선학교를 통해 조선인으로 태어났다. 학생들은 교육적 결함이 가득한 조선학교에서 지식보다 민족을 학습하였다.

어업 부문에서 부족한 노동력을 보충하기 위해 1946년부터 유입된 북한 출신의 '파견노무자'와 그 가족이 사할린에 도착하는 과정에서 기존의 조선학교에는 새로운 한인사회 편입자들을 위한 교육 기관으로서 역할이 부가되었고, 학교는 부족했던 일부 교육자료나 교과서, 교육 인력의 지원을 북한으로부터 받기도 하였다. 사할린한인들의 자연스러운 접촉 거점이 된 학교에 간혹 방문 공연을 한 북한 예술단은 '조선노래'라 불리는 당시의 대중적 가요와 민요로 한인들에게 인기를 얻으면서 선주민 한인에게 예술적 자극과 교육을 제공하기도 하였다.

소수 민족의 공식적 사회활동이나 정치적 모임이 금지된 당시에 한국어와

민족교육, 민족문화 활동이 유기적으로 얽혀있던 민족 공간 조선학교는 1950
년을 넘어서며 계속적인 학생 수의 증가에도 불구하고 학교 수의 감소 경향을
보여주었다. 조선학교가 결성 초기의 추구하는 바를 지켜내기가 어려워졌기
때문이다. 사할린에 소비에트 체제가 공고화됨에 따라 모든 학교를 소비에트
체제로 편입하기 시작했고 선주민을 대상으로 하는 정치적 계몽이 '큰땅배기'
출신자들을 파견하는 형식으로 강화된 영향도 있었겠으나 바로 이 시기에 소
련이 귀환 대상 임시거주자로 분류해왔던 '선주' 사할린한인을 정주 대상자로
주목하게 되었던 것이 보다 중요한 영향 요인이 되었다. 1952년 사할린한인에
게 소련 국적을 부여할 수 있게 되면서 당국은 조선학교의 활동가들에 대해
소비에트형 인간 양성에 적합한지를 엄격히 따지고 들어왔다. 교육 경력의 부
족이나 자질, 정치적 신뢰도의 문제 등을 이유로 무국적자 한인 지식인 교사들
이 학교에서 밀려나고, 그 자리는 대륙 출신의 한인이나 소련 교육기관에서
교육받은 이들로 대체되었다. 스탈린 사후 흐루쇼프 시대에는 소비에트 국민
의 정체성이 강조되면서 소수민족 지원이나 민족적 성격의 사회문화 조직 및
활동이 금기시되었던바 공식적 공간에서 민족적 정체성을 노출하는 것은 위험
한 일이 되었다.

　이 무렵 초기 조선학교 활동가들은 교직에서 밀려났지만 사할린 한인문화
및 민족적 활동 공간에서 사라지지 않았다. 1948년에 조선학교 7학년을 마친
김영빈은 조선학교에 상급과정이 생길 것을 기대했으나 지체되자 다른 일을
하다가 1950년경 사할린의 한글 신문 『조선노동자』에 '교장선생님이던 김낙기
선생님, 그 선생들이 추천을 해 줘서' 신문사에서의 활동을 시작하게 된다. '신
문사에서, 우리 선생님들 거기 많이 가 계셨다.'[93] 또한 1956년에 시작된 사할
린 우리말 라디오 방송에서도 처음에 아나운서를 했던 이들 중에는 '우리 담임
선생하던 이남진 선생하고,' '사범학교 졸업하고 조선학교에서 그 소학교 선생'

93　김영빈 구술(2015), 국사편찬위원회, p.38.

했던 '소학교 교원' 구정자라는 분이 들어왔다고 기억했다.[94] 다른 증언들도 사할린의 한글 신문과 조선 이동 극단, 라디오 방송 등 민족문화 기구의 일군 대부분이 조선학교의 내적 경험을 나눈 이들이었다는 점을 강조하고 있는 바 초기 조선학교는 사할린한인의 민족 활동 기억에 중요한 하나의 모판이 되었다고 하겠다.

조선학교와 연관이 깊은 다른 한 그룹의 활동가들은 1950-1951년 사이에 사할린에서 조선공산당을 창설을 시도했다가 체포되었던 이들에 대한 자료에서 나타난다. 공식적으로 사할린의 조선공산당 창당 시도를 처음 언급한 자료는 '마카로프, 고르노자봇스크, 유즈노사할린스크 그리고 네벨스크 등지에서 지하 한인공산당이 고르노자봇스크, 마카로프에 있는 조선학교 교사들, 유즈노사할린스크 출신의 신보균, 그리고 네벨스크의 권 모씨 등에 의해 결성되었다'고 언급한다.[95] 사료를 통해 동 사건을 추적한 다른 연구[96]를 통해 체포된 주요 활동가 4명의 이력이 확인되는데 지도급인 신정우를 비롯해 신보균, 권명상이 조선학교의 교사를 역임한 이력이 있었고, 1951년 6월에 신정우가 마카로프에 거주하며 당에 입당시킨 25명의 대부분이 13세에서 17세의 한인학교 학생들로 밝혀졌다.[97] '반소비에트 활동을 전개하지 않고 오직 한인들의 모국 귀환을 촉진하기 위해 결성된 지하조직'[98]이었던 사할린의 조선공산당이 초기 조선학교를 중심으로 그 조직과 결성을 시도했다고 추론하게 한다.

---

94 김영빈 구술(2015), 국사편찬위원회, pp.40-41.

95 Пак Хен Чжу(2004), С.43-44.

96 Дин(2015), С.148-155.

97 신정우는 1927년생으로 1946년 10월부터 2년 가량 레오니도보, 고르노자봇스크, 브즈모리예 촌 등에서 교사로 활동했고, 1931년생인 신보균은 일본 중학교 2년 마친 후 미기로프 조선학교에서 교사로 근무하다 소련 국적이 없다는 이유로 해고된 인물이었으며, 1926년생인 권명상은 일본 학교 졸업자로 소련군 진주 직후 조선학교에서 교사를 역임한 것으로 나타난다. Дин(2015), С.150-153.

98 진 율리야(2020), p.184.

　　교육기관으로서 조선학교는 약점이 적지 않았다. 대개 개인의 열정과 노력으로 개교하고 지도된 초기 학교의 성패는 학교의 체계가 갖추어지기까지 사실상 개인적 자질에 의존했다. 민족 공간으로서 조선학교를 유지하는 일은 사할린한인들이 이룰 수 없는 바였으며 시간이 경과하여 귀환의 가능성이 옅어질수록 개인의 사회적 상승 사다리라는 역할에서 바라보는 조선학교의 단점은 명확해졌다. 그럼에도 역설적이게도 당국의 눈에 폐교를 결정하지 않으면 안 될만큼 명백한 조선학교의 한계들이 전후 세대의 소비에트 사회 통합에 결정적인 역할을 하게 된다.

| 참고문헌 |

기록보존소 사료
ГАРФ: Государственный архив Российской Федерации (국립러시아연방기록보존소, 모스크바).
ГИАСО: Государственный исторический архив Сахалинской области (국립사할린주역사기록보존소, 유즈노사할린스크).
РГАСПИ: Российского государственного архива социально-политической истории (러시아국립사회정치사기록보존소, 모스크바).

구술자료 및 개인자료
국사편찬위원회(2015), 『사할린 한인의 동원·억류·귀환 경험』, 구술자료선집 22(면담: 방일권, 구술: 김영빈, 박승의, 성점모, 전학문, 정장길, 허남훈), 국사편찬위원회.
류춘계, 개인 노트, 1957-1960.

논문 및 단행본
문현아·Park(2016): 문현아, Christian Joon Park, 「사할린 디아스포라 한인의 초국적 경험과 의미 분석」, 『구술사연구』7권 1호, pp.137-186.
박경용(2013), 「사할린 한인 김옥자의 삶과 디아스포라 생활사: '기억의 환기'를 통한 구술생애사 방법을 중심으로」, 『사회와 역사』99, pp.121-157.

522

이상록(2015), 「'디아스포라(Diaspora)를 '민족국가'로 회수하지 않기: 국사편찬위원회 수립 사할린 한인 구술자료를 중심으로」, 『구술사연구』6권 2호, pp.11-48.

이연식·방일권·오일환(2018), 『책임과 변명의 인질극: 사할린한인 문제를 둘러싼 한·러·일 3국의 외교협상』, 채륜.

임엘비라(2010), 「사할린 한인들의 정체성: 우리말 교육의 현황과 과제」, 『다문화교육연구』3권 1호, pp.105-124.

전형권·이소영(2012), 「사할린 한인의 디아스포라 경험과 이주루트 연구」, 『Oughtopia』 27권 1호, pp.135-184.

정근식·염미경(2000), 「디아스포라, 귀환, 출현적 정체성-사할린 한인의 역사적 경험」, 『재외한인연구』9, pp.237-280.

진 율리야(2020): 진 율리야 저, 김종헌 역, 『사할린의 한인 디아스포라』, 선인.

현무암, 파이차제(2019), 서재길 역, 『사할린 잔류자: 국가를 잃은 존재들의 삶의 기록』, 책과함께.

三田英彬(1982), 김종필역, 『사할린의 恨, 나의 조국 日本을 고발한다』, 인간.

Дин(2015), Дин Ю. И. Первая политическая организация корейцев Сахалина в борьбе за репатриацию на родину // *Проблемы Дальнего Востока* No.6, С.148-155.

Дин·Пайчадзе(2018), Дин Ю. И., Пайчадзе С. С., Национальные школы для японского и корейского населения Южного Сахалина и Курильских островов в послевоенный период (1945-1963)// *Вестник Сахалинског о музея* 25, С.76-82.

Костанов·Подлубная(1994), Костанов А. И., Подлубная И. Ф, Корейские школы на Сахалине: исторический опыт и современность. Южно-Сахалинск: Архивный отдел администрации Сахалинской области, Сахалин. центр документации новейшей истории, 1994.

Кузин(2006), Кузин А. Т., Сахалинские корейцы: история и современность: документы и материалы, 1880-2005 / авт.-сост. А. Т. Кузин. Южно-Сахалинск: Сахалин. обл. кн. изд-во, 2006.

Кузин(2010), Кузин А.Т., Исторические судьбы сахалинских корейцев. кн. 2, Южно-Сахалинск: Сахалинское издательство.

Кузин(2011), Кузин А. Т. Просвещение сахалинского корейского населения: исторический опыт и современность // *Вестник Красноярского государственного университета им. В. П. Астафьева*. No. 2. С. 252-257.

Пак Сын Ы(2010), Корейский язык на Сахалине // *Азия и Африка сегодня* (гл. ред. А. М. Васильев) No.9. М., Наука, С. 68-69.

Пак Сын Ы(2019), Сахалинские Корейцы: в поисках идентификации, М., Издательство «Перо».

Пак Хен Чжу. Репортаж с Сахалина. Южно-Сахалинск, 2004.

Справки начальника Гражданского управления Южного Сахалина о проделанной работе с 18 сентября 1945 г. // *Исторические чтения*. 1995.

Hyun · Paichadze(2015): Hyun M., Paichadze S. "Multi-layered Identities of Returnees in their 'Historical Homeland': Returnees from Sakhalin," ed. S. Paichadze, Ph. Seaton, *Voices from the Shifting Russo-Japanese Border*, London: Routledge, 2015, 195-211.

러일전쟁 이후 일본의 환동해 인식 및 접근에 대한 연구

니가타현의 『블라디보스토크와 가라후토 조사보고서』(1907)를 중심으로

배규성(裵奎星, Kyu-Sung Bae)

러시아 모스크바국립대학교 철학부 정치학과 졸업. 국제정치학 박사. 한국-카자흐스탄 기술협력센터(아스타나) 센터장 역임. 현재 경희대학교 국제지역연구원 HK연구교수로 재직 중이다. 주요 저서로는 『지금 북극은 제1권 북극, 개발과 생존의 공간』(학연문화사, 2020)(공동저자), 『북극의 눈물과 미소』(학연문화사, 2016)(공동저자), 『러시아 제국의 변경에서』(민속원 2015)(공동저자), 『TKR건설: 북한을 열고 세계를 묶다』(명지출판사 2013)(공동저자) 등이 있다.

1. 서론

환동해 지역은 역사적으로 한국과 일본 그리고 러시아가 문화교류, 무역 및 전쟁에 이르기까지 다양한 상호 협력 / 갈등 관계를 맺어온 육지로 둘러싸인 해양 지역이다. 19세기 말 조선이 불평등조약으로 개항을 하고 일본이 근대화에 성공하여 중상주의적 제국주의정책을 시작할 시기에 일본이 동해와 인근 지역(환동해)을 어떻게 공간적으로 활용하려 했는지에 대한 기본적인 인식과 접근법은 흥미롭고 중요한 연구 주제이다.

본 논문은 청일전쟁과 러일전쟁의 전승 이후 조선의 지배에 대한 일본의 최대 경쟁자인 청과 러시아를 물리친 일본이 본격적인 대륙 침략을 앞두고 동해와 인근 지역(환동해)을 어떻게 공간적으로 활용하려 했는지에 대한 기본적인 인식과 접근법을 살펴볼 것이다.

가라후토는 홋카이도의 일부(남부)로서 당연히 홋카이도와 관련되어 있을 뿐만 아니라 일본 역사의 상당 부분을 통해 일본의 동해 쪽 각 현과 긴밀한 관계를 유지해 오고 있었다. 그러나 일본 내에서의 최근의 몇몇 성과를 제외하고는(참고문헌 참고), 일본은 물론 한국에서도 가라후토와 일본의 동해 쪽 각 현과의 통상 및 무역 관계에 대한 연구는 거의 없다.

일본(니가타현)은 러일전쟁 이후 동해 연안(환동해) 지역에 초점을 맞추고 1907년 러시아 극동 연해주의 블라디보스토크와 러시아 영토였지만 일본과 영토분쟁을 벌이고 있던 사할린섬의 남쪽 부분인 가라후토(Karafuto)에 조사단을 파견했다. 이들 지역에서 일본의 최대 관심은 초기 어업에서 점차 임업(제

지업 포함), 광산업 그리고 에너지(석유개발) 산업으로 확대되어 나갔다. 카짐 쇼타로(Kazim Shotaro) 니가타 상공회의소 사무총장은 이 조사의 결과를 바탕으로 『블라디보스토크와 가라후토 사업 조사보고서(ウラ港樺太視察報告)』(新潟商工会議所編 1907)를 편집했다.

니가타현이 블라디보스토크의 상인뿐만 아니라 1907년 일본의 권리가 여전히 불안했던 러시아 극동 연해주 연안(오리가만)의 어부들을 조사하고, 이미 일본의 영토로 병합된 사할린 남부 가라후토의 상인들을 조사할 팀을 파견한 이유 중 하나는 가라후토에서 일본 영토를 설립하기 위한 전제 조건으로 간장, 염색 및 제과의 광범위한 유통을 조사 / 기록하기 위한 것이었다. 일본 상인들은 그들의 상업 네트워크를 발전시킴으로써 이들 지역의 시장을 확보하기 위해 니가타항과 블라디보스토크와 가라후토 간의 정기적인 해운 직항을 개설했다. 니가타현은 이 조사팀이 이들 지역의 경제 상황에 대한 정보를 확보할 것을 기대했다.

본 연구는 1907년 니가타현이 지방정책의 일환으로 환동해 지역 조사단을 파견했다는 사실을 확인한다. 니가타현은 (환동해의) 지역적 프레임워크를 제안했고, 이렇게 제안된 '동해 연안 지역(the East Sea Rim Regions)'의 구조는 식민지 지역들이 일본열도 주위에 수립된 일본 제국의 지역구도와 놀랍도록 유사하다.

따라서 본 논문은 니가타현을 중심으로 하는 동해 연안 지역에 존재했던 정치지리적 틀을 러일전쟁 이후 '환동해 일본 소제국주의' 구도로 간주한다. 즉, 근대기 일본은 동해 / 일본해에 대해 본토와 국내 식민지(홋카이도와 오키나와) 및 국외 식민지(조선과 사할린 남부)를 연결하는 상호작용의 공간적 매개체로 인식하고 있었다. 그리고 환동해 연안 지역은 일본 본토와 상업 / 무역과 경제 및 군사적 관계로 연결된 지역 네트워크를 형성하고 있었고, 일본의 동해 쪽 연안개발은 그런 목표로 개발되었다는 점을 확인한다.

1) 러일전쟁(1904-1905)과 환동해

　메이지 유신을 통해 급격하게 근대화한 일본은 1875년 조선의 강화도를 침략했고(운요호 사건), 이 사건을 빌미로 조일수호조규(강화도조약)를 체결했다. 이 불평등조약으로 조선은 개국했다. 1894년 동학농민전쟁(동학혁명)이 발생하자, 조선은 청에 군대 파견을 요청했고, 청이 이 요청에 응해 군대를 파견하자 일본도 이에 대응해 군대를 보내면서 결국 청일전쟁(1894-1895)을 일으켰다. 러시아의 남하를 저지하려는 영국이 일본을 지원했기 때문에 전쟁은 시종일관 일본의 우세였다.[1] 전쟁에서 승리하자 일본은 청국으로부터 조선의 독립을 인정받고, 대만과 요동반도를 획득하였다. 그러나 프랑스, 독일 그리고 러시아의 3국 간섭으로 요동반도를 청국에 반환했다. 그 후 조선에 대한 내정간섭을 강화하자, 조선은 일본을 견제하고 독립을 유지하기 위해 러시아와 교섭하게 된다. 고종은 민영환 특사를 러시아에 파견하여 군사와 재정 등에 관한 지원을 요청했고, 1896년 10월 민영환 특사 일행과 함께 러시아 군사교관 13명이 조선에 입국하여 궁궐 경비병 800명을 훈련시켰다. 이에 일본은 러시아를 불러들이려는 배후 조종자로 본 민황후를 시해하고 친일내각을 구성했다. 이에 생명의 위협을 느낀 고종(高宗)은 1896년 2월 11일 경복궁에서 정동의 러시아 공사관으로 피신했다가, 이듬해 2월 정동의 경운궁으로 돌아왔다. 같은 해 10월 12일 조선은 대한제국이 되고, 고종은 황제가 된다.

　아관파천으로 조선의 왕 고종의 신변보호를 대가로 러시아는 조선에서의 많은 이권을 확보한다. 광산채굴권과 벌목권(압록강, 두만강, 울릉도) 등이 그것들이다. 한편 아관파천 이후 러시아는 일본과 베버-고무라 협정(1896.5), 로바노프-야마가다 협정(1896.6), 니시이-로젠 협정(1998)의 3개의 협정을 체결

---

[1] 청일전쟁에서 일본에 패해 허약한 국력을 그대로 보여준 청은 독일, 프랑스, 러시아는 물론 영국에까지 계속 영토를 상실함으로써 책봉과 조공제도에 의해 유지되어 온 동아시아 국제질서는 붕괴된다. 다카하시 요이치(2018), pp.53-57.

한다. 이들 협정들은 형식상으로 대한제국의 독립을 보장하는 듯 보이지만, 실질적으로 비밀조항을 통해 일본과 더불어 대한제국을 공동 관리 또는 공동 보호하는 내용이었다.

아관파천과 뒤이은 만주에서의 러시아의 성공(1898년 여순과 대련의 조차)은 영국과 일본의 접근을 이끌었고, 1897년 대한제국이 영국인 맥리비 브라운(McLeavy Brown)을 대신하여 러시아인 알렉시에프(Kir Alexiev)를 탁지부(度支部) 고문으로 임명하자, 영국은 인천 앞바다에 군함을 보내 브라운이 총세무사와 탁지부 고문직을 유지하도록 압력을 행사했고, 일본도 이를 지원했다. 영국과 일본은 1902년 1월 1차 영일동맹을 맺는다. 이런 영일동맹은 1905년 러일전쟁 시 러시아 발틱함대의 수에즈 운하 통과를 막고, 여러 지역에서 물과 연료와 음식의 공급을 방해하면서 일본의 승전에 중요한 역할을 했다.[2]

일본이 대한제국에서 정치경제적으로 지배적인 위치를 확보해 나가는 동안, 러시아는 1898년 여순과 대련을 조차하면서 만주에서의 세력을 확장시켜 나갔다. 러시아가 애로호전쟁(제2차 아편전쟁, 1856-1860)에 편승해 획득한 연해주를 교두보로 삼아 시베리아 철도 건설을 추진하며 만주와 조선으로 진출하려는 의도를 명백하게 보이자, 일본은 만주개방 문제와 압록강 벌목권 문제로 또 다시 러시아와 협상을 하는 중에 갑자기 선전포고도 없이 1904년 2월 8일 여순항에 있는 러시아 극동함대를 시작으로 인천에서 러시아 함대를 어뢰로 기습 공격하고, 2월 9일에는 서울을 점령해 대한제국에 주재하던 전 러시아 외교관과 러시아인들을 추방했다(Пак Чон Хё 1997, 163).

이에 러시아는 여순항의 태평양 함대 사령부를 지원하기 위해 발틱해에서 태평양 제2함대와 제3전투함대를 구성해 보냈으나, 영·일동맹의 한 축인 영국이 러시아 함대의 수에즈 운하 통과를 방해하자 아프리카 남단으로 우회할 수밖에 없었고, 도착할 무렵인 1905년 1월 2일 이미 여순항이 함락되어 이들

---

2 미국의 경제적 원조도 일본의 승전에 중요한 역할을 했다. 다카하시 요이치(2018), p.115.

함대들은 블라디보스토크로 갈 수밖에 없었다.

그러자 일본은 이들 함대가 블라디보스토크로 가는 길목에 있는 독도의 전략적 중요성을 간파하고, 이들 함대의 항로를 감시할 망루를 건설하고, 빠른 해저 통신망을 설치하기 위해 1905년 2월 22일 서둘러 독도를 시마네현에 편입시켰던 것이다.

1905년 1월 여순항이 함락 당하자, 태평양 제2함대 사령관 로제스트벤스키(З.П. Рожественский) 해군중장은 태평양 제3함대까지 통솔하고 블라디보스토크로 향했다. 전함, 철갑순양함, 순양함, 어뢰정을 비롯해 병원선 2척, 수송선 6척[까레야(Корея)라고 하는 석탄수송선도 포함]을 포함해 총 38척으로 구성된 러시아 함대는 1905년 5월 27일 대한해협에 진입했다.

오래전부터 마산에서 러시아 함대의 동태를 수시로 보도 받던 도고(東鄕) 일본 해군제독은 러시아 함대가 남해에 출현했다는 무전을 받고 러시아 함대보다 3배나 많은 상선까지 포함된 총 121척의 함대를 동원하여 대마도 해역에서 그 동안 은밀히 추적해 온 러시아 태평양 제2, 3함대(일본은 '발틱함대'라 호칭)를 거의 전멸시켰다. 이 대마도 낮의 해전에서 로제스트벤스키 사령관이 승선한 사령선 '수보로프 공작(Князь Суворов)'호를 포함한 전함 4척이 침몰했고, 로제스트벤스키 사령관은 구출되었으나 중상을 입어 러시아 함대는 통제력을 상실했다. 저녁 때까지 계속된 이 해전에서 러시아는 전함 8척, 장갑순양함 1척, 해안 방어용 장갑 순양함 1척, 순양함 4척, 보조순양함 1척, 어뢰정 5척, 수 척의 수송선을 상실했다. 19시경 로제스트벤스키 사령관은 제3함대 사령관 네바가토프(Н.И. Небогатов) 해군소장에게 지휘권을 인계하면서 블라디보스토크로 계속 항진하라고 지시했다.

다음날인 5월 28일 독도 앞 해상에서 일본 해군 함정에 의해 겹겹이 포위되자, 러시아 함대의 지휘권을 인수 받은 제3함대 사령관 네바가토프는 마침내 항복했다. 뒤따르던 로제스트벤스키가 승선한 어뢰정도 항복하고 말았다(*Советсая военная энциклопедия* 1980, 437-438).

1905년 9월 5일 시어도어 루스벨트(Theodore Roosevelt. Jr) 미국 대통령의 중재로 미국 뉴햄프셔 주에 있는 군항 도시 포츠머스에서 일본의 전권외상 고무라 주타로(小村壽太郎)와 러시아의 재무장관 세르게이 비테(Сергéй Юльевич Витте) 간에 포츠머스강화조약(Treaty of Portsmouth)이 체결되었다. 포츠머스강화조약의 내용(Tyler 1905, 564-568) 중 환동해와 관련된 조항은 제2, 9, 6조이다.

제2조, 러시아 제국은 일본 제국이 조선에서 우월적인 정치적, 군사적, 경제적 이익을 가지고 있음을 인정하면서 일본 제국 정부가 조선에서 필요하다고 생각하는 지침, 보호 및 통제 조치를 방해하거나 간섭하지 않는다. 조선에 있는 러시아 시민은 다른 외국의 시민과 똑같은 방식으로 취급되어야 한다. 즉, 그들은 최혜국 국가의 국민과 같은 조건에 놓여질 것이다. 또한 오해의 원인을 피하기 위해 양국 고위급 당국자는 조러 간 국경에서 러시아와 조선의 영토 안보를 위협할 수 있는 군사 조치를 삼갈 것을 동의한다(조선의 동해안에 대한 우월적 지위 확보).[3]

제9조 러시아 제국 정부는 일본 제국 정부에 사할린섬의 남부와 인접한 모든 섬들과 그곳의 공공시설과 재산을 영원히 양도한다. 양도된 영토의 북쪽 경계는 북위 50°로 한다. 그러한 영역의 정확한 정렬은 이 조약에 부속된 추가 2조의 규정에 따라 결정되어야 한다. 일본과 러시아는 사할린 섬이나 인접한

---

3 ARTICLE II. The Imperial Russian Government, acknowledging that Japan possesses in Korea paramount political, military and economical interests engages neither to obstruct nor interfere with measures for guidance, protection and control which the Imperial Government of Japan may find necessary to take in Korea. It is understood that Russian subjects in Korea shall be treated in exactly the same manner as the subjects and citizens of other foreign Powers; that is to say, they shall be placed on the same footing as the subjects and citizens of the most favored nation. It is also agreed that, in order to avoid causes of misunderstanding, the two high contracting parties will abstain on the Russian-Korean frontier from taking any military measure which may menace the security of Russian or Korean territory.

섬의 각각의 소유지에서 요새화 또는 이와 유사한 군사시설을 건설하지 않기로 상호 합의한다. 그들은 또한 라페루즈 해협과 타타르 해협의 자유 항해를 방해할 수 있는 군사 조치를 취하지 않는다(북위 50°를 경계로 사할린 남부와 인접 섬을 식민지로 확보).[4]

제11조 러시아는 일본해, 오호츠크해 및 베링해에서 러시아 소유의 해안을 따라 일본인에게 어업권을 부여하기 위해 일본과 협상한다. 전술한 협상은 이미 해당 지역의 러시아 또는 외국 시민에게 속한 권리에는 영향을 미치지 않는다는 데 동의한다(러시아 해역에서의 어업권 확보).[5]

이로써 일본은 환동해의 패권 또는 제해권(Control or Command Of The Sea, 制海權)을 장악해 한반도 동해안에서의 우월적 지위는 물론 사할린 남부를 식민지로 확보하고, 러시아 극동 연해주 연안의 어업권까지 확보했다.

2) 테프트-카츠라 밀약(1905)과 일본의 북방 식민정책

19세기 후반과 20세기 초반에 다양한 서구 열강들이 동아시아에 대한 영향력, 무역 및 영토 획득에 적극적으로 참가하였고, 일본도 '탈아시아론'으로

---

4 ARTICLE IX. The Imperial Russian Government cedes to the Imperial Government of Japan in perpetuity and full sovereignty the southern portion of the Island of Saghalin and all the islands adjacent thereto and the public works and properties thereon. The fiftieth degree of north latitude is adopted as the northern boundary of the ceded territory. The exact alignment of such territory shall be determined in accordance with the provisions of the additional article II annexed to this treaty···. Japan and Russia mutually agree not to construct in their respective possessions on the Island of Saghalin or the adjacent islands any fortification or other similar military works. They also respectively engage not to take any military measures which may impede the free navigation of the Strait of La Perouse and the Strait of Tartary.

5 ARTICLE XI. Russia engages to arrange with Japan for granting to Japanese subjects rights of fishery along the coasts of the Russian possession in the Japan, Okhotsk and Bering Seas···. It is agreed that the foregoing engagement shall not affect rights already belonging to Russian or foreign subjects in those regions.

이 근대 식민지 세력에 동참했다. 새롭게 근대화된 메이지(明治) 정부는 중국의 영향권 하에 있는 조선으로 향했다. 일본은 조선을 청과 분리시킨 후 일본의 안보와 국익을 위해 조선을 일본의 위성국으로 만들려고 했다(Duus 1995).

메이지 유신 이후인 1876년 1월 일본은 미국에게 당한 그대로 전함 외교[6]를 구사하여 조선이 일본 시민에게 치외법권을 부여하고 일본과의 무역을 위해 3개의 항구(부산, 인천, 원산)를 개방하는 강화도조약을 체결하게 했다. 이 불평등조약에 따라 일본에 부여된 권리는 페리 제독의 일본 방문 이후 일본이 서구 열강에 부여한 권리와 유사하다. 이후 일본의 조선 내정 참여는 1890년대 정치적 혼란의 시기에 더욱 증가했다.

1905년 5월 28일 동해해전에서 러시아 발틱함대의 항복을 받아낸 일본은 포츠머스강화조약을 체결하기 전에 미국과 비밀협정을 맺었다. 소위 말하는 미국 육군장관 테프트(William Howard Taft)와 일본 수상 카츠라(Katsura Tarō) 간의 '비밀각서(Taft-Katsura Memoradoum, 1905.7.27.)'가 그것이다. 이 두 사람은 세 가지 쟁점에 대해 논의했고 합의했다(Esthus 1959, 46-51).

첫째, 그에 따르면, 일본의 외교정책의 근본 원리를 형성했으며 일본, 미국, 영국 간의 호혜적 이해에 의해 가장 잘 수행되었다는 동아시아의 평화에 대한 카츠라의 견해였다.

두 번째 이슈는 필리핀에 관한 것이었다. 이 문제에 대해 태프트는 필리핀이 미국과 같은 강하고 우호적인 국가에 의해 통치되는 것이 일본의 최대 이익임을 주장했다. 카츠라는 일본은 필리핀에 대해 어떤 공격적인 계획도 가지고

---

6 당시 미국은 일본 근해를 포함하여 캄차트까와 연해주 여러 해역에 걸쳐 수백 척의 포경선을 운영하고 있었기 때문에 이들 포경선들의 수리와 식료품 조달을 위해 일본의 개항이 절대적으로 필요했다. 따라서 1837년과 1846년 두 차례 개항을 요구했으나 번번이 거절당했고, 1852년 3월 제13대 미국 대통령 밀러드 필모어는 다시 페리(Mathew G. Perry) 제독에게 명령하여 10척의 전함과 2,000여 명의 병사를 보내 일본의 무력 개방을 계획했다.

있지 않다고 주장했다.

　마지막으로, 한국(조선)에 관해, 카츠라는 조선에 대한 일본의 식민지화는 조선이 이제 막 끝낸 러일전쟁의 직접적인 원인이라고 생각했기 때문에 절대적으로 중요하다고 주장했다. 카츠라는 조선 문제의 포괄적인 해결책은 전쟁의 논리적인 결과라고 주장했다. 카츠라는 또한 조선은 혼자 남겨두면 다른 열강들과의 협정이나 조약을 조속히 계속 추진할 것이며, 이것은 카츠라에 의하면 근본적인 문제를 야기할 수 있었다. 따라서 카츠라는 조선이 일본을 다른 대외 전쟁으로 강제할 수 있는 조건을 다시 만들지 못하도록 조치를 취해야 한다고 주장했다.

〈표 1〉 근대기 미국의 동아시아정책

	중국	일본	조선
시작	망하조약 (望廈條約, 1844)	가나가와조약 (神奈川條約, 1853)	제너럴셔먼호사건(1866) 조미통상조약(1882)
주목적	통상관계	태평양 고래잡이에 편의 제공	별다른 중요성 없었음
우선순위	① 대중국정책은 대일본정책에 우선한다	② 대일본정책은 대조선정책에 우선한다	③ 대조선정책은 대일본정책에 따른다.
인식	잠재적인 거대시장(대국)	중국 진출의 디딤돌	일본의 한반도 종주권 인정, 중국과 일본 사이의 완충지대

　결국, 미국은 동아시아에 대한 미국 외교정책의 기본적인 구도에 따라(〈표 1〉 참조), 일본의 조선에 대한 종주권을 인정하고 일본은 미국의 필리핀 지배를 인정하는 태프트-카츠라 밀약을 맺음으로써, 일본의 대외팽창 방향을 대륙 쪽으로 유도해서 태평양에서의 미국의 지배권을 굳히고, 중국의 다가올 위협을 일본을 이용해서 막고, 러시아의 극동 내지는 태평양으로의 진출도 억제하는 일석삼조의 효과를 거두었다. 결국, 태프트-카츠라 밀약은 1908년 루트-다카히라 협약으로 재확인되었고, 1910년 한일합방으로 이어졌다.

　이로써, 일본의 대외팽창의 방향은 북쪽으로 정해졌고(북방정책), 조선을 발

판으로 한 만주 침략과 동해에서의 러시아 극동, 사할린(가라후토) 및 쿠릴열
도에서의 일본의 식민지 야욕을 확장시켜 나갔다.

2. 니가타현의 블라디보스토크와 가라후토 조사(1907)

1) 블라디보스토크와 가라후토: 일본의 동해 연안 지역과의 관계

니가타현은 일찍이 동해 연안 지역을 하나의 상업적 지리적 틀로써 주목했
고, 조사단을 파견하여 가라후토[7]와 블라디보스토크 경제의 차이점과 유사점
을 통해 가라후토(사할린 남부)의 경제적 중요성을 확인했다. 사할린은 극동
연해주의 일부가 아니라 러시아의 행정권하에 있는 다른 지역과 구별되는 극
동의 섬으로서 많은 일본인 연구자들에 의해 지리적으로 가까운 일본 북동부
지역인 홋카이도와 연결되는 것으로 간주되었다(竹野学 2008, 155-185). 이 지
역에서 일본과 러시아의 관계는 주로 어업과 임업에 중점을 두고 있었다.[8] 가
라후토는 처음에는 주로 수산업이 중심이었고, 일본인들도 19세기 초반부터
가라후토를 이용했다. 러시아로부터 양도받은 지 10년이 지난 1915년까지 가
라후토 수입의 60% 이상이 어업이었다. 그러나 어업의 비중은 점차적으로 자
회사인 오지 제지(Oji Paper)를 통해 최대지분을 가지고 있던 미쓰이(Mitsui)
그룹과 같은 일본 대기업들에 의해 운영되던 임업 및 펄프 생산에 의해 추월당

---

7 남부 사할린의 가라후토 청(Karafuto Prefecture, 樺太府)은 1905년부터 1945년까지 사할린
  남부의 일본 영토를 관장하는 일본의 행정구역이었다. 1905년 포츠머스강화조약을 통해
  사할린섬의 50°N 이남 부분이 일본의 식민지가 되었다. 1907년에 가라후토현이 설립되었고,
  수도는 1905년 오오마리(大泊, 현재 코르사코프)에서 1907년 토요하라(현 유즈노사할린스
  크)로 옮겼다. 1945년 제2차 세계대전에서 일본의 패망과 함께 가라후토는 소비에트 군대에
  의해 점령당했고, 법인으로서 가라후토 청은 1949년 6월 1일 정식으로 폐지되었다. 1951년
  이래로 사할린 남부는 소련(현재 러시아)의 사할린주(Sakhalin Oblast)에 속해 있다.
8 최근에는 三木理史(2012), 中山大将(2014) 등 가라후토에 관한 몇몇 단행본들이 나왔다.

했다. 미쓰이는 또한 가라후토의 석탄 광산을 지배했다. 1930년 이전까지 석탄 광산 개발은 열악한 수송시설에 의해 제약을 받았다. 또한, 가라후토는 일본이 여전히 러시아의 소유로 있는 사할린 북부의 유전에 접근하는 수단이기도 했다. 초기 알렉산드로프스크(Alexandrovsk)에서의 러시아 백군 정부와의 협상, 나중에는 소비에트 정부와의 협상에서 미쓰비시(Mitsubishi) 및 쿠하라(Kuhara) 그룹을 포함하는 일본의 컨소시엄이 몇몇 사할린 유정의 개발권을 획득했다. 1920년부터 1925년까지 일본은 이 유정들에서 일본 국내 소비의 12%에 해당하는 일 년에 약 10만 톤의 원유를 가져갔다(Beasley 1991, 154-155). 또한 가라후토는 홋카이도와 관련되어 있을 뿐만 아니라 일본 역사의 상당 부분을 통해 동해의 각 현과 공동으로 일했다. 그러나 가라후토와 일본의 동해 쪽 각 현과의 관계에 관심을 가진 일본 및 한국의 연구자는 거의 없다. 비록 노조에・타무라(野添憲治・田村憲一 1977; 1978)가 아키타현의 수산업과 임업에 대해 조사한 몇몇 문서 중 하나를 언급했지만, 본 논문은 니가타현에 초점을 맞출 것이다. 니가타현은 1907년 통상의 목적으로 블라디보스토크뿐만 아니라 가라후토를 조사할 팀을 파견했으며, 1907년『블라디보스토크와 가라후토 사업 조사보고서』를 편집했다(〈표 2〉 참조). 이 보고서는 니가타현의 정치 및 사업 엘리트들이 러일전쟁(1904-1905) 후에 가라후토와의 통상 연결을 고려했다는 사실을 보여주는 몇 가지 문서 중 하나이다. 비록 니가타현은 러시아의 연해주와 관계를 맺고 있었지만, 가라후토나 사할린과는 거의 관계가 없었다. 이 보고서는 또한 니가타현과 가라후토 간의 무역에 관한 일본의 귀중한 기록 중 하나이다. 본 연구는 니가타현 정부의 시각에서 블라디보스토크와 가라후토(Karafuto)의 차이점을 고려하여 전술한 주제를 확인한다.

〈표 2〉 1907년 니가타 상공회의소의 보고서 내용

블라디보스토크		남부 사할린	
내용	페이지	내용	페이지
개발	1	개발	179
기후	18	지리적 특성	187
위치	20	기후	191
항구	22	교통	192
도시화 지역	23	어업	200
교통	29	경작지	220
일본인 거주자	50	광업	233
어업	55	농업	245
광업	72	가축사육	251
농업	77	임업	253
가축사육	83	상업	260
임업	86	금융	268
상업	89	도시화 지역	270
금융	158	보건	277
보건	177		

新潟商工会議所編(1907)

한편, 무라비요프 반도 말단의 군항 도시였던 블라디보스토크는 동해에 면해 있었기 때문에 19세기 이후 일본의 여러 지역과 관계를 맺어 왔다. 특히 규슈 지역, 호쿠리쿠 지역, 니가타현과 깊은 상업적 유대관계를 맺어 왔다. 블라디보스토크는 원래 청 왕조(1644-1912)의 영토였지만 러시아 제국(1721-1917)은 1860년(북경조약에 의해) 그것을 병합했다.

2) 메이지 시대(1868-1912) 니가타현의 조사팀

(1) 니가타현의 경제 상황

니가타는 봉건시대의 물적 유통기지였지만, 메이지 정부가 일본열도의 태평양 지역에서만 철도망을 건설했기 때문에 일본의 경제적으로 미개발된 지역을 의미하는 '우라 니혼(裏日本, Ura-Nihon)'의 일부로 취급되었다(阿部 恒久 1997). 니가타현은 일본에서 1886년에 도쿄현 다음으로 일본에서 인구가 가장 많은 지역이었지만, 1901년에는 3위로 하락했다. 니가타현에서 홋카이도로 이주하는 인구가 일본에서 가장 많았으며, 이것은 1900년경의 지역인구의 순 유출을 야기했다(MIKI 2016, 81).

　일본 중부의 동해 측 호쿠리쿠 지방에 위치한 니가타항은 해외로의 무역을 빠르게 시작했다(橋本 哲哉 1990, 93-120). 미쓰비시 그룹(Mitsubishi Group)과 협조하여 활동한 니가타 종합상사(Niigata Bussan Kaisha)는 1879년에 블라디보스토크와 교역을 시작했지만, 그 양이 지리적으로 너무 제한적이었기 때문에 러시아 측의 어떤 관심도 끌지 못했다. 니가타 상공회의소는 대략 1881년에 설립되어, 도시에 항구를 건설하기 시작했다. 그러나 일본 정부는 메이지 시대(1868-1912)에 대형선박이 시나노강 어귀에 입항하기가 어려웠기 때문에 니가타항을 처음으로 국가정책의 일환으로 건설할 계획을 세웠다(新潟商工会議所 編 1906, 4). 그러나 정부는 니가타항만의 건설을 조사만 하고 건설하지 않았다.

　1880년대 후반에 연어와 송어 어업이 시작됨에 따라 일본과 러시아 간의 무역 관계가 진전되었다. 오이에 쇼엔(Oie Shosen)은 1896년 일본 정부의 보조금으로 니가타(Niigata), 하코다테(Hakodate), 오타루(Otaru), 가라후토(Karafuto) 및 블라디보스토크(Vladivostok) 사이에 정기선을 건조 및 운영했다(新潟県編 1988, 573-574). 1904년경 니가타항에서 나오는 무역의 대부분은 수산물과 어업 장비와 관련이 있었다. 특히 상인들은 연해주보다 연어와 송어를 구입할 수 있는 더 좋은 장소인 가라후토에 초점을 맞추었고, 가라후토로부터 이들 생선의 수입은 급속하게 증가했다(MIKI 2016, 81).

　일본과 러시아 극동 간의 무역 수지가 일반적으로 1897년에 균형을 이루었지만, 일본의 수입은 20세기에 처음으로 북부 해역의 어획량의 증가로 인해 수출을 초과했다. 그 이유는 석유 및 수산물 수입이 증가했기 때문이다. 특히 쌀의 양은 감소하고 있었다. 러일전쟁 이후 과일과 석탄의 수출량이 증가했다. 감귤류를 다룬 미야즈항(교토부)과 쓰루가항(후쿠이현), 서양 의복을 다루는 쓰루가항, 석탄, 사과, 맥주를 다루는 오타루항은 이들 항구들을 통과하는 상품의 금액의 관점에서 아주 상위에 랭크되어 있었다. 그러나 낮은 순위에 있던 니가타항은 수입 초과 이후 북부 해역의 수산업 증가로 인한 수산물을 제외하고는 수익성이 떨어졌다(MIKI 2016, 81).

제정(짜르) 러시아는 블라디보스토크항에서 자유무역 체제를 폐지하고, 중국 대련항에 중점을 두기 시작했다. 러시아는 1909년 블라디보스토크항을 폐쇄하기로 결정했다. 유럽 러시아로부터 일본으로의 수출이 증가했기 때문에 일본과 러시아 간의 교역량은 유지되었다. 태평양 지역의 고베항과 요코하마항은 많은 섬유를 수출했지만, 일부 야채와 과일을 수출한 동해의 항들은 이익이 있었다(MIKI 2016, 81).

(2) 니가타 직업 조사팀의 조사 목적

니가타시와 사도섬(니가타현)의 자본가들에 의해 1885년 5월에 설립된 에츠사 기센(Etsusa Kisen)은 니가타와 사도섬의 료쓰 사이 그리고 료쓰와 하코다테 사이의 노선을 개설했다. 에츠사 기센이 일부 노선을 확장하고, 니가타항을 기지로 만든 이후, 이 회사는 그 당시 일본의 5대 대형 해운회사 중 하나가 되었다(橘正隆編 1947).

그러나 니가타의 무역 파트너들은 니가타항만 무역의 대부분이 수산물과 어로장비로 이루어져 있었기 때문에 블라디보스토크에만 국한되어 있었다. 니가타항이 더욱 발전됨에 따라 블라디보스토크로의 직항이 결정되었다. 니가타항의 교역(수출과 수입)의 대부분은 부패하기 쉬운 음식물로 구성되었기 때문에 블라디보스토크로의 항로는 크루즈가 아니라 직항이 되었다.

1907년 니가타현 의회는 블라디보스토크로의 직항을 운영하는 모든 운영자에게 보상을 하기로 결정했다.[9] 에츠사 기센(Etsusa Kisen)은 니가타항을 개발하기를 희망했기 때문에 매년 4월부터 10월까지 블라디보스토크 행 / 발 4차례 운항을 시작했다. 그 결과, 니가타현 상업학교의 학생들이 블라디보스토크 소풍 여행을 하면서 '블라디보스토크 붐(Bradivostok Boom)'이 일어났고, 니가타현에서는 무역회사와 러시아 영사관이 설립되었다. 그러나 니가타현 직원은 의회 구성원 중 일부가 이런 항해에 반대했기 때문에 이를 반박할 필요가 있었고 따라서 보고서를 출판했다.

오사카 쇼엔(Osaka Shosen)은 동해 주변의 크루즈를 실시했고, 오이에 쇼엔(Oie Shosen)은 정부 보조금 덕분에 쓰루가와 블라디보스토크 간 직항을 개설했다. 그러나 에츠사 기센(Etsusa Kisen)은 블라디보스토크로의 직항 노선을 운영하기가 어려웠다. 현으로부터의 보조금 중단으로 1913년 에츠사 기선이 이 항해를 중단한 후, 니가타와 블라디보스토크 간의 직항은 1926년 직전에 복원되었다(MIKI 2016, 82).

(3) 직업 조사의 여정과 내용

니가타현 직업 조사단은 1907년 7월 16일 니가타항에서 블라디보스토크로의 항해를 시작했고, 24일까지 그곳에 머물렀다. 직업 조사팀은 가라후토에 먼저 가려고 계획했지만, 항해 계획을 변경하여 오리가 만(Origa Bay)으로 갔다. 많은 팀원들은 거기에서 어업을 조사하기를 원했다. 팀은 26일 저녁 오리가 만에서 출발하여 28일 새벽 오타루에 도착했고, 29일 출발, 31일 코르사코프항에 도착한 후, 8월 1일 오토마리로 이동했다.

---

9 일본은 조선에 일본 통감부가 설치된 1905년 9월 11일 시모노세키항에서 관부연락선 이키마루(壹岐丸)를 출항시킨다. 이 정기연락선의 개통은 식민지 조선과 종주국 일본 간에 본격적으로 착취와 약탈을 위한 혈맥을 통하게 하는 의미가 있다. 주강현(2005), pp.233-236.

〈그림 1〉 1907년 니가타현 직업 조사팀의 이동 경로

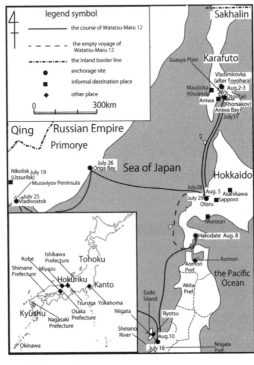

MIKI(2016, 83)

　그들은 오토마리(Otomari)의 상점에서 니가타현의 일부 제품을 발견했다. 그러나 이 제품들은 오토마리와 많은 일본인이 이주한 스즈야 평원의 블라디미로프카(Vladimirovka)까지 운송하기가 어려웠다. 왜냐하면, 니가타에서 가라후토까지의 당시 유통경로가 동해 쪽의 오타루를 통해 연결되었기 때문이다. 그들은 블라디미로프카에 살고 있는 니가타 출신 사람들로부터 환영을 받았다. 많은 사람들이 니가타에서 홋카이도로 이주했고, 그들 중 얼마간은 홋카이도에서 가라후토로 이주했다. 니가타 출신 이민자들은 블라디보스토크보다 가라후토에 더 많이 살고 있었다. 그러나 니가타의 제품은 블라디미로프카와 마오카(Maoka) 사이의 도로가 아직 공사 중이었기 때문에 오타루에서

집하 / 배분되어 운송하기가 어려웠다. 조사팀이 오토마리와 블라디미로프카를 본 후, 8월 3일에 출발하여 오타루와 하코다테를 경유하여 10일 니가타에 도착했다.

(4) 조사팀 보고서에 나타난 가라후토의 산업 개요

1907년 니가타 상공회의소의 보고서(新潟商工会議所編 1907)에 따르면, 1920년경 가라후토 지역 일본인 인구는 약 48,000명이었고, 블라디보스토크의 일본인 대부분은 규슈 출신이었다. 그러나 니가타현 출신의 이민자는 25명에 불과했다. 더 적은 수의 이민자를 보낸 현은 이시카와, 시마네, 아오모리뿐이었다.

1901년 블라디보스토크의 일본인은 약 3만 7000명이었지만, 블라디미노프카에서는 약 1,000명에 불과했다. 가라후토의 대부분의 일본인 거주민들은 러일전쟁 전에 일본의 동북지방과 홋카이도에서 온 어부들이었다. 특히, 홋카이도에서 이주한 사람의 약 60%가 니가타현 출신이었다(MIKI 2016, 82).

① 농업

이 보고서에 따르면, 블라디보스토크 교외에서는 농업에 심각한 관심을 기울이지 않았다고 지적했다. 가라후토는 홋카이도와 거의 같은 수준의 개간지(reclamation areas)를 가지고 있었지만, 홋카이도와 러시아 극동보다 토지 소유권에 관한 규정이 훨씬 엄격했다. 블라디보스토크와 가라후토는 모두 농업(재배) 목적으로 니가타에서 이주하기에는 빈약한 곳으로 여겨졌다(MIKI 2016, 83).

② 어업

니가타현 출신의 일본 개척자들은 블라디보스토크에서 수산업에 종사했다. 그들은 또한 18세기 후반 어업원정 이후에 어장이 개설된 가라후토의 해안까지 갔다. 더 숙련된 많은 일본인 어부들이 러시아 극동의 해안으로 몰려들었을 때, 러시아 정부는 이들 어장을 폐쇄해야 한다고 느꼈다. 가라후토 주변의 어장은 일본 영토이기 때문에 여전히 개방되어 있었지만, 니가타현은 그것들을 조사할 필요가 있다고 느꼈다. 조사팀이 오리가만을 방문한 목적은 어업규정에 대한 정보를 수집하는 것이었다(MIKI 2016, 83).

③ 상업

스기우라 상점(상업회사)과 같은 일본 기업과 마쓰다 은행[10]은 블라디보스토크에서 매우 번영했지만, 도시는 예상외로 일본과 가까운 거리임에도 불구하고 니가타현에 비해 일본 상인이 거의 없었다. 보고서에 따르면, 니가타현에서 블라디보스토크로 수출되는 가장 선호되는 제품은 쌀, 간장, 배였다(MIKI 2016, 83).

블라디보스토크로 들여오는 쌀의 대부분은 한국과 규슈 산이었지만 니가타현으로부터의 쌀에 대한 수요는 일본인 거주민이 그것을 선호했기 때문에 증가했다. 그러나 니가타현 출신의 상인들은 1901년에 관세제도로 인해 쌀 수출을 중단했다. 그 후 그들은 탈곡하지 않은 쌀을 수출하고, 시장을 넓히려고 노력했다. 대부분의 간장은 처음에는 나가사키현 산이었지만, 니가타에서 블라디보스토크로의 정기 항로가 시작된 후 좋은 품질과 저렴한 가격으로 인해 니가타현산 간장이 인기를 끌었다. 니가타와 블라디보스토크 사이의 대부분의 무역이 식량과 관련이 있었기 때문에 직접적인 정기 항해로 빠른 수송을 제공해야 했다(MIKI 2016, 83-84).

가라후토에는 상인이 거의 없었다. 일본산 제품으로 대부분 간장이 팔렸다. 오타루 제품은 간장의 60%를 차지하고, 나머지는 간토 지방과 니가타현 간의 경쟁에 있었다. 오타루는 정기적인 항해로 간장을 더 잘 순환시켰기 때문에

---

10 일본 상인들은 러일전쟁 이전에도 블라디보스토크에서 회사를 운영했다. 原 暉之(1998), pp.261-263.

니가타현은 이러한 항해가 필요하다고 생각했다. 블라디보스토크와 가라후토 지역에는 간장뿐만 아니라 염색과 직조 상인이 있었기 때문에 니가타현이 그랬던 것처럼 동해를 가로질러 교역을 발전시키기 위한 정기적인 항해를 양측 모두 기대했을 것이다(MIKI 2016, 84).

(5) 니가타현과 환동해 지역

니가타 상공회의소는 러일전쟁 이후 1906년 『홋카이도 경제 조사보고서(北海道視察報告)』(新潟商工会議所編 1906), 1907년 『블라디보스토크와 가라후토 경제 조사보고서(ウラ港樺太視察報告)』(新潟商工会議所編 1907), 1911년 『한국과 블라디보스토크의 경제 조사보고서(朝鮮視察報告 - 附ウラジオストク港)』(新潟商工会議所編, 1911)를 편집했다.

〈그림 2〉 1910년경 일본의 지역적 구조

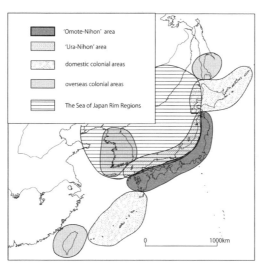

MIKI(2016, 85)

블라디보스토크와 가라후토 조사팀의 파견 목적은 블라디보스토크의 상인 뿐만 아니라 1907년 일본의 권리가 확정되지 않은 러시아 극동 지역의 어업을 관찰하는 것이었다. 가라후토는 일본 제국 영토의 일부로 편성되었기 때문에 조사팀은 어업권을 관찰할 필요가 없었다. 상인들을 조사한 주요 목적은 간장의 광역 유통과 염색 및 직조 사업을 점검하는 것이었다. 에츠사 기센이 해운사로서 니가타항에서 동해의 블라디보스토크 또는 가라후토까지 항해하는 직항노선을 설립했었다면, 니가타현은 무역을 더욱 확대했을 것이다.

아베(阿部 恒久, 1997)는 일본이 태평양 지역의 경제적으로 발전된 부분인 '오모토–니혼(Omote-Nihon)'과 동해 연안의 미개발 지역인 '우라 니혼(Ura-Nihon)' 그리고 및 국내 식민 지역인 홋카이도와 오키나와 및 해외 식민지(1910년 이후 조선, 1905년 이후 가라후토)로 구성되어 있다고 간주했다(〈그림 2〉 참조). 본 논문은 니가타현이 1907년에 환동해의 거대한 시장에 접근할 목적으로 조사팀을 파견했다는 것을 확인했다. 니가타현이 제안한 '동해 연안'의 지역적 틀은 일본열도 주변에 식민지가 수립된 일본 제국의 지역적 틀과 유사하다. 따라서, 러일전쟁 이후 니가타현의 '동해 연안 지역'의 지역적 틀은, 일본인 학자도 주장하듯이(三木理史 2012), '환동해 일본 소제국주의'라고 부를 수 있다.

3. 일본의 남방 식민정책과 일본 제국주의의 구도

일본 식민지 제국[11]은 1895년부터 서태평양과 동아시아 지역에서 일본 제국

11 일본 제국주의의 해외 식민지 확장은 크게 청일전쟁과 러일전쟁을 분수령으로 하는 메이지 시기(Meiji era, 1868-1912), 제1차 세계대전, 중일전쟁, 소련과의 충돌을 중심으로 전개되는 다이쇼 시기(Taishō era, 1912-1941), 그리고 태평양전쟁 시기(Pacific War, 1941-1945)로 나눠 볼 수 있다.

에 의해 설립된 해외 식민지로 구성되었다(Peattie 1988, 217). 청일전쟁과 러일
전쟁에서의 승리로 대만과 조선 등에 대한 일본의 영향력이 확대되었고, 사할
린 남부는 1905년 가라후토(Karafuto) 현으로 개편되어 일본 제국의 일부가 되
었다.

〈그림 3〉 일본의 해외 식민지 팽창(1875-1942)

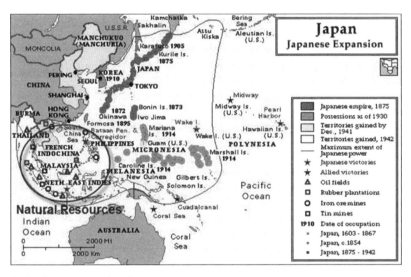

Grolier Interactive Inc.(1996)

1895년 이전 일본이 취득한 최초의 해외 영토는 일본열도 주변 바다의 섬들
이었다. 1870년대와 1880년대 일본은 본토에 대한 통제권을 강화함과 동시에
난포(Nanpō), 류큐(Ryukyu), 그리고 쿠릴(Kurile) 열도에 대한 통제권을 확립하
였다(Peattie 1988, 224). 1865년 7월 6일 창간된 미국에서 가장 오래된 주간지
중 하나인 The Nation은 만주로 팽창해야만 하는 일제 식민지주의의 당시의
여건을 잘 묘사했다. "이렇게 개선되고 있는 상황에서 모든 사람들이 기뻐해야
하지만, 옛날의 조혼 풍습은 일본 정치인들에게 여러 가지 문제를 야기했다.
현재의 인구 증가율은 금세기 중반 전까지 수억 명의 인구를 양산할 것이다.

546

타국으로의 진출이 실질적으로 차단당하고, 포모사(대만)의 대부분이 이미 점령되었기 때문에 일본은 자연스럽게 조선과 만주를 바라볼 것이다. 그러나 이들 지역들 중 조선은 그 제한된 면적과 현재 인구 때문에 부분적인 안도감만 제공할 것이다. 그러나 만주 북부 지역은 인디언들이 자유롭게 활보하던 때의 미시시피 계곡의 대초원과 마찬가지로 많은 지역이 여전히 자연 상태로 존재한다."(*The Nation* 1902 / January-June, 187)

한편, 1895년과 1945년 사이 펑후(澎湖) 열도(the Pescadores)를 포함하는 대만은 청일전쟁에서 패한 청국이 시모노세키조약에서 대만성을 일본에 양도한 후 일본 제국의 속국(a dependency)이었다. 단명한 포모사저항정부(the Republic of Formosa resistance movement)는 일본군에 의해 진압되었다. 타이난의 함락으로 일본의 점령에 대한 대만의 조직적인 저항은 끝이 났고, 대만은 50여 년의 일본 통치기로 접어들었다. 대만을 일본 식민지 제국에 합병하고 통합한 것은 19세기 후반의 일본의 '남방정책(Southern Expansion Doctrine)'을 이행하는 첫 단계로 볼 수 있다.

1914년 제1차 세계대전이 발발하자 일본은 독일 제국에 대한 전쟁을 선포하고 거의 저항 없이 서태평양에 있는 독일 식민지(북마리아나군도, 캐롤라인군도 및 마샬군도)를 재빨리 장악했다. 전쟁이 끝난 후 베르사이유조약은 적도 북쪽의 미크로네시아에 있는 독일 식민지에 대한 일본의 점령을 공식적으로 인정했다. 국제연맹은 난뇨현(南洋庁, Nan'yō Chō)으로 알려진 일본 행정기구에 이들 지역에 대한 위임통치권을 주었고, 남태평양위임통치령 총독의 지위가 만들어졌다.[12] 일본에 대한 남태평양위임통치령의 주요 의의는 태평양을 가로 지르는 해로(sea lanes)를 지배하고 선박에 대한 편리한 보급 기지를 제공

12 국제연맹의 남태평양위임통치령은 1947년 7월 18일 태평양 제도의 신탁통치 지역(the Trust Territory of the Pacific Islands)을 설립한 유엔 신탁통치협정(United Nations trusteeship agreement)에 따라 미국이 이들 섬들의 통치를 책임지는 안보리 결의안 제21호에 의해 공식적으로 폐지되었다. Ponsonby-Fane(1962), pp.346-353.

하는 전략적 위치였다. 일본 제국 해군은 1930년대에 남태평양위임통치 섬들에서 비행장, 요새, 항구 및 기타 군사 프로젝트 건설을 시작하여, 미국에 의한 잠재적인 침략에 대항하여 일본 본토 방어의 핵심적 역할을 하는 '침몰하지 않는 항공모함'으로 간주했다.

내만주(Inner Manchuria)는 러일전쟁(1904-1905)에서의 일본 승전 때까지 러시아의 영향권하에 있었다. 1906년 일본은 여순항(Port Arthur)까지 남만주 철도를 부설했다. 1917년 러시아 볼쉐비키혁명 이후의 혼란으로 일본은 일시적으로 외만주(Outer Manchuria)까지 영향력을 확대할 수 있었지만, 1925년까지 이 지역은 다시 소비에트의 통제로 돌아갔다. 내만주는 중국 군벌 장 쩌오링(張作霖, Zhang Zuolin)의 통제로 들어갔다. 그는 처음에는 일본의 후원을 받았지만, 일본 관동군은 그가 너무 독립적이라고 판단했고, 결국 그는 1928년 암살당했다. 일본은 1931년 만주를 공격했고, 그 구실은 일본 군부에 의해 설계된 만주사변(Mukden Incident or Manchurian Incident)이었다(Duus & Hall 1989, 294; Hunter 1984, 120). 그 후 이 지역은 중국 통제로부터 분리되었고, 일본의 꼭두각시인 만주국이 창설되었다(Yamamuro 2006, 116-117). 중국의 마지막 황제인 푸이(溥儀, Puyi)는 1932년에 국가원수, 2년 후 만주국의 황제로 선포되었다. 1930년대 일본인들은 만주국을 식민지화했다. 일본은 1935년 동중국 철도를 소비에트 연방으로부터 구입했고, 토지는 몰수하여 일본인 농부들에게 재분배했다. 지역 농민들은 재배치되거나 소규모 토지의 집단농장 단위로 강제 이주되었다. 이 기간 동안 만주국은 중국을 침략하는 기지로 사용되었다.[13]

1930년대 초 만주 침략과 함께 일본은 정복 지역에서 꼭두각시 정권 / 국가

---

13 1939년 여름 만주국과 몽골인민공화국 간의 국경 분쟁으로 칼킨 골 전투(Battle of Khalkhin Gol)가 발생했다. 일본에서는 이 무력분쟁의 핵심전투를 몽골과 만주국의 국경에 위치한 마을의 이름을 따서 '노몬한 사건(Nomonhan Incident)'이라 불렀다. 이 전투에서 소련과 몽골 연합군은 만주국 군대에 의해 지원된 일본 관동군을 격파했다.

의 수립과 지원 정책을 채택했다. 이런 형태로 일본은 일본의 영향권 하에 있던 많은 국가를 통제하며 1943년부터 1945년까지 '대동아공영권(the Greater East Asia Coprosperity Sphere)'을 구축했다. 일본 본토에서 멀리 떨어진 영토에 대한 식민지 통제는 1945년 연합군이 일본을 패배시킨 후에 끝났다.

4. 결론: 일본의 환동해 소제국주의

일본(니가타현)은 러일전쟁(1904-1905) 이후 본격적인 조선 침략과 대륙 침략을 염두에 두고 1907년 동해 연안(환동해)의 북동쪽 지역인 러시아 극동의 블라디보스토크와 사할린섬의 남쪽 부분인 가라후토에 조사단을 파견했다. 니가타현이 이 지역에 조사단을 파견한 이유는 앞에서도 살펴보았듯이, 우선은 이 지역의 어업과 상업, 그리고 이후에는 임업, 제지, 광업 및 에너지 산업으로의 진출을 위한 기초조사를 수행하는 것이었다. 기초조사로써 니가타현은 블라디보스토크와 가라후토에서 일본의 간장, 염색 및 제과 제품의 광범위한 유통을 조사 / 기록했다. 일본 상인들은 이 지역에 그들의 상업 네트워크를 발전시킴으로써 니가타항과 블라디보스토크와 가라후토 간 정기적인 직항을 설치하여 일본의 환동해 시장의 일부로 확립했다.

본 논문은 1907년 니가타현이 지방 차원의 중상주의 제국주의정책의 일환으로 환동해 지역, 블라디보스토크와 가라후토에 조사단을 파견했다는 사실을 통해 일본 지방정부 차원의 소제국주의를 확인한다. 중상주의를 추구하던 유럽 제국주의 국가들에 의해 일본이 개항했을 때에도 일본은 왜구의 전통을 이어가는 사적인 소규모 중계무역의 체계를 유지하고 있었지만(주강현 2005, 278-279), 근대화 이후 산업발전으로 면화산업을 중심으로 한 경공업과 철강산업을 중심으로 한 중공업에서의 비약적인 생산량 증가는 해외 식민지 시장의 확보를 통해 일본의 대외무역량을 증가시키는 추세였다(Beasley 1991, 122-141).

이런 중계무역의 전통과 초기 산업화의 물결이 러일전쟁의 승리라는 동력을 추진받아 일본이 본격적인 제국주의정책을 추진하는 동안, 지방정부인 니가타현도 (환동해의) 지역적 관계에 대한 프레임워크를 제안했고, 이렇게 제안된 '동해 연안 지역(the East Sea Rim Regions)'의 구조는 1장과 3장에서 논의된 바와 같이 일본열도 주위에 해외 식민지들이 펼쳐져 있는 일본 식민지 제국의 지역구도와 거의 일치한다.

따라서 본 논문은 러일전쟁 이후 니가타현이 환동해 연안에 구상했던 지역적 상업적 틀을 정치지리적으로 해석하여 '환동해 일본의 쁘띠 제국주의'라 주장한다. 즉, 근대기 일본은 동해에 대해 본토와 (국내 및 국외) 식민지를 연결하는 상호작용의 공간적 매개체로 인식하고 있었다. 그리고 동해 연안 지역은 일본 본토와 상업 / 무역과 경제 및 군사적 관계로 연결된 지역 네트워크를 형성하고 있었고, 일본의 동해 쪽 연안개발은 그런 목표로 개발되었다고 주장한다.

| 참고문헌 |

다카하시 요이치(2018), 『전쟁의 역사를 통해 배우는 지정학』, 김정환 역, 시그마북스.

주강현(2005), 『제국의 바다, 식민의 바다』, 웅진지식하우스.

Beasley, W. G(1991), *Japanese Imperialism, 1894-1945.* New York: Oxford University Press.

Duus, Peter(1995), *The Abacus and the Sword: The Japanese Penetration of Korea, 1895-1910,* Berkeley: University of California Press.

Duus, Peter and Hall, John Whitney(1989), *The Cambridge History of Japan: The twentieth century,* Cambridge: Cambridge University Press.

Esthus, Raymond A.(1959), "The Taft-Katsura Agreement: Reality or Myth?" *Journal of Modern History,* Vol.31 No.1, pp.46-51.

Hunter, Janet(1984), *Concise dictionary of modern Japanese history,* Berkeley: University of California Press.

MIKI, Masafumi (2016), "A Study of Karafuto in the Sea of Japan Rim Regions after the Russo-Japanese War by Considering Reports of the Vocational Inspection Team from Niigata Prefecture, Japan." *Geographical Review of Japan Series B,* Vol.88 No. 2, pp.80-85.

Peattie, Mark R.(1988). "Chapter 5-The Japanese Colonial Empire 1895-1945." *The Cambridge History of Japan,* Vol.6, Cambridge: Cambridge University Press.

Ponsonby-Fane, Richard(1962). *Sovereign and Subject,* London: Ponsonby Memorial Society.

Tyler, Sydney(1905), The Japan-Russia war; an illustrated history of the war in the Far East, the greatest conflict of modern times, Harrisburg: The Minter Company.

Yamamuro, Shin'ichi(2006), *Manchuria under Japanese domination.* Trans. by Fogel, Joshua A. Philadelphia. Pa.: University of Pennsylvania Press.

Пак Чон Хё(1997), *Русско-японская война и Корея (1904-1905).* Москва: восто чная литература РАН.

Министерство обороны СССР, *Советсая военная энциклопедия* (1980) Мос ква: Воениздат.

橋本 哲哉(1990),「戦前期北陸地域を中心とした対岸交流観の検討: シベリア・極東部を対象として.」,『金沢大学経済学部論集』10巻 2号, pp.93-120.

橘正隆編(1947),『佐渡航海史要』, 新潟: 佐渡汽船.

三木理史(2012),『移住型植民地樺太の形成』, 東京: 塙書房.

新潟市(1969),『新潟開港百年史』, 新潟: 新潟市.

新潟県編(1988),『新潟県史(通史編7, 近代2)』, 新潟: 新潟県.

阿部 恒久(1997),『「裏日本」はいかにつくられたか』, 東京: 日本経済評論社.

野添憲治・田村憲一編(1977),『樺太の出稼ぎ』, 林業編, 秋田県: 秋田書房.

野添憲治・田村憲一編(1978),『樺太の出稼ぎ』, 漁業編, 秋田県: 秋田書房.

原 暉之(1998),『ウラジオストク物語: ロシアとアジアが交わる街』. 東京: 三省堂

竹野学(2008),「樺太」『日本植民地研究の現状と課題』, 日本植民地研究会編, 東京: アテネ社, pp.155-185.

中山大将(2014),『亜寒帯植民地樺太の移民社会形成: 周縁的ナショナル・アイデンティティと植民地イデオロギー』, 京都: 京都大学学術出版会.

The Nation. Vol. LXXIV. from January 1 1902 to June 30 1902. New York: New York

　　　Evening Post Company.

新潟商工会議所編(1906),『北海道視察報告』, 新潟商工会議所.

新潟商工会議所編(1907),『ウラ港樺太視察報告』, 新潟商工会議所.

新潟商工会議所編(1911),『朝鮮視察報告-附ウラジオストク港』, 新潟商工会議所.

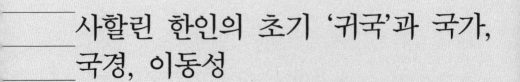

사할린 한인의 초기 '귀국'과 국가, 국경, 이동성

임성숙(林聖淑, Lim Sungsook)

인류학 전공. 현재 한양대학교 문화인류학과 강사, 한림대학교 일본학연구소 HK 연구교수로 재직 중이다. 주요 관심분야는 국민국가와 변경, 국제관계, 시민권, 이동성, 가족과 젠더, 포스트사회주의 문화와 일상생활 등이다.

1. 들어가며

1990년 대한민국과 소비에트사회주의공화국 사이의 국교 수립이라는 역사적 사건은 소련(현재 러시아) 극동지역의 사할린에 사는 한인들이 냉전의 벽을 넘어서는 데에 있어서 결정적인 계기가 되었다. 사할린 한인들은 법적, 정치적 제한 없이 한국으로 입국할 수 있게 되었고, 한국 내 상업적 활동도 가능해졌다.[1] 1990년 직후 이들의 한국으로의 입국이나 '귀국'의 방식은 주로 개인을 중심으로 이루어졌고, 2000년부터는 한일 양국이 지원하는 영주귀국사업을 통해 집단을 위주로 한 체계적인 대규모 귀국이 진행되었다. 이 사업을 통해 1990년부터 현재 2019년까지 4,407명의 사할린 한인이 영주귀국을 했다. 이것은 일견 작은 수로 보이지만, 사할린 한인의 인구 ‒ 35,396명(1970), 34,978명(1979), 35,191명(1989) (진 율리야 2020: 138) ‒ 를 고려하면 결코 작은 수가 아니라고 말할 수 있다.

이렇게 적지 않은 사할린 한인들이 한국에서 살게 되었음에도 불구하고, 실제로 그들이 영주귀국을 현재까지 어떻게 경험해 왔는지에 대해서는 충분히 알려져 있지 않다. 오히려 주요 언론에서는 영주귀국자들의 모습을 단편적으로 전하는 경향이 있다. 그 예로 1990년대 초 일부 사할린 한인들이 한국에 입국했을 때 국내 언론은 '이산가족 상봉'이라는 프레임으로 환영했다. 그렇게 식민지로 인하여 고향을 떠나 해방 후 공산권 소련에서 '억류'되다가 50년 만

---

1 1990년 이전 사할린에서 한국으로 입국한 사람이 없었던 것은 아니다. 1960-1970년대 냉전 시기 입국이 허용된 경우도 있었다 (한혜인 2011 참조). 여기서는 법적인 심사나 특별한 허가가 없이 한인들이 입국할 수 있게 되었던 정치적 변화를 의미한다.

에 고향 땅을 밟을 수 있게 된 것처럼, 기사내용이 신문을 차지했다. 부모, 친지들과 상봉하고 그야말로 눈물바다가 된 순간들이 포착되었다. 반면에 2000년 영주귀국 사업이 본격적으로 진행되고 사업이 확장된 2009년 이후에는 상이하게 언론에 노출되었는데, 사할린 나아가 러시아에 자식을 두고 새로운 '고향'에서 홀로 사는 '불쌍한 노인'들로 묘사되었다.

이렇듯 고향 땅을 밟게 된 영주귀국의 이야기는 크게 만남과 상봉의 감격, 그리고 새로운 이산과 고독이라는 상반되는 이미지로 크게 구분되었다. 그러나 이러한 모습만으로는 사할린 한인들의 영주귀국과 같은 복잡한 경험을 이해하는데 한계를 지닌다. 영주귀국은 해피엔딩도 아니며, 완전한 비극도 아니다. 이러한 전형화된 이분법적인 틀은 사할린 한인들이 처하는 상황에 따른 미묘한 행동이나 사고, 감정의 움직임의 모순을 부정적으로 해석하게 될 위험이 있다.

본 글은 2008년부터 현재까지 사할린과 한국에서 장기간에 걸쳐 실시한 인류학적 현장연구와 사할린 한인의 귀환과 관련한 자료를 바탕으로, 사할린 한인의 영주귀국은 처음부터 일관성 있는 정책이나 사업이 아니었던 점을 밝히고자 한다. 사할린 한인들은 탈식민지와 탈냉전적인 변화가 교차하는 동북아시아 지역에서, 한국과 일본정부의 공동사업으로 시작된 영주귀국사업을 통해 의도하지 않는 형태의 국경을 넘는 이동을 경험하게 되었고, 국경을 넘는 삶의 공간이 새로 형성되었다. 그러나 누가 한국에서 살 수 있는지에 대한 자격은 처음부터 일관성이 있었던 것은 아니었다. 그로 인해 사할린 한인들은 혼란을 겪었다. 본 글에서는 이러한 과정을 살펴봄으로써, 실제 국경을 넘을 때 사람들은 단지 물리적인 장소를 이동하는 것뿐만이 아닌 가족, 젠더와 같은 관계(Massey 1994)와 다양한 사회문화적 상상력을 도모하면서, 이동의 가능성과 불가능성을 경험하는 양상에 대하여 밝히고자 한다.

이와 같은 문제제기를 바탕으로, 본 글에서는 우선 영주귀국이 한일 정부가 지원하는 국가사업이 된 배경에 대하여 간략하게 설명한다. 더불어 1980년대 말부터 1990년대 초 귀국 대상 선별 자격 부여를 두고 둘러싼 사할린 한인들 사이에서 발생한 혼란과 갈등에 대하여 살펴보고자 한다.

2. 냉전 종식의 시작

사할린 한인들이 왜 고향으로 돌아오지 못했는지, 그 책임이 누구(어느 정부) 에 있는지에 대한 실증적 연구는 주로 역사학, 정치학, 법학에서 축척되어 왔다.[2] 특히 1990년대 이후 러시아, 한국, 미국, 일본에서 사할린 한인에 관한 사료에 접근할 수 있게 되었던 환경의 변화는 학문적인 관심에 크게 영향을 미쳤다. 더불어 직접 사할린 한인 당사자들을 만나고 이야기를 들을 수 있게 된 사회정치적 변화와 함께 고조되었다. 이와 같은 기존 연구는 해방 후부터 냉전시대에 이르는 기간 동안에 이루어진 사할린 한인들의 '귀환' '억류,' '기민 '을 둘러싼 정부의 책임과 그 실태의 규명에 크게 기여하였다. 이러한 성과에 더하여 본 글은 조금 더 다른 시대적, 사회적 맥락에서 사할린 한인의 '귀환'과 국경을 넘는 이동성에 주목하고자 한다. 이른바 냉전말기부터 냉전이 끝나는 시기 사할린 한인들의 한국으로의 입국, 방문, 그리고 이주가 국가사업이 되기 시작할 무렵의 상황으로 초점을 둔다.

그 이유는 사할린 한인의 영주귀국 그리고 그로 인한 삶은 지금 현재 진행형 이지만 동시에 이미 역사가 되고 있으며 이를 맥락화 하고 재해석 할 필요가 있기 때문이다. '역사'가 되었다는 것은 결코 '과거의 일'로써 고정시키는 것이 아닌, 영주귀국 자체에도 역사가 있고 변화가 있어 왔다는 점을 시사한다. 실제 로 연구자가 집중적으로 현장조사를 진행했던 2008년 그리고 2009년부터 2011년 사이, 그리고 2016년에는 사할린 한인들 속에서 초기 영주귀국의 상황은 그들의 수많은 '과거들' 속의 이야기됨과 동시에 하나의 과거로 자리매김하고 있었다. 이를 통해 '사할린한인문제'의 '종결,' '해결'을 상징하는 영주귀국자체를 맥

---

2 국내 사할린 한인에 대한 연구(사)에 대해서는 방일권(2012)을 참조. 일본의 사할린 한인에 대한 연구는 사할린 한인의 친척상봉과 귀환을 지원했던 인권변호사, 학자, 시민들에 의한 실태보고와 법적 문제에 대한 연구(大沼保昭 1992; 高木健一 1990), 그리고 카라후토/사할 린 지역사의 일부로서 사할린 한인 역사를 다루는 연구가 있다(今西 一 2014 참조).

락화함으로써, 이들이 냉전시대와 달리 탈냉전시대 국가를 어떻게 경험해 왔는지 변화에 대한 분석이 가능하다.[3] 다만, 본 글의 주된 목적은 영주귀국 초기의 실태 규명에 있는 것이 아니라 사할린 한인들이 영주귀국 초기에 대한 기억과 이야기 속에서 과거를 상기하고 해석하고, 의미를 부여하는 문화적 행위의 측면도 포함한다. 더불어 영주귀국을 사건의 끝이 아닌 현재까지도 지속되는 하나의 과정으로 보고자 한다.

러일 전쟁을 통해 일본이 획득한 남사할린 땅은 또 다시 전쟁을 통해 소련의 땅이 되었다. 일본이 패전한 직후, 소련의 일부가 된 남사할린에 있었던 한인들은 소련, 남한, 일본정부 기관에 자신들을 고향으로 귀환할 것을 탄원하였다. 그 후에도 1960년대부터 1980년대까지 이들은 스위스 제네바의 적십자 본부와 같은 국제기구에도 탄원서를 제출하는 등 초국적 공간을 무대로 풀뿌리운동을 전개해 왔다.[4]

흔히 1990년대까지의 사할린 한인과 관련되는 국가 태도의 특성을 '기민'이라고 일컫지만, 1960-1970년대 소련, 일본, 한국정부의 움직임은 결코 시종일관하게 '기민'의 태도를 취했다고 말할 수는 없다. 각 정부 기관이 출입국을 허용하는 움직임이 50년 동안 전혀 없었던 것은 아니었다(이연식, 방일권, 오일환 2018). 그럼에도 불구하고 '출국,' '(일시)체류,' '수용'을 본격적으로 실행하는 의지는 당시의 세계적인 냉전체제와 동북아시아의 국제관계, 그리고 국내의 정치, 경제, 사회적 요인에 의해 쉽게 사라지는 등 변덕스러웠다. 이것은 데탕트 시기 소련과 이스라엘이나 미국 사이, 소련과 서독 사이의 친척들의 만남이

---

3 연구자는 영주귀국사업을 식민지지배나 강제동원, 그리고 해방 후 '귀환'의 책임과 관련한 피해에 대한 '보상'이라고 간주하지 않는 점을 지적해둔다.

4 1956년 일본과 소련의 국교수립 후 일본인 여성과 함께 일본으로 이주한 한인들이 중심이 되어 시작한 사할린 한인들의 운동의 역사에 대해서는 高木健一(1990), 오일환(2020)을 참조. 본 글은 영주귀국이 오직 국가의 의지를 통해서 실행된 것은 아니며, 1960년대 이후 전개되었던 시민운동 없이는 실현되지 않았던 점을 지적해둔다.

제한적이나마 가능하였던 것과는 대조적으로, 사할린(소련)과 한국의 경우 친척들의 재회조차 불가능했던 사실을 봐도 알 수 있다(cf. Heitman 1993)[5].

결국 1980년대 말에 들어서면서 사할린 한인의 국경을 넘는 이동에 영향을 주는 몇 가지 구조적 변화가 일어나기 시작하였다. 고르바쵸프 서기장 취임 후 뻬레스트로이카의 물결 속에서 1987년 소련의 출입국 규제에 대한 추가사항이 발효되었다. 소지하던 국적(소련국적, 외국국적, 무국적)을 불문하고 사적인 이유 ─가족과의 재회, 친척과 면담, 결혼, 중병에 걸린 친척 방문, 가족의 묘지 방문, 유산문제 해결 등─ 가 있는 경우 출국신청이 가능해졌다. 이를 계기로 그 전까지의 특수한 대상만이 일시적으로 일본을 방문할 수 있게 되었던 것과 다르게 공식적으로 소련 '출국'의 제한이 풀린 것이다.

또 한 가지 변화는 일본에서의 1987년 '사할린 잔류 한국·조선인문제 의원 간담회(サハリン残留韓国·朝鮮人問題議員懇談会)'(이하 간담회) 설립이다. 중의원, 참의원 170명으로 구성되는 초당파 간담회는 사할린 한인 관련 시민운동과 1970년대 중반에 시작한 '사할린재판,' 그리고 일본의 전후보상운동을 통해 공론화되기 시작하였다. 그리고 사할린 한인의 문제를 일본정부가 나서서 해결할 것을 촉진하기 위해 발족하였다. 간담회 의원들은 소련을 여러 번 방문하여 모스크바, 사할린에서 정부 관계자와 만나 사할린 한인들과 한국에 사는 친척들과의 상봉, 그리고 고향 방문의 실현을 모색하였다.

당시 한국에서는 서울 88올림픽을 계기로 대한민국과 사회주의국가들 사이에서 경제교류가 시작되었고 정치적 긴장도 풀리던 시기였다. 한국정부의 스포츠외교와 노태우 대통령의 북방정책은 사할린 한인에게도 결정적인 영향을 미쳤다. 실제로 사할린 한인 단체의 대표들과 언론 기자들이 올림픽에 초청되어 남한 땅을 밟아 서울의 광경을 직접 목격하게 되었다. 그 후로부터 한국정

---

5 1945년 이후 냉전시기에도 소련과 자본주의진영 국가 사이에서 가족과의 재회/만남을 위한 출국과 이주는 가능했으며, 그 배경에는 경제적 요인과 함께 그 이주집단의 출신국의 강한 요구가 있었다(Heitman 1993).

558

부의 변화는 사회주의국가와의 긴장완화에 박차를 가했고, 사할린 한인들의 말하는, "한국의 문"이 겨우 열리는 계기가 되었다.

1980년대 후반에 있었던 국제적 변화를 계기로 사할린 한인들은 큰 희망을 가지게 되었다. 그러나 여전히 당시 사할린 한인들은 원하면 누구나가 한국에 입국할 수 있었던 것은 아니었다. 예를 들어, 한 여성은 당시 사할린의 적십자사가 없었기 때문에, 자비로 하바로프스크에 있는 적십자사를 직접 찾아가서 한국의 친척과의 만남을 신청해야만 했다(이순형 2004:140). 한국과 소련이 정식으로 국교를 수립하기 직전까지는 개별 단위로 일시적인 한국 방문이 이루어졌고, 이러한 상황을 파악한 한일 정부는 1989년 7월 14일 '재사할린 한국인 지원 공동사업체'를 발족하였다.[6] 한국정부의 참여를 계기로 사할린 한인들의 국경을 넘는 경험은 일본에서 이루어졌던 친척상봉을 시작으로 집단 모국방문으로 변화해갔다. 그 결과 '한일공동사업체'의 발족 후로부터 1993년까지 47차에 이르는 집단 모국방문으로 총 4,777명이 한국의 일시방문이 가능해졌다(サハリン残留韓国・朝鮮人問題議員懇談会 1994: 484).

1994년에는 또 다른 변화가 나타났다. 일본의 무라야마 도미이치(村山富一) 내각총리가 아시아태평양전쟁 종전 50주년에 발표한 담화('무라야마 담화')에 앞서 '평화우호교류계획'의 일환으로 일본정부가 사할린 한인의 영주귀국을 지원하는 공식입장을 표명했다. 본격적으로 영주귀국은 한일정부의 사업으로 등장하게 되었고, 이후 영주귀국은 2000년 안산의 '고향마을'이나 인천의 '사할린한인 복지회관' 건립으로 상징되듯 물리적으로 보다 안정적이며 체계적인 모양을 갖추게 되었고, 동시에 행정 체계를 수립해갔다.

3. 영주귀국, 누가 할 수 있었는가

6 한국의 일시방문은 일본을 경유하는 방법과 사할린에서 직접 한국을 방문하는 두 가지 형태가 있다(오일환 2020: 292 참조).

1980년대 말 소련의 출국허가와 한일정부의 입국 조치로 사할린 한인들의 모국방문은 실현되었다. 그러나 사할린 한인들 속에서는 단기적인 모국방문보다는 '귀국'에 대한 요구도 있었다. 그러나 이를 추진하는 데에 있어서 처음부터 논쟁이 되었던 것은 사할린 한인 중 누구부터 먼저 영주귀국시킬 것인가라는 문제가 존재하였다.

일본 인권변호사와 간담회 의원들은 일본, 소련, 사할린 주 정부 관계자와 사할린 한인들을 직접 만나면서 단순한 일시방문이 아닌 귀국의 방법을 모색하게 되었다. 간담회 의원들은 1988년 6월 사할린을 방문하고 소련의 적십자 관계자와 현지 한인들과의 만남들 통해 다음과 같은 요청을 받았다. 부모의 성묘, 친척과의 만남, 그리고 "고향에 가서 죽고 싶다"는 고령자의 요구까지 긴급하였다. 이러한 '긴급성'으로 고려한 결과 고령자이며 한국에 가족이 있는 자들이 우선적으로 귀국할 수 있게끔 다른 관련 정부 관계자와 교섭하였다.

한편 귀국희망자의 수용국이 되는 한국에서 본격적으로 사할린 한인을 받아들일 준비가 되어 있지 않았다. 결국 1927년 출생자를 기준으로, 강제동원 된 자 혹은 한국에 직계가족이 있는 독신자에게 우선적으로 귀국을 허용하였다. 한국과 (구)사회주의국가 사이의 긴장관계란 순식간에 풀리지 않았고, 여전히 반공주의적 이데올로기가 지배하는 상황에서 정부가 아닌 직계가족은 사할린 한인 신분을 '보장'하는 존재로 인식되었다고 할 수 있다.

이러한 규정하에 강제동원 된 독신자 중 1928년, 1929년 출생자의 반발이 발생하였다. 나아가 자신의 신분을 증명할 수 있는 서류가 정확하지 않는 경우도 빈번하였다. 예를 들면, 출생 이후 출생신고를 하지 않는 경우이다. 그 외에도 이들은 사할린이 소련 땅이 되고 신분을 공식등록 할 때 언어적 문제로 인하여 소련 당국에 제대로 전달되지 않아 출생연도 표기에 오류가 있었던 사람들이 있었다. 장남인 형을 대신하여 강제동원 된 남성의 경우는 서류상의 인물과 자신이 달랐다. 오히려 이런 일들은 과거 일제 식민지시기 '상식'이었고, '객관적'인 서류에 오히려 오류가 존재하는 것이다.

또한 사할린 한인에게는 50년 이상 떨어져 살다가 직계가족이라는 이유만으로 함께 사는 것도 어려운 일로 다가왔다. 한 남성은 사할린에서 젊을 때 아들을 잃은 후 부인도 사망하여 성인인 딸을 두고 혼자서 한국으로 귀국하려고 하였다. 그러나 그의 유일한 직계가족은 전라남도에 사는 여동생뿐이었다. 그는 여동생 가족이 사는 집에서 짧은 기간 거주하였는데, 당시 자신이 있을 공간이 없었고 '남의 집'에 살았던 것이 매우 불편했다고 하였다.

이러한 가족 재회의 긴장감은 부부 사이에도 있었는데, 사할린 한인뿐만 아니라 한국에 사는 가족 중 특히 여성들에게도 물리적, 심리적 걱정거리로 다가왔다. 이토 다카시(伊藤孝司 1991)의 사진기록 및 르포르타주에서 과거 남편을 사할린에 보내고 한국에 남겨진 여성들의 이야기를 보면, 남편이 50년 만에 돌아오는 소식에 기쁜 마음을 표현하다가도 또 한편으로는 앞으로 어떻게 살면 좋을지 모르겠다는 불안한 심정을 토로하였다. 대부분의 여성들은 경상도, 전라도 등 남부지역에서 홀로 살거나 성인이 된 아이들과 살고 있었다. 가부장적 사회규범 속에서 가장 없이 생계를 꾸리고 살아온 여성들은 혼인 후 지속적으로 경제적, 사회적 어려움을 겪어 온 것이다.

이러한 불안 속에서 독신 사할린 한인들과 한국 가족들에게 사회보장은 가장 절실하였다. 이미 노년기에 접어들었던 부부나 직계가족이 함께 살아가는데, 그중 한 명(사할린 한인)은 아예 한국 내 자본이나 재산이 없었다. 사할린 한인 남성들은 귀국을 택하는 대신 소련시대에 지었던 자신의 집, 회사에서 제공받은 주택, 저금 등의 일정한 재산이나 연금수령 자격을 다 포기해야만 하였다. 그러나 1980년대 말 한국사회의 노인에 대한 복지지원은 너무도 미비하였고, 새롭게 국경을 넘어 맺어진 노년 부부는 최소한의 삶의 질조차 갖추지 못하였다.

마지막으로, 독신자를 받아들였던 규정은 사할린 한인 남성과 러시아 여성 부부의 관계에도 영향을 미쳤다. 해방 후 사할린 한인 남성들 중 소련/러시아 여성과 결혼한 사람들이 있었고,[7] 일제감정기 사할린으로 오기 전 고향에서 이미 혼인을 하고 자식을 둔 남성들도 있었다. 국경을 넘는 중혼은 이민자들에게 나타나는 경향인데, 사할린 한인 남성들도 예외는 아니었다. 단독으로 한국에 입국할 수 있다는 이유로 러시아 여성과 이혼하고 자식과도 헤어졌다. 실은 이러한 결과를 이미 사할린 당국이 우려하고 있었다. 1989년 일본 국회의원들이 사할린 이민당국을 방문하고 한인들의 출국 허락을 요청했을 때, 당국은 한인들이 출국하면서 소련/러시아 부인을 두고 떠나거나 자식이 부모의 돌봄을 포기하는 일이 없도록 강력하게 주의를 줬다. 그러나 결국 이러한 우려는 현실이 되었던 것이다.

그 외에도 초기 귀국의 조건으로 인하여 한국에 더 이상 직계가족이 없는 이른바 무연고자, 강제동원된 것이 아닌 다른 방식으로 사할린으로 이주한 자, 1989년 당시 '북조선 공민증'을 가지고 있던 자,[8] 그리고 한반도 분단 이전의 북부지역 출생자 등은 귀국의 대상이 되지 않았다. 국가의 정책적 한계와 부재를 대신하여 민간 종교단체가 중심이 되어 1990년대 초기 한국에 가족이 없는 귀국자를 받아들였다.

이러한 초기의 영주귀국을 둘러싼 경험을 통해 1994년 사할린 한인협회 이사회와 사할린주 한인노인협회 관리위원회는 합동협의를 통해 채택한 〈기본요구〉를 발표하였다. 여기에는 다음과 같은 요구가 포함되어 있다.

> "거주지는 본인이 원하는 곳에 정주해주며 개인소유권으로 주택을 보장해주고 1세들께는 전 생존기간 생활비 (치료비를 포함하여)를 보장해줄 것."

이러한 사할린 한인의 요구 중 원하는 곳의 정주와 주택의 개인소유는 결국

7　남사할린에서 전쟁 직후 대부분의 일본인들이 출국하여 남겨진 사할린 한인의 젠더 인구구성을 보면, 남성이 여성의 두 배 많았다(КУЗИН 2010: 18). 이것은 일제시대 주로 남성들이 노동력으로 남사할린으로 이동했던 사실에 기인한다. 따라서 사할린 한인들은 해방 후 젊은 사할린 한인들 속에서는 '(조선)여성의 부재'가 문제가 되었다. 젊은 남성들이 "장가를 가고 싶어도 (조선) 여자가 없었"고, 그래서 "어쩔 수 없이" 소련여성과 결혼했다고도 한다.
8　한국정부의 수용의사가 있어도 사할린 당국에서 '북조선'국적 소유자의 한국 방문을 허락하는 것은 국제관계 상 여전히 어려운 일이었다.

실현되지 못하였다. 그러나 위와 같은 맥락에서 '영주귀국'은 한일정부가 귀국의 물리적, 사회적 조건 및 환경을 지원하기보다는 행정화된 국가사업으로 등장하게 되었다. 다만 한국의 가족과의 관계나 사회보장의 부담은 줄었으나, 귀국자격과 한국에서의 삶에 대한 정책으로 인해 '지원'이라는 이름으로 새로운 통제를 받게 된 점은 부정할 수 없다.

4. 나가며

사할린 한인들에게 있어서 국가나 국경은 단지 물리적 공간을 의미하지 않는다. 더불어 그들의 인식이나 행동을 국제관계 및 국가정책에 의한 후발 결과로 환원하여 이해하기에는 한계성을 지닌다. 사할린 한인들은 다양한 사회관계를 재형성하는 과정에서 복잡한 감정과 행동을 수반함과 동시에 국가와 국경을 실체로서 인식하고 경험한다. 그리고 다양한 규제나 규칙의 제한이 있음에도 불구하고 그것을 이용하면서 삶의 불/가능성을 모색한다. 본 글은 고향이나 가족의 품으로 돌아가기를 간절히 바라던 사람들의 욕망, 그 어떤 무엇에도 대체될 수 없는 그들의 소원을 부정하지 않는다. 그러나 초기 한국으로 귀국을 한 사할린 한인들은 '고향'이라는 공간을 '인간회복'이나 '행복,' 자신의 정체성 찾기와 관련한 의미로는 채울 수 있었을지 몰라도, 한국이라는 공간을 과거 자신의 성취경험의 축척으로 메울 수는 없었다. 이러한 상황에서 사할린 한인들은 국경을 순식간에 넘을 수도 있고, 환희와 삶의 충족됨을 느끼다가도 어느 순간 슬픔과 외로움, 후회에 사로잡히기도 한다.

현재 사할린 한인들 중 한국의 친척과 관계를 유지하는 사람들은 극소수이다. 이제는 "(한국의) 친척도 한번만 보면 되지"라는 말로 표현되듯 지속적인 관계를 바라지 않는다. 귀국 초기에는 '가족-민족-국가'라는 인식의 틀을 가지고 있었다면, 이러한 인식이 스스로를 괴롭히기도 하였다. 그러나 사할린 한인들은 실제 자신의 경험을 통해 국가나 가족을 새롭게 인식하고 상상하기 시작하였다. 이는 사할린 한인들에게 국가란 결코 완결되고 고정적인 구조가 아닌, 그들의 삶과 얽히면서 구성되는 과정으로서 볼 필요가 있음을 시사한다.

| 참고문헌 |

방일권(2012), 「한국과 러시아의 사할린 한인 연구: 연구사의 검토」, 『동북아역사논총』 46: 277-314.

오일환(2020), 「박노학의 생애와 사할린한인 귀환운동에 관한 연구」, 『한일민족문제학회』 38(1): 255-306.

이연식·방일권·오일환(2018), 『책임과 변명의 인질극: 사할린한인문제를 둘러싼 한·러·일 3국의 외교협정』 채륜.

진 율리야, 김종헌 역(2020), 『사할린 한인 디아스포라: 본국 귀환문제 그리고 소비에트와 러시아 사회로의 통합』 선인.

한혜인(2011), 「사할린 한인 귀환을 둘러싼 배제와 포섭의 정치」, 『사학연구』 102: 157-298.

伊藤孝司(1991), 『写真記録　樺太棄民─残された韓国·朝鮮人の証言』 ほるぷ出版.

今西 一 編(2012), 『北東アジアのコリアン·ディアスポラ: サハリン樺太を中心に』 小樽商科大学出版会.

高木健一(1990), 『サハリンと日本の戦後責任』 凱風社.

大沼保昭(1992), 『サハリン棄民: 戦後責任の点景』 中央公論社.

サハリン残留韓国朝鮮人問題議員懇談会 編, 『サハリン残留韓国朝鮮人問題と日本の政治: 議員懇談会の七年』 サハリン残留韓国朝鮮人問題議員懇談会.

Heitman, Sidney(1993), The Third Soviet Emigration, 1948-91. *Refuge: Canada's Journal on Refugees*, 13(2): 5-13.

Massey, Doreen(1994), *Space, Place, and Gender*. Minneapolis: University of Minnesota Press.

КУЗИН, А.Т. 2010. *ИСТОРИЧЕСКИЕ СУДЬБЫ САХАЛИНСКИХ КОРЕЙЦЕВ КНИГА ВТОРАЯ. ИНТЕГРАЦИЯ И АССИМИЛЯЦИЯ* (1945-1990 ГГ.). Южно-Сахалинск.

초출일람

〈제1부〉

만주 식민지 체험과 기억, 그리고 탈(脫)식민지 _ 가와무라 구니미쓰

「식민지체험과 '내지인'」, 『월경하는 지(知) 6 : 지의 식민지』, 도쿄대학출판회, 2001년을 수정 가필한 것이다.

남미의 코리안 디아스포라와 고향 / 조국의 기억 _ 김환기

「남미의 코리안 디아스포라와 고향/조국의 기억: 한국전쟁기 반공포로와 근대화/산업화를 중심으로」, 『한림일본학(구 한림일본학연구)』no.35, 한림대학교 일본학연구소, 2019.

유착(流着)과 선언: '간사이오키나와 현인회' 잡지 『동포(同胞)』를 중심으로
_ 도미야마 이치로

본 논고는 일본근대문학회 간사이지부(関西支部) 주최 심포지움에서 「시차(視差)에서 일어나는 것」(2017년 6월 3일, 도시샤대학<同志社大学>)에서 발표한 논문 「선언으로서의 말을 어떻게 재독할까」를 수정 가필한 것이다. 일본근대문학회 간사이지부편집위원회편 (2018), 『 <다른> 간사이』을 수정 보완한 것이다.

국가폭력의 전후적 기억, 국가폭력을 내파하는 문학적 상상력 _ 손지연

「국가폭력의 전후적 기억, 국가폭력을 내파하는 문학적 상상력: 메도루마 슌과 오시로 다쓰히로의 대비를 통해」, 『일본학보』no.126, 한국일본학회, 2021을 수정 보완한 것이다.

'자이니치(在日)' 정신사로 보는 기억과 삶의 모색 _ 윤건차

「자이니치 정신사로 보는 기억과 삶의 모색」(2019.6) 한림대학교 일본학연구소 국제학술대회 발표 원고를 수정 보완한 것이다.

모리사키 가즈에의 월경(越境)하는 연대의 사상_현무암
「모리사키 가즈에(森崎和江)의 <원죄를 묻는 여행>-식민자 2세가 더듬어간 아시아·여성·교류의 역사」,『동시대사연구(同時代史研究)』11호를 수정 가필한 것이다.

〈제2부〉

'아이누 표상'과 근대 그리고 일본의 국민국가_가와무라 구니미쓰, 나가오카 다카시
「아이누의 종교와 문화」,『종교의 사전』, 아사쿠라서점, 2012년을 수정 가필한 것이다.

1920년 「남미·세계일주항로」 개설의 의미와 식민지기 조선의 모더니즘
_네가와 사치오
「1920년 남미 세계일주 항로 개설의 의미와 식민지기 조선의 모더니즘」(2019.6) 한림대학교 일본학연구소 국제학술대회 발표 원고를 수정 보완한 것이다.

귀환의 위험 그리고 종식되지 않은 태평양 전쟁의 유산_마크 카프리오
「사람의 이동에의 역사적 시점 (위험한 귀환－일본열도와 조선반도의 틈새 속 난민」,『이동하는 사람들』, 2019년을 수정 보완한 것이다.

전후 일본의 피해자 의식의 계보_기타무라 쓰요시
「『속았다』라는 말의 계보 :『신화』국가의 정신구조」,『임파시 평론(Cultures/Crigiques 별책)』, 2016년을 대폭 수정 가필하였다.

체호프의 사할린 여행의 현대성에 대한 성서적 고찰_이경완
「체호프의 여행기『사할린 섬』에 기록된 러시아 제국의 사할린 섬 유형식민화 정책에 대한 성서적인 고찰」,『러시아학』, 충북대학교 러시아·알타이지역 연구소, 제19호, 2019년을 수정 보완한 것이다.

만주 '오족협화＝왕도주의'의 외침과 식민지 기억의 다성성_전성곤
본 원고는 총서를 위해 새로 집필한 것이다.

위만주국 시기 조선인 이민자 사회 계층과 정치적 선택: '만주 기억'의 관점으로 _ 정이

「위만주국 시기 조선 이민의 사회적 계층화와 정치적 선택」(2019.6) 한림대학교 일본학연구소 국제학술대회 발표 원고를 수정 보완한 것이다.

〈제3부〉

일본 제국의 네트워크 구상과 동아시아 국제관계 _ 김영근

본 원고는 총서를 위해 새로 집필한 것이다.

식민지 가라후토: 일본인 이주와 신사의 창립 _ 김현아

본 원고는 총서를 위해 새로 집필한 것이다.

사할린 한인 문제: 전후 처리와 난문제들 _ 박승의

본 원고는 총서를 위해 새로 집필한 것이다.

경계의 민족 공간: 전후 사할린 조선학교의 발전 _ 방일권

본 원고는 총서를 위해 새로 집필한 것이다.

러일전쟁 이후 일본의 환동해 인식 및 접근에 대한 연구 _ 배규성

「러일전쟁 이후 일본의 환동해 인식 및 접근에 대한 연구: 니가타현의 『블라디보스토크와 가라후토 조사보고서』(1907)를 중심으로」, 『아태연구』제25권 제1호, 2018년을 수정 보완한 것이다.

사할린 한인의 초기 '귀국'과 국가, 국경, 이동성 _ 임성숙

본 원고는 총서를 위해 새로 집필한 것이다.

찾아보기

한림일본학연구총서 II   포스트제국의 문화권력 시리즈 4

제국과 국민국가
사람·기억·이동

초판 인쇄   2021년 4월 20일
초판 발행   2021년 4월 28일

지 은 이 | 한림대학교 일본학연구소
펴 낸 이 | 한림대학교 일본학연구소
펴 낸 곳 | 學古房

주   소 | 경기도 고양시 덕양구 통일로 140 삼송테크노밸리 A동 B224
전   화 | (02)353-9908 편집부(02)356-9903
팩   스 | (02)6959-8234
홈페이지 | www.hakgobang.co.kr
전자우편 | hakgobang@naver.com, hakgobang@chol.com
등록번호 | 제311-1994-000001호

ISBN 979-11-6586-272-5 94080
       978-89-6071-271-8 (세트)

값 32,000원

■ 파본은 교환해 드립니다.